张志公和学生们

张志公和庄文中

语文教育学术论丛

第一辑

叶圣陶语文教育文集

吕叔湘语文教育论集

张志公语文教育论集

黎锦熙语文教育论集

刘国正语文教育论集

黄光硕语文教育论集

顾黄初语文教育论集

章　熊语文教育论集

庄文中语文教育论集

顾振彪语文教育论集

编 委 会

语文教育学术论丛

张志公语文教育论集

张志公 著

人民教育出版社
·北京·

图书在版编目（CIP）数据

张志公语文教育论集/张志公著. —北京：人民教育出版社，2022.4
（语文教育学术论丛）
ISBN 978-7-107-36523-2

Ⅰ. ①张…　Ⅱ. ①张…　Ⅲ. ①语文教学—教学研究—文集　Ⅳ. ①H19-53

中国版本图书馆 CIP 数据核字（2022）第 062554 号

张志公语文教育论集 ZHANGZHIGONG YUWEN JIAOYU LUNJI

责任编辑　李嘉哲
书籍设计　王　喆

出版发行　人民教育出版社
（北京市海淀区中关村南大街 17 号院 1 号楼　邮编：100081）
网　　址　http://www.pep.com.cn
经　　销　全国新华书店
印　　刷　北京盛通印刷股份有限公司
版　　次　2022 年 4 月第 1 版
印　　次　2022 年 10 月第 1 次印刷
开　　本　787 毫米×1 092 毫米　1/16
印　　张　34.75
插　　页　1
字　　数　505 千字
定　　价　88.00 元

前 言

伴随着改革开放的脚步，教育的春天到来，语文教育的园地中百花渐开，硕果渐成。坚持“三个面向”，解放思想，革除积弊，回应吕叔湘先生“少慢差费”的批评，语文教育在课程建设、教材编写、教学改革、学科研究等方面都迈出了坚实的脚步。

20世纪90年代前后，为撷取语文教育的春光，人民教育出版社中学语文编辑室在繁忙的教材编写工作之余，陆续编辑出版了诸多名家的语文教育论著，如《叶圣陶教育文集》《张志公语文教育论集》《实和活——刘国正语文教育文选》《黎锦熙语文教育论集》《于漪语文教育论集》《构建语文教育的立交桥——庄文中语文教育论集》，以及周有光《中国语文纵横谈》、顾黄初《语文教育论稿》、朱绍禹《中学语文教材概观》等，这些论著广泛触及语文教育的各个方面，奠定了具有本土特色的语文课程、教材、教学理论的基础。此外，还出版了钱梦龙《导读的艺术》、蔡澄清《中学语文点拨教学法》等，主要从课堂教学实践层面探讨语文教学改革及如何提升语文教学效率的问题。出版这些著作，既是为了展示改革开放以来语文教育的最新研究成果，也是为了引导语文教育改革的主流方向，让语文教育能够在守正的基础上追求创新发展。

进入21世纪以来，在工具性与人文性统一的课程思想指导下，语文教育开始从知识、能力中心向素养立意转型，语文教育观念也发生了重大转变。例如，四大核心素养的提出，学习任务群的设计，学科教学内容的更新，大单元、大任务、大情境教学方式的推广，整本书阅读的推进，等等。

观念的变革促使人们去研究，去思考，去改变现状，去焕发新的生机。教材设计的创新、教学课堂的转变，就是观念的转变带来的成果。

但是，改革并不总是体现为除旧布新，割断传统，在适当的时候，回眸凝望，方能真正健步前行。静下心来审视当下的种种新观念、新提法，我们会发现，语言、思维、审美、文化，整合、实践、情境、任务，学生主体、教师引导……诸如此类的观念，在老一辈语文教育家那里都有过深入而朴素的思考，在老一代名师那里都进行过切实而有效的教学探索。语文教育的改革不能只是观念的替代、模式的迭代，更不应该动辄从头开始，反复“重启”，而应该尊重规律，守正出新。知“己”才能知彼，知“史”方能行远。认真学习语文教育的历史，领悟大家、名家的语文教育思想，汲取、借鉴前人智慧与经验，从而继承和发扬语文教育的优良传统，只有这样，我们才能踏着前人开辟的道路稳健前行，我们的改革才能具有中国气象、中国特色。

基于以上考虑，我们将过去出版的语文教育论著重新编选，再行组合，并纳入一些新世纪以来在语文界有影响的大家的论著，整合为“语文教育学术论丛”，分辑出版，力图从新时代的视角，展现我国语文教育的现状，呈现历史，盘清“家底”，以期引发进一步的思考与行动。

这是一套开放性的丛书，第一辑包括十位老一辈语文教育家的论著，基本是在已往著作基础上，根据新时代语文教育发展和个人著述的情况，略作增删而成，尤其是增加一些较新发表的文章。将来我们还会陆续推出第二辑、第三辑……，展示更多的语文名家在语文教育研究和实践上的思考和探索。热诚欢迎国内语文同仁参与到这套论丛的编选中来，为丛书的出版贡献智慧！

本套丛书的出版得到了论著作者或其后人的大力支持，业界很多专家学者也给予了热情的帮助，中学语文编辑室的编辑花费大量时间参与编选，承担编辑、审稿工作，设计人员在版式、封面设计上也几易方案，优中选优。在此一并致谢！

“语文教育学术论丛”编委会

2021 年 4 月

序

博采兼中外　精研析古今
——张志公先生的现代化和民族化相结合的语文教育观

刘国正　庄文中

张志公先生是语言学家，也是语文教育家。本文专门探讨他的汉语文教育思想。他从事汉语文教育和英语文教育工作已经有 52 年了[①]，执着献身汉、英语文教学，融会中外，相得益彰。精心研究古、今汉语文教育，贯通古今，成效卓著。

1954 年，张先生开始从事并研究汉语文教育。可以分为两个阶段。第一阶段，集中于 1958 年到 1963 年，主题是"究竟怎么样的语文教学适合我国的具体情况"；第二阶段，集中于 1977 年到 1986 年，主题是"什么是语文学科的现代化"。张先生汉语文教育的理论和实践，对建设具有中国特色的现代应用语文学作出了重要贡献。

一　汉语文教育的民族传统

1954 年，张先生参加了全国中学试行汉语、文学分科教材编写和教学研究工作。1956 年秋季在全国中学实行了汉语、文学分科教学。可是，

1958 年分科教学实验中断，“恢复了语文课，而这时的语文教材和教学，比分科实验前的更为粗糙，效果也更差”[②]。当时语文教育实际，促使张先生第一次集中精力研究传统语文教育。

张先生对传统语文教育作了深湛的研究，他指出传统语文教育可以分为三个阶段四个步骤。第一阶段（第一、二年）是启蒙教育，第一步是集中识字（两千个左右），第二步是进一步识字教育，兼顾初步的知识教育。第二阶段（第三年）即第三步，读写的基础训练（读“四书”，读诗，属对，语言文字的基础知识）；第三阶段即第四步，进一步的阅读训练和作文训练。在初步研究中，张先生总结出传统语文教育的一些宝贵经验：集中识字，识字和写字分别、分步骤教学；阅读训练原理是“文”“道”不可偏废，方法是“熟读、精思、博览”；作文训练原则是“词”“意”并重，步骤是先放后收（写放胆文），方法是“多作多改”（自己多改）[③]。

1977 年前后的拨乱反正的语文教育实际，促使张先生第二次研究传统语文教育，从实质上对传统语文教育进行再认识。这次研究结果可以归纳为三大体系、三大经验和三大问题、四大积弊。

张先生提出传统语文教育的三大体系：一、建立了成套的、行之有效的汉字教学体系；二、建立了成套的、文章之学的教学体系；三、建立了以大量的读、写实践为主的语文教学法体系。同时，张先生从理论上总结了传统语文教育的三大经验：一、语文教育从汉语文的实际出发，并且充分运用汉语文的特点来提高教学效率。例如，汉语大多数语素是单音节的，词又没有形态变化，因此词语容易组合成一连串的整齐结构（音节相等的语句，如三字句、四字句等），也容易押韵。古人就运用汉语的特点，编成语句押韵、结构整齐的启蒙教材，如《三字经》《百家姓》《千字文》等，用属对的方法来训练学生辨别音节、词性、结构等语文能力。二、着眼于语文的工具性，采取让学生多读多写、在训练中掌握语文能力的原则和方法。三、重视启发学生独立思考，使他们自己能够不断地增长读书作文的能力。张先生从传统语文教育中提取了精华。

张先生指出传统语文教育的三大问题是：一、传统语文教育的目的是使学生获得参加科举考试的写作能力并应试做官；二、教学内容是“识字＋读古文+作古文”；三、学习语文的主要手段是记诵摹仿。四大积弊是：脱离语言实际，脱离应用实际，忽视文学教育，忽视知识教育。张先生揭示了传统语文教育的局限性，尽力剔除糟粕。

两次研究传统语文教育，提取精华，剔除糟粕，既防止民族虚无主义，又防止复古倾向，张先生使自己的语文教育理论和实践植根于民族的优良文化传统。据我们所知，对于传统语文教育，做如此认真的、系统的、深入的研究，迄今为止，张先生是仅有的一位学者。

二　语文的工具性决定文道统一

张先生自己说，他把两次传统语文教育的研究成果用于语文理论的建设，一次是1963年主要用于阐述语文工具属性和文道统一，一次是1977年后主要用于建设语文教育现代化的理论。

在《漫谈语文教学》（1962年10月）和《说工具》（1963年10月）中，张先生从理论和实践上阐述了语文的性质。他明确指出，“语文是个工具，进行思维和交流思想的工具”④。语文这个用来思维和交流思想的工具同生产物质资料的生产工具有同有异。“语文这个工具跟其他工具有相同的一面，这就决定了语文教学必须教学生切切实实地在训练中学会操纵和使用语文工具，也就是着眼于掌握字、词、句和篇章的运用能力，不容许离开这种训练去空讲大道理，空讲理论知识；它跟其他工具又有相异的一面，这又决定了语文教学必须把训练学生运用字、词、句、篇章的能力和训练学生理解语言所表达的思想的能力结合起来，不容许把二者割裂开来、对立起来。”这个观点是非常精辟的。语文的工具性质决定语文教育必须加强基本训练，在训练过程中掌握语文这个工具；语文的工具性质也决定语文教育必须在训练过程中理解思想内容并接受思想教育。“一句话：文道统一！”

1962年，当时语文界对语文教育目的认识不一致。有人主张“以道为主”，有人主张“以文为主”，有人主张“道和文并重”。这种情况也反映了许多人对语文的性质认识不清。张先生论述了语文的工具性质，就顺理成章地阐明了文道统一的理论。在实践上，张先生提出了中学语文教学要过“三关”，即要过字关、句关、篇章关，要培养语言文字的理解和运用能力；指导小学“集中识字”的识字教学，指导“放胆文”的写作训练。在理论上，阐明语文的工具性决定语文教育的文道统一。张先生指出，语文教学的“文道统一”表现在教材和教学两方面。就教材说，“语文课本要选‘具有积极的思想内容’的文章，要选‘有助于培养坚强的革命后代’的文章”。就教学说，“必须要求学生把这些文章透彻地读懂，一字一句的、整段整篇的都理解得确切，这样才能在学习语文的知识和技能的同时也领悟、进而吸取文章里那些积极有益的思想”。

到了80年代，张先生从语文教育现代化的高度进一步阐述语文的工具性质，指出语文的交际范围不仅是个人同个人之间，而且扩大到全国范围以至世界范围，扩大到人和机器之间。在现代社会，语文的交际工具属性更加强，要求更加高，更突出实用，更讲究效率。在此基础上，张先生阐述“文道统一”也有现代化问题，指出“文”“道”“统一”各自的现代化的内容：“文”，要求说、读、写讲究高效率；“道”，要增加改革、开放的国情的新内容；“统一”，不是“道＝文”，不是“文＝道”，也不是“文＋道”，而“应当是文中有道，道中有文，相辅相成，互相促进”。张先生实事求是地指出：“我们需要向下一代进行有针对性的，为他们愿意接受，确有实效的思想教育工作，而语文课则应当研究在很好地担起前边说的培养现代化语文能力的过程中应当和可能分担上述思想教育工作中的哪些部分，达到怎么样的预期目的”⑤。并且在教学上提出了有名的“带学生从文章里走个来回”的主张：“首先把语言文字弄清楚，从而进入文章的思想内容，再从思想内容走出来，进一步理解语言文字是怎样组织运用的”。

张先生关于语文的工具属性和文道统一的理论，给现代应用语文学树起了一根坚实的石柱。

三　汉语文教育的现代化

20世纪60年代初，张先生提出语文教育科学化问题；70年代末，阐述语文教育科学化；80年代初，张先生举起语文教育现代化的大旗，参与并指导语文教育现代化的教学实验和理论建设。

1980年前后，是张先生“拼老命”的工作时期。他风尘仆仆到大江南北、长城内外调查教学现状，从幼儿园、小学，到中学、大学，以至职业学校。他潜心第二次研究传统语文教育，吸取外国语言学和教学论的成果。他领导、指导英语、俄语、汉语文的教材编写工作和研究工作，指导小学“注音识字，提前读写”的教学实验，为中央广播电视大学主编《现代汉语》教材并亲自讲课，应邀在北京大学、北京外国语学院教授辞章学。他赴美、日等国和香港地区讲学，考察中小学教育工作和语言学的研究工作。他主持或参与中国修辞学会、北京语言学会、全国外国语教学研究会等学会的工作，从事汉语文教育、英语文教育、语言学的研究工作和组织工作。他还忙于国家政治和社会活动。这种中外古今的研究领域，这种语文教育的全方位调查和实验，这种政治和学术的特殊经历，这种坚实、广博的专业知能，为张先生建设语文教育的现代化和民族化相结合的理论提供了条件。张先生的现代化和民族化相结合的理论主要有如下四个方面。

首先，张先生论述了教育目标现代化，包括德、智、体全面育人的观点，提高全体学生文化素质的观点，全面培养听说读写的语文能力的观点。

其次，张先生从语文教育现代化的高度进一步阐述了语文的工具属性和文道统一。(已见上述)。

第三，论述语文学科的要求和内容现代化。张先生一贯主张语文学科的特定任务或基本任务是“培养和提高人们运用语言文字工具的能力”，同时也认为在完成特定任务的过程中还会有多种“连带功效”，如养成文学修养、思维能力等⑥。张先生从现代社会实际出发，阐述了现代社会对语文学科提出的“格外突出”的要求和“新的要求”。张先生先后提出了六项新的要求。1. 小学利用汉语拼音进行“分进合击”的高效的读写、识字、写字教学，提高教学质量。2. “对智力的要求格外突出了”，“发展智力，培养能力，成为当代教育工作的一项突出任务”。3. “培养学生快速阅读的能力”。4. “充分熟练地掌握普通话”，具有“处理生活和工作中的实际问题的敏捷准确的高效率的口头和书面语言能力”，“能够用最经济的语言传递最大的信息量，取得最大的表达效能”⑦。5. 从现代化的要求出发，使学生掌握三百六十行共同需要的、“有助于实际应用的共同的东西”——科学的知识系统，使学生的头脑科学化。6. “向儿童、少年、青年进行文学教育”，使学生具有文学的欣赏和鉴别能力。

第四，论述语文学科的教学法现代化。张先生指出，“归根到底，教学法的中心目标在于最有效地培养学生的能力——包括运用所学知识的能力和自己去学习新知识、新技术的能力”[8]。“现代化的教学方法要求‘大面积，高速度’。”现代化的教学方法更需要启发式，要“把学生的头脑看成一个能动的、能思考的对象”，“迅速有效地打开学生的脑子，让它动起来”，自觉地思维。张先生对传统语文教学方法“点和涵泳体味”作了新的解释：“点，就是给学生一些启发，不分析那么多。让学生去涵泳体味，就是给学生留下余地，在老师的启发下，自己动脑子去分析问题，解决问题，从而得到更深的印象，获得更大的益处。”[9]要根据语文教育的规律、学生心理发展的规律、语文本身的规律，来“寻求正当的方法，形成若干有用的、有效的模式，进而活用这些方法、活用这些模式”，总之，要形成“科学的、新鲜活泼的教学方法”。

张先生在论述语文教育现代化的基础上，指出当前语文教学改革的方向：现代化和民族化相结合。具体说，第一、科学化，语文教育思想、教学内容和教学方法要科学化。第二、民族化，要发扬传统语文教育的精华，体现汉语文的民族特点。第三、学以致用。第四、高效率。张先生于1991年7月在全国中学语文教学研究会第五次年会上说：“语文教学需要有突破性的改革”，“要极大地提高效率，这是一。第二，做到学用兼顾”。

四　“一条龙”的语文整体改革方案

张先生的现代化和民族化相结合的语文教育理论，集中体现在他1984年提出的落实“改革之道”的初步设想中。这个设想的基本意图是：适应当前社会和未来的需要，培养学生具有适应现代社会需要的语文知识和能力；既继承传统语文教育的好经验，又革除传统遗留下来的积弊；使语文教育向现代化、民族化、高效率的方向前进一大步，为社会主义现代化建设服务。这个初步设想就是一个幼儿、小学、初中、高中“一条龙”的语文课、语文教材、语文教学的改革方案[10]。

幼儿阶段。以语言训练（口语）为中心环节，兼顾思维训练、知识教育、思想教育，但不进行识字教育。

小学阶段。语文课分三条线先后独立进行。第一条线，利用汉语拼音进行语言训练、阅读训练、写作训练，直到四年级；第二条线，从第二学期开始进行识字教学，按照汉字的识字规律独立进行；第三条线，稍晚于第二条线，进行写字教学，按照写字的规律独立进行。到了四年级，分进的三条线合击，总会师。小学五年，四年基本上完成教学任务，第五年巩固、提高。这就是“分进合击”的小学语文教学实验方案。

初中和高中阶段。把两个学段联系起来，六年或七年，分为四个大段落，每个大段落一年半左右。以系统的理性知识为先导，并以实用的语言知识系统为序，按照知识与实践的合理关系组织全部语文课。第一大段落是讲授篇章知识和篇章实习（包括听、说、读、写）。第二大段落是讲授段的知识和篇章实习。第三大段落是讲授短语、句子的知识和短语、句子的实习（结合篇章、段的教学）。第四大段落是讲授词和语义、语体和风格的知识，并进行实习，到了这一步，听、说、读、写的实际能力已经具备了进入高等教育所应具备的完整基础，同时也具备了关于语言的系统知识。

为实施这个方案，同时改革课程。1. 初中增设文学课，完成文学教学任务，“不要再加给它什么‘培养读写能力’之类的任务”。文学课包含文学性的文言文和中国古典文学。2. 高中开设文言文选修课，让有志于文言文研究的学生选学，进行严格训练，学会用文言写文章。

1990年，张先生对中学的教学内容稍有调整，分成四个部分或四个步骤：一、段落论，二、篇章论，三、字词论，四、总论（语文能力和语文修养）。先教学段，后教学篇章。高三着重从总体上提高语言能力，提高语言修养。

这个改革方案的个性是很强的，特点是很鲜明的。第一，幼儿、小学、初高中“一条龙教学”，避免了学段之间的脱节或不必要的重复，体现了整体观念和效率观念。第二，充分体现了语文的工具属性，突出了汉语文的民族特点。第三，寓思想教育于知识传授、能力训练过程之中。第四，以科学的实用的语文知识系统为序、按照知识和实践的合理关系来组织教材，突出语言教学。第五，语文知识教学和语文能力训练紧密结合，“以知识为先导以实践为主体并以实践能力的养成为归依”。第六，体现“语文就是语言文字”（1990 年）的主张，强化语文学科的现代语文的知识和能力的教学任务，而不承担文学教学任务（另外增设文学课）。这个改革方案体现了先进的语文教育思想，富有实践性和创造性。

五　科学的研究态度和研究方法

张先生提倡“从实际出发，实事求是，讲求实效”的科学态度，反对从概念出发，不尊重客观规律，搞华而不实的形式主义。”[11]他研究语文教育现代化，认真研究现代社会实际，当前社会对语文教学的要求，师生的实际，语文本身的实际以及语文教育现状，从而从实践中总结、探求理论。他研究传统语文教育实际情况及当时社会实际，从中找出规律性的东西，并且力求消除其糟粕形成的积弊，发扬其精华，指导实践，使传统语文教育的精华成为他的语文教育现代化理论的有机组成部分。本着实事求是的科学态度，张先生还自觉地发展他的理论，修正自己的一些观点。例如，1963 年他提出语文教学过“三关”（字关、句关和篇章关）。1977 年以后，面对现代化社会对语文的新要求，他认识到过“三关”的提法在当时有一定的积极作用，在现今却有很大的局限性，就从更高的角度，提出语文教育的任务和要求。

张先生提倡用历史唯物论来研究语文教育。突出的例子是他研究传统语文教育。他把传统语文教育放在当时历史社会和现代社会来研究。放在当时历史社会，他既概括了传统的经验，又分析了传统的弊端，揭示了传统语文教育的功和过。还从历史的乱麻堆里找出珍宝来。许多人长期以为传统语文教育不进行语文知识教育。经过历史的研究，张先生揭示一点经验：“真正的传统语文教育经验是，在以读写实践为主的前提下，在适当的时机需要教给学生一些必要的知识，教给他们使用基本工具书的方法，使他们把不自觉的学习逐渐转化为自觉的学习，从而提高其学习效率。”[12]在传统语文教育忽视知识教育的总倾向中探求了“一点传统经验”。把传统语文教育放之于现代社会，他揭示传统经验和积弊对今天语文教育的影响，探讨面对现实和未来如何继承和发扬优良传统，古为今用。

张先生提倡用辩证法来研究语文教育，他说：“我们现在要研究语文教学改革，首先要注意研究的方法，即要用唯物辩证法这个放之四海而皆准的真理作为我们的方法论。绝对化、极端化、片面性、非历史主义，都是为我们所不取的。”⑬语文教育中有许多重要的关系，如工具性和思想性，文和道，现代化和民族化，知识和能力，语言和文学，白话文和文言文，听读和说写，还有教师和学生，教法和学法，课内和课外，等等。张先生力求用两点论、重点论、系统论来研究、实践。例如，他论证语文知识和语文能力的统一，肯定知识的先导作用，又强调以能力为训练目的，用重点论来论证必须“以实践能力的养成为归依”，进一步论断“基础知识教学和基本技能训练，是开发智力的必要基础”。又如，提出把幼儿、小学、初中、高中甚至大学看作一个整体，看作一个系统工程，宏观设计，统筹兼顾；提出“教学是一个整体”“语文教学体系”“实际应用语言的知识系统”等充满辩证思想的论题和内容。张先生卓越的研究成果，证明了辩证法的胜利。

注：

① 张先生 1940 年开始在中学教英语，1945 年大学毕业后在大学外语系教英语、英国文学和语言学，并研究汉语语法修辞。

② 见 1984 年 4 月发表的《我和传统语文教育研究》（《张志公文集》第四卷，广东教育出版社 1991 年版。下同）。

③ 见写成于 1962 年 4 月的《传统语文教育初探》（《张志公文集》第四卷）。

④《说工具》（《张志公文集》第三卷）。

⑤ 见 1982 年 12 月发表的《“文道统一”也有“现代化”问题》（《张志公论语文教学改革》，江苏教育出版社 1987 年版）。

⑥ 见《掌握语文教学的客观规律》（1992 年 6 月 12 日《文汇报》）。

⑦ 见 1984 年 8 月发表的《汉语文教学的过去、现在和未来》（《张志公文集》第四卷）。

⑧ 见 1981 年 6 月发表的《语文教学方法论・序》（《张志公文集》第三卷）。

⑨ 见 1979 年 4 月发表的《要重视语文教学法的研究》（《张志公文集》第三卷）。

⑩ 见 1984～1985 年发表的《关于改革语文课、语文教材、语文教学的一些初步设想》（《张志公文集》第三卷）。

⑪ 见 1979 年 3 月发表的《科学态度和科学研究》（《张志公文集》第三卷）。

⑫ 见《传统语文教育初探》（《张志公文集》第四卷）。

⑬ 见《张志公先生谈语文教改》（《中学语文教学》1990 年第 7 期）。

目 录

语文的内容和形式

漫谈语文教学

——提高学生的语文程度

一个学生进入小学后不久就开始念文章，到高中毕业，一共要念十年，十一年甚至十二年。如果以每年念五十篇来算，一共可以念到五六百篇。这五六百篇文章自然包含着许多内容，学生受到的教育自然也不仅是在语文一个方面。文章里有思想，学生念了，不会不受到思想上的启发或教育；许多文章里有知识——历史的，地理的，自然科学的，等等，学生念了，必然同时吸取了那些知识；许多课文是文学作品，学生念了，无疑会受到文学艺术的感染和熏陶。就是说，语文教学对学生所起的教育作用是多方面的。因此，大家对语文教学的目的任务，有种种不同的看法，对这各种因素的相互关系有种种不同的理解。但是，无论对语文教学的目的任务和各种因素的相互关系持什么样的看法，有一点是大家都不能否认的，那就是语文教学必须教学生把语文学好，达到应有的程度，这是语文教学无可推卸的责任。这里就专就这一点来谈，不打算全面地讨论语文教学各方面的问题。

一个中学毕业生应该具备怎样的语文程度呢？我是这样理解的：中学毕业生，或将参加工作，或将进入高等学校学习专门知识，也就是说，他们是已经受完了普通教育的人。那么，他们掌握现代语文的程度就应该是：

1. 能读一般应用的书籍报刊，在语文方面没有障碍；只要书籍报刊中所涉及的思想内容或知识内容是他们所能理解的，就应该理解得完整，确切。

2. 能写一般应用的文章，在语文方面没有显著的毛病；只要对所写内容的认识是明确的，正确的，就应该能够清楚确切地表达出来，至少做到清通。

3. 知道有哪些基本的工具书，并且能够运用这些工具书，自己解决在读书、写作中发生的问题。

概括起来说，一个中学毕业生在语文方面应当是基本上通了，基本上够用了。这个要求是否太高了呢？我看不算太高，应该这样要求。今天的中学毕业生，是否具备了这样的程度呢？就我所接触到的一些情况来看，有些学得好的能达到上面的要求，有的甚至还能更高一些，比如能搞点文艺创作。但是还有不少达不到上面的要求。

如果确实还有为数不小的一部分学生的语文程度同我们的要求有不小的距离，那么，提高他们的语文程度显然是我们语文教学的迫切任务。有同志问："我们天天说要提高语文教学的质量，这质量到底表现在哪里？语文教学质量的高低，拿什么来衡量？"我想，是否可以这样说：语文教学质量的一个重要标志，或者说衡量语文教学质量的一个重要标准，就是能否有效地提高学生的实实在在的运用语文的能力。

明确语文教学的目标

语文教学中有种种"行话"，名堂很多。例如，从如何讲课的角度提出的，有讲解时代背景，介绍作者生平，分析主题思想，分析段落大意，分析人物形象，发掘语言因素，发掘思想性，扫除文字障碍，等等。提出这么多术语，有两个问题。一是容易使教师分散注意，把精力过多地放在这上面，客观上起到冲淡语文教学真正目标的作用；二是有的术语提法不一定妥当，容易引起一些认识上的混乱。教师们兢兢业业地去钻这些概念，挤掉了研究课文、设计训练方法的时间和精力；课堂上，左一个环节，右一个环节，过多的知识和理论的讲述，代替了学生对课文本身的诵读，理解，揣摩，思考和语言文字的练习、运用。不是说所有那些名堂都该取消，时代背景等都不该讲，而是说要在明确语文教学根本目标的前提下来处理这些问题，才能处理得适当。有的说法还不大好懂。"发掘语言因素"，这话就不好懂。文章就是用语言表达思想感情，整篇文章都是语言，怎么还要发掘？既要发掘语言因素，于是，什么是语言因素，怎么发掘，种种问题都出来了。我不知道这说法是怎样提出来的。不过，我可以设想，原意大概是说，一篇文章在语言方面有好些应该讲、值得讲的地方，不要忽略过去。这显然是对的。可是，由于说得有点迂曲，大家又不从这个说法的用意着想，只在字面上绕圈子，就把一个很简单的道理闹得复杂、玄妙起来了。又如，“扫除文字障碍”，这个说法也值得考虑。“扫除文字障碍”，意思是说，文章里有生字难句，要讲一讲，因为生字难句好像前进路上的障碍物，要先扫掉。有生字难句，这对理解课文确实是一种障碍，单从这点考虑，这样提是有它的道理的。但是问题还有另一面。教学语文，除了让学生通过语言文字去理解课文内容之外，还要在理解课文之后再进一步去体会语言文字的运用，这才能使学生的语文能力有所提高。按“扫除文字障碍”的说法，那么，扫掉这些障碍之后再干什么呢？走向哪里去呢？去分析课文。显然，这是把讲解生字难句跟分析课文分割开来，成了两回事。照这些人的看法，讲生字难句并不是分析文章。所谓分析文章，指的是把文章丢在一边，由教师去发挥微言大义。我听过一次语文课，那位老师一连用了三课时分析一篇课文，由始至终，老师和学生都没有打开课本，更不要说念上一字一句了。这样对待语文教学恐怕是大成问题的。照我看，讲内容、讲写法，都离不开字、词、句。讲字解句，是教一篇文章的本分，不是什么“扫除障碍”。总之一句话，切实提高学生的语文能力这个语文课的目标要十分明确，不要让许许多多的术语把它淹没，致使教学事倍而功半。反过来，明确了这个目标，怎么对待各种提法就有了尺度，就可以处理得比较妥当。

学好语文的三道关口

要语文基本上能通、够用，我觉得要过以下三个关。

1. 字关

“字”是学好汉语汉文的第一关。这是个大关。过不了这一关，提高语文程度很困难；过了这一关，提高就比较容易。

我们的汉字比较难学，数量大，得一个一个地去学，学一个算一个。要学多少个字才够用？一般估计，要五千来字。这个数字是有根据的。报社的排字房里，放在常用字架上的铅字，就有五六千个。当然其中不都是最常用的，最常用的大概三千多个。就说三千多个吧，一个个地去学、认、记，这已很不简单。每个字又往往有不止一种意义和用法。同一个字在不同的词里表示不同的意思，这种例子是举不胜举的。多而难，所以说字是一关。考察一下实际情况，凡是读书有困难，笔下文理不通的，十之八九是被这道关口拦住了——认得的字少，不够用；所认的字没弄清楚，不管用。另一方面，汉字有它的方便处。比如，一年十二个月，从一月一直到十二月，只要认识了一到十的数字，认识了“月”字，就能一个个的搭配上去，全都认识，而在西洋语文就不是这样，每个月有每个月的名称，十二个都是生字。又如，我们认识了个“张”字，就解决好些问题。姓张的张是它，纸张的张也是它，扩张的张还是它，等等。这也就是说，认识了几千个字，同时就解决了上万个词。所以，字这一关一旦过去，就会感到一通百通，左右逢源。古人对字的教育很重视，在这上面花很大力气，不是没有道理的。

要用很大力气来过字关是汉语汉字的特点在语文教学中的反映。这一关过不去，不行；过去了，就有很大好处。

这一关怎么过呢？对字的教学，积极的一面要加强，不能单独依靠消极的纠正。过去，我们在消极方面做得多，老是纠正错别字，消灭错别字。但是，光靠纠正和消灭是不行的。在小学里，只念过“刻苦学习”，没有学过“克”字，不会把“刻苦”错写成“克苦”。等到学了“克服”这个词，又没学好，就会把“刻苦”写成了“克苦”。因此，随着认识的字的增多，写错字的机会也越来越多。怎样才能消灭错别字呢？只有让学生实实在在地掌握住所学的每个字。错别字不是单纯的写字问题，而是字的教学、词的教学、语言教学不健全的反映。有个高中学生把“一知半解”写成“一知半截”，怎么会产生这样的别字呢？原因就是在第一次接触到“一知半解”这个成语时，囫囵吞枣，没有弄懂。可以设想，他对文章里包含这个成语的句子，乃至与此有关的思想内容也没懂。这岂止是一个字的写法问题？

在过字关这个问题上，文（言）白（话）是相通的。文言文如果能学好，对学现代语的字大有帮助。从文字的角度来看，文白古今，继承性特别显著。现代语的许多双音词，里边的字或多或少地保留着古义。如文言文中的“微”字有精细幽深的意思（《史记·屈原列传》：“其文约，其辞微”），懂得了文言的“微”字，就能更确切地理解现代语中“微妙”“精微”这些词。又如古文中“存”字有安慰的意思；懂了这一点，就很容易理解现代语还在使用的“温存”。现在的中学生念文言文，往往是整句地囫囵吞下去，对字的理解不够确切。例如，《醉翁亭记》开头第一句是“环滁皆山也”。我叫一个学生解释这句的意思，他说：“滁州周围都是山”。我问他哪一个字的意思是“周围”，为什么“环滁”就是“滁州周围”，他回答不出。我再三启发，他还是说不出“环绕着滁州都是山”。这说明他对“环”字没有理解好，这种情形对于过字关是不利的，应当改变。

要过字关，对于字就不能简单从事，囫囵吞枣。但是也决不能离开课文去讲字。只要课文里必须讲的讲了，就已经足够了。不然，多讲了学生也接受不了。

要尽早地引导学生学着用字典，使他们对字典发生兴趣，养成用字典的习惯。这对于过字关是十分重要的，于学习语文有重大的意义。

2. 句关

这里应该先说一下词汇。就掌握语言来说，词汇是非常重要的，一个人语言水平的高低，在很大程度上取决于掌握词汇的情况。目前许多中学生对词汇掌握得不够，不好，表现在阅读上是对词的理解不确切，表现在写作上是词不够用，用得不准确。在教学中，词处在字、句之间。前边说的过字关，离不开词的教学（不能丢下词去孤立地讲字）；下边要说的过句关，也离不开词的教学（不能丢下词去抽象地讲句）。反过来说，讲一个词，一方面不能不讲构成这个词的字的读音、意义和写法，另一方面不能不讲这个词怎样用在句子里。换言之，解决词汇问题，一头要跟过字关统一起来，一头要跟过句关统一起来。因此，这里暂时不单独把词汇作为一关来讨论。

句子是个大关。很多学生读书的时候对句子的理解不清楚，作文的时候句子写不通。过句关，需要抓住重点。谈到句，自然就会联想到语法。事实上，就汉语而论，一个句子通不通，主要是逻辑思维的问题，是想的问题。平常做改病句练习，病句的病在什么地方？主要的病就在于没有想清楚。在一次测验中，有个学生写了这样的句子：“英雄的形象在我心中生根、开花、结果。”照语法讲，这是主谓搭配不当，其实，这是事理不合，主谓搭配不当是其后果，是思想没有搞清楚在语言文字上的表现。

过句关，首先要重视学生的思维条理，从语法方面来讲，主要得注意词的组织配合和虚词的运用。

前人好搞对对子，我们以前总以为那是为了学作诗。实际上，那正是在反反复复地训练字句的组织配合。比如，“红花”对“绿叶”，这两个都是用形容词加名词组成的偏正结构。“水落”对“石出”，是句子对句子。四个字以上的，可以连复句都包括进去。对对子，这里边的毛病很多，但是前人千百年来抓住这个办法不放，不是没有道理的。这里面还有逻辑训练的因素。“飞禽”对“走兽”，两个都是由动词加名词组成的偏正结构，能对。但是，“飞禽”对“奔马”就不行，虽然“奔马”也是动词加名词的偏正结构，但在逻辑上概念的等级不同，对不起来。这里提一提这个古老的办法，并不是要提倡对对子，而是用这个来说明，抓组织配合是多少年来训练学生过句关的老传统，这一点对我们是有启发作用的。

过句关也应该更多地从积极方面着眼，加强训练，不能光是靠消极地改病句。讲课文时，不能让学生对文章里的句子囫囵吞枣，要让学生理解得透彻、确切，有点分析能力。

讲句子是否会妨碍讲课文？不会。只要不是讲得过于烦琐，不会妨碍讲课文，正相反，对学生理解课文是大有帮助的。例如，毛泽东同志的《改造我们的学习》这篇文章，第一段讲了学习马克思主义的经过，把取得的成就作了概括。第二段一开头说“但是我们还是有缺点的，而且还有很大的缺点。”从语法上来说，这是递进关系的句子。如果引导学生注意一下这个句子的结构，跟一般的陈述句（比如“但是我们还是有很大的缺点的”）比较比较，一定能帮助学生更好地理解这篇文章的主题思想。说这是讲句子，可以；说这是讲文章，也可以。

从课文出发讲句子，可以把语法、修辞、逻辑联系起来。鲁迅先生的《从百草园到三味书屋》里，有这样几句：“……肥胖的黄蜂伏在菜花上，轻捷的叫天子忽然从草间直窜向云霄里去了。”有一位教师讲解这句时指出：黄蜂，用“肥胖”来说它的样子，用“伏”来说它的动作；叫天子，用“轻捷”来说它的样子，用“窜”来说它的动作——这是形容词和动词的配合，这样配合非常好，把景象写得准确而生动。我认为这样讲解，比分析一大通百草园如何好，鲁迅先生如何喜爱百草园，甚至从这里再生发出一套大道理来，对学生会更有帮助。

3. 篇章关

中学生写文章，有时候意思很好，就是组织得不好，没有条理，没有很好地把思想表达出来。有时候又仿佛文思枯涩，干巴巴的几条筋，铺陈不开。谋篇布局，看来也是一道关口。

篇章，无非是思路的反映。思路，无非又是认识事物、思考问题的过程。因此，必须帮助学生学会细致地观察事物，有条理地思考问题。决不能单纯从技巧方面来看篇章问题。

近来，接触了一些教学工作，感到有些教师在技巧上花的工夫太多。他们在初一就大讲方法技巧，而不从帮助学生很好地观察事物入手，不从思路上来引导。有位老师讲鲁迅先生的《一件小事》，着重讲文章中的“我”和洋车夫的对比，讲怎样突出人物形象。结果学生在作文中写了这样的事情：一群小学生周末去看电影，看到有个盲人要过马路，他们只觉得很好玩，并没想到怎样去帮助那个盲人。这时忽然有辆汽车疾驰而来，眼看要出事。在这紧急关头，幸好一位工人叔叔奔过去把那盲人搀扶了过来。小学生们感到很惭愧。他们“觉得工人叔叔的背影渐渐高大起来”，他们“带着愉快的脚步来，却带着沉重的脚步走进电影院”。是不是真有这么一回事呢？经了解，事实并不如此，他们当时也感到很着急，并没有“觉得很好玩”。这个学生所以要这样写，说是为了要对比，使工人叔叔的形象突出。这件事除了告诉我们要注意对学生进行写作态度的教育而外，还充分说明，过早过多地讲技巧，没有什么好处。

过篇章关的有效办法是指导学生多读些好文章。讲这些文章的时候，要帮助学生了解作者是怎样观察事物的，是怎样思考问题的，是怎样展开自己的思路的。不要纠缠在写法上，更不要好高骛远，不适当地去讲文艺创作的技巧。

语文教学中的三个统一

要提高学生的语文程度，教学中很重要的一个原则是求统一。

1. 思想内容与语言文字统一。不要一会儿丢下思想内容去讲语言文字，一会儿又丢下文章去讲思想内容。要统一起来，把语言文字讲清楚，从而理解思想内容，懂得了思想内容，又去领会语言文字的运用。

2. 知识与训练统一。不要离开训练，空讲语法、修辞等知识；也不要排斥知识，杂乱无章地只管练习。知识要为训练服务，训练要运用有条理的知识，又去巩固所学的知识。知识和训练的目的不是两个，是一个——提高运用语言文字的技能。

3. 读与写统一。要提高写的能力，必须多读，熟读，精读。写，需要指导，需要练习，但是没有读作基础是不行的。讲一篇文章，指导学生好好地理解，好好地读，也正是在指导他学习写。不要把读和写看成不相干的两码事。

《岳阳楼记》里有“先天下之忧而忧，后天下之乐而乐”的句子。我要一个学生讲讲这句话的意思。他说：“这里表现了作者忧国忧民的思想和伟大的抱负，不是斤斤计较个人利害，而是时时关心国家的安危，百姓的疾苦，吃苦在前，享乐在后。但是，范仲淹是为封建统治阶级服务的，他的思想不能跟我们的为人民服务的思想相提并论……”等等。我说，就只要讲讲这个句子的意思，先不必发挥这么多。他重说了一遍，还是讲了一大套，讲了一番大道理，无论如何也讲不出这个句子的意思来。“先”怎么用，“后”怎么用，两个“忧”字有什么不同，两个“乐”字有什么不同，全句该怎样用现代语表达出来，都说不出。学了篇文章，只能讲大道理，不能确切地理解文义，怎么能真正领会文章的思想？这样，怎么能收到举一反三的效果，提高读书的能力？怎么能从读的文章中学到作文的方法？

总之，真正把文章弄懂了，既学了读书，也学了写作，又学了思想；否则，一样丢，样样丢，一无所得。不要看学生能讲一大套，他所说的，不是自己所理解的《岳阳楼记》的思想，而是背诵老师的思想。

要有效地提高学生的语文程度，就得严格要求。这就需要教师自己有本钱。所以，教师必须不断地提高自己。最重要的是工作要踏实。不要追求形式，只讲过场；不要纠缠在种种名堂的概念、定义里头，靠条条框框办事。我们要用学生的实实在在的语文程度，而不是别的什么，来检验自己的工作成绩。

1962年10月

说工具

语文是个工具，进行思维和交流思想的工具，因而是学习文化知识和科学技术的工具，是进行各项工作的工具。

对于语文的这种性质，大家多半同意，看法上没有什么出入。但是，语文教学应当怎么办才算是符合语文的这种性质？语文课本的文章应当怎样教才能使学生正确地、充分地掌握语文这个工具？在这些方面还不是完全没有问题。近来我时常被问到这件事，也听到一些有关这个问题的讨论，看到一些情况，因而有些零零星星的不成熟的感想。这里就把这些感想说一说，向关心语文教学的同志们请教。

先讲一件与此有关的事情。

请看哪一个讲法好些？

事有凑巧，在不同的时间和不同的地方，我听见过三位教师讲“破釜沉舟”这个成语。

有一位教师大致是这样讲的：“‘破釜沉舟’表示坚决的意思。做事一定要坚决。无论做什么，只要是正当的、应该做的事，就必须抱定只许前进、不许后退，只许胜利、不许失败的决心，只有这样才能得到成功。如果前怕狼后怕虎，工作还没开始就准备下失败的退路，那样一定不会成功，碰到一点儿困难就向后转了。当然，前进的目的必须正确。在这一点上，古人不能跟我们相提并论。由于时代的局限，古人，尤其是封建统治阶级的人，做事的目的在今天看来很多是成问题的，下定决心做好事是应当的，如果坚决做坏事，那就不应当了。”

有一位教师是另一种讲法，他说："'釜'就是锅，'舟'就是船。'破'和'沉'都是动词。'破釜'是'使釜破'的意思，也就是把锅砸碎；'沉舟'是'使舟沉'的意思，也就是把船凿沉。这样用法的动词叫作'使动词'。同是做饭的家具，古代叫'釜'，现代叫'锅'；同是水上运输工具，古代叫'舟'，现代叫'船'；这是古今词汇的演变。像古代叫'冠'，现代叫'帽子'；古代叫'履'，现代叫'鞋'，都是这种情形。曹植《七步诗》里有'豆在釜中泣'的句子，柳宗元《江雪》里有'孤舟蓑笠翁'的句子，这里的'釜'和'舟'跟'破釜沉舟'里的'釜'和'舟'意思相同。"

另一位教师讲得比较简单，话说得比较少。他这样讲："项羽渡河进攻秦朝的军队，渡河之后，把造饭的锅砸碎，把船凿沉，断了自己的退路，以示有进无退的决心，终于把秦军打败了。后来大家就用'破釜沉舟'这个成语表示下定最大的决心，不顾任何牺牲的意思。"

请想一下，这三个讲法哪个好些？在我看来，三位老师的修养都很好，讲得都对，第一位讲的那番道理，第二位老师讲的那些知识，于学生都是有用的。不过，要是处处都像第一位那样，只说些大道理，不讲字句的本身的意思，恐怕不太好；要是像第二位那样，只讲字句的知识，不管这些字句合在一起表达一种怎样的思想感情，用在什么场合，效果怕也有问题；要是把两种讲法加在一起，每句话都这样讲起来，费时过多且不说它，恐怕对于学生的理解掌握也不见得有好处。因此，我觉得，一般说来，第三位讲法可能好一些，话说得比较少，可是把知识、道理结合在一起了。我找了一些学生测验了一下，证明这个想法大体上符合实际。这三位老师对这个成语的不同讲法，给了我很大的启发。

语文是一个什么工具，怎样掌握它？

语文这个工具和生产上用的一些工具，比如除草用的锄头，平整木料用的刨子等，有同有异。同在都是工具。各种工具总有某些共同的特点，否则它们就不会叫作工具。异在它们的作用。语文有语文的用处，生产工具有生产工具的用处。必须看到那个同，也必须看到那个异，才能比较全面地理解语文的性质，才能比较准确地找到掌握它的办法。

先说同。从大处来说，工具的本身没有阶级性，掌握在谁的手里就为谁服务。在这一点上，语文和其他工具是一样的。封建统治阶级运用语文工具宣扬封建主义的思想意识，资产阶级运用语文工具宣扬资本主义思想意识，无产阶级则运用语文工具宣传无产阶级的思想意识，跟一切的反动的思想意识做斗争。无产阶级必须充分地、高度准确地掌握语文这个工具，让它很好地为社会主义和共产主义事业服务。

凡属工具，最重要的是准确地操纵它，熟练地运用它，只有这样，它才好好地为我们服务。在这一点上，语文跟别的工具也是一样的。如果我们拿着个锄头，不会用，只会说些"锄头可以帮助我们除草，帮助我们生产粮食，而生产粮食是社会主义建设中的重要工作"之类的大道理，或者只会说些"锄头的柄是木头做的，也可以用竹子做，头是用铁做的，头和柄应该成多少度角"之类的知识，就是不会拿上一把锄头去锄地，那是不行的。道理是重要的，知识也是有用的，因而有些人专门研究那些道理和知识；可是无论如何，不会用总不行。不会用，它就不为我们服务，说了半天也生产不出粮食来。语文也一样，要紧的是能听，能说，能读，能写。要是看见个字不认识，有个什么意思写不出来，大道理讲得再多，知识记得再熟，即使道理和知识都不错，也还是没有掌握语文这个工具，它还是不肯好好地为我们服务。

那么，怎样才能达到准确地操纵和熟练地运用，也就是达到充分地掌握呢？凡属工具，要掌握它就要到使用它的现场里去学。在这一点上，语文和其他的工具也没有两样。要会用锄头，就得拿把锄头到地里去学；要会用刨子，就得拿个刨子到木作案子上去学。要是坐在屋里拿把锄头或者刨子讲一通使用的方法，就是不到现场去比试比试，即使讲得都对，还是掌握不了。掌握语文这个工具也一样，也得到使用语文工具的现场去学习。使用语文工具的现场在哪里呢？这就涉及语文工具和其他工具异的方面了。

再说异。生产上用的各种工具，都是生产物质资料的。语文这个工具不生产物质资料，它不是生产工具，而是人们用来思维和交流思想的工具，学习科学文化知识和进行工作的工具。这就是说，语文这个工具和各种生产工具的作用不同。

锄头是除草的，而锄头和草是两码事，锄头和草并不长在一起。语文是交流思想的，语文和思想虽然也是两码事，可是由于语文是交流思想的工具，而思想是抽象的，它要依靠语文这个物质外壳而存在，所以语文和思想老是长在一起，分不开。这是语文工具跟其他工具不相同的一点。“地球是圆的。”你不可能只学“地球”“是”“圆”“的”这些词，“主语＋谓语”这个句子的结构，而不同时学了地球是圆的这条知识。“劳动创造世界。”你也不可能只学“劳动”“创造”“世界”这三个词，“主语＋谓语＋宾语”这个句子结构，而不同时学了劳动创造世界这个观点。换言之，不学会那些词、那些句子，就懂不了那些意思；如果还没懂那些意思，实际上也就还没有真正学会那些词、那些句子。这就意味着，学习语文这个工具的时候，学习怎样用语文来交流思想的技能，跟学习语文所表达的思想本身，是不可分割地结合在一起的。

语言现象涉及三种事物：人，语言，思想。人要掌握语言这个工具，同掌握其他工具一样，得练；语言是交流思想的工具，但由于思想和语言有着不解的姻缘，同草和锄头的关系不大一样，所以在进行语文教育时就离不开语言材料所包含的思想内容。语文这个工具跟其他工具有相同的一面，这就决定了语文教学必须教学生切切实实地在训练中学会操纵和使用语文工具，也就是着眼于掌握字、词、句和篇章的运用能力，不容许离开这种训练去空讲大道理，空讲理论知识；它跟其他工具又有相异的一面，这又决定了语文教学必须把训练学生运用字、词、句、篇章的能力和训练学生理解语言所表达的思想的能力结合起来，不容许把二者割裂开来，对立起来。这样看来，语文教学强调基本功，强调多读多练，强调“文道统一”，这正是由语文这个工具的性质决定的。

第一种讲法，着重于讲语言所表达的思想，而且发挥得有点过分，不注意语言这个物质外壳本身；第二种讲法，只注意了语言这个物质外壳，忘掉了它所负载的思想内容。这两种讲法从不同的方面都忽略了语文这个工具的性质。第三种之所以比较可取，正是由于那种讲法大体上是符合语文这个工具性质的。当然，专从对一个成语的解释来说明这个问题不可能十分确切，不过大致还可以作为参考就是了。

文道统一

教学生掌握语文工具，也就是掌握足够的字和词，掌握句子的构造和用法，掌握谋篇布局的道理和技能，这是语文教学的目的。那么，在语文课里，教学生读一篇一篇的文章的时候，目的是不是就仅仅在于要学生学会文章里的某些字和词、某些句子和谋篇布局的某些方法呢？

我想，教一篇文章的目的和整个语文教学的目的是统一的，又是有区别的，不能混为一谈。

语文课本的课文有的是讲自然现象的，有的是讲地理、历史知识的，有的是诗歌、散文、小说等文学作品，有的是论述政治思想的议论文章。所有这一切，都是作为学习语文的材料，要学生从这些材料中学到读书、作文的能力的。语文教学的目的主要不在于教给学生有关自然的或者有关社会的知识，因为那是物理、化学、生物、地理、历史那些学科的工作；语文教学的主要目的并不在于教给学生太多的文学理论知识或者文学创作技能，因为中学毕业生需要的是一般的读书、作文能力，就是阅读各种各类的书籍、写各种各类的文章的能力，而不是只要阅读文学书籍、必须创作文学作品的能力；语文教学的主要目的也不在于教给学生很多政治思想的知识或理论修养，因为那是政治课的工作。如果把介绍各种科学知识，训练文学修养，解决政治思想问题等，统统作为语文教学的主要目的，这个语文教学该怎样进行法？它哪里有这么大的能力？教学生掌握语文工具的目的又将如何实现？可是，又必须看到，凡是文章，总是记载知识、表达思想的。学生读什么样的文章就会从中吸取什么样的知识，受到什么样的思想感情的感染。因此，语文教学总是在向学生进行语文训练的同时产生一定的思想教育的作用。所以，语文教学就不能不注意这件事，就不能不运用这个向学生进行思想教育的非常方便而有效的阵地。古今中外，没有哪个时代、哪个阶级的语文教学不是带有非常鲜明的时代特点的阶级性的，《三字经》《千字文》在封建社会里只是启蒙的识字教材，封建主义的色彩就已经那么鲜明，至于再高一级的语文教学，就更不用说了。就连只是单字的堆积，并无任何思想内容的《百家姓》，宋朝人编的要用“赵”字打头，明朝的统治阶级就不容许这一点，把它改成用“朱”打头的《千家姓》，而清朝的统治者既不许“赵”字打头，也不许“朱”字打头，要另外编一种新的“御制”《百家姓》。资产阶级的语文教学搞些什么名堂，更是大家所熟知的，这里就不去说它了。今天，我们的任务是要把学生培养成无产阶级革命事业的接班人，难道可以不重视、不占领语文教学这个思想阵地吗？当然是绝不可以的。然则，怎样重视、怎样占领呢？首要的问题在于让学生读些什么，也就是在于课本的选材。所以中学语文教学大纲里规定，语文课本要选“具有积极的思想内容”的文章，要选“有助于培养坚强的革命后代”的文章。同样重要的是教学必须要求学生把这些文章透彻地读懂，一字一句地、整段整篇地都理解得确切，这样才能在学习语文的知识和技能的同时也领悟、进而吸取了文章里那些积极有益的思想。语文教学里的“文道统一”就表现在教材和教学这两个方面。因此，就整个的语文教学来说，还是不能不把教学生掌握语文工具这个目的明确地、突出地提出来。学生学不好字、词、句、篇，他就掌握不了语文工具，这样，他怎么能读懂有积极的思想内容的文章？读不懂那些文章，怎么能从文章里受到教育？

语文教学的目的既然如此，是不是教每篇文章的时候，只要把文章的一些生字、生词、成语、谋篇布局的方法抽出来讲一讲，让学生明白了、记住了就算教好这篇文章了呢？是不是这样教一篇一篇的文章，把初高中十二册课本的文章都教完，就可以达到语文教学的目的了呢？我想，不是的。如果这样，那就可以不用语文课本，教学生读一本字典、一本成语词典、一本文章作法，或者再加上一本语法修辞书就行了。古往今来，没有这样的语文教学；我想，今后也不会有。

语言既是工具，要琢磨它在表达思想时的工具作用发挥得怎么样，就先得弄清它要表达的思想。就是说，教学生读一篇文章，必须把它作为一整篇文章让学生读懂。如果这篇文章是介绍某种知识的，要使学生充分理解这种知识；如果是讲某种道理的，要使学生透彻地懂得这种道理；如果是写人物的，要使学生真正认识这个人物。只有这样，学生才能确确实实地理解和掌握那些记述知识、阐释道理、描绘人物的字、词、句和谋篇布局的方法，他所学到的有关字、词、句、篇的知识才是活的、有用的知识，才具有把知识化为技能的条件。这就是前边说的必须在使用工具的现场里学习才能真正掌握工具的道理。不讲字、词、句、篇，不带着学生好好地读课文，把课文里的思想抽出来，用老师自己的话去讲，不行；不把课文作为一个整体，不启发学生好好地领略课文的思想内容，把课文里的字、词、句和谋篇布局的方法抽出来，用老师自己的话去讲，也不行。

教一篇文章，必须让学生透彻理解全篇思想内容，并且从中得到思想上的教益，知识上的启迪，感情上的陶冶，不这样是不对的，可是办法必须是带领着学生好好地读这篇文章，一字、一词、一句、一段地都读懂，把文章的安排组织都搞清楚，让文章的本身去教育学生；教一篇文章，必须让学生从中学到有用的字、词、句和谋篇布局的方法，从而丰富他的语言知识，提高他的语言技能，不这样是不对的，可是办法必须是指导学生充分理解文章的内容——明了文章所讲的知识或道理，体会文章表达的思想感情，在这过程中学到一些字、词、句、篇的运用。这样，十二册课本教完，大概能达到语文教学教学生掌握语文工具的目的，同时也收到了思想教育的效果。不这样，学生也是不答应的。如果每教一篇文章，总是只讲大道理，只说些抽象笼统的话，学生感觉不到他的读书作文能力有什么长进，听来听去他会腻烦，他会用“思想开小差”来表示异议：反之，如果老是孤立地讲字义，讲词义，讲成语，讲句子结构，学生感觉不到从文章里得到某些启发教育的享受，听来听去他也要厌倦，也会用“思想开小差”来表示拒绝。总之，注意了思想内容而忽视或者降低了语文工具本身的重要性，其结果非但完成不了教学生掌握语文工具的目的，更将“事与愿违”，连自己所重视的思想教育也会受到妨害；反之，把语言文字同文章的思想内容割裂开来，孤立地去搞字、词、句、篇，非但放弃了进行思想教育的很大的可能性，反而连自己所重视的掌握语文工具的目的也达不到。一句话：文道统一！

1963 年 10 月

再谈语文课的几个问题*

今天再就语文这门功课谈几个问题，向同志们请教。

首先是语文基本技能和基本知识的范围、内容和规格应当有明确规定的问题。

大家一致认为，语文课要有效率地提高学生的语文能力，包括口头的，特别是说话的能力，和书面的，也就是阅读和写作能力。过去由于种种原因，这方面的训练，效率不高，效果不尽令人满意。我们同意这些看法。不过只是说提高学生的语文能力，或者说提高学生的读写能力，还嫌笼统空泛一点。教育部制订的《全日制十年制学校中学语文教学大纲》（试行草案），既然是个大纲，在许多方面就只能提出些概括的原则性的意见，不可能规定得很细。但是在教学工作中，对于培养语文能力就要考虑得细致、具体，并且一段一段的时间、一个一个的项目都要有明确的标准，严格的要求。

培养和提高语文能力首先是一种技能训练。凡属技能训练，都要有一定的规格，明确的标准和要求。比如体育运动，各种基本训练项目就有明确标准。《国家体育锻炼标准》中规定，跑一百米，少年一组（13—15 岁）男生要求 15 秒，女生 17 秒 4，少年二组（16—17 岁）男生要求 14 秒 4，女生 16 秒 8，等等。工业方面，国家有统一规定的各级技术工人“应知应会”的工艺项目；一个厂里生产的某种机器的某种零件，误差率必须在多少以下才算合格，上差、下差各有限度。语文训练也应当有规格，有标准。小学低年级、小学高年级、初中、高中几个不同阶段，语音、文字、词汇，说话、读

---

* 本文刊载于《中国语文》1978 年第 11 期。

书、作文等几个方面，都应当分别有明确的规定。

为了做出这些规定，并且每项规定都有比较科学的根据，需要赶紧做一些研究工作。比如文字，过去有个三千五百字的常用字表。由于语言文字的发展，由于简化汉字的推行，那个表不准确了，应当重新统计。统计得比较准确了，比如有三千二，或者二千八，然后就需要排排队，幼儿园大班能不能识一些，小学一年级上学期、下学期，二年级，识多少，识哪些，识了这些常用字之后，还要补充哪些，初中毕业、高中毕业总共要识多少，识哪些，才算合格，都定出一个谱，在这个方面，就有了规格，有了标准了。词汇，似乎还没有一份适应教学用的现代汉语常用词表，要赶紧搞这么一个表出来。可以运用电子技术来做，如果汉字编码问题解决了，能够很快做出来，用不了太多的时间。有了这么个表，教学也就有一个基本依据了。之后，还要根据难易，根据需要，排好次序和进度，定出各个学习阶段掌握这些字和词的深度和熟练度。例如“度”这个字，可以单独用在“二十五度”“三十度”这些词组里，可以用在“温度”“高度”这些词里，可以用在“程度”“制度”“适度”这些词里，可以用在“度过”之类的词里，可以用在“度量”“气度”之类的词里，可以用在“置之度外”这样的成语里。这些，能够在学生第一次遇到“度”字的时候一股脑儿教给学生，一股脑儿要求“掌握”，要求熟练运用吗？反之，能够心中无数，初一、初二、初中毕业，高中毕业，学生对这个字掌握到哪一步，听之任之，会多少算多少吗？恐怕都不行。这两种办法（或者说态度），都是不科学的。以上仅仅是一个小例子。造句、成篇，叙事、说理，都应当一学期有一学期的要求，一年有一年的要求，小学毕业、初中毕业、高中毕业有明确的规格。代数，某年某学期要学会分解因式，要分解得对，还要分解得快，要熟练到一看就分解出来，用不着再画图配合，那么语文就不可能定一定，某年某学期要把某种句子练熟，开口说不错，下笔写不错吗？我们认为定一定是必要的，也是可能的。

为了培养、提高语文技能，需要教一些有关的知识，比如语音知识、语法知识，等等。究竟教哪些，教多少，教到什么程度，也就是知识的范围、分量、深度都要清楚。哪些是属于基础知识，必须在普通教育阶段教给学生的，哪些技能可以让学生仅知其然，不一定知其所以然的，从小学到高中也要有个安排。

我们常说，为了适应四个现代化的要求，语文教学除了吸取多读多练的传统经验之外，还要力求科学化。一个好教练训练运动员是有严格的训练计划的，计划的安排是很科学的，否则就要影响运动员出成绩。语文训练也应当有并且可以有科学的方法。学习不是要循序渐进吗？那么，就需要有一个明确的、合乎科学的序，教和学才能有所遵循。循着这个序，一步一步、踏踏实实地教下去、学下去，才可能有好的效果。当然，语文课的序，不一定和数学、物理、化学课或者历史、地理课的序一模一样。但是，总得有个序，这个序总得是说得出科学道理的，明白可行的，依次做下去能够收到实效的，因而也就应当是严格的。要力求做到每上一节课都让学生有所得，每一周都有个明确的目标；要教些什么知识，训练学生掌握什么技能，达到什么程度，心中有数。这样，就不会再出现这样的怪现象：学生因事因病缺了几个星期语文课，一点儿都不着急，也不用补课，而数理化缺了课就非补不行；或者，问语文学得好的同志的学习经验，回答往往是靠了课外阅读，而不是受益于语文课。

就语文基本技能和基本知识的范围、内容和规格要求做出一套完整的、妥善的规定，不是一件容易事，并且如上所说，条件还不完全具备。然而，也并不是完全没有条件，并且，任何工作，都不能等到“万事俱备，只欠东风”的时候才动手，相反，工作条件往往都是在实践中逐步完善起来的。这里，我想到几点，不知对不对、行不行，姑且说说，供参考。第一，可以先由一个地区甚至一个学校参照教学大纲的规定和新编教材提供的粗线条的轮廓，分别拟定细目，试行起来，边做边改，边充实，到一定的时候，各地各校一起来交流、总结，得出共同一致的方案，在更大的范围以至在全国推行。第二，不要把技能和知识混淆起来，要分别规定清楚；要以技能为主，知识密切配合培养技能的需要，要少，要精，要切实有用；规定不要陷于烦琐，但是要尽可能具体，让人摸得着，抓得住，不要含含糊糊，笼笼统统的。第三，可以先着重考虑现代语的，目标是提早一些达到完全过关；至于文言技能和知识，缓一步再说。第四，技能，包括掌握语音和普通话，掌握文字和词汇，掌握基本的造句能力和成段成篇的能力，叙事、说理的能力

(成句、成段、成篇，叙事、说理，都包括口头的和书面的；叙事、说理都包括局部的、片段的和整篇的，包括模仿的，有依据的，如复述，改写等和创造性的)；有的要有数量的规定，例如文字、词汇、阅读量；有的要有程度和速度的规定，例如读和写；各种技能都要有熟练度和准确度的规定。第五，要从幼儿园的语言训练考虑起，一直考虑到高中毕业为止，做全面的安排，不要一段管一段，井水不犯河水，各自为政，互不相谋。大体上可以分幼儿园早期，幼儿园后期（能不能识点字?)，小学前期（前三年)，小学后期（后两年)，初中，高中六段，每段之中再按年、按学期以至按月、按周来分别规定。

下面，想就读写训练和政治思想教育的关系谈点想法，向大家请教，跟大家商量。一个人从儿童到少年、青年时期，在他成长的过程中，要不要进行道德、品质，理想、情操，趣味、风格这一类的教育呢？我相信，大家一定会同意进行这种教育，培养我们的青少年具有共产主义的道德品质，远大、崇高的理想，使学生具有优美的内心精神世界，具有无私无畏，愿为共产主义奋斗终生，牺牲小我，并且以此为荣、以此为乐的人生观，这是教育工作者义不容辞的责任。而今天，在“四人帮”对青少年的毒害既深且重的时候，这个问题不是更为突出一些吗？那么，可能不可能由某一门课来着重地考虑一下这方面的教育问题呢？诚然，这种教育不是一门课程能够单独完成的。然而，不仅是这种教育，任何一种教育都不是任何一门课程能够单独完成的。就拿培养语文能力来说，难道语文课就能“包打天下”吗？实际上，各门课，以至于课外读报，听广播，看小说，等等，都在对学生进行着语文训练。但是毕竟语文课要着重地有计划地进行语文训练，并把这件事定为任务。历史知识和地理知识，涉及上下几千年，纵横几万里，历史课和地理课那么几十个课时能“包打天下”吗？不能。事实上，学生平时看小说，看电影，看戏，参观展览会、博物馆、博览会，看画展，听音乐等，都会增长许多历史知识和地理知识，以至形成某些观点。但是我们毕竟不能不要求历史课和地理课着重地有计划地进行这方面的训练。那么，在学前教育和普通教育阶段，哪门课进行道德、品质，思想、情操，趣味、风格的教育更合适、更有力呢？不要说数学、物理、化学，就是用政治课来同语文课比较一下，哪一门的条件更优越一些呢？

古今中外，就我们所知道的，由于读了类乎语文课这类内容的东西，而产生某种思想，陶冶了某种情操，以至参加了革命性活动的，颇不少见。英国女作家伏尼契的小说《牛虻》对许多革命者起了鼓舞作用，它曾对《钢铁是怎样炼成的》作者奥斯特洛夫斯基产生了很大的影响，我国的青年读者也十分喜爱牛虻这个爱国志士的英雄形象，从牛虻身上学习到了有益的东西。杨沫的长篇小说《青春之歌》被介绍到日本后，产生了很大影响，一些和林道静处境相近的青年，从林道静的思想发展中受到启发，走上了革命道路。这样的例子不难举出一大本。我们老一辈的革命家中不少人都可以从他们年轻时候读的好文章、好作品中找到引导他们走上革命道路的因素。

如果进行上述那些教育确是必要的，如果语文课在这个方面的能力确是大于别的一切功课的，那么，在语文课里是有意识地、有适当计划地做一些考虑和安排好呢，还是不这样考虑，听其自然，碰上什么算什么好呢？我个人倾向于前者。那么，这是不是语文课的外加的差事呢？会不会影响语文训练、削弱语文训练呢？我觉得不是，不会。这一点，留在下边，和就要谈的另两个问题合起来谈。

和上一个问题密切联系的，是在语文课中究竟应该怎样对待文学教育的问题。文学是意识形态领域里很重要的一个门类。在讨论语文教学时，常常说到，语文课的教材要选典范文章，要选“名家名篇”，其中包括了比例很大的优秀文学作品，而同时又提出，“语文课不能教成文学课”。怎样理解、对待这个问题呢？我觉得，要做实事求是地分析，要谈得更具体一些。语文课要搞语言训练，而文学作品是“语言的艺术”，优秀文学作品的语言是丰富的，运用得一般是比较精到的，像曹雪芹的《红楼梦》，像鲁迅的作品，像朱自清、叶圣陶、老舍、曹禺、巴金、赵树理的一些作品，还有许多其他作家的作品，在运用语言方面，都足以作为学习的楷模。但我们让学生学习这些并不是为了使他们成为文学家。正确地学习优秀的文学作品，受益是多方面的，包括一般日常运用语言的能力。不是有好些在语文方面有成就的人（其中也有不少科学家）都宣称他们的语文能力是得之于年轻时课外自己读了好些书吗？请问，是些什么书呢？在老一辈人，所读的不就是《红楼梦》

《三国演义》之类吗？中年人除了那些古典作品之外，不就是三四十年代那些作家们的创作和翻译作品吗？在学习语言的同时，学习文学作品对前边提到的培养青少年的道德、品质，理想、情操，趣味、风格，影响很大。它通过形象的感染，使学生潜移默化地受到思想感情的陶冶。这种力量之大，是人所共知的，不待多说。

至于说，受过普通中等教育的青年，应该具备必要的文学常识，似乎也不能全然置之不顾吧。他们应该具有最基本的（或者说最起码的）文艺理论知识，具有一般的艺术鉴赏力。大概可以说，任何一个人一生都和文学脱离不了关系。他总是要看点小说，看点电影，看点戏的，至少要听听故事、传说吧。这就需要从小教他能够欣赏好的，受到教育；能够批评坏的，不受其影响。他们对于祖国的和世界的丰富的文学宝库，也不应当一无所知或者所知太少吧。前几年，由于“四人帮”对文化教育的破坏，有些青少年在这方面相当无知。虽然年年端午节吃粽子，可是当上映电影《屈原》的时候，不少青少年不知道屈原是人名还是地名，那就更谈不上对屈原的作品有什么了解了。高考中出的类似的笑话更多。这样的教训还不够沉痛吗？

文学作品既是学习语言的好材料，又是进行上述那些教育的好材料。正因为如此，古今中外，各个阶级没有例外地都用相当多的文学作品对下一代进行教育，有的并且是以此为主。我们是不是需要有意识地、比较有计划地做些考虑和安排，运用文学作品来进行语文课所应当进行的各方面的教育呢，还是只需盲目地随便抓一点来，碰上什么算什么呢？我个人倾向于前者。

在语文课里教文学作品，不应当把课文抛在一边，不论是一首二十个字的五言绝句还是一篇三千字的翻译小说，由教师大讲抽象的理论知识，什么时代背景，作者生平，主题思想，段落结构，人物形象，写作技巧，等等，这的确应当反对。然而，不应当因此否定文学教育的重要性。培养语言能力同样不能靠老师大讲特讲语文知识。教法不对头和应当不应当教，是两个问题，不能混为一谈。此其一。其次是，我们说文学教育应当重视，应当有意识地考虑，有计划地适当安排，并不意味着语文课里只要教文学作品。这又是两码事，不能混为一谈。

再一个是关于思维训练的问题。

培养学生具有逻辑思维能力，对于他们学好各门课程，向四个现代化进军，关系极为密切。可以想见，一个人思维缺乏条理，思路混乱，怎么能学好各门功课，进而研究各门科学呢？培养逻辑思维能力，同样是各门课程共同担负的任务。比如数学课，算一道题，常常是由已知求未知，常常用到演绎的推理方法。生物课的形态学部分要讲生物的分类，各类的定义，这对于进行概念、概念的等级、分类、定义等训练，很有帮助。其他各门课程，都对于思维训练在某一方面有或多或少的作用。在语文课里，要进行组词成句、连句成段、布局谋篇的训练，进行各种文体的写作训练，进行口头表达的各种训练，在这种种训练的过程中，实际上是从概念到判断、推理、论证，到逻辑思维的基本规律（同一律、矛盾律、排中律）进行了很全面的逻辑思维训练，可以说，比任何其他课程都更全面些。如果我们说，全部语文训练和全面的思维训练是同时并进地进行着，相辅相成，相互为用，大概这个话不为过甚。而思维能力的高低对于一个人学习任何文化知识、科学技术，做任何工作，都具有很大的作用，这一点是不言自明的。

语文课既然是最能全面地进行思维训练的，而思维能力是至关重要的，那么，在语文课里要不要有意识地、比较有计划地加以考虑和安排呢，特别是在我们的中学里并不开设逻辑课的情况下？我个人的倾向性的答案是肯定的。

又是语言训练，又是道德品质等的教育，又是文学教育，又是思维训练，语文课的负担不是太重了吗？在“语文”这个专职之外不是加给它的“兼差”太多了吗？我认为不是这样。这几个方面是密不可分的，谁都离不开谁的，都是语文课要干的事，不论你主观上怎么认识，客观上它都在干着，因而，没有哪一样是外加的，统统是它本身固有的。既如此，与其无意识、无计划地干，就不如有意识、有计划地干。认为语文这门课只有一项专职，不过它这个职务繁重些，头绪多些，也行；认为它是“能者多劳”，专职之外还有几项兼差，也行。总之，几件事它都得干，干了甲有益于乙、丙，干了丙有益于甲、乙。

从上边提的几个问题可以看到，语文这门课的内容相当复杂，大概比别的课都要复杂些。这里又产生了一个问题：语文教材到底应当怎样编法？这个问题里包含一串具体问题。

语文教材的主要部分当然是读物。学生要提高语文水平，除了口头训练之外，主要就靠阅读各种读物，从中吸收养分，不断纯化自己的语言，增强自己对语言的敏感性，提高鉴别语言的能力，进而把吸收到的东西化为自己的，从而充实、提高自己运用语言的能力。进行语言教育是离不开读物的。读物有各种各类：古今中外的；文学的和非文学的；非文学读物中又有社会科学的，自然科学的；等等。教材中究竟要哪些，不要哪些？各类读物选用的比例如何？

教材的数量应当怎么规定？太少了当然不行。少就起不到从中吸取营养、纯化语言、提高能力的作用。培养语言能力是一个过程。很多东西需要多次反复才能充分、熟练地掌握。这就要求有一定的量。进了小学的儿童，他们入学前就掌握了口头语言的最基本的东西，具备了一定的知识，有了一定的思维能力，小学低年级就可以识不少字，程度好的小学高年级学生，就能读大厚本的白话小说，到了中学阶段，除了一些内容高深的读物之外，普通的读物，一般的文学作品，都应该能够看得懂了。从这个实际情况看，教材也可以多一些，少了不管用，多一些有可能。过去，在相当长的时间内，我们的“国文”、语文教材的量是偏少的，甚至是过少的。我们语文教材的本子几乎是世界上最薄的，比几个主要国家的同类教材都少得多。不知道这和若干年前教材主要是文言文，因而不可能多搞，只能少少地念一点有没有关系？恐怕是很有关系的。把那个传统沿袭下来，教材编得少就成为一种习惯势力，视为当然了。每个学年开始，学生拿到一本新的数学课本，他自己是很难读得下去的，可是拿到新的语文课本，如果编得还不太坏的话，学生用不了几天就看完了，完全看不懂的，等着老师讲的地方有一点（主要是文言文里），但是不多。这种事实不是教师同志们都知道的吗？当然，过多也不行。那么，多少分量是适度的呢？

教材中除了读物以外，还要有些讲语文知识的材料。知识和读物二者要结合，关系要处理好。它们都是教材的组成部分，搞得全然无关，当然不行。但是要求它们密切无间地融为一体，显然又有困难，知识有它的系统，读物有它的安排，互相迁就的结果往往是互相干扰，这个问题怎么把它解决好呢？

还有读和写的问题。是要求写什么，教材里就编什么，也就是都（或者主要）编一些“葫芦”文章，以便学生可以比着“画瓢”呢，还是读的文章可以深，当时只能欣赏欣赏，或只能局部地学一点什么，等着读多了、长大了慢慢去消化？还是有深有浅，既有“葫芦”文章，又有主要是读还不易模仿的好文章？或是读和写各搞各的，不去互相迁就？

由于教材中存在上述这些以及还没说到的一些问题，我们想到语文教材的分合问题。教材内容十分丰富，几方面的内容有着错综复杂的关系，那么，语文教材究竟是像现在这样把这许多内容都合在一本里好，还是可以适当地分一分？如果分，要研究怎样分法。比如，分为阅读教材和语文训练两个本子，阅读教材选得多些，涉及的面广些，程度深些，并且有必要的阅读指导，教以自学的方法等；语文训练教材主要提供经过系统安排的各种练习，从最基本的一直到要求比较高的写作练习，选上点“葫芦”文章，提供点必要的语文知识和写作知识指导，这样行吗？要很好地研究怎么分才能比较科学，不烦琐，不加重教和学的负担，而能收到更好更快的效果。分开后的教材，应该做到既有分工，互不干扰，互不扯腿，而又能互相配合，不是互不相谋。如果不分，那就要研究怎样能把各种内容熔为一炉，把上述的几种关系处理好；还要避免头绪繁多，哪一头也没顾上的毛病。

解决上述教材方面的问题，要通过大量的调查和充分的科学研究，要能提出言之成理的设想，进行认真的试验，并根据试验的结果，总结、研究、改进，形成方案。是不是有的地方、有的学校愿意有领导地慎重地做做这类试验呢？教材一定要进一步改革，当然不能急躁从事，也不宜迟迟不前。

最后，谈谈语文课的值得注意的两个特点。

语文课不同于别的课，学生不是从全然不知到知，从全然不会到会，而是原来就会的。不像数学课，比如，原来不知道什么叫“开方”，当然也不会开方，上了几课，就知道了，会了。语文不是这样。拿初中一年级的孩子来说，听话，说话，读书，作文，他原来都会的。上语文课，是个在学生原有的语文知识、技能的基础上进一步充实、加工、提高的过程。这是第一点。其次，影响学生语言能力的因素十分复杂。从妈妈的语言、哥哥姐姐的语言，直到学校里各门功课，社会上无穷无尽的运用语言文字的场合，都在对青少年的语言能力施加着巨大的影响。语文课在培养学生语言能力上，既是责无旁贷的，而有时候又仿佛无能为力。

由于这两个特点，语文课的教法应该比别的课要求更高。上面提到，语文课可以长时间不听而不用补课，语文学得好的都说不是受益于语文课。如果听任这种现象存在下去，那么语文课岂不是可以取消了吗？（有的人确实这样说过——除了小学低年级的语文课要教识字，不得不保留之外，小学高年级以上的语文课用处不大，可以取消。真是慨乎言之！）不少语文老师慨叹，很多学生不重视语文课。这是事实。不重视的原因不止一端，有的不是我们自己解决得了的。这也是事实。但是，在我们从事语文教育的人来说，首先应当考虑的是咱们自己的工作。如果咱们能让学生每上一课都感到有所得，每一周、每一月、每一学期，他们都能看到自己的进步，也就是说，他们感到这门课于他们确实有用，他们就会重视了，就会有兴趣，愿意上这门课了。否则，光对他们说语文课多么多么重要，恐怕效果是不大的。我们都说高考是“指挥棒”。高考，不论考文，考理，考工，考农，考体音美等各种专业，统统要考语文，这个“指挥棒”还不够厉害吗？为什么他们还有些人不重视呢？这是很值得咱们想一想的。其次，咱们教语文的老师还得想出办法来帮助学生从他们周围那多种因素中吸收好的影响，排除不好的影响。这也是一桩十分吃力的工作。

要针对存在的问题研究教学方法。教学法要作为教育科研的专门题目来探讨。现在大家谈到老师在课堂上讲得太多。这确是个毛病。但教学法绝不仅仅是老师在课堂上讲多讲少的问题。这里面有教育学、心理学的诸多因素，都需要研究。要提高语文教学效率，教学法的改革必须引起我们的充分注意。此外，老师自己的基本功问题，也是十分重要的。身教重于言教。教学法问题要专题研究，这里只是提一下，不多说了。

1978 年 10 月

关于语文教学中科学性与艺术性问题的探讨

教学是一门科学，又是一种艺术。任何一门学科的成功的教学，都是高度的科学性和精湛的艺术性相结合的成果，语文教学尤其是这样。

什么是科学性呢？科学是反映客观规律的知识体系，科学性是符合科学要求的程度。语文教学的科学性，指的是教学实践在多大程度上符合教学语文的规律。世界上任何事物都有它的条理和规律，语文和语文教学也不例外。语文这个东西，同人们的生活关系十分密切，人们往往觉得是在不知不觉之中就学会了的，仿佛其中没有什么规律可言。实际上这是一种错觉，也反映了过去我们对这个事物缺乏研究。从清末废除科举、兴办学校起，恐怕在各门学科之中，语文一直是很不成功的一门。许多问题，上百年以来，几十年以来，都没有解决。原因就在于，由于半殖民地半封建社会造成的局限，我们对这门学科始终缺乏研究，而正好是这门学科特别需要研究。兴办学校一开始，无可讳言是参考甚至抄袭了日本的或者西方的办法。普通教育阶段的大多数学科，无论是在哪一个国家，哪一个民族，学法上是有共同性的。比如，学数学，总得学加减乘除、小数分数、开方乘方，如此等等这一套。自然科学的以至社会科学的各门学科，大体上都是这样。因此，把别的国家的办法搬来使用，不是完全行不通的。像我这样年岁的人，小的时候学数学、物理、化学，就是用的外国课本。这说明，拿上别国的课本来学习，不是绝对不可以的。独有语文不行。这门学科的特殊性很大，语言有很显著的民族性，各个民族的语言，相互之间有许多差异，尤其是像汉语，同其他的一些主要语言在整个体系上是很不相同的。我们的文字更是一种特殊的文字，同其他一些主要语言的文字都不一样。这种语言、文字有它的特殊性，学习这种语言、文字的途径，也就有它的特殊性。别的任何一个国家都没有给我们准备下我们中国人学我们中国语文应该采取的办法或方案，许多问题要靠我们自己去探索。例如，识字的问题就需要研究和探索。汉字是一种独特的文字体系，这种文字从学习的角度说，有有利的一面，但是在开始的阶段，相当长的时期内有很大的困难。文字的重要性是很大的。进入学龄期之后，掌握文字的能力，对于进一步学习语言、运用语言关系很大。像这样一种文字，用什么样的方法来教来学是最好的呢？几乎可以说，我们两千多年以来，一直在设法解决这个问题。历史上曾经摸索出一些经验，例如大家所熟知的所谓“三、百、千”。为什么会有那么一类教材，而且很多，并且长时间地用那种方法呢？就是因为那种方法在一定程度上符合了汉语、汉字的特点，用那种方法学习起来有一定的方便。它解决文字的问题有一定的效果，里边有一些合理的因素，有一些可贵的经验，但是又有缺陷。那种方法最大的缺陷就是它忽视了语言的训练。怎么样利用这些传统经验，这些经过实践证明是有效的、合理的因素，而又能够弥补它的缺陷，这是一个急需研究的问题。已经有了以黑山和景山学校为代表的集中识字的办法，以斯霞同志为代表的分散识字的主张，以及其他折中的方案，都能解决一些问题，也都还有进一步研究改善的余地。再如，我们还有一个独特的问题，就是文言文问题。这也是世界各主要国家、主要民族所没有的。我们多少年来一直在对付这个问题，因为我们许多世纪的珍贵文化遗产是用这种书面语言记载下来的。文言文在历史上有很大的功绩，在当前也还有它的用处，不能一下子完全抛开。但是，它又是一种同口头的实际语言完全脱节的东西。怎么样的教法，怎么样的学法，学些什么，学多少，怎么学，才有助于学的人掌握现代语言，又能够有助于他们去接触传统的有用的东西，使它不会产生相反的作用，就是说，不至于耗费很多的时间和精力，却无助于学习现代语言，甚至于对学习现代语言产生干扰作用，而又没有能够使学的人具备了解和研究文化遗产的能力，这又是一个很需要研究的问题。不是随随便便拿一些文言文来，让学生看一看，听老师翻译成白话，就能管用的。有主张多教文言文，甚至主张中学里全部教文言文的；有主张少教文言文，甚至主张中学完全不教文言文的；有主张白话和文言分开教学，不要穿插在一起的；还有许多别的主张。光是结论式的主张，不够，需要进行更切实深入的讨论和研究；光是孤立地就文言文论文言文，不够，需要联系一些有关的问题来考虑；光在屋里“坐而论道”，不够，需要实地试验。再举一个需要研究的问题，就是从教育学、心理学的角度来处理语文教学的问题。这个问题我们更缺少研究。比如说，学前期的幼儿和儿童，学龄初期、学龄中期、学龄后期各个不同阶段的儿童、少年、青年们的语言是怎样发展提高起来的，他们在语言方面有哪些潜力，用什么样的方法可以更好地发挥他们的潜力，使他们提高更快一些，掌握更好一些，我们还说不出多少道理来。还有，语言教育从来是一种综合性的教育。教幼儿、儿童、少年学习语言，同时也就对他们进行了思维能力的训练，进行了思想品德的教育，等等。在语文教学里怎样把语言训练、思维训练、思想教育的关系处理好，我们也还没有搞得很清楚。许多年来，语文这门功课一直搞不很好，简直成了“老大难”，一个重要原因就是对这门功课缺乏科学研究。加紧把这种研究工作开展起来，逐步对语文教学这件事得出一些带有条理性、规律性的认识，根据这样的认识去设计教学的方案，才能够使我们的教学工作减少一些盲目性，多一点条理性和科学性。这样，教学的效率就会逐步提高，并且经过教学实践的检验，认识会逐步加深，对教学规律的掌握会越来越好，教学方案会不断调整、充实，逐步完善起来。

教学的科学性从教学的内容以及这些内容的安排组织上反映出来，具体地说，首先从教材中反映出来；同时，也从教学工作中反映出来。教学工作的科学性是什么，是个很大的题目，需要进行认真的研究。不过有一点大概是需要遵循的，这就是要注意调动学生学习的积极性。至于在具体教学实践中如何围绕着这个原则，从实际出发，采取多种行之有效的方法去教学，这就是教学艺术的问题。教学艺术虽然是个方法问题，但关系很大，小看不得。同样一个字、一个词、一个句子、一段话、一篇文章，教学得法，可以用比较少的时间得到比较大的效果；反之，不得法，要花费比较多的时间、比较大的力量，而收到的效果不大。可以认为，教学工作对艺术性的要求是很高的。但是，不能认为艺术性与科学性无关。它要以科学性为基础。就连艺术性最强的东西，比如绘画、音乐，也是离不开科学的。画一张画，不是要讲究透视，讲究远近比例吗？画一个人，不是要讲究身体各个部分要合乎比例、合乎生理构造吗？这些就是科学。我们传统的这类办法同以上的办法不同。画家虽然不讲“透视学”，不讲“艺用人体解剖学”，但从绘画的实践中逐渐摸索到了这方面的道理。音乐的“和声学”等，也是科学。即使纯粹属于艺术范畴的东西，尚且有它的科学基础，基本上属于社会科学领域的语文教学工作怎么能不以科学为基础呢？但是刚才说过，光有科学性，没有良好的教学手段，也就是缺乏教学艺术，仍旧会使教学失败，至少是不能取得理想的效果。

什么是教学的艺术性呢？艺术性用最通俗的话来说，就是具有一定独创性的一套有效方法。不仅教学有教学艺术，打仗还有军事艺术，做领导工作要有领导艺术，这些所谓“艺术”，都是指有特点的一套有效的方法。

语文教学的教学艺术问题，也是迫切需要研究的。传统的语文教学，不讲什么艺术性，其结果是两种现象：一种是毫无教学艺术可言，老师呆讲，学童呆听，用打戒尺、罚站以至罚跪等种种惩罚手段强制学童呆读，死记，硬背。一种是有些教学艺术，但是说不出个所以然，叫作“运用之妙，存乎一心”“只可意会，不可言传”。这两种现象延续到办了学堂，设置了“国文”课，一直到二十世纪四十年代，实质性的变化很少。本来，教文言文，倒也用不着多少教学艺术。反正读的东西学生不懂，老师用白话翻译翻译，把生字、难句、成语、掌故解说解说，全文逐句逐段地串述一遍，那时候也不讲究“分析”，学生大体听懂文义之后自己去读读背背就是了；作文写文言，无非是模仿套用，比着葫芦画瓢，老师看了，把太不通的地方改改，圈圈点点，写个批语，也就完事了。总之，关于语文课的教学艺术，我们的底子也是很薄的。新中国成立三十年来摸索出了一些路子，系统深入的研究还很不够。怎样用最少、最精练的语言，使学生理解得尽可能地清晰、充分，这是教学艺术中一个重要问题。教学首先要学生理解所学的内容。怎样使学生理解他所学的内容呢？不能靠烦琐的、不必要的讲解、分析。能用一句话说清楚的，不用两句；能用一小段话说清楚的，不用长篇大论。甚至，能不用语言来解说的，就不必硬去解说。其他学科，演示是一个重要的教学手段。语文其实也可以充分运用“演示”的办法。在语文教学中，主要任务是教学生学好现代语言，能够运用现代语言。现代汉语是学生的母语，他从小就生活在这种语言之中，长时间地使用这种语言，一直到学龄初期，开始学习书面语言，书面上用的也是现代语言。教材的内容，学生真正完全不理解的，特别需要讲解的东西是很少的。教材里选的，用现代语写的散文、故事、小说、诗歌等，好的朗读恐怕是最有效的教学手段。朗读得好，足以使学生理解其内容，并且体会到其中的感情、色彩等。在语文课里，对话、朗读和其他学科的演示（包括看实物、看标本、看图片、看教师在实验室里操作，等等），具有十分相似的作用。学生自己能够基本理解的东西，我们再用许多话去解说，所收到的效果与我们的愿望恰恰相反，不仅不足以帮助学生更好地理解，反而会使学生厌倦，以至于削弱了他的理解。就连一些写得好的、比较浅近的古代诗词和现代人写的旧体诗词，也是这样的。读往往比讲的效果更好。当然不是说完全不要讲解。怎样用有效的、有针对性的方法，使学生的思想有所动，从而既能理解又很容易地把他们所理解的东西记住，这是教学艺术的又一个方面。无论是小孩或者大人，凡是对自己思想有所触动的事情，最容易记住。自己的思想无所动，就不容易记住。高明的教师从来不把现成的东西灌给学生，而是设法调动起学生的思维，让他们积极参与认识活动。他们的讲解总是既有所启发而又留有余地。说起既有启发又留有余地，我们不妨举个京剧表演艺术的例子。据报道，我国一个京剧团到国外演出，主要剧目有《三岔口》《拾玉镯》《雁荡山》《火凤凰》等。精湛的京剧艺术，使观众为之倾倒。《三岔口》，演员一句都没唱，也没讲，只凭几个动作就使观众明白，这是一场深夜的摸黑格斗。明明舞台灯光那么亮，却使人觉得是在漆黑的夜里，心情和剧中人物一样的紧张。《拾玉镯》，女演员在空荡的舞台上，只凭动作和表情使观众不仅知道她是坐在自己家门口做针线——绣一只鞋，还知道她正在等她妈妈回来，心里很焦急。一会儿，天晚了，她把在门外空地跑着玩的群鸡赶回门槛里边的一个鸡窝里。她手里没有针，没有线，台上没有门槛，没有鸡窝，更没有不听话而乱跑的鸡，可是观众好像分明看见了这些东西，并且比看见真实的东西效果更好。观众被唤起的想象可以自由驰骋，不受过多实物的拘束，而他们的想象又是在演员表演的启发下进行的，不是漫无边际的。演员用他们的表演启发观众，又给观众留下充分的余地去发挥各自的思考和想象能力。观众的思想被触动了，于是他们不仅理解了剧情，并且在脑子里留下深深的印象，记住了。京剧艺术善于把观众的思想动员起来，让它活动，让它思考、想象，使观众成为积极的成员，和演员共同创作这出戏，而不是呆呆地、完全被动地看演员表演。这个特点应当对研究教学艺术有很大的启发作用。怎样激发起学生的学习兴趣，而又不迎合迁就，这大概也得要点艺术。教学艺术表现在大幅度地调动学生学习的积极性。那么很重要的一点，就是要引导起学生对所学的东西的爱好和兴趣。我们现在常常抱怨学生“重理轻文”。怎么才能不“轻文”呢？如果他感到语文很好，学起来很有意思，学了很有用，他就不会那么“轻”它了。不“轻”就会学得更好；越学得好越有兴趣，越不“轻”。只是，引起爱好和兴趣不能靠迎合迁就。我们平常说，在语文教学中要用好的东西对学生进行感染熏陶，潜移默化。能够做到这一点，就是很高的教学艺术。如果他对所接触的东西，对你给他的东西没有兴趣，不爱好，他能够受到感染熏陶、潜移默化吗？当然不能。他要排斥，他要拒绝。这同前边说的那几点是密切相关的。烦琐的教学，缺乏针对性的教学，刻板枯燥的教学，都是会削弱学生对这门功课的兴趣和爱好的。

以上只是举例式地提了几点。教学艺术涉及的绝不止这么一些。究竟有哪些重要问题，我也说不清楚，有待大家共同探讨。就是上边这些，说起来好像也都是一般的原则，很不具体。教学工作正是要把一般原则具体化起来。而且，也只有在工作实践中才能够具体化起来。公式，谁也开列不出。讲某篇课文，或者某项知识，用多少话才是最少、最精练的，多于此就是烦琐的，谁也说不出个数目来。这只能在教学实践中去灵活运用。只有在教学实践中，在教学第一线的教师们才能真正找出实现这些原则的具体办法来。把实践中那些行之有效的办法有意识地整理、总结，就会逐渐对语文学科的教学艺术了解得更深入些。艺术是有独创性的，所以，因人而异，可以百花齐放。然而艺术性也并不是从心所欲、没有规律、没有章法可循的，不是“只可意会，不可言传”的。艺术性也有它的条理，有它的规律。说来说去，艺术性和科学性是不可分的，是相互为用的，特别是在语文教学中。这一点非常重要。

1979 年 2 月

科学态度和科学研究

教学工作是一门科学，又是一种艺术。这里谈谈科学这一面。我曾经提出语文教学应当科学化的问题。对此，有些同志有点怀疑。有的认为，语文教学有不少老经验，发挥发挥就可以了，从前不讲什么科学化，不也照样教语文、学语文吗？有的认为，语文教学科学化是需要的，不过很难，简直无从下手。总之，这些同志对语文教学科学化的必要性或者可能性有疑问。

语文教学科学化是必要的。搞任何工作，都要讲究科学性。有了科学性才能够提高效率，加快速度。现在要实现四个现代化，更要注意效率、速度的问题，语文教学也不例外，何况由于历史的和其他种种原因，语文教学中确实存在着很不科学或者不够科学的做法，存在着因此而造成的不应有的浪费。总结前人的经验是必要的，但是仅仅靠这个就不够了。我们一定要把语文教学的改革纳入科学的轨道，要在总结前人经验的基础上迈出新的步子。

语文教学科学化的可能性也是无须怀疑的。任何事物都有它自身的规律，难道唯独语文教学是例外吗？不会的。语文教学也有它自己的规律，而且这种规律是可以被我们认识、掌握的。有些国家早已在研究并试图掌握他们本国语文教学的规律，有的甚至在研究教学汉语的规律，难道我们自己倒可以对语文教学的科学化视为“蜀道”，只能“以手抚膺坐长叹”吗？

要探索语文教学的规律，逐步做到教学比较地科学化一些，先决的是要有科学的态度。关于科学的态度，我曾谈过实事求是的问题。这里，我想再加上两点，连起来说就是从实际出发，实事求是，讲求实效。从实际出发，它的对立面就是从概念出发；实事求是，它的对立面就是不注意探索客观事物的规律，不尊重客观规律；讲求实效的对立面就是搞形式主义，走过场，做一些劳而少功，劳而无功或华而不实的事情。咱们的语文教学在这些方面不是没有问题的。比如，语文教学的性质、目的任务问题，五十年代末、六十年代初就讨论了一气，现在又讨论起来了。——语文课是“工具课”？是“思想性很强的基础工具课”？思想政治教育与语文训练二者并重吗？如果不是并重，那么，又以哪个为主？等等，众说纷纭。再比如，语文课的“语”是语言，“文”是什么呢？有的说是文字，有的说是文学，有的说是文章，辩论得很热闹。我对这种讨论兴趣不大，觉得偏于概念的性质多了点。我并不一般地否认讨论概念的必要性；我也不否认把某些概念弄清楚对于教学工作有益处；我更不否认，现在大家之所以关心这类问题，是出于高度的积极性。不过，我觉得，当我们对有些概念讨论到一定程度，暂时不能更前进一步、更深入一步的时候，不妨把它放一放，这也许并不会影响实际工作。例如，不管对“语文”二字怎样解释，你反正得把这本《语文》课本教好。课文里的字，总得让学生认识吧？一篇篇的文章，总得让学生读懂，有些还得读熟吧？有些文学作品，总得让学生能够适当领略吧？好些课文讲了重要的道理，有助于提高思想认识，总得让学生明白吧？一本一本的《语文》课本教下来，总得让学生听、说、读、写的能力一步一步地不断提高吧？我倾向于在这些实实在在的事情上多多下功夫，试试看，怎么教法效果最好，效率最高，多找出些办法来，多趟出些路子来。

上边说的是关于语文课的讨论。具体一些说，一篇课文该怎么教法？对那个所谓“《红领巾》教学”的“五大块”（作者生平、时代背景、段落大意、主题思想、写作方法）该怎么对待？恐怕不宜绝对化。不能不管哪一篇，不管在哪个年级，都是这么五大块；也不能不管三七二十一，统统取消，一块也不要。还是要从实际出发，实事求是，讲求实效。拿作者生平、时代背景来说，如果离开了这些基本的态度去抽象地谈论作者生平、时代背景应当讲还是不应当讲，那恐怕得不出什么结论，倘若竟然得出了结论，那结论恐怕是靠不住的，或多或少带有些片面性的。比如，初中第一册就有鲁迅的作品，那么，要不要在这个时候介绍鲁迅生平呢？十二岁的孩子，中国近代现代革命史他不知道，鲁迅还有什么作品也不知道，你就给他大讲一通，介绍鲁迅的思想如何由进化论变为阶级论，他会问：“什么叫进化论？”

鲁迅的作品，初中第二册、第三册直至高中各册大概都会有的。这位伟大的作家是不是在初中第一册一接触就要介绍？什么时候介绍更合适一些？或者分怎样的几次介绍更好一些？这就得实事求是地加以考虑。再比如，初一第一册选了李白的《望天门山》。介绍不介绍李白？介绍多少？刚刚才念了李白的这么一首诗，你说他是个浪漫主义诗人，怎么个浪漫法？学生能理解吗？还有一首是王之涣的《登鹳雀楼》。王之涣这样一位诗人，在中学介绍不介绍？介绍多少？这些问题都得琢磨琢磨。这一册还有一课是高士其《给青少年的一封信》。讲这一课，高士其是何许人，恐怕倒要介绍一下，介绍介绍他怎样为科学而斗争，怎样为科学普及而斗争，这对引起学生的学习兴趣，对学生理解课文，接受思想教育，都有很大的好处。处理这类问题，都得从实际出发，实事求是，讲求实效，否则，抽象地讲，高士其跟李白来比，该介绍谁呢？很难说。

再比如说时代背景。初三第五册相连的有两篇课文，算是一个单元，一篇是介绍祖冲之，另一篇是介绍哥白尼。这两篇的时代背景怎么讲？依我看，后一篇需要适当介绍介绍时代背景，前一篇就不一定要介绍。祖冲之创制大明历跟他那个时代的历史背景有多大的关系呢？哥白尼可不然。如果不讲点时代背景，孩子们会说：地动说，这有什么？地球围着太阳转，这我还不知道吗？所以，要给他们讲点时代背景，使他们了解中世纪是个什么样的时代，文艺复兴又是怎么回事，哥白尼这个地动说怎么好几百年拿不出来，为什么有的人宣传哥白尼的学说就被烧死了，讲一讲这些，对鼓励青少年为科学真理而奋斗很有作用。我甚至设想，如果请学校里教世界史的老师替你讲一个钟头，也不为过分。这样一讲，学生再来念这篇文章，积极性就会比较高，效果可能很不相同。

作者生平、时代背景讲还是不讲，都要从实际出发，实事求是，讲求实效。你介绍了效果好就介绍，介绍了没有什么效果就不必介绍。讲时代背景、作者生平是如此，语文教学的其他问题也是如此。如果学生觉得他需要的、有兴趣的东西咱们讲了，上一堂课有所得，那么，他缺了课就会找老师或同学补上；如果他觉得上语文课听不听都一样，那他下次缺了课就不补了，这不是合乎情理的吗？

本来，做什么工作都要从实际出发，实事求是，讲求实效，都要有这种科学态度。为什么在谈论语文教学时我想特别强调一下这一条呢？因为我觉得，我们在这个方面是有点问题的，或者说很有些问题。如果说语文教学效率的确不高，那么，其中一个很重要的原因就是我们缺乏这种科学的态度。

有了基本的科学态度，教学工作就会比较地合乎科学，至少不至于太违背科学，虽然还不能说教学已经科学化了。

在这样的基础上前进一步，我们就能对语文教学的实际进行认真、细致的观察、了解和分析，也就是进行科学研究，从而使我们的教学工作更加切合实际，具有条理性、规律性，逐步地科学化起来。

语文教学的“实际”，包含的内容很广泛。首先是社会实际，即我们当前的社会对语文教学的要求；我国语文本身的实际，它的历史和现状；学生的实际，他们的语文能力、思维能力、接受能力的发展过程和各个学习阶段达到的水平，他们掌握各种知识的情况，他们学习语文的态度和要求，他们能拿出多少精力去学习语文，等等（上面所举的有关作者生平、时代背景的几个例子，大多是从学生的这些实际来考虑的）；教师的实际，他们的业务情况，他们有什么困难，有什么愿望；目前我们教育工作、教学工作的实际情况，等等。这些个“实际”都需要我们去研究，而多年来，从咱们开始有这门功课，也就是废科举办新学设“国文”课以来，我们没有来得及对这门课进行比较系统的、深入的科学研究。

这里，我想着重谈谈对儿童、青少年的语言能力、思维能力成长发展过程的研究问题。

任何问题没有数目字是很难说得上科学研究的。咱们语文学科只有一个数目字，就是那个三千五百常用字，可靠不可靠还有待研究，因为社会在发展变化，某些字的使用频率也会跟着有所变化，并且咱们实行简化汉字，取消了一些字，合并了一些字。今天，常用汉字究竟有多少？各个年级的学生能认多少？都需要研究。至于词，现代汉语常用词是多少？没有这么个数字。两周岁的幼儿大概能掌握多少词？城市、农村、平原、山区各约多少？各是哪些个？如果有良好的家庭教育，他们又能掌握多少词？城市、农村、平原、山区又各是多少？各是哪些个？这中间的幅度有多大？三、四、五、六周岁的幼儿，小学、中学各年级的学生，各能掌握大约多少？哪些个？如果有良好的教育训练，这些数字的幅度又各是多大？都说不出来。再比如句式。现代汉语的基本句式有哪些？常用的复杂句式有哪些？两周岁的幼儿能掌握哪些句式？三、四、五、六周岁的孩子们呢？小学各年级的孩子们呢？中学各年级的青少年呢？

再说思维能力。两周岁的幼儿会用哪些思维形式？三、四、五、六周岁的呢？我观察我那个两岁半的小孙女，她的思维已经相当复杂，她会用归纳推理，会用演绎推理，也会用类比推理。当然，她时常会用错，因为她的知识和生活范围都非常狭窄。我们要研究二、三、四、五、六周岁的孩子归类、比较的能力能发展到什么程度，分析、综合的能力能达到什么程度，抽象、概括的能力能达到什么程度，他们形成概念、学会判断、进行推理的能力是怎样发展起来的，小学各个年级能达到什么程度，中学各年级能达到什么程度，分别容易出现什么问题，等等。

在听说读写的能力上，要研究他们听一段话能抓住要点的能力是怎么一个发展道路，在什么时候能够达到什么水平；有准备连贯性说话的能力和无准备连贯性说话的能力的发展过程是怎样的；读的能力（包括理解、记忆的能力以至读的速度）的增长过程是怎样的。我们现在说课本的分量多少，总是指篇数，不是指字数。我认为，应当讲字数。一个学期，究竟应该、可能读多少字，我们心中无数。在写的能力方面，一个人写的能力的增长究竟是怎么一个过程？在什么阶段他有书面表达的要求？这种要求是怎样产生出来的？在什么阶段他有什么样的写的能力？到什么阶段会出现什么问题？这些都需要研究。当然，这同他思维能力的逐步增长和知识领域的逐步扩大，同他生活经验的逐渐丰富都有关系，不是孤立的语言问题。

现在，大家都为每两周两大摞作文本而感到苦恼。这些甘苦我是了解的，我们要研究怎样把教师从批改作文的沉重负担中解放出来。但是，关于写的训练，不光是那些怎么批，怎么改的问题，更重要的是抓住规律，使我们的训练更加科学化。比如，消灭错别字。从学生学写字以后就开始有错别字，于是我们就消灭之，从小学消灭起，一直消灭到初中、高中，乃至大学。错别字简直比蚊子还要顽强。蚊子，我们还能知道它在什么季节生在什么地方，可以采取一些办法，让它少生点，不是光靠熏。而在许多情况下，错别字就只靠“熏”，似乎没有别的办法使它少生。当然，不少有经验的语文教师是注意在识字教学中预防错别字的产生的，这方面的工作做了不少。但是总的说来，还是处于不自觉的状况。北京一个中学曾对全校学生举行了测验，结果错别字总共不到六百。如果把这六百个再进一步分析一下，错的有多少，别的有多少；错，因何而错，别，因何而别；哪些字容易写错，哪些字容易写别；哪一种错字、别字最顽强，从低年级到高年级老出现，假如这么分析一下，找出个规律来，假如不止这一所学校，有若干学校都做这种调查、分析，找出一些规律，这就等于找出了蚊子在什么季节、什么地方孳生，那么我们在适当的时候到这些地方撒点药，就用不着再熏了，至少少生一些，熏起来容易一些。

再比如病句，也是从小学改到大学，没个完。连出版物上的病句也是一抓一把。如果我们对病句产生的规律也如同研究错别字一样如此这般地进行一番研究，把这些问题搞得比较清楚，那么，我们有关句子的语言训练就可以比较科学，效率就会比较高一些，病句的“发病率”就会低一些。

我提了一大堆问题（语文教学中有待研究的远不止这些问题），无非是想说明，我们语文教学有许多问题需要做些切实的、深入的研究，而我们在这方面的研究可以说还没有真正开始，还是一片空白。如果我们经过认真的系统的研究，掌握了一些主要问题的一般性规律，比如，某个年龄，孩子的某种能力发展到什么程度，如果经过适当的教育，这种能力又能提高到什么程度，这中间的幅度有多大，掌握了它一般性的规律，又掌握了一些特殊情况，那么，我们的教学就有了针对性，就有了科学性；为什么在这个年级要教这些东西，在下个年级要教那些东西，就能言之成理，持之有故。这样，我们的教材编写，我们的语文教学就可以纳入科学的轨道，就可以使学生的语文能力发展得更快更好，就可以在较大程度上排除盲目性，增强自觉性，从根本上提高教学效率。这是关系到全国两亿多人的成长问题，关系到快出人才、多出人才的问题。我们的工作不是可有可无的，而是大有可为的。

科学研究如此重要，那么谁最有研究的条件呢？在座的老师们。你们有大量的观察对象。每位老师今年教一百二十个学生，明年又换一百二，这就是二百四，五年多少？六百。这些观察的对象是在你的教育之下成长发展，你可以了如指掌地知道他们语言能力、思维能力的各个方面。这是多么可贵的科研材料！当然，高等院校的中文系也应当研究这些问题，不研究就叫作不务正业。有关的科研部门更要研究这些问题。不过，我们老师不能光等待。我们要既做伸手派，找他们要东西，又做动手派，自己研究问题，并且向他们提供东西。当然，从时间和空间看，从研究的对象看，老师们活动的范围是有限的，也许研究的结果有它的局限性。但是，更广泛的、更带有普遍意义的成果是从这些一个又一个的个别研究成果中产生出来的。我们每个人都可以在这个研究中做一些有益的、有价值的工作。我想，这点老师们大概会同意的。要说效率不高，这不是我们这一代人制造出来的，久已有之，但是我们有责任、有信心来解决它。

效率必须提高，速度必须加快，然而，取巧的办法是没有的，吃老本的省力办法也是不行的，只能用老老实实的科学态度，做扎扎实实的科学研究工作。大幅度改进语文教学的出路就在这里。

1979 年 3 月

关于语言教育的几个问题

语言在人类的形成和人类社会发展的过程中所起的作用是十分巨大的。每个人的教育、成长也和他的语言能力的获得和发展有密切的关系。一个人生下来之后，当他刚刚有一点学习能力的时候，他上的第一课就是语言课——“牙牙学语”。任何一个做父母的，对下一代的教育，第一件事就是教幼儿学说话，只是，这种教和学的活动都是自发的，不是自觉的。尽管每个人从一岁左右就开始学语言，并且一直不断地学下去，尽管每个成年男女，只要他生儿育女，就当上了语言教师，尽管这种教学活动在整个社会以至整个人类的进化中起着很大的作用，具有重大意义，可是人们没有意识到。教的没有意识到自己在教，学的没有意识到自己在学，彼此都没有意识到他们在干着十分重要的工作，倘若大家都放弃这项工作，社会将要停止前进，倘若这项工作做得不好，也将影响社会的前进。不仅没有意识到，人们反而把自己实际上十分重视、多年从事的这项工作看得很轻。一谈到语言教育，相当多的人认为这是不急之务，没有什么重要性，也没有什么值得研究探讨的问题。在我国，由于下面将谈到的历史原因，这种现象格外突出。因此，谈谈语言教育的意义和做好语言教育工作的途径这些问题，是很有必要的。

语言教育的意义

语言教育是综合性的教育。一个幼儿刚刚学说话，大人就不停地教。这在实际上既是教他语言，教给他知识，同时也在教他观察，教他思维。告诉他这个叫“桌子”，那个叫“椅子”，他学了这两个词，同时开始认识这两样东西，逐渐形成概念，尽管还是初级的，基本上属于感性的，比如，“桌子是放东西的”，“椅子是坐的”，等等。下雨了，对他说：“不要出去，出去要淋湿，会生病的。”这在实际上既教给他这句话，又教给他一点生活知识，还包含着一点因果关系——“下雨”和“淋湿”，“淋湿”和“生病”。你会发现，小孩一旦知道了这些词，这些话，他会反复地说，他会反过来告诉你，这个叫“桌子”，那个叫“椅子”；下次再下雨，他也会照着以上的话说一遍。孩子们学语言、学知识的积极性很高，能力很强。平常，我们看见这些现象，只觉得孩子好玩，不去注意这种“好玩”里边包含的重要意义。

我在河南省参观过一个幼儿园的大班，这个班已经教识字。在教“水”字的时候，老师要小孩把有关水的话说说，小孩子一下说了很多，如“喝水”“用水洗手”等等。后来又说到“水龙头”，老师说：“打开水龙头接过水以后，应该怎样呢?”小孩想了一下说：“要把水龙头拧紧。”老师说：“对了。不拧紧就要漏水，要浪费。”这位表师，既教了语言，也向儿童进行了思想教育。

我愿意就语言教育和思维训练的关系这个问题再谈几句。幼儿一会说话，我们总是首先教给他对人的称谓。学来学去，他不仅学会了这些称谓，同时也逐渐有了很初步的分类和概括的能力。两岁左右的幼儿一般都能区别开男的、女的、老人、大人、小孩。家里来了客人，如果是男的，有点白头发的，脸上有点皱纹的，他就会叫“爷爷”，女的叫“奶奶”；男孩子，叫“小哥哥”，女孩子，叫“小姐姐”，等等。看见一个穿绿军装的、有五星帽徽和红领章的人，他就会叫“解放军叔叔”。他的概念当然是初级的，只就表象形成的，然而两岁左右的幼儿，随着语言能力的发展，就具备了这样的分类、概括的能力，这一点很值得重视。还不仅如此，他很快就会运用逻辑推理这种思维形式。我有一个两岁半的小孙女和我住在一起。有一次他姑姑给她一块糖，逗着她玩，要她把糖给我。她很大方，真的把糖举到我脸前来。我说：“爷爷不吃，你吃吧。”她说：“爷爷是大人，不吃糖，爷爷长小了才吃。”说得全家人都笑了。分析一下，她的话包含着复杂的推理过程。首先，她运用了归纳推理。因为家里的糖都是给她吃的，别人不吃，由此，她得出结论：大人不吃糖，小孩才吃糖。又以这个结论作为大前提，进行演绎推理：大人不吃糖，爷爷是大人，所以爷爷不吃糖。她用的是省略形式的三段论。又因为我们常跟她说，你长大了如何如何，于是她就认为既能长大，当然也能长小，因此她说“爷爷长小了才吃”，这里她用了类比推理。当然，她的推理有许多错误，但是，她会运用归纳、演绎、类比这些思维形式，却是事实。这些，也是在学语言的同时逐渐学会的。一提逻辑思维，我们往往认为很难，甚至错误地认为只有到年岁很大才能学会。事实不是这样。逻辑学的许多术语，也许比较抽象难懂；逻辑思维本身并不神秘。有意识地进行良好的语言教育，同时就在进行着思维训练，而思维能力的培养对一个人知识、能力的发展关系很大，这一点是值得重视的。

语言是交际工具。这种工具不同于生产工具。我们使用着的这个交际工具的本身，总是带着好些东西在里边的。因而在教语言、学语言的同时，也就教了、学了语言里所带着的那些东西。我们可以说，忽视了语言教育，不仅仅是忽视了语言本身，而实际上是忽视了许多东西，诸如知识的传授、思想的陶冶、思维的训练等。也正是由于语言的这种特性，一个人的语言能力如何，语言趣味如何，包括词汇是否丰富，说话有无条理，遣词用语是否平实、朴素、恰当、得体而又优美、动听，等等，往往成为一个人文化教养高低、思维能力强弱的标志。

语言还同现代科学技术有直接的关系。用语言操纵机器，人机对话，都已经不是科学幻想。一个记者或作家，拿着录音机，一边说一边就制成版印出来了。这些，都要求语言教育跟上去。语言、语言教育同现代化科学技术关系日益密切，可以说是现代化的组成部分了。

许多国家都对语言教育很重视。在那些国家里，当教师的要考试，首先就是考语言，要求教师能操合乎规范的标准的语言。欧美各国许多人信奉基督教。基督教的《圣经》，过去是根据古拉丁文翻译成各国语言的，一般都译成一种半文不白的话，和现代的标准语不同。从60年代起，英国已经有了用现代规范化的英语重译的《圣经》了，牧师讲《圣经》，要用规范化的标准语，如果不会讲，就放录音。请牧师在一旁站着。这都说明他们对语言的重视。为什么？因为语言跟现代化的科学技术有直接的关系。人机对话，机器不同于人，它不能听懂多种方言，它只能听一种规范化的标准语。推广普通话是十分重要的。在日常生活中，可以讲方言，可以演方言戏，但是，每个受现代教育的人，都必须学会说规范化的共同使用的语言，即普通话。这是必要的，也是能够做到的。诚然，方言不能用行政命令禁止，并将在相当长的时间里存在，但是，规范化的普通话必须推广，因为直接关系到四个现代化。我们不少人不重视语言和语言教育，正是文化科学落后在思想观念上的一种表现。

搞好语言教育必须解决的一些问题

首先，是提高人们对语言的性质、作用以及语言教育的意义的认识。前面说过，人们对语言教育的意义往往认识不足，这是有历史根源的。我们应当做一些宣传工作。诸如语言在人类生活中的作用，语言教育同四个现代化的关系，忽视语言教育会有什么后果等都要加以宣传。宣传要恰当，要符合实际，合乎科学。现在听到一些宣传，我觉得是不十分恰当的。比如："不学好语文，就学不好数理化；学语文是为学习数理化服务的；有的学生语文水平低，看不懂数理化的习题，有的甚至闹出笑话。"这样的宣传就很不确切，不仅缺乏说服力，而且会导致一些错误的认识。一个学生看不懂数理化习题，有语文程度的问题，但重要的原因还是数理化没有学好。如果数理化本身学好了，看见一道题，里边有一两个词认不准，或者有个句子复杂些，搞不清楚，这并不会使他根本不懂这道题，或者错解了题意。粗知外语的科技人员有时候看点外文资料或者进口机器、药品等的说明，里边很有些生词、难句，但是他基本上看得懂，而且不会出错，因为所讲的内容是他所理解的，顺着上下文揣摩一下就明白了。并不是说语文和数理化没有关系。它们之间很有关系。只是，如果把它们的关系理解得这样狭隘，那就太浅了，对于语文教育和数理化教育都是不利的。

中小学是普通教育阶段，每门课都是打基础的。中小学学生不仅从语文课中学习语言，同样也从史地、数理化教学过程中学习语言。要说服务，是相互服务，不仅仅是语文课为其他课服务，其他课也为语文课服务。有些学生，说话不严密，谈科学问题说得不科学，推理论证不对头，这正是他自然科学的课程学得不好的反映。要说语文课有服务对象的话，那对象就是整个的文化科学教育，而不是某一段的某门课程。我们在宣传的时候，要把语言教育的意义、作用提到足够的高度，不要用那些过分狭隘的、似是而非的说法。这一点非常重要。

我们要看到，人们对语言教育的意义认识不足，也与语言教育的特点有关。小学以上的语言教育有这样一些特点：培养语言能力是一个加工提高的过程，不像其他课程，基本上是从不知到知，从不会到会的过程。进了小学的学生已经会说很多话，对他们进行语言教育是在他原有的语言基础上继续加工提高。到了小学高年级、中学，更是如此。因此，语言教育也是最不能立竿见影的。它不像数理化，学生原来不懂一元一次方程，上几课就懂了，原来不知道电解水，听老师讲讲，做一次实验，就会了，立竿见影。历史、地理也比语文见效快，一堂课有一堂的收获。唯独语言教育不能立竿见影，因为提高加工，不是一两堂课，一两个月的事情，要有一个过程。上述这种情况使人们最不容易感到这门课的必要性，最不容易感到这门课的老师是不可缺少的。一个新学期开始，各科新教材发下来了，如果语文教材编得还不坏，能引起学生兴趣的话，学生们只消两三天就能从头看到尾，而数理化课本不行，老师不讲，学生就看不懂。

第二个要解决的问题是，必须积极改进语言教育的工作。各种课程都需要有完善的计划，良好的教学方法。由于上面谈到的语言教育的特点，语言教育尤其需要。而过去，在种种复杂因素的作用之下，恰恰是语言教育这一门，最缺少计划性，教学方法上的问题最多。应该加紧研究，迅速改变这种状况。从事语言教育的同志应当有这样的态度：问题虽然不是我们制造出来的，但是我们有责任也有能力解决它。

改进语言教育工作，有两个历史原因造成的不良倾向需要矫正。一个是，两千年来，人们把注意力完全集中在书面上，忽视口头语言的训练。《汉书·艺文志》说：“古者八岁入小学，故周官保氏掌养国子，教之六书，谓象形、象事、象意、象声、转注、假借，造字之本也。汉兴，萧何草律，亦著其法，曰：‘太史试学童，能讽书九千字以上，乃得为史，又以六体试之，课最者以为尚书、御史、史书、令史。吏民上书，字或不正，辄举劾。’”你看，从古以来，一进小学就把注意力放在书面上。汉朝有了选举考试的办法，也是笔试。到了封建社会后期，搞八股文，程式化，更不重视口语训练。这样做，有什么结果呢？

一个是“读书人”只会做文章，口语能力很低。考察一下元明以来的白话小说，语言水平一般不高，像《红楼梦》有那么高的语言成就的，真是凤毛麟角。《三国演义》《西游记》是文白夹杂，有很多不规范的东西。至于其他作品，语言更糟糕。有些作家的白话作品远不如他用文言写得好。口语一向被忽视，影响一直到今天。忽视口语训练，实际上也影响了书面语言的提高。另一个后果是把书面语言神秘化了。人们一坐下来，纸铺在桌子上，握笔在手，精神状态就不同了。比如有的同志写信，一开头就是“今天写信不为别事，只为……”。试问，我们有没有人到百货公司买把牙刷，一进门就对售货员说，“今天前来不为别事，只为买把牙刷”？生活中没有这种事，语言里没有说这样的东西，为什么要写出来呢？就因为纸一铺，笔一拿，似乎和说话就不是一码事了。这是由于近几百年间搞八股文，程式化，应用文，八行书等造成的。在这中间，咱们的汉字也起了些不好的作用。我在几个地方参观过幼儿园，平日也留意自己身边的和周围的幼儿、儿童的情况，多次发现小孩子在识字以前，思想活跃，语言活泼、丰富，一旦开始学习汉字，语言立刻就不那么活泼了，思想也受到束缚。这个问题很值得深入研究。不论汉字的前途如何，在可见的未来，汉字还将相当长时间地使用下去。既如此，我们必须让下一代很好地掌握汉字。应当比现在掌握得更好。目前，青少年对汉字的掌握，无论是认识、理解还是书写，太不能令人满意了。与此同时，还必须想方设法把学龄儿童从这个开头很难对付的汉字的紧箍咒中解脱出来。怎样做到既让儿童掌握好汉字，又不受它的束缚，这是一个值得花大气力从事的科研项目。

除了忽视口头语言的训练，我国历来也不大注意有意识地进行逻辑的训练。先秦诸子的著作中，以及春秋三传的记载中，有很多熟练运用逻辑的例子，那一时期出现了不少善于辩论的思想家和外交人才。我甚至怀疑那时候可能比较重视口头语言的训练和逻辑训练，可惜没有文献资料，无从查考。从那以后，“读书人”似乎越来越多的在文章艺术上下功夫，对于逻辑、论辩越来越不注意了。

逻辑思维，最根本的问题在于概念。概念不清，必然导致判断不真实，推理不恰当。在语言里，词是最根本的东西。虽然词和概念不是一一对应的，但词和概念关系很密切。许多病句都是概念不清造成的，在语言里表现为用词不当。我们在语言教育中要十分重视词汇的教学，把词汇教学和关于概念这种思维形式的训练联系起来。这是最根本的。一个人如果词汇丰富，就是说，知道的词多而且掌握得好，他的语言能力就不会很差。汉语语法比较简单，说汉语语法难，是不符合事实的。汉语没有复杂的形态变化，这就去掉了一个大包袱。我国在《马氏文通》以前，有丰富的文字学、训诂学和音韵学著作，唯独没有语法学。外国的语法学的建立却早得很，在公元前三、四世纪就有了。他们不学语法不行。托尔斯泰若不把俄语形态变化记得烂熟，是写不出那几大厚本的著作的，而我们的曹雪芹没学语法，却写出了《红楼梦》。这并不是说汉语没有语法，也不是说搞文学的可以不要学语法，而是说，我们的语法不难。我们在语言教育中应当更重视词汇的教学，重视逻辑思维训练。有人用五百个常用词对一部分初中生进行测验，结果，能够正确地读出来、写出来的学生只占百分之四十一，最差的学生只得九分。从测验的结果看出，越是生活中常用的词，不会写的越多；相反，一些只见于书面的、词义不容易说清楚的词倒是能写出一些。这说明我们在词汇训练方面，在书面语言和口头语言关系的处理方面，是有问题的。另外，我看到不少地方给学生出的作文题，绝大部分属于抒情散文题，或者是诗题。要学生发一些不切实际的议论，抒写一些不真实的感情，用一些自己也弄不清楚的词语，这对训练学生概念清楚，判断准确，推理合乎逻辑，不起作用，甚至起相反的作用。这种倾向需要认真对待。有人说，写这种题目能够看出学生的文才，天知道那是什么样的“文才”！不重视逻辑思维训练，不重视培养切合日用的语言能力，搞一些空洞的抒情和议论，这有很深的历史原因。我们在研究改进语言教育时，要看到这些历史上造成的不良倾向，设法消除它今天对我们的影响。

改进语言教育必须从学前教育到小学、中学做通盘的考虑，全面的计划。现在，搞语言教育的（编教材的、搞教学的）都像交通警察一样，各管一段，不通声息。幼儿园、小学、中学各段，总的倾向是对学生水平估计偏低，教学中重复浪费现象严重。譬如幼儿园教汉语拼音，小学又教，初中再教，甚至大学的现代汉语课还要教。相当多的一些汉字，也是各个阶段都在反反复复教，基本上是简单重复，并没有逐步提高、加深。我在一个地方恰巧碰上，幼儿园大班、小学一年级、中学一年级都在教“扛”字，教法和要求没有什么区别。

从学前教育开始，到大学教育基础课，语言教育的内容，以及各个阶段应当达到的要求，要有通盘考虑。这是很重要的科研项目。为此，就要开展调查研究。比如天津市有两位同志在一个幼儿园里做了幼儿在口头上会说的词汇调查，统计数字如下：

一岁六个月至一岁九个月，会说五十一个词；

一岁九个月至两岁，一百三十九；

两岁至两岁三个月，二百四十三；

两岁三个月至两岁六个月，六百二十六；

两岁六个月至三岁，九百六十二；

三岁至三岁六个月，一千二百三十一。

这个统计数字告诉我们，幼儿词汇的增长是很快的。当然，各地幼儿情况会有不同。对中小城市的，农村的，平原的，山区的，沿海的，内地的，边疆的，要广泛、深入地调查，这样就可以逐渐找出一些规律性的东西。小学、初中、高中，都应当做调查。不仅是词汇统计，对掌握基本句式的能力，运用各种思维形式的能力等，也要做调查。做好调查工作，经过分析、研究，找出规律，语言教育讲求科学性就有了前提，就可望获得较好的效果。就是说，语言教育的研究要同教育科学的研究结合起来。最后，附带说一个问题，要提高学生的语言水平，重要的一条是实践。传统的经验如多读、多练，是可取的，但要加以改造，使之符合科学化的要求。语言教育只有采用科学的方法，才能提高效率，事半功倍。

现在，有这样一种倾向，即为了应付高考，以“实践”为名，以“多练”为名，教师布置大量的、不切实际的练习让学生做。因为去年高考没有命题作文，考了一些语文基本功的测验题，于是大家就拼命抓语文知识练习。有些练习题出得很好，学生做了会有收获；但是也有一些出得不好的，就会劳而无功，徒然增加学生的负担。我们的教学与考试都要服从教育方针。教学与考试之间的关系应该是怎么教就怎么考，而不能怎样考就怎样教。考试指挥教学，甚至花上半年到一年时间，做大量的练习应付考试，把正常的教学工作放在一边，这样做，即使一些学生考取了，基础也是不牢靠的，何况还不一定能考取。教学跟着考试后面转，这跟封建科举考试时代差别不大。去年没考作文，今年考不考？有些人在猜，有说不会考的，也有说可能考的，说可能考的人，据说是从朱德熙先生的一篇文章中揣摩出来的。这跟科举时代大比之年打听哪位“大人”当“学台”很相像。那时候应试的人都是根据“学台大人”的爱好去猜题目作文章的。时代不同了，今天我们不能这样做了，考试是为了选拔人才，同时对教学工作也是个检查、督促，看看我们教学的效果怎样，从而有针对性地解决一些问题。如果让考试指挥教学，并产生一些猜题、押宝之类的不正之风，那就很不好了。

1979 年 4 月

说“语文”

“语文”究竟是什么？

作为中小学的一门功课，这个名称有它的来历。这里做一点简要的介绍和说明。

清朝末年废科举、兴“新学”之后，这门功课被叫作“国文”，教的是文言文，中学、小学都读文言，作文也写文言。五四运动发起了白话文学、白话文和国语（相当于现在说的普通话）运动。在这个运动的推动下，二十年代初，小学“国文”改称“国语”，侧重白话文，提倡教学内容要接近儿童的实际语言（尤其是在低年级）；中学仍称“国文”，读和写仍然侧重文言文，但是也加进去一些白话文。这种办法一直实行到新中国成立前夕。在革命根据地，中学虽然也还读一些文言文，但是侧重白话文，作文主要写白话文；至于这门功课，仍旧沿用“国文”这个名称，直到解放。

1949 年 6 月，全国大陆已经大部分解放，华北人民政府教育部教科书编审委员会着手研究在全国范围内使用的各种教材的问题。关于原来的“国语”和“国文”，经过研究，认为小学和中学都应当以学习白话文为主，中学逐渐加学一点文言文；至于作文，则一律写白话文。总之，在普通教育阶段，这门功课应当教学生在口头上和书面上掌握切近生活实际、切合日常应用的语言能力。根据这样的看法，按照叶圣陶先生的建议，不再用“国语”“国文”两个名称，小学和中学一律称为“语文”。这就是这门功课叫作“语文”的来由。这个“语文”就是“语言”的意思，包括口头语言和书面语言，在口头谓之语，在书面谓之文，合起来称为“语文”。

过去的“国语”，给人一个印象，似乎只指口头语言；“国文”似乎只指书面语言，甚至只指文言文。把书面语言和口头语言截然分开，成为几乎全不相干的两回事，或者，教学里只管读文章、写文章，不管口头语言的训练，这都是封建社会长期留下来的极其严重的毛病，最不足取。用了“语文”这个名称，表明在这门功课里要向学生进行全面的语言训练，纠正了上述那些弊病，很有好处。

进行全面的语言训练，包括口头的和书面的。口头的包括听和说，书面的包括读和写。进行书面语言的训练，自然要掌握文字这个工具；要教学生读许多各式各样的文章，包括日常应用的以及哲学的、政治的、科学的，等等。要教学生读不少文学作品，一则因为好的文学作品运用语言比较好，便于进行语言训练，再则也因为受过普通教育的人应当懂得一点文学，而语文课之外，再没有别的课管这件事了。

所有的语言材料之中，口头上听和说的当中，书面上读和写的当中，都包含着一定的思想内容。因此，语言训练和思想教育的关系是很密切的。

由于上述种种，语文课应当包含哪些内容，这些内容应当怎样安排组织，教学应当采取怎样的步骤，怎样的方法，以致这门功课的整个任务和要求怎样规定，等等，都需要深入细致地加以研究。但是，所有这些问题、这些研究，都不影响“语文”这个名称的基本含义。抓住上边所说的任何一点，不及其余，为“语文”做出这样那样的解释，这些解释就总不免有点片面，徒然搞一些概念之争，使一个含义本来相当明确的名称含糊起来，因而是没有必要的，对于研究这门功课的实质性问题是没有多大帮助的。

1979 年 5 月

普通话和语文教育*

第五次全国普通话教学成绩观摩会要我来跟同志们谈谈语文教育同普通话的关系。我想先花一点时间话一话旧。为什么要“话旧”呢？因为参加这次会的，很多是青年和中年同志，对过去做过的工作和情况可能知道得不很清楚。我不说远的，只说1949年以后，1955年10月，在北京举行了两个重要会议，一个是全国文字改革会议，一个是现代汉语规范问题学术会议。第一个会议从10月15日开始，到23日结束，开了9天。已故的革命前辈、文字改革工作的前辈吴玉章同志主持会议，致开幕词。然后陈毅同志做报告。陈毅同志的讲话，今天我记忆犹新，他的话是这样开头的：“我今天代表党中央和国务院来向你们的会议表示祝贺，表示支持。我们对于文字改革工作是不熟悉的，但是态度要有一个。我们的态度是：认为你们这项工作非常重要，很有意义，做得很好，我们完全支持你们的工作。我今天就是代表党中央、国务院来表示这个态度的。”当时，群情振奋，掌声雷动。接着讲话的是中国科学院院长、已故的郭沫若同志，他代表科学院发言，话题是《为中国文字的根本改革铺平道路》。第三位讲话的是文化部沈雁冰部长，他代表文化部和全国文学艺术工作者对文字改革工作表示衷心的拥护，并号召全国文艺工作者、出版工作者、教育工作者密切联系，积极工作，为实现文字改革、汉语规范化而努力。19日，另一次全体会议，当时的教育部长、已故的张奚若同志作题为《大力推广以北京语音为标准音的普通话》的报告。最后一次全体会议上，会议主席团委托胡乔木同志做总结性的发言。他

---

* 本文节选自张志公先生在第五次全国普通话教学成绩观摩会上的学术报告。

对简化汉字、推广普通话和根本改革汉字的准备工作等三个问题，以及会议讨论中提出的问题，做了详尽的说明。他说，推广以北京语音为标准音的普通话是适应广大群众需要的迫切任务，这是加强汉民族政治、经济、文化的统一的必要步骤，也是进一步发展汉语和准备汉字根本改革的必要步骤。推广普通话是有困难的，但是只要全国各方面大力提倡，并且首先在全国学校、部队、机关和人民团体中进行有计划有系统的工作，这些困难是完全可以逐步克服的。接着，王力同志代表提案审查委员会宣读提案审查报告，会议一致通过。然后，大会秘书长叶籁士同志宣读《全国文字改革会议决议草案》，会议一致通过。最后，由张奚若同志致闭幕词。那次全国文字改革会，通过了《汉字简化方案》和大力推广普通话两个决议。10 月 25 日，现代汉语规范问题学术会议开始。26 日，《人民日报》发表社论《为促进汉字改革、推广普通话、实现汉语规范化而努力》。社论指出："普通话是为全民服务的，方言是为一个地区的人民服务的。推行普通话并不意味着人为地消灭方言，只是逐步地缩小方言的使用范围，而这是符合社会进步的客观法则的。方言可以而且必然会同普通话在相当长的时期内并存，但是必须不断地扩大普通话的应用范围，要尽力提倡在公开场合说普通话，尽力提倡在书面语言中使用普通话，要纠正那种不承认普通话、不愿听普通话、甚至不许子弟说普通话的狭隘地方观念，纠正那种在出版物中特别是文学作品中滥用方言的现象。"社论还指出："作家们和翻译工作者们重视或不重视语言的规范，影响所及是难以估计的，我们不能不对他们提出特别严格的要求。电台广播员、电影和话剧演员，他们也都是语言规范的宣传家，每天有无数的观众和听众有意识地或无意识地在向他们学习。他们在普通话的推广上，过去已经有过很大的功劳，今后在全国范围内有计划地推广普通话的情况下，他们将起更大的作用，自然也就必须加强自己的语言规范性。"社论又指出："每年有上千万的儿童进入小学，训练普通话应该从他们开始。从小学到中学到大学，成百万的教师是普通话最直接的教学者和宣传家。……还希望教育部和高等教育部根本改革汉语的教学，使学生不但在语音方面，而且在书面语言的语法、修辞、逻辑方面都能得到有系统的规范化的教育，消除目前很多学生在中学甚至大学毕业以后还不会说普通话、不会写通顺文字的现象。”《中国青年报》在10月26日发表社论，题目是《在文字改革中做好三件事》。教育部在11月17日发出关于在中小学和各级师范学校大力推广普通话的指示。新华社在11月12日发表通讯，题目是《解放军总政治部通知全军推行文字改革》。1956年2月6日，国务院发布关于推广普通话的指示。2月12日，《人民日报》发表社论《努力推广普通话》。2月16日，全国总工会发出在职工中推广普通话的通知。4月10日，文化部发出贯彻国务院关于推广普通话的指示的通知。5月15日，高教部、教育部发出关于在高等学校和中等专业学校推广普通话的联合通知。7月2日，团中央发出关于在青少年中逐步推广普通话的通知。8月27日，交通部发出关于推广普通话的指示。在党和国家这样的关怀和支持下，1955年到1957年形成了推广普通话的高潮。当时学校教学使用普通话，各行各业使用普通话。1958年举行第一次全国普通话教学成绩观摩会，兼任推广普通话工作委员会主任的陈毅同志参加了那次观摩会，敬爱的周总理在参加国家重要工作会议的休息时间内赶到会场接见了全体与会代表。在1956年到1958年那段时间里，我经常出差，无论在饭店、宾馆里，还是在公共汽车上，听见大部分工作人员讲普通话。大家以讲普通话为乐，以讲普通话为荣。那时，国家的重要文件，从宪法到一些规章条例之类，在文字上，经常请一些研究语言文字的同志推敲研究。文艺工作者重视语言规范化。就我接触到的来说，有一个培养青年作者的机构叫文学讲习所，就找我去讲普通话与语法修辞；我还接到过一些电影制片厂的来信，就演员的某些台词、对话是否符合普通话的规范征求意见。出版物重视语言规范化。文化部的出版局组织过历时很长、规模很大的讲座。《人民日报》内部刊物《新闻战线》（最初叫《新闻业务》）发表过很多这方面的文章，要求新闻工作者重视语言规范化。从1955年到1958年，短短的三四年间，全社会的语文水平显著提高，无论是口头语言还是书面语言。回顾我们走过的道路，我们满怀豪情。重温党和国家领导同志和文字改革工作的前辈们那些卓有远见的教导和主张，我们信心倍增。同时，我们为不幸已经离开我们的革命前辈和文字改革工作的前辈们没有能够和我们一起参加这次会议而感到沉痛。我们感到自己肩上的责任很重。我们高兴地看到，党和国家像那时一样把这项重要的工作提到议事日程上来了。粉碎

“四人帮”以后，文字改革、推广普通话，也像其他工作一样，焕发了青春。1978年8月，教育部发出了关于加强学校普通话和汉语拼音教学的通知，现在又由教育部、文改会、共青团中央联合主持举行这一次规模盛大的观摩会。我异常兴奋地听到，这次观摩水平超出了过去四次的水平。特别是看到了第一次参加观摩表演的西藏同志和其他兄弟民族同志，使我受到很大的鼓舞。这种各民族大团结，教育科学大发展的兴旺景象，使我们兴奋，为之欢呼。我们要下定决心，努力做好这项工作。当前形势很好，对我们也提出了新的要求，我愿意追随同志们之后，尽我一点微小的力量。

下边，我谈一点学龄初期的语文教学和推广普通话的关系。

学龄初期应该继续对儿童有计划、有步骤地进行语言训练。在进行语言训练时，进行一系列的训练和教育。譬如进行思维能力的训练，进行最基本的知识教育，进行最基本的思想教育。语言教育是综合性的教育。从学前期幼儿时候就是这样。教小孩儿说一句话，不仅仅就是教一句话而已。我们告诉一个两岁多的幼儿，这是叔叔、阿姨，这是桌子、椅子，如此等等，不仅教给他这些词，同时教给他认识周围的人，周围的物。我们告诉一个三岁的幼儿，下雨了，地上湿了，不能出去玩了；或者告诉他，今天出太阳，天气很好，可以出去玩了；或者，今天很热，该脱掉一件衣服了。在教他这些话的过程中，也就是在教他最基本的知识，教他认识世界，培养他的思考能力。我们给小孩儿一张画，他很喜欢看，可是看完后一团就扔了。我们说，不要扔，看完了好好放在那儿，明天再看；扔了，下回就不能看了。教给他这几句话，同时在进行不要损坏东西、不要恶作剧的思想教育。家里来客人串门，让孩子叫阿姨；客人要走了，让孩子跟阿姨说再见。教给他这几句话，同时教他做人的最起码的礼貌。到了学龄初期，在进行语言训练的同时，要开始教他们接触书面语言了。有了书面语言，眼界一下子就会大大地打开。识了字的孩子，在发育成长上是一次飞跃，正像有历史记载以后的人类同史前人有很大的区别一样。史前人走了若干万年的路，而有历史记载的人（即所谓文明人）到现在不过才几千年，这几千年的发展比若干万年的发展快了多少倍，简直很难计算。不能一切都归功于有了文字，有了书面语言，但是文字和书面语言起的作用的确非常之大，因为它打破了时间与空间的界限，不再仅仅依靠口耳相授来接受前人的知识与经验，不再依靠口耳相授把他的知识与经验传给下一代，不再依靠口耳相授来交流知识和经验。学龄初期识字，学习书面语言如此重要，但是不幸，我们的汉字在开始学习的时候实在太难了，简直是个无情的拦路虎。方块汉字，尽管它在历史上有过很大的功绩，起过很大的作用，我们丰富的优秀的文化遗产是靠着它记载下来的，但是儿童一上学就碰上了这个拦路虎，构成了一个障碍，这却是个不容否认的事实。今年 2 月到 6 月，我先后到过西北、华中、华东的十四个地方。我在好几处参观了高等学校、中学、小学，直到幼儿园。我发现，不论是在幼儿园大班，还是在小学一年级，只要汉字一出来，师生注意力就一起集中在这上面，而忽视了绝对不应该忽视的语言训练，至少是放慢了语言训练的速度，降低了语言训练的要求。上一节课教几个生字，就围着这几个字转了。说话围着这几个字说，学生回家反复多次写这几个字，记这几个字，一切时间、精力都花在这几个字上，学生家长检查孩子的学习也是检查学会了这几个字没有。语言训练和其他训练被忽视了，至少是放到次要地位了。我在某地一个幼儿园连看了中班与大班的教学。两位教师都很有经验。中班孩子的语言、思想非常活跃。大班开始识字，语言、思想显著地不那么活跃了。责任不在老师。大班那位老师显然比中班老师的经验丰富一些，更有办法一些。这是拦路虎起的障碍作用。由于汉字开头难学，学龄初期提供给儿童的东西极端贫乏，远远地落后于儿童智力发展的水平、语言水平、知识水平、求知欲望。清末废科举办洋学堂之后，小学课本一上来是“人手足刀尺”。后来改了，说要适合儿童语言实际，第一课是“狗，大狗小狗，大狗叫，小狗跳。”六七周岁的孩子难道知识、语言那么贫乏吗？他们知道的东西多着呢！新中国成立后，教学内容有很大改革。但是小学语文第一课也只有“开学了”三个字。就这三个字，认、读、讲、写，来来回回好几节课，这样的教学，小孩怎么能受得了，怎么会欢迎呢？于是，小孩就以做小动作的办法表示抗议。为了制止孩子们做小动作，就让他们整整一节课把手背在椅子后头，像上刑一样。我们的儿童从一开始进入学校就成为受惩罚的对象！这样做法，压抑了儿童生长，思维、语言、知识都不让发展，挫伤了儿童学习积极性，甚至从小就在心灵上给了他创伤。事实告诉我们，汉字在学龄初期阶段起了严重的障碍作用。学到五六百个字之后，特别是上了千字之后，有它容易的一面了，这另当别论。文字的根本改革怎样进行，有待研究，今天我不谈这个问题。无论如何，在开始学字这个阶段汉字是难学的，对于迅速使儿童学会运用书面语言，对于向儿童进行各方面的训练，是起阻碍作用的。历史上，两千年来一直在想法解决这个问题，“三百千”（即《三字经》《百家姓》《千字文》）那一套就是对付这个问题的一种办法。这套办法，有某些符合汉语、汉字的特点，符合教学的特点的因素。但是它有很大的缺陷，就是完完全全忽视了语言训练。“三百千”只是为了对付那两千多个字。对于传统的东西，要看到它有利的因素，有某些可以参考的经验，也要看到它的缺陷。新中国成立后，继续对付学龄初期的识字教学问题。逐渐有了两种经验，一种叫集中识字（以黑山、景山两个学校为代表），一种叫分散识字（南京的斯霞同志主张最力）。我个人认为这两种经验都很好，都对以往的经验有所突破，都取得了一些很可喜的有说服力的成果，都值得继续试验下去，继续改进。

我另有一种设想，在别的地方讲过，在有的文章里写过，在这里再说一说，向同志们请教。

儿童进入小学，或者在幼儿园大班最后，学汉语拼音字母。接着就以这套汉语拼音字母为工具进行大量阅读训练和有计划的语言训练。① 阅读训练一开始，就可以给儿童比较完整的阅读材料。用汉语拼音写出相当于二三百字至三五百字篇幅的故事、诗歌、谜语、对话等，儿童是完全能够接受的，因为六周岁上下的儿童不仅已经能听并且已经能用连贯的话说一个完整的故事，讲一些道理了。过去说他不能，并不是他语言和智力不够，只不过是认识的汉字太少，不够用而已。借助汉语拼音进行阅读训练的同时，有计划地进行造句等语言训练和写话训练。这就是说，进了小学的儿童，阅读的东西

---

① 志公按：最近在福建教育学院语文组编的《语文教学研究资料》里读到已故罗常培先生 1941 年在昆明的一次演讲《中国人与中国文》中有这样一句话：“照我的意见，在小学时期未尝不可仿照从前北平孔德学校的办法用注音符号或国语罗马字来代替汉字，以减少儿童识字的困难。”看来，四十年前罗先生就有和这里所谈很相似的设想，并且在那之前就有人进行过类似的试验了。

——1980 年 4 月补注。

能够基本上和他的智力发展和语言发展的水平相适应；用这样的阅读材料对他进行各方面的训练，丰富他的语言；再加上系统的语言训练，逐步提高、纯化他的语言。这样的阅读训练，一直进行下去。大致从第二学期开始，教儿童识汉字。完全按照识字的规律、顺序来办，不理会上边说的阅读训练；只要求识，不要求写。由于是按照识字的规律办事的，不受阅读的制约，不受写字的牵制，所以效率可以很高，速度可以很快。一个学期，可识四五百字。从第三学期起，把已识的和继续识的字逐步代入拼音阅读材料里去。大体上也从第三学期起，开始教写字。完全按照写字的规律、顺序办，先教横、直、撇、捺等基本笔画，熟练之后，教系统安排的独体字，然后教系统安排的合体字，在开始教写字的阶段，不理会识字的进度，识归识，写归写。由于是按写字的规律办事的，不受识字进度的牵制，所以效率也很高，速度也很快。大致到第四个学期，写字和识字两条线可以会师了。识的字越来越多，于是拼音阅读材料里夹用的汉字也就越来越多。大致到第五学期，阅读材料就以汉字为主，夹用拼音了。最迟到第七学期，阅读材料已经成为纯汉字的，拼音字母退居为注音工具。这就是说，阅读训练始终保持着高水平。符号工具，第一、二学期纯用汉语拼音，第三、四学期以汉语拼音为主，夹用汉字，第五、六学期以汉字为主，夹用拼音；第七学期以上，纯用汉字。这样下来，到第八学期结束时，阅读材料的深度和广度可达到以前正常状态下初中一年级甚至二年级的程度；识字量可达到二千五百左右；写字比以前初中一二年级要好，因为基本功练得比较扎实。总的语文水平，包括听、说、读、写几方面的能力，将比过去六年制小学毕业的高一些，其中阅读能力的提高最为显著。事实上，也不能说这样训练下来的阅读能力非常高，只能说以前从两三个字开始的那种训练办法效率太低了。

显然，如果要试验试验这个设想，需要具备三个条件。首先是领导支持，社会支持（主要是学生家长支持）；其次，要教师和学生能说普通话；再就是，要有一套教材、辅助读物和其他必要的教学设施。

这里说说这个设想和普通话的关系。试验这个设想，必须普通话有一定的基础，但是，也并非要求普通话说得多么好。按照这个办法进行教学的过程，正是一个推广普通话、提高普通话水平的过程。因此，这样的教学设计和推广普通话是相互作用、互相促进的。采用这个办法训练出来的小学毕业生，汉语拼音必将掌握得牢固、熟练，普通话一定说得很好。

既然还只是一个设想，还需要一些条件，大面积试行肯定是不适当的。但是，如果经过研究，认为可试，在个别学校的个别班级做一个试验，我想至少是不会有什么害处的。倘若试验下来（当然加上不断地改进和充实所设想的办法），确有显著的效果，那就有了说服力，减少了在较大范围进行试验的阻力，这样，在使用汉字的情况下改革学龄初期语文教育和有效的推广普通话两个方面就都找到了一条有所突破的途径。

推广普通话是一个关系到国家文化、科学、教育发展的重要问题。近年来对这个问题的重视不够，探讨不多，也还没有一个研究、讨论、交流这方面的工作经验，探讨这个问题以及其他有关问题的园地，很希望文改会和其他有关单位考虑这件事。和开头说的五十年代的情况比较起来，感到现在沉寂了一些。文改工作，推广普通话工作，这些不是小事情。五十年代推广普通话的时候，在一开始，也不是没有阻力的。后来，最有说服力的道理是解放军同志们提出来的。据说，某部队把入伍不久的新战士集合起来，站成一排，训练教口令。一个口令从这头传过去，一个个对着耳朵说，传到那头，不知成了什么样子了。这样打起仗来怎么得了啊！解放军同志举了这个事例，说明推广普通话关系到国防工作，说服力很强。再加上其他的宣传，大家逐渐认识到推广普通话的重要性了。今天，再用这个例子已经远远不够了。等一下马大猷同志可能给我们讲讲语言和现代化科学技术的关系，我们会从中体会到推广普通话的迫切性，我这里就不多说了。我们这次普通话教学成绩观摩会开得非常好，水平超过了以往四次。我一方面非常高兴，为我们获得这样好的成绩祝贺；另一方面，觉得我们也还要看到不足之处。上午王了一先生已经说过，越是所谓官话区，推广普通话的成绩好像反而不怎么好。还有整个社会的风气对这件事似乎也不怎么理会。这些情况值得我们认真对待。我们需要加强文字改革的工作，使这项工作活跃起来。我自己在这方面没做什么，知道的也很少，但是我非常愿意像我开头说过的，尽我自己的努力向各位同志学习，追随各位同志之后，为文改工作的进一步开展，贡献我一份微力。

1979 年 7 月

有关语文教学研究的几个问题

两年多以来，特别是 1978 年 3 月吕叔湘先生提出语文教学存在问题以来，对于语文教学，社会各方面，当然首先是语文教育工作者非常重视。从那以后，就语文教学各方面的问题展开了广泛热烈的讨论，几乎可以说，讨论涉及语文教学的每个方面，从教学的目的任务到教材、教法等，都进行了相当充分的讨论。在某些问题上有不同的意见，大都进行了交流、探讨以至于辩论。经过这一次广泛深入的讨论，已经收到很多的成果。有些问题比较的明确了；有些问题虽然还不够明确，但问题之所在比较的清楚了。不少地方、不少学校、不少教师进行了各种试验，进行了调查研究，这对于语文教学的改进起了很好的作用。

现在，进一步讨论研究改进语文教学，似乎应该在过去这一段取得成绩的基础上前进一步，提高一步。怎么前进，怎么提高，我没有很成熟的意见，只想到几个问题，提出来跟大家商量，向大家请教。

第一，关于过去、现在和未来。

要前进，不能不回顾一下过去，吸取过去的经验教训，以便更好地继续往前走。我所说的过去，既指近的过去，也就是新中国成立后的三十年；也指比较远的过去，那就是从清末废科举、办学校到解放前的这一段；也指更远的过去，那就是两千年的封建社会。

我认为，回顾过去，非常重要的一点是进行实事求是的分析。认为过去的一切都好，无疵可指，可以拿来照用；或者认为过去的一切都非常坏，一无是处，这两种态度都是不适当的。咱们过去也有过这类的教训，吃过这样做的亏，大家都明白，不需要我多说。但是，现在是不是对过去的回顾已经足够的实事求是了呢，分析研究做得足够深入了呢？恐怕还不是。

比如，说到近的过去，新中国成立后的三十年。是不是三十年来，我们的语文教学一点成绩都没有，一点可吸取的经验都没有，今天讲提高效率，讲科学化，是“白手起家”，“平地起楼台”呢？我认为不是的。三十年有不少的成就，积累了很多经验。倘若没有“四人帮”的干扰破坏，我们的成就还要大得多，经验还要多得多。

姑且举几个例子说一说。像小学的识字问题，这是两千年来一直试图解决而没有解决好的问题。因为汉字不是拼音文字，字数多，要一个一个地学，笔画复杂，造字法不太容易掌握，所以小孩子在开始学习阶段困难很大，汉字成了进一步学习语文的障碍。前人在这个问题上采取了一些办法，积累了一些经验，但始终没有根本解决问题。三十年来，在这个问题上我们至少已有说得出的三种经验。一种是所谓集中识字法，就是说在小学开始阶段，让小学生在比较短的时间里多认些字，以便进一步开展说话、阅读、写作训练。现在的集中识字法和历史上的“三百千”那种集中识字法是很有区别的。它运用了历史上的经验，又根据汉字的某些规律、学习的某些规律，使集中识字比较的科学了一些，不是像“三百千”那样不够科学的硬集中。另一种经验叫作分散识字法，这与清末办学校以后的那种分散识字也有所不同，表现在所谓分散是有计划、有步骤的，而不是全然放任自流，碰见什么算什么的那种分散识字。第三种经验叫集中与分散相结合，或者叫作小集中，试图把集中识字和分散识字两方面的长处结合起来。识字问题不是个小问题，取得的这些经验是非常重要的，这是三十年来的一项不可忽视的成就。虽然这些经验还不够完善，有待进一步试验研究。关于这个问题，我个人还有另外一种设想，在不少场合谈过，也有不少同志表示同意，或者加以呼应；然而这毕竟还是一种设想，没有在任何一个地方进行实地试验，不能说是一种经验，这里不再说它了。

又比如，我们现在一致认识到，在语文教学中忽视语言教育那一类的做法是不行的，完全不理会语文教学所应该、所能够承担的其他任务也是不符合实际，不完全妥善的，虽然究竟怎么样把语言教育同其他方面的教育很好地结合起来还有待于探讨研究，但至少我们有了这个共同的认识。建立起这样一个认识不是很简单的事，应该看作是三十年来在这个问题上经过了不少曲折反复之后取得的很可贵的经验。

再比如，我们在语文教学中进行过大幅度改革的试验——汉语、文学分科。尽管做法本身有缺点，同时由于试行的时间很短，今天难于做出全面的总结，然而它在某些方面对我们今天的教学还在起着作用，不少人把那次分科的做法作为研究今后改革语文教学、教材的参考。这也不能不说是三十年中学语文教学的一件大事。

再往大处说一点，虽然不完全是语文教学问题，但与语文教学关系密切，就是推广普通话的工作。许多有远见的语文工作者、教育工作者从五四前后就发起了所谓国语运动，但是搞了三十来年，取得的成效不大。而我们从 50 年代提出了推广普通话，很快就取得了显著的成绩。自然，由于当中有一段放松了这件事，特别是被“四人帮”干扰破坏了一通，现在的情况还是不能令人满意的，然而普通话在全国被接受为全民的共同语，在社会上流行相当广泛，在语文教学中成为教学的内容、要求之一，在社会生活中起了很大作用，这是历史上没有过的事。在这一点上，几乎可以说，我们走在现代世界先进国家的前边。不少国家一直到 60 年代才由于现代科学技术的发展开始重视所谓标准语问题，而我们这样一个人口众多、方言十分复杂的国家从 50 年代就开始了这项工作，并且取得了成就。

还有，我们国家的各兄弟民族既学习本民族语言文字，又学习口头的和书面的汉语普通话，这更是历史上前所未有的大事。这对于全国各民族的大团结，对于我们的社会主义革命和社会主义建设事业起的作用是十分巨大的。在这个问题上，“四人帮”造成的破坏非常严重。然而，即使如此，像今天全国各民族的语文教学这样超过历史上任何时期的发展，各民族语言这样广泛的交流，呈现出一片民族团结的景象，仍旧应当说是三十年来一个重大成就。这项工作的基础是有了的，去年成立了全国性的民族院校汉语教学研究会，现在许多民族地区在加强本民族的语文教学和汉语语文教学方面，进行了研究以至于采取了措施，有的地区出版了刊物，这项工作正在蓬勃开展起来。

要举例还可以举一些。就从这几点上，我们应该看到，三十年来，语文教学工作在党的领导下，在全国语文工作者和语文教育工作者共同努力下，有些时期是在艰苦的环境中坚持奋斗下，取得了非常巨大的成就，不看到这一点是不对的。

另一方面，三十年来，在语文教学工作中，也确实有些值得吸取的教训。例如，在比较多的时候，我们对于语文教学中的思想政治教育问题，无论在理论上还是具体做法上都是不够恰当的。我始终认为，语文教学可能并且也应该重视思想教育。问题在于：什么叫思想教育，语文教学中应该和可以进行哪些思想教育，这种教育应当怎样进行，怎样和语文教学所必须完成的绝不能推脱的责任——培养和提高学生的语文能力，正确地结合起来。这些问题必须处理好，而在过去的三十年之中，相当多的时候没有处理好。

再比如，语文教学工作，和其他各科教学工作一样，有涉及政治问题和政策问题的部分，而更多的是学术性问题。过去在不少时间里，没有把政治问题、政策问题和学术问题正确地区分开，往往把属于学术性问题的一些想法和做法当成了政治问题来对待。有时候影响了语文教学的试验工作，也有时候甚至伤害了人，挫伤了不少人的积极性。

又比如，语文教学工作，也像其他各科教学工作一样，需要进行不断的研究、试验和改进。可是，语文教学工作中为数并不很多的带有试验性的做法，几乎都是只进行了极短的时间，在没有取得经验，还得不出结论的情况下就被废止了。这使我们今天总结过去的经验和教训时遇到了困难。

如果再说到远一些或者更远的过去，我们的前人做过不少工作，取得过不少可贵的经验，但是由于那是旧时代，那些经验无疑具有或大或小的局限性。正确地分析那些经验和教训，取其可取，弃其当弃，需要进行深入研究。若干年前曾经有过、近两年似乎又来了一股风——仿佛过去的一切做法、包括像死记硬背等，统统是好的，今天拿来照用就可以解决问题。这种态度同历史的虚无主义，也就是否定历史上的一切经验，同样是不可取的。这一点，下面还要谈到，这里先简单提一下。

要研究进一步的改进，当然不能仅仅回顾过去，很重要的是要立足于现在，——立足于现在的实际，包括我们经济发展的实际，科学技术发展的实际，教材水平的实际，教师水平的实际，学生水平的实际，等等。脱离了这些实际，或者对这些实际的认识很模糊，就不可能找出切实有效的改进办法。离开历史的发展，脱离当前的实际，提出一些这样那样的设想，这种设想的用意也许很好，道理也许说得过去，然而往往会成为或者接近于美好的“空想”。要充分掌握实际，必须进行认真的调查研究。

做教育工作的，立足于现在还不够。很重要的一点是不能不着眼于未来。教育工作不像种庄稼，可以春种秋收，当年见效。教育工作是为未来培养人才的。而今天已经进入了电子时代的世界，发展变化之快，超过了历史上任何一个时期。在远古时代，几万年几千年不过进步那么一点，以后，几百年至少几十年才进步那么一点。现在可是大大不同了。我们有一句古老的成语，叫作“日新月异”。这个成语本来带有修辞上的所谓夸张手法的意味。今天，如果说它还有某些夸张成分的话，至少这个成分已经降低得很多很多了。没多少年以前，我们能够想象得出比如彩色电视机吗？我们能够想象得出人能够和机器对话吗？一只保险柜，不用钥匙，只要我对它说“开开”，它就开开了；我说“关上”，它就关上了。但是，它只听我的，你说它就不听。我在这里讲话，几千里以外，不仅可以听见，而且可以排出版来，印出来，几年以前我们能够想象吗？这些，由于我们目前科学技术落后，也许听起来还有些像科学幻想小说，然而这已不是小说，是现实了。我们做教育工作，不能不想到今天还坐在我们教室里的学生，至少说要三年五年之后，或者十年八年之后，甚至十几二十年之后，才到社会上去起作用。他们将要面临一个什么样的社会，什么样的世界，什么样的科学技术情况呢？那时，对于他们，在语文方面会提出什么要求呢?. 具备什么样的语文能力才能应付那时的生活和工作需要呢？当然，存在决定意识，生活在今天的现实中，不可能准确地想象遥远的未来。然而三年五年、十年八年之后的情况，我们还不是不能想象的。如果连想都不去想，那将是很可悲的，将会对不起下一代。做教育工作的，不论是订计划，还是编教材，还是搞教学工作，脑子里不能没有个“未来”。如果眼睛只看见当前，只看见我们的周围——短暂的时间、狭小的天地，那是远远不够的。

我的粗浅的认识是，要进一步改进语文教学，应该正确地回顾过去、立足于现在，着眼于未来。

第二，关于知识和技能。

语文课要培养语文技能，即听说读写的技能，并不仅仅是教学生知道一些关于语文的知识。知识不等于技能。这个理解我认为是正确的。大家都明白，我不多说了。

那么，技能和知识有没有关系呢？回答是肯定的。具备某种知识，只要我们对这些知识的多少、深浅以及提供这些知识的时机等处理得当，对于培养技能并且加快培养技能是大有益处的。

再进一步说，知识与技能之间的关系不是那么简单的。有些知识一旦知道了，就可以立刻或者很快转化为技能，运用起来；有些知识就没有那么快，需要和其他有关的知识互相作用起来（比如数可以分成有理数、无理数，动植物可以分成若干部、门、纲、目、科、属、种，词可以分成动词、名词等若干类；在同一次分类中要用同一个标准；这一类和那一类之间往往既有明确的区别又有某些交错的情况；每一次分类之后，还可以再往下分，从而形成若干不同等级的类等。这些有关分类的知识，在学习者的头脑里互相作用，每一项知识就会变得更清晰，更活，更有用），并且与有关的实践互相作用起来，经过相当一段时间才能逐步转化为技能，从不熟练到比较熟练，到很熟练；有些知识甚至于在相当长的时间之内，看不出与技能发生什么直接联系，知识就是知识。然而这种知识是必要的，具备不具备这种知识对人的头脑影响很大。我在别处曾经举过一个例子，这里不妨再重复一遍。当年哥白尼指出，地球围绕太阳转，不是太阳围绕地球转，这在当时不仅仅是一种知识吗？它能和什么技能联系起来呢？然而，为了这种知识的建立，当时坚持真理的科学家牺牲过生命；当时的教会为扼杀这种知识不惜烧死人。这个事实本身就告诉我们知识的重要性，否则，何需为了这么一种知识进行那么残酷的斗争呢？一个人有没有、相信不相信这种知识，表明这个人头脑中科学的因素和迷信的因素在数量上和力量上的对比。就两个人来说，有没有、相信不相信这种知识，表明这两个人的脑袋相差了几个世纪。能说这样的知识是无用的吗？因此，过分简单地要求学到一些知识必须立即化为技能，否则这些知识就是不需要的，这种理解是有片面性的。现在，据我所知，否定语文知识，片面强调技能，把知识和技能分割开来甚至对立起来之风好像又盛行起来了。时至今日，仍旧有不少人请出曹雪芹来，说曹雪芹没有学过语法、修辞、逻辑，能写出不仅内容上而且语言上也那么好的小说，从而否定语言知识的必要性。这实在已经不再有说服力了。因为，照这样推论下去，根据我们古代工匠建造起来那么精美的建筑物，再加上大学土建系毕业生也未必能设计出赵州桥或虎丘塔这些事实，可以得出结论说，应当取消现代的建筑学；根据李时珍写出了《本草纲目》，而医学院药学系毕业生未必能写出一部中国药典这些事实，可以得出结论说，应当取消今天医学院的药学系，应当取消药物学。大家能接受这样的逻辑推理吗？忽视我们的祖先凭着他们在艰苦实践中积累起来的经验所取得的惊人成就，认为我们处处不如人，人家样样都比我们强，这是数典忘祖，自暴自弃。然而吃我们祖先的这些老本，请他们出来否定现代科学的必要性，显然也是不对的。轻视甚至否定语文知识的作用是片面的。造成这种认识的原因，也许是由于我们的语言科学还幼稚，不完备，没能解决实际运用中的问题，因而引起了一种近于"因噎废食"的想法；也许是积习很深，一时扭转不过来；也许是未经深思。倘若不是这几种情况，那么，这反映了一种怎样的思想状态，是应当认真思考一下的。

在哪一个教学阶段应该教哪些知识，这些知识应该怎样教法，这种种问题我们研究得很不够，还说不清楚。应该看到，这是语文教学不能更快改进，不能现代化、科学化的一个原因。我们要努力地做到这一点，把知识和技能的关系处理好，这是研究改进语文教学的重要课题之一。

第三，关于理论和实践。

理论要与实践相结合。脱离实践的理论，或者没有理论指导的盲目的实践，都是不可取的。回顾过去，我们为理论而理论，脱离实践，这样的情况有过，我们应该引为殷鉴，绝不能重复。然而，忽视理论，特别是在语文教学之中，认为学语文、教语文没有什么理论可言，说就是了，读就是了，写就是了，这种时候恐怕是更多一些。大家知道，近一二十年或者二三十年以来，在世界上不少国家里，已经出了几种影响很大，并且实践也证明有相当效果的教学论。大家知道，所谓"应用语言学"，在世界许多国家是新起的、深受重视的一门"边缘科学"，而应用语言学的一个重要内容就是语言教育之学。相当系统的、有些新内容的教学论和应用语言学，在咱们这里，几乎还是一个空白。甚至连布鲁纳、皮亚杰、赞可夫等几个人的名字，咱们大多数人也才知道了不久，而人家的研究、实验已经进行了相当长的时间了。直到今天，如果谈几条语文教学的带理论性、原则性的经验或者做法，我们能够举出几条呢？还是得请我们的祖先来："书读百遍（或千遍），其义自见"，"读书破万卷，下笔如有神"，"为文有三多"，"熟读精思"，"拳不离手，曲不离口"，"多读多写"，等等。除了我们祖先留下的这几条之外，我们自己拿得出多少新的理论呢？这些条都是前人留给我们的可贵的经验，实践也曾经证明，这些确实是有效果的。但是，到今天还仅仅拿出这几条，来对付四个现代化对咱们教学工作提出的要求，够吗？我们现在的小学生、中学生，有那么多时间把一篇文章读百遍、千遍吗？我们的学生读书也要"破万卷"，但是，仅仅是唐宋八大家，仅仅是唐诗、宋词、元曲吗？不是，他们要读的书多了，要做的事情多了。"僧推月下门"，"僧敲月下门"；骑在驴背上，想起一句诗，赶紧记下投进口袋里，诸如此类，作为轶事来讲，鼓励学生们勤于思考，都是很好的材料。但是就凭这些来从事今天的语文教学，使它以快速的步伐赶上四个现代化建设的迫切要求，行吗？远远不够了。我们的任务应该是：对于现状取得充分的了解，对于过去做出恰当的分析研究，对于别人的经验、做法进行客观的、实事求是的分析判断，经过讨论研究、试验，形成我们自己的，适合我们国家，适合我们中国的学生学习自己的语文的整套的或者不止一套两套的理论，用实践来检验这些理论，找出对我国最适用、最有效的途径来。

第四，关于智力发展与学习成绩。

过去曾经有过这样的说法："分、分、分，学生的命根。"那是当作笑话来说的，是讽刺性的。不幸，在今天，实际情况比那个笑话有过之而无不及。实际上，分数不仅在某种情况下并不足以反映学生的学习成绩，更重要的是，分数在不少情形下，不足以反映一个学生的智力水平。我举唱歌、唱戏做例子。两个人分别独唱一支歌，一般人听起来，觉得甲唱得好，乙不如甲。可是内行的人有时却认为乙大有培养前途，而甲不过如此而已，前途有限。唱戏也是这样。什么缘故呢？就是乙虽然在这次唱的时候表现不够好，或者反映出他所受的训练还不够，但是他有这方面的素质，有这方面的能力，他的前进潜力很大。而甲仅仅是模拟别人的唱法，刻板地唱出来，他不能利用自己的智力来发展他唱的能力。我们现在总是满足于学生能够对付我出的题目，能够背诵我教给他的知识，如果他没有做到，他就“不及格”。我丝毫没有否定测验、考试的作用的意思，也绝不完全否定分数一定程度地反映学生的学习成绩和智力。但是如果只注意到分数，从教学工作来说，恐怕是很不够的。在语文教学中，这个问题相当突出，两个学生同样写了别字，扣同样多的分，其实，这个别字和另一个别字反映的实质并不完全相同。两个学生同样念错一个字，反映的实质也不完全一样。一个学生知道带草字头的字都与花草有关，带木字旁的字都与树木有关，带禾字旁的字都与农业或农作物有关。他根据这种知识来推断一些字的字义，有时会推错了；而另一个学生根本不会运用这种知识去推断新接触的字，或者只是由于没记住老师怎么教的而写错、念错了。这两个孩子的智力没有区别吗？只要根据他们写了或者念了同样的错字，就扣同样多的分数吗？我们常常说作文不好评分。为什么不好评分呢？原因是阅卷者的好恶不同，标准要求不同。但是这个标准里边没有包含从学生作文中看他的智力这个因素，也就是看他的头脑这个因素。假如把这个因素加进去，并且作为一个重要因素，而把个人好恶这个因素尽量降低，作文的评分实际上不应该那么难。我在一个地方举过一个例子：孔融小的时候去看他的一个长辈，在座的还有另外一个老头。谈了几句之后，他去拜访的那个长辈夸奖他善于对答，讲话很有条理。另外一个老头说：“小时了了，大未必佳。”孔融立刻回答了一句：“想公小时，必定了了。”这当然只是一个传说故事，还可能夹杂着吹嘘孔融聪明的意思。咱们不从别的角度考虑，只就智力这一点看，孔融小时候头脑是敏捷的，他会用“以子之矛，攻子之盾”的逻辑辩论方法，他的智力是高的。如果写这个故事的人是为孔融吹嘘，这个人懂得点什么叫作智力。我们很需要从这一类故事中得到一些启发：要训练孩子什么，鼓励孩子什么，要求孩子什么。假如说，一个人思想品质如何，知识能力如何，他的家庭、社会、生活经历等等各方面对此产生影响的因素很多，因而一生的变化也很多，那么，就智力发展这一点来说，儿童时期、小学教育时期所起的作用，那可就大得多了。如果从小用刻板的、僵死的方式把小孩的头脑填得满满的，只要求他死记、死背一些东西，不让他那种虽然幼稚，但是富有生机的思维能力、想象能力去充分发展，使他的心智从小受到戕害，正如把一只小鸟关在笼子里，不让它飞，只喂它良好的食物一样，这样一段时间下来，它的肌肉要萎缩，机能要退化，再把它放出笼子去，它飞不动了。对少年、青年怎么教，怎么要求，怎么测验，怎么考试，是一门大学问。只为了考好分，能升级，能升学，而不重视培养、发展他们的智力，这是短视的做法，是对教育的前途、对下一代的成长极端不利的。语文教学中需要认真研究这个问题。

上面说的四点是互相有联系的，总的一个意思是：在我们今天已有的可喜的基础上，研究语文教学的改进问题需要深入一步，提高一步。反反复复谈了多次的那些老问题，什么“文道关系”“精讲多练”等等，不是说不需要继续考虑，继续讨论，而是说，只在那个水平上，你说你的，我说我的，转来转去，在一些字面上下功夫，不够了。我所提的几点，仅仅是我自己听了许多同志的讲话，看了许多老师的教学，并在许多老师的经验交流的启发之下想到的。我只是作为问题提出来。如果的确还是几个值得考虑的问题，答案要靠大家提出来。提这样几个问题，一则供进一步研究语文教学问题时参考，再则向关心语文教学的同志们请教。

1980 年 3 月

谈谈单元教学*

中学语文按单元编教材并进行教学，在我国已经有相当长的历史了。在这些方面，语文界的同志们已经进行了一系列的探索研究，积累了丰富的经验，发表了很好的意见。对单元教学问题，本文不打算做全面的论述，仅就以下几个问题谈一些不成熟的看法，就正于语文界的前辈和同道。

一　什么是单元教学

教学任何一门学科，包括语文学科，教学既有连续性、循环性，又有阶段性（每个阶段解决一定的问题，完成一定的任务，达到一定的目的）。在教学过程中，如果忽视连续性和循环性，只注意阶段性，就会把教学搞得七零八落，不成为一个有机整体；如果只注意连续性和循环性，不重视阶段性，整个教学会成为囫囵一块。总之，在教学过程中，三方面要相辅相成，互相作用，互相配合。这种情形在中国或外国，在中国古代或近代，一些学者和教师并不是没有注意到，但是不很自觉，在处理上往往只是不很科学罢了。例如传统的语文教学，它有启蒙阶段，先学“三”“百”“千”，进一步读经，进而作文章，而在启蒙阶段，先念《百家姓》，然后是《千字文》和《三字经》，也有一定的阶段性。所以古人在编书和教学时并不是完全忽视这三性，只是不很自觉，往往凭经验办事，处理上不大科学。近几十年来，语文工作者和教师在编排教材和教学时，有意识地注意以上三性，按照由浅入深、由易到难的原则，分单元编选教材，按单元进行教学，使教学成为有机的整体。

---

* 本文与张定远联名发表，刊载于《语文教学通讯》1981 年第 7 期。

关于语文教学的连续性和循环性的问题，大家已经发表了很多意见，就不多说了，这里仅就阶段性的问题，简略地谈一些意见。所谓阶段性，就是在一定时间内，完成一定的教学任务。阶段有大阶段和小阶段之分。比如，普通教育阶段，专业教育阶段，这些就是大的阶段；在普通教育阶段中，又有学前教育阶段，小学阶段，初、高中阶段，这就是较小一些的阶段；一个学期，一个学年，是更小一些的阶段，如此等等。单元教学则是教学过程中最小的一个教学阶段。这个阶段虽小，但毕竟还是个阶段，有它特定的目的，完成特定的任务。正因为如此，它有一定的内容，有一定的组织结构。

二 单元的组成

单元组成有多种形式，不是只有一种模式。我们常见的有以下几种：

（一）把体裁相同或相近的几篇课文组织成单元。这种单元可以指导学生在一段时间内比较集中地学习几篇体裁相同或相近、而写法又各有特点的课文，从而使学生在读写的某一两个方面得到提高。现行通用语文课本，大多是根据听、说、读、写的要求，按文章的体裁来组织单元的。

（二）课文加知识短文组成单元。从语文教学来说，这种单元可以同时指导学生集中读一批某一类型的课文，理解这一类课文的某些重要特点，学习有关的必要的知识，从而在阅读或写作说话的某一方面或两个方面，培养学生一定的技能以至于能力。例如，现行通用教材初中第六册第三单元，选入三篇议论文（《放下包袱，开动机器》《论“同甘共苦”》《“友邦惊诧论”》），通过这一单元的教学，着重使学生懂得有关立论和驳论的知识。在这一单元的后边，编写了《立论和驳论》的知识短文，让学生进一步掌握立论和驳论的有关知识。

（三）以知识为主，以文章为辅组成单元。这种单元可以教给学生一个方面的某一个内容的知识，同时给他们提供读、写、说的实际例证。天津新华中学语文教改试验方案的单元编排基本上属于这种类型。每个单元的第一篇文章就是知识短文，然后编选若干篇课文与之配合。例如初中第一册第一单元是这样编排的：第一篇是知识短文——把握事件，归纳中心；把握顺序，划分段落。紧接着编选五篇课文，即《一件小事》《老山界》《清贫》

《挺进报》《同志的信任》。

（四）以语文知识为主组成单元。用这种方式组织的单元，可以使学生比较透彻、比较全面地掌握某一方面的知识，在某一方面形成技能。我国50年代编写的汉语课本，就是以知识为主组织单元的。最近福建省福州三中编写的语文试验教材，初中第一册第一单元也是以知识为主来组织的。这一单元围绕字、词的有关知识，编写了四篇知识短文，即《字的构成》《词的构成》《词组的构成》《词的称呼》。

（五）运用比较的方法组织单元。在组编单元时，可以有意识地就读或写或说的某一方面进行比较，也可以就某一类型的文章与另一类型的文章进行比较，还可以就某一类型的知识与另一类型的知识进行比较。通过比较，加深学生对学过的东西或新学的东西的理解，使他们对所要讲授的东西理解得更鲜明、更深刻、更容易吸收，进而形成分析、比较的能力。这种单元也可以叫作混合单元。比较的内容可以是不同的写作方法，不同体裁的文章，不同风格的文章，不同内容的知识。例如，全国通用语文教材初中第五册（1964年版）第二单元就是这样一个混合单元。这个单元一共有三篇课文，即，毛泽东同志的词《蝶恋花·游仙（赠李淑一）》、叶圣陶同志的散文《五月卅一日急雨中》、王愿坚同志的小说《粮食的故事》。这几篇课文，思想内容相近，但体裁不同，写法又各有特色。编排这一单元的目的，就是要求老师讲授时，采用比较的方法，让学生了解类似的主题，可以采用不同的体裁和不同的写法来表现，从而在读写能力方面得到提高。

（六）按作家的作品组织单元。这样组织可以使学生对某一个作家不同时期的作品或某一个时期的作品有比较全面或比较透彻的了解。例如，现行全国通用教材高中第三册，安排了鲁迅先生30年代写的两篇文章。一篇是《为了忘却的记念》，另一篇是《“丧家的”“资本家的乏走狗”》。通过这两篇课文的学习，除让学生学习一些写作方法外，还让学生比较全面地了解这一时期鲁迅先生的政治态度和创作思想。

（七）按年代组织单元。这样组织可以让学生比较系统地学习一些课文，对不同时期的文章有比较系统的了解。现行通用语文教材高中各册的文言文，基本上是按照时代先后的顺序编排的。

此外还可以有别种方式的单元。不论单元组成有多少样式，都有其共同性。（一）不管按哪种方式组织单元，一定要有明确的目的。（二）一定要把文章、知识几种东西综合起来，使知识和技能有机地统一在一起，提供新的知识、材料，训练、培养学生的语文能力。（三）单元组成一定要瞻前顾后，每个单元只是一系列单元中的一个，在一系列单元中起一定的作用，它是总体中的局部，既有独立性，又有前后相互依存性，不可偏废。所以，组织单元要有总体观念，共同达到一定的目的，完成一定的教学任务。这样整个教学才是科学的，统一的。

三　单元与单元之间

以相连的两个单元来说，它们之间的关系应该是这样的：第一个单元所学的知识、技能和能力要迁移到第二个单元，第二个单元不是把已学过的东西简单地再现一次，而是从那些知识与能力中引申出新的知识，使学过的知识、能力，得以巩固、加深和发展。在这些知识与能力中，可以以其中的一项为主要目的，也可以以其中的两项为主要目的。总之，它们之间是继承的关系，迁移的关系，而不是简单地、机械地再现。例如，现行全国通用教材初中第一册的第二和第三单元之间，基本上具有这样的关系。这两个单元都是记叙文，是这一册的教学重点，但要求不同。第二单元侧重记事，写了有关的人。这一单元有三篇课文：《老山界》《一件珍贵的衬衫》《“红军鞋”》。第三单元侧重记人，写了有关的事。这一单元有三篇课文：《草地晚餐》《生的伟大，死的光荣》《人民的勤务员》。编选这两个单元的目的，不仅让学生在思想上受到教育，而且着重让学生学习记叙文的基本要素和记事、写人的一些方法。第二单元着重让学生学习以某一事物为线索记叙事物的方法，同时初步学习写人的一些方法。第三单元着重让学生学习通过人物的言行表现人物性格和品质的方法，同时进一步学习一些记事的方法。

每个单元也要同后边的单元有联系，要考虑到以下的单元，或者从知识上，或者从训练的技能与能力上，为后边的单元打下基础，为后边的单元做些准备工作。可以使后边紧跟着的单元，产生这样打基础的关系，也可以让这一单元同后边紧跟着的一个单元，分别从不同的方面共同为更后边的一个单元打基础、做准备。总之，一个单元要同前边的单元有联系，也要同后边的单元有联系，不能是悬空的，而应该同前后有这样或那样的联系。例如，北京景山学校编选的几个说明文单元，彼此之间的联系就比较紧密。第一单元有两篇课文：《雄伟的人民大会堂》《向沙漠进军》。这一单元主要让学生初步学习说明文的特点；学习由表及里地把握被说明事物的本质；用数字、比喻等方法来说明事物等，为提高学生阅读和写作说明文打下基础。第二单元有三篇课文：《中国石拱桥》《景山学校简介》《一间屋子》。这一单元主要让学生继续提高阅读说明文的能力，要求学生运用已学过的说明文知识，同时借鉴所学的课文，克服中心不突出、方位顺序混乱的毛病，提高说明文的写作能力。第三单元是一篇知识短文和作文题。结合已学过的说明文，向学生比较系统地阐述有关说明文的知识，通过写作文，让学生运用已学过的写作方法。

还有一种情况，当某一方面的教学内容涉及的面比较多，组织一两个单元不能完成教学任务时，可以编排若干个单元进行教学。例如，辽宁鞍山十五中学欧阳黛娜老师编写的初一阅读教材就属于这种情况。这一册的第三单元着重培养学生的记叙能力，为了便于教学，一共组织了五个小单元。具体安排如下：一单元，怎样写一件事，课文六篇包括《老山界》《小桔灯》《社戏》等；二单元，怎样写一个人，课文四篇包括《梁生宝买稻种》《分马》等；三单元，怎样写一段生活，课文两篇包括《从百草园到三味书屋》《风筝》；四单元，怎样记叙一个地点，课文两篇包括《第比利斯地下印刷所》《雄伟的人民大会堂》；五单元，怎样记叙一种感情，课文两篇包括《春》《瑞雪图》。

四　单元教学的作用

单元教学运用得好；可以有下列几种作用：

（一）按照单元进行教学使一个阶段（一个月、半学期、一学期、一学年）的教学确实能够成为一个整体，教学效果会显著提高。采用单元教学，可以避免一些不必要的重复，又不遗漏重要的环节，还可以起到由已知到未知，以新知巩固旧知，用旧知来推动新知等符合认识规律、符合能力发展规律的作用。（二）采用单元教学，可以使学生由浅入深、由简到繁，循序渐进地学习课文和有关的语文知识。（三）采用单元教学，可以使学生每学一个单元，就必定有所得，从而提高学习的积极性和严肃性。学生学了一个单元，一定会感到知识和能力有所增长，如果少学一个单元就会感到一定的缺憾，再学下去会或多或少地感到困难。这样就可以改变大家常说的“语文课是橡皮课，学与不学没有多大关系”的状况。这里顺便指出一点：如果要求每上一节语文课，每读一篇课文，每做一次作文，必须有显著的收获，有较大的提高，就语文课的规律来说不是很现实的。但是，每学一个单元使学生感到有所得，则是可能的、现实的。

组织单元进行教学，有两种做法可取。一种做法是，先就一个阶段（比如说，一个学期）的教学，做出计划，根据这一学期的教学目的、任务、要求，设计出几个单元，然后根据计划，选材料，组单元。另一种做法是，根据一个学期的教学目的、任务、要求，先把材料、内容选出汇集起来，做一番分类和排队的工作，根据实际情况，把这些材料组织成若干单元进行教学。但有一种情况是不允许的：既不是根据教学计划组元，又不是根据实际材料组元，而是带有盲目性、随意性，把几种东西牵强地硬凑成单元，或者没有明确目的地随便凑单元。这种为单元而单元的做法不会产生积极的效果。

单元教学是一个很值得研究的课题。单元的大小，单元内部的结构，单元间的相互关系；教学的哪些内容宜于连续组织几个单元，一步一步地，一个方面一个方面地进行教学，哪些内容只要组织一个单元大略教学一次就行，哪些内容宜于每隔一段组织一个单元，反复加深几次；在什么情况下需要有一个缓冲性的、调剂性的单元，避免直线前进可能产生的单调感或沉重感，在什么情况下需要有一个加强性的单元，把教学的深度和难度显著地提高一步，换言之，怎样运用单元的配合使教学带有一种节奏感：所有这一切，都是大有文章可做的。在一个教学阶段或一个教育阶段中编组若干教学单元，一要根据语文知识、能力进展的规律，二要根据教学规律，三要考虑到不同阶段的学生的学习心理之类的因素。单元教学体现教学的科学性，也体现教学的艺术性。对于单元教学，我们有过不少朴素的经验，这些经验是可贵的；为了提高教学效率，有必要以那些朴素的经验为基础进行一些理论的探索，这将是一件很有意义的工作，也是一件饶有兴趣的工作。

在教学中开发智力的必要性和可能性*

首先有必要说一说，为什么智力问题现在在一些发达国家中，成为一个普遍的、突出的问题。因为我听到一些议论，感到我们对这个问题没有足够的认识。主要有两种情况。一是一提开发智力，有人就说这没有什么新鲜，我们从来就很重视。孔子早就说过，“举一隅不以三隅反，则不复也”，要求能够举一反三，这就是主张培养智力。一个人能根据已知推导出未知，就是一种智力。他还说“学而不思则罔”，思就是思考。这就是说要发展独立思考的能力。可见，重视开发智力，古已有之。现在把它当作新鲜事提出来，横说竖说，是多此一举。另一种反应是，认为开发智力这回事高深莫测，很难办到。现在教育上的名堂够多了，又闹出个智力问题，真是多此一举，而且高不可攀。两种意见不同，但有一个共同之处，就是都对开发智力的意义，对提出这个问题的重要性何在，并不大了解，因而不感兴趣，都说是“多此一举”。

重视智力，古已有之，确实如此。无论我国还是外国，自古以来，人们就希望一代能比一代更聪明。古代有许多传说和故事，赞美聪明才智，如我国的司马光破缸救儿，文彦博灌水取球，曹冲称象等；西方也有诸如赞美所罗门、伊索聪明机智的故事。赞美就是提倡。因此，重视智力问题，的确不是一件新鲜事；但是，这个问题在今天变得格外突出，也是不容置疑的客观事实，为什么会出现这种情况呢？要弄清这一点，就必须联系到进入现代世界以来，人类科学发展速度越来越快的现实。

---

* 本文刊载于《语文教学与研究》1982年第4、5期。

人类社会经历了若干万年，不断在生产、科学知识各方面有所进步。到了现代，即欧洲的中世纪末文艺复兴、宗教改革以后，特别是16至17世纪出现了伽利略、哥白尼等一辈杰出的新的科学家，文化和科学的发展比过去快得多了。生产的发展促进科学的发展，科学发展了，又为生产的发展创造了条件，而它们的发展又促进了整个社会的发展。蒸汽机的发明促进了“产业革命”，使得生产力有了更大的发展，引起生产结构的变化。它又为科学技术的发展提供了新的条件。总之，人类进入现代社会以后，科学领域内重大的新的发现、新的发明是以物理学所说的“加速度”发展的。有人统计，人类在16世纪有二十几项新发明，17世纪一百多项，19世纪五百多项，20世纪前半期有九百多项，而60至70年代新发明的数字则超过了以往的两千多年的总和。人类的新知识成倍地增长。有人统计，当今时代里，不需十年，人类的知识总量就会增加一倍。一个人的生命是有限的，知识则是无限的，它们之间存在着矛盾。我国古代庄子就曾认识到这个问题。他说：“人之生也有涯，而知也无涯。”对此他是悲观的，说：“以有涯随无涯，殆矣”。尽管庄子的消极态度不可取，但他还是正确地认识到了人的生命是有限的，学习时间也是有限的，而知识量却在不断增加，两者间形成了矛盾。现代这个矛盾远比庄子的时代尖锐多了。道理显而易见。现代科学领域中，多了一种新知识，就是又打开一个缺口，就会向人们展现出一片新的境界。新缺口不断地打开，速度快到使人难以追上。“日新月异”是一个带夸张性的成语，而现在它的夸张性小多了，人们确实有了日新月异的感受。因此，人们必须有高度的智力和才能，才可以适应这种飞速发展的形势。现代生产不仅要求人们掌握一定的技术，而且具备较高的智力。生产技术和工艺，几年就要更新一次。原有的仿佛先进的东西很快会变得落后，被抛弃。任何一种技术都不可能历久不变，因此智力是必不可少的。我国是一个发展中国家，科学技术还比较落后，但是这种飞速发展变化的形势已经开始显露出来。比如，农民生活稍有改善，他们就不再满足于几千年一直使用的生产工具，要用拖拉机来代替锄头和犁耙了。使用拖拉机这个已经并不新鲜的现代工具，就要有一定的技术和知识，以至较高的智力。

总的来说，人类认识自然、认识社会都必须经过实践，从感性认识到理性认识，然后去指导实践，受实践的检验。这是一条颠扑不破的客观规律，但是比之古代人来说，现代人类的认识活动有了极大的发展。我们的祖先是完完全全地凭着实践，逐渐地、长时间地积累经验，然后从这些经验中总结出理性的认识，即摸到一点规律。甚至有些知识的获得，技术的发明，还带有偶然性。传说燧人氏钻木取火，是否真有燧人氏且不管它，钻木取火这项发明，恐怕就带有偶然性。两个坚硬物体偶然撞击发出火花，而这时又恰好有一些干燥的柴草在附近，火花落下燃起火焰。偶然的发现促使人们一次又一次地试验，终于找到钻木这种较好的取火方式。那时的人类绝不可能先懂得摩擦生热引起低燃点物质燃烧的规律，并以此为依据发明了钻木取火。但随着人类社会的不断进步，在越来越多的研究活动中，人们是根据以往经验所认识到的规律，推测出新的、尚未认识的事物或规律，带有假设性。然后把这种假设进行实验，加以证实、改进或否定，成功了就付诸实践。在现代科学加速发展的形势下，这种现象越来越多。它表明，人的智力水平，对于个人的进步、社会的发展所起的作用越来越大。

在古代，人与人竞争，两个部落、两个民族、两个国家之间的竞争，主要是角力，人多势众，身强力壮就能取胜。当然不是完全不比智力，但终究人力是主要的。《三国演义》中，诸葛亮比司马懿智慧高得多，但终于失败了，就是因为国力不足。到了现代，竞争主要争什么呢？是智力之争。霸权主义者搞军备竞赛，赛武器装备，而新式武器的发明和制造，主要靠高度的智力。所以说，现代世界中发生的相互竞争，主要是智力之争。当然，战争的胜负不完全取决于此，战争的性质、社会制度以及人民团结一致的程度还是起决定作用的。但是在情况相差不多的条件下，胜败很大程度上取决于智力的高低。达尔文、斯宾塞等进化论者说："物竞天择，优胜劣败，适者生存，不适者淘汰。"用现代眼光来看，人类的优或劣主要表现在哪里呢？主要是智力上的优或劣；适者或不适者，主要决定于他的智力能否适应现代社会的发展。因此，在现代世界中，智力发展的程度如何，是一个关系到民族、国家生存的大问题。也正是这个缘故，许多国家把开发智力作为国策。他们认为，国家的发达水平是与智力的开发水平密切相关的。而教育又是开发智力最有效的手段。因此，一些发达国家大力投资教育，其目的就是更有效地开发本国人民的智力，以达到更先进的水平，在与他国竞争之中立于不败之地。在我国，对于这个问题的认识还有待于提高。我们几乎还没有十分认识到开发智力的迫切性和必要性。

为什么叫“开发”智力？我们常说开发资源，那么，智力是否跟资源一样，是可以开发的东西呢？现代科学研究得出的结论是肯定的，人类的智力有待于开发，而且大可开发。联合国教科文组织发表的一份报告里说，人类大脑的能力平均只运用了5%。换言之，还有95%的能力可以开发。这部分潜在的能力，如果听其自然，它也会逐渐被开发出来，运用起来。正如过去没有提开发智力，智力也在不断提高一样。现在我们如果认识到了这个问题，有意识地运用科学的方法，就会更迅速、更有效地把智力宝藏开发出来，供人类自己使用。许多实验已经证明了这一点。

我讲以上这些话，是想引起人们对开发智力的重视，确实感到它的必要性。需要是人们从事实践活动的动力，也是科学发展的动力。一旦感到了某种需要，人们就会努力去想方设法地实现这一目的，并取得成效。现在有些人之所以觉得开发智力是多此一举，主要是对开发智力的需要认识不足。因此，当前重要的任务是大声疾呼、大力宣传开发智力的重要意义，引起大家的共同重视。对于这个问题，任何个人或几个人想得出完备的理论和做法是不可能的，要靠大家有领导、有组织、有计划地共同努力。要做到这一点，首要条件是大家对于开发智力的必要性有共同的认识。

对于什么是智力，我们现在的认识是很不够的。我个人更说不出个所以然，只想就自己想到的，谈一点意见，供大家讨论。

什么是智力？智力的主要内容是思维能力，包括思维的准确性、敏捷性以及突破性。一个人能够迅速、准确地接受外界的刺激、信息，并经过分析、选择、判断，做出迅速、准确的反应，这个人的思维能力就比较高，也就是我们通常说的比较聪明、如果不仅如此，他还能在已知的知识、规律的基础上，大胆地有根有据地设想出未知的东西，把它交付实验加以检查、证实或修改，在原有基础上有所发明、有所发现，这就是创造力，即思维的突破性。思维一般区分为抽象思维和形象思维、二者之间有区别又互相联系。我们常以为，文学家、艺术家、诗人需要形象思维，搞科学技术的人则更需要抽象思维。实际上并不是这样截然分开的。很难说莎士比亚和牛顿谁的想象力更丰富一些。蒸汽机的发明者瓦特，是因为看到水沸后产生的蒸汽把水壶盖顶了起来，想象到把蒸汽的冲动力收集起来，作为推动机器运转的动力。牛顿看见苹果成熟后总是落到地上，联想到地球对万物的引力，提出了牛顿第一定律。一张建筑设计图纸，在一般人的眼里只是一块一块的平面，而在建筑师的眼前，却可以呈现这个建筑物的整体形状、色彩、空间布局等。人类已经在研究宇宙这样的宏观世界以及比原子、电子更小的物质这样的微观世界，都是我们看不见摸不着的，甚至借助仪器也不行。因此没有丰富的形象思维能力是研究不成的。同样，文学家、艺术家没有抽象思维能力，就不可能合乎事理、合乎规律地把声音、色彩、形状等组合成有机体，给人以信息，以感受。

善于归纳、分析、推导，具有较高的抽象思维的能力非常必要；同样，属于形象思维的联想力、想象力也不可缺少。而这些能力能否得到较快的提高，离不开有意识、有计划、有步骤的训练。如果任其自行发展，不仅发展速度慢，甚至会走弯路，形成不正确的思维习惯。有意识、有步骤地训练思维能力，就是开发智力。

手越用越巧，脑越用越灵。开发智力就是推动大脑使它活动，从而在使用中把脑内潜在的智力开发出来。在教学过程中，最有效、最适度地让学生的大脑活动起来，是开发智力最根本的途径。这个道理虽然简单，却很值得重视。这是因为，我们的传统教学，特别是封建社会后期，很大程度上把对学生的训练局限在重复、模仿、记忆上，至今仍没有完全摆脱这个传统。重复、模仿是学习的必经之路，完全必要。记忆就是把输送到脑中的有用的知识有条理地储存起来。储存知识是十分必需的，因此记忆力不但需要，而且应该加以训练，使它更加迅速、准确、有条理。它也是思维活动的一部分。但是，把教学任务仅仅局限在重复、模仿、记忆的范围内，是远远不够的。能动地让已经储存、积累的知识相互作用，产生新的见解，新的成果，这才是智力。传统教育对这方面的训练并没有给予应有的重视。一个人知道的东西多，往往被人称作“活字典”。知识丰富完全必要，但字典不论多大，它没有创造能力。我们不能满足于把学生训练成“活字典”，而要引导他们让大脑不断地、适度地工作，不断接受新事物，让它们相互作用，产生新的认识。这才是开发智力的道路。

灵活性是智力的一个重要表现。比如，语文教师常让学生作填空、改病句这样的单项训练。且不说这种训练不该太多，只就训练本身来说，也有一个灵活性问题。有的学生只会填写书本上学过的或老师讲过的词，而有的就不仅会填一个词，还会从一些同义词或近义词之中选出不止一个可以填在那个空白里的词。后者就比前者灵活。还有的学生，不但知道好多个可用的词，而且能体会到在特定的语言环境中，哪一个词更为妥当。这个学生具有更大的灵活性，也就是智力比前两个学生都高。一个动宾搭配不当的句子，智力较高的学生就不是简单地照老师讲过的一改了事，而是可能提出两三种不同的改法，会因上下文的不同，提出是改宾语还是改动词。我们的训练就要朝培养学生比较、选择、判断能力的方向努力。这里只举了语文教学中的一个例子。开发智力的余地很大，各门学科有各自特定的内容和特点，如何在教学中开发智力，都可以有不同的做法和重点。

智力与知识的关系如何？有的人常举出古人的例子说，不少人知识不多，却有较高的智力水平。在现实生活中，我们也见到一些识字不多的人，处理问题的能力挺强，甚至高于某些有知识的人。人们举这些事例是想说明，知识对于智力并不完全必要。这种看法值得研究。知识和智力不是一回事，它们之间没有绝对的互相依附的关系，这是事实。但是，它们又是密切相关，相互作用的。一个知识不多，但智力水平较高的人，如果有了更多的知识，可以断言，他的智力水平会更高。同样，知识不少，智力水平却不高的人，假如他的智力水平提高了，获得的知识会更多。两样事物的比较要合理，不合理的比较得出的结论就不可靠。知识丰富，对于发展已有智力，开发潜在智力，起着极大的作用。智力不是凭空发展起来或开发出来的，它需要凭借一定的基础，其中知识就是很重要的因素。所以谈到开发智力，绝不可忽视知识教学。同时，智力水平提高了，对原储备起来的知识可以更好地加以运用，实现知识迁移，甚至有所突破，从已知到未知，获得更多的知识。可见，开发智力和基础知识教学是相辅相成的。两者关系处理得当，就会形成随着知识不断丰富，智力水平不断提高，智力越发达，获得的知识越多这样一种良性循环。必须明确，基础知识教学和基本技能训练，是开发智力的必要基础。绝不能抛弃正常的教学，另外设计一套特殊的办法来开发智力。在“双基”教学中，有意识地采取合理的、科学的措施，促使学生去运用已有的知识，这是发展学生智力，以至开发潜在思维能力的最有效的途径。

智力有一般的，也有特殊的。一个人在某一方面具备特殊的智力，是多方面因素决定的，如个人的生理因素、心理因素以及环境影响等。这种现象值得重视。人才的需要是多方面的，不能只凭教育者的主观愿望，搞一刀切。培养人才需要有一定的标准或规格，但要允许，也需要个别发展。对孩子的教育同样需要用其所长补其所短。好胜之心人皆有之，青少年尤其如此。这种积极性要得到保护和正确引导。如果因为某一方面的智力水平不够高或一时不够高，就对这个孩子全盘否定，认为是无用之才，结果往往是压抑了他的积极性，影响了智力的进一步发展。教育者要善于发现学生的特殊智力，并引导其有所发展，如果教育得当，甚至会成为某一方面的人才。在用其所长的过程中，孩子们的活动范围扩大了，信心增强了，处于积极进取的状态，其他方面的智力也会得到相应的发展。还有一种值得注意的倾向，即过分强调了特殊智力，而忽视了一般智力的发展。应该鼓励特殊智力的发展，但要防止畸形发展，一般智力水平也应达到起码的要求。开发智力就不只是因材施教，而且还要用其所长补其所短。和片面追求升学率相比，开发智力是提高教育质量的治本的办法。这样做必有所得而绝无所失。

人的智力发展有早晚、先后、快慢之别，参差不齐，绝非一律齐步走。教育者绝不可因为一个孩子在一定时间内智力发展较慢，水平较低，就武断地认为是天生的笨孩子。古人说，“大器晚成”“大智若愚”，很有些辩证法。我们怎么能还不如古人而轻易地把一个孩子看成天生就笨，放弃对他的培养呢？现在有些学校分快慢班，重点与非重点班的做法，很值得慎重考虑。许多伟大的科学家、文学家、艺术家，也并不是个个从小就表现出很高的智力，有的还被视为“天生的笨孩子”，甚至当过留级生。在现实教育工作中，我们也可以看到由于种种主、客观原因，使得一个孩子智力发展迟缓一些，一旦有了适当的环境或条件，智力就会得到较快的发展。比如，家庭人口较少，特别是没有同龄玩伴的儿童，往往羞于说话，不善表达。对此，我们绝不能断定他的说话能力就是低。在开发智力的工作中，这是一个值得重视和解决好的问题。

常常听到有人议论，后进地区、后进学校、后进学生能够完成一般的教和学的任务已经很不容易了，哪里还谈得上开发智力。似乎只有在先进的情况下才能开发智力。这种看法恐怕不符合事实。造成一个时期的后进，有种种原因，绝不能断定是智力差，无可开发。相反，后进正是由于智力没有得到很好的开发，他的潜力更大。我们中华民族在世界上曾经处于先进，在相当长的一段历史时期里，我国的文化艺术、科学技术都居于领先的地位。但是这并不意味着其他一些尚不先进的民族就无智力可开发。文艺复兴以后，欧洲人的头脑从中世纪禁锢状态中得到了解放，智力有所发展，许多国家很快就赶了上来，甚至在许多方面超过了我们。我国封建社会后期，由于腐败的政治制度，落后的科举制度，严重压制了智力的开发，摧残了智力的发展，我们的民族落后了。帝国主义者利用这一点，大肆宣扬、诬蔑我们是不开化的劣等民族。无情的事实有力地批驳了这些谬论。新中国成立以后，中国人民的聪明才智得到了极大的发挥，我们正在一步步地走向世界的先进行列，有些方面甚至已经赶上或超过了世界先进水平。这是从一个民族、国家而言，一个地区、一个学校、一个人也是如此，一时的后进不能说明智力低，恰恰相反，开发智力大有可为。

一般来说，除了极少数的智力先天过人或有缺陷的超常人外，绝大多数人的智力的潜力是相差不多的，都有极大的有待于开发的余地。暂时居于落后的人，智力开发的余地更大，更要大力进行开发。这是讲对于后进地区、学校或个人开发智力的可能性。从发展教育，搞现代化建设来说，还有必要性。要提高全民族的科学文化水平，在全国范围内实现四个现代化，目前存在的地区与地区之间发展很不平衡的现状必须改变；各个学校教育质量过分参差不齐的情况必须扭转。差异的存在是永恒的，但我们的努力方向应该是促使它们不断地取得相对的平衡。搞平衡不是把先进的拖住不让发展，而是让它更先进，这样后进的就必须以更高的速度向前赶。要做到这一点，一项重要的措施就是更要重视后进地区、学校或个人的智力开发工作。现在对于后进生有两种做法，一是不管，二是加重负担。这都是不可取的。要变后进生为先进，还是应从开发智力入手。现在这个工作没有做好的主要原因，是我们对此还没有足够的认识。认识到了，就会有办法去把它办好。

智力的发展应从哪个时期开始呢？根据现代科学的研究，人在二十岁以前智力发展非常之快，可以说是直线上升。一个重要的原因是，在这段时间里，人的大脑成熟和技能增长非常快，各器官逐步成熟、完备，因此思维能力提高得很快。因此，这个时期，人们的求知欲旺盛，想象力丰富，勤于思维。二十岁之前是人们智力发展的黄金时期。进一步研究证明，三四岁儿童就已完成大脑皮层细胞分裂，八九岁孩子的大脑已基本上与成年人相同了，所以智力能量的形成是很早的。一般认为，学龄前儿童的能力已形成一半或60%—70%。由此可见，开发智力的工作应该从小抓起，从幼儿时期开始。许多国家对幼儿教育十分重视。小学阶段更是智力开发的重点时期，而中学阶段则是在原有开发的基础上进一步发展的时期，二十岁前后基本完成智力开发工作。如果在大脑器官已经成熟定型，思维习惯已经形成，精力最旺盛时期逐步过去，再来开发智力，培养、发展智力，至少说会有不少困难。抓好早期教育是开发智力的关键。大家常说，搞现代化建设靠科学技术，而科学技术靠教育。在教育中，中小学教育又是高等教育的基础。换言之，中小学教育是基础的基础。但是实际行动并没有跟上，对于幼儿教育尤其如此。许多地方没有办幼儿教育，就是办了一些幼儿园也多是后勤性质，并非教育机构，更谈不上开发智力的研究。这方面的研究，甚至可以说还是一个空白。当然，教育的发展和经济的发展是分不开的。现在要求大量投资办幼儿教育，加强研究小学教育，不是没有困难。设想那些不可能实现的事情，就是犯了急躁冒进的毛病。但是要大声疾呼，在力所能及的范围内注意发展幼儿和小学教育，特别要注意研究开发智力的问题。这不仅是当务之急，而且是百年大计。我们整个中华民族的智力水平能否赶上先进国家，很大程度上取决于对幼儿教育、小学教育采取多么有效的措施。那种以为幼儿教育和小学教育还排不上号，更谈不到开发智力的看法，应该尽快改变。现在要很快就使幼儿和小学教育得到很大的发展不可能，但需要加强这方面的认识，为此努力，做好必要的和可能的准备。

谈传统语文教育*
——《传统语文教育初探》序和结语

序

五六十岁以上受过封建教育的人，大都进过蒙馆，在那里念过《三字经》《百家姓》《千字文》，背过在当时不能理解的《四书》《五经》，为对对子伤过脑筋，为写八股文吃过苦头。那种传统的学塾教育，就其内容而论，当然充满了封建主义的毒素；就其方法而论，也含有不少落后的、不科学的因素。郑振铎先生认为那种教育是"以严格的文字的和音韵的技术上的修养来消磨'天下豪杰'的不羁的雄心和反抗的意思，以莫测高深的道学家的哲学和人生观，来统辖茫无所知的儿童"，总之，是"注入式的教育，顺民或忠臣孝子的教育"。① 这种批判，无疑是一针见血，切中要害的。至于方法上的缺点，就连古代某些有见解的人，都曾尖锐地批评过。明代的王守仁说：

> 若近世之训蒙稚者，日惟督以句读课仿。责其检束，而不知导之以礼；求其聪明，而不知养之以善。鞭挞绳缚，若待拘囚。彼视学舍如囹狱而不肯入，视师长如寇仇而不欲见。窥避掩复，以遂其嬉游；设诈饰诡，以肆其顽鄙。偷薄庸劣，日趋下流。是盖驱之于恶，而求其为善

---

*《传统语文教育初探》，1962 年上海教育出版社出版。该书《序》和《结语》表明了张志公先生对传统语文教育的最初看法。

① 见郑振铎：《中国儿童读物的分析》（载《文学》1936 年 7 月第 7 卷第 1 号）。

也。何可得乎?①

这段话形象地描绘出封建教育的腐朽面貌。本来，教育从来就是为一定的社会的经济和政治服务的，封建社会的教育不能不深深地浸透着封建统治阶级的思想意识。教育的方法，又为教育的内容所制约。以灌输封建思想意识为主要目的的教育，它的方法就无可避免地受到很大的局限。因此，当我们回顾传统的蒙学教育的时候，我们所接触的必然是大堆大堆的糟粕。有些东西，简直污浊到使我们不愿意伸手去碰。

然而，不谈整理遗产则已，只要接触这项工作，就用得上“披沙拣金”这个成语。怕脏手是不行的。因为，千百年来的文化遗产，无论哪个方面，在成堆的糟粕之中，总还有某些精华——前人的智慧和经验在内。把这一部分“金”拣出来，于我们总有或大或小的用处。就拿传统的语文教育来说，蒙馆能在比较短的时间里教儿童认识相当多的字，这个事实就值得重视。一本《千字文》从南北朝直到清末，流行了一千四五百年，成为世界上现存的最早、使用时间最久、影响最大的识字课本，这里边不能说没有值得探讨的地方。16 世纪 40 年代就有了插图相当精美的儿童故事书，比西洋同类书籍的出现早了一个世纪左右②；今天我们所见所知的蒙书，品种之多，某些本子编写方法的巧妙，插图刻印的精工，也都大有可观：前人的这些努力，留下来的这些遗产，不能一笔抹煞。进行语文教育，教学生识字，读书，作文，有两个重要之点：一是要符合本国语言文字的特点，一是要符合儿童和青少年学习本国语言文字的规律。在千百年长期的语文教育实践之中，前人在这两方面确实找到了一些门径，积累了不少经验。我们的责任应该是做一些分析研究，看看他们所用的方法之中，哪些是行之有效的，为什么会有效，哪些是不对头的，为什么不对头，进而明确哪些是应该丢弃的糟粕，哪些是可资借鉴的经验，这些有益的经验又应该怎样同现代的科学成果结合起

① 王守仁:《训蒙大意示教读刘伯颂等》(《王文成公全书》卷二)。

② 西洋最早的插图本儿童读物是扬·夸美纽斯(1592—1670)的《世界图解》(1657)。我国插图本儿童读物，现存最早的本子是 1542 年(明嘉靖二十一年)刊印的一种“日记故事”。更早的还有明刊本《对相四言》。郑晓沧先生则认为应追溯至北宋刊本相传为摹晋顾恺之绘图的《古列女传》。

来，赋予旧的经验以新的生命，使它得到发展和发扬。这样，对于我们今天研究语文教育工作能有些参考作用，对于研究我国语言文字的特点也会有些益处。

要研究传统的语文教育，不能不首先探索一下蒙学的发展情况。因为蒙学是传统的语文教育的一个组成部分，一个方面，必须对蒙学的一般情况有个大致的了解，才能比较确切地了解语文教育这个方面的特点和问题。但是，探索蒙学的发展情况，有一定的困难，主要是可用的文献材料不多。关于蒙学，前人的记载很少；各种课本，过去的藏书者多不重视，大都散失，现在收集起来很不容易，就连从前的书目之类，对于蒙书也不多著录，现在想查考一下书名都很麻烦。至于对蒙学和蒙书进行一些比较系统的研究整理，这种工作前人做得更少。中华书局曾经收集并且展览过五六十种童蒙读物；胡怀琛曾经写过一本《蒙书考》，开列了大约 100 种所见所知的蒙书，辑录了几十条有关的资料。这些筚路蓝缕之功不可没，不过收集考察的范围都还不大，分析研究更付阙如。前人提供的资料和研究成果如此之少，而个人的见闻又极有限，因此，对于蒙学的这项探索工作，只能是一个初步的尝试。进一步的探索和研究，还有待于更多的、见闻较广的同志来共同努力。

这里姑且根据初步探索之所得，试为蒙学语文教育发展的情况勾画一个极粗的轮廓，作为进一步考察的线索。

古代蒙学的情况，今天我们所能知道的很少。从现存的记载和教材来看，先秦两汉时代就很重视对少年儿童进行识字教育和句读训练。《礼记·学记》里说：

> 古之教者，家有塾，党有庠，术有序，国有学。比年入学，中年考校。一年视离经辨志，三年视敬业乐群，五年视博习亲师，七年视论学取友，谓之小成。九年知类通达，强立而不反，谓之大成。

陈澔对这段的注解说："离经，离绝经书之句读也；辨志，辨别其趋向之邪正也。"《汉书·艺文志》说：

> 古者八岁入小学，故周官保氏掌养国子，教之六书，谓象形、象事、象意、象声、转注、假借，造字之本也。汉兴，萧何草律，亦著其法，曰，"太史试学童，能讽书九千字以上，乃得为史，又以六体试之，

课最者以为尚书、御史、史书、令史。吏民上书，字或不正，辄举劾。”在整个“小学”部分，著录了十家35篇，都是识字课本之类。例如在《史籀篇》下面就明白地说：“周时史官教学童书也。”

据王国维考证：

> 汉时教初学之所名曰书馆，其师名曰书师，其书用《仓颉》《凡将》《急就》《元尚》诸篇，其旨在使学童识字习字。……汉人就学，首学书法，其业成者，得试为吏，此一级也。其进则授《尔雅》《孝经》《论语》。①

这段时期的蒙书，完整地保存下来的有两种，一是管子的《弟子职》，一是史游的《急就篇》。这两种书流传使用了很长的时间，对于后来的蒙书，有很大的影响。

经过魏晋南北朝到隋唐，蒙学有了进一步的发展。大致表现在三个方面。第一是识字教育，适应新的需要有了新的发展，在《急就篇》的基础上产生了很多种新的识字教材，其中最重要的是一直流传使用到清末的《千字文》，再就是编法跟它相近的《开蒙要训》，此外还出现了“杂字”和其他一些蒙学用的字书。第二是出现了新的进行封建思想教育的蒙书，如《太公家教》和《女论语》等。第三是运用以上两类蒙书的编法（用整齐的韵语），产生了新的一类讲掌故故事的蒙书《兔园册》和《蒙求》等。可以说，到了唐代，蒙学初步形成了比较完整的一套，包含互相配合的三个方面：识字教育、封建思想教育、知识教育。这三类蒙书对于后世的影响非常大，在它们的基础上发展出来很大一批新的教材。

宋代继唐代的道路，又有了新的发展。从宋到元，基本上完成了一套蒙学体系，产生了大批新的蒙书，这套体系和教材，成为此后蒙学的基础。宋元以下，可以说只有较小的发展和补充，再没有很大的变动。这套体系的大致情况是：第一，识字教育方面，继承了《千字文》，补充了《百家姓》和《三字经》，成为几乎不可分的一套识字教材“三，百，千”；另一方面，“杂字”得到很大的发展，成为识字教育的另一条路线，与“三，百，千”相辅

---

① 王国维：《汉魏博士考》（《观堂集林》卷四）。

而行。第二，在封建思想教育方面，一则用《千字文》《三字经》深入识字教育中去；再则以程朱理学为依据，产生了新的教材《小学》和大批性质相类似的书；此外又运用《弟子职》和《蒙求》的形式，产生了大批韵语的训诫读物。第三，在《蒙求》的基础上发展出来更完整的一些知识教育的教材如《史学提要》《名物蒙求》等，前者系统地介绍历史知识，后者有计划地介绍各方面的知识，包括一点自然知识。第四，产生了重要的初步阅读教材——诗歌读本《千家诗》和散文故事书《书言故事》和《日记故事》。第五，在初步识字和初步阅读的教育之上，产生了一套读写训练的方法和教材——属对，程式化的作文训练，专做初学教材用的文章选注和评点本。

此外，朱熹和他的门人，以及从事教学工作的许多人，很重视蒙学的方法、步骤问题。他们的一些言论，对后世的影响很大，逐渐形成了一套蒙学的体制和教学方法。

宋元以下，蒙学大致不离乎上述的规模。在某些方面也有些发展，产生出一些新的教材；在某些方面，也有过一些并不成功的新的尝试。就识字教学而论，“三，百，千”一直流传使用下来，没有多少改变，中间曾经有过不少人编了些新的千字文、百家姓、三字经，但是大都通行不广，而“杂字”书则有较大的发展，在群众中有越来越广泛的影响。封建思想教育和知识教育，仍是沿着宋元以来的道路前进，中间也产生了一些新课本，有的流行较广，影响很大，如《小儿语》《弟子规》《鉴略》《幼学》《龙文鞭影》《昔时贤文》等，到了清末还产生了一些用《蒙求》形式介绍新知识的蒙书，如《时务蒙求》《地球韵言》《算学歌略》等。《千家诗》一直风行，后来并且产生了编法近似的《五言千家诗》和《唐诗三百首》，也出了一些以进行封建思想教育为主要目的的诗歌教材，如《小学千家诗》等，属对的训练一直沿用下来。程式化的作文训练发展成为八股文，跟科举考试完全结合起来。文章选注评点的办法继续采用，陆续出现了不少新的选本。讲基本的文字、声韵等知识的蒙书和蒙学用的工具书也出了一些。此外还产生了几种总结前人经验、专谈教学方法的著作，如崔学古的《幼训》《少学》，王筠的《教童子法》等。

以上是从先秦到清末的蒙学语文教育发展的大致情况。对于这一套遗产，可以从不同的角度，用不同的方法，进行研究。

可以从历史的角度，就各个历史时期逐一研究，比较周详地考察每个历史时期的蒙学情况，有哪些做法，哪些教材，哪些重要的教育家，进而分析蒙学发展与当时社会经济、政治、文化各方面的关系，它的成效和缺点，它如何继承前一时期的传统，它对后一时期有怎样的影响，等等。

可以就若干种重要的蒙书逐一进行专书研究，考察它产生的背景和演变的路径，分析它包含的思想内容，反映的教育方法，进而分解出它的精华和糟粕。

也可以从教学的角度，就蒙学的各个方面进行专题研究，例如专门研究蒙学中进行知识教育的方法，或者专门研究它进行语文教育的方法，或者研究封建思想教育、知识教育、语文教育怎样互相配合，等等。

此外，还可以从别的角度、用别的方法进行研究，也可以把几个角度、几种方法结合起来，进行比较全面的研究。

无论从哪个角度、用哪种方法来研究，都是有意义的，也都需要做一些繁重的搜求探索、爬梳整理的工作，而不是轻而易举的。

限于资料和能力，这里不企图对蒙学做全面的研究，只打算从语文教育这一个角度做一些初步的探讨。就是这样，目前所掌握的资料也还不足以就这个问题研究得很深入，只能做一些比较粗浅的观察和分析。

总之，这本小册子是个“初探”，它所希望的不是全面深入地解决研究蒙学语文教育的问题，而是，用个俗语来说，抛砖引玉。对传统语文教育方法的概括、分析和评价有不恰当的地方，史实、资料有遗漏，乃至运用资料有考据上的失误，等等，都是在所难免的。这些，热诚地希望得到指正。

1962 年 4 月

结语

前边就传统的语文教育做了一个极粗糙的叙述。开头就说过，做这项工作还是一个尝试。考察不详备、理解不确切、评价不恰当的情形，都在所难免。在结束这本小册子的时候，愿意把这句话重复一遍，以表达作者希望得到补充和指正的热诚。

新中国成立以来，语文教育，同其他各项事业一样，有了很大的发展，从内容到方法都有了不小的改进。语文教育已经成了社会主义建设事业的不可分割的组成部分，受到人们极大的重视。只是由于旧社会留给我们的是一个破烂摊子，一下子不容易完全收拾好，所以有待解决的问题，有待继续改进的地方，也还很多。而且，社会主义建设事业的发展，对于语文教育工作提出的要求越来越高。为了适应这种需要，进一步提高我们的语文教育工作水平，我想，有三件事情需要做。首要的是研究我们的教育方针，研究社会主义建设所要求于语文教育的任务，研究我国语言文字的特点，研究我国当前青少年和儿童的语文状况，研究他们语言文字能力成长发展的规律，总之是研究当前与语文教育有关的种种实际。与此同时，也还需要补做废科举兴新学以后，尤其是辛亥革命和五四运动以后就应该做而没有做，或者做得不够、不好的两项工作。一方面是研究我国语文教育的传统，看看其中哪些做法是坏的，错误的，哪些是虽然不坏但已过时的，哪些是仍有现实意义的。坏的，批判它；错误的，有些可以引为殷鉴；过时的，有些可资参考；仍有现实意义的，就应当加以运用。——对于传统的经验，过去几十年没有好好研究过，只是全盘地加以否定。曾经有人倡导过"读经"，那只是反动思潮的一种反映，开倒车的玩意儿，跟吸取传统经验是不相干的两回事。再一方面是研究外国的经验，包括和我们的语文有亲属关系的以至差别很大的各国的经验，看看其中哪些是不见得对头的，哪些是虽然好而不适合我们的情况和需要的，哪些是于我们有用的。——对于外国的做法，过去几十年中多数时候是生搬硬套，认真地分析研究，做得也很少。这几方面的研究工作，都是相当艰巨的，然而都是必要的。编写《传统语文教育初探》，就是想在这一系列的研究工作之中，就其中的一个方面提供一点初步的线索和权备查考的资料。它所能尽到的力量是极其微薄的，然而它所表达的感情则是对祖国语文教育的更快更好地发展的热烈的期望。

探讨传统语文教育，我们的着眼点主要在方式方法方面。至于它的教学内容充满了封建思想意识，这是不言自明的。因此，对于大多数蒙书，除非它坏得格外突出，或者竟有某些可取，我们在论述中也就其内容多少提上几句，一般的只就编法方面着眼，没有多谈内容。所谓方式方法，指的是教学的步骤、训练的途径、教材的编配这些方面，因为这都与我国语言文字的特点有关，是利是弊，对我们有较大的参考意义。至于教学中的一些具体方法，诸如怎样讲课，怎样指导等，实际上是注入多于启发，强制多于诱导，既于我们没有多少参考价值，也不值得多费笔墨去批判，因此，除了少数地方，一般也没有多加讨论。

一个很大的问题是，古代书面语言和口头语言分家，而当时的语文教育又以应付科举考试为主要目的，因而许多做法都是从念文言文和写文言文的需要出发的，这无疑地使语文教育的方式方法受到了很大的局限。最突出的一点是前人绝少注意到说话能力的培养。在语文教育的这个重要方面，可以说，前人没留给我们任何经验，正相反，留下来的倒是一种难除的积习——直到今天，不少人在语文教育工作之中还是只重目治，而忽视口耳训练。除此以外，别的一些方式方法，即便是在当时行之有效的，也由于文言白话的不同，今天未必能直接加以运用。当然，文言也罢，白话也罢，毕竟都是我们自己的语言。文言白话之间，差异之外，在词汇、语法、修辞的基本因素方面还有显著的继承性。因此，教和学的方式方法，很多地方也就能够相通。不过，在我们对传统的语文教育做了一些探索研究，找出来某些经验之后，怎样把那些经验用之于今日，也还需要做很多的研究和实验。继承遗产并不是简单地接收。不付劳动，只享现成，把前人的经验原封不动地搬过来，那是不行的。如果这本小册子在语文教育这项工作上能够提出一两个值得讨论讨论的问题，值得研究研究的题目，值得做做实验的设想，那就是不小的收获了。

传统语文教学的得失*

（一）

这里说的传统语文教学指的是汉唐以下，特别是宋代以下直到 19 世纪末叶的语文教学（当然那时并没有“语文教学”这个名称，但是这类工作是一直在进行的，这里姑以今名称之）。自从宋代王安石在科考中采取“经义”“策问”的办法之后，科举考试的内容和方法逐渐定型。元明以下顺着这个路子产生了八股文。当时先生教写八股文，学生学写八股文，这方面的教学成了科举考试的附庸，不是一般的语文教学。这里只谈一般的语文教学，不谈八股文的教学。不过八股文这种科举考试方法实行了几个世纪，而那个时期许多读书人都巴望着能参加科举考试，所以八股文那一套对一般的语文教学不可能不产生影响。这影响是非常恶劣的，深厚的，甚至直到今天它的阴影还没有完全消失。只有在特别需要说到八股文对语文教学的恶劣影响的时候，本文才会偶尔提到它。

下边分两部分来谈。一部分谈谈传统语文教学的主要经验；一部分谈谈传统语文教学有哪些明显的缺点，今天应当怎样对待。

（二）

传统语文教学最重要的一条经验是，教学从汉语汉文的实际出发，并且充分运用汉语汉文的特点来提高教学的效率。

汉语汉文的特点很多。这里从教学的角度着眼，主要注意到以下四点。

①语素（morpheme）以单音节的为主。在古代汉语里，这些单音节语

---

* 本文刊载于香港《中英语文教学》1983 年第 1 期。

素中，有相当大的一部分（没有统计，估计该在三分之二以上）是自由的，就是说，每一个这样的语素都可以单独构成一个词，虽然它也能同另一些单音节语素合起来构成另外一些词。半自由的语素（单独构成一个词的能力小，而同其他语素合成词的能力和自由语素一样）比较少一些。不自由的语素（没有组合能力，只能单独作为语法成分使用，或者组合能力很小，而组合的时候有固定的位置）更少。总起来看，汉语语素在语言里的活动能量很大，组合能力很强。说汉语的人，掌握的语素够不够，运用得熟不熟练，是语言能力高低的重要标志之一。

②汉语是声调语言。每个音节的主要元音都有一个声调。现代汉语普通话有四个声调，即高平调、中升调、降升调、高降调。古代汉语的声调还要复杂些。一个单音节语素都有一个声调。声调有区别语素意义的作用。

③汉语是一种非形态语言。它没有或者说极少有严格意义的形态。它不靠词的形态变化表示语法关系，不靠形态变化作为把词组合成更大的语言片段的手段，而是靠语序和辅助词。

④汉字和这样的汉语相适应。一个汉字表示一个单音节语素，就是说，它有一个固定的形体，读成一个带调的音节，表示一个最小的语义单位。汉语无须用字来表示形态，因为它基本上没有形态，而用字来表示辅助词，这是汉字能够胜任的。

传统的语文教学注意到，并且充分运用了这些特点。表现在下述几个方面。

①由于大多数语素是单音节的，很多的词是单音节的，一部分词是双音节的（中古以下双音节词逐渐增多，半自由语素逐渐增多，但是除了很少数音译外来词之外，没有多于两个音节的词），而词又没有形态变化，因此，非常容易形成一连串整齐的（即音节数相等的）结构，也非常容易押韵。又由于汉字与这样的语言相适应，所以从古代直到清末民初所有的识字教材几乎无例外是整齐押韵的。这种整齐押韵的教材，容易诵读，容易记忆。一本《三字经》，包括了最基本最常用的两千来个字，全部是三字一顿，整整齐齐，全部是押韵的，并且，这六百多个三字（即三语素）结构，几乎包罗了汉语全部最基本的语素组合方式和最基本的语法结构。只从初期语言训练的

角度看（我们这里不谈它的思想和知识内容），这本启蒙教材可以认为是传统语文入门教学的经验总结。此外还有大量以四字为单位的整齐押韵的识字教材，各有特点，这里从略。

②基于同样的理由，传统语文教学采用了一种符合汉语汉文特点的、有一定科学性的、综合的语文基础训练——属对。属对，俗称对对子。比如，先生说“天”，学生说“地”与“天”相对。从一字对开始，然后二字对，三字对，一直练到七字对，八字对，十字对，甚至更多。这是一种高度综合的语言基础训练。用“绿叶”对“红花”，意味着用一个形名结构对一个形名结构；“红花”是两个平声，“绿叶”是两个仄声；“红”与“绿”是同一类同一等级的概念，“花”与“叶”也是。“卧牛”和“奔马”可以相对；“飞禽”和“走兽”可以相对。道理相同。但是“卧牛”不能和“走兽”相对，虽然都是动名结构，动与名之间都是修饰关系，因为“牛”与“兽”不是同一等级的概念。由此可见，这种练习是把词类、词组、声调、逻辑几种因素综合在一起的一种训练。三字对以上，就更复杂了。然而，只要用之得当，这种练习就非常容易引起学生的兴趣。既训练他们的头脑要清楚，能够辨别词性、结构、声调、概念的异同，又训练他们的思维要敏捷。属对，古已有之，到了近体诗（律诗、绝句）时期，成了一种格律，诗里的某两句必须成对。属对这种语文教学方法的形成，显然和近体诗有渊源关系，然而实际上已经超越了作诗的范围，发展成一种教学手段了。明朝以下出现了一批专为教学用的属对教材。

③还是由于汉语的特点，传统语文教学从来特别重视语序和辅助词。因为汉语是靠这两种手段来表示语法关系、语义关系以及语气情态的，所以一向被作为教学重点来对待。这一点容易理解，不必多说。这里要着重说一说的是，汉语由于基本上没有形态变化，词与词的组合以至更大的语言片段的组合少了一层约束，从这个意义上说，组合要容易一些，自如一些，因而从语义配合的角度以及从语言艺术的角度考虑的余地就大一些。王安石的脍炙人口的名句“春风又绿江南岸”，其所以被人赞赏就是由于那个“绿”字。据传说，他的手稿上首先用的是“到”，然后改为“入”，又改为“满”，经过几次修改，最后才改定为“绿”。他完全不需要考虑这里应当用形容词还

是动词，不需要考虑应当用什么“词尾”，不需要考虑“江南岸”应当用什么“格”的形式，他所考虑的是在这个语言环境里用个什么词表现的语义色彩最好，用了哪个词所形成的这个语言片段的表层形式可以含蓄更多的或者更足以引起人联想或想象的深层意义。用我们现在的话来说，在这里王安石所作的是语义学的考虑，而不是语法学的考虑。孟浩然的名句“微云淡河汉”，其所以著名也正是由于那个“淡”字。就连确实是起语法作用的、作为语法手段的语序和辅助词，也同样可以从语义或语言艺术的角度去考虑。这些，都不仅仅是诗人、墨客的事情，也是语文教学的事情。指导学生阅读，要帮助他们在这些地方“涵泳”“玩味”；指导学生写作，要帮助他们在这些地方“字斟句酌”。如果认为语义学的研究和运用在中国有比较久远的历史，这种看法不是没有根据的。

以上这些传统语文教学的经验，都是从汉语汉文的特点中产生的。

（三）

传统语文教学的另一条重要经验是，教学要从语文的工具性这个特点着眼。不论他们是否明白地意识到了这一点，他们实际的做法是这样的。主要表现在两个方面。

①语文这个工具，要掌握得好，运用得好，首先必须手中握有丰富的材料。贫乏，是语文能力的致命伤。古人一直强调多读。他们认为，只有多读，才能善写。他们说：“读书破万卷，下笔如有神。”他们不主张狭窄，主张广博。要求学生“博学之，审问之，慎思之，明辨之”；要求“穷经通史”，通晓“诸子百家言”；他们也并不都主张“两耳不闻窗外事”，有识之士是主张“读万卷书，行万里路”的，“行万里路”是比况的说法，无非是说要接触社会而已——因《出师表》而知名的诸葛亮，显然是个学问家。据《三国志》记载，当刘备三顾草庐访问他的时候，他侃侃而谈，纵论天下大势，使刘备为之心折。“两耳不闻窗外事”是做不到这一点的。然而，他们毕竟认为多读书是根本。

②凡工具，必须操作熟练，运用自如，才能发挥效力。尤其是唐宋以下，一直还在教学离开他们实际使用中的活语言越来越远的以先秦两汉语言为基础形成的逐渐定型化了的书面语言——“文言”（这是传统语文教学有

所缺失的一面），要学生多获取语言材料，就不仅要靠多读，还必须要求熟读以至背诵，背得“烂熟”，这些材料才能真正为他所有，因为这种材料主要从书面上得到，甚少是从生活里所得。要把这些从书面上吸取来的语言材料做到能够运用自如，仍旧要在书面上下功夫——多写多作。

于是“多读多写”就成了传统语文教学经验中很重要的一条。如果说他们是“以多取胜”，大概是符合实际的。古人强调多读多写是与他们一直坚持使用文言有关联的，这个关联中有毛病。然而掌握语文工具要靠积蓄丰富的语言材料，要靠纯熟地驾驭这些材料，这条原则是正确的。即使他们早已重视了口头语言，也仍旧是应当这样做的，只是读什么、写什么会有所不同而已。

（四）

传统语文教学的另一条极易被人们忽视的经验是重视启发学生独立思考，使他们自己能不断地增长读书作文的能力。

由于我们现在老一代的人所经历过或见到过或听说过的传统语文教学已经是封建社会到了腐朽没落趋于灭亡的最后年代的做法，那时候的教育的确是纯然把学生当作完全无能为力的被动接受的机器，听凭老师灌注一些他们所不能理解或者不愿意接受的僵死的东西，从而使他们经常处于朦胧迷惘的状态，使他们的头脑趋于僵化，于是我们就很容易认为全部的传统语文教学从来就是这样的，于是就教与学的关系这一点上对传统语文教学做出全盘否定的判断。其实，上边说的那种做法纯属封建社会末期教育工作中的糟粕，不足以称为经验。在中国漫长的封建社会历史中，在许多方面都是既有精华又有糟粕的，当然不可能都是精华，然而也绝不可能都是糟粕。如果都是糟粕，何来光辉灿烂的中华民族的传统文化？教育，语文教学，亦然。

这里，我们不禁想起了先秦的诸子百家争鸣，专从教育的角度考虑，我们想到了教育家孔子说的“学而不思则罔，思而不学则殆”，他主张“学而思”；他说过“启予者，商也”，他称赞过子贡对他讲《诗》有所发挥。前边举过《中庸》里的八个字中，除“博学”外，还有“审问，慎思，明辨”。我们想到了古人说的“教学相长”，提倡学生和老师互相“问难”。我们想到了在语文教学中老师不多讲，给予指点，要学生自己去“体会”“玩索”，

“悟”出文中的道理来，达到“一旦豁然贯通焉”。用现在的话来说，就是给予启发，让学生自己去思考，自己去理解，自己去发现问题，最后自己找到解决问题的途径，这样来增长学生的真实的本领。我们还想到了古人说的“入乎其内，出乎其外”。历史上，直到明清之际，有识之士无一不是反对“学究”（书呆子）的，反对“泥古不化”的。连宋代理学家朱熹都反对只用“乐而不淫，哀而不伤”“思无邪”那几句教条去讲《诗》。这些才是我们传统语文教学的经验，是传统中的精华。倘若十二三世纪之后的教育家能够沿着这样的路子走下去，倘若语文教学不受到八股文的严重污染，我们的教学论本来是可以更早地达到先进境界的。

全盘肯定前人，认为不可及，或者全盘否定前人，认为不足道，都是最容易的事。实事求是地恰如其分地做出分析，真正做到取其精华，弃其糟粕，是要下一番功夫的。笔者曾经研究过传统语文教育，写过这方面的书，今天看来，其中有些论述未尽允当。现在提出上边这些看法，带有自我鞭策之意。

（五）

传统语文教学有一些明显的缺点和问题。除了前边有两处已经稍稍涉及之外，这里再提出下边主要的四点。

①语文教学全部以书面训练（读，写）为内容，完全忽视口头语言的训练。读诗，要求吟咏；读文，要求朗诵；属对，有时口头行之。然而，这并不是口语训练，而是书面训练的辅助方式。可见的结果有三点。第一，戏剧文学发达很晚，从语言上论，半文半白，不够规范。第二，小说发达也晚，从语言上说，情形更差，除了明清之际很少的几部章回小说之外，语言大都是不好的，甚至是不通的。以上两点，当然与社会经济发展的进程有关，不能完全归之于语文教学。第三，影响所及，直到今天，我们的知识分子中相当大的一部分口语能力是不足的。更值得注意的是，社会上对于口语能力薄弱不以为意，还没有看到口语能力和书面能力之间的关系，没有看到口语能力不足对现代化生活、现代化工作的不良影响。

②与前者有关，长期坚持“文言”，使人们对文言产生了错觉，甚至产生了迷信，似乎学了文言就一定能够提高语文能力，不学文言就不可能提高

语文能力。事实完全不是这样。读一些古典作品对于认识古代社会，对于认识祖国的优秀文化遗产，对于提高某方面的文学修养，都是有益的；对于提高语文能力也有某些积极作用。然而，依靠文言来全面地有效地提高现代所需要的语文能力，是不可能的，并且越来越不可能。一代一代地是离开文言越来越远，绝不是越来越近。这是历史发展的必然。这里不可能对这个问题深入讨论，只好说到这里为止。

③我们的前人似乎很不善于总结经验。尽管有如上所述的那么多很可贵的经验，可是两三千年来一直没有一部系统的论述语文教学的著作，没有形成一套语文教学的理论，据此产生出一套或几套可以广泛使用的方法。于是教学成果完全取决于教师。“名师出高徒”，如果碰不上一位高明的“名师”，那就只好倒霉了。直到晚清才有了如唐彪的《读书作文谱》，王筠的《教童子法》等几部书，里边虽然不无很精到的见解，可惜都已经不同程度地受到八股文的污染，大大降低了它们的科学性。

④宋代的吕祖谦编了一本《古文关键》，谢枋得编了一本《文章轨范》。用名家名作的文章选本进行语文教学，大概是从那个时候开始的。此后，陆续有了《唐宋八大家文选》《古文观止》《古文释义》等许多文章选本，用作语文教材。类乎此的办法行至今日而未衰。这种办法有可取的一面，就是在广泛阅读之中，选择少数佳作精讲细读，作为示范，以收举一反三之效。但是，它的弊端也是显而易见的。第一，脱离实际应用。文章的语言既是与实际使用的语言相差很远的文言，而体裁又大都是抒情散文、论文、游记、杂记之属，间或有少数章奏、书信、祭文之类，日常生活和一般工作中常常用到的文体极少，科学技术性的（如医书、药书、农书等）完全没有。第二，从语言教育的角度看，没有系统，反映不出语言训练的计划和步骤，碰上什么算什么，因此实际效率很低，又没有一个用来检查教学效果的标准，对学生没有明确的要求。再加上不教系统的语文知识，且不说历史上还没有现代的语法学之类，就是传统的文字、训诂、声韵之学，也只是极少数学问家的研究对象，而其研究成果又绝不有计划有选择有步骤地教给学生。其结果是语文教学长期停留在松散的“粗放经营”的状态，陈陈相因，代代相传，没有大的突破。选本教学的办法，一直影响到现在，无非在旧的基础上加上些

新的内容，所谓旧瓶装新酒而已。至于作文训练，即命题作文的办法，受到八股文的污染尤甚，这需要专题探讨，这里就不谈了。

（六）

以上对传统语文教学做了一个很简略的回顾。看起来，去粗取精、取其精华、弃其糟粕的研究工作还需要大力进行。令人遗憾的是，近百年来，传统经验中那一部分既符合汉语汉文实际，又符合比较科学的教学论的做法，似乎没有受到重视，得到发扬，随着我们书面语言和口头语言趋向一致的潮流，把那些做法加以改进以至改造，赋予它以时代精神和新的生命，进而与现代的教育科学、语言科学结合起来，形成一条既是传统的又非传统的，适应汉语汉文特点的，适合现代需要的，我们自己的语文教学的路子。相反，传统做法中比较差的那一部分，影响似乎反而大一些，有的被原封不动地继续使用着，有的被部分修改甚至只是改头换面地使用着。把这种局面改变一下，扭转一下，真正做到继承传统中的优良部分，使之科学化，现代化，发扬而光大之，这是我们这一代和下一代的责任。笔者对于咱们能够很好地完成这个责任是抱有希望并且充满信心的。

我和传统语文教育研究*

一 对传统语文教育的研究是怎样开始的

我对传统语文教育的研究感到兴趣，差不多是和我从事汉语文教学工作同时开始的。我本来是学外语的，先是学外国文学，随后转向外国语言和语言学，从四十年代后期又转而研究汉语，主要是汉语语法修辞。工作则一直还是教外语。在中学连专任带兼任教过三年英语课；在大学教过六年，从大一补习英语教起，然后教一年级英语，二年级英语，二年级作文，英国文学史，名著选读等。教过一年普通语言学，一年翻译课，都是为外语系和中文系共同开设的选修课。

1954 年我才正式参与了汉语文教学工作。首先是从教材工作开始的。既搞教材，就不可能不接触课程、教学、教法这几个方面的问题，所以总称之为汉语文教学工作（加个“汉”字，区别于“外语”）。从那以后，至今整整三十年，没有间断。虽然这中间不时地在大学和某些短期讲习班之类兼教一些课，自己做点语言学方面的研究工作，也主持过一段英语、俄语的教材工作，但是三十年来和汉语文教学工作一直保持着密切联系。目前我的正式工作任务又是分管外语教材了，可是和汉语文教学的关系仍旧分割不断。

从一接触汉语文教学工作，我就感到研究传统语文教育的必要性。

清末废科举兴新学，各大小书院改为学堂，参照外国的办法实行分科教学。当时，像博物、物理、化学、算学这些课程，都可以直接搬用外国的教

---

* 原载刘国正主编的《我和语文教学》一书，写于 1984 年 6 月。

材，甚至连历史、地理也可以部分搬用。只有一科没法照搬，连部分搬用都不可能，这就是语文，当时称“国文”。于是，很自然的做法就是基本上率由旧章。内容，教法，一切照旧，只不过形式上分成几册，每年或每学期一册，每册分成若干课，如此而已。虽然从1903年的《奏定中学堂章程》和1916年的《教育部公布国民学校令施行细则》中可以看到，语文教育领域多少吹进了一些现代化社会的空气，但是，面对这个上千年的古老的教育传统，这么点新鲜空气显得太微弱了。嗣后，又经不少有识之士的奋斗，语文课教材的内容有了比较大的变化，比如，白话文进入语文教材就不是一件小事。但是，总的来看，传统的影响是很大的，在语文教学中随处都可以看到它的影子。长期封建社会中形成的传统，肯定会有封建主义的坏东西，但是也绝不可能一点可取的经验都没有。一个关心今天的语言教育的人，不应当对这个深深影响着今天语言教育的体系——传统语文教育漠然置之，不加研究。

这样的认识和考虑，可以说是我从事传统语文教育研究的主要原因。

此外，还有一个更直接地促使我加快这种研究的原因。

前边说1954年我正式参与了语文教学工作。那指的是，党中央决定要在全国试行汉语、文学分科教学，组织力量着手准备编写教材。开始吕叔湘先生和我同被委托，随后于第二年（1955年）我被调到人民教育出版社担任汉语编辑室主任，在吕叔湘先生指导下主编汉语教科书（吕先生同时被调到出版社任副总编辑）。1955年秋季在少数学校使用新编出的汉语和文学两种教材进行试教。一年后，举行全国语文教学会议，总结了经验，于1956年秋季在全国中学实行了分科教学。到1958年，这个实验中断了。〔关于这段历史，另有别的文章详细叙述（参看张毕来同志的《语文分科教学回忆》一文），这里只简略说一下大致的经过。〕实验中断之后，恢复了语文课，而这时的语文教材和教学，比分科实验前的更为粗糙，效果也更差。这样就促使我思考这样一个问题：究竟什么样的语文教学适合我国的具体情况。这时，我愈益感到，语文是个民族性很强的学科。它不仅受一个民族语言文字特点的制约，而且还受这个民族文化传统以及心理特点的影响。为了摸索出适合我国国情的语文教学的路子，我觉得迫切需要对我们长期的传统语文教育进行认真的研究。

就在这种形势之下，从五十年代末到六十年代初，我花费了一些力气比较系统地研究了一下传统语文教育。研究传统语文教育，资料是一个困难问题。研究性的材料有一点，不多；而历代藏书者和书商对蒙书都不重视，所以保存下来的很少，并且很难搜求。恰巧在这个问题上，我有一点便利。有一段时间我曾有志于研究汉语史。为此，需要搜罗几个方面的资料。蒙书是其中之一，因为历代蒙书的编法很能反映汉语的某些特点。这样我曾在十来年的时间里，陆陆续续搜罗到一批过去的童蒙读本。由于工作的关系，汉语史没研究成，而为那个目的搜罗的蒙书却给我研究传统语文教育的工作带来了便利条件。

由于经常性的工作任务很多，很重，这项研究只能利用业余时间断断续续地做，时间精力不能集中使用，也没有帮手和合作者，一切靠自己，所以研究不深不细，相当粗糙。成果反映在 1962 年由上海教育出版社出版的那本小书《传统语文教育初探——附蒙学书目稿》里。（近年打算对这本书认真修订一番，有了计划，但是还一直没能实现。）

二　传统语文教育的经验

对传统语文教育，多年来听到的批评性意见居多。我那次研究，虽然主观上要求做到客观，不过向传统找经验的倾向实际上是多一些的。经过对各个时代各种蒙书及有关资料的爬梳整理，我发现，传统语文教育有些做法的确有值得我们借鉴的东西。

1. 集中识字。传统语文教育非常重视字的教学，采取的办法是集中识字。儿童入学后，用一年左右的时间集中认识两千多字。宋以下的集中识字课本逐渐形成“三，百，千”那么一套，即《三字经》《百家姓》《千字文》。（三本合起来正好是两千多常用字。）只要求学生会认，会读，能背诵。至于每个字怎样讲，要求很低，怎样用可以说完全不要求。在集中认识这两千多字的过程中或之后，再配合着念点诗，念点韵语知识读物，如《蒙求》《鉴略》之类，念点小故事，如《日记故事》，主要是再多识点字，同时增加点趣味，提供点常识。

这样做，从历史上看，有它的道理。汉字是一种独特的文字体系。就整个的体系而论，它的长短得失是个很复杂的问题，这里不谈。不过有一点是没有疑义的，就是在开始识字的最初阶段相当困难（识多了以后倒也有它容易的方面），如果要求认一个就全面掌握一个，做到会认、会读、会讲、会用、会写，那样进度就会很慢。可是不认识相当数量的字，就无法读书。而语文教育以至整个的教育又需要学生尽早接触读物，以便通过书面丰富他们的语言，增长他们的知识，提高他们的思想。这里就出现了一个矛盾——需要快一点读书，可是字不够用，读不成。集中识字，即在一个较短时间内尽快让学生认识一定量的字，是解决这个矛盾的一个可行的办法。再者，“三，百，千”音节整齐，押韵，也不太艰涩，便于学童记诵。这的确不失为一个好的经验。正因为如此，集中识字，使用“三，百，千”做教材，这个办法通行了上千年。（《千字文》产生于南北朝时期，不过和《三字经》《百家姓》配合成套，得从南宋算起。）

2. 识字、写字分别进行，互不掣肘。儿童初入蒙馆，在识字课以外另设有写字课。识字、写字分别进行。“三，百，千”中的字并不要求学生会写；写字课另有自己的一套系统。初学写字，写的是“上大人，孔乙己……”，那些字包含基本笔画，而又简单，少的两三笔，多的五六笔，很合乎写字入门的要求，比一上来就写“人之初，性本善”或“赵钱孙李”容易得多，合理得多。

识字与写字互不影响，也就互不掣肘。会写一个字比识同一个字要难。因为写字属于动作技能，还要牵涉到肌肉、骨骼及相应的神经系统的运动。假如一定要求儿童识一个字要做到几会（会认、会读、会讲、会写、会用），实际上就会使写字拉识字的后腿。我们聪明的古人看到了这一点，让二者分头进行，这对我们今天考虑初入小学的儿童的语文教育很有意义。

此外，当时的写字训练有一定的序列。字是由简到繁，由易到难；方法是由有依傍（即描红、影写、临摹）到无依傍。字的大小是先写中楷，后写小楷。这种方法比我们现在一上来就让孩子把不论好写还是不好写的字装进一个很小的小格子里要高明得多。

3. 句的训练——属对。属对是同句读之学密切相关的一种基础课程。

人们通常认为，对对子是学作近体诗的一种准备，这实际上是把它的作用看小了。练习属对，方法是所对字数由少而多。先一字对，然后二字对、三字对以至多字对。如先是“天”对“地”，“雨”对“风”，而后是“风止”对“雨停”，再后是“水清石见”对“云散月明”。这是练什么？是在练字（词）的组合，练组词，练造句。同时，由于组合时有声韵、词性、类别的限制，所以又是在进行音韵、语法、逻辑的综合训练。如“风止”是名＋动，就必须用另一个名＋动，比如“雨停”来对。除了词性和组合关系的条件之外，还有声调的条件：平声对仄声，仄声对平声。“风止”是平仄，“雨停”是仄平，所以能够相对。还不止此，“鸟鸣”也是名＋动，也是仄平，却不能和“风起”相对，至少这不是个好对子，因为“风”与“鸟”，“起”与“鸣”是些不相关的概念。由此看来，属对实质上是相当全面、相当严格的句子训练，是学生由识字到作文中间必经的环节。所以清人崔学古把它叫作“通文理捷径”。如果认为传统语文教育中识了字就要练写文章，训练表达能力没有什么“序”，那是一种误会；认为古人不讲究语法、逻辑，也是一种误会。

4. 作文训练

封建社会很重视写文章。传统语文教育到了元明以下，作文训练就以训练作八股文为主了。这是历来受到批评最严厉的一点。总的说，八股文无疑是应当反对的东西。内容上，它是“假、大、空”的鼻祖；写法上，它是程式化的典型；在当时起的作用，对后世产生的影响都很坏。不过，从训练方法上看，多多少少有没有一点可资借鉴之处呢？

从宋朝开始就有人把一篇文章分析为由几个部分组成的，叫作“起、承、转、合”，随后又有人分析成五个部分，叫作“冒、原、讲、证、结”。训练作文就让学生依着这个模式去练。练习一般是分步骤进行的，先练习写第一个部分，练熟了，再练习写第二个部分，然后第三，第四，第五，最后练习写全篇。

以后，从这四部分或五部分发展成为八股文。八股文是议论文。就议论文而言，总不外提出问题，论述问题，得出结论。八股文的模式，是否部分地反映了议论文结构上的这一特点呢？模式是某些方面规律性的一种概括，它是有用的。模式与程式化不同。把模式搞成僵死的东西，就成了程式化，那当然是要反对的。就写文章而言，我们通常说，“大体则有，定体则无”，这个“大体”就是一种模式。我们今天应当有能力取模式之长，废程式化之病，把这个“大体”比前人更科学地概括出来，用更合理的方法引导学生较快地入门，免除他们摸索之苦。

一整套语文教育的做法在我们这个辽阔的国土上通行上千年，其中总会有一些有价值的东西供我们批判地继承。比如，他们的一些方法适合汉语汉文的特点，而且有的方面的训练也注意了有序列地进行，并非如我们想的一概那么盲目。这些都给我们以启发。我自己就此对传统语文教育的初步研究中得益不少。（1978 年后，我提出的语文教育科学化的主张以及小学生借助汉语拼音，从语言训练入手，把阅读、识字、写字稍有先后的分头进行，互不牵制的看法，就与对传统经验的探索不无渊源关系。）

《传统语文教育初探》那本小书出版后，受到出乎意料的欢迎，这表明，语文教学思想向传统探求经验的，大有人在。那次研究归结出的几条传统经验，集中识字这一条起了一定的实际作用。有的地方原已试行集中识字，我的研究成果发表后给予实验以历史根据。有的地方则是在我的书文发表后开始实行的，并且参照书里的介绍编出了新的《三字经》《四字文》《儿童学诗》等几种教材。

三　传统语文教育的积弊

1978 年、1979 年之后，拨乱反正，各项工作逐步走上正轨。这时，在教育界，语文教学质量不高，成了一个非常突出的、全社会都很关心的问题。语文教学界的同志纷纷起而研究探索改进之道。经过大家的努力，当然有所前进，有所提高，然而，问题似乎还远没有解决。症结何在呢？语文教学为什么这么难办呢？为了寻求这个问题的答案，我重新想起了传统语文教育的悠久历史和巨大影响，使我第二次投入对传统做法的研究。这一次我对传统语文教育的研究，实质上是对它的再认识。

如果说，过去我对传统语文教育的研究比较注意总结其中的经验，那么，这一次则比较注意它对今天语文教学的消极影响。这些年，对封建主义有了一些新认识。“百足之虫，死而不僵”，我在“文革”中的许多问题上看见了封建主义的阴影。那么，语文教学得免于此吗？另外，从1976年以后，逐渐多接触了一些国外的应用语言学和新的教学论一类的东西，使思路有所开阔。更重要的一点是，现代化建设成为我们的工作重点，我们的头脑无可避免地会随着这个大的形势来活动。简言之，在我们国家进行社会主义现代化建设的要求之下，语文教学的低效率问题显得越来越尖锐了。

近年来，通过对传统语文教育的再认识，有些问题逐渐看得更清楚了。比如，传统语文教学的特点是整个教学为科举考试服务，几乎可以这么说，就培养目标而论，它是封建社会官吏制度的附庸。它面向选吏，而不是面向社会实际需要。读经——写八股文——科考，这是它的基本路子。所谓“学成文武艺，货与帝王家”，就是这么回事。于是，在语文教学的具体做法上，千百年来一直是两大重点。首先是花很大的功夫去对付字，解决字的问题是第一大关。——识了字好去读古文，读经。其次是再花很大的功夫去对付文章，念文章，背文章，模拟着前人写文章，最终练成熟练的写八股文的能力，这是第二大关。——学会了作八股好去应科考。所谓语文教育，实际上就是对付这两个东西：字、文章（八股）。六十年代初我写过一篇谈语文教学的文章，里边提出了“过三关”：字关，句关，篇章关。那篇文章先是登在报纸上，接着好些有关刊物纷纷转载，很产生了一些影响。说穿了，那正是受到传统影响的产物。

全力对付字和八股文的结果是什么？第一，完全脱离了实际语言——只管书面，并且管的是与实际语言相距很远的文言。第二，完全脱离了实际应用——八股文是彻底没有用处的东西。

那么，今天，传统语文教育脱离实际语言，脱离社会需要的问题解决了没有呢？没有。

首先，忽视口语的问题一直存在。我们现在常常讲，语文能力包括听说读写四方面的能力，我们要培养学生这四种能力。而实际上，我们所重视的仍是“读写”，仍是书面语言。学校的教学是如此，不少口号也都是围绕着“读写”来提的。自然，书面语言是区别文明和野蛮的一个标志，它在人类社会生活中的巨大作用毋庸赘言，重视也是应该的。但是假如重视到不适当的程度，以至完全忽视口头语言，那就不仅是失于片面了。忽视口头语言必然会回过去来削弱书面语言能力，其结果是两败俱伤，全面降低语言能力。

自从两汉以下书面语言与口头语言产生了距离，在教育中忽视口语的问题就存在了，而且越发展越严重。在长期的封建社会中，生产力水平低下，交通不发达，社会经济的基本结构是自给自足的自然经济，社会交往、产品交换都不发达，所以，忽视口语训练的弊害还显示不出来。但是到了今天，大规模的机器生产改变了人们几千年来的生活方式，人们从事生产、交换、科学文化活动要协同行动，而且现代交通发达，交往频繁、通信技术高度发展，千万里之外可以通话，用说话来处理紧急的、重要的工作，口头语言在社会生活中越来越重要。过去，“口讷讷不能言”曾经被认为是一种美德；现在，我们要发展智能机器人，并且将不是用程序语言而是用自然语言发出指令了。口头语言能力低下将无法适应这种已经存在并将日益迅速发展的新形势。假如在这种社会需要之下，我们的语文教学仍然一味钻在读写的象牙塔之中，不去管口头语言的问题，这不能不说是传统语文教育留给今天的一种严重的弊病。

由于社会生活的发展，我们的学生毕业后不仅不再需要写八股文，连写那些无目的、无对象的什么什么“论”，什么什么“记”之类的需要也不大了。他们应当会写实验报告、病历、调查报告、总结、产品说明，等等。可是我们的作文教学并不注意教学生练习这些。曾经有一段时间，爱让学生写《雾》《路》《窗》《晨》这类非诗非文，既够不上文学习作，又不切合实用的文章。近几年情况有所改变，但并没有从根本上解决问题。结果，社会上到处反映：中学毕业生连封信都写不成，医学院毕业生写不好病历，工科大学毕业生写不好实验报告，文科大学毕业生写不好公文，写不好调查报告。我们的作文教学不理会现实需要的情况还不严重吗？

例子还不止这些。可以看出，传统语文教育脱离社会需要的积弊直到今天还在影响着我们的语文教学。

可是，我们对此常常难以觉察。为什么？“不识庐山真面目，只缘身在此山中。”我们接受的是这份历史遗产，祖祖辈辈生活在这种习惯势力之中，于是习焉不察。这是可以理解的。

许多有识之士早就看到了这种痼疾，多次批评了这种弊病。比如，叶圣陶先生在这方面就发表了很多深刻的见解。值得深思的是，叶老在四十年代提出的许多切中肯綮的批评，直到现在我们读起来还觉得切中时弊，很有针对性。这就说明，他在几十年前批评的东西今天依然存在，说明传统语文教育的积弊之深，势力的顽固和我们对付它的软弱无力或者还处在朦胧之中，认识不到。

以上可以说是我第二次研究传统语文教育对前一次研究的重要补充。我不因这次的补充就全盘否定传统经验。经验还是经验。对于古代的人和事都得放在特定的历史环境中去看。正确地观察和分析传统，评价传统，对待传统，是我们的责任。

这些，近来我在不少场合讲过，还没有来得及写出来。

四　怎么办

现在，迅速革除上边说的那种积弊已经是刻不容缓了。我认为需要抓紧以下几点：

1. 开展对传统语文教育的深入研究，实事求是地、全面地评价其长短得失，并把理论工作者的研究和普及宣传工作结合起来，使广大语文教师像知道“举一应能反三”“教学可以相长”“婚姻不应父母包办”“缠足是摧残妇女”那样，清楚地了解传统的理论和实践长在哪里，短在哪里，应兴者兴，不因其古而放弃它，应革者革，不因其多年流行而固持它。

2. 主管部门要发挥行政系统的力量，把理论研究的成果运用到教学大纲、教材系统中去。不要坐等理论十分成熟了，十分完善了才进行这一工作，不要动辄以“不够成熟、没有把握”作为陈陈相因，不敢改革，不敢实验的借口。教育的周期长，教育进展迟滞，落后于社会需要的现象更应注意尽早避免。时间拖不得。只要看准了，就办。要尽快组织各方面力量，构成一个专门的班子，考虑改革我们的教学大纲、教材体系，力求新的大纲、教材能反映社会生活的需要。

3. 光就语文教育论语文教育不行，要有相应的评价系统。比如，社会上的招聘、各级学校的考试、高考，办法都要改革。要考查学生实际的语文能力，有条件的地方要进行口试。——不要以为这个工作量大得惊人。高考制度改革后，这问题并不像想象的那么困难。这个评价系统非常重要。它会迅速改变人们的价值观。而价值观的改变是人们指导思想改变的标志。

我已经在酝酿一个粗线条的语文教学改革方案的设想。

五 研究方法问题

现在回到传统语文教育研究这个问题上来。在研究的方法上，我以为，首先要有开阔的视野。不能把眼光死死地盯在被研究的事物本身上。要有些全局观点，或者说要把语文教学放在一定的社会背景中去考察，再或者，用个时髦点的说法，要有点“宏观”的眼光。评价传统语文教育的得失长短，光知道它本身的情况不够。要知道这种情况据以产生的社会政治、经济原因。同时，要了解我们当今的情况——当然不只是语文教育的情况，要了解当今社会生活的情况，了解它对语文教育提出了哪些新的要求。此外，还要了解国外语文教育发展的情况。比如，日本的语文教育就注意面向社会需要。他们的教学大纲对说话能力有明确的要求；他们向全国推荐的光村图书公司的语文教材以及其他出版社出版的教材中，都有写作教材，里面除了让学生学会观察、思考、总结自己想法的练习，还让学生练习各种实际需要的文体：讨论记录、笔记、书信、日记、实验报告、调查报告、研究报告等。知道些左邻右舍的情况很重要，它有助于考虑我们自己的问题。

此外，研究的方法要科学化。很遗憾，由于客观条件的限制，我自己的研究是偏于分析性的，没能做必要的科学实验，取得翔实可靠的事实论据和最富说服力的数据。这是一个很大的缺陷。今后，我愿和有志于此道的同志一起，在传统语文教育研究方法的科学化方面做出努力，以期进一步提高研究的水平。

汉语文教学的过去、现在和未来*

前言

这篇论文的意图在于回顾汉语文教学过去和现在一些主要做法的得失利弊，展望一下今后改革的趋向。

这里所谓“过去”，指的是20世纪20年代五四运动之后，当时的国民政府公布《新学制课程标准》之后，直至1949年那段时间。“现在”指的是1949年中华人民共和国成立至今，但是“文化大革命”期间的不正常情况不考虑在内。

对过去和现在汉语文教学情况的概述和评价，对今后前进中应当着重考虑的问题和应当重视的趋向，完全是本文作者个人的观点，不反映任何政府部门，任何学校，任何学术团体的意见。在那些地方，可能有人完全或者部分同意我的观点，也可能有人很不同意或者不完全同意我的观点。

谈汉语文教学本来应当包括国内少数民族学习汉语文，也就是国内的双语教学问题，以及外国人学习汉语文，也就是把汉语文作为外国语文的教学问题。但是限于篇幅，本文不涉及这两个方面。

一　20世纪20年代之后

20世纪初，清政府宣布废除科举考试，废除八股文，开办新式学堂。办新学堂，从学制到课程设置，以至各级各科教材，大都是从东西方几个国

* 1984年8月，香港中文大学召开“应用语言学研讨会”，本文是提交给会议的论文。

家引进的。只有“国文”（即汉语文课）教材无法从别的国家引进，因而这门课从内容到教学方法可以说是率由旧章，只不过形式上变一变，教材编成一本一本的，每个学期一本，每本里边分成若干课，如此而已。真正有所改革，是20世纪20年代以后的事。

20世纪20年代之后，进行了哪些改革。

五四运动提倡白话文，提倡“国语”（即现在说的“普通话”，在台湾仍称“国语”，推行的成绩很好，香港不少人也习惯于称为国语），发起国语运动。经过了相当时间的努力，终于取得胜利，白话文合法化了；与此同时，教育界人士认为小学语文教科书应当以白话文为主，因为这才符合儿童的语言实际。此后，国民政府公布《新学制课程标准》，规定小学改称“国语”。（中学仍称“国文”，以文言文为主。）虽然当时的白话文也还只是比较接近实际口头语言的一种新的书面语言，但毕竟不是与实际口头语言完全脱节的文言了。虽然在全部普通教育阶段（小学至中学毕业）学生仍旧是以读文言文、写文言文为主，但是毕竟可以读一部分白话文，至少小学阶段可以写白话文了。打破以往从启蒙开始一直完全读文言，写文言的状况，这不能不说是一项重要的改革。

1898年马建忠发表了我国第一部系统的语法著作《马氏文通》，他的意图是作为教材使用，给传统的语文教学注入一点科学因素，以提高教学效率；但是他的尝试没有成功，就是几年后全面废除科举考试和八股文，开办新学堂之后，也没有把语法教学纳入国文课之内。直到1924年黎锦熙发表《新著国语文法》，陆续有了一些学校在国文课之内照黎氏著作多少讲一点语法。另外，与此先后，唐钺发表了《修辞格》，张弓发表了《修辞学讲义》，到30年代，陈望道发表了《修辞学发凡》，陆续有少数学校也教一点修辞学知识。还有，叶圣陶（当时用名叶绍钧）、夏丏尊等发表了《文章例话》《文心》等著作，讲作文的知识，有些学校也教一些。虽然并不普遍，教的也不多，大都不成系统，但是，毕竟打破了国文课内完全不教有关语文的科学知识那种局面。

汉字注音是一个困难问题。传统的办法有两种，一种是用甲字注乙字，一般叫作“直音”或“读若”。这种办法当然不准确。另一种稍后起的是

“反切”，这种办法比较麻烦，有时候也并不准确。到了近代，逐渐有人设计各种不同系统的字母，但是都没能通行。20 世纪 20 年代之后，随着国语运动的进展，陆续产生了两种比较科学的注音办法，一种是“注音符号”，在一段时期内曾被广泛采用（目前我国台湾仍在使用），另一种是“国语罗马字”，没有通行（但是在美国有一些教汉语文的一直在使用它。最后了解到，我国台湾教育行政部门公布了经过修订的国语罗马字——修订的主要点是不再用字母表示声调，而改用注音符号的那四种符号，也就是汉语拼音方案所用的四种符号标调，把它作为国语注音第二式，与第一式即注音符号同样合法使用。我个人赞赏这个决定）。为教汉语文而采用一种新的注音工具，也应当看作一项很有意义的改革。

从 19 世纪末叶开始，直到 20 世纪中叶，逐渐有些人把欧洲，后来加上美国的教育学、心理学的若干不同流派的学说引进我国。首先是通过翻译某些重要论著，然后在有的高等师范学校开设课程，还有少数学者进行了一些专题研究，其中有的与汉语文教学有直接关系，例如陈鹤琴研究幼儿教育，第一个做出了基本常用汉字的统计，艾伟研究识字心理学，等等。这些侧重理论的探讨研究，尽管所起的实质性作用并不大，但是对于传统的汉语文教学或多或少是有所冲击的。

积弊未除。

传统的汉语文教学实行了若干世纪，积累了不少好的经验。作者曾经就此进行过一些探索，整理和研究，在 60 年代初写了一本小书《传统语文教育初探》。当时由于种种原因，对那些经验研究得不够深透，还计划做进一步的工作，对那本小书进行增订补充。传统经验是历史存在，不容否认，并且其中有些部分对于我们今天和今后的工作仍旧很有参考价值。

然而，毋庸讳言，实行了若干世纪的以封建主义为基础的汉语文教学，必然也会有不少弊端，正因为时间久，传统深，那些弊端逐步形成了相当固执的难于动摇的力量，甚至使人们习焉而不察，视为理所当然，于是代代相传，积累得越来越厚，成为一种“积弊”。

20 世纪 20 年代之后虽然有了如上所说的几项重要改革，对传统语文教学有所冲击，但是改革的时间不长，范围不广，冲击的力量不大。传统的积弊依然存在，并未消除，至少，改变是微乎其微的。

传统的积弊，最突出的是只重书面，严重忽视语言实际。一个客观原因是，汉字是一种独特的文字系统。学习运用汉字，尤其是在初学阶段，困难相当大，因而人们在语文教学中首先把注意力集中在识字、写字上，从而投入很大的力气去突破这个难关。社会的原因是，政府提倡熟读古代经典，并且以文取士。于是，全部语文教学的内容就是识字，写字，读古文，写古文。人们没有感觉到学习当代实际语言和训练口头语言能力有什么必要性；没有觉察到口头语言能力和书面语言能力之间有什么重要的联系；没有体会到有目的有计划的口头语言活动对于活跃学习生活，形成孩子们的性格，发展孩子们的智力有什么重要意义。其结果是，古文未必学通，因为它与实际的活的语言没有联系，从而也就与实际生活甚少联系，而运用实际语言，特别是口头上运用的能力很差，元明清几代的早期白话作品的语言大量不通，可以证明。

另一项突出的积弊是严重忽视应用实际。教给学生读的是古圣先贤的经典和历史的名家名著，要求学生写的是模仿前人的用字造语、布局谋篇等并不切合当世当代实际应用的文章，以至写完全程式化的，没有实际内容的，毫无实用意义的，只备参加科举考试用的八股文。其结果是，语文教学和生活、工作、科学技术研究完全脱节，或至少在极大程度上脱了节。

再一项突出的积弊是严重忽视语文知识的教学。我国本来有历史很久的，很发达的文字、训诂之学和声韵之学，但是在语文教学之中并不教给学生这些知识，也极少运用这些知识去处理文字教学和文章教学；尤其是稍后起的已经比较接近近代语言科学的声韵之学更被视为一种艰深奥秘的东西，不教给学生（事实上多数教师也不懂），至多，只有习诗者知其然不知其所以然地了解一下韵部，知道某字属某部而已。

还有一项也应归之为积弊的是相当严重地忽视文学教育。我国本来有历史久，内容十分丰富，数量很大的文学遗产（其中自然也有比较薄弱的方面），但是在语文教学之中完全不予重视。诗，已经不属于语文教学的正当内容（只有在启蒙教育阶段，为了便于背诵，教儿童读很少量的短诗），习诗者大都是自学的或者另行单独拜师学习的，不是在语文教学中作为正常课业学来的。至于戏曲、小说则完全被视为歪门邪道的东西，不仅不教，甚至禁止孩子们阅读。属于教学内容的名家名篇中有不少是文艺散文性质的，然而并不把这些作为文学作品来教，而是作为文章范例，供背诵模仿之用。

20 世纪 20 年代之后，上述各项传统积弊不能说丝毫未受触动，然而由于传统力量强大，触动很小。识字加作文章就是语文教学，这个概念牢固地植根于人们的思想中和语文教学的实践之中。

二 1949 年以来

1949 年，中华人民共和国成立，至今即将满三十五年，其中 1966 年至 1976 年经历了“文化大革命”，除去这十年，只有二十五年是正常工作时间，而这当中，1966 年之前也已有某些失误，1976 年之后不免有一段恢复时间，所以完全正常工作的时间实际上是很有限的。在这很有限的时间里，汉语文教学有了相当可观的发展和改革，尤其是进行了一些很有意义的探索、研究和实验，并且目前正在更加积极地进行中。

1949 年以来，汉语文教学有过哪些进展、变革和实验呢?

学校里汉语文学科的名称问题，看起来不是什么大事，却也在相当程度上反映人们对这门学科的观点和认识。前边说过，最初称“国文”；以后小学称“国语”，中学称“国文”。1949 年之后，小学、中学一律都称“语文”，“语文”的“文”指什么，人们有不同的理解，但“语”是“语言”，这一点，大家的理解是完全一致的，并且是没有人不赞成的。这就意味着，在全部普通教育阶段都应当进行语言教育，这个观点已经被人们普遍接受了。在那么悠久的以文为主的传统语文教学之后，经历了几十年的往复激荡，终于建立起来语言教育这个观念，这是十分值得重视的。尽管在做法上还有不少问题（下文将会谈到），单说建立起这个认识的本身，已足可以认为是一件有划时代意义的事情。

1949 年之前，中学仍以读文言为主：在绝大多数学校，作文必须写文言；中学以上所有的考试，作文必须用文言。1949 年之后，中学虽然还读一些文言，但是退居次要地位了；作文，都用白话，不要求写文言了；中学以上的所有考试，作文也不要求写文言了。（在社会上，政府公文，报纸期刊，文件文献，科学论著，统统使用白话，不用文言了。）这个变化的意义，也是十分值得重视的。

20世纪50年代中期，经过学术界和社会各界反复研究、讨论，最后由政府公布了简化汉字方案，汉语拼音方案，并且决定了在全国范围内推广普通话。这些决定立即实施，在短短的三五年时间内收到了很好的效果。语文教学不仅实施了这些决定，并且成为推广实施这些决定的首要阵地，起了很好的作用。

也是在50年代中期，进行了一次变革相当大的实验：把中学的语文科分为文学和汉语两科，分别编出文学和汉语两套教科书。初中文学教科书以中国近代现代文学为主，加入少量外国文学作品的现代汉语译文，按照文学体裁编排；高中前两年是中国文学，按照文学史的顺序由古至今编排，第三年是外国文学。汉语课只在初中开设，教科书按照语音、文字、词汇、语法、修辞的知识系统编排。1954年做出决定，随即着手准备，1955年在少数学校试教，1956年在全国所有中学推行。但是实验进行了不到两年就废止了，停用了两种教科书，恢复了语文课，重新编写了初中和高中的语文教科书。由于实验是半途而废，一直总结不出那次实验的得失利弊。但是，毕竟实验是以失败的面目而告终的，因而产生了两种十分明显的副作用。一是比以前更加不谈文学教育了，一是比以前更加不谈系统的语言知识教育了。这种情况一直持续到现在。近两年来，作者个人逐渐认识到那次实验真正的缺失所在。

60年代初，有几处学校参考传统教学的经验，试行在小学前两年进行集中识字教学，取得很好的成效。其中比较突出的是辽宁省黑山县的北关小学和北京的景山学校。他们都能够在小学一二年级，不影响其他功课的正常进行，不加重孩子们学习负担的前提下，使孩子们学会二千五百个以上的字，为小学后期开展大量阅读和作文训练打好基础。他们的这种实验，和本文作者当时探索传统经验，提倡集中识字有关，尤其是景山学校，曾为此聘请作者担任该校顾问。他们这两所学校至今仍在实行集中识字的做法，另外还有些学校也在实行近似的做法；当然，并不是所有学校，所有研究这个问题的教师和学者都赞同集中识字教学法，并且有的很不赞成。

从 1982 年开始，东北黑龙江省在三个县市的共六所小学中（每所小学用两个班）进行一种称为“注音识字，提前读写”的实验。试行两年的成绩表明，效果是良好的，小学二年级的孩子们的阅读量大大超过了非实验班的同龄学生，作文的能力也远远超过了他们。有些报纸期刊报道了他们实验的情况和取得的成绩。现在，上海、广州等地已经有学校开始参照他们的经验进行实验或者准备进行实验。这种实验的特点在于充分利用汉语拼音来推动识字和读写，以提高效率，加快进度。这是“注音识字，提前读写”与“集中识字”两种实验的主要区别。本文作者和这种实验也有关系，是以吕叔湘先生为首的实验领导小组的成员之一。

1979 年以来，随着各项事业的发展，在汉语文教学领域，研究实验之风大盛，有关的学术团体纷纷建立，前不久还设立了专门机构“课程教材研究所”，工作范围当然包括对汉语文教学的研究。探索、研究、实验，涉及汉语文教学的各方面，尤其是阅读教学和作文教学，研究成果更多。口头语言训练开始受到部分教师的重视。有些人在探讨如何把教学论几种新的流派的理论有选择地运用于汉语文教学。如何分担开发学生智力的任务也被很多语文教师纳入自己探索研究的范围之内，汉语文教学正在朝着提高效率的现代化、科学化的方向前进。

传统教学积弊的影响尚在，有待进一步研究改革之道。对于语文教学，人们还是习惯地把更大的注意力放在字和文章两件事情上。不是说字和文章不需要重视，绝对不是。重视读和写的能力的培养是完全必要的。文化、科学、技术的发展使得出版物不是越来越少，而是越来越多，多到使人目不暇接，必须具备更科学更快捷的阅读能力才能应付。自然语言永远不能取代书面语言。每个受过教育的人都必须会写。无论通信技术和信息技术多么发达，也很难想象人类可以回到没有文字，没有书籍文献的原始生活中去。然而让字和文章过多地减弱了对语言实际和应用实际的重视是不可取的。现代通信技术以至信息技术的迅速发展，对于人们运用自然语言的能力的要求越来越高，“讷讷不能言”已经绝不再是应当提倡的美德，而是急需克服的缺陷了。现代技术使得人们可以用自然语言迅速地处理工作，用自然语言指挥机器。会说，话说得好，越来越成为生活、工作、生产发展的必要条件。这一点，在传统积弊很深的汉语文教学界是很难被理解、重视得足够的，或者虽然理解了，重视了，然而在教学实践中是很难做得足够的。为作文而作文，为考试而学作文，不是为实际应用而学作文，这个传统积弊的影响很大。本文作者从几个地方的二十几所中学收集了近年来教师出的几千个作文题目，绝大多数是介乎诗文之间的抒情散文性的，很少数是没有实际目的议论性的，绝少切合生活工作实际需要的说明性的。就连试行文学、汉语分科教学的那个短时期（作者是参与其事的，是汉语教科书的主编），今天回顾一下，作者认为那次实验的真正缺点也在于忽视了语言实际和应用实际。识字，读文章，作文章，这就是语文教学，这一点不能说毫无改变，然而改变确实仍旧不大。九十高龄的作家叶圣陶先生从 20 世纪 20 年代起就从事国文课程标准的制定，从事国文、国语、语文教科书的编审，近年来曾慨叹地说："六十年来的语文教学没有什么改变。"他是语文教学的老前辈，在这条路上走过了六十个年头，他是最有发言权的，他的慨叹发人深思——促使人们去认真地深入钻研，寻找出语文教学历经多年多种变化而效果至今不能令人满意的症结所在，进而寻求改革前进的道路。

三　今后改革的趋向

要进行改革，应当先弄清楚有哪几个必须解决而一直没有解决或者解决得不够好的重要问题。

首先是汉字问题。汉字这种文字系统和汉语这种语言的特点是相适应的；在历史上，汉字有过很大的功绩；在应用上，它有许多优越性。然而，对于五或六或七周岁初入小学的儿童来说，是他们急于要求开展阅读的拦路虎。他们已经从生活中学会了丰富的语言，他们的智力发展已经到了相当的水平，他们已经有了强烈的求知的愿望和兴趣，他们也迫切需要接受更有条理的语言训练，然而汉字这种文字系统在认识五百个之前只能读简单的句子，至少要一千个才能读内容极简单的，落后于他们的语言、智力和求知兴趣很远的小文，必须有二千多个才能大体和他们的需要逐步适应起来。照一般常规进行，学会二千个字需要相当艰巨的努力和相当长的时间。在这段时间里，字不够用简直成了他们成长提高的障碍以至成了对他们的压抑。汉字有用，今后还要用下去，所以必须学，并且必须学好，可是在开始阶段却对于儿童如此不利。这是一个极大的矛盾。古人摸索出一套集中识字的办法是为了解决这个矛盾；黑山北关小学、景山学校实行经过改造的集中识字，乃至最新的黑龙江的“注音识字”，也都是为了解决这个矛盾。矛盾是否已经很好地解决了呢？汉语文教学究竟是如千百年的传统那样从字出发呢，还是应当从语言出发？有没有办法使初入学的儿童从字那个紧箍咒中解脱出来而最终又能把汉字学好呢？（现在，字学得不好，真正学会的不多，写得很差。）这是一个有待研究的根本性的问题。

文言，是又一个我国特有的问题。文言文负载着我们丰富的文化遗产，丢弃不得。像许多珍贵的文物一样，文言必须保护好，不容许抛弃。然而它和现在的实际语言已经离得那么远；它很难学；它不能解决我们的孩子们今天和今后所需要的语文能力的问题。由于文言这个障碍，我们的年轻人对祖国的文化遗产知道得越来越少了。难道能让他们花费更多的时间去学更多的文言吗？不，又怎么办呢？这是又一个有待认真研究解决的困难问题。

口头语言能力（听和说），书面语言能力（读和写），都需要，都重要，训练起来各有各的困难，它们相互为用，相互促进，没有孰难孰易，孰轻孰重的问题，更没有谁可以取代谁的问题。怎样把二者的关系处理得恰到好处呢？如果说，前两个问题是汉语文教学所特有的，那么，这个问题应当说是各种语文教学所共有的。但是，也正由于有了前两个问题，这个问题在与别种语文教学的共性之中也有了它一定的特殊性。

知识，能力，应用，是汉语文教学中一直没有解决好的一项重大问题。人们不能对于日夕不可离的，并且在工作和生产中越来越重要的语言继续处于朦胧混沌的状态之中了。应当对它有科学的认识，具备必要的科学知识，然而语文是一种能力，不应当为知识而知识，要学以致用。语文的应用范围是非常广泛的。现在，且不说中学毕业，就是大学毕业，做财贸工作的写不好商品说明，做医务工作的写不好病历，做行政工作的写不好公文的，比比皆是。可是三百六十行，行行有他们实际应用的东西，语文教学显然不可能样样都教到。那么，如何找出有助于实际应用的共性的东西作为语文教学的基本内容，就成了语文教学必须研究的一个重要课题。语法修辞等知识的教学，说话作文等能力的训练，应当把帮助学生学好规范化的语言，能够用最经济的语言传递最大的信息量，取得最大的表达效能作为自己必须完成的一项重要任务。同前一个问题一样，原则上说，这是汉语文教学和别种语文教学共同的，然而汉语文有汉语文的特点，共性之中又有它的特性。

这里又不得不说到文学。文学教育是一种精神教育，思想教育，美学教育。同时它又是一种非常有利于智力开发的教育。学文学有助于发展联想能力，想象能力，创造性的思维能力。文学和科学绝非没有关系的。作者很同意这句名言："很难说牛顿和莎士比亚谁需要的想象力更多一点。"在普通教育阶段，文学教育是绝对不应忽视的。不需要每个受过普通教育的人都成为文学作家，然而非常需要每个受过教育的人都具备一定的文学素养——文学的理解力，欣赏力，鉴别力以及联想力和想象力。鉴于我国的历史特别长，文学遗产特别多，鉴于我国的文学遗产中有大量的文言作品，又鉴于我国历史上从来是把文学和非文学并合在一门学科里进行教学这个传统（除了那不成功的文学和汉语分科教学的两年实验期之外），从而也就把文言和白话杂糅在一起进行教学，带来了一些明显的困难和不可避免的副作用。那么，今后的汉语文教学应当怎样处理这个问题，也是需要认真研究解决的一个并不简单的课题。

作者认为，今后汉语文教学改革的趋向，主要是在研究解决上述那些问题的基础上形成一整套从小学到中学到高等学校，特别是高等师范学校的课程和教材的合理方案。方案可以有一套，也可以有几套，但是必须成为整套的。不能只管一点或者一段，必须能解决上述那一串问题，不能只解决其中某一个问题。

本文作者构拟了一套方案。由于还不是很成熟很细致的，也由于本文篇幅所限，这里只把这个总的趋向的设想提出来，至于方案本身，留待适当时机另文专论。

探索语文教育改革

语文训练问题需要加紧研究

这里要谈的是语文训练，不是语文教学。各级学校的语文教学有几方面的任务，语文训练只是其中之一；语文训练也并不仅仅通过学校的语文课来进行，此外还有别的途径。

语言、文字是很重要的工具——是人们交流思想、组织集体生活、组织共同的生产劳动的工具，也是进行社会斗争的有力武器。这里要着重指出的是，基于这种根本的性质，语言、文字还是学习和教育的工具。掌握和运用语言、文字的能力是高是低，在相当大的程度上关系到学习和教育的效率和效果。

每个人从幼儿时候起，可以在生活中自然而然地学会说话，识字之后可以自然而然地学会读书、写文章，乍看起来，语文训练仿佛很容易，没有什么值得研究之处。其实，不然。尽管话是人人会说的，读和写是识字的人都会的，然而有学得快慢、精粗、优劣之分。学语言，学文字，都有规律可循。弄清楚这些规律，有意识地、恰当地运用于语文训练，可以大大提高训练的效率，一是可以更快，二是可以更好；否则，反是。很需要把语文训练作为一个科学问题加以研究。

近年来，语文训练工作和语文训练研究工作，也像文化、科学、教育领域其他各项工作一样，受到“四人帮”严重的干扰和破坏。语文训练中有些方面，过去摸索出一些经验，没有很好地总结；有些方面的做法还停留在相当陈旧的水平上；有些方面根本还缺少办法。这种情况，与发展教育、科学，全面实现四个现代化的要求不相适应。关于语文训练问题的研究，需要加紧做起来。

迫切需要研究的问题之一是识字问题。

汉字，当前实际使用的究竟有多少个；其中最基本、最常用的有多少个，是哪些，这些字在语言中的活动情况如何，比较常用的，不常用的，很少用的，分别有多少个，是哪些，它们在语言中的活动情况如何，需要进行科学的统计和分析。以前做过一些这方面的工作，但不全面，不精确。现在有更科学的方法，有新的设备（如电子仪器），为进行这种统计、分析提供了更好的条件。统计、分析的结果，将为识字训练的安排、设计提出有力的根据，使识字训练带有较多的科学性、计划性，减少一些盲目性，从而大大提高其效率。

汉字有它的特点。从识字训练的角度看，有不利的方面，也有某些有利的因素。在这个问题上，应当实事求是。不能不承认学汉字有它的难处，也不应当夸大它的难处，无视它的易处。汉字不是拼音文字，要一个一个地学，一个一个地记，虽然经过简化，数量仍旧不少，笔画仍旧相当复杂，认、记、写都有难处，这对识字训练是不利的。然而，汉字的表意作用，尽管现在已有限度，毕竟还有可以利用之处。象形、会意的痕迹，有一部分仍有助于学习；不少偏旁对于认识、理解、记忆整个的字仍有一定的帮助。汉字，基本上是每一个字代表一个单音节的语素，非常容易构成对偶、排比之类的组合，构成整齐押韵的短语和句子。这个特点是我们所知道的任何其他语言、文字无法比拟的，对于识字训练大有用处，传统的识字训练曾经有意识地（虽然不够科学）利用这个特点。汉语的构词法有它的规律，经过选择的一定数量的字，能够构成大批有用的词，这个特点也是很突出的。对于这些有利因素，我们有笼统的认识，但是从识字训练的角度进行具体、深入的分析很不够。如果经过研究，能够把有利的因素充分加以运用，把不利方面的影响尽量缩小，那对提高识字训练的效率必将大有作用。

小学教育阶段的识字训练和成人扫盲的识字训练，很不相同，应当分别针对其特点，研究最有效的途径和方法。

成人扫盲的识字训练，目的任务单纯，可以更充分地运用汉字的特点，集中、快速地进行。在这个问题上，传统的识字训练方法颇有可参考处，值得很好地加以研究。我们应该有批判地吸取其合理的部分，运用我们新的科学研究成果，予以改造和发展，使之适应我们的需要。

小学教育阶段，问题比较复杂。学龄儿童进入小学，不是单纯来识字的，虽然对于一个儿童来说，开始识字是他在发育、成长过程中的一件大事。进小学，为的是接受有计划的思想教育和知识教育，发展智力。识字，是为了掌握工具，是为进行这些教育服务的；这些教育又在一定程度上依靠识字训练的成果。这里存在着如何处理好这两个方面相互依存、相互促进的关系问题。六七岁儿童的口头语言能力，思维能力，接受思想教育和知识教育的要求，都已达到相当的水平，然而他们还是“文盲”，才开始识字，而学习汉字的难处，又主要集中在开始的阶段。这中间存在着矛盾。在这对矛盾之中，儿童的智力发展和学习要求是主要方面。只能想方设法解决识字问题，来适应智力发展和学习的需要，绝不应压住智力发展和学习要求，去迁就识字不足的困难。处理好这种关系，解决好这种矛盾，在小学教育阶段具有关键性的意义。处理、解决得是好是差，关系到整个小学教育的进度和成效。这个问题值得花大力量搞一些科学研究和试验。

初学阶段的识字训练问题，我们已经摸索了上千年了。封建社会有一套以“三、百、千”“上大人孔乙己”为代表的做法，其后是“人手足刀尺”的做法，又其后是“大狗叫，小狗跳”的做法；新中国成立后，有了很大的发展改变，开始“开学了”的做法。这种种不同的做法包含着重要的理论问题和实际问题，值得好好地分析、批判、研究、总结。

这里试为概括，大体上似曾走过这样三种路子。入学之始先集中一段时间突击识字，只求识，不要求所识的字都能讲、能写、能用；在这个阶段中以识字为主，同时另外进行一种写字训练，不受识字进度的约束；结合识字相机进行有限的一点思想教育和知识教育；这样搞一段时间（比如半年、一年），认识相当一批字（比如一千至二千）之后，转而开展阅读，以思想教育和知识教育为主，结合着巩固和扩充识字。这是一路。一上来就以思想教育和知识教育为主，在初识之无的基础上就大量阅读，阅读中接触的字，只要求理解、记忆一小部分，大部分“囫囵吞枣”地念过去，懂多少算多少，基本上是听其自然地逐渐积累。这是另一路。把识字训练和思想教育、知识教育基本上拉齐，相互依存，相互制约，两方面的进度都放慢一些，但都要求“掌握”，基本上不容许“囫囵吞枣”，凡认识的字，都同时要求能读、能讲、能写，并且记住，随着识字量的增长，相应的逐步扩充阅读的内容、范围和数量。这是又一路。这三种路子分别是以一些什么样的理论为依据的？实际的效果如何？各有哪些利、弊？专就方法而论，是否存在取长补短，形成一种新的、比它们更科学、更全面、效率更高、效果更好的做法的可能性？

现在，我们有了一套汉语拼音字母，并且已经一定程度地推广、普及了。在这个新情况下，应当研究怎样充分运用这个工具为识字训练服务。如果经过研究、试验，探索出一套切实可行的办法，将使识字训练以至整个小学教育在进度和效率上发生相当大的变化。有这样一种设想：学龄儿童入学之始，用很短的一段时间学会拼音字母，此后，即以拼音字母为工具，开展有计划的语言训练和完全适应他们的智力发展和学习要求的、内容丰富多彩的阅读训练，改变以往初学阶段的读物由于受到汉字牵制而远远落后于儿童智力要求的状态，也改变以往初学阶段把精力全部倾注在很难对付的汉字上，以致忽视了十分重要的语言训练的状态；在适当的时候，在语言训练和阅读训练中，逐步有计划地引进汉字，从少到多，从简易到繁难，阅读材料从以拼音字母为主、汉字为辅，逐步到以汉字为主、拼音字母为辅，再到全用汉字、拼音字母退而为纯粹的注音工具。在这个过程中，完全按照汉字本身的特点和规律，与阅读训练平行地但是分别地进行识字训练；认识了一定数量的汉字之后，有计划地、按照汉字结构特点进行写字训练。这种设想的基本思路是：借助拼音字母开展语言训练和阅读训练，识汉字，写汉字。这三者各自按照本身的要求去进行，不互相干扰，不互相牵制，三途分进，逐步靠拢，终于达到胜利会师，完全结合在一起。估计采取这样的办法，用四年时间，可以从从容容地完成以往六年的工作，或者用稍多一点的时间达到比以往小学毕业生高得多的水平。当然，这还只是一种设想，有待研究，有一些显而易见的问题（比如，推广普通话问题等）有待解决，特别是有待实地试验。

无论是小学阶段还是中学阶段，语文学科之外的其他学科，实际上都与语文训练有关系，这也是一个值得研究的问题。语文训练为其他各门学科服务，其他学科又对语文训练起到很大的推动和协助作用。同一个时间内进行的各方面的教育是相辅相成的，而不是各自孤立、互不相干的。相互间的这种关系是客观存在的，不论你有没有意识到。变无意识的互相影响为有意识的互相配合，效果显然会更好。怎样配合，是值得作为一个重要题目来研究研究的。以往，编语文教材的不管别科教材是什么模样，编别科教材的不大理会语文教材是怎么编的，各搞各的，互不相谋；教学工作者亦然，你教你的，我教我的，小而至于你用你的简化字，我用我的繁体字，你说你的普通话，我用我的方言，你用你的拼音字母，我用我的直音，你搞你的语法、标点、书法，我认为那是无关宏旨的小节。这种“严格分工”“各自为战”的状态，很需要打破一下。

另一个迫切需要研究的问题是逻辑、语法、修辞训练的问题。这个问题关系到培养阅读、写作能力的效率和效果。逻辑、语法、修辞训练搞得好，颇有助于培养提高阅读、写作能力的效率，培养得更快些、更好些；搞得差，至少是徒然耗费一些时间、精力，虽有若无，不起什么作用。

在我国，相当于我们现在所说的逻辑、语法、修辞的概念是古已有之的。属于逻辑、语法、修辞性质的专题研究，以及在语言训练中综合地运用这些研究的成果，有很久的历史。虽然有些做法并不是很自觉的，而且从不打出逻辑、语法、修辞这一类的旗号，不大讲这一类的理论知识。传统做法中有不少封建糟粕，里边也有某些合理的东西。这些东西是土生土长的，富有民族色彩，符合汉语、汉文的特点，经过长期实践，因而是行之有效的。对传统的做法仔细考察，具体分析，批判其错误的、陈腐落后的部分，参考其合理的、有用的部分，既不全盘接受，也不一股脑儿抛弃，这样对改进、提高逻辑、语法、修辞训练的方法、效率，会有一定的帮助。

19 世纪末，在维新运动“学西方”的浪潮中搬来了西方的逻辑学、语法学，其后又搬来了人家的修辞学，并且相继把这些运用于语文训练。几十年中间，做法上有过一些变化。旧日的师范学校和部分高级中学曾经开设过逻辑课、语法课和修辞课；其后又多半取消了这些课，而把语法、修辞纳入“国文”课里，纳入的办法又有所不同，逻辑则多半不怎么理会了。新中国成立后，语法受到重视，语文课里一直或多或少地教些语法知识，也教点修辞知识，还有一度专设了汉语课，其中教了不少语法知识和一些修辞知识；逻辑，则只在不长的一段时间里附在语文课里教一点，没有专设过逻辑课，逻辑主要在大学哲学系里作为一门专业课教学。几十年搞下来，从语文训练的角度看，是否有些成效呢？有，但是不大。这个问题，值得花些力量好好总结一下。有了哪些成效？这些成效是怎样产生的？成效为什么不大？这几门“学”的本身存在什么问题？在语文训练中运用这些“学”的方法存在什么问题？如果能够把几十年的经验、教训准确地总结出来，那对于研究今后怎样改进，将是大有益处的。

从语文训练的角度看，并且是从对我们本国的学习者进行汉语文的训练这个角度看，逻辑、语法、修辞这三者的重要性是等同的呢，还是有所不同？如果有所不同，何者最重要？何者比较重要？就汉语而论，字词、语句、篇章的运用中，是涉及逻辑的问题比较多些，还是涉及语法的问题比较多些？在汉语、汉文的运用中，修辞与逻辑、修辞与语法分别有哪些关系？

理论联系实际，这是一个基本原则。就语文训练中的逻辑、语法、修辞训练而论，这个原则应当怎样体现？哪些基础理论知识是必要的？这些知识应当怎样教，怎样学，怎样联系实际？哪些理论知识在语文训练中并不是必要的，只要通过有目的、有计划地安排的作业就能熟练掌握？在这个问题上，以往有过哪些经验教训？传统的做法和现代科学在哪些方面存在着互相配合、综合运用的可能性？

逻辑、语法、修辞，作为三门不同的“学”，是完全应该分别进行研究的，它们分属于不同的科学研究领域。当然，在分别研究时也应该注意到彼此的关系。但是，从语文训练的需要着眼，它们是应当作为三门“学”来对待、处理呢，还是应当充分结合起来，综合地加以运用？它们结合得起来吗？答案应当是肯定的。逻辑研究思维形式的规律，语法研究思维的物质材料——语言的规律，修辞研究语言运用和加工的手段，它们是近邻科目。问题只是怎样结合，怎样结合得好。以上这些问题都值得大力进行研究。

语文训练不单是课堂里的事，也不单是学校里的事。每个有文化的、能读能写的成年人如果仔细查看一下自己的语文能力，他将发现，他认识的字，掌握的词、成语、谚语等，能够熟练运用的表达形式，相当不小的一部分不是从语文课中、从学校里，而是从别的学科中、从自己的阅读活动中、从社会生活里的接触和实践中学到的。他还将发现，他说话的习惯和能力、读书的习惯和能力、写东西的习惯和能力之中，无论好的方面或者不大好的方面，大都能从语文课堂以外的其他接触和活动中找到对他有过影响、起过作用的来源。这样讲，不是要贬低学校语文课的重要性，而是要指出：对语文训练有重要影响的因素很多，这些因素客观存在着，实际起着重要作用，却往往不为人们所觉察和重视。只是把培养语文能力、提高下一代乃至全社会的语文水平这样一件大事，整个地寄希望于学校的语文课，这种认识对语文训练是不利的。这个问题应当引起重视，应当加强这方面的研究。

比较迫切的有两个方面。

一是迫切需要为儿童、少年、青年以至成年的广大群众提供必要的工具书和读物。工具书有多种，单说字典、辞书，需要就十分迫切。应当有分别适合小学生、中学生、教师、各级干部以及广大社会人士的，初级的、中级的、高级的，解决现代汉语问题的、解决古典语言问题的、专门解决虚词问题的、解决同义词问题的、解决外来语问题、科学术语问题、成语谚语典故问题的，等等，各种不同程度、不同类型、不同目的任务对象的字典、辞书。为此，需要研究的问题很多。哪些是最急需的，比较急需的，以及词典编纂工作的若干原则问题、理论问题、具体问题，都有待深入研究。开展这方面的研究，几乎可以说是刻不容缓的。儿童、少年、青年、教师（首先是语文教师，也包括其他学科的教师）、语言文字工作者，都需要有一些语文训练方面的辅助读物，介绍有关语言、文字，逻辑、语法、修辞，阅读、写作的基础知识、基础理论，教和学的方法，实践活动的材料，等等。需要浅易的、通俗普及的，也需要一些专门性的，交流经验、探讨学术性问题的。这里边，也颇有一些有待研究的问题。还需要一些有助于提高语文能力的一般读物（其阅读目的和实际效果都不限于提高语文能力，这里是只从这个角度着眼）。这里边值得研究的问题恐怕更多些。从儿童到成年，人们阅读的需要和兴趣是很广泛的，但是人们有许多东西要学，有许多事要做，能够用于个人阅读的时间很有限；书籍很多，很杂，并不是任何书都适合任何人读的。这是涉及许多人的问题，并且是属于社会教育性质的一个大问题，很值得重视和研究。时常看见有的孩子抱着老厚的一大本古典的或外国的文学名著，急急忙忙、狼吞虎咽地往下读。是应当鼓励呢，还是应当劝阻？感到很为难。是不是应当多搞些选本、注释本、节缩本、改写本之类呢？有些文学名著，是不是不论谁，既读就必须读其原书，一字不可易呢？——比如，我国元、明有的小说中，“在门口坐着”写作“在门口坐地”，“孩子们”写作“孩子每”。是不是不论任何人，要读就只能照它原样去读，让他自己慢慢去悟出来：原来“坐地”不是“坐在地上”，而是“坐着”的意思，现在的“们”以前曾经写作“每”；如果他悟不出来，发生了误解，只好由他去？还是在某种普及本里可以或应当干脆把“地”改为“着”，把“每”改为“们”？诸如此类，值得研究探讨的问题很不少。在这个方面，国外有些做法值得有分析、有批判地参考参考。

再就是关系到语文训练的社会影响问题。社会上充满了语言、文字。首先，人们从早到晚不停地说话、交谈，有的是很郑重的，如电台上的广播；人们在工作中要看不少文件、材料；许多公共场所、商品、器材有书面的说明、指导或各种规定；人们经常阅读报纸、刊物和其他各种出版物；等等。所有这些都在起着语文教师的作用，向儿童、少年、青年和全社会的人进行着语文训练。这个力量是十分强大的，所起的作用是十分深远的。怎样充分调动、运用这个力量，是一个很值得研究的问题。应当说明，那些工作的本身就要求正确地、有效率地运用语言、文字。比如报纸，语言、文字质量高低，对于是否能够很好地完成其宣传、战斗任务，关系很大，提高语文质量是它分内的事，并不是为了帮助语文教师进行语文训练。它们客观上所起的语文训练的作用只是个副产品。然而这个副产物很重要，很有价值。一切工作，凡是要用语言文字作为工具的，都应当努力提高语言文字的质量，首先为了更好地完成本身的任务，同时也就为儿童们、青少年们乃至全社会提供了良好的学习语文的环境和无数个“教学能力很强的语文教师”。这个问题很值得重视，值得研究，并且采取一些切实可行的办法，群策群力地把它解决好。（这项工作，还有十分重要的推广普通话工作，新中国成立后一度受到重视，曾经取得了很好的成效。）

以上谈了三个方面的问题，也还只是举其大要。此外，如幼儿的语言训练问题，各级师范学校的语文训练问题等，有待研究的问题还很多，要出题目，还可以列出一长串。事情要一件一件地做，问题要一个一个地研究，性急不得。然而，也唯其要做的事情、要研究的问题多，就更需要抢时间，争速度，该研究的问题就应当赶紧着手，研究起来。

1977 年 8 月

语文教学需要大大提高效率*

——泛论语文教学科学化和进行语文教学科学研究的问题

多年来，语文教学的效率是不能令人满意的。从小学到中学的十二年或十年之间，语文课所用的教学时间占全部教学时间的三分之一左右，居各门课程的首位。然而，相当大的一部分中学毕业生，语文没有学通。

这种现象，不应当再继续下去了。语文是学政治、学科学、做一切工作的基础工具，普通教育阶段必须让学生充分掌握，能够正确、熟练地运用。儿童、少年、青年，时间和精力是极端宝贵的，不能容许这样浪费——为一门功课耗去了总学习时间的近三分之一而收效不大。在争时间、抢速度赶超世界先进水平的今天，年轻人要学的东西很多，要做的事情很多，不应当把那么多的力量花费在搞基础工具上。汉语、汉文并不难学。从进小学起到中学毕业，把语文学好，是必要的，也是完全可能的。关键在于：语文教学必须大大提高效率。

要提高效率，就得研究一下，以往效率为什么不高，症结在哪里。

原因是多方面的，不同历史阶段，又有不同的特殊原因，比如前几年“四人帮”横行时期对语文教学的严重干扰和破坏。但是，有一个问题是多年来一直存在的，那就是：语文教学缺乏科学性。

这是有历史渊源的。清末“废科举，兴新学”，到20世纪20年代初，

---

* 本文与田小琳、黄成稳两位同志联名发表，刊载于《中国语文》1978年第2期。

逐步形成了一套“国文”教学的做法。语文是民族性很强的一种东西。就汉语文而论，有方块汉字问题、汉语的特点、悠久的语言传统问题、文言文问题等，这些，都是我国有而别国没有的独特性的问题。因此，当时的“国文”教学无法像其他课程那样，从别国照搬人家的做法，而是改头换面地承袭了传统的一些观念和做法。不过，19 世纪末到 20 世纪初那段时期的教育改革，是以抄袭日本、欧美为事的，“国文”教学也多多少少从外国搬来了一点东西，虽然远不如别的课程搬得那么多。从传统做法中承袭下来的并不都是其中合理的部分，还有不少糟粕；从外国搬来的东西，很多是生吞活剥、未经消化的。“国文”教学的做法，基本上是这样两部分东西的杂糅，其特点就是不科学。其后，几十年来，从“国文”到“语文”，随着社会的发展，不断有所改变。特别是新中国成立以来，语文教学内容有很大的变化，教学方法也有所改革，只是改革的步子不够大。

从旧传统承袭下来一个很不科学的做法是：语文教学限于书面，忽视口头语言的训练。

在长久的封建社会里，读书人读的是文言，写的是文言，而文言早已和口语分了家，于是在教学中自然而然的只重“目治”，不管口耳之事。唐、宋以后的念过书的大和尚们，宋、元以后的理学家们，有些人用口语记载他们的师傅谈禅或讲学时说的话，即所谓“语录”，多半是些半文不白、似通不通的东西；宋、元以下，有些人用白话写小说，专就语言规范而论，写得好的也屈指可数，《三国演义》《西游记》是文白夹杂的。这些都是属于优秀作品之列，等而下之的就不用说了。像《红楼梦》语言那么好的实在是“凤毛麟角”。吴敬梓的《儒林外史》写得很不错，可是同《文木山房诗文集》比较一下，不难发现，他运用文言的能力似乎比白话强一些。可见，封建文人用白话作文的能力不怎么高明。然而，这并不妨碍他们读文言，写文言，因为文言和白话是两码事。只要能写文言，就能考秀才、举人、进士，就可以做官；白话只能用来写小说什么的，写得好坏，无关紧要。重“目治”，无视口耳训练，这个传统有一千多年的历史，源远流长，根深蒂固，“国文”教学承袭了它，“语文”教学仍旧没有打破它。

文言文时代，不重视口头语言的训练，是错误的。人们是用语言进行思维的，就连封建文人，他们平日想事情，必然也是用他们时代的活语言，不会使用和现实生活脱节的文言。语言是思维的物质承担者。我们进行语言训练的同时，也就是在训练思维；反过来看，不重视语言训练，实际上也就影响了思维训练。这中间的关系，封建教育者们不理解。他们只看到要读文言，写文言，于是就在书面上下功夫，完全不理会口头语言的训练，其结果，“十年寒窗”，背熟了大量文章，终于还是写不通文章的，大有人在。

到了白话文时代，仍旧不重视口语训练，就更说不过去了。如果说，语言训练和思维的关系不十分容易察觉，那么，说的能力和写的能力密切相关，却是显而易见的。一个人口头上词句妥帖，干净利落，写下来就不会残缺错乱，拖沓累赘；口头上有条有理，细致严密，写下来就不会颠三倒四，矛盾百出。基本上照着口头上说的去写，写出来当然还需要加工润饰，然而并不费力。相反，说话支离破碎，语无伦次，到了提起笔来才去选词造句，调理思路，作文成了苦事，写出来再去修改也十分艰巨。这个道理是很清楚的，实例是很多的。

也许有人会说，有的人平常被认为是很能说的，可是写出文章来不怎么高明；也有的人文章写得挺好，可是日常生活中，讷讷于应对，说起话来好像很吃力，这该怎么解释呢？这种例子的确不少，然而都不足以证明口头表达和书面表达是互不相干的两件事。倘若把这些人口头上说的和笔下写的拿来对照分析一下，我们将会发现，每个人说的和写的反映了同一个水平的基本语言能力和逻辑思维能力；换句话说，每个人（已经掌握了常用汉字的人）口头上表现的基本语言能力和书面上表现的基本语言能力，是相应的。至于口齿是否“伶俐”，说话是否“风趣”“动听”，那些差别反映的不是基本的语言能力，而是别的因素，例如性格、心理、生活环境和工作需要造成的习惯，等等。有些人口头表达能力和书面表达能力似乎不很一致，这种现象恰好提醒我们，在语文教学中，口头训练和书面训练不可偏废，应当密切结合，相辅相成，互相促进，使“出口成章”和“下笔成文”真正统一起来。

继续对“语”和“文”采取分而治之，厚此薄彼的办法，很不利于提高语文教学的效率。但是改变这种状况不是一句话就能做到的，有待研究解决的问题很多。在小学前期，怎样处理好识字教学和语言训练的关系；在小学后期和初中，怎样处理好语言训练、阅读训练、书面作文训练的相互关系；怎样从小学起就把实实在在的语法训练和逻辑思维训练（是实实在在的训练，不是空讲知识）的因素融合在语言训练之中：这些，以及别的一些有关语言训练的理论问题和具体方法问题，急待深入探讨，实地试验。

把提高语文能力看作一种相当神秘的事，看作一种“只能意会，不可言传”的或者“运用之妙，存乎一心”的事，看作一种只能听其自然、任其沉浮的事，是语文教学缺乏科学性的又一表现。

试向语文教学工作者提个问题：“什么是提高语文能力最有效的方法？”回答多半是：“多读多练。”再问“读些什么，读多少，怎么读？练些什么，怎么练？”大概十个人会提出十种不同的答案，“言人人殊”，或者，干脆哑口无言，提不出答案。

“多读多练”，这是个传统的经验，古人谈论这个问题的很多，随便翻翻古书，不难抄出几十条上百条来。这是个行之有效的好经验。这个经验是应当吸取的。但是，话不能到这里为止，还得继续说下去，也就是要有根有据地、成套地回答好上边提的第二个问题。

读和练需要指导和方法。循着正确的路径，按照合理安排的计划，采取恰当有效的方法，一步一步地读下去，练下去，才能快一些收到好的效果，按照预定的计划，在一定的时间完成一定的任务，达到一定的目标。否则，如果路子不对头，没有合理的计划和步骤，没有恰当的方法，至少是见效慢，成效差，甚至比这更坏一些。

有人认为，学语文不是三加二等于五的事，不可能那么科学。当然，学语文和学数、理、化不一样。但是，不论学什么，都有一定的规律可循。学画，学唱，学弹琴，学舞蹈，更不是三加二等于五的事，都各有它的路径、步骤和方法，为什么独独学语文不能有呢？“拳不离手，曲不离口”，很对，然而，瞎打乱唱是练不出功夫的。教拳、教曲的师傅都有成套的教法，教一个成一个，为什么教语文就办不到呢？

有人认为，曹雪芹没受过什么科学的语文训练，不也成为曹雪芹吗？是啊，李时珍没进过医科大学的药学系，不也成为李时珍吗？“神农尝百草”

的时代早已过去了！我们不能再满足于多少年内、在多少人中冒出一个曹雪芹。我们需要的是在尽可能短的时间里让尽可能多的人都把语文学好，够用，够搞四个现代化用。样样工作都要求“多快好省”，语文教学不应例外。讲科学，讲方法，是达到“多快好省”的一个必要条件。

一篇文章，选在某个年级的教材里，甲说“深了，不好教，不好学”，乙说“不深，太浅，教着没意思，学着没味道”。甲、乙两位各凭什么说的呢？是根据生词、难句的多少说的吗？是根据涉及的知识多寡说的吗？是根据事理难易说的吗？仿佛是，又仿佛不是，说不清楚，没有数据，也没有明确的标准。说“深”说“浅”，基本上是凭感觉，至多是凭经验，好像吃菜，是咸是淡只能凭嘴尝，自然就要“一人一个口味”了。学生的一篇作文，拿给十位老师看，大概会批给十个不同的分数，差距可以大到十几分，二十几分，甚至三十几分。老师是凭什么判分的呢？也说不太清楚，基本上也是“一人一个口味”。吃菜可以“一人一个口味”，文艺欣赏也还可以“一人一个口味”；教学生，搞训练，不行，要有规格，有标准。规格和标准不是凭“口味”定的，是根据任务定的，根据儿童、少年、青年语文能力发展、提高的一般规律定的，虽然不是三加二等于五，总也得“八九不离十”。

不能继续把提高语文能力这件事神秘化而听其自然，要力求做到语文教学科学化。当然，语文教学，包括编教材和教学生，也是一种艺术。甲、乙两位编辑或教师，思想水平、业务能力相当，根据的原理、采取的方法相同，而编出的教材有差距，或是教学效果有高低，这种情形，在哪一门学科都有，所以，教学工作要讲艺术，这也是一门学问。但是，教学工作者首先要讲科学。无论说话、听话、识字、读书、作文，能力怎样一步一步地提高，应该有一般的规律可循。摸清楚这些规律，运用它，设计出训练的途径、步骤、规格和方法，就能大大减少教学上的盲目性，提高效率。这就是科学化。当然，语文是一种社会现象，影响语文能力的因素是很复杂的。学自然科学，同一班毕业生的成绩都会有差异，学语文，差异自然更不可免。教育无法“机械化”，培养人不能像机器生产那样，产品一模一样，毫厘不差。然而，科学化总是可以提高效率的。科学种田，长出来的苗也不一样高，可是科学种田总比非科学种田的效率高得多。

要语文教学科学化，就必须对语文教学进行科学研究。这项工作，如果不说还是一个空白，至少，还没有系统深入地进行过。这是摆在语文教学工作者面前的一个重要课题。

在语文教学领域，需要进行科学研究的问题很多。上文提到的语言训练问题，识字问题，阅读训练问题，书面作文训练问题，以及它们之间的相互关系问题，就都是一些很大的研究题目，每个题目都包含着不小的一组更具体的题目。此外，本文还提到过汉语的特点和语文传统问题，文言问题，语文训练和逻辑思维训练的关系问题，这些，也都是一些很大的研究题目。本文只是笼笼统统地提到了这么一些问题，不可能一个一个地展开论述。

上边列举的这些，还只是语文教学中的一个重要的方面，就是进行语文训练、提高语文能力这个方面。

全面研究语文教学，还有几个更大的问题。首先是，语文教学中的语文训练和政治思想教育的关系问题，语文教学如何为社会主义服务的问题。这个问题，新中国成立以来就受到了重视，但是一直没有处理得很好，还有待继续深入进行研究。

此外，还有一个文学教育问题。50 年代中期，试行过一段文学、汉语分科教学，随即停止。从那以后，语文教学中不大再提文学了。如果提，就是从消极方面提，比如："不能把语文课教成文学课。"什么是"文学课"？这个概念是不清楚的。鲁迅的《孔乙己》，是一篇文学作品。这篇作品，在中学的语文课里应当怎么教法？在中学的"文学课"里又应当怎么教法？区别在哪里？能够说得清楚吗？如果说，教这样一篇作品，大讲"作者生平""时代背景"，然后把作品放在一边，不念，也不管学生懂不懂，大讲其"主题思想""人物形象""文学技巧"，反复"分析"，总共要讲到五六课时，甚至七八课时，所谓"教成文学课"就是指的这种教法，那么，这种教法的确应当反对。然而，这说不上是"教成了文学课"，不知道这该算是什么课，也许，比较恰当的名称是"浪费时间课"。直至今日，这种教法并未绝迹。看来，需要的是从积极方面研究，在中学的语文课里，应当怎样对待文学作品，怎样在进行语文训练的同时，也进行一点必要的文学教育。文学，是意识形态领域一个重要部门。大概可以说，没有任何一个人一辈子不和文学打交道，连不识字的人也还要看戏、看电影嘛。意识形态领域的一切部门，包括哲学在内，普通教育阶段都有一门功课管一管它，为什么独独文学没有一门功课管一管呢？事实上，语文课从来都管的。翻开任何一本语文教材，里边都有比例不小的文学作品。一个重要的东西，客观存在着，硬装作看不见，不去理会，那是不行的。需要研究积极的办法。这个问题，当然可以包括在前边说的“读什么，读多少，怎么读”那个题目里去研究。不过由于它有点特殊性和复杂性，所以也还需要提出来着重研究一下。

还有，语文教学与知识教育的关系问题，也是很值得探讨，而过去一直被忽视了的。这个问题在小学阶段格外突出，在中学阶段也还有。在普通教育阶段，各门功课分工而不合作的现象，不能认为是合理的。尤其是语文，它和每门功课都有关系，无一例外，为什么不应当、不可以做一些“统筹办理”的考虑呢？

要使语文教学科学化，全面研究语文教学中的一系列问题，要从大量的艰苦的调查工作开始。要向从事语文研究的专家调查，向语文教学工作者调查，向社会调查，向工农兵群众调查，向各行各业的同志调查，向从事教育学、心理学研究的同志调查，向小学生调查。了解语文教学的历史和现状，了解迅速发展的社会主义革命和建设事业对语文教学的要求，总结语文教学改革的好经验，发现存在的问题。我们的调查不仅限于国内，还要向国外调查，外国在训练学生掌握本国语文方面采取了哪些科学的有效的方法，也是可以借鉴的。只有在充分调查研究的基础上，对各种问题分门别类做大量的分析研究工作，才有可能得出科学的结论。

语文教学的科学研究问题，不仅是中小学语文教师的事，而且应该是从事高等师范教育的教授、教师们义不容辞的责任。这个工作不是可有可无的，要对亿万中小学生负责。迅速提高青少年一代的语文水平，使他们在尽可能短的时间内掌握好语文这个工具，这对他们向科学文化的高峰进军是至关重要的。语文教学的科学化，实在是关系国家实现四个现代化，关系提高我们民族的科学文化水平的事情。

除了从事语文教学的同志，我们还要呼吁研究语言、文学、逻辑、教育学、心理学等各方面的专业工作者、专家们，都来关心和积极支持语文教学的研究工作，出主意，想办法，提要求。希望有关的报纸杂志经常刊载语文教学研究的成果，开展广泛的讨论，以期引起社会上的重视，共同努力，把这件事办好。

1978年5月

提高语文教学的效率

这两年来，社会各方面对语文教学提出了一些问题，甚至提出了一些批评意见。这表明大家对语文这门课的重视。这也是一种督促，可以促使我们一起来研究一些办法，把这门课搞得更好些，把教学的效率提高一些。

要提高语文教学的效率，必须进一步统一我们的认识，解决教学中的一些重要问题。我愿意就下面几个问题谈谈自己的看法，和老师们共同探讨。

第一，语文教学的目的究竟是什么？

既是语文课，就应该进行语文训练，提高学生的语文能力，这是这门课无可推卸的责任。与此同时，语文教学中还要向学生进行思想教育、文学教育和思维训练。这也是语文教学应该做也可以做的事。

先说一点思想教育的问题。有人问，语文教学管不管思想教育？我认为它必然要管，并且任何时候都在管着，这是不以任何个人的意志为转移的。语文课在进行思想教育方面有很强的能力，是其他各门功课（包括政治课在内）所不可及的。所谓思想教育，主要指的是，在语文教学的整个过程中，对学生的感情、趣味、思想境界以至于思想、抱负等多方面的熏陶、感染、培养和提高。这种思想教育非常重要，因为，这些是世界观的重要组成部分。我们语文课本中有相当一部分课文是文学作品。文学是通过形象诉诸人的感情的，它总是给现实以美学评价。因而，进行思想教育在语文课来说简直可以说是得天独厚的。同时，进行思想教育，不仅是指在语文课上读一些文章，这些文章中有好的思想内容，学生读了，受到影响、教育、熏陶。这只是一个方面。思想教育的天地广得很。思想教育，不仅要学生懂得什么是对的，好的，美的，还要使学生从这些正确的认识出发，养成相应的行为习惯。我到一所小学里去听课，看见在教学的过程中孩子的思想很活跃，发言很踊跃，一个孩子在回答老师的问题，别的孩子抢着讲，老师告诉他："等别人的话说完了你再说，不要打断人家的话。"这是不是思想教育呀？有的小孩回答问题反应慢一点，老师不是批评他，更不是打击他，而是耐心等待、帮助他，并且要求别的小朋友一起来帮助他。训练孩子们从小就学着处理好人与人之间的关系，能够互相关心、互相爱护、互相帮助，这不是思想教育？一个问题，多数孩子都这样回答，有一个小孩不同意，老师说："你可以先保留你的意见，等咱们讲下去，你看看究竟怎样才对。"允许人家保留不同意见，不强加于人，这是不是思想教育？有个小孩指出老师在黑板上写的一个字不合规范，老师说："好，你说的对。"赶快擦了重写。允许别人提出意见，纠正自己的错误，这是不是在进行思想教育？我看，这些都是很重要的思想教育。又比如，要学生作文，出什么题目？要学生写什么？是要求他说一些他真正知道的事，说一些他的真情实感呢，还是满足于他东抄西抄，说些言不由衷的话？这其实是训练他做什么样人的问题。是训练他做一个说大话、说空话、说假话、说废话的人呢，还是做一个实实在在的、说真话、说实话的人？要参加升学考试了，倘若老师帮着学生猜题、押宝，这又是在进行什么思想教育，培养学生做什么样的人呢？所以说，在语文教学中进行思想教育的天地宽广得很，万万不要一提到思想教育，就以为是要说许多政治词语，讲许多空空洞洞的大道理。

再说一点文学教育。读一些文学作品，知道一点文学知识，乃至知道一点文学史，知道一些文学作家，能够理解、分析一些文学作品，大而言之，对戏剧、电影有一定的鉴赏力。一个中学毕业生恐怕应当做到这些。这当然是属于文学教育范围之内的事，语文课大概不能不管。不过我想，也不止于此。在一所小学里，我听过一年级这样一课。课文里描写下雨前的情景，有一句说："满天的乌云，黑沉沉地压下来。"老师叫小孩复述课文。有个小孩讲到这里时说："乌云黑沉沉的要掉下来了。"教师说："不是'掉'下来。云彩能掉下来吗？"小孩们回答："不能。"老师又说："书上是怎么说的？""书上说'压'下来。""体会一下'压'是一种什么样的感觉？"孩子们有所领悟，纷纷举手，要求发言，思想很活跃。如果从小学一年级起，就这样引导学生注意并且逐渐体会语言运用的艺术，这不就是文学教育吗？在这里，老师没搞“分析”——在小学一年级如果大搞“分析”，那是很荒唐的，但是给了孩子们启发，在注意培养孩子们的语感。

关于思维训练。思维训练，最广义地说，就是训练学生说话合乎事理。不合事理就是不合逻辑。我们不要把思维训练看得多么玄妙，不可捉摸。我到一个幼儿园，看到小班的小朋友一边做游戏，一边练习语言，主要说一些有关“跳”的话，如跳高、跳水、跳牛皮筋，等等，又说哪些东西会跳，青蛙会跳，小麻雀会跳，等等；在学语言的同时，懂得了什么叫“跳”，形成了有关“跳”的很初步的概念。这实际上就是进行概念的训练，也就是思维训练。一个大班的教养员和小朋友们谈话，谈到孩子们知道的许多动物，最后提出了“动物”这个概念。然后问小朋友，猴子是不是动物，狗是不是动物，铅笔是不是动物，等等，小孩们回答得很快。最后，老师问：“人是不是动物?”有的说是，有的说不是，争论不休，达到了高潮。老师说：“大家再好好想想，下一节课再说。”直到下课之后，孩子们还在争论。这也是语言训练和思维训练的结合。随同孩子们语言的发展，知识领域的扩充，他们的思维能力也在成长、发展。只要我们有意识地因势利导，进行思维训练不是一件难事。思维能力的强弱，与一个人的生活、工作、学习关系大得很。

语文课要进行语文训练、思想教育、文学教育和思维训练，那么这几方面的关系是怎样的呢？照我看，能够扎扎实实地把语文训练这一环抓住，其余各方面就都抓住了，至少是很容易抓住了；这一环抓不住，别的什么思想教育，什么文学教育、思维训练，都是空的，都抓不住。反过来，如果主观上抛弃了思想教育、文学教育和思维训练，语文训练也搞不好。比如，忽略了出什么作文题，要求学生说什么样的话，这里边有思想教育的因素，老是出些助长说空话，说假话的题目，作文能力肯定是培养不好的。抓住一个关键的方面，带动其他各方面，而不是抛弃其他方面，于是相得益彰，各方面的目的都达到了；抓不住关键的方面，一切都落空，它们之间就是这么个关系。数理化等学科也可以进行一些思想教育，比如进行辩证唯物主义的教育。但是，如果在数学课里连正、负数还没有闹清楚，两个负数相乘得出正数，都没闹清楚，还讲什么辩证唯物主义教育，那不是空话吗？又比如历史课，可以进行历史唯物主义的教育。但是，必须了解最基本的最主要的历史事实，与此同时才能建立起历史唯物主义的观点，否则谈什么历史是人民创造的呀，不是英雄创造的呀，也都是空的。打一个比方：打起仗来，攻下一个堡垒会有多方面的作用。有政治作用，可以鼓舞自己的斗志，瓦解敌人的士气；有经济作用，可以打开一条交通运输的道路，得到经济上的利益；军事上的作用更不用说了，打下一个堡垒可以影响一大片地方。但是千说万说，你得把它打下来，这是最要紧的，如果打不下来，那些都要落空。打进去，很多东西都有了；打不进去，什么都没有。语文课，就要抓住语文训练，打进去，思想教育、文学教育、思维训练都有了；如果语文训练抓不住，别的东西都抓不住。了解了这个关系以后，语文教学的目的任务问题也就不难解决了，就不会认为语文课只管语文训练别的都不用管，也就不会问“语文课要不要管思想教育，要不要管思维训练”之类的问题了。这本来都是语文课该做的事嘛，你不管谁管？它实际在做着这些事，你硬说不管，除了削弱自己之外，并无好处。语文课要管好几样事，但又要抓住语文训练这个主要的东西，否则一样也管不好。清初有个理学家叫张伯行，他曾说过一句话：“论道而专求诸语言文字间，则道晦矣；抑论学而不求诸语言文字间，则道亦泯矣。”虽然他说的道和我们今天的道是不同的，他说的语言文字和今天的语言文字也有所不同，都不可同日而语，但他讲的这个基本道理，还是值得我们参考的。

第二，语文训练本身能不能定几条标准？

在普通教育阶段，语文训练的目的，简单地说，就是运用现代语文的能力要达到基本管用的程度。具体地说，就是要达到三条：掌握一定数量的字和词，运用口头语言和书面语言没有太多的语病，有合乎一般事理的思维能力。这就是说，只要在思想内容和知识内容方面不超越这个人的水平，他要说、要写的时候，没有显著的语文障碍。达到这样的程度，这个人就初步具备了运用现代语文的能力，无论进一步去学习或者工作，都不致因为语文水平不够而受到影响了。

能不能定出个标准，提出些数据呢？比如说，要掌握一定数量的字和词，要多少才够呢？人们常说要掌握三千个常用字。恐怕要真正管用，三千字大概还不够一点，究竟要多少，需要调查研究，不能随便说。在普通教育阶段，学生应该掌握多少现代汉语的常用字，这个数目是不难得到的。有了这个数目，再按每个字平均能构成几个词，推算出应该掌握多少常用词，并且调查一些读物加以验证，这个数目也是可以得到的。但是直到现在，专门机构还拿不出一个常用字表和常用词表。那么我们就自己动手来做一个常用字表和词表。据了解，有的老师已经在试图做这项工作了，这是很好的，做出来之后再放到实践中去检验，修改，调整，补充。有了这个常用字表和词表，就可以有计划地进行识字教学和词汇教学，避免不必要的重复和浪费。汉字是语文教学的一道关卡。为了解决识字问题，各地做过各种不同的试验，有的搞集中识字，有的搞分散识字，都收到一定的成效，但是也还有待于进一步解决。解决了识字问题，词汇问题就比较好办了。识字教学和词汇教学有了高效率的办法，那么和世界上其他几种主要语言比较起来，汉语这个语言是比较容易学的（当然是指一般的学通，而不是指学得精深），它没有西方语言的形态变化那个大包袱。生活在这个语言的环境之中，还有老师教，上了十年学，再闹不通，是没有道理的。其实，我们的孩子，学习潜力是很大的。这些年由于林彪、“四人帮”的破坏，看来好像不行，不过这是暂时的现象，很快就会过去的。在正常的情况下，孩子们的语言能力很强，思维能力发展很快，总的来说，我们一向是把青少年儿童的能力低估了。我曾发现，一个“扛”字，幼儿园在讲，小学在讲，甚至初中还在讲。我们应该搞好研究工作，克服重复浪费的现象。这样，达到前边说的语文训练目标，大概可以提前一些，不必等到高中毕业。能够提前多少，要经过实验，主观臆断是不可靠的。

第三，再谈一谈语文教学中的读和写。

我看到最近出版的《江苏教育》第一期上，发表了叶圣陶先生过去写的一封信里面的一段话，其中有一个观点我非常同意，认为非常重要，那就是：培养学生写的能力固然是语文教学的一个目的；培养读的能力，也是一个目的，不能认为读书就是为了做文章。读书，有的时候是为了提高自己某一方面的思想认识，有的时候是为了获得某一方面的知识，有的时候是为欣赏，有的时候甚至是为了消遣。阅读能力强——理解能力强，记忆能力强，而且读得快，就可以博览群书，获得许多思想上的、知识上的启迪，那对一个人的工作、研究以至生活都是非常有好处的。一个人不善于读书，理解能力不强，或者如过眼云烟，读过就忘了，或者读得非常慢，那对他的工作、学习、研究等，都是极端不利的。所以培养和提高读的能力，本身就是目的，读书并不就是为了写文章。如果读只是为了写，那么，许多人不写文章，岂不就无需读书了吗？当然，读和写是有联系的，可以相互影响，相互促进，所以在教学中应该注意适当配合。

听到很多这样的呼声，说要让学生多读一些“范文”，认为现在教材里“范文”太少，很多文章离学生的水平很远，学生不能直接模仿。我体会，这里所说的“范文”，是指学生能够模仿的文章。模仿诚然是学习的必由之路，不能否定，给学生安排一些直接模仿的训练是可以的，然而绝不能让学生只读一些与他自己的写作水平不相上下的东西。那样没有好处。学下棋，最好是找比自己下得好的，宁可输给人家几盘，才可以从中学到点本事，不要光找不如自己的，或者跟自己不相上下的去下，那样不会有什么长进。读，要读水平高于自己的东西，读境界高的东西，取法乎上，才能仅得其中。当时觉得可望不可即，学不来，不要紧，读多了，自有进益。如果取法乎下，那就不知跑到哪儿去了。

为什么要培养学生写的能力，为什么要叫学生做作文？应当明确，不是为了应付考试，在普通教育阶段也不是为了培养作家，虽然并不排斥出作家。那么，是为了什么呢？为了日常生活要用。因为每一个人，只要不是文盲，在今后的生活、工作、学习之中都要用到写。如果从这个实际的、致用的目的出发，培养学生切切实实的写的能力，逢到考的时候，他准能考得不错；如果有的学生有文学兴趣，有文学素养，只要放在某种特定的环境里面，主观能力和客观需要统一起来，他就能成为作家，不会被埋没。如果不从这个目的出发，不做一些扎扎实实的训练，而是从应付考试出发，那个教学多半会是失败的，考试会碰壁，即使成功了，考取了，也是虚假的，没有用的。

如果从这个角度来看命题作文的话，命题作文的毛病是很大的。它的毛病首先还不在猜题、押题。如果思想教育进行得好，教学作风正派的话，猜题之类的风气是可以煞住的。命题作文的根本毛病在于，它是训练写的人说一些并非自己想说的话，说一些无目的，无对象的话，为写文章而写文章。老师出了题目之后，头一件事要“审题”。生活里哪有“审题”这回事呢？有什么话说什么话就是了嘛。“审题”，就是因为不知道出这个题是要我说些什么，我得猜一猜，捉摸捉摸，这就叫“审题”。我们在生活中写东西都是有目的、有对象的，哪有无目的而写的呢？命题作文是无目的、无对象的“自说自话”，如果说有对象、有目的，那就是写给老师看，目的就是得分，就是考试的时候考得取。这是命题作文最根本的毛病。有人认为能写好一篇命题作文，就是语文教学的最终目的，一篇作文可以反映语文教学的成败。这更是把命题作文的作用过于夸大了。命题作文作为一种训练方式，未始不可用。如果用之得当，要求学生在一定的时间之内，进行构思，运用自己掌握的语言，按照规定的范围写他的所见所闻所想，也确实能够从中看到学生运用语言能力的高低以及他的趣味、思想境界和思想认识等。然而这不是绝对可靠的。即使排除猜题、押题等因素，也还有一定的偶然性，不能拿一篇作文就定了人家的终身。顺带讲讲抒情散文的问题。我收集了各地的许许多多命题作文的题目，包括 1977 年高考题目在内，绝大部分是抒情散文题目，有的甚至是作诗的题目。在日常的学习、工作、生活之中，实际运用抒情散文的时候有多少？学生本来没有那个情，你出个题目硬要他抒，他就只好说一些并没有真情实感的话，发表一些并没有真知灼见的见解，东抄西摘，东拼西凑。这种训练方式，培养了学生一种什么文风、什么学习态度呢？所谓命题作文要用之得当，首先是题要命得得当，所出的题使学生必然能写他确实知道的事情，抒他确实有的感情，不要让他搜索枯肠，没话找话说，不要鼓励他说空话，说废话。

作文训练的方式应该是多种多样的，口头作文就是一种非常可用的方式。有一种说法，认为小学前三年不能作文，后两年才会作文。从作文是训练学生语言能力的角度来看，这种理解未免太狭隘了。我认为不仅小学一二年级，甚至学龄前的儿童就会作文了。孩子跟着爸爸妈妈到动物园去玩，回来之后奶奶问他看到些什么，叫他说说，这就是“命题”。孩子把他看见的最喜爱的动物说了两样，比如，说小猴子怎样吃东西，小松鼠怎样在树上窜来窜去，等等，这就是口头“作文”。有的地方说得不够清楚，重复颠倒，奶奶把他说的理一理，重说一遍，问他对不对。孩子说：“对了。”这就是“批改”，就是训练表达能力，训练“记叙”“描写”的能力。如果语文教学中也采用一些口头作文这种形式，就可以收事半功倍之效。一节课拿出一半时间出来，就可以做这么一次练习。因为是口头说，一刻钟就可以说很多话，还可以讨论讨论，修改修改。时间节省，老师的工作量也减少了，所以是事半。其所以功倍，是收到的效果比较大。当堂训练，能培养学生口头表达的能力，训练敏捷的思维；当堂批改，大家都听见了，比书面精批细改给一个人看而他还未必看，效果要大得多，全班同学可以互相批改，可以开展讨论，辩论，大家动脑筋思考问题。这不是功倍吗？一个人经过长期这样的训练，在运用口头语言时，能够反应敏捷，思维严密，有条理。这种能力必然会反映在书面上。

书面作文的批改怎么搞，篇篇都粗改吗？学生家长，学校领导有意见，还在其次，只要那样做好，总可以说得通的。问题在于，老是粗改，学生作文中明明有些地方写得不对，你不改，学生就以为这样写是对的，是好的，这种影响很不妙。那么篇篇都精批细改呢，且不说老师太累，时间不够用，负担太重，问题主要在于效果不好。面面俱到，问题不集中，不突出，学生所得印象很浅，并且改得红字连篇，很容易打击学生的积极性。是不是可以精批细改他一篇以至几篇，提醒学生注意：写一篇文章好多问题都要注意，你的作文毛病不少呀。可以起个示范作用，让学生知道以后写文章应该注意些什么，以致训练他自己细细看看自己写的文章，自己做些修改。精批细改不仅给他一个人看，可以在全班传阅一下，起举一反三的作用。

最后，说说练习和考试。

培养语文技能，特别是培养熟练的技能，要靠实践，靠练，而且要有一定的量，要多练。近来大家重视练，是很好的，这比不让学生动手，只听老师的空洞“分析”强得多。但是有的搞“题海战术”，无穷地练，练习题集子出了若干本，学生每天做各式各样的练习，要做到晚上十点、十一点。有的大量的练成语，刮起了一阵成语风，把成语搞成各种公式，如“微乎其微”是ABCA式，叫学生再写五个ABCA式的成语，这简直是整人。我遇见好几位老师，都说他也写不出五个来，学生能写得出来吗？凡事总要做得恰当，不要做过头。更重要的是，要从教学的需要出发，从人学习语言的规律出发，实事求是，讲究实效，而不要从别的什么东西出发。像上面的那种练法，有的恐怕就不是从教学的需要出发，也很难说是符合学习语言的规律的。学生练来练去，很辛苦，可是不实惠，老师也辛苦，大家疲于奔命，何必呢？

考试，是检查学习、检查教学效果的一种方式，用之得当，可以起督促教学、督促学习、改进教学方法的作用，它也是选拔人才的一种方法。“四人帮”横行期间，把考试统统取消，是错误的。可是现在一切都围着考试转，特别是一切工作都围着高考指挥棒转，而且这股风好像比过去任何时候都厉害，这对学校教育极端不利。高考考命题作文，就猜题、押题；去年高考没有考命题作文，于是今年大家就拼命练缩写、扩写、填空、改错。考试，他可以这样考，也可以那样考，你跟着他的指挥棒转，跟在他后面追，你就永远追不上，永远被动。这样搞教学，效果极坏，对学生的教育也极坏，培养一种侥幸心理。为什么我们不可以从这个被动状态中解放出来呢？如果我们能够按照党的教育方针办事，按照教育规律办事，按照语文这门学科的特点和具体要求办事，该练的都练了，该做的都做了，学生的语文能力都基本符合要求了，那就随你怎么考，我的学生都不怕。这不就摆脱了被动应付状态，处于主动地位了吗？这不就培养了学生凭过硬的本领而不凭侥幸取胜的思想作风吗？

要提高语文教学的效率，牵涉到的问题很多。我们很需要总结经验，研究问题。现在语文教学研究中有不少空白，需要填补。我们要破除语文教学无规律可循的看法，探索一些规律性的东西，用实践是检验真理的唯一标准这个观点做指导，大胆试验，反复实践，这样我们才能走出一条新的路子，大幅度地、较快地提高语文教学工作的效率，提高语文教学的质量。

1979年6月

语文教学改革与发展学生的智力*

近四五年以来，我们的语文教学工作，经过全体语文教育工作者共同的积极的努力，取得了很大成绩，有了显著提高。对语文教学各方面的问题曾进行相当广泛、深入的讨论，不少地区、学校、老师进行各种各样有意义的试验，取得了很好的成绩。我建议与会同志不妨用少量时间适当回顾这几年所走过的道路与取得的成绩，这能加强我们的信心，看清我们的方向。

语文教学工作中还有一些有待研究的问题。

首先，做一些重点的试验，在某些方面取得一些突破，这是很必要的。一些先进地区、重点学校、重点班级、有经验的教师多进行点这方面的工作是责无旁贷的，也是很需要的。与此同时，研究怎样大面积提高语文教学质量、改进语文教学也是很必要的。我们的国家很大，情况不很平衡。但是我们总得考虑、研究对于比较多的地方，能够比较广泛地适用的一些办法。假如说任何工作都像一个宝塔，那么，一方面需要有尖，不能只有底，不能剃平头；另一方面尖是不能悬空的，也必须有个底，尖是在一定基础上发展、成长起来的，水涨船高，没有尖不行，我们需要有尖，也就是说需要有先进经验和先进做法，才能带动全面，共同提高，共同前进；同时也必须全面地提高，全面地前进，这样先进才可能更先进，尖才可能更尖。尖要建立在广大的基底上，尖同底这两个方面是不可偏废的，我们的研究都要顾到。当然也可以适当有所分工，但不能偏废，不能只管广大地区，不做一些带有突破

* 本文是张志公先生1981年10月在中学语文教学研究会第二次年会上的录音讲话整理稿。

性的哪怕是很少量的试验，取得一些经验，如果这样，我们的进步就太缓慢了。但是也不能只看到尖，而忽视了广大的底，没有底，尖的前进就缺了必要的基础。

再举一个例子，我们曾经探讨过所谓“初中语文过关”问题，意思就是说在初中毕业前把语文基础打好，能够基本上管用。对这个问题有必要进行切切实实的研究、讨论。一般说，一个人语文能力的发展、成长，在十五六岁以前这个阶段非常重要，是一个最好的时期，也是一个关键时期。在这个时期把语文基础打好，做到基本上够用是必要的，也是可能的。十五六岁以后，语文能力的发展相对地来讲，不像以前那个阶段那么快，并且也会逐渐形成某些语言习惯，逐渐成型。如果已经形成某些不大好的习惯再去纠正就会有一定困难。并且要学的东西越来越多，用在语文方面的注意力会越来越少了。所以在十五六岁以前大体上也就是初中毕业以前把语文基础打好有这个必要性，也是有可能性的。在当前又有一种情况产生了特殊的需要。根据我国国情，教育体制有些方面要做一些改革，其中之一是在一定时间之内普通高中的数量要适当控制甚至减少，与此同时更多地发展职业教育、技术教育。这样，以后的初中毕业的学生会有越来越多的一部分进职业学校、技术学校去受一些职业训练，学习某种技能去了。那时虽然语文也还是要继续学，但学生的时间、精力更多的会用在职业训练与技术学习上，对语文的注意会相对降低，可用的时间和精力也相对减少。这样使在初中毕业以前把语文基础打好的必要性更加显著了。所以这个问题很需要做一些切切实实的探讨和试验，这并不是在语文教学问题上特别贪快、求速成，而是确实有这样的需要，并且从语文教学的道理上讲，有这个可能，许多事实也告诉我们确是有这个可能性的。怎样有计划有步骤越来越广泛地做到它，这是需要我们共同来研究的。

再比如，当前大家对发展智力很关心，这的确是一个应当关心的问题。在科学知识发展非常迅速的现代社会，智力发展有很大重要性，所以，现在一些比较先进的国家都非常重视这个问题，把它作为重大的问题、作为一个国策方面的问题来研究。本来对智力发展古往今来都是重视的，并不是过去不重视，今天才提出来的新鲜问题。但是在今天，它的重要性格外突出。这是由于社会发展使然，科学知识的发展使然，不是人为的，是一种客观发展的必然趋势。而语文教学在发展智力方面应该并且也可以承担相当多的任务。智力的核心无非是思维能力，所谓智力高就是思维能力高，包括形象思维、抽象思维在内。所谓思维能力高就是思维敏捷，并且准确、严密，不仅快、准，并且很活，能够在原有的知识、经验的基础上有所突破，有创造性。用最普通的话来说，就是我们常说的比较聪明。什么是聪明呢？就是思维的快、准确，外来的一个信息能够很敏捷、准确地接受进去，很快地进行辨别、选择、判断，然后敏捷、准确地作出反应，再进一步能突破原有的知识、经验的局限，有所发现，有所创新。语文教学在培养思维能力方面有它独特的地方。实际上，在生活领域里，各个方面，各种实践活动，在学习中，各门学科的学习都有助于智力的开发，也就是有助于思维能力的提高。不过语文学科培养思维能力比较全面，既培养抽象思维能力，也培养形象思维能力。在训练学生，提高学生语文能力过程中，能培养、提高学生思维敏捷、准确，反应敏捷、准确，以至于带有创造性的思维能力。语文教育工作本身使它在这些方面都能做些工作。语文教学就是培养、提高学生听、说、读、写能力，所谓听、说、读、写能力当然包含有思想认识的因素，经验知识的因素，但是很重要的一个因素是思维能力。听、说、读、写能力高，就要求运用概念、判断、推理这些抽象思维形式，运用联想、想象这些形象思维形式。所以语文教学培养学生思维能力的余地是很大的，方面是很广的，这是一个客观存在的事实，不论我们意识到，或者不意识到，都在这样进行着。我们进行语文教学的同时，就在做着对学生进行思维训练的工作，不过，我们有意识地去做，有计划地去做，采取一些有效的方法去做，效率肯定是要更高一些的，这就是我们的任务。在这里特别需要说一下，开发智力无论对于先进地区、学校、学生或者后进地区、学校、学生机会是均等的，并不是只有先进的地区、学校谈得到，而后进者谈不到。先进或者后进不是固定不变的，先进和后进就看谁发展智力工作做得更好一些。我们中华民族在很长的历史时期之内，在全世界各民族中间是先进的，是领先的，无论在科学、技术、文化各个方面都是先进的。然而，曾几何时，我们那个腐朽的封建制度、落后的科举制度，禁锢了人们的头脑，阻碍了智力的发展和开发，我们停滞了，我们落后下来了，而别的一些民族三脚两步赶上了我们，在若干方面赶过了我们。落后者成了先进者，而先进者成了落后者。当我们处于落后状态时，有些帝国主义分子污蔑我们，说我们是一个劣等民族，没有办法，不行。今天的事实否定了那些错误的说法，我们又在赶他们了，有些方面快要赶上或者已经赶上，甚至于有的方面我们已经赶过去了。人就是这样你追我赶，绝不是先进的一辈子先进，后进的一辈子后进。绝不是说，目前暂时处于后进状态的就谈不到需要开发智力，恰恰相反，更需要开发智力。完全可能，今天后进，明天就不后进，后天就先进了。所以，重视、研究开发智力的问题，研究在语文教学工作之中怎样进行发展智力的工作，这是我们共同的一致的任务，不是哪些地方、哪些学校、哪些人的任务，大家都需要做，也都可以做。

总的说，语文教学研究工作中当然带有政治性、政策性问题，但大量的是学术性问题，完全可以也应当在党的十一届三中全会、十一届六中全会精神指引下解放思想，开动脑筋，百花齐放，百家争鸣。大家充分讨论问题，研究问题，以至于有所争论，只有这样，才能取得新的突破，有所前进，有所提高。条条道路通北京，在语文教学中，特别是许多方法问题上不是只有一种，而是可以有多种的。我们的任务就是来探讨各种有效的办法，也产生一种你追我赶、取长补短、共同前进、共同提高的效果。

一个学术团体举行一次学术讨论会，当然不可能也不必要做出任何决定，但是总应该有一定的成果，不能我说一句、他说一句，说完之后散会。我建议大家商量一下，选少数问题，集中研究一下，集中交流经验，集中交换意见，充分展开讨论，最后取得一些成果，可以作为今后继续研究的基础，使我们再一次举行年会、讨论会时又有所前进、有所提高。学术团体的讨论会的意义也就在此。

语文学科的现代化问题*

一

人民教育出版社中学语文编辑室于1979年年末在少数地区就中学生实际语文水平进行了一次调查，写成一份调查报告。进行这类实地调查是一项很有意义的工作。目前，如何有效地改革各级各类学校的语文教学，提高教学质量，是全社会普遍关心的一个问题，也确实是关系到文化、教育、科学的发展从而关系到四个现代化建设进程的一个十分重要的问题。进行改革，提出可行的改革方案，需要对历史上的和近若干年来的经验教训进行实事求是的整理、分析、总结，需要了解国外的有关经验，需要从语文学和教育学，特别是教学论的角度进行理论的探讨，需要尽可能充分地掌握当前的实际情况，包括学生的情况、教师的情况、现行教材的使用情况、教学情况以及与语文教学有密切关系的其他方面的情况。进行实地调查就是为掌握现实情况必须做好的一项工作。当前中学生的实际语文水平，只是现实情况的一个方面，不是全面，而且这次调查的地区和类型还不够广，因而调查结果的代表性还不够大，然而这个开端是可贵的，调查结果无疑具有一定程度的代表性，对研究语文教学问题是有参考价值的。今后还需要不断进行调查，方面要逐步增广，严密性和科学性要逐步提高。和任何工作一样，不可能毕其功于一役。这次的调查报告为今后的调查工作打下了基础。

就调查报告本身来看，材料相当切实；对材料的整理、归纳和分析，条

---

* 本文刊载于《中学语文的教材和教法》（人民教育出版社1982年版）。

理是清晰的，能够说明问题的。稍嫌不足的是，调查报告没有透过调查材料去看语文教学，也就是说，没有把所调查的中学生的语文水平同所调查的那些学生的学习情况和所接受的语文教育情况联系起来考察，从而就改革或改进教学提出据此材料可以提出的某些（哪怕只是一点两点）设想。不过调查者和报告执笔者的意图本来就是着重在提供可靠的材料，而把如何运用这些材料的工作留给语文教师和语文教学研究工作者，那么这种调查方式和报告方式也还是可以的。

调查材料表明，所调查的中学生中有的语文能力很不错，但是相当大的一部分能力不足，反映出的有些问题令人触目惊心。为什么会产生这种现象，出现这样的问题呢？无疑，从这里我们看见了“文革”期间留下的恶果。但是，话不能说到这里为止。我们不能不在接受这个刺激的时候把语文这门学科认真探究一番；特别是当我们往前想，想到今后应当怎么办的时候，相信不会有人同意这样的结论——只要恢复到“文革”以前的样子就行了。即使说，50 年代到 60 年代初我们的语文教学有过这样那样好的经验，取得过这样那样的成绩，我们总也不能忘记，如今已经进入 80 年代了。在当今的世界，二十几年，三十年，意味着什么？摆在我们面前的是大量的新情况，新问题，新任务。我们不能退回到二十几年前的地方去，重新走。时代不允许我们这样做。我们得迎头赶上！当然，我们不能不理会经过了“文革”的今天的实际，异想天开，搞理想主义；我们也不能蜷曲在“文革”加于我们的重负之下，裹足不前。我们要立足于现实，又要着眼于未来；既扎扎实实，不急躁，又勇于突破障碍，不停滞。在语文教学问题上我们尤其不应忘记，源远流长的旧传统还在影响着我们，遏制着我们的思路，障蔽着我们的视野。那些旧传统在历史上确实曾经有过好的作用，其中有一些做法经过充实发展或改造仍能为我们所用，但是，如果我们单纯依赖那些传统的办法，就远远不能适应今天的需要了。可是由于我们对它太熟悉了，习焉而不察，特别当我们一想到“文革”的恶果，不期然而然地又回到旧传统的路上去，把它看成为改革和前进的有效途径。这是我们在谈论改革语文教学的时候不能不正确对待的一个问题。要研究传统，继承其优良有用的东西，对历史传统不能采取虚无主义态度，又要敢于革新前进，不能满足于旧日的经验。

这里打算像调查报告一样，把具体分析调查材料的工作留给更有发言权的语文教学第一线的同志们，只是在调查材料的刺激和启示之下往前想一想，就语文学科的前景提出一个问题，做一点初步的和粗略的探讨，就正于关心这件事的前辈和同道。那就是，语文学科的现代化问题。

二

什么是语文学科的现代化呢?

首先是语文学科的要求要现代化。要考虑现代文化科学教育的发展、现代社会的各项工作，对于每个受过一定教育的人在语文能力方面有哪些要求。这些要求有的可能是古今中外共同的，有的可能是过去就有而现在格外突出了，有的可能是现代社会提出的新的要求。编选教材和进行教学，都必须从这些要求出发设计方案，决定内容，采取措施。古今中外共同一致的那些要求大家都会注意到，而后两种要求却往往被忽视。研究语文学科的现代化问题，要着重考虑这两种要求。

例如，教育工作者从来是考虑到如何发展学习者的智力的。孔子说："学而不思则罔。"思就是培养学生思考问题的能力，就是培养智力。他要求学习者能够"举一隅以三隅反"，能够"温故而知新"，用现代术语来说，大体上是和所谓知识的迁移相通的，也是一种发展智力的要求。然而，到现代社会，对智力的要求格外突出了。具有高的智力，不再是所谓神童才子所特有的，而成为对年轻一代的普遍的要求。原因是，如我们大家都已经知道的，知识的增长和发展越来越快，许多统计数字表明，文化科学各个领域之内的知识量，几年就要翻上一番，今天学到的新的知识，过不了太久就会过时，就会老化，需要更新。在这种形势之下，人们必须具备足够的智力，才能跟上这样的发展形势，不断地汲取新的知识，改造旧的知识，来适应新的需要，免得在奔腾前进的知识潮流中落伍下来。因此，发展智力，培养能力，成为当代教育工作的一项突出任务。那么，语文教育也必须在它的领域之内把这项任务很好地分担起来。古人就说过"记诵之学不足为人师"。死记硬背，学一些死的知识是不够的。今天，这个问题更应该引起我们的重视。比如，在语文教学中，常常要学生做一些改错、填空之类的练习。一个有毛病的句子，甲学生只会一种改法，乙学生知道两种改法；填一个空白，甲学生只知道填某一个词，乙学生知道可以填两个词或三个词，并且知道填这个词或那个词在表达上有一些什么样的差别。乙学生显然比甲学生的智力发达。如果在指导做这类练习时，不仅允许学生一题多解，像演算数学题一样，并且有意识地引导学生，使他们善于思考，对于一个病句能够想出不同的改法，甚至想出在不同的上下文里哪一种改法更好，这样做比刻板地要求学生只按一种答案来改，对于发展学生的智力更有益处。又比如，同一个作文题目，写学校所在的地方，假定是苏州，可以启发学生采取不同的写法。不仅可以写大家最容易想到的苏州园林之美，也可以经过查考资料、访问当地居民写一些这个地方的历史沿革、发展，还可以根据学生实际所知道的以及参观访问之所得，写一写苏州有名的工业，如刺绣之类。即使写园林景物也可以有各种不同的写法，可以专门写寒山寺，既写它现在的景象，又考据它的来历；或者专门写沧浪亭、虎丘塔等。这样，把学生的思路打开，把他们的视野放宽，帮助他们实地去观察，找人去访问请教，查阅文献资料，这对于发展学生的智力会有很大的作用。再比如，指导学生读一篇文章，除了把这篇文章读懂，并且知道写作上的特点之外，再和另一篇写法不同的文章做一些比较，使他们理解到两篇文章为什么分别用不同的写法，不同的写法产生什么样不同的效果，这样对于提高学生理解文章的能力也会有更多的帮助。总之，无论在知识的教学、写作和阅读训练的各个方面，都有训练培养学生观察能力、分辨能力、思考能力等的余地。在这许多方面突破一些旧的框框，从发展智力、培养能力的角度着眼，设计办法，反映在教材和教学里，是完全可能的。

又例如，现代文化科学的发展速度非常快，新的知识、新的技术层出不穷，各种形式的出版物成倍地增加，现在世界上每一年的出版物几乎抵得上过去几千年出版物的总和。同每个人研究范围、工作性质有关系的新出版物非常多，这些出版物当然不可能都读，但是总需要尽可能地多读一些，至少要知道和自己有关系的这一门学科的动向、动态、重要的新的理论、新的学说、新的做法等。这种客观现实的需要，要求每一个人具备尽可能快的阅读能力。过去传说某某神童、某某才子能够“一目十行，过目成诵”，现在具备一目十行、过目成诵的能力已经不再是神童才子的事，而是每个人应该具备的阅读能力。中国和外国过去也并非完全不重视阅读的广度和速度，我们中国的古人说，要“读万卷书，行万里路”，意思无非是见闻要广。又说“读书破万卷，下笔如有神”，无非是说读的东西多，头脑里积累的知识、素材丰富，才有东西可写，才写得好。要“读书破万卷”，自然非读得快不可。所以我们既讲精读，讲“熟读精思”，也讲浏览涉猎。英国的培根说过：Some books are to be tasted，others to be swallowed，and some few to be chewed and digested。这几句话直译是：有些书只需要尝一尝，另外有些书要吞下去，少数的书需要咀嚼、消化。所谓“尝一尝”，不过是翻一翻，知其大意而已。所谓“吞下去”，大体上就是我们常说的粗读，全文读，但并不逐字逐句仔细地推敲揣摩。这两种读法和我们说的浏览涉猎意思差不多。其所以提倡这一类读法，无非是要读得快一点，多一点。庄子说过：“人之生也有涯，而知也无涯。”庄子的时代已经感觉到知识是没有穷尽的，而人可以用来求知的时间是有限的，这中间存在着矛盾。那么今天，这个矛盾显然尖锐得多了，因为知识比庄子的时代不知增加了几百倍、几千倍，而每个人可以用于求知的时间并没有增加。所以必须找到有效的途径、有效的办法来克服这个矛盾，其中非常重要的办法就是提高阅读能力，特别是速读的能力。这在许多科学技术先进的国家已经引起重视，已经有国际性的阅读协会在研究阅读教学面临的各种新问题。我们今后的语文教学不能不从新的角度来研究处理阅读教学问题。以往在阅读教学方面，我们重视理解和记忆。表现在教给学生读的东西要反复细致地分析，以至达到“满堂灌”的程度。用意无非是帮助学生把所读的东西理解得尽可能透彻一些。另外要求学生把读的东西记住，以至于能够背诵。但是，对于训练学生具备快速阅读的能力，重视是不够的，基本上是听之任之。学生能够读得快一些固然好，读得不快，也不去管它。总之，并不设计出有效的办法培养学生这方面的能力。理解和记忆当然是不能忽视的，但是如上边说的，速度问题不能不提到日程上来了，而这三个方面又是互相有关的。要读得快，同时就要求理解得快，并且理解得准确，能够很快地从所读的东西中得到所需要的主要的东西，而没有重要的遗漏，没有错解或者理解得不太够的地方。读得快，也要求记得快，要在几秒钟、几分钟，总之很短的时间之内，把理解了的需要的东西输入脑子里去。因此，快速阅读的能力包含着快速理解和快速记忆的能力。快容许略，不容许粗，更不容许错。快速阅读的能力不是一个孤立的能力，理解、记忆、速度三个方面构成阅读能力的整体。阅读教学必须从这样的角度考虑，设计办法。从这个意义上说，满堂灌、死记硬背都不仅仅是方法上不得当的问题，而是不能适应今天和今后需要的问题。阅读的材料必须增加，阅读的速度必须加快。把很少的阅读材料慢慢地嚼得稀烂，吞进去，记住了，即使材料再好，是古今中外文章的精华，也是不够用的。

从以上谈到的两个方面，即注意发展学生的智力、注意培养学生快速阅读的能力，必然引出来一个问题，那就是教学或教材既要符合学生的能力基础，也就是过去常说的“量力性原则”，又要有一定的量，一定的难度。这两个方面必须很好地统一起来。不适应学生原有的能力基础，不量力而行，过度地加重学生的负担，这样做不仅不能提高学生的能力，不能增加学生学习的兴趣，反而于学生有害。但是，给学生的材料分量不足，对学生的要求偏低，表面上看是减轻了学生的负担，实际上减少了他学习的兴趣，使他得不到经过努力而有所得的愉快，得不到在一定的力所能胜的困难之中经受锻炼、提高能力的愉快，其结果是阻碍了他智力的发展，降低了他的水平，使他在新知识、新技能面前处于无能为力的状态。这从某种意义上说，恰恰是加重了他在学习上的精神负担。所以合乎时代要求的教学和教材，必须非常慎重地处理分量和难度的问题，包括读的分量、读的难度，写的分量、写的难度，知识的分量、知识的难度。各个方面都需要从新的角度做全面的考虑、安排。

三

语文学科现代化的第二个方面是内容，也就是为适应现代化的要求，教学内容要现代化。

首先，要对“语言是交际工具”这句话有现代意义的更具体的理解。所谓交际，指的已经不是个人与个人之间，小集体与小集体之间的交际，而是指全国范围的以至世界范围的交际。我们的语言是国际通用语言之一。在国际事务中，在国际的文化科学交流之中，我们的语言是重要的交际工具。另一方面，语言已经不仅仅是人同人之间的交际工具，已经开始成为人和机器的“交际”工具。从这两个意义上说，教给下一代掌握的语言，必须是全国通用的、在国际上通用的、规范化的标准语言，笼统一点说，就是我们所说的普通话。特别是在现代社会，运用口头语言的机会越来越多，口头语言能力的要求越来越高。因此要求学生充分熟练地掌握普通话，已经远远不是为了个人之间交往的便利，而是一个时代的要求，现代化的要求。那么，提供给学生听和读的材料，要求学生说和写的，都应当是普通话，或者有助于学生很好地掌握普通话的。在现代，无论是口头上说，或者书面上写，必须是能够让所有听或读的人很快很容易理解的。只能让少数人顺利地理解，或者佶屈聱牙，不普通，不流畅，让多数人理解有困难的，这样的话，这样的文章都不仅仅是风格不够好的问题，而且是不符合时代要求的。语文课的教学内容要严肃地考虑到这个问题。

在现代社会，所有受过教育的有文化的人都离不开写，要靠写来办事，要写各种各样的文体。比如，公事往来常常写各种的公文；工作中常常需要记载一些事，需要写笔记，写报告，写总结；搞技术工作，新机器、新工艺使用情况需要记载，采取新的办法进行试验要写试验报告，试验成功，产品向外推广要写说明或者广告；做研究工作、宣传工作的更是离不开写。总之，写是为社会中的各行各业所需要的。语文教学中训练学生具备写的能力，这是时代的要求。就我国的传统来看，若干世纪以来要求写的不是上述那些东西，而是写八股文，后来虽然不写八股了，但是八股的影响仍旧存在，常常是让学生写一些不着边际的东西，写一些在实际生活、工作中很少用到的东西，比如抒情散文之类。这种传统的影响还是很深的。并不是不可以写抒情散文一类的文章，但是，训练写的能力不能不从现代社会发展的需要着眼。目前，中学毕业生乃至大学毕业生在实际工作中不会写所需要写的东西，这种情况很普遍。尽管小学、中学、大学作过多少作文，但是一动笔仍然感到困难，这困难还不是轻而易举就能解决的。当医生的写不好病历，或是繁简不当，或是不准确；实验室的实验员写不好实验报告；做机关工作的不会起草公文，写不了调查报告，等等。学会写现代社会中常常用到的各种文体，是要经过训练的。学生在学校里就应该接受这种训练。从未受到这种训练，到了工作中才去从头摸索，这在时间上是一种浪费。因而，语文教学要教给学生写什么，是很值得考虑的。

语文课中进行文学教育，运用文学材料进行语言训练，这都是必要的。可是，当处理文学教育和运用文学材料进行语言训练的时候，要联系前面说到的两个问题做全面的考虑，并采取适当的处理办法。教材中所选的文学作品，一般地说，语言是优美、精当的。也有的作品由于某些原因，个别地方语言不够规范，或者运用方言过多，这在教学中就要做适当的处理。到底文学作品读哪些比较合适，读的量应该是多少，读多了不行，读少了也不行，这个问题从现代化的角度考虑是值得深入研究的。

语文知识在我国的历史上是曾经被忽视的。人们认为不用语文知识，靠读写实践就成了。后来在我国和别国又曾经有过教学语文知识分量过多，讲法不当，采用学院式经院式的讲法，教学效果不好的情况。这种情况也助长了忽视以至于否定知识教学的倾向。这种倾向，目前在有些学校、有些教师同志之间有所滋长。从现代化角度考虑，这是不适当的。别的国家近一二十年有过不少研究和试验，证明对青年、对少年儿童也可以介绍一些理性知识。建立一些抽象概念，具备一定的理性知识，这对发展智力、培养能力是有益处的。我们应该借鉴别国成功的经验，总结自己国家多年来的经验，对知识教学的安排做全面的考虑，而不应轻易加以否定。人类若干万年以来天天吃饭，并不讲营养学，发展到了今天，人口越来越多，难道我们因此就要否定营养学的研究吗？具备了营养学的知识，也不一定就身强力壮起来，难道因此就否定营养学吗？难道因为古代的工匠没学建筑学、水力学、桥梁工程学而修筑了万里长城、都江堰、赵州桥，我们就可以否定现代的建筑学等吗？难道因为现代的大学建筑系毕业生不一定能设计出虎丘塔、岳阳楼，我们就否定现代的建筑学吗？人们并不否定营养学和现代建筑科学等，为什么以不学语文知识也会说话，也能写出《红楼梦》等伟大作品为理由在语文教学中否定知识教学的必要呢？这里既有传统经验的影响，又加上过去教学中存在的问题，于是使人产生错觉，认为知识教学没有用，这种想法是可以理解的。然而毕竟是错觉，是不对的。今后，我们应从现代化的要求出发，处理好知识教学的问题。不是简单地肯定，大量地教；也不是简单地否定，不教。知识的分量、广度、深度都要处理得当，同发展智力、培养能力联系起来考虑。

四

说到语文学科内容的现代化，不可避免地要涉及我们语文教学中的一个难题——文言文问题。

这里首先要说一句：绝不能因为文言文不是现代的，那么，既然谈语文学科的现代化，就必然要排除文言。这样的逻辑推理是站不住的，不应当得出这么一个公式：现代化＝不要一切非现代的东西。这不是现代化，而是简单化，绝对化，片面化。我们不赞成这种简单化的态度。

本文作者不仅不赞成简单地排除文言，相反，很重视文言问题，认为文言应当郑重对待，妥善处理；不仅不认为所有的人都不应当学文言文，相反，认为需要有些人把文言学好，比现在的中学毕业生要学得好得多。

为了真正做到正确对待，妥善处理，需要认真地研究一下文言是什么，它在历史上起过什么作用，在当前有什么用处，在今后将怎样发展；学，应当怎么学；当前需要怎么办，从长远看，有哪些工作要做。如果不研究这些问题，忽视必须加紧进行的工作，采取与简单排除相对的另一种简单化的态度，也是不可取的。

文言文是我国的一个特殊的问题，并且是一个相当复杂的问题。所谓文言文，是秦汉以下以先秦的典籍所反映的古代语言为基础形成的一种定型化的书面语言。人们口头上实际使用的语言是不断发展的，因而这种定型化的书面语言同人们口头上实际使用的语言产生了距离，并且这个距离越来越大。这种和实际使用的语言距离越来越大的文言之所以能够几千年的流传下来，是靠了两个因素：一是汉字；二是全部封建社会直到进入民国的半封建半殖民地社会中，官方文书一直使用它，各级各类的考试一直要求使用它。倘若没有这两个因素，就是说，倘若我们用的不是汉字，而是一种拼音文字，倘若不是历代的官府和考试制度这样严格地要求使用它，它是不能流传到现在的，先秦典籍一定会像用古希腊文写荷马史诗、亚里士多德的哲学著作，像李维用古拉丁文写的《罗马史》以及用古拉丁文写的《十二铜表法》等一样，成为专门家研究的材料，而不是一般人接触的书籍文献了。文言文在历史上有很大的功绩。靠了文言文取得了我们这个人口众多、方言复杂的民族的书面语言的统一；靠了它记载了我们历代的高度发展的文化成就。这个功绩是不可磨灭的，到今天我们如果要接触、整理、研究我们的文化遗产，还不能不凭借用文言保存下来的那些文献。由于几千年长时间地使用文言，产生了许多用文言写出来的优秀作品，这些作品现在还很值得欣赏，并且对我们运用语言具有很好的借鉴作用。但是，文言也有另一方面的非常明显的问题。由于它脱离人们实际使用的语言很远，所以它从来就是流行在一个狭小的范围之内，而不是全民共同使用的；它从来就是文化教育科学普及的一个障碍。近代的资产阶级知识分子，尽管他们自己学的是文言，他们十分熟悉文言，写日记、互相通信也使用文言，然而他们凡是主张普及教育的，都不赞成文言。至于具有更先进的思想以至于具有无产阶级思想观点的就更不赞成文言。突出的例子是鲁迅。虽然鲁迅是精通文言的，他是现代写旧体诗写得最好的几位诗人之一，可是他强烈地反对文言。我们有许多很好很有用的遗产，如传统的医学、天文学、数学，等等，正是因为使用文言记载的，使得广大的人民群众无法接触，就连在知识分子中间，能读懂《伤寒论》《九章算术》等这些著作的人也是越来越少，几乎快要没有了。能不能靠在普通教育阶段要求学生多读一些文言文，把我们下一代、再下一代的人阅读文言文的水平恢复到二百年前、一百年前甚至几十年前的知识分子那样的水平呢？这个答案恐怕是很清楚的。文言文因为它是文，所以它一定负载着古人的思想意识、风俗习惯、典章文物、思想方法等。其中有的东西，比如典章文物，今天不存在了；思想意识，今天则大大地改变了；风俗习惯、思想方法，今天则发展得很远了。因此，要现在的青年和今后下一代再下一代的青年能够像我们的上一代再上一代的前人那样理解文言文，运用文言文，客观上是不可能的。它将离我们的后代越来越远，这种发展趋势是历史的必然，是不以人们的意志为转移的。有人说，现在不少年轻人看《甲午风云》都看不懂，甚至问这是哪国的电影。其实这并没有什么奇怪。不仅二三十岁的人，恐怕六十岁以下的人，没有几个见过马蹄袖、红顶子、水晶顶子，没有几个听见过“中堂大人”“军门大人”“标下”这些称谓，怎么能看得懂呢？靠读《醉翁亭记》《滕王阁序》等能解决看《甲午风云》的困难吗？从社会和语言的发展趋势是不难推想文言文的前途的。从清朝末叶算下来一百来年了，从来没有停止过教学文言文，可是现在就连最普通的古代的掌故、寓言故事，例如刻舟求剑、揠苗助长、郑人买履、叶公好龙等，知道的人是越来越多了呢？还是越来越少了？仅仅几十年前对于读过中学的人还是一个普通常识的东西，现在对于进了高等院校文科的学生甚至毕业生都成为相当生疏的东西了。原因就是那些古代的好的东西被文言这个外壳包起来了，而人们对于文言接触越来越少，于是这些好的东西跟人们也离得越来越远了。从继承优良的文化传统的角度来看，文言文所起的作用恐怕远不是积极的。

学习文言文过来的人，熟悉文言文的人，往往觉得学好文言文一定可以学好现代文，甚至于觉得不学好文言文就不可能学好现代文。这恐怕是一种误会。能否学好现代文，首先决定于学了多少现代文，是怎么学的。写《三国演义》的罗贯中，写《西游记》的吴承恩，写《儒林外史》的吴敬梓，写《红楼梦》的曹雪芹，都是学文言出身的，可是他们运用他们时代的现代语文水平有很大的差异。赵树理同志，还有别的一些现代作家，恐怕并没有读过多少文言文，至少，赵树理读的文言文大概不会多于吴承恩吧，可是，单就语言来说，赵树理、吴承恩谁运用得更好一些呢？只有小学文化程度甚至程度更低的根本没读过一句文言文的工人农民，是不是现代语都说不通呢？鲁迅还有别的好些位现代的作家，不承认他们能够写出那些作品是得力于学了文言文。当然，学点文言文对于学现代文肯定是有些帮助的，是有益处的。文言文和现代文的文字语汇有许多相通的地方，古文的写作方法有不少值得借鉴的地方，读一些当然有好处。但是，值得考虑的是：这种帮助、这种益处是必不可少的决定性的因而必须依赖的呢，还是辅助性的？这种帮助、这种益处十年二十年之后、三十年五十年之后是愈来愈大呢，还是愈来愈小？仅就当前来说，为了让中学的甚至于小学的孩子**普遍地**学文言，所付出的劳动同它所起的作用比较起来是否相称呢？古代的读书人十年寒窗，就是读文言，写文言。搞点科学研究的，如李时珍、方以智等，在封建社会后期是为数很少的。十年寒窗之下，经史子集读的数量是很可观的，作文写得很多，远不止“两周一次大作文”，然而究竟有多少人学通了呢？我们的眼睛不要只看见曹雪芹。那是几百年才出了那么一位啊！《古文观止》的文章的确大都写得不错，很多是所谓脍炙人口的，可是那是从《左传》开始直到明末的两千多年的著作中选出来的二百二十二篇。20 世纪 20 年代出生的人，今天都已六十来岁了，他们在读中学的时候，国文课里百分之百是文言，并不是如我们现在规定的百分之二十、二十五、三十五、四十五；他们作文、考试统统要写文言文。可是他们之中能够没有多大困难地驾驭古籍的，又有多少呢？直接通过文言来接触古籍，绝不像我们想象的那么容易。恐怕一个合格的中学毕业生，看《三国演义》《聊斋志异》都是连蒙带猜的，因为有故事情节，能够对对付付读下去就是了。进了高等学校哲学系的，有多少能读先秦诸子著作？进了历史系的，有多少能没有太大的困难地阅读《资治通鉴》、二十四史？进了医学院的，有几个能读《黄帝内经》《伤寒论》？进了数学系的，如果想研究中国数学史，有几个能阅读《九章算术》的？这些摆在我们面前的事实值得我们深思！那么可能不可能让所有的中学生普遍地大量学文言文呢？不说像封建社会的读书人，能像四十年前五十年前的中学生读的那么多吗？时代许可吗？现代科学技术的发展许可吗？这都是值得深思的！所以，在我们完全不否认学一些文言文对于掌握现代文有帮助、有益处的同时，我们不能不认真地深入地考虑以上这些问题。

总体来说，不论从继承、发扬文化遗产来看，或者从学好现代语文的需要来看，不论从当前实际来看，或者从今后发展趋势来看，怎样对待和处理文言文问题，是一个很需要加深研究的相当复杂的问题。在这个问题上，要有眼前的办法，要有长远的打算。这是语文教学需要解决的问题，也是我们文化政策中的重要问题之一。

就当前来看，要求中学生接触一些文言文，还是必要的。因为具有中学毕业以上文化水平的人，颇有一些需要接触文化遗产，而我们还没有给青年们准备下不凭借文言就能接触文化遗产的办法。用文言或者半文言写下的文学作品不少，这些作品是世界文学宝库中的精华，我们的下一代对此不应当毫无所知。读这些作品，使青年人了解我们的文化传统，更加热爱祖国。值得研究的是，读多少，怎么要求，以及是不是所有中学生个个都要达到同样的水平——今天我们还没有能够普及中学教育，然而在进行四个现代化建设的过程中，普及中学教育不会是遥远的事情。如果普及了中学教育，并且要求中学毕业生都得具备相同的文言文水平，那就意味着要求全民都通晓文言文。这样做的必要性和可能性是值得研究的。从这个角度考虑，我认为初中可以读少量很好的旧体诗词、文言散文、早期白话小说（这其实不是文言文），等等。主要目的在使年轻一代接触一下文化遗产的这个方面，知道我们祖国有这样一种优秀的遗产，但是不做什么要求。正如同有机会应该去看一看万里长城，看看都江堰，赵州桥等那些珍贵的文物一样，作为一个受过中等教育的中国公民，不知道祖国的这些文物是不行的，然而我们并不指望年轻人从万里长城、都江堰、赵州桥学到什么建筑技术。高中可以编一种文言教材。这部教材，要有足够的分量，要运用关于古代汉语、古代文字的科学知识，要有效率地进行教学，要做一些文言的练习——像现在这样教文言，不要求听，不要求说，不练习写，也极少琅琅诵读，怎么能学会学好文言呢？学语言而不通过听说读写的实践训练，就能学会，学好，这恐怕是不符合认识规律、学习规律的假想。总之，既学就要学好，学到管点用，不能一个学期读它四篇五篇，并且是没有任何要求，只靠教师翻译来知其大意，然后背诵一部分那样学法。高中的文言教材不要求普遍地学，可以作为选修教材，不具备现代语文的必要的基础，没有明确的学习目的，没有足够的学习时间的，可以不选或者不许可选。既选就要学好，只有学好，花的时间、精力才不是浪费的，付出的劳动才是有实效的，才能凭借文言接触点文化遗产，并且有助于学好现代语文。马马虎虎学一点，不管用，什么问题都解决不了，实质上是一种浪费。

从长远来看，需要加紧做两项工作。其一是立即组织力量有计划地全面整理古籍。现实意义极小的古书（如巫祝卜筮之书等）可以束之高阁，留给极少数专门研究者去用。其他还有现实意义的古籍，应当分别进行校勘、标点、注释、精选，以至于把某些应当普及的并且能够改写的古籍，用现代语文改写出来。（优秀的古代诗词曲之类，是不能也不必改写的。因为文学是语言的艺术，那些作品之所以成为优秀的作品，是包括着古代语言运用的精当在内的。）这项工作必须加紧做，十分迫切。现在虽然已经晚了一点，但是把现有力量很好地组织起来，还勉强可以做；再过十年二十年，想做就更困难了！这是一项百年大计的工作，是真正重视文化遗产，继承文化遗产，发扬文化遗产，为子孙后代负责的一项工作。在许多国家，尽管他们的历史没有我们这么久，这类工作却早就做起来了。西方的儿童不知道《鲁滨逊漂流记》的很少，然而他们读的已经不是十八世纪笛福的原文，而是用现代语改写的。改写本不止一种，有适合儿童看的，有适合少年看的，有适合一般青年看的。希腊神话故事、莎士比亚戏剧，在西方对于多数受过教育的人不是生疏的，他们读的也是用现代语文改写出的各种本子。连他们的《圣经》，现代用的不仅不是拉丁文的了，也不是宗教改革之后用各种民族语言翻译的那些本子，而是用现代语文改写的本子。我们应当比他们做得更好，而不应当让我们的后代由于语言的障碍同我们的文化遗产距离越来越大，越来越感到文化遗产十分生疏。再一项工作是应当在全国范围内建立若干所“古文学院”，招收初中毕业的学生训练六年，或者招收高中毕业生训练四年，培养确实通晓文言、熟悉古籍的专门人才。这样的人才不经过专门训练是很难培养出来的。这样的人才不需要太多，但是需要相当的数量，因为整理古籍，培养这方面的接班人，进行一些专题的研究，等等，这些工作是长期需要的。虽然不是人人都要做的，总要有一些人把这项工作担任起来并且传递下去。同整理古籍的工作一样，现在赶紧设立一些这样的学院还是力所能及的，再过些年，困难将要更大，因为师资会越来越贫乏。与其把为数不很多的真正通晓古代语言文字、熟练掌握古籍的人过分分散地使用，使他们不能充分发挥其所长，远不如适当集中一批力量，把培养这方面人才的工作很好地担负起来、完成它。

以上说的有关文言文的这些想法，有的部分超出了本文所要谈的语文教学现代化的范围。因为这个问题同语文学科内容的现代化有关而又不仅仅是个教学问题，所以连带地把别的有关问题也说了说，向关心这个问题的同志请教。这一部分既是从语文学科内容现代化生发出来的，因而接着内容问题说开去，单另成为一节。

五

讲到语文教学的现代化，还有一个问题就是教学方法的现代化。这也是一个相当复杂的问题，涉及语言学、文学、教育学、心理学等方面，这里着重谈以下三个问题。

（一）

在我们教学法的历史上，一直有两种倾向。一种是在学习某种本领时，提倡直接模仿和大量实践，提倡学习者自己揣摩领会。这种运用起来比较简单的方法，就是不讲究方法；一种是很容易把方法定型化，程式化。

我们所熟知的林黛玉教香菱学作诗的方法，就是多读些好诗，自己去“揣摩透熟”，自己多做。这不是虚构的林黛玉一个人的方法，是曹雪芹概括的教诗者和学诗者共同使用的方法。学做文章也一样，主要是靠大量的阅读和背诵，靠“熟读精思”，加上大量的以模仿为主的习作。看起来，我们的古人是着实不喜欢在方法上多费心思，他们常常说：“文无成法”“文无定法”。实际上，他们的方法运用得很高明，已经到了出神入化，到了“从心所欲，不逾矩”的地步，到了已经不感到是在依照某种方法为文的地步，好像书法家笔走龙蛇的时候已经不感到自己是在依照什么“体”，什么规定去写字一样。不但学语文如此，学其他本领几乎都差不多。学字，学画，第一步总是临摹，仿作，或学颜，或学柳，或学马远，或学夏圭，弟子看着师傅怎样运笔，怎样用墨，怎样着色，怎样皴染，老师指点指点，不讲多少道理。学一般的本领是这样，就连打仗也是这样。能征善战的岳飞对他的部将讲，“运用之妙，存乎一心”。意思是靠各人自己去揣摩，讲不出什么道理来。模仿，揣摩，大量实践，这些就是我们历史上常用的方法。你说它没有一点科学性，不对。这种方法沿用了千百年，确实造就出了一些人才，它总是有符合客观规律的地方。——能力要在活动中去形成，强调活动，强调实践，这是正确的。你说这种方法在哪些方面，在多大程度上符合客观规律，还需要研究。其次，这种方法往往说不出多少道理，没有在理论上加以认真地分析概括和总结，在很大程度上要靠学习者自己去摸索，只能心领神会而不能言传，不能用言辞明确地概括描述出来，于是它不能突破空间和时间的限制，影响了知识、技能广泛和持续地传播交流，从而也就影响了它的发展。

本来，对某种活动方式的概括，也就是对方法的认识，总是从感性到理性，从低级到高级的。人不能总是凭直觉的常识或经验去办事，不能仅仅满足于对活动方式的初级概括。但在我们的传统中，却常常满足于一种初级的概括，像前面所说的那样。这是一方面。

我们传统的另一面就是，在好些事情上，一旦摸索出一套方法，很快就固定下来，凝固起来，成为一种程式化的东西。比如说，大致在宋代前后，文人们摸索出一套为文的方法，叫作“起承转合”，结果不论写任何文章，连作诗，都是这个写法。林黛玉就对香菱说过：“什么难事，也值得去学？不过是起、承、转、合，当中承转，是两副对子……”至于八股文，那就完全程式化了。

一方面是程式化，一方面是不讲方法，这看起来是矛盾的，其实根源恐怕是相通的。不费气力地套用现成的程式，而不管它是否符合千变万化的实际情况，这不还是不讲究方法吗？再往深处想，这种情况同我们长期停滞的、建立在小生产基础之上的封建社会，同与之相适应的那些思想、意识、习惯等，难道没有联系吗？

从近代、现代来看，这个轻视方法的传统继续起着作用。人们看到许多这样的事实：学习了比较科学的道理，能够说得出一套方法的，在实际操作中不一定比不讲方法而在实践中掌握了一套本领的强些。于是这就构成了有些人否定方法的根据。在语文教学方面，有人就说过：一个是综合大学中文系的毕业生，一个是师范大学中文系的毕业生，两人都去教语文，后者不一定比前者教得更好。你看，学教学方法有什么用呢？很明显，这样论证问题是缺乏逻辑力量的。书教得好不好，因素是很多的，无论如何不能因为学了方法而教不好书，就得出结论说方法是毫无作用的。这原因很简单。方法是让人来运用的，运用的人知识水平、智力水平怎么样才是根本的。如果知识、经验、技能、能力不足，方法懂得再多，也不可能收到好的教学效果。另一方面，假如说，两个人教同一种东西，对所教东西具备同样的知识、技能和能力，具有同样多的实践经验，那就可以断言，有一套科学的方法，比没有一套方法的效果要好。

不重视方法有一条客观原因。凡谈论教学问题的人都是成年人。对这些人来说，无论他们自己学点什么，方法确实处于比较次要的地位，因为他们的知识、能力可以弥补不良方法的缺陷。因此，这些人更加不易觉察到方法的重要性。最能觉察到的是孩子。越小的孩子，在学习中，教他的人的方法起的作用越大。对同样的孩子，这样教学得快，那样教学得慢；妈妈教就会，爸爸教就不会，等等。这样的经验哪个家庭没有呢？孩子干渴的心田需要浇灌，不能及时给他们水分就会贻误“农时”。不良方法就像条蹩脚的渠道那样阻碍着水源不绝地流向干渴的土地。不考究方法是会戕害小孩子的，是会使孩子和成年人吃些苦头的。

不重视方法的另一方面，是一旦有了方法，很快就定型化，程式化。比如，说谈话法好，就谈话，不论大学还是中学，不论教这样的课或者教那样的课，都采用谈话法。搞这种程式化，自然就会产生无效劳动，这又成了一些人否定方法的理由：搞那些花哨点子干嘛，还是老老实实地念书、揣摩靠得住。

一方面否定方法，不相信方法；一方面有了方法就定型，搞程式化。一直到今天，仍旧存在着这两种十分有害的倾向。

（二）

一个教师在教学时，自觉地，不是混混沌沌地选择某种方法，这种选择取决于他对这门学科教学规律性的认识。教学语文，我们在研究采取什么样的教学方法时，就要首先研究语文教学的规律。语文教学的规律源于语言的规律，教学的规律，学生心理发展的规律。拿语言规律来说，怎么形成词，词同词怎么组合，这种最基本的组合又是怎样复杂化的，怎样表达各色各样的复杂的思想感情，都有规律可循。字有字的规律，汉字有汉字的规律，乃至于整段的说话和写文章也有规律。教语文不能不考虑这些。又如，不同年龄阶段的学生，他们的思维发展情况和语言发展的情况是不同的，教语文同样要考虑这些，如此等等。我们应当把对教学方法的研究放在一个科学的基础之上，使方法合乎客观规律。凡合乎规律的方法就有效，按照这种方法去教学，足以提高教学效率；不能自觉地采用合乎规律的方法，或者所用的方法不合乎规律，就会降低教学效率。比如，现在的学生学习古汉语，采用传统的方法，一篇一篇地学下去，费时多，见效慢。王力先生后来主张，学习古汉语要采用学外语的办法，要讲常用词，讲语法，要学文章。这么一来，方法一改变，效率大大提高。

谈到方法，就需要谈谈目前在语文教学研究中常常提到的“模式”。模式这个词是个外来词。在哲学、逻辑学中使用它，特别是现代在心理学、教育学中开始广泛使用。这个词在他们那里的解释是不尽相同的。我们要谈的是语文教学的模式问题。

有同志把“时代背景、作者介绍……”那个“五大块”叫作模式，有同志把有计划地进行写作训练的格式叫作模式。“模式”在这里的意思，是一种概括了的一般的讲课内容和步骤，或者说是内容结构。它可以供教师仿用。需要说明的是，模式本身并不要求你在将它具体化时（即讲每篇课文时）毫厘不爽地照搬无误。它本身并不排斥实事求是的原则。高明的人运用模式时往往不拘于模式。比如填词，可以说它是有模式的，词律就是它的模式。不过大词人常常不囿于模式。像辛弃疾的《破阵子·为陈同甫赋壮词以寄》，突破了宋词文义依词调分片的模式，上阕末句“沙场秋点兵”以下，文义应断不断，直至最后一句“可怜白发生”，文义才有了转折。形式逻辑的三段论，有个格，也是模式，但它还可以有变化。有省略的三段论。模式要活用。如果教师在运用模式时生搬硬套，影响了教学效果，这账是不能算在“模式”的头上的，应当算在程式化的头上。模式和程式化是不同的。

语文教学中的模式（比如说那个“五大块”）是怎么形成的？它是对一种活动的概括，这种概括，反映了人对客观事物规律性的认识。一篇文章，尤其是文学作品，它的产生和内容同它所处的时代有关，同它的作者有关。一般来说，学习一篇文章，首先应当了解这些。其次，文章有它的内容，中心，写作方法，当它作为语文课的教材供学生学习时，自然应当让学生知道这些。于是，人们对教学一篇文章的内容结构加以概括，提出了这个“五大块”。这反映了他们对教学一篇文章这一事物内在规律的认识。又如，前边谈到的传统的文章作法讲究“起承转合”，这也是一种模式。这种模式不是谁从脑子里凭空臆想出来的，而是从许许多多文章里总结出来的，它是写文章的一般规律的一种反映。所谓写文章，一般来说，总不外乎先提出个话题；发挥这个话题，从正面发挥了，又从反面发挥，从这边发挥了，再从那边发挥；发挥充分了，结束这段话。“起承转合”那种模式，实际上是来源对写作的这种普遍规律的认识。

谈方法往往离不开模式。模式是供人仿用的、对活动方式偏于结构的一种概括，像“五大块”，像八股文，还有近来有人提出的有步骤地进行写作训练的模式。当然我这样说，并不是在主张课课都要讲“五大块”，更不是主张我们去写八股文。

模式同我们原有的“程式”这个词意义相近，只是由于“程式化”这个词用得较多，它又有贬义色彩，“程式”大概受到点“株连”，于是人们宁可用“模式”而不用“程式”了。

好的模式同科学方法有联系，它体现着一定的规律性。我们要善于运用模式，这就是既要掌握模式的基本精神，又不拘于模式，根据教材和学生的实际活用模式，使得模式有助于教师讲清楚事物的规律，使学生通过模式能够理解所学的这样东西的一般规律，并运用这种模式去进一步探求新的知识，获得新的技能，发展自己的能力。可以看到，在对语文教学改革的探索中，一些新的模式正在形成。比如，一次多篇，让学生先提出问题，还有“卡片法”等。各种做法有它的基本步骤，基本结构，都未始不可以认为这是一些新的模式。

模式和程式化是不同的。如果我们让模式凝固起来，把它变成僵死的条条框框，不考虑各种具体情况而生搬硬套，那就陷于程式化了。程式化是形式主义的表现，它同科学化现代化无缘。

要科学方法，要模式，但不要程式化，这就是我们的结论。

（三）

从教的人来说，不讲求方法好办。不管它什么规律不规律，方法不方法，我想怎么讲就怎么讲，我要学生怎么办他就得怎么办，学生不听就扣分。不去研究学生为什么该理解的没理解，该记住的没记住，该会用的不会用，不去摸摸教育学、教育心理学、应用语言学这些东西，甚至连一般语言学、语法修辞学、逻辑学也不去碰一碰，不去从自己的方法上找问题，不去研究方法，改进方法，这当然是最省力的办法。

程式化也好办。从哪本教育学里边，从哪本教学论里边，或者从哪位专家的口里，从哪位名教师的教学中取得一种方法和模式拿来照用，不管是教给谁，不管教什么，我就照用这套方法，反正有根有据，不是我自己杜撰的，这当然也很省力。

方法制约着效果。只有科学的、新鲜活泼的教学方法，才能培养出一代具有活跃智力的，有进取精神，有效率感，有敏锐的现实感，有责任感的新人。至于僵死的或落后的教学方法能造就出什么样的人，那是历史早已做出了回答的。对此，封建时代的有识之士，直至“五四”运动时新文化运动的骁将，都进行过有力的抨击，这里不再赘述。当然，在僵死的教法统治之下，也会冒出一些卓然超群的人才，但这绝不是那种教法的功劳，恰恰相反，这些人首先是这种教法、教义的“逆子贰臣”。再进一步说，僵死的教法不仅会戕害孩子的心智，而且有可能毁了孩子。调皮的孩子对于这种方法会以种种方式提出抗议，不听，不学，不照老师的要求办，甚至于怀疑学习，反对学习。轻视方法，不仅仅影响教学效果，甚至于影响到下一代的面貌。所以，我们绝不能轻视研究方法的重要性。

由于前面说的历史很久的传统，而我们对于这种传统没有进行认真分析，以致形成了对于方法问题的不正确的理解和不正确的对待，至今这种倾向还或多或少地存在着，妨碍着我们前进。我们应该追求的目标，是探讨规律，根据探讨所得，寻求正当的方法，形成若干有用的、有效的模式，进而活用这些方法，活用这些模式，坚决反对、抛弃程式化。

有的同志可能觉得：调查报告反映出的中学生的现有语文水平存在那么多的问题，要解决这些问题已经很不容易，哪里顾得上研究什么“现代化”！这不是当务之急，现在提出“现代化”是不切实际的。

我不这样看。假如我们认真探讨探讨本文提出的这些问题，采取一些措施，恐怕对于解决调查报告中反映出的各种问题是有益的，有相当效果的。语文教学之所以有那么多问题，和我们在教材工作、教学工作中一切“率由旧章”不无关系。

本文提到的有关语文学科现代化的几个问题（当然提得还很不全面，很不深刻），并不难解决。这里没有全然脱离现实的想象。每一点，例如在语文学科中如何发展智力，如何提高学生学习兴趣；如何结合实际需要训练写作，等等，都是很容易做到的。做到这些，不仅使语文学科带有较多的现代气息，有利于今后的发展，同时也正是解决当前存在的问题的途径。回顾昨天，看到今天，想到明天，这里边存在着统一性。

因此，我不认为看了这份调查报告而谈语文学科的现代化是离题的。最后把这个想法说一说，请见到本文的同志们指正。

1981 年 2 月

语文学科与电化教学*

语文学科运用电化教学手段的可能性和必要性，并不比其他学科小。有可能性，因为教学的好些组成部分都可以运用电化教学手段；有必要性，因为只要运用得当，可以大大提高教学效率。

优秀的现代文学作品和部分古典文学作品（包括诗歌、散文、小说、戏曲等）以至于某些现代的和古典的论文，内容并不难懂，只有很少数地方需要教师扼要地指点讲解一下，至于作品表达的思想感情，运用语言的优美、有力，好的朗读比教师的反复“分析”更容易使学生领悟，并且受到启发和感染。听几遍朗读，学生对作品的理解会越来越深，声音的信号比文字的信号更容易输送进脑子这个高级的“电子计算机”里去，储存起来，历久不忘，并且在这个“计算机”里工作起来，与在此以前和以后输入的其他信号互相作用起来，从而形成知识的迁移，发展思考、想象、联想以及比较、辨别、判断、做出反应等种种能力。正因为语文教育就是语言教育，口头的有声语言是书面语言的根基，所以就一般情况而论，通过听觉输入声音信号比通过视觉输入文字信号，在中枢神经系统中起的作用更大。在这一点上，语文学科比其他学科对音响的需要大得多。好的朗读在不小的范围里、不小的程度上能够代替或者至少节省教师的讲解、分析，从而自然地克服了“满堂灌”的教学方式，大大节省了教学时间，却提高了教学效果。好的朗读对提高学生听、说能力，纯化他们的口头语言，增强他们做出反应的敏捷程度是大有好处的。好的朗读使学生喜爱祖国的语言，有助于提高民族自豪感，并

---

* 本文刊载于《电化教育》1981 年第 3 期。

使他们喜爱语文课，对使用语言养成郑重的态度和良好的习惯。好的朗读是推广普通话的非常有效的途径。

朗读工作，当然可以并且首先应当由任课教师自己来做。但是，如果辅以录音、唱片，甚至录像，效果将会大大提高——因为，可以请专搞朗读的人来读，如果是戏曲之类，还可以请优秀演员分角色表情朗读，水平自然更高；学生听这样的朗读会更有兴趣；且不说有的教师的普通话未必说得很好。

朗读是语文学科常用的教学方式，大家很熟悉，不过对朗读的意义和作用的认识还需要进一步提高。语文课教学生读的东西有些是写古今中外的文物、名胜的，或者写重要的历史人物或现代人物的活动的。百闻不如一见。如果辅以幻灯、录像，甚至小电影，教学效果将会大大提高。学生对照从幻灯片等看见的去读文章，会更容易理解，看五分钟会比听老师讲半个小时更清晰，更生动，印象更深。对照之下，将会更加了解文章写得如何好，语言应当如何运用，从而提高了语言教育的效率。

语文学科应当指导学生多活动，例如讨论所读课文的内容或语言，交流学习经验，介绍课外读的书和心得体会、演说、辩论，等等。如果把这些活动录像播放，将会大大地活跃课堂教学气氛，集中学生的注意力，调动学生学习的积极性，开阔学生的思路，产生启发诱导的作用。

教师批改学生的作文，有比较典型的，带有共同性的东西，宜于让全班、全校学生甚至别的学校的学生都看看，教师加以指点或评讲。把这样的样品制成幻灯片，比别的办法都方便，效果也好。

语文知识教学，包括教语音、文字、语法、逻辑等，有些地方适宜用图表。这种图或者表，少数可以印在教科书里，有的可以印成挂图，上课时张挂使用，但是相当一部分用幻灯片更方便，效果更好，有的最好由人来演示，比如教发音，教方言与普通话语言的比较和对应规律等，就适宜用演示录像的办法。

以上只是信手拈来的几个例子。语文学科适宜用电化教学手段的还有不少方面。

利用电化教学手段的目的不是为了热闹，好玩，有趣，而是为了提高教学效果和效率。让学生听见声音、看见形象和人的活动，在语文学科的教学中有特殊重要的意义。电化教学手段适应了这种需要，因而有利于大幅度提高教学效果。数学课，不光靠老师讲，要演算；理、化、生物课，也不光靠老师讲，要看实物，做实验，采集制作标本；连史地课，听讲之外，也要看图、画图、看些实物、做些活动。只有语文课，似乎除了老师讲讲，学生念念，背背、写写之外，就没有什么可看，没有什么可听，没有什么可做了。其结果是，费时多而效率低。适当运用电化教学手段，可以大大节约时间却使效率提高。随便举个例子，教《张衡传》，如果让学生看一下地动仪模型的幻灯片，能节省老师多少话啊！时间省了，而学生得到的印象深了，对于所读的东西理解得更清楚了。

利用电化教学手段，节约时间，提高效果和效率，这是教学工作现代化的一个方面。一切工作都要在条件许可的前提下朝现代化的方向前进。不能性急，不能脱离实际，但是要开步走，要朝这方向想，朝这方向看，对若干问题要朝这方向认识、理解、探讨。

有一点是明确的：不要说我们的电化教学设备还不发达，即使更发达一些，也终究是个辅助手段，不能取代教师的课堂教学。利用电化教学手段并不能减轻教师的责任，降低对教师的要求，而是使教师有更多的时间来提高自己，有更大的可能来很好地研究教学理论，改进教学方法，充分运用一切可运用的设备条件为自己的教学工作服务。

关于语文教学改革的问题*

我得首先声明，我今天谈有关语文教学改革问题，是和高考指挥棒无关的。在座谈会上，不少语文教师都提到高考指挥棒的问题，还提出种种不同的看法和意见。高考的指挥棒很厉害，一直影响到高中、初中、小学的各科教学。我不赞成围绕着这根指挥棒团团转。因为，第一，办教育不是为了考试；第二，高考的方式内容年年变动，要跟要追也无济于事。我们应当端正教育思想，按教育规律来进行教学。叶圣陶先生曾经发表《我呼吁》，他不赞成片面追求升学率。语文教学和其他各个学科一样，要改革也得首先从明确教育思想入手。教育是上层建筑，它的目的、内容、教法都受社会性的制约。换句话说，教材教法是一定社会制度的社会需要和思想方法的反映。因此，我今天着重谈两个方面的问题：（一）教学改革要从明确教育思想入手；（二）有关语文教学的几个具体问题。

一、教学改革要从明确教育思想入手

谈到教育思想，不妨回顾一下人们走过的历程。

在欧洲来说，他们也经历过封建社会，虽然时间比我国短，但封建等级观念、封建思想意识在有些方面比我国封建社会还严重。我国刘邦、朱元璋是平民出身的，也可以做皇帝，欧洲国家就不行。我国古时对孔夫子的学说，有过各种不同的解释，在欧洲，《圣经》教义是不能妄加解释的，违背

---

* 本文是张志公先生1983年4月25日在广州市向中学语文教师作的《关于语文教学改革的问题》报告的摘要。

了当然更不行。哥白尼、伽利略等人的学说，就曾受到宗教的打击。那时候，即所谓“中世纪”，他们的教育自然是封建主义的、经院式的。不过，欧洲经历封建社会的时间比我国短得多，他们很快就进入宗教改革、文艺复兴时期，并逐步转入资本主义社会，强调个性解放、自由竞争。教育方面，也开始重视研究教育对象——学生的问题。洛克、夸美纽斯、卢梭、孟德斯鸠等，许多教育家人才辈出，他们的一些主张在维新运动前后也陆续影响到中国。接着又产生了美国杜威的实用主义教育思想。一直到 20 世纪 60 年代，杜威的教育思想以及另一完全不同的支派凯洛夫的教育思想才受到了冲击。这就是我们近来时常说的布鲁诺、皮亚杰、赞可夫、苏霍姆林斯基等人的新起的教育思想，这些都和今天科学技术越来越发展、知识结构越来越复杂有关。

我国经历了长达两千多年的封建社会，在世界上是少见的。鸦片战争以后，又逐步沦为半殖民地半封建社会。因此，封建思想意识在我国是根深蒂固的。我国文化教育当然有不少精华，但不能讳言，糟粕的东西也大量存在。在教育领域来说，也有先进和落后的两种思想。孔子的教育思想和学说，也有合理的部分，例如他提倡的“学而不思则罔，思而不学则殆”，举一反三，因材施教等，今天也值得借鉴。特别是他说过：“博学之，审问之，慎思之，明辨之，笃行之。”（见《中庸》）有一定科学性，相当高明。蔡元培当北京大学校长时，就以“博学、审问、慎思、明辨、笃行”作为校训。唐代韩愈也说过：“弟子不必不如师，师不必贤于弟子。”（见《师说》）这个见解也可取。然而，这些好的见解、好的思想在历代教育中并不占主导的地位，落后的、糟粕的东西，却反而占了主导的地位，表现在四个方面：

第一是师生关系被纳入封建伦理范畴，学生始终是处于被管教的地位。“天地君亲师”，就是一种封建思想意识的代表。

第二是埋头死读书、读死书。孔子还设立礼、乐、射、御、书、数，后来连乐、射、御也都不要了，念书人的身体健康很差。韩愈曾说：“吾年甫四十，而视茫茫，而发苍苍，而齿牙动摇。”（见《祭十二郎文》）那时的知识分子一到中年就老气横秋，身体衰弱得不成样子了。

第三是到了封建社会中期以下，因为开科取士，教育方面出现了为考试而教，为考试而学，教育沦为科举考试的附庸。学写八股文，只是为了应考，此外毫无用处；就是读些古文，也不过是为了寻章摘句，目的还是为了考试。

第四，长期以来的教学方法就是一个“灌”字，不管懂不懂硬给灌下去，要学生背下来。学生只是个听者，受者，完全没有主动学习的余地。一直到民国以后，小学课本第一篇还是这样写着：“新书一本，先生讲，学生听。”

从上述几个方面来考察，可见我国在相当长的历史时期内，教育基本上是继承了封建主义教育的糟粕部分。今天的片面追求升学率或者是为高考而教，当然和历史上人们追求考举人、考进士不同，然而一切为了考，这一点是一样的。德、智、体发展不均衡；教学中以灌为主。今与古有这么多相似之处，这是值得我们深思的。封建主义性质的东西在我们的社会上没有肃清，这是人尽皆知的事实。那么，它在教育思想中能够完全没有反映吗？当我谈到教育思想的时候，这个问题值得我们再思、三思。

新中国成立以后，我们又照抄苏联的一套。凯洛夫的教育学，也有一些可取的东西，但是有一个明显的缺陷就是绝对化，“一刀切”的东西多了一些。在社会主义社会里，我们的教育要有一个根本的指导思想，这就是马克思列宁主义。解放以来，广大教育工作者一直从事艰苦工作，坚守岗位，经过不少探索、试验、改革，取得不少成绩。但随着时代的发展，我们还要继续努力，这就是“坚持两分法，更上一层楼”。

我们的教育方针就是要培养千千万万的革命接班人。这一点，既不同于西方国家，也不同于封建时代。教育工作的各个部门，教学的各个学科都要朝着让学生在德、智、体几方面得到全面发展而努力。我们要给学生系统的、必要的知识，但还要引导学生去发挥自己的潜在能力，去积累更多的知识。所谓从小学到初中，从初中到高中，从高中到大学，这是表明从一个成熟阶段进入另一个起步的阶段。教学是一个整体，各个学科都要尽最大的努力，各个部门都要互相配合。以错别字为例，各科都要重视，不能只靠语文科来包。以体育卫生来说，只有体育老师重视还不行，各科教师也得重视。说到重理轻文，或者是重文轻理，都不对。数理化的思维逻辑的训练，对作文有关系；语文水平提高，对学习理科也有帮助。要相辅相成，互相促进。教育、教学工作要多一点辩证法，不要搞绝对化、片面性。我们要多一点求实精神，少一点形式主义。

二、有关语文教学的几个问题

语文教学牵涉到的问题很多，这里我只谈三个具体问题。

第一是口语训练问题。先秦时代，人们很重视学口语。孔子设四科，其一就是“言语科”。他说：“不学诗，无以言。”孟子也说：“予岂好辩哉，予不得已也。”他就曾和许行做过辩论。庄子与惠施也经常辩论，有过不少故事。晏子使楚，唐雎不辱使命，也显示出非凡的口才。孔融在少年时，就能对答如流，难倒对方。诸葛亮舌战群儒，是《三国演义》里有名的故事。封建中期以后，就越来越不重视口语训练，一味十年寒窗写八股文了。人们反而用孔子说过的“刚毅木讷近仁”“巧言令色鲜矣仁”来作为辩护。其实孔子这两句话是指人的品质而言，并没有反对语言的学习。

“言为心声。”语言是一个人的思维表达，也反映了一个人的内心世界。日本教育目标中有一个项目，就是要求学生有当众表达自己意见的勇气。说和写，似乎是两回事，但基本上是一致的。能说不能写，能写不能说，这些情况是有的，但毕竟是少数，而且是个缺陷。能说又能写，这不是更好吗？

说的能力，从某一个角度来说，比写还困难。因为写可以起稿，可以多想，可以构思，可以修改。说话就缺乏这些条件，说出来就得比较准确。俗语说：“一言既出，驷马难追。”这表明说话的重要性。处于现代化的时代，人与人之间的接触更频繁，通信设备越来越发达，用说话办事的机会就更多，因此语文教学要重视口语的训练。在这里附带说说推广普通话，这也十分重要。我们的新宪法第十九条规定：“国家推广全国通用的普通话。”一个国家要有一种统一的标准语言，一个受过现代教育的公民要懂得普通话。这是国家文化教育发达程度的标志之一。爱家乡，爱家乡的山山水水，也爱家乡的语言，这是美德；爱家乡和爱祖国是相通的。然而拒绝普通话，歧视外乡人，却是落后的表现了。讲普通话不是天生的，而是学习和锻炼的。讲得不好怎么办？不要紧。我认为，只要敢于“张口讲”，就给六十分。敢讲、多讲，就会进步。

第二是阅读问题。世界各国的教育，一般都重视阅读能力的培养。杜甫说："读书破万卷，下笔如有神。"顾炎武说："读万卷书，行万里路。"这都阐明多读的重要性。要提高学生的阅读分析能力，要有一定的阅读量才行。有些中学教师反映，认为现行语文课本选入课文太多了。如果从阅读量来说，是不算多的。现在很多国家都出版大量读物给青少年儿童看，连封面、纸张、印刷都很讲究。我们对学生的估计不宜过低。凯洛夫有量力性的原则，赞可夫有高难度的原则，把两者对立统一起来就全面了。阅读也要照顾到学生的量力性，但也要对他们接受能力估计高一点。上海育才中学的经验，是从抓教育思想入手，又创造出"读读、议议、讲讲、练练"的教学方法，是取得效果的。我曾经去听课，学生在议议时确实能够开动脑筋，很多问题都由自己解决。我在贵阳看过两所中学，有一所中学的试验班搞得不错，我问他们是不是学育才中学的，他们说不是。可见经验、办法是人创造出来的。

第三是写作问题。重要的问题是首先解决为什么要学写作。答复是"需要"。如果是为作文而作文，那是不对的，不行的。因此，学习写作一定要学用得着的东西，管用的东西。

写作有两大类，一类是应用性的（广义的，并不是指所谓"应用文"），一类是文学性的。第一类是人人都要学、都要用的，但目前的作文教学却十分忽视。文学性的文章不是人人都需要写的，但是文学素养，就是对文学有理解能力、欣赏能力、鉴别能力，是人人需要的。药品的说明书，有很多写得不通顺、不明了，有的写得言过其实，让人不敢相信。有一次我去看病，医生在诊断书上写着："（1）好转期；（2）继续药物治疗；（3）一个月后复查。"只有三句话，十来个字，就写得明确，解决问题。我赞成中学生学习写作，首先要管用，文学写作可以学一点。"假、大、空"的文风要不得，老八股、洋八股、党八股、帮八股都要反对。培养学生写作，不一定篇篇都是长篇大论，写一段也可以嘛。需要训练什么就写什么，要实际，要有用。

1983年4月

“文道统一”也有“现代化”问题*

我一向主张“文道统一”。不论社会上刮哪股风，我从来没改变过这项主张。今天还是这样主张，不改变。

近几年，我又不断呼吁，语文教学应当朝着现代化（中心是科学化）的方向努力。

一说“现代化”，我们很容易想到内容问题，尤其是方法问题。是的，内容和方法确实应当力求现代化。

不过，语文教学的这个根本原则“文道统一”，它的本身就有个“现代化”的问题。这里有三个概念：“文”，“道”，“统一”。都得现代化。现代化的文，现代化的道，现代化的统一。

需要培养什么样的语文能力？社会主义现代化建设所需要的语文能力。现代社会需要有很高明的说话能力；需要有科学化的读书能力，读得快、抓得准、记得牢；需要有现代生活、现代工作、现代科学所需要的写的能力。说，读，写，都要讲求效率。这恐怕就是“文”的现代化。

在我们实行开放政策，和许多国家有了政治、经济、科学、文化的交往，许多人对那些国家的社会有了些了解而又了解不多不深的今天，在许多青年勤于思考，喜欢探索新的事物，新的问题的今天，在我们大兴改革之风的今天，在年轻人极需思想上的指导而他们又对不切实际的空洞的说教表示厌倦的今天，我们需要向下一代进行有针对性的，为他们愿意接受，确有实效的思想教育工作，而语文课则应当研究在很好地担起前边说的培养现代化

* 本文摘自张志公先生 1983 年 12 月在全国中学语文教学研究会第三次年会上的发言。

语文能力的过程中应当和可能分担上述思想教育工作中的哪些部分，达到什么样的预期目的。朦朦胧胧，空喊“重视思想教育”的口号不行，定些不切实际的条条框框也不行。一切要实事求是，讲求实效。这些大概属于“道”的现代化的范围。

怎么“统一”呢？统一不是“文＝道”，不是“道＝文”，也不是“文＋道”。应当是文中有道，道中有文，相辅相成，互相促进，而不是互相掣肘，互相干扰。

语文教学中陈陈相因的东西太多了。这不能不说是我们的语文教学至今还基本上停留在低效率的境界的重要原因之一。要努力向现代化的方向迈进。不能再停留在文道关系的辩论上，而要研究现代化的“文”和现代化的“道”的具体内容，研究现代化，即科学化的“统一”的具体做法。

关于改革语文课、语文教材、语文教学的一些初步设想*

从1977年起，在搁置了十来年之后我重新接触了语文教学问题。六七年以来，在社会主义现代化建设新形势的鼓舞之下，在全国范围内空前高涨的学术研究空气的推动之下，我重新回顾了语文教学的过去，也回顾了自己以往研究这个问题走过的路程，深深感到，自己的认识需要前进，不能停留在十几二十年前的境地止步不动。逐渐，对于语文这门课程，对于语文教材，对于语文课的教学，产生了一些想法。思路大致是这样的：经过大家的努力，语文教学很有些改进，但是无可讳言，仍旧有不小的问题存在，普通教育阶段仍旧没能把学生的语文能力培养到应有的水平。这是什么道理呢？语文教学这件事为什么这么难呢？于是重新回顾传统的语文教学，重新认识它的得失利弊，拿近几十年来的语文教学和传统的做法进行比较，看看现代的语文教学从传统那里继承了些什么，对它改革了些什么，在原有的基础上开创了些什么，还遗留下一些什么重要问题没解决，不断发展的形势又提出了一些什么新的有待解决的问题，这样，对于当前语文教学的成效不够理想的症结所在似乎看得清楚一些了。在这样的基础上，逐渐形成了怎样从根本上、较大幅度地改革语文教学的构想。构想的基本点是：语文教学要面对当前的和今后的社会需要；既要继承传统的好经验，更要清醒地看到并且坚定勇敢地革除传统遗留下来的重大积弊；要使语文教学朝着科学化、高效率的方向前进，成为培养新的建设人才的基础工程的重要组成部分。构想涉及这

---

* 本文是张志公先生于1984年7月间在课程教材研究所召开的语文教学改革座谈会上的讲话。庄文中做了记录。

门学科的课程设置、教材和教学几个方面。当然，构想无疑还是很初步的、粗糙的。这里就顺着前边说的思路，先着重谈一谈认识，然后提出那个不成熟的、粗线条的构想，作为引玉之砖抛出来，和大家共同探讨。

一 对传统语文教学的再认识

1. 为什么需要再认识

20 世纪 50 年代末到 60 年代初，我用了点功夫探索了一下传统的语文教学，写成一本小书《传统语文教育初探》(附蒙学书目稿)①。那次，主要做了两件事。一是把传统语文教学的有关资料广为收集，进行了初步的整理，作为研究这个问题的基础，编写成那个《书目稿》。尽管还是个“稿”，并且是作为那本书的附录的，我个人并不看轻它。要研究问题就必须先在资料方面下点功夫，既是为自己研究的需要，也可为别人研究服务。二是从传统语文教学的做法中探求到几点经验。首先是关于汉字的教学，包括集中识字教学的做法和写字教学的做法。其次是关于阅读训练和作文训练的一些做法。随后又写了一些文章发挥探索之所得，例如在《漫谈语文教学》中提出学好语文要“过三关”(“字关”，“句关”，“篇章关”)的说法，就是从传统经验中来的。那次探索形成了我自己对传统的认识，并且由于写了书，写了文章，在多处讲过，也就和社会上研究传统之风多少起了一些配合作用。例如，集中识字教学实验的开展；有些学校在作文教学中运用《初探》介绍的宋人谢枋得提出的所谓“大胆文”“小心文”的观念；《初探》着力介绍的欧阳修、朱熹、程端礼、唐彪、王筠诸人的教学语文的观点引起一些同志的兴趣和重视，以至出现了集中介绍前人对教学语文的论述的书，等等，就是几件比较明显的事实。

我至今认为，对传统经验进行整理，总结，分析，介绍，这项工作是应当做的。前次的探索，还是很初步的，今后需要继续做，已经拟订了一个计划，准备对《初探》进行较大幅度的修订和补充。

但是，近几年逐渐感觉到两个问题。第一，前次的探索有个明白的意

① 上海教育出版社，1962 年 10 月初版，1964 年 8 月第二版，1980 年 6 月重版。

图，就是向传统寻求经验，讨办法。因此，对于传统做法的消极影响这一面，注意很不够。曾经提到传统的语文教学忽视口头语言这个问题，然而只是在《初探》的《后记》里附带一笔，没有作为一个重要问题认真讨论。从那以后，在不同场合也曾零零星星谈到传统教学的某些弊端，然而没有进行比较全面系统的探讨，认识是很不深刻的。第二，就是总结出来的某些正面经验，例如集中识字，尽管在历史上确实起过好的作用，今天也仍旧有参考价值，然而随着时代的进展，随着文化、科学、教育出现了新的形势，提出了新的要求，旧经验拿到今天来，它所能起的作用就和历史上的情况不同了。我们不能拿今天的观点要求前人，但是应当根据今天的需要来考虑怎样正确对待前人的经验。李时珍是伟大的，可敬的，他留给我们的遗产是珍贵的，然而毕竟不能指望李时珍来解决我们今天的药物科学了。由于以上两点，我深切感到，需要对传统语文教学进行再认识。

1977 年以来，全社会的头脑清醒一些的人们几乎共同认识到，由于我国封建社会的历史特别长，并且是两三千年连绵不绝，中间没有割断过，没有受到大的冲击（辛亥革命的冲击是微弱的，五四运动的冲击强烈些，然而在整个的半封建半殖民地流风的笼罩下，所起的作用也还是有限的），封建社会的观念形态渗透到全社会的各个领域，各个阶层，源远流长，根深蒂固，直到今天还从许多方面反映出来。为什么人治的习惯势力那么大而法治那么难？为什么生产上、经营管理上，那么习惯于松散的、粗放的方式？为什么重男轻女的观念，种种封建迷信的观念，还有那么广阔的市场？等等，从涉及政治、经济等很大的问题到日常生活中的一些小问题，许许多多都能从长期的封建社会找到根源。新宪法征求意见稿在总纲部分提到“反对……封建主义残余思想”，经过上上下下反复多次的讨论，在定稿时终于把“残余”改成为“腐朽”。人们认为，不是零零星星的一点“残余”，还很不少，还在好些方面起着不小的作用，要清除它还需要相当长时间的不懈的努力，不是轻而易举的。

那么，封建社会的观念形态在教育领域有没有遗留，有没有影响呢？要说一点都没有，那恐怕是很奇怪的事情。教育真的是个“清水衙门”，唯我独清，唯我独醒，唯我早就和封建社会的东西彻底“划清界限”了吗？且不说19世纪末办新学堂的时候还是半封建社会，今天，离开那个半封建社会也才30多年啊！

如果有，反映在教育领域的哪些地方呢？

这里不可能讨论教育的整体。让我们把讨论收缩在大中小学各门学科里，收缩在语文学科里。

19世纪末开始办新学堂，从学制、课程设置到教科书，大都是从东西方各资本主义国家搬来的。像我这样年岁的人就已赶上，初中高中六年，数学、物理、化学三科的教科书用的统统是外国来的英文课本，原封不动，照用照学。那些课程，中国封建社会的观念形态是不大有的。独有语文（当时称国文）这一科，无法从外国搬。内容无法搬；而内容，一头联系着教学目的，一头制约着教学方法；因而，这门课从目的，到内容，到方法，基本上是土生土长的，最富于民族风格，只不过形式上分成一册一册的，一册里边分成一课一课的。（中学连这个形式也不大用，还是一篇一篇的，这一篇用两课，另一篇可以用五课，某大学教一年级国文的一位教授，一学期只教了一篇庄子的《秋水篇》。）

既然率由旧章，无疑在语文这门课里就带下来丰富的传统教学的东西。咱们如果要研究传统教育，从数、理、化、生、体育、美术这些功课里是很难找到材料的，但是从语文课里却会找到许多，至少会看到不少传统的影子。

语文这门学问主要是语言文字之学，而语言文字是一种客观存在，所以多年的传统教学肯定会摸索出符合客观存在的语言文字以及学习它的某些规律的经验。这些经验是可贵的。然而教育和教学又是属于观念形态范围的事，渊源于封建社会的教学传统无疑又会贯穿着封建社会某些观念形态的东西在内。这些东西是陈腐落后的，不符合时代需要的，妨碍教学工作前进的。传统语文教学就是这两种东西的杂糅，既有某些好的经验，又有不少落后因素。两种东西融合为浑然一体，泥沙俱下，难解难分。

传统的力量是很顽固的。世代相传，年深日久，人们早已司空见惯，习以为常，觉得事情就应当是这样的，无可议论。特别因为里边确实还有些好东西，就更不容易看到它杂有很不好的东西。色呈金黄，而且闪光，不经过化学分解，怎么能知道它不是纯金而是杂有别的成分的合金呢?“熟读精思”“拳不离手，曲不离口”“多读多写”，这些经验，谁能说它不对呢?

“不识庐山真面目，只缘身在此山中。”我自己就曾钻进传统语文教学这个庐山中去。我发现，庐山中人是很不少的。因此感到需要跳出庐山，站到外边来，前后左右仔细端相端相——客观一些，对传统语文教学进行一次再认识。

2. 怎样认识

仔细一端相，传统语文教学头绪很简单，一点都不复杂。一共干两件事：一是花大力气对付汉字，一是花大力气对付文章。目的是：应付科举考试。简要地概括一下：识字加作文章＝语文教学；语文教学的目的要求→达到考中举人、进士的水平；考中的效果→做官。说穿了，就是这么一回事。

单就教学而论，花大力气对付汉字有符合实际的一面。第一，汉字这种文字体系有它的特点，有它的优越性，但是相当难学，尤其是在初学阶段。第二，历史上特别重视书面功夫，必须把文字学好。第三，读的写的是文言，文言与实际使用的口语有很大的距离，读写文言全靠文字功夫。有此三点，所以汉字必须花大力气去对付。

由于长时期花大力气去对付，逐渐摸到了汉字和学习汉字的一些规律，积累了不少经验。这些经验对于我们研究汉语汉文有用处，对于我们教学汉语和汉字也有可参考的价值。

我国历史上从来就重视文章。早在三国时代的曹丕就说：“文章经国之大业，不朽之盛事。”此后，历代统治者都是以文章取士。朝廷通过考试选拔他们所需要的人才，而考试就是考作文章。“念书人”竞逐功名利禄，只有在文章上下功夫。识了字就读文章，读古圣先贤的经典，读历代的名篇佳作，要读得通透，背得烂熟。读文章是为了写文章，要揣摩，要涵泳体味，得其精髓，以便于模仿得形近神似。杜甫说“读书破万卷，下笔如有神。”一般的“念书人”为考举人考进士做准备，倒也无须读那么多。直到没有多久以前不是还有人说过：“肚子里装上三百篇好文章就行了。”什么“行”了?写文章“行”了。写文章为的什么呢?不是为了致用，是为了去应考。宋代以下，文章选本层出不穷，多种多样：有按作家依次编选的；有按文章体裁分类编选的；有按时代先后顺序编选的；选文有多达几百篇上千篇的，有二三百篇的，也有少到几十篇的；有详批详注的，也有精评简注的。所有这些都是准备作课本用，供老师教，学生读、背、模仿的。古文选本之外，明清两代又出了一种更直接为应考服务的时文选本，或称闱墨。经典，古文，时文，这是读的主要内容，也是学写的主要范本。

能读能写了，然后去应考。

京剧有一出戏《二进宫》。三个主要人物之一杨波，有两句很形象的唱词："十载寒窗，七篇文章，才落得个兵部侍郎……"概括描绘得真好！"念书人"十载寒窗，辛辛苦苦，就是学作文章；学成之后，省试，会试，殿试，几篇文章（为什么是七篇，算不清楚，戏词不必深究）过了关，于是金榜题名，功名到手。——这个杨波已经爬到兵部侍郎（国防部副部长）还不满足，趁皇室派系斗争之机又捞了一把，谋得更高的官位。

也由于长时期在文章上下了这么多的功夫，我国历史上文章之学的发达，在全世界恐怕堪称独步。前边提到的曹丕的《典论·论文》，接着有陆机的《文赋》，都是论文的鸿篇，刘勰的《文心雕龙》更是文章之学的巨制。唐宋以下，论文的著作越出越多，蔚为大观。文章也出了许多卓有特色的风格流派：唐宋八大家，各有特点，此后公安、竟陵、阳湖、桐城，都是荦荦大者，至于小家小派，更是不可胜数。文章之学是我国文化传统中颇有光彩的一大宗遗产，尚待整理，总结。

汉字之学，文章之学，历史上积累了经验，给我们留下了值得珍视的遗产，我们感谢前人，绝不轻易抛弃，并且要总结，继承，发扬光大，为我们以及后人所用。

然而，我们不能不看到，作为教育工作的重要组成部分的语文教学，传统的那种做法有十分严重的流弊。根本的一点是：传统的语文教学已经完全沦为为封建统治服务的科举考试的附庸，并且是个并不高明的附庸。那么狭隘的一切为了考试，老师为考试而教，生员为考试而学，不仅培养不出我们今天观念中的人才，也培养不出足以强化封建统治的人才。发展到封建社会后期，语文教学越来越僵化，越来越无生气，不仅培养不出人才，简直成了培养人才的障碍。封建社会的观念形态制约了教育，使之不能健康的发展，被制约衰败了的教育又促进了封建社会的加速腐朽，就这样成了恶性循环。

二 传统语文教学的四大弊端及其影响

对传统语文教学再认识的结果，可以归结为两个方面。

经验方面主要有三点。一是建立了成套的、行之有效的汉字教学体系。一是建立了成套的文章之学的教学体系。一是建立了以大量的读、写实践为主的语文教学法体系。

问题方面主要也是三点。首先是语文教学的性质和目的——语文教学是科举考试的附庸，目的在于使受教育者获得参加科举考试的写作能力。这样的性质和目的决定了教学内容——识字加读古文加作古文（一般古文和八股文）。这样的性质和目的，这样的内容，决定了学语文的主要手段——记诵和模仿。

具有这样一些问题的语文教学，无可避免地产生了许多弊端，概括起来主要是下述四点。

1. 脱离语言实际。语文教学只管书面上的训练——识字，写字，读书，作文章，完全抛弃了口头上的训练——听话的能力和说话的能力。古代本来很重视言语能力。流传下来的先秦诸子百家之书，大量的是诸子演讲、论辩的实录或者非常接近实际的演讲、论辩的书面记载，无论如何，不是完全离开口头说话硬作出来的文章。直到两汉的史书里还记载了不少官吏们和学人们互相辩难的对话。《世说新语》里写了好些有捷辩之才的人物以至少年、儿童。封建社会中后期以下，越来越不理会口语能力了。对于儿童，多少进行一点“洒扫应对”的教育。所谓“应对”，属于伦理教育的性质，教的是长幼尊卑的称谓以及对尊长唯唯诺诺那类言词，如果也算是语言教育，那只是极偏狭的一点。至于书面上读的、写的，却是以先秦两汉语言为基础逐渐形成的文言，与生活中实际使用的活语言距离很大，而且越离越远，以至完全脱节。彻底脱离语言实际的语文教学是一种畸形的语文教学，对于发展语言能力和思维能力是很不利的。然而这种弊害不容易被察觉，人们往往以为能读点古书，写篇古文，就很不错了，想不到这样会脱离现实，引导年轻人只向后看，把古人作为学习的楷模，把古文作为学习的最高境界，古人和古文不仅是不可逾越的，并且是不可企及的，无形中制约了人们的思维想象能力和创新进取的精神。我们中华民族本来在世界上遥遥领先的文化、科学，到了封建社会后期逐渐停滞下来，落后下来，这和科举八股有很密切的关系。

2. 脱离应用实际。语文教学只管读、写，而读的、写的都与日常生活和工作中实际应用的东西无关。唐朝的诗人白居易还知道诗、文都应当“为时”“为事”而作，反对“嘲风雪、弄花草”那种无用的游戏笔墨；北宋的欧阳修自己动手写过不少判词，被人收在他的文集里；苏东坡写过医书药书，更是实际应用的文字；王安石的不少文章就是处理政务作的应用文。到了元明以下，念书人穷年累月，花费很多的时间精力学写八股文，而八股文则是全然无用的东西。语文教学主要围着科举考试的“指挥棒”转，不切实际，不务实用，这方面的弊病显而易见，不待多说。

3. 忽视文学教育。学塾、蒙馆多少教小孩子念点短诗，为的是易于上口，背诵，开讲四书、五经之后，不再把诗列为教学内容。词曲小说更不要说，不仅不教，甚至禁读。《红楼梦》就写了贾政认为宝玉喜欢读诗是不务正业，大观园里谁看看戏曲是见不得人的坏事。语文教学中教孩子们读古文，其中有些其实是文艺性的散文，可是并不当作文学来教，而是作为写文章的范例，也只是用来讲“起、承、转、合”那一套。至于要求写的什么“论”“说”之类，尤其是八股文，既不是实际应用的东西，也不是文学习作。文学教育很重要。孔夫子很重视学诗，唐朝也把诗列为教学内容，元明以下衰落了。至于后起的戏曲小说当然更被排斥于语文教学之外。关于文学教育问题，后边还要说到，这里暂不申论。

4. 忽视知识教育。这里说的知识，只指与语文教学直接有关的语文知识。我国本来有起源很早的、很发达的文字、训诂之学，稍后有声韵之学。然而在基础教育中并不教文字、训诂、声韵的知识。教字，教文章，也不运用这些知识。治文字、训诂、声韵之学的是很少数“专家”，和一般的语文教学无关。语文教学中有一个项目叫作“属对”或“对课”，就是教孩子们学“对对子”。这本来是很好的一种语文训练，其中包含着语义、语法、声韵以至逻辑训练的内容，可惜只是教孩子们知其然不知其所以然地记诵虚实、平仄和韵部，不教给他们有关的系统的知识——实际上，塾师们多半也不懂那些知识。明、清两代出过一点叫作《字学举隅》《文字辨伪》《声律启蒙》一类通俗的知识性读物，本身的条理性、系统性就很差，而印得又很少，流行也不广，始终没建立起适用于语文教学的知识体系。语文教学始终处于一种自发的而非自觉的、凭朦胧的感觉和经验办事的状态，靠老师耳提面命，靠孩子们自己去体会、摸索。我们本来有很发达的文章之学，可是始终没整理出一个条理来，没形成一套知识系统。好容易总结出一个“起、承、转、合”带有点规律性的模式，很快又变成了一种僵化的程式，发展成为八股文。一些有识之士反对八股，可又没能提出一种有用的系统知识，于是只得用“文无成法”去抵制它。就这样，传统语文教学十分重视的读写能力的培养和提高，一直是一件“可意会而不可言传”的事。不讲知识，甚至反对讲知识，成了传统语文教学的特点之一。

以上这四大弊端，影响是非常深远的。

前边说过，清末废科举，兴新学，国文一科基本上是率由旧章，那么传统的积弊继续存在，自然不在话下。

20 世纪 20 年代前后，五四运动给传统的语文教学以相当大的冲击。新文化运动，白话文运动，国语运动；大量的“五四”新文学作品的产生；西方不同流派的教育学说的引进：这些，对语文教学都有或大或小的影响。小学阶段语文课不再叫“国文”，改称“国语”，使用白话文了；使用注音符号给汉字注音，不再单靠以字注字的所谓“直音”了；有些学校，有些教师把新文学作品搬进课堂了；有些学校，有些教师，多少教一点语法、修辞知识了；《康熙字典》以外，陆陆续续出来一些新的工具书了；等等。语文教学从内容到方法，起了一些变化。新中国成立后，语文教学在内容上有了更大的变化。不仅在小学，就是在中学，古文退居到次要地位了，并且只要求读一些，完全不要求写古文了。教学方法也有了比较大的改变，并且进行过一些新的实验，取得了一些成绩。

然而，把六十年来的语文教学全面考查一下，和传统的做法对照一下，我们不难发现，传统语文教学的基本路子改变不大，积弊的影响很深。没有科举考试了，但是有了其他形式的考试。语文教学在很大程度上还是服从于考试的需要。教学内容，万变不离其宗，还是识字加读文章加写文章。仍旧相当程度的脱离，至少是忽视语言实际。只是在最近一段时间，才有比例不大的部分学校、部分教师开始注意一些口语训练，而在社会上，对于这一点还是有不同意见，不同态度的。写“错别字”是大家共同关心的大事，而念白字、说方言大家不以为意。书面上不大通顺的句子叫作“病句”，要治，说话支离破碎，语无伦次，不叫“病语”，似乎无须纠正。仍旧相当程度地脱离应用实际。作文，大体上还是写什么“论”，什么“说”，什么“记”之类；生活中用的，学习研究中用的，工作中用的文体，不受重视；中学毕业了，甚至大学毕业了，不会写公文，不会写商品说明，不会写实验报告，不会写病历等各种实际应用的东西，在毕业生中占的比例很不小。仍旧相当程度地忽视文学教育。20 世纪 50 年代中试验过一次汉语、文学分科教学，只进行了一年多就草草收场，从那以后甚至有过一个口号“不要把语文课教成文学课”。仍旧相当程度地忽视知识教育。社会上流行着种种论证不需要教语法、修辞等基础语文知识的说法，甚至有人说中学生语文水平差就是由于学了语法、修辞知识的缘故。在教学方面，正如吕叔湘先生在一次会议上说的一样，“新书一本，先生讲，学生听”（早期某套国文课本的第一课），仍旧是流行最广的教学方法。

九十高龄的叶圣陶先生从 20 年代起就从事语文教学工作，制定课程标准，在小学、中学、大学教语文，主持编辑语文教科书。前几年，他说：六十年来，语文教学没有什么改变。说六十年来如何，叶老是最有发言权的了。前边说的那些变化，他当然都清楚。他说没有什么改变显然指的不是那些，而是指的刚刚说过的那基本的路子和那源远流长、既深且厚的积弊。叶老的话是发人深思，值得我们好好想想的。

三　需要先明确几个问题

如上所说，传统的积弊既深且厚，一直影响到今天。为了适应今天和今后的社会需要，语文教学必须进行大幅度的改革。要改革语文教学，必须从这门课的课程结构入手。只有课程结构合理了，才谈得到教材和教学的改革，因为，教材和教学都是受课程结构制约的。

研究课程结构，必须把高等教育前这一阶段的语文教学作为一个整体来研究，从学前教育直到中等教育结束，包括普通中等教育和中等职业（专业）教育在内。不能一段一段地分段治理，既不瞻前也不顾后。此外，还得横向地考虑到语文课与其他课程的关系，不能孤立起来只管自己，既不左顾也不右盼。“瞻前顾后”“左顾右盼”，研究任何一门学科的课程结构都应如此，作为基础课程的语文学科更不能例外。

在探讨语文学科的课程结构之前，需要先明确几个问题。

1. 下一代需要什么样的语文能力

学校里设置语文课，目的是为了培养下一代，使他们在成年之后具备生活和工作在语文方面对他们提出的要求，也就是说，使他们具备生活和工作所需要的足够的语文能力。是什么样的语文能力呢？

“教育要面向现代化，面向世界，面向未来。”现代化的一个核心内容是科学化，一切方面都要科学化。语文教学要科学化；运用语言文字也要科学化。语言文字和科学的发展，和新的技术革命，首先是信息技术革命，发生了直接的联系；人们已经能够在千万里之外用自然的口头语言进行交际，处理工作，已经部分地能够用自然语言指挥机器，用自然语言对电子计算机发出指令已经不是遥远的事情；人类知识的增长越来越快，信息的传播越来越多，加上出版技术的迅速改进，相应地，各类书籍报刊的出版也将越来越快，越来越多，使人目不暇接，“汗牛充栋”“浩如烟海”已经不是夸张说法了；无论传声技术、信息技术发展多么快，口头语言始终不可能取书面语言而代之，相反，对书面语言能力和效率的要求将会越来越高。在这里我们不妨想一下所谓“面向未来”。如果说，太远的未来是怎么个样子我们没有能力预见预想的话，那么 20 世纪末、21 世纪初，也就是距今十五至二十年的这个近未来，我们多少是能够预见预想一些的。只用一个标志来说吧：那时候第五代电子计算机肯定会出世了，而第五代计算机的特点之一就是用自然语言而非程序语言来指挥，就是在我们这个国家，电子计算机肯定会成为工农业生产部门、管理部门的日用工具了，甚至会进入不少人的日常生活领域了。生活、工作，一切活动的节奏都很快，一切都要求高速度、高效率。今天进小学一年级的学生，那时候正好大学毕业；今天进初中一年级的孩子，那时候已接近30岁；今天进高中一年级的青年，那时候正是30岁出头，成为各项事业的生力军和骨干力量了。他们，这些大学毕业生，30岁上下的社会中坚力量，将需要什么样的语文能力呢？他们普遍需要的将是如历史上描写智力超常的“才子”们那种“出口成章”的能力，因为他们要用自然的口头语言处理工作，指挥机器干活；那种“一目十行，过目成诵”的阅读能力，因为他们需要读的东西太多了；那种“下笔千言，倚马可待”的写作能力，因为他们的时间很珍贵，必须在尽可能短的时间里写出他们生活和工作中需要写的东西。那时候社会上还需要有“低吟长啸”的诗人，“斟词酌句，反复推敲”的作家，或“婉约”或“豪放”或“典雅”或“诙谐”的语言大师，人们还需要文学。不过，处理生活和工作中的实际问题的敏捷准确的高效率的口头和书面语言能力，将成为每个人的需要。“假，大，空”的东西将被社会无情地淘汰。能用尽可能经济的语言材料传递尽可能多的信息，达到尽可能高的准确性和可理解性，收到尽可能强的表达效果，将被认为是写作的高手。

多少个世纪以来，地球上的各部落，各民族，各国家是在既互相竞争（以至争斗）又互相学习之中走过来，走到今天的。没有互相竞争，人类不会有今天的文明；没有互相学习，人类更不会有今天的文明。科学使得地球越变越小了，各民族、各国家的人们接触越来越多了，锁国主义成为历史陈迹了，既互相竞争又互相学习这种有趣的关系越来越发展了。下一代必须成为一个个了解世界的国际性的人，既有跟人家竞争的能力，又有向人家学习的能力。无论竞争或学习，语文都是不可少的工具，掌握运用语文的能力越高，竞争、学习的能力越强。从这个意义上说，单单掌握母语是不够的，还需要会些外语。（当然，母语是基础。）

以上是对下一代需要什么样的语文能力的一个粗线条的描述。今天考虑语文教学，考虑语文的课程结构，不能不从这个摆在面前或者就要摆在面前的需要出发。教育的周期是长的，是为未来服务的。搞教学工作不能不往前看。当然不能脱离今天的实际，但是脑子里不能没有个未来，——未来的生活，未来的社会，未来的世界，未来的需要。无论如何，有一条是肯定无疑的：今天的和十几二十年后的年轻人所需要的语文能力和当年的秀才们、举人们、进士们、状元们所需要的语文能力大大不同了！这是我们探讨语文教学改革的时候必须时刻在念的！时至 20 世纪 80 年代，这句话似乎不需要说甚至不该再说了，然而又不能不说，因为传统实在太深厚了，举人、进士们和“迁客骚人”们的幽灵依旧不时地出现，在我们的周围游荡着，影响着我们的精神，甚至左右我们的思考。

2. 在语文学科内，知识和实践的关系应当是怎样的

在古代（不是说很古，只是说在 20 世纪初废科举兴新学之前，至多再往前推个把世纪，推到所谓“西学东渐”之前），各行各业的人，无论是种田的，做工的，驾车的，行船的，开矿的，炼铁的，行医的，画画儿的，唱戏的，作诗为文的，等等，能力都是主要凭经验获得的，即使拜师受业，也主要是从旁看着，学师傅的样儿，模仿，揣摩，体会，亦步亦趋，师傅耳提面命，稍加指点，然后由徒弟自己去摸索，实践。就凭着那套办法，各行各业都出了不少人才，有的达到了很高的境界，取得了很大的成就。只是，速度慢，效率低，出人才出成就的数量少。到了现代，情况大大改变了。

儿童从生活里接触了“数”这个东西，时常要用。“家里有三口人”，“喂了十只鸡，死了两只，剩下八只了”；“过节包饺子，每人二十个，三口人得六十个”；如此等等。在这样一些实践的基础上，一入学就有了一门课，开始教给孩子们有关“数”的系统的知识：加，减，乘，除；整数，小数，分数，乘方，开方；比例，正比，反比；等等，都够抽象的啊！孩子们学着并不多么难，因为多多少少有过些实践的基础，并且一边学着一边继续实践，算距离，算面积，算体积，算重量，算速度，等等，随即和别的学科结合起来，知识越学越多，实践的方面越来越广，能力越来越高，循环往复，不断前进。别的学科莫不如此。且不说物理、化学、植物、动物那些学科。就连画画儿，在孩子们从生活中东看看西看看，涂涂抹抹的实践基础上，很快就教给他们静物写生，什么光线、亮度、阴影、远近、大小、透视等，这些基本知识，于是慢慢知道了怎样就有了立体感，画出个苹果来不再是平面的了，怎样就有了质感，不再都是光溜溜的了。唱歌，体操，也不例外。总之，方方面面都在遵循着一个路子：从知其然不知所以然的盲目实践取得一点感性知识，取得一些经验，在此基础上，通过适当途径，经过努力，达到理性知识，以之指导实践，提高实践的自觉性、准确性和质量水平，然后再认识，再实践，不断前进，不断提高。

唯独语文教育，走的不是这样一条道路。幼儿从两周岁左右口头语言就能听能说，并且相当完整了。经过四五年，没有一天不听许多话，说许多话，有了大量的实践，积累了丰富的经验，具备了充分的感性知识，比对数理化生哪样的实践都多，感性知识都多，可是进了小学，进了中学，始终不向孩子们提供系统的语言知识，始终走着模仿、体会、摸索的道路，直到中学毕业，怎么说，怎么读，怎么写，还是全凭经验办事，说不出个所以然。这是为什么呢？是语言这个客观事物没有规律可言，没有系统的知识可讲，还是它的规律太玄，不好认识，关于它的知识太难，无法学习？恐怕都不是，而是前边说的传统忽视知识教育的积弊在作怪。前边说过，连画画儿、唱歌儿那些艺术活动都有规律和知识可讲，讲了就有指导实践的作用嘛，为什么独独语言不行！实在需要从传统加于我们的忽视以至否定语言知识这个桎梏中解脱了！要加紧研究有关说话、读书、写文章的科学的知识系统，把教学这些知识和指导运用这些知识于听说读写的实践活动科学地组织起来。如果说，我们对这些知识研究得还不透彻，教学知识还不得法，那是对的；但是否定知识，认为提高语文能力根本不需要科学知识，甚至根本就没有科学知识可言，这种认识是错误的，对于提高下一代所需要的语文能力是不利的，应当彻底改变。

3. 要不要学文学

任何人都不能没有一点文学生活（连盲人也要听音乐，听评书，聋人也要看戏），这道理我们这里就不多讲了。从教育的角度说，文学教育的意义，大家多半是有所认识的。例如，好的文学作品能够陶冶人的性情，培养美好的情操，提高人们的精神境界，这都是大家常说的，也都相信的。其实还不止这些。如果说，人们的思维活动大体上可以区分为逻辑思维和形象思维的话，那么，文学，无论创作或欣赏，主要是诉之于形象思维的，需要联想力或想象力，需要一种源于生活实际而又超脱于生活现实的创造性的思维能力。（事实上，绝不是只有文学家才有，才需要这种能力，政治家、科学家同样有，同样需要，正像文学家也不能不进行逻辑思维一样。）从这个意义上说，文学教育对于儿童和青少年的智力发展所起的作用是十分巨大的。似乎不止一位思想家和教育家说过这样的话："很难说，莎士比亚和牛顿谁需要的想象力更多一些。"的确，莎士比亚塑造那些人物形象固然需要丰富的想象力，难道牛顿没有足够的想象力就能够发现万有引力吗？切不可认为学数学只需要逻辑思维。"0""∞"等，许多数学观念十分抽象，要有活跃的想象力才能理解的。人们已经在研究最高倍数的望远镜也看不到的宏观世界，最高倍数的显微镜也看不到的微观世界，没有足够的推理与想象高度结合的能力行吗？优秀的文学作品之所以能够让最伟大的政治家、军事家、科学家读得入迷（这类故事很多很多，这里不需举例了），绝不是这些"家"们向文学作品寻求消遣，而是文学作品里那些活跃的、创造性的思维活动因素跟这些"家"们的头脑是息息相通的。从教育的角度考虑，文学教育的意义和作用太重大了。

传统的语文教学严重忽视真正意义的文学教育，这种积弊同样一直影响到现在。目前的语文教材里有比例很不小的文学作品，但并不是用来进行文学教育，而是用来进行"读写训练"的，连古典文学作品也不例外。这样的语文教学、语文教材，实际上是一种互相掣肘、两败俱伤的做法。它既没有能力培养上文说的现在和未来的年轻一代所需要的那种说话、读书、写作的能力，因为它用的大部分材料是文学的，包括相当比例古典的；又不讲现代的科学语言知识，内容制约着方法，只能还是传统的那种低效率的摸索前进的路子；它也没有能力进行真正意义的文学教育，因为交给它的任务是培养"读写能力"，"不能把语文课教成文学课"！

应当向儿童、少年、青年进行文学教育。并不要求人人，也不要求很多人成为文学作家，但是应当要求所有受过教育的人都能理解文学，欣赏文学，具有文学的鉴别能力，接受优秀文学作品在道德情操方面以及敏锐深入地观察社会生活的能力和丰富活跃的想象能力方面的感染、熏陶和启迪，也就是说，具备必要的文学素养。

文学教育的任务和前边说的那种语文教育的任务，能够"相辅相成""相得益彰"地、和谐地结合在一起吗？当"语文能力"和"文学素养"这两个概念都比较朦胧、模糊的时候，结合是可能的，甚至是很容易的；当时代的进展、教育的方向使它们越来越明晰、确切的时候，结合的困难恐怕就越来越大了。

4. 怎样处理我国语文教学中两个特有的问题——汉字问题和文言文问题

我在多处多次讲过（口头上讲，书面上写），汉字这种文字体系有它的优越性，在可以预见的未来是不能废除，也废除不了的，因此必须教，必须教好（现在还不够好）。既在多处有文字的东西发表，这里就不再重复论证了。但是仅从教育的角度讲（撇开信息处理和国际文化交流那些问题不谈），初学阶段难，是一个不可小视的大问题。所谓“初学阶段”，我指的是学会1000字以内。在这个阶段内，认识不易，理解记忆不易，书写更是十分困难，所以教学进度很慢。1000是个约数，不是绝对数。把界限定在这里的一个重要理由是，用1000个左右的字所能组成的书面语言还是极简单的，极贫乏的，和五六周岁或六七周岁的儿童的口头语言能力差距很大。这种简单贫乏的书面语言所能提供的内容，远远低于儿童的口语能力、思维能力和求知愿望，远远不能满足儿童的需要。这对儿童的早期教育是极为不利的。而另一方面，汉字在学习上的有利因素，至少要到学会1000个字以上才能逐步发挥出来，真正学会、学好2000多个字，有利因素才会充分地得到发挥。这2000字以内，特别是1000字以内的这个初学阶段怎么办，是若干世纪以来，直到今天，所有从事教育工作的人殚精竭虑寻求解决办法的一个“老大难”问题。

1984年11月，我和一位年轻同志齐林在北京的一所小学和上海的两所小学做过一次测试。测试有两三项内容，这里只说主要的一项。我们从小学四年级用的“地理常识”课本中选出一课《首都北京》，从四年级“自然常识”课本中选出一课《水》，用汉语拼音写出来，拿给小学一年级和二年级的孩子们读（他们学过汉语拼音，但是没学过按词连写，所以我们也是按字拼音的）。给他们一刻钟左右的时间准备，然后指定学生读，他们都能读出来，只是流利程度有差别。然后提出问题要他们回答，都能答出来，并且很有兴趣，很活跃，表明他们读懂了，理解了，而且喜欢读。（测试是完全在“突然袭击”的情况下进行的。我们只先打招呼说，要到学校去，没说去干什么。到了学校之后才说明来意，把测试材料拿出来，请学校领导指定一个班，把任课老师请来，说明测试办法，并且就请任课教师去做，像平日做个小练习一样。这三所小学，只有一所是进行类似黑龙江“注音识字，提前读写”实验的。另外两所，一所是重点小学，一所是非重点小学，都是按常规进行教学，没做任何特殊实验。）作为抽样调查，抽样太少，测试方法也过于简单，记录更不详细，所以不足据以得出什么有力的结论。不过，至少提出了一个问题：目前的小学教育是不是把二年级的孩子能理解、能接受而且有兴趣的东西推迟了两年左右才教呢？如果的确有所推迟，是什么原因？是应当推迟？还是对孩子的能力估计不准？还是由于文字障碍？上边说过，我们不能根据这么一次测试得出什么结论。不过，联系一向所了解的有关情况，我们越发相信，汉字初学阶段的问题必须解决，能够解决，大有解决的余地。

必须在学龄初期从汉字的束缚中解脱出来，让孩子们接受更好的早期教育，更快地成长，同时又必须把汉字学好。——处理、解决这个矛盾是语文教学改革义不容辞的责任，并且是一件非同小可的大事。

关于文言文，近来《中学语文教学》月刊上展开了辩论。这是十分可喜的现象。这么个大问题，不论证清楚就那么朦朦胧胧、率由旧章地搞下去，实在不是办法。

我个人的意见是：文言文是客观存在，并且是大量的，是还有用处的遗产，不能抛掉，下一代不能全不接触，全不读。但是，必须把教学文言文的目的，也就是我们指望文言文为我们的下一代解决什么问题，它能够解决什么问题，进一步搞清楚。这里同样要看到今天，想到未来。文言文的处理，要有更合理的办法。关于这个问题，留在下一部分再谈。

四　一个初步设想的粗线条的轮廓

以上一、二两部分对以往的语文教学，包括封建社会中后期以下的传统语文教学和废除科举、八股，兴办新学堂以下的现代语文教学，做了一个粗略的回顾，试图找出成效一直不大的积弊所在。三、四两部分打算试着在一、二的基础上向前看一看，探求一下改革之道。为此，前一期的三，先谈了谈为进行改革必须先明确的几个问题；这一期的四，也就是全文的最后一部分，“图穷匕首见”，“丑媳妇终于要见公婆”，不得不把一个极不成熟的、非常粗糙的设想“端出来”，交付“审阅鉴定”了。肯定不会“及格”的，不过，只要多少引起点注意，在春意盎然的池水中吹起小小的几圈皱纹，招来一些指谬正误的批评，我也将引为荣幸。特别因为我近年又重新分管外语方面的工作，同时兼在两所学校兼教点研究课，交了这份卷子之后，相当时间之内不再参与语文教学方面的事了。这份东西就算我学习语文教学二年级（1979 至今）的期末考卷吧。以后等什么时候如果又进了三年级再说。

1. 要统筹规划

从基础教育阶段开始——幼儿教育，到小学教育，初中教育，再到普通高中教育和职业高中教育阶段，语文教学的全程应当统筹规划，有计划地一步紧接着一步地往前走。小学不知道幼儿园干了些什么，初中不知道小学干了些什么，高中不知道初中干了些什么；反过来说，幼儿园不知道小学要干什么，要求幼儿园做好什么准备，小学不知道初中要干什么，要求小学做好什么准备，初中不知道高中要干什么，要求初中做好什么准备：这种“铁路警察，各管一段”的情况是不能许可的。同时，横向的关系也在统筹兼顾的范围之内。随便举例来说，初中二年级的学生开始学平面几何了，那是运用推理、论证等逻辑思维形式最集中的一门课。几何课的开始无疑对语文课的某些方面有重要的助益，同时几何课也需要语文课给予配合。开始学植物学的形态分类无疑与语文课里学习语法之类的知识有许多共同处，配合得好可以收到相辅相成、相得益彰的功效。至于语文课与外语课，语文课与历史课等，需要和可能沟通，更加明显，毋庸论述。“邻居高打墙”，关起门来各干各的，绝非好办法。各科知识互相渗透、互相作用，不仅仅是科学知识高级阶段的事，从基础阶段就是如此，就教育工作而论，就应当统筹全局，采取合理有益的措施。

各个不同教学阶段的语文教学工作的规划要打通，同一教学阶段的各科教学工作的规划要打通。各种方式的分工是必要的，而多方面的协作是更加需要的。教育、教学都是有机的整体，纵横割裂成互不相干的许多小块不好。统筹规划主要是教育、教学领导部门的事，课程、教材、教学研究、设计者的事。不过，作为任何一个教学阶段的任何一门课程的教师，也需要具备这样的了解，并且努力使自己具备上下左右都能打通考虑所必需的准备。

本文是谈语文教学的。不过，笔者认为，打破“铁路警察，各管一段”的风气，做到上下左右统筹规划，是教育教学改革应当包括的重要内容之一。所以先把以上这个意思说了说，下边再集中谈语文。

2. 关于幼儿语言训练

幼教阶段，语言训练可以说是中心环节。不仅是语言本身的训练，连思维训练、知识教育、思想教育，都在其中。可以有专设的语言训练课，也可以同时还把语言训练和唱游课结合起来，寓语言训练于游戏之中。语言训练要与幼儿的思维能力相适应，同时又要通过语言训练来发展他的思维能力。例如，对幼儿来说，时间概念比空间概念难理解，难建立。“门后边”“门外边”好懂；“昨天”“明天”难些；“在很远很远的地方”，孩子似乎能够理解，能够想象，虽然他想到的“很远”还不够远，他更不会有“无限远”这个概念，但是“很久很久以前”，幼儿就很难理解，很难想象。抽象事物的概念不一定都难，实体事物的概念不一定都易。简单的类推、归纳、演绎这些思维形式，不大的幼儿就会使用（虽然有时候发生错误），他们同样运用这些思维形式学习语言，语言训练又会掉转头来提高他们正确使用这些思维形式的能力。心理语言学的知识对于进行幼儿语言训练是非常有用的。语言是人类知识结构中最低的，也就是最基本的一个层次，中层和高层都是以它为基础建立起来的；在智力发展的过程中，语言同样是最基本的工具和媒介，语言发展和智力发展的关系，在越低的教学阶段，关系越密切，在幼教阶段几乎是不可分的。似乎不必忙于教幼儿识字。教幼儿识些字并不十分困难；多花点力量，教他们多识些也是办得到的。然而，当他们所识的字和他们的语言还联系不起来的时候，和他们的生活知识还联系不起来的时候，并且也只能识还不能写的时候，用处是不大的。而识字要用相当多的时间、精力，势必分散了对语言训练的注意，挤掉了相当大的一部分进行语言训练的时间，其结果是于思维能力、智力的发展不利。用分散对语言训练的注意、挤掉一部分语言训练的时间为代价来换取识一批字这用处不大的成果，恐怕是得不偿失的。在识字的当时以及其后的一两年、两三年内，很可能看到早识字的“可喜”的成果，可是，如果进行更长、更细致一点的“跟踪考察”，得不偿失的后果也许会更明显的反映出来。（这里一直说的是汉字，如果适时地学学汉语拼音，那不在这里所谈的范围之内。）

自1979年以来，我跑过不少地方，每到一处，但凡时间许可，总要访问一两所幼儿园，主要了解幼儿的语言活动和语言训练情况。在我家里以及左邻右舍，也常常留意幼儿的语言活动。就这样得到一鳞半爪的纯感性的印象，没有一点实践经验，更没有一点研究。凭这点感性接触，粗浅地认识到幼儿语言训练的极大的重要性，同时也感到，对幼儿语言训练问题，从理论到实际措施的设计、方案，如果不能说是个空白，至少可以说是个相当薄弱的环节。在这个问题上，从工作上讲，教育领导部门的忽视要负主要责任；从学术上讲，语言学界也有责任。本来，幼儿语言训练问题涉及教育学、心理学、语言学几个方面，需要大家通力合作，协同研究。近些年来，教育学工作者、心理学工作者，还有人注意到这个问题，也进行了一些研究，虽然人不多，做得还不够，而语言学界则绝少有人过问这个“算不上学术研究”的“小儿科”。

本文既谈语文教学改革，就不得不大声疾呼：加强幼儿语言训练的研究和制订实际措施，这是语文教学改革的重要内容之一。

我提不出具体方案，因为我缺少研究。前边说过，在今后相当时间内，我将不再过问语文教学的事。作为语言学工作者，我将在时间精力许可的限度内，从语言学（主要是心理语言学）的角度做一点学习研究工作，希望能间接地为幼儿语言研究多少尽点力，不知能否如愿。

3.“分进合击”的小学语文教学实验方案及其他

关于小学语文教学的改革，我有过一个设想的实验方案，在多处讲过，也写过，有兴趣的同志请参看收在拙著《语文教学论集》（福建教育出版社1981年版，今年秋季将出修订版）里的《需要加紧开展语文教学研究工作》（原载《语文学习丛刊》第二集，上海教育出版社1977年版①）和《普通话与语文教学》（原载1980年《第五次全国推广普通话教学成绩观摩会文件汇

① 标题上“分进合击”四个字，是吕叔湘先生在本文的《后记》中为我设想的方案取的名称。他表示，这个方案可以试一试，说它是一种“分进合击”的办法。

编》)。这里不再重复详讲，只扼要说说轮廓，补充说一点那些文章里没说到的问题。

设想的实验方案的基本意图是两条：第一，要让学龄儿童受到与他们的实际语言能力相当的，与他们的思维能力、智力水平以及求知愿望相适应的语文教育；不能落后于以上各项能力、水平和愿望太远。否则，不仅会降低儿童的学习兴趣，而且会严重压抑、妨碍了儿童智力的成长和发展。第二，要从初学汉字的困难中解脱出来，不让它成为语文教育以及其他各科教育及时前进的障碍，同时又要把汉字学好，学够数，学扎实，写好。

办法是，小学语文课（课仍是一门）分三条线先后开始，分头前进，最后合拢。第一条线：从入学开始就利用汉语拼音提供与上述各项能力、水平、愿望相当的阅读材料（不再是从三几个字到十几个字、几十个字那种内容十分贫乏，远远落后于儿童实际的课文），用这样的材料进行有计划的语言训练，阅读训练，写作训练。这条线从一年级上学期开始，直到四年级结束，贯彻始终。第二条线：从第二学期开始，进行识字教学，完全按照汉字的识字规律独立进行，不与第一条线结合。过早的结合，结果是互相制约，互相牵制，一起放慢速度，降低质量——为了迁就字不够用，只能提供短、浅、内容贫乏的课文；为了迁就课文内容的需要，学字不能按识字的规律进行。不去勉强“结合”，两条线却会自然地逐渐靠近，合拢，终至会合——识了若干字，其中有一些必然会与第一条线的材料中某些词重合，稍加指点就代进去了，识字日渐增多，重合的也愈多，于是自然而然地日渐靠拢、会合，谁也没有牵制谁，两不相伤。稍晚于第二条线开辟第三条线：写字教学。它不去理会第二条线，完全按照写字的规律进行，先练基本笔画点、横、撇、捺等，然后是简单的单体字，较复杂的单体字，简单的合体字，繁杂的合体字。同理，三、二两条线如果过早“结合”，也要互相制约，互相牵制，不去勉强“结合”，反而会自然地逐渐靠近，合拢，终至会合，谁也不干涉谁，两不相伤。(古人教识“赵、钱、孙、李”，教写“上大人，孔乙己”的办法，大体上就是这种道理。）这样到了四年级，三条线总会师（三条线“分进”，实际上是包围“合击”），那时，阅读水平、写作水平、总的语言水平达到了多么高的高度，是不难想象的（大致可达相当于目前正常的初中一年级的程度)。而字，识得够用了，并且写好了，肯定比现在大多数小学毕业生写得好，因为是按照写字的规律，扎扎实实，一步一步地练出来的。

需要设计一种比传统的毛笔制作、使用都简便，又比铅笔更适合书写汉字的特点的书写工具（现在使用炭精墨水的那种笔已经接近于这种需要，稍加改进即可)。根据书写汉字的特点和新的书写工具的特点，设计出一整套写字训练的程序。(古人先教中楷，后教大楷、小楷，从描红入手，然后影写，用“米字格”纸仿写等，是使用毛笔的很合理的程序，可在那个基础上加以改进，革新。)

必须说明：如果小学语文教学在很少数学校试行这个实验方案，那么，语文以外各学科，如算术，音乐，美术，自然常识等，要同步前进。这样，儿童唱歌就不必再硬记歌词，而是用汉语拼音读熟歌词，算术的应用题、自然常识等都可以用汉语拼音提前到与儿童智力发展相适应的学期或年级，不必再为语文课所牵制，慢步前进了。前边第三部分介绍过我与齐林同志在北京、上海两处进行的测试，初步证实，上述同步前进是可行的。这样同步进行的结果，小学用四年可以基本完成基础教育前段的任务。

小学仍用五年，最后一年全面整理，巩固，提高，小学毕业的质量水平将比现在高得多。

还需要说明：小学一年级阅读材料的起点应当与幼教语言训练的成果相衔接。由于以往幼教极不普及，对幼教语言训练缺少研究，现在对小学一年级（六周岁至七周岁）儿童的实际语言能力还只能是根据经验估计的，提不出经过科学实验分析所得的一个比较精确的、有幅度的、足为依据的标准。这正是我们急待进行的一个科研课题。

4. 从初中起，增设“文学”课

首先要指出，是“增设”，不是如50年代试行过的“文学”“汉语”分科，“语文”课还是语文课。

文学教育的重要性，前文第三部分论述过，不再重复。文学教育从小学就要通过语文课并且与音乐课、美术课配合进行，但还不需要单设文学课。语言文字教育直到小学毕业是基本的。

初中一年级开始增设的文学课，任务是指导学生阅读丰富的、优秀的文学作品，获得必要的文学知识，培养和提高文学素养，同时寓思想教育于其中，培养远大的理想抱负，高尚的趣味情操，并寓智力开发的目标于其中，培养活跃的逻辑思维能力和联想、想象等思维能力以至创造思维的能力。

文学阅读的量要相对的大一些，课内课外相结合。比如，一部《西游记》，课内介绍介绍这部小说，讲它一两回，其余让学生课外自由阅读，到适当时候可以组织集体述评、讨论、评议的文学欣赏活动。

阅读的范围要广，古今中外的主要的优秀作品都要适当涉猎。

这里要说到文言文。历来选入语文教材的文言文，绝大多数是文学作品或者是取其具有文学性而入选的其他作品。《桃花源记》《醉翁亭记》《滕王阁序》《岳阳楼记》等是不折不扣的文艺散文。我国古代从来是“文史不分”的，《史记》《汉书》《三国志》等的“列传”以及一些战争记述等都寓于形象性，长于塑造人物形象。介绍哪些历史人物、历史事件，是历史课的特定任务，不是语文课的特定任务，语文教材用《鸿门宴》《赤壁之战》等作为课文是取其文学性而入选的，从历史教学的角度考虑，鸿门宴这个插曲也许并不是很必要的历史知识。《答司马谏议书》是所谓“应用文”的一种——书信，然而选入语文教材并不是用它教给学生怎样写信，当然也不是用它来介绍“变法”之争，表示我们赞成王安石而反对司马光。选用王安石批驳司马光的信，只是由于王安石的信写得富有很强的感染力，“拗相公”的形象跃然纸上。《活板》不是科学论文或科普文章，它本来就是从《梦溪笔谈》这部“笔记小说”里选出来的。所有上述几类课文，用来解决前文第三部分所说的今天和今后青年们普遍需要的语文能力，它们的用处是不大的，甚至是无能为力的，然而作为文学作品，却都是我们文化遗产中的瑰宝，青年们应当读，应当读得比语文教材中现在已经大大增加了的分量还要多些。至于诗、词、戏曲、早期白话小说，其为文学作品更不待言，也需要读得多一些。就凭现在所谓占语文课文 40％的文言文（包括诗以下这些），就要培养阅读浅近文言文的能力，接受我国辉煌的文化遗产，说句不大好听的话，多少有点“花小钱，说大话”的味道。这些应当统统编入增设的“文学”课教材中，并适当增加。

文学课的任务如上述，不要再加给它什么“培养读写能力”之类的任务。文学课的任务是进行文学教育，不是进行听说读写训练的。把这两种任务并列，只能使这门课两不像，两不沾，两败俱伤。写到什么“大纲”“规定”之类里很容易，看着好像也挺顺眼，但是实际上只是说说而已，做不到。这类只供“阅读欣赏”的“文章”最好少作。

至于说，读了不少好的文学作品，于提高读写能力有助益，那是不在话下的。多读些好的文学作品，可以开阔思路，活跃思想，蓄积丰富的语言材料，接触多样的、高明的运用语言的方式和技巧，当然于读写有益。但是，不要当作一个特定任务交给它。一交，这助益反而会降低。事物往往有诸如此类的辩证关系。其实，读数、理、化教材，读史、地教材，连学习外语，何尝于提高读写能力没有助益？不把提高读写能力作为任务交给这些课程，大家是从来没有异议的。各科之间要有横向的统筹规划，前边着重谈过。笔者不仅不否认，而且主张重视各学科之间的互相渗透，互相作用的关系。然而这与规定各学科的特定任务是两回事，不可混为一谈。各自的任务要明确，不可模模糊糊；相互之间的关系要心中有数，不可绝对地“自扫门前雪”。

5. 按照知识与实践的合理关系组织语文课

语文课的任务是培养前文第三部分提出的下一代所需要的语文能力，简言之，即“处理生活和工作中的实际问题的敏捷准确的高效率的口头和书面语言能力”。在那一部分里又提出了在语文学科内恰当地处理知识和实际的关系的一些粗浅的看法。

根据以上两点，提出这样一个设想：经过了幼教和小学的语言训练和语文教学，十二岁左右的孩子们对语言已经具备了丰富的感性知识和足够的实践活动经验，进入初中之后，应当并且完全可以像其他各门学科一样，以系统的理性知识为先导，并以知识系统为序，组织全部语文课。这样就可以打破若干世纪以来语文教学不科学、无定序、目标不明的杂乱无章的状态，使之有个章法，这章法是面向实际应用的，以科学知识为系统的，循序渐进最终切实完成本门学科所负担的任务的。

需要明确三点。

第一，不能把语文课搞成一门纯粹的知识课，而是以知识为先导以实践为主体并以实践能力的养成为依归的课。

第二，这里说的知识系统是指实际应用语言的知识系统，而不是纯粹的语言理论的知识系统。这一点需要稍稍加以申说。语言理论的知识系统是从小到大的：语素—词—词组—句子—句组—篇章；而实际应用语言却恰恰相反，是从大到小再回到整体的。例如，读一篇文章，是先通读全篇，得其大要，再逐段分解细读，然后揣摩推敲一些特别重要的、突出的、用法和提法新颖的词句，最后再通篇领略一番；绝对不会拿起一篇文章就一个语素一个语素地、一个词一个词地抠起来，接着再抠句子，一句一句地做语法分析，然后才念一段，马上又把这一段分析一番，如此等等，没有人这样读文章；构思一篇讲话或者为一篇文章打腹稿，也是从大到小然后再回过头来考虑考虑全篇。语文教学的知识系统既是实际应用语言的知识系统，就应当是从大到小再回到整体的这种系统。

第三，这里说的实践是把听、说、读、写融会在一起的，丰富多样的，面向实际应用，密切结合生活、学习、工作实际的，因而是生动的，饶有兴趣的，而不是指呆读死记以及无对象、无目的，搜索枯肠，硬“作”文章等那类“实践”。

以上述各点为基础，得出如下的设想。

把基础教育的初中阶段和普通高中阶段联系起来考虑，可能是六年或者七年（依学制而定）。把这六年或七年划分为四个大的段落，每个段落一年半左右，用Ⅰ、Ⅱ、Ⅲ、Ⅳ表示。每个大段落划分为三个小段落，每个小段落大致是一个学期左右，分别用（一）（二）（三），〔一〕〔二〕〔三〕，(1)(2)(3)，〔1〕〔2〕〔3〕表示。全部课程的组织安排如下：

Ⅰ—（一）讲授篇章知识，包括主题，思路，条理，层次，前后照应，首尾一贯等等这些有关篇章的比较系统的知识；主要从积极方面讲应当如何，也从消极方面讲要避免什么；讲授知识要举实例，结合实际；实例既有口头的，也有书面的，书面的之中也要包括演讲词、辩护词等；实例可举典范的、知名的，也可举一般的以至学生自己的；教师讲授为主，穿插学生的讨论、评议。

Ⅰ—（二）（三）篇章实习，包括听、说、读、写四种活动。例如，教师朗读一篇文章，或者做一篇有准备的讲话，或者请别科教师或校外的人来做一次半小时左右的演讲，要求学生记下要点，然后要学生复述所记的要点，提交给全班讨论、评议。在班内举行课外读书（以文章为主，不以整本书为主）的口头汇报。就班上发生的、校内外发生的或报纸上报道的重要事件，要学生做有准备的演讲或无准备的即席讲话，举行辩论会。教师就班上或校内某事件命题，要求学生拟出叙述性或评论性的作文提纲。写结合实际的，有对象有目的的作文。——方式可以很多，例如教师节写信给本班某老师；写信给班主任建议本班举行什么活动；就社会上的某种风气或个别事件写文章给报社发表意见，等等。

对所有这些实习活动，着眼点主要都在篇章，在整体，至于遣词造句等，不属于重点要求。

Ⅱ—〔一〕讲授段的知识，包括：段在篇章中的地位，段的形成和要求，如统一性、完整性、逻辑性等。顺序可考虑以说明性段落领先，因为这种段是最基本、最集中、最典型的，一般地说，一个说明性段落就是一篇文章的具体而微，它要有个中心意思，要用发挥这个中心意思的各种手段，如描摹，举例，比较，比况，列举数据，引用有权威性的论断或评议，等等，要有结论。其次是记叙、描写性的段落，又其次是论证性段落。

讲授段的知识时要把Ⅰ的篇章知识拉过来，从篇章中提出段落来讲，避免总是孤立地讲段。

Ⅱ—〔二〕〔三〕段的实习

〔一〕的知识讲授应注意之点以及〔二〕〔三〕的实习方式等，可参照Ⅰ的讲授和实习要领来设计，不具列。

Ⅲ—（1）词组和句子的知识

—（2）（3）词组和句子实习

要把Ⅱ的知识拉过来，甚至把Ⅰ也拉过来一些，要在段中讲词组和句子，孤立讲授、实习会流于枯燥，并且脱离实际应用。

其余参照Ⅰ、Ⅱ的要领处理，不具列。

Ⅳ—〔1〕词和语义，语体和风格的知识—〔2〕〔3〕实习

〔1〕可考虑延长一些，〔2〕〔3〕适当压缩一些。到了词和语义，已经细

致入微了，知识的难度和实习的要求都比前三部分提高了。这时就可飞跃一步，提到语体、风格上来，再回到整体了。到了这一步，听、说、读、写的实际能力已经具备了进入高等教育所应具备的完整的基础，同时也具备了关于语言的系统知识。所有的知识都落实到实践中，而实践是在知识的先导下有条不紊地进行的。

从幼教到高中毕业，语文教学如果能这样一步一步进行下来，其成效可能会有比较显著的变化。

职业高中是十分重要的一翼，语文教学有其特点，但是职业教育还在新的成长之中，经验很少而情况相当复杂，本文没有来得及考虑这个侧面。是个不得已的缺陷，留待他日另行探讨。

重温《国文百八课》，再谈语文教学科学化*

——为纪念夏丏尊先生诞辰一百周年作

二十世纪五十年代末，我们曾经对十九世纪末叶以下四十年间若干种“国文”教科书进行了一次比较系统的分析研究。当时发现，在多种教科书之中，有几种具有显著的特色，比较突出的一种是《国文百八课》。

《国文百八课》是夏丏尊、叶圣陶（当年署名叶绍钧）两位先生合编（夏先生着力较多），于1935年开始由开明书店陆续出版的。原计划编成六册，供初中三个学年使用，每册18课，六册共108课，所以全书就称为“国文百八课”。出到第4册，由于战争时期的种种困难，后两册没能完成出版。

今年是夏丏尊先生诞辰一百周年，逝世四十周年。（叶圣陶先生健在，也已90余岁高龄。）重温一下《国文百八课》这部教材，并从而回顾一下前辈们如何孜孜以求地探索语文教学和教材前进的道路，这对于目前蓬勃开展的改革语文教学和教材的研究和实验工作，富于启发参考作用，大有益处。我想从事语文教学工作的同道们以此纪念夏先生是最有意义的。

丏尊先生1913年在杭州第一师范学校任国文教员，这是他从事语文教育工作的开始。那时是辛亥革命之后，五四运动之前，保守落后思想还很厉害，新思想在社会上非常微弱。在这种情况下，夏先生任教期间鼓励学生读

---

* 本文刊载于《中学语文教学》1986年第6期。

新书，帮助学生办刊物，把国文课教得很活跃。以后相继在上虞春晖中学，湖南第一师范等处任教，不断地把新的思想和新的方法引进到国文教学中来。1933 年和叶圣陶先生合著《文心》，用谈家常、讲故事的方式介绍语文知识，给往往流于枯燥乏味的知识教学吹进了清新活泼的气息。直到今天，语文课里怎样教语文知识仍是一个有待解决的难题。《文心》的做法未必适合于今天的课堂教学，但是其思路对我们却依旧是很有启发的。1939 年，夏先生和语文教学界一些前辈们发起组织中国语文教育学会。“语文”这个说法，夏先生那时候就已提出了；对于语文教育进行学术研究，那时候也已起步了，比我们 1979 年底成立中学语文教学研究会早了四十年。可惜抗日战争胜利不久，夏先生就与世长辞了，学会没有成长、发展起来。在语文教学这个领域里，夏先生跋涉了三十多年，他始终在探索改进提高的路子，从来没有因循旧章法，停滞不前。在怀念先生之际，我们深深感到这种精神值得我们敬佩，学习。

《国文百八课》在指导思想上最突出的一点是《编辑大意》第三条所说的那层意思：“在学校教育上，国文科向和其他科学对列，不被认为一种科学，因此国文科至今还缺乏客观具体的科学性。本书编辑旨趣最重要的一点就是想给予国文科以科学性，一扫从来玄妙笼统的观念。”五十年前，夏丏尊先生和叶圣陶先生就提出语文教学科学化这个概念了。这不但在我国，就是在国际上，都是相当先进的。

本来，连绘画、音乐这些纯艺术的学科，都可以运用光学、生物学、解剖学、声学以及心理学等科学原理，使教和学的过程科学化一些；现在，连体操、跳水等这类体育运动项目都能定出客观的具体的标准来进行比赛，评出几点几这样精确的分数。为什么独有语文能力的培养不能科学化呢？

《国文百八课》不是只以科学性相标榜，而是尝试采取了一些新的做法。它所谓一课，不是只有一篇选文而是一个有明确教学目的的小单元，每个小单元以一篇“文话”为先导，继以两篇符合文话所讲的有关文的道理的选文，然后是以选文中的词句为例的一篇“文法”或“修辞”知识，最后是根据选文复习巩固“文话”“文法”“修辞”所介绍的知识的“习问”。每册 18 课的“文话”成系统，“文法”“修辞”成系统，这两个系统使全册教学有了一个比较科学的顺序，不是杂乱无章的了。两个系统所讲的知识又不是只有名称、术语、分类、定义，缺少实在内容的空论，而是为选文所充实的，或者取材于选文的。这样，既使知识和实际结合起来，又使各式各样的文章在本册书里成为有系统的，而非从心所欲、任意编列的了。“习问”把知识和选文进一步结合起来，把知识系统和教学目的进一步明确起来，巩固下来。知识是两个系统交织起来的，一个是整体的“文”的系统，一个是局部的“文法”“修辞”的系统，这样似乎比只以“文”的理法为系统或者只以“文法”“修辞”为系统好一些，切合实际一些。全书以知识系统为骨架，使教学成为有条理、有步骤的，也就是有个教学的序而非随意的，又以选文为血肉，于是教材成为立体的，活的，并且成为实用的。每个单元以知识为先导，又以知识属其后，符合已经有了丰富的语言实践的十二三岁的初中学生的学习实际，这样的教学步骤是合乎需要的，也是可接受的，和只是选读文章，讲文章，背文章，完全不凭借系统知识的传统做法相比，显然是前进了一大步而又不违背多读、多鉴赏、多体味的传统做法中可取的经验。当然我们不能论断《百八课》这种做法已经很够科学了，然而我们可以说这确是向着科学化的方向迈进的，《编辑大意》中论“给予国文科以科学性”不是一句空话，而是切切实实地做了。把《百八课》的尝试搬到五十年以前去看，实在是令人起敬。今天，我们有了更多的科学的进展，有了社会语言学，心理语言学，应用语言学，有了新的教学论，特别是有了八十年代社会主义中国的教育方向，有了一切工作都在奔着现代化建设改革前进的浪潮，语文教学科学化，高效率，成为十分紧迫的事，也是可能的事了。缅怀先贤，我们应当也一定能够不愧对先贤，从而做到不愧对后代。就笔者个人来说，却不能没有愧色。我从六十年代起就提出过语文教学科学化的问题，提出过语文教学，包括作文教学，要明确标准的问题，到了七十年代末，又多次呼吁，然而至今只是停留在呼吁的境界，始终没拿出一些是以踪迹《国文百八课》的具体办法来。今天纪念丏尊先生，愿以所感作为对自己的鞭策。

当前语文教改需要着重探讨的几个问题*

——与《语文学习》编者的谈话

近几年来，我们探讨教学问题的风气很盛，这是非常可喜的现象。真正切合实际、切实可行的路子就是靠大家探讨，才能出来。目前，“双百”方针可以说真正得到了贯彻，大家既有探讨问题的愿望，又有探讨问题的条件，在有些问题上已经产生了成果，这是非常好的。现在我们面临的教育工作的任务很重。最近以来，党中央、国务院连续几项重大决定都要求我们加倍努力，加快探讨一些问题。我们现在的目标，从教育工作来讲是培养跨世纪的人才，就是培养二十世纪末到二十一世纪初的一代人。形势逼人，眼看不改革、不大步走是不行了。香港今年中考出了一个作文题：《龟兔第二次赛跑》。连小孩子都写出了，现代兔子不睡觉了，跑得很快，所以，第二次赛跑，乌龟不但不能取胜，而且被远远地甩在后面，要赶也赶不上去，拼了老命也赶不上。因为现在进步得太快了，日新月异呀！形势确实是这样，要求很紧迫，但是，又不能性急。因此，在研究一些很具体的问题的时候，到了一定的程度，我们就需要来研究一些带根本性的问题。不是说那些老问题、具体的问题都解决了，恰恰相反，还需要继续探讨。但是这些问题怎样才能解决呢？恐怕现在到了从根本问题上进行探讨的时候了。在这个方面花些力量，来促进我们的改革，使其更有理论性，更有科学性，更有可行性。

---

* 本文刊载于《语文学习》1987 年第 3 期，培永根据讲话录音整理。

不然的话，总在一些具体问题上来回转，谁也说服不了谁。

有的同志说，我教了三十多年书了，现在是越来越不会教了。左一个说法，右一个说法，这个一套，那个一套，新名词一大堆，闹得我无所适从；总之，提出一些批评意见的很多，真正开药方出来的不多。我认为这也是一个可喜的现象，而且是事物发展的一个必然的过程。

有一个意思，我时常说到过的，即从清末废科举开办学堂以来，我们新学堂的办法，都是从东西方先进国家引进的。引进是好事，不是坏事，应当说引进晚了一点。人类发展到现在，就是在既互相学习又互相竞争这样一种对立统一状态中过来的。如果不互相竞争，不互相学习，今天我们很可能还处于原始时代。引进是很必要的。

可是有几门功课不能引进。头一门就是国文。外国人没有谁为我们编国文课本，也没有人研究中国人学中国语要用什么教学法。没有教材，没有理论，只有靠我们自己。而我们自己这七八十年间干了些什么呢？只要回顾一下历史，便可知道，实在是没有给我们研究问题的时间、机会和条件。只有个别的有识之士、有志之士，个别地方、个别学校，有一点研究实验，但影响是很微弱的。所以，还有一些很带根本性的问题，我们还未接触。如果希望我们的教学改革再前进一步，取得突破性的成果，那么已经到了必须在这些根本问题上用力气的时候了。否则，我们就会继续在一些具体问题上转来转去。这些根本性的问题是什么呢？我想到的有三个问题。

一、关于用什么样的思想方法指导我们的探讨

指导我们探讨问题的思想方法，是唯物辩证法。唯物辩证法的基本条条，我们都会背一些。可是，我们是否按这几条办事了呢？比如：政治和业务的关系，我们曾翻来覆去闹过多次。一会儿要把语文课上成政治课，那样，还要语文课干吗？一会儿又说语文就是语文，是工具课嘛，不能把语文课教成政治课。总是对立而不统一。总之，我们相信并遵循唯物辩证法，但是从很小的事到相当大的事，我们常常没有按唯物辩证法去办事。

我们曾经批判过胡适的“少谈些主义，多研究些问题”。我们现在是不是也有点这样的说法？谁一谈什么主义，就说人家是空谈，说空话。“我们

要实在的：作文怎么教？出什么题？这一课书几课时讲完？哪些地方要分析？什么叫启发式？你不要再谈这‘主义’、那‘主义’了。”这种倾向偏了，光说空话当然很不好，但是不能没有指导思想，探讨并且明确一下指导思想是很有必要的，这和说空话是不相干的两回事。如果要算账的话，这个责任不在我们任何一位同志，主要算在“四人帮”头上，因为是他们把政治乱搞一气，拿一些伪东西出来骗人，因而使大家厌弃了。我们现在所缺的恰恰是政治，我们许多具体问题得不到解决，正是由于我们没有学好用好唯物辩证法。现在我们最需要的就是这个东西。如果说我们要与那些不睡觉的兔子竞争的话，这是我们的一个强有力的武器。如果我们真正遵循唯物辩证法办事，我们赶不睡觉的兔子不是很难的事。

唯物辩证法，包括历史唯唯物主义和辩证唯物主义。用唯物辩证法看我们的前人，他们不是一无是处，不是什么都不懂。非历史主义的一味否定，不是历史唯物主义的。我们的前人是不是没有一点唯物论，或者辩证法呢？不然。有的，并不在少。比如说，孔老夫子的“学而不思则罔，思而不学则殆”，这不是对立统一吗？他既说“辞达而已矣”，说话写文章明白就行了；又说“言之无文，行而不远”，说话写文章要有一点文采。这不就有那么一点朴素的辩证法观点吗？有时候又把旧东西一律认为很好，甚至连死记硬背也是好的。颇有那么一股复古风，至今在不少领域中漂游未散。

有许多具体问题，如果我们不用辩证唯物主义去观察、思考、分析、处理和解决，就只能在原地踏步，或者在一个层面上打转，或者是你说你的，我说我的，谁也说服不了谁。比如凯洛夫的量力性原则和赞可夫的高难度原则。量力性要有个力度，高难度要有个难度，在一定的范围之内，既要量力，又要有难度。这里就有一个对立统一的问题。多与少也是矛盾的，也有一个度的问题。太少了反而增加难度，如《千字文》，量少，但学起来并不容易。总之，任何事物一绝对化就不行了。只有用唯物辩证法解决这些具体问题，才会有适合我国教育实际的一套东西出来。

我们要进一步研究教改，首先要在思想方法上下功夫，用这个武器去考虑、研究许多具体问题，那些问题才会有所解决、有所突破。

二、关于封闭型的教育思想和教育内容

在全国教育工作会议上，讨论教育体制问题时，万里副总理讲话中提到，不适应社会主义现代化建设的教育思想和教育内容必须改变。如果不改变，体制改革是要落空的。他概括封闭型的教育思想为两个“唯”，一个叫唯书，一个叫唯上。我以为，封闭型的教育思想和教育内容产生于源远流长的封建社会。它的特点是什么呢？从目的性，也就是教育观来看，就是培养官僚。这种封建教育观决定了教育内容：一个是经典，另一个就是古往今来的名著。经典是为了传“道”，学名著以便于模仿，以至于抄袭，都是为了考试，以达到做官的目的。方法呢，一是灌输之，二是强制惩罚之，三是利诱之。它鼓励死记硬背，模仿抄袭；它反对独立思考，创新发展。

封闭型的教育思想影响是很大的，不仅影响今天的语文教学，甚至于影响其他学科。读书是为了考，考是为了做官，还是以私利为终极目的。为考试而教，为考试而学。不考的就不教不学。从来高考不考口头语言，因此就彻底忽视以至于彻底否定口头语言了。完全不理解口头语言和书面语言的关系，完全不理解口头语言敏捷、准确，得体的训练足以发展学生的智力。总的一条，教学目的在于考试，不在于用。学生不学将来要用的东西，搞贸易的不会写广告，当医生的不会写病历，当干部的不会写公文，搞科研的不会写论文。总而言之，他所需要写的，不会写。尽管又是大作文又是小作文，当面批改，精批细改，详批，略批，转来转去，不解决问题，因为始终未把实用作为教育目的，没有考虑今天和今后的年轻人需要用什么，怎么指导他们学好所需要的东西。

语文教学就是要达到使学生具备现代需要的听、说、读、写能力。但是能力没有知识为基础是不行的，知识教学的目的是为了使学生达到具备某种能力的目的，知识教学是重要的。只是我们应该把培养学生的能力作为教育的终极目的。知识与能力，何者在前，何者在后，并不是都一样的。有的知识可以立即转化为能力，有的知识多少天、多少个月、多少年才能化为能力，而且有的知识可以化为能力，有的好像不能转化，不能一概而论，要具体问题具体分析，不能把知识和能力对立起来。

封闭型教育思想，在现代教学中还大量存在，而且因为我们身在其中，往往并不自觉。

三、必须重视关于教育理论的研究

教育理论包括的内容非常广，有的在我们这里还非常薄弱，有的甚至是空白点。我们在相当长一个时期内，曾取消了关于教育理论的研究。现在已经是信息社会，信息技术革命的时代，语文教学如果没有理论建设是不行的。教育心理学、儿童心理学、学习心理学，还有心理语言学、社会语言学、应用语言学等等。所有这些“学”，都是随着现代科学发展的趋势而产生的，是多学科性的、互相渗透的而不是孤立的。没有这些“学”，想探讨语文教学改革是很困难的。也是不可能有突破性的改革的。

为了探讨语文教学改革，我们必须遵循唯物辩证法，提倡真正科学的科学研究。所谓真正科学的科学研究，就是要真正地实实在在地调查客观实际，要运用调查的材料进行科学的分析。分析研究这些问题要有数据，不能凭经验、感想、直觉。当然数据也不能绝对化，不能完全否定经验，这里面也有一个对立统一的问题。

谈语文教改*

一、语文教学的困难究竟在哪里?

我国语文教学有它的特殊困难。首先是文字问题。我们几千年来一直在用所谓“方块”字，笔画多，结构也复杂，使用的年代久，变化大，很难捕捉规律性，不像其他多数民族使用的字母文字，主要是画圈儿、再加点辅助笔画，简单得多。其次是有悠久历史的文言文，语音且不说，语汇发展变化很大，语法也与当代白话文有不少差异，思想内容不同更不待言。因而教与学都有困难。这两种困难都是我国特有的，不能参考借鉴别国的做法。

我国的传统教学经验是丰富的，但也是正负参半的。其中有好的也有坏的，而长期以来占统治地位的是坏的多于好的。八股文的产生并且流行了几个世纪，便很能说明这一点。

再者，语文教学兼差过多：思想政治教育任务、提高审美观的任务、提高思维能力的任务，等等。这样语文本身也成了其中的小差事之一，反而不是主要内容了。语文就是语言文字。但是，往往是既有意于讲语言文字，同时又要讲别的什么，用意很好，结果却适得其反，两败俱伤。

语文教学无法从外国引进，也很难参考。因为它受到语言的、文字的、历史的、文化的多方面的限制。

我们对语文教学研究得比较少，总的说来，是在若干问题上讨论来讨论去却一直没有得出结论。

清末以来有研究、有改进，但没有质的变化。为什么这样说呢？梁启

---

* 本文刊载于《中学语文教学》1990 年第 7 期，苗立源记录并整理。

超、叶圣陶、蔡元培等都曾有过研究，但没有组织起来，更未形成系统。有改进，白话文合法化了，进入了国文教科书，这是一项很大的改进，尽管还不是那么彻底；也创造了一些新的办法，如注音符号代替了直音和反切。但正如徐特立、叶圣陶所说——无质的变化。原因何在呢？主要是好的经验继承不够，而不好的传统的力量一直在起作用，而人们却并不自觉，正如女人缠足一样，明明是对妇女的摧残，而被摧残者还坚决爱护这种摧残，倡导“天足”经历了很大的困难。长期以来，语文教学没有科学，也没有标准。一个和尚一个磬，一个将军一个令。

二、出路何在？

我们现在要研究语文教学改革，首先要注意研究的方法，即要用唯物辩证法这个放之四海而皆准的真理作为我们的方法论。绝对化、极端化、片面性、非历史主义，都是为我们所不取的。当年把凯洛夫教育学奉为经典，随后说那是“修正主义”的，批得一无是处。这样走极端，不好。对待任何事物，都应当实事求是地来看，这才是科学的。

研究语文教学必须研究教育学、心理学及其分支，不能把语文教学孤立出来进行研究。

就上面所提特殊困难问题，我谈一些设想。

首先是汉字问题。

对汉字历来有两个极端性的观点，我称为两“派”：汉字“该死派”和汉字“万岁派”。“该死派”始于清末，当时中国既贫且愚，科学落后，教育不普及，便有人将此归咎于汉字太难，所以“该死”；“万岁派”则出于对祖国文化遗产的爱护，倍加珍视，所以要它“万岁”，一分都不能动。

其实，汉字是废除不了的。教育不能暂停，教育者又都是学汉字出身的。越普及教育，汉字的势力必然越大；我们要扫盲，用汉字扫，越扫，汉字使用的范围越广。在可见的、可想象的未来，汉字是不能废除的；然而，事物也是不可能千秋万岁分毫不变的。何况汉字无论历史功绩多么大，有多少优越性，却总还有自身解决不了的困难。

如何解决这个矛盾呢？我的回答是试行双文制。汉字经过认真整理后，由政府重申，它是我国的第一法定文字；同时，以汉语拼音作为基础，加以改进，使之趋于完善，由政府颁布，作为第二种合法文字与汉字并行。国家文件及协议合同等多种文约均以汉字本为准。初学用拼音读写，并且一直用下去；稍过些时识汉字，再过些时学写汉字。两路分进，避免互相掣肘牵制，逐步合拢。

其次是文言文问题。

我们现行的办法，花费了很多的时间、精力，却不解决问题。国家需要一批高水平的能驾驭文言的人才，但不必是每个人。我建议在全国设立若干所古典学院，招收附小、附中学生，培养一些真正起作用的有用的人才，像从前的无锡国学专修科那样。

按照这一设想，初中可以背一些简单的旧体诗和短小的文言文，高中设文言选修课，选课的前提是现代汉语合格、并有志于文言文研究、或拟专攻的学科需要读较多的古书，经过考核，可以选读。一旦选读，则必须大量阅读并严格地练，必须会用文言写文章。

三、语文教学的科学化现代化问题

首先要建立科学化、现代化的观念。“语言是交际工具”，今天来看，多少有点模糊不清了。这个定义有待改进。教育是为未来培养人的，要为现代化服务，为未来服务。

要有科学化、现代化的思想内容。比如，封建社会以讷讷不能言为美德，现在则需要口若悬河的口才；《醉翁亭记》可以入珍宝馆，但对现在和今后的实际写作无用。

同时，知识、体系、方法，都要科学化、现代化。

我们提倡训练要从实际出发，实事求是，讲求实效的“三实”主义。

那么，在具体的教学中如何实施呢？语文教学可以从四个方面或按此四个步骤来进行。

1. 段落论。

可参考别的好些国家行之已久的办法。多半从说明性的段落入手，进一步展开就是一篇文章，先讲段落的知识，然后动手训练。

2. 篇章论。

(1) 要讲语体。以往，分文体以我国为最详。当然，许多语体现在用不着了，而颇有些以往忽视的语体，如演讲等应当讲。不同的语体读法写法很有些不同。

(2) 要讲"得体"。为不同的对象要有不同的写法，要有针对性。

(3) 要讲实用。写文章的目的要明确。八股文之所以无用，就是因为它无目的、无对象，只是为了科考。我们不能搞那种写作。

3. 字词论。

语言最根本的是语汇。要把字词的重要性搞清，还要把深层意义表层意义搞清。各种语言的词语都有多义性，以汉语为甚。语汇的组合依据首先是义理，可以说，所有的组合都是意合法。所以，搭配问题都是语义问题。要改变一下外来的语法观，要把词语的重要性、多义多用性讲清。

4. 总论。

即语文能力和语文修养。按顺序来说，此论在高三年级。我们需要越来越高的语言修养，需要较强的驾驭语文的能力。未来，我们不仅要同人对话，还要同机器对话；不仅要教人说话，还要教机器说话。生活的节奏、科学技术发展的节奏，大大加快了。一切都要求速度，要求效率。语文能力也不例外。

四、其他

文学教学问题。我个人倾向于在语文课之外另设文学课。还有，上述的四论有待于展开，详细阐释。时间不够，只好留待以后再讨论了。

语文教学需要有突破性的改革*

今天，我们开这个盛会，非常重要。这是因为我们是在一个新时期的开始举行这次会的。我本来非常愿意参加这次会，由于有别的任务不能来，只好用录音跟大家谈一谈想法。

既然是一个新时期的开始，必然有许多工作要在原有的基础上有所调整，或有所改进、改革，以便适应新时期的需要。多年来，我们语文学科，自觉和不自觉的可以说是变动不大，或者说没有实质性的变动。以文选为主讲一些文章，方法有些变化，从就是念、就是背到做一些简要的评点、提示。结果是大学毕了业，工作所需要的语文能力还是没有。需要写，写不好；说呢，结结巴巴，说不好。因为我们从来没有训练过。这种情况，同新时期、新的要求很不适应。教育是为未来培养人才。今天的语文教学要考虑到七八年、十几年后的人需要什么样的语文能力。现在，社会发展快，出版物越来越多，需要极大地提高阅读能力，包括理解能力，也就是提取信息、接受信息的能力，反应要快，接受下来，马上进行工作——对信息进行筛选、分析，做出判断、反应。要极大地提高效率，这是一。第二，做到学用兼顾。学以致用，是句自古名言，可是我们在语文课上没有做到。学语文，需要写，就能写；需要说，就能说。简而言之，我们要在两个方面有突破性的办法，一是在效率上有所突破，二是在致用上有所突破。因此，课程的内容、目的、方法，都需要有突破性的改进、改革。

---

* 这是根据 1991 年 7 月在全国中学语文教学研究会第五次年会上的录音发言整理而成的，载《语文学习》1991 年第 10 期。

现在重视思想政治教育，完全应该。要提高效率，同样需要学用结合。我们古人开始识字，上来就把思孟学派的性善论拿出来。洋人念圣经，信佛教的念佛经。在美国，我亲眼看到老师让学生背诵美国的《独立宣言》。古今中外，都搞思想教育，没有哪一家不搞。办事要讲效率，讲管用；不要只管背条条。要从幼儿园开始进行思想教育，教育他们如何做人，做个什么样的人，给他们讲什么故事，有什么小人书，都要想出种种办法。

掌握语文教学的客观规律*

一

普通教育或者说基础教育阶段，每门学科都各有自己特定的任务，而在教学过程中又往往连带地产生其他一些有关的效果。例如：数学与逻辑推理；历史、地理与国情、国际形势；音乐、美术与思想感情的陶冶；等等。语文课，它的特定任务无疑是培养和提高人们运用语言文字工具的能力。不过这个基础工具身上背负的东西比较多：有思想意识，有文学艺术的修养，有逻辑思维能力，有做人的行为准则，有七零八碎的各种常识，等等。因而，在教学过程中、在完成其特定任务的过程中，无可避免地还会有多种副产的效果。这是这门课的客观实际，不以人的主观意志为转移。于是，这里就存在一个处理好特定任务与连带功效的关系问题。既不能喧宾夺主，热热闹闹搞了许多名堂，却没有把语言文字训练本身搞好，也不能唯主独尊，不及其余。处理好主宾之间、宾宾之间的关系，可以说是关系到语文教学成败的一个重要课题。在这里，既要探索几条大关节的规律性的东西，也得容许教师“运用之妙，存乎一心”的教学方法。教学既是科学，又是艺术，就是指的这种情况。既不能没有一个基本准则，又不能列出一个非此不可的公式。

二

语文教学和各科教学一样，既不能教师包揽一切，只见教师讲，不见学

---

* 本文刊载于1992年6月12日《文汇报》。

生动；也不能只见学生动而没有一个主导的方向。在语文课教学中，处理好两者的关系尤其重要。语文，是一种工具，提高运用工具的能力必须通过操作的实践，“光讲不练是假把戏”，听者学不到真本事。然而，实际操作又不能没有指导，没有主导，拿着个工具胡乱摆弄一气。像演戏一样，戏要由演员来演，可是也并非不需要一位导演。演需要导，可是导演绝不能代替演员去演。导，要导得切实，精到；演，要演得认真，有个性。导演既要发挥主导作用，协调作用，又不能专断、独裁，使演员无从发挥他个人的专长和风格，或者空讲一通拉倒，让演员“八仙过海”，想跛脚就跛脚，愿意倒骑驴就倒骑驴。一幕成功的演出，是导演和演员良好配合的结晶。这可以说也正是教学工作的基本准则之一。在不违背这个基本准则的前提下，又得容许教师“运用之妙，存乎一心”。有的导演，导的活些、多些，演员演着省力，且效果很好；有的导演，说的不多，比划的也不多，而启发性比较强，给演员留下较多的揣摩、体会、各显神通的余地。这两类导演可以说是各有千秋，不要因为甲导演或乙导演与自己的路子不相类就指责人家，要善于看到别人的长处，各人分别做到取长补短。

三

所谓语文能力，包括口头的听说和书面的读写两个方面。由于历史的原因（以文取士，三篇文章定终身，一字之差会导致灾祸，等等），我们一向特别重视写。为了写而重视读，读是为了写。对于听、说，则相当忽视。书面上写个错字、别字，大惊小怪，决不容许，一定要消灭之，毫不留情；写出个不大通顺的句子，叫作“病句”，一定要惩治。可是口头上念白字，说错字，结结巴巴，前言不搭后语，就不看得那么严重。重书面，轻口头，这是传统遗留下来的，再加中考、高考都只考书面，不考口语，于是更为加重。这个弊端，到了今天的信息社会，声传技术异常发达，国际间政治的、财贸的、科技的、文化的交流异常频繁，忽视口语的痼疾再不大力纠正，危害之大就不仅是对读写有不利影响而已。不过怎样把口语训练重视起来，要研究办法，也许把口头和书面恰当地结合起来会好一些，人们亦会发现口语能力高对书面能力有促进作用，而不是外加的负担。

四

有两个根本性的问题，这里无法多谈。一个是课程设置问题。是多设几科，分工细好呢？还是少设几科，每科的综合功能大些好呢？比如，在语文课之外，再设一门文学课？一门逻辑课？一门语文知识课？或如现在这样只综合的设一门语文课？让它在主要负责进行语文基本训练之外，也捎带着多管几样别的事儿的任务？第二个问题是，在我国已经实行了千百年的以文选为主的语文教学体制，这是不是一个最理想的提高语文能力的办法？还有没有别的提高办法？（在别的许多国家，也有着不同形式不同程度的以文选为主的教学体制，但与我们的源于传统的这种文选体制，或多或少有所不同。）这是两个大问题。这篇短文不可能多谈。目前，我们只能就现行的课程设置和教学内容来探讨问题，找出尽可能理想一些、效率高一些的办法。

五

作者近年来深深感到，并为别的学科的发展所证实，有一个重要问题以往被忽视了，然而必须解决。这个问题是，基础知识、基础理论和应用挂不上钩。以往，我们或者是不重视有关语文的基础知识、基础理论，如关于词汇的、语法的，关于修辞的、篇章的，等等；或者是注意到了这些，可是知识归知识，听说读写的训练归训练，两不相干。讲知识往往是提出个名称术语、下个定义、举个例子拉倒。而这知识对提高口头和书面语言的能力有多大作用呢？不管。学语法，大不了可以分析分析长句子，改改“病句”，除此而外，它能从积极方面有助于提高听、说、读、写的能力吗？也不管。本来，把那些基础知识、基本理论和训练听、说、读、写能力直接挂起钩是困难的。不止语法，学了音素、音位、元音、辅音、声母、韵母，平、上、去、入，对于提高口语能力起什么作用？学了明喻、隐喻、借喻、夸张、移就，对于提高读写能力又有什么作用？谁写文章的时候要先考虑考虑用个什么修辞格？看来，这里需要一种过渡性的办法，乃至需要一种桥梁性的学科，把这两端联结起来。正如，要有一门材料力学，把基础理论的力学和建筑学这门应用学科连接起来一样；也像要有一门流体力学、气体流动力学之类，把基础理论力学和航空学这门应用学科联系起来一样，我们语文科在语言学的基础理论和培养语文能力之间，也很需要，但至今还缺少一门像材料力学、流体力学等这样的桥梁性学科。如果我们能够探索到这样一门学科或办法，将会使听、说、读、写能力加速度地提高，正如流体力学使航空科学成倍地飞跃发展一样。作者本人也是受到自然科学家、应用科学家的启发才加强了这个想法，并且花了些时间在朝这个方向努力。在还没有出现这样一门学科之前，改进语文基础知识、基础理论之道，暂时可定为“简化”“通俗化”“实用化”。不知可否？提出来向同道们请教。

1992 年 6 月

非常需要一种桥梁性学科*

在语言学界和语文教学界，多年来存在着一个令人头疼的问题，那就是怎样把汉语语言学的基础知识，基础理论同培养听说读写的应用能力（也就是语文教学）实实在在地结合起来。这个老大难问题困扰着许多希望语言学的基础知识、基础理论能够为语言应用服务的语言学家，也困扰着许多感到语文教学需要语言学基础理论指导的语文教育家。

认真想一想就不难理解，语言学的基础知识、基础理论同语言应用的确不容易直接挂起钩来。比如讲语音知识，无论是按传统的声韵学的讲法，还是按现代的语音学的讲法，都与实际的听话和说话关系不大。这里姑且按语音学的讲法吧，讲什么叫语音，什么是音素，什么是音位，什么是元音，什么是辅音，什么是音节，什么是声调，什么是调类，什么是调值，汉语普通话有四个声调加一个轻声，有的方言也有四个声调，但调值不同，不少方言有五六个甚至八九个声调，等等，这种基础知识还有很多，教起来和学起来都相当吃力，可怎么为提高听说能力服务呢？两三岁的孩子没有学过这些知识，不是照样会听会说吗？再比如，语法的基础知识，讲什么是语素，什么是词，词是怎样构成的，词有多少类，什么是句子，什么是句子成分，句子成分有主语、谓语、宾语等六种，什么是单句，什么是复句，等等，这些知识又怎么为培养提高读、写能力服务呢？要说完全没用倒也不是，可是用处实在不大。从积极方面说，大概遇见长而复杂的句子可以分解分解；从消极

---

* 收入《中国语文研究四十年纪念文集》，语言学院出版社 1993 年版。王本华记录整理。

方面说，大概会挑挑毛病（平常叫作改病句）。这点用处同学它的时候所费的力气很不相称，有时候甚至于让人感到它毫无用处。

好些年前就有人论证说：司马迁没学过语法，曹雪芹没学过语法，文章写得都那么漂亮；可是有的人语法讲得头头是道，照样写不好文章。学语法又有什么用呢？直到今天，许多人还是认为语法是难学而无用的。于是有的人忽视它，有的人讨厌它，有的人甚至痛恨它。最近有些人很委婉地说要“淡化语法”，实在的意思就是不要语法。听说有位作家不那么委婉，干脆要“扭断语法的脖子”，表明他对语法恨之入骨。当然，这里边有两种误解。其一，两三岁的小孩也好，司马迁、曹雪芹也好，他们都学过语法，是在语言活动中学的，只是没念过语法书而已。其二，文章写得好或者不好，原因是多方面的，懂不懂点语法，只是其中之一。没有任何一本语法书上宣称：“好好学语法，包你的文章写得好。”学了语法不一定写出好文章，的确如此；可也得不出这样的结论：不学语法一定写得出好文章。不过，说实在的，语言学自语言学，语言教学自教学，互不相干，互不相谋，这种现象确实存在，那么，教语文的教师用什么方法来培养提高学生的读写能力呢？没有理论指导，只能各行其是：或者全凭个人瞎摸索，凭个人经验；或者是使用“祖传秘方”——多读，多背，自然会写得好，不是说“读书破万卷，下笔如有神”吗？那么，要读哪些东西呢？要读多少才管用呢？怎样读法呢？又是各人有各人的选法，算法，教法，各行其是。

在这种情况下，出现了这样的苗头：理论研究有所前进，也越来越深入，各种理论观点，各种流派越来越多，越复杂，使语文教师感到目不暇接，可望而不可即，跟语文教学似乎越来越疏远了。而青少年以至成年的语文工作者之中，有不小的一部分，语文水平有向下倾斜之势。我们不应讳言，而应面对这个现实。

难道这种两头不能直接挂起钩来的问题是个不治之症吗？

不是。这里需要运用我们的一句老格言：研究任何问题要能“入乎其内，出乎其外”，既要能对问题本身深入钻研进去，又要能从问题本身跳出来，前后左右张望张望，这样才有可能找到解决问题的路子。不能“入乎其内”不行，不能“出乎其外”也不行。经过这样思考，就不难想到像这样一类事实，比如一头是物理学的基础理论科学的一部分——力学，一头是应用科学——建筑，盖房子。力学的基础知识同盖房子怎么挂起钩来呢？我们知道，需要经过一个中间站，比如“材料力学”“结构力学”等。物理学中力学的基础知识与“材料”“结构”结合起来研究，才能把两头拉到一起来。又比如，一头是生理学，解剖学，一头是绘画中的人物画法，两头看来也不搭界。但是有了“艺用人体解剖学”这个中间站，就把基础理论的生理学、解剖学同应用领域的绘画联系起来了。像“材料力学”“结构力学”“艺用人体解剖学”这类学科，我们可以称之为“桥梁性学科”。桥梁是过渡用的，从此岸到达彼岸。没有这个桥梁，就只好望河兴叹了。

从上面说的两个事例，我们发现：原来在基础知识、基础理论这一端与实际应用那一端，需要有也可能有一种桥梁性学科把两端挂起钩来。我们应该从这里得到启发，提出一个问题：在语言学的各种基础知识、基础理论这一端，同培养提高听、说、读、写能力这实际应用的另一端，是不是也需要，而且也有可能建立一种桥梁性学科呢？答案是：十分需要，也完全可能。我们的前人早就这样做过，也许并不是十分自觉的。我国从很早的年代开始，就有我们的古代语言学，包括训诂学、文字学，以及稍后一点儿出现的声韵学，这是一端；我们自古以来也就有语文教学，虽然没有这样称呼，但实际是在这样做，也就是培养提高听、说、读、写的实际运用能力，这是另一端。只不过，从封建社会中期以下，对听、说越来越忽视，而侧重在读、写。这是有缘故的。一个原因是从秦汉以下，书面语言逐渐定型，就是我们现在说的“文言”，它同生活实际中使用的不断变化着的口头语言逐渐脱节，并且距离越来越大。而封建社会的当权者要选拔他们所需要的人才，只能通过书面语言，这就是平常说的“以文取士”。“文”就是书面语言，文言既和口头上实际使用的语言差距越来越大，因此，它无法从生活实践中直接学到，只能靠阅读尽可能多的用文言写的作品。这样，随着时代的发展，文言就越来越难学，读写的难度也越来越大。于是，给了人们这样一种错觉，仿佛口头语言是不需要学、不需要教的，几岁的孩子就能听能说很多的话，甚至连文盲的口头语言也可能是很流畅的，那还学它干什么呢？因此，无论是教的人、学的人统统把注意力集中到书面语言上去。另一个原因，汉字是一种独特的文字系统，学习掌握起来有它的难处，特别是在初学阶段，这也助长了人们忽视口头语言、只重视书面语言的这种想法和做法。恰巧，古代汉语语言学的两个最重要的部门——训诂学和文字学，又都是跟书面语言有密切关系的。后来有了声韵学，声韵学本来和诗歌（包括诗、词、曲）关系密切，也就是比较接近口头语言——诗歌是可以唱的，有些甚至是可以半说半唱的，所以诗歌中往往有口头语言成分，或者很接近口头语言的成分。但是，如上所述，文言、书面语言力量那么强大，所以除了民歌民谣之类的诗歌形式外，知识分子的诗、词、曲也逐渐书面化了。这样，就全面形成了以读写为主要内容的语文教学——这种情形一直影响到现在，语文教学一直以读写为主，忽视口头语言的训练。

既然我国很早就有自己的古代语言学——训诂学、文字学和声韵学，同时也有我们自己的语文教学——以读、写为主的语文教学，于是就发生了语言学的基础知识、基础理论怎样同应用领域——语文教学的培养提高读、写能力挂起钩来的问题。我们的古人对这个问题显然是感觉到了，并且不断地尝试把这两方面挂起钩来的办法，也就是想出一种桥梁性的、过渡性的办法。南朝刘勰的《文心雕龙》就是一部承前启后的桥梁性学科的巨著。它总结前人的经验，开辟其后的道路，把古代语言学的基础知识、基础理论的内容同读和写这种语言应用方面的内容熔于一炉。此后，沿着刘勰所开辟的道路前进的很有一些，例如金元时期王若虚的《滹南遗老集》、王构的《修辞鉴衡》就都属于这一类。一直到清代唐彪的《读书作文谱》，也应该说是属于这一类的。更值得注意的是，明清两代在启蒙教育阶段设置了一门课——“属对”，或称“对课”，这是非常显著的一种桥梁性学科。由于汉语汉字的特点，自古以来在各种著作中经常运用对偶这种形式，到了骈体文时代，发展到极致，许多文章全篇通通是对偶。这种完全流于形式的文风当然是不可取的，所以不久之后就产生了古文运动，反对那种做法。不过，就是在古文运动时期以及其后，对偶还是被经常使用的一种表达形式，韩愈、柳宗元的文章中都有，至于《滕王阁序》《醉翁亭记》《岳阳楼记》等，也几乎是句句成对的，只是不那么严格就是了。特别是在近体诗形成以后，在律诗和绝句里，规定某两句必须是对偶。再加上唐代近体诗非常发达，当权者又极其重视，以至“以诗取士”，经常通过诗歌的写作能力选拔人才，这样教书的和读书的教学对偶当然也就逐渐多起来了。到了明代，索性把训练对偶列为蒙学阶段的一门必修课，这门课的作用就超越了为作诗做准备的范围，成为一门综合性的语文基础训练课。这种基础训练的性质可以说是典型的桥梁性的，把训诂学、文字学、声韵学等古代语言学的基础知识、基础理论，同读书为文的语言应用训练紧密地挂起钩来了——“对课”既有选字用词的训练，又有声韵的训练、语法的训练以至逻辑的训练。对此有兴趣的同志可参阅拙作《传统语文教育初探》（1962年上海教育出版社初版，1980年再版；也收入广东教育出版社出版的《张志公文集》第三卷；不久之后，将仍由上海教育出版社出版改定本《传统语文教育教材论》① ）。

以上谈了我国古代探讨、尝试在语言学的基础知识、基础理论同语言应用之间挂起钩来的一些办法，值得我们参考、研究。本文作者曾经倡议建立一门学科——辞章学，从1980年起，先后在北京大学、北京外国语学院、北京师范学院等处试讲过几次，目前再次试讲，讲完之后也许可能出版一本“辞章学摘要”② 之类。这门课就是试图在汉语语言学及其各分支学科的基础知识、基础理论同培养提高听、说、读、写的语言应用能力之间起一些桥梁性作用。前边说的一些事实表明，建立桥梁性学科有必要性，也有可能性，如果这个问题能引起一些同志的兴趣，大家多方尝试、试验，很可能会产生出不只一两种适合于当前实际情况的起桥梁性、过渡性作用的办法。前人的许多做法可以供我们参考，作者本人的尝试只是抛砖引玉而已。

必须说明，这里只是着重指出建立“桥梁性学科”的必要性和可能性，并不是说，语言学及其分支学科的研究和教学不需要了，也不是说语文教学不需要结合教育学、心理学等研究自己的内容、程序、方法等，只要等待那种“桥梁性学科”来临就行了。架桥需要桥两头的人合力来办。不过在今天这个场合——以理论工作的专家学者为主的学术座谈会上（当然有教师，然

① 1992年12月，该书经张志公先生改定正式由上海教育出版社出版，全称为《传统语文教育教材论——暨蒙学书目和书影》。

② 这里提到的“辞章学摘要”，已收入张志公著《汉语辞章学论集》，人民教育出版社1996年3月出版。

而都是大学的教授、副教授们，属于专家之流，和理论工作更接近些），我这个杂而不专、杂而不成家的语文工作者愿意代中小幼教育工作者向在座诸位呼吁，多关心一点儿童的语言教育和对青少年的语文教学吧。我希望，也相信，今后不再会时常听见“这是他们中小学教师的事，不是我们的事”这种说法了。平心而论，架桥工程恐怕主要靠科学家、理论家设计、施工，教师们提供一些材料，提出问题和要求，然后正确使用架起来的桥，并且在使用中检验它，提出如何改进、加固的建议。

贸然提出如上一个构想，请多多指教。

补记：在语言学基础知识、基础理论和语文教学之间建立一种桥梁性学科的构想，是受到钱学森同志在全国政协常委会上一次重要讲话的启发而产生的。特此说明并致谢。（他不是讲语言学、语文教学问题，讲的是科技兴农问题，中间提到“流体力学”产生的前前后后。他的讲话没有单独作为论文公开发表，所以本文没有引用他的原话和原则。）

又，目前正在北京举行的国际声学学会第 13 次年会，议题中有这样一系列课题：海洋声学、浅海声学、超声学等；联想到从声学这门基础知识、基础理论学科还可以派生出艺术声学、言语声学、语音合成等多门学科，好像都属于桥梁性学科，把声学和相关的某种应用学科挂起钩来。从这里还可以推及其他。因而愈益感到，在语言学和语文教学之间构建桥梁性学科是一个很值得进一步探索的课题。

1992 年 9 月志公补记

语文教学要同现代化建设接轨*

我来看望老师们，向老师们学习。我是学外语、教外语的，没教过一天语文课，没专门学过，又缺乏实践，怎么能编语文教材，研究语文教学问题呢？办法只有一条：学习。从工作中学，向老师们学。除西藏、台湾外，我足迹遍全国，目的就是四海为师，同教师们交朋友。今天，正是借这个研讨会的机会，向老师求教。

吕先生的教育思想博大精深。会上大家都讲了，讲得很实在，很好，我讲几句虚的。

中外古今，有贡献的思想家、科学家，都同时间、空间有关。有的跟上时代潮流；有的总结过去，能够超前提出问题、理论；有的总结得很好，全面、深刻、科学，他的思想可以超越时空的限制。孔孟的观点是跟时代走的，有的是超前的，例如，“君君，臣臣，父父，子子”，君错了，臣不能说，臣为君讳也；父错了，子也不能说，子为父隐也。那个时代要求他这样做。有的却是超越时空的，如“与朋友交言而有信”，封建社会，资本主义社会，社会主义社会，都成立；同外国人打交道，也成立。这句话成为后世的交友之道。“人不知而不愠，不亦君子乎？”“不愤不启，不悱不发”“学而不思则罔，思而不学则殆”“举一隅不以三隅反，则不复也”，这些观点都是超越时空的。

我们人民教育出版社的社徽，是两只手捧着绿色的幼苗的图案，大家都

---

*本文是在“吕叔湘先生语文教育思想研讨会”上的讲话。庄文中记录整理。刊载于《中学语文教学》1994年第12期。

说好，这是刚才魏书生同志所说的教育思想，不要把学生当作零件，老师作机械加工，而要把学生当作幼苗，扶植他自己成长、发展。

吕叔湘先生的语文教育思想，是跟着时代走的，有的是超前的。“新书一本，先生讲，学生听。”吕先生反对这样的做法。吕先生在《汉语文的特点和当前的语文问题》一文中说：“‘三个面向’，第一个是面向现代化。什么是现代化？简单点说就是高效率。”“第二个面向是面向世界。面向世界的一个重要内容就是语言文字要有利于中外文化交流。”“第三个面向是面向未来。面向未来意味着什么呢？按照我的理解，面向未来就是要更进一步现代化，更进一步国际化，而绝不是相反。”这些话是在1985年说的，有超前思想。他的语文教学思想，如不要把学生当作加工对象，而让学生主动学，培养能力；交给学生钥匙，让学生掌握学法；“语文的使用是一种技能，一种习惯，只有通过正确的模仿和反复的实践才能养成”（这几句是在1963年说的）。这些观点都是超越时空局限的，长时间可用。吕先生如果年轻一些，身体好一点，一定会发表更多启发我们的言论，超越时空的理论、思想。

大家都关心语文教学怎样改革？怎样朝前走？我说不好，只觉得要跟着时代潮流走，也未尝不可以超前一些。从这里想到几点，说说，供老师们参考，请老师们指教。

语文教学要同现代化建设接轨。

第一，语文教学要同学制改革接轨。现在，实行九年义务教育，从小学到初中，以后，开始分流，分为三股：一大股流向中等技术学校，一小股流向普通高中，另一小股流向就业。语文教学改革要同学制接轨，就要考虑怎样适应分流学生的不同需要，首先要考虑那一大股，就是中技、中专语文怎样教，怎样适应毕业后立即投入建设工作的需要。

第二，要同社会主义市场经济需要接轨。这个问题以前没有，因为没搞市场经济。现在，各方面工作包括语文教学工作都要考虑市场经济的需要，同市场经济接起轨来。市场经济需要怎样的人才？需要人们具有怎么样的语文素质？语文教学怎样去适应这种需要？必须研究。学生毕业出来，应用文写不了。医案、广告、产品说明、新闻报道写不了，公文写不了，设计说明写不了，实验报告写不了，企业盈亏情况写不了，市场需求的调查报告写不了，合作经营的协议书写不了，请示写不了，合同写不了，如此等等，能适应市场经济的需要吗？当然，不要求样样都能写，而要求在工作中学一学就能写，写有关二三种，要求不高吧。现在，学生最习惯于写抒情散文，别的不会。市场经济讲竞争，合法竞争。以前不敢讲竞争，现在要讲合法竞争，非常必要。抽烟，烟有假的，喝酒，酒有假的，都是不合法竞争的现象，读点写点批评造假的文章，行不行？讲合法经营、讲合理竞争、讲法制知识，自然不是语文课的任务。但是，讲点故事——合法经营、合法竞争使企业得到发展的故事，反之者则倒霉的故事，行不行？竞争意识本来是人人都有的，小孩子有，我白头发老头也有啊。下棋，要赢你，非赢不可；你也要赢我啊，也非赢不可。从小到老都有竞争意识。要提倡合法竞争意识，这在语文课里是不是可以起些作用呢？语文教材的选材恐怕得改革改革。怎样改革呢？要研究。

第三，要跟信息社会、信息交流接轨。过去，讲到计算机，我说我是机盲，堂而皇之地说；现在不行了，再说这样的话就羞羞答答的了。搞语言，不懂电脑，不行了。编码设计，语言合成，人机对话，等等，多少要懂点了。所以才提倡微机教学。电脑已经进入办公室，正在进入家庭。现在进入信息社会，语文怎么教学，怎样利于信息交流，要加紧研究。这关系到国家盛衰。信息，特别重要：没有信息，做生意就要亏本，没有信息，搞科技就要落后。信息，与语文有密切关系。语文教学改革，要考虑有利于信息社会的需要。

这几种轨要接。总之，语文教学要同现代化建设接上轨，不能坐等，要主动，主动去接轨。

吕先生把语文教学的目的任务讲得很明确，就是要学生学习和使用语言文字，口头语言和书面语言。吕先生的书中专门讲过文学教学、思维教学、思想教育没有？没有。难道吕先生反对那些教学吗？不，他一点都不反对，却常常慨叹那些方面做得都不够。然而语文教学的首要的、专门的任务是学习、使用语言文字。文不通理不顺，说话结结巴巴，就什么也谈不上。包子铺卖包子，切面铺卖切面，各有专司，不能一个铺子什么都卖，捎带着卖点别的，未尝不可，不能卖的样数太多。换个比方，一个工作人员负一项责任，这件事归他管，他就得管好，管到家。行有余力，兼管点别的也好，可是不能不论什么差事，一股脑儿都堆在他头上。这样，把他累坏了且不说，逼得他一样事情都做不好。要是让语文课背的包袱太重了，它什么都搞不好，还谈什么接这轨，接那轨啊！上海讨论语文教学改革，有不同意见。有的说任务要单纯，有的说要负几项任务，要我写文章，发表意见。我说，不可喧宾夺主，也不可唯主独尊，也就是这个意思。

如果有老师一定要问：你说语文教学要同现代化建设接轨。怎么个接法呢？

很具体的方案我拿不出。有一个很笼统的想法，姑且说说。这个想法不是今天才有的，不过今天多少有了点新内容而已。

我很重视文学教育。不是要求学生们人人成为文学家，但是人人要接受文学教育。文学教育，当然要培养学生欣赏文学作品的能力，这是不在话下的。更重要的是文学可以发展学生思维能力，这一点时常被忽略。思维，一般说来可以分为形象思维、逻辑思维。文学培养形象思维。不过，不要绝对化。文学作品，不论诗歌、散文、小说、戏曲，也各有各的逻辑结构，同样有培养逻辑思维能力的作用。只不过文学作品之所以感人，首先是靠形象，而不是靠逻辑推理。文学最足以唤起人们的联想、想象，进而诱发创造性思维。我常想，文学为什么有那么大的魅力？列宁爱读托尔斯泰、杰克·伦敦的作品，他评托尔斯泰，比文学评论家还出色。拿破仑出征，骑在马上还要读歌德的诗歌。爱因斯坦喜欢读文学。毛泽东爱读书，他说《红楼梦》不读五遍没有发言权；他本人是伟大的诗人。为什么政治家、军事家、科学家那么喜爱文学？我以为，这些伟人的思想境界犹如天马行空，极富有创造性，文学也是海阔天空的创造性思维。思维的路子合拍了，发生共鸣了，促使他们思想更活跃了。教育家乌申斯基说：很难说牛顿、莎士比亚谁需要的想象力更多一些。苹果掉在地上，引起了牛顿海阔天空的想象，产生了地心吸力、万有引力的学说；史蒂文森看到开水壶喷汽，也海阔天空，发明了蒸汽机。文学能发展人们的想象力和创造性思维，这一点至关重要的。动植物的某些活动和形态促使人们创造了一门极有用的科学——仿生学，这是人所共知的。所谓现代化，首先要科学，要科学化，而科学研究，科学工作、科学发明、不仅要有逻辑头脑，更要有创造性思维能力。文学教育与科学化即现代化，在这里接上轨了。至于文学教育还有其他各项教育功能，如思想品德教育等等，大家都知道，都时常研讨，我这里就不再多说了。

怎样进行文学教育呢？目前我们倾向于减少课程，不倾向于增加，那么可以暂时不单独开设文学课。语文课可以编两种读本。一本《文学读本》，多点拨学生认真读，少“析”（赏析、浅析、试析等）。如果一定要个名目，我还是赞成“导读”，老师导一导，学生自己去读，不要总是老师析来析去的。多着眼于思维训练，少发挥“微言大义”，让学生自己在读之中去“悟”出来，那样“微言大义”才能起更大的作用；老师析多了，发挥多了，反而会削弱其作用。选材面不妨突破很狭义的“文学”框框。严复《译天演论自序》《郑成功传》《林则徐传》《寇准罢宴》（从史传中摘编）等都可以酌选；《桃花源记》《阿房宫赋》《醉翁亭记》之类可有，不妨少些。以读为主，当然不绝对排除写，可不做硬性要求，尤其不要只写抒情散文，要鼓励多写点切实的东西，如“廉政议”“买鞋记”“我家比小李家和睦”“多看电视有利有弊论”“我不能成为华罗庚第二吗?”等等。

另一本就叫作《语文读本》吧。里边讲点简要的语言、文字知识，多做些练习。可以做《语法修辞讲话》式的练习，也可以把方向倒过来，做正面的积极性的练习，前者以改错为主，“匡谬正俗”；后者以选优为主，“正本清源”。也可以选些文章。主要是两种：一种是多种语体的实用文，如公文书、契约、合同、通知、照会、诉状、判词，等等；一种是像吕叔湘先生《语文常谈》《未晚斋语文漫谈》中那些短文，还有像周有光先生讲语文现代化的论文，还有像各种《语文趣谈》那些书里的文章。总之，这一本就是讲语文应用的。以上两本读本轮流上课，如果每周四节语文课，各用两节，只要老师少析一些，少灌一些，多导一导，足够了。语文课一本《语文读本》，一本《文学读本》，双管齐下，各有任务，又不混杂，语文教学就会从空中楼阁式的教学中解脱出来，同现代化建设对语文的需要端端正正地接上轨了。

读写听说教学

重视提高学生写作能力的问题

怎样提高学生的写作能力，是目前社会各方面普遍关心的一个问题。中学毕业的学生连一封普通的信都写不通，一张简单的便条都写不明白，经常听见有人对这种现象表示焦虑。社会上这样关心中学生的写作能力是有充分理由的，中学毕业生大部分要就业，需要经常动手写点东西。能不能写得文从字顺，清楚明白，直接影响到他们的工作。希望中学教育能够做到使所有的毕业生基本上达到文理通顺，这个要求是正当的。

怎样做才能有效地提高学生的写作能力呢？对于这样一个相当复杂的问题，显然不可能由任何一个人三言两语地提出一条简单的答案。这里想就关系到培养学生写作能力的几个方面提出几个问题来向同志们请教，希望引起大家研究讨论，共同得出一些切实可行的办法来。

一

首先需要明确一个问题：怎么叫写作能力高，怎么叫写作能力低。具体些说，对于一个中学毕业生的一篇一般性的文章（不是文艺创作）应该怎样要求，写得怎么样算是好，怎么样算是不好。

好是没有止境的。我想，一篇好文章应该合乎这样四点要求：（一）有内容，有主题，清清楚楚地看得出作者说了些什么，为什么要说这些话。从内容和主题表现出来的思想感情是否是正确的，健康的。（二）有条理，就是说，文章的内容是经过组织安排的，材料是经过选择的。先说什么，后说什么，哪里多说，哪里少说，看得出有计划，有目的；这一部分和那一部分，有联系，有照应。说一件事，原原本本，脉络分明；说个道理，有原因，有结果，有根据，有论断。（三）用词大致妥帖，造句一般通顺，标点用得正确。（四）字迹清楚，清晰醒目；如果写的是处理事务的所谓“应用文”，格式合乎一般的习惯。学生能够写出这样的文章来，大致就可以说具备了合格的写作能力；写出来的文章达不到这样的标准，就是写作能力偏低；如果离这个标准很远，那就是写作能力太低。

学生要具备些什么条件才能在写作方面达到这样的标准呢？要写出来的文章有正确的内容，有明确的主题，一个根本的条件是具备一定的思想水平——明白事理、辨别是非的能力，和必要的知识——社会生活的知识和文化科学的知识。要写一件事情而自己对这件事情知道得很少，或者是辨别不出它的是非曲直，写出来的文章就不可能有充实的内容，正确的思想，健康的感情，明确的主题。

要写出来的文章有条理，一个根本的条件是具备一定的逻辑思维能力。事物本身有它的条理，我们必须具备综合分析等逻辑思维的能力，才能在自己的头脑里正确地把事物的条理反映出来，然后根据自己写作的目的选择、组织、安排，表现为文章的条理。自己对事物的认识稀里糊涂，也就是平常说的思路不清，而希望写出有条有理的文章来，那是根本不可能的。

要写出来的文章用词妥帖，造句通顺，标点正确，显然要求具备一定的语言能力——占有足够的词汇，掌握基本的语法规律，能够运用一般的修辞技巧。

形式上的要求比较容易，只要勤写、常练，严肃认真，不苟且，不偷懒，就能养成良好的习惯。

具备必要的思想水平和知识基础，具备一定的逻辑思维能力和语言能力——这是使写作能力达到合格标准的基本条件。要提高学生的写作能力，就得从这几个方面入手。为此，语文课的教学负有重要的责任，而有关的课程，各种教育手段的协同努力，也是十分重要的。下面打算就这些问题谈一点个人的浅见。

二

中学的各门学科中，在培养学生写作能力方面，语文科自然负有特别重大的责任。

几年来，我们中学的语文教学有不少的改进，在提高学生的思想觉悟和语言水平方面有很大的成绩，但是，缺点还是有的。

对于语言教育重视不够，这是我们语文教学的主要缺点之一。语文科里边的阅读教学，无论是用前几年的语文课本那样的综合性的教材，或者是用现在的纯粹文学作品的教材，或者再做进一步修订的其他形式的教材，也无论是像前几年那样不单设汉语课，或者是像现在这样单设一门汉语课，都必须担负两方面的任务：思想教育的任务和语言教育的任务。

向学生进行语言教育，最主要的工作有三个方面：（一）指导学生对具体的、有典范性的语言教材进行观察、分析、欣赏、模仿、创造性的学习；（二）教给学生有关语言规律的科学知识；（三）指导学生实际运用语言——说话和写作。这三方面的工作可以综合地进行，也可以分开来进行（当然也还要互相配合）。不论分开还是综合，第（一）方面的工作是根本的，因为，如果第（一）方面的工作做得不够，语言知识将成为架空的抽象概念，运用语言也必然缺少根基。第（一）方面的工作，显然要在阅读课里进行。

阅读教学中重视语言教学，不但能够有效地提高学生的写作能力，同时也能更好地完成思想教育的任务。很明显，学生对作品的语言分析得越清楚，体味得越细致，对作品的思想内容才理解得越准确，受到的感染教育也才越深刻。

我们的阅读教学在这方面必须大大地加强。我们不能用过多的时间离开作品本身来讲解作家的生平、时代背景、文学理论、作品的意义等。做问答，或者要求学生做口头的或书面的叙述或评论，我们不能只注意学生的答案在事实或见解方面是否正确，同时也要注意学生的语言是否通顺。考虑阅读课的语言教学，注意面不能太窄。不能只注意词语的解释，更重要的是采取积极的办法把作品的词汇变成学生自己的能够熟练运用的词汇。必须注意作品语言的语法分析，因为有些比较复杂的句子，不做语法分析就难于使学生透彻理解，或者虽然能够大致理解而自己不能正确地写出那样的句子。必须具体地分析作品的语言艺术，并且教给学生学习运用那些修辞方法。作品的结构、组织、条理、层次、内在的逻辑性等等，应该使学生充分地理解，并且能够在自己的写作中注意到这些方面。阅读教学中能够做好上述的这些工作，再加上适当的作文练习和必要的语言科学知识的教学，我想，学生的写作能力一定会迅速地提高。

作文教学也是需要改进的。主要的原则应该是密切地结合阅读教学，因为只有把语言的运用（写作）建筑在语言的吸收（阅读）的基础上，才能收到最大的效果。命题作文是可用的，但不能只有这一种方式。要考虑作文方式的多样性。这个多样性同样也要在密切结合阅读教学中去实现。必须让学生多开口，勤动手，这，也得密切结合阅读教学。

研究作文教学的方法是一项迫切需要进行的工作。虽然像上面说的，作文教学必须结合阅读教学来进行，但是怎样结合法呢？怎样指导学生练习作文效果才最好呢？必须总结我们以往的经验，吸收传统的、外来的有效经验，进一步创造新的、更好的方法。

无论是把语文作为一门功课或者是分为文学（或阅读）和汉语两门功课，教给学生一些有关语言规律的科学知识都是完全必要的。系统的科学知识可以提高学生在阅读课（以及其他功课）中学习语言的效率，可以提高学生正确运用语言的自觉性。有没有这种自觉性对于学生在校以至终生语文能力的发展都是十分重要的。当然，这种科学知识必须是简明扼要、合乎学生的接受能力的，必须是密切结合学生的语言实际的，必须是用丰富多样的练习作业来提出和巩固的。

研究汉语教学问题，也是一项迫切需要进行的工作。对于中学学生，哪些语法知识是必要的？哪些知识，用什么方式教学，是符合学生的接受能力的？什么样的练习作业效果最好？这些问题，我们以往研究得很少，可是要使汉语教学收到应有的效果，这些问题必须很好地解决。

总起来说，要提高学生的写作能力，语文课应该从三个方面入手：阅读教学中的语言教学，语言知识的教学和作文教学。这三个方面是密切相关的，不能有所偏废。在目前，特别需要着重提出的是第一个方面，因为，正像前边说过的，结合阅读教学进行语言教学，这是提高学生写作能力的带有根本性的工作。可是有些同志不这样看，在阅读教学中放松甚至完全忽视了语言教学，而指望语言知识的教学（汉语教学）、能够单独把提高学生写作能力的任务担当起来；当发现汉语教学不能单独担任这个任务的时候，又认为汉语教学无用，忽视了它，转而单独求之于作文教学。我们认为：掌握丰富的语言材料（通过阅读教学）是写作的根本；材料必须用科学知识去驾驭，才能发挥最大的效用，所以要学习语言规律（通过汉语教学）；有了材料，而且能够科学地驾驭它，还必须有计划有步骤地勤写多练，所以要练习作文（通过作文教学）。要有效地提高学生的写作能力，必须明确这三方面的相互关系，这在今天说来是特别重要的。

三

对于学生写作能力的发展，除去学校语文科的教学内容和教学方法具有最重大的影响之外，还有影响很大而往往被人忽视的两方面，这里需要谈一谈。

一个是各科教学的影响，一个是环境的影响，或者说社会影响。

各科教学对于学生写作能力的发展，有非常重大的影响。各科教学都向学生进行思想教育，同时充实学生的科学知识，培养学生的认识能力和思维能力，丰富学生的词汇，发展学生的语言：这些正是提高学生写作能力的根本大计。举例来说，我们不能设想学习数学跟写作无关。做算题，证命题，这些经常不断的练习，培养了学生分析事物、论证问题的能力，而这种能力正是写作中极端需要的。任何一门功课，学生都时常要用口头的或书面的方式回答问题。这其实都是最生动的作文练习。学生回答问题的时候，要有正确的内容，同时他也会考虑怎样安排材料，怎样叙述事实，描写事物，论证道理，发表意见。在这中间他就很自然地考虑到用些什么词，用些什么句子。这种锻炼，实际上对于发展语言能力起了很大的作用。

不能不承认，目前在别的学科的教学中，学生运用语言的情况可以说是普遍地被忽视的。学生在课堂上回答问题的时候，用词不当，语句不通，说的话断断续续不能连贯，甚至语无伦次，这种情形并不少见，然而教师很少指出来，更不要说去纠正指导了。学生的书面作业，很少因为文理不通得到不好的分数，至于不点或乱点标点、错字漏字、字迹潦草，更是视为小节，不闻不问。教师不注意自己的语言——包括口头的讲述、板书、学生作业上的评语等等，也是并不少见的情形。这些对学生当然会有很不好的影响。

系统地、集中地进行语言教育，这当然是语文科的任务。但是不能认为别的学科的教师如果也注意到学生的语言问题就是越俎代庖。语言是学习一切知识的工具，学生语言能力的高低，直接影响到他学习各门功课的效果。任何一门学科的教师在他的教学中适当地注意到学生的语言情况，不仅帮助了语言教学，并且是于本门学科的教学非常有益的。

社会影响是另一个值得重视的问题。学生们每天都生活在“语文环境”之中。学校的各式各样的布告，通知（教导处的、图书馆的、食堂的、运动场的等等），学生们很喜欢念的小说、报纸杂志，电影院、戏院的说明（说明书、字幕），电车、公共汽车上的广告、广播词等，都在无形之中向学生进行着语言教育。这些地方使用语言的情况怎样，对学生不能没有影响。当然，学校的语文教育应该使学生既有学习范例的能力，又有辨识和拒绝不良影响的能力。但是，如果社会方面多提供一些语言运用得好的范例，减少一些错误混乱的现象，对于青年学生不是更好吗?

“重视祖国语言的纯洁和健康”的号召，曾经引起社会上的普遍重视，几年来，书籍报刊以及社会上各个方面在运用语言上都有了不少的改进和提高。但是，改进还不够，而且近一两年来这方面的重视多少又有些松懈，某些文艺工作者、机关团体的文书工作者，学习语文的热情似乎又低落一些了。

当我们以非常关切的心情注意到中学生写作能力不够高这个重要问题的时候，我们不能不希望学校里各科教学中都适当的注意到发展学生的语言能力这个问题，也希望社会上各个有关方面重温一下 1951 年 6 月 6 日的《人民日报》的社论和 1956 年 2 月 6 日国务院关于推广普通话的指示，把促进语言规范化的任务很好地担当起来。

四

为了提高青年学生的写作能力，还有几个方面的工作要做。

首先，我们很希望作家同志们多为青年学生写些适合于精读的作品。供给学生课内或者课外阅读的作品，特别是选作教材的，不仅思想内容必须健康，富于教育意义，语言也必须纯洁，可以作为学习的楷模。如果作品里方言太多，不合乎现代汉语普通话的规范，那对于学生的语言教育是有不好的影响的。从长篇作品里节选一段给学生阅读，这是一个办法，但不是最好的办法。学生需要多读一些短小精悍的作品。

青年学生们渴望文学家和语言学家为他们写一些通俗浅显的、切合实用的，讲解文学知识、写作知识、语言知识（包括语音、词汇、语法各方面）的书籍。现在还没有适合于中学生阅读的语文刊物。《中学生》里边登载一点语文知识，但是太少了。要使学生掌握一些与提高写作能力有关的知识，光靠课堂里的工作是不够的，还要为学生们准备丰富多样的课外读物，使他们能够自己在课外进修，帮助他们在生活中不断地受到锻炼。

很需要替青年学生们编出几种切合实用的词典——普通词典、同义词典、成语词典等。学会使用工具书，这是中学生的一项重要工作。一个不会使用词典的学生，他的阅读能力和写作能力的提高要受到很大的限制。现在我们有几种新编的小字典，可以用，但是很不够。希望有关的部门把这项工作做起来；在新的词典还没有编印出来之前，教师们应该先教给学生好好地利用现有的字典。

必须指出，适于作为范文精读的作品，通俗地介绍文学知识、写作知识、语言知识的书籍，各种切合实用的字典，这些也是目前广大的工人农民和在职干部迫切需要的。希望编写出版这类读物的工作得到足够的重视。

1958 年 1 月

从“想”“说”“写”的关系谈起

一 想、说、写

一个有文化的劳动者，不论具体做什么工作，都不能不会写，至少时常要写信，写通知，写报告，写总结，写工作日记，写便条，等等，要写很多东西。因此，要学会写作。

怎么样才能写得对，写得好呢？

要写，总得有一定的内容，有一定的意思可写。内容对，意思对，写出来才会对；内容好，意思好，写出来才会好。要内容和意思对，而且好，那就要有生活，有知识，更重要的，得有正确的立场和观点。这些，要通过各种科学的学习以及社会实践来取得。这是一方面。另一方面，要把好的内容和意思写出来，得用工具——文字。不能运用文字，纵有好的内容和意思也写不出来。文字是记录语言的。笔下写的这些字，无非是代表嘴上说的话的符号。所以，根本的工具是语言。要写得通，写得好，必须会运用语言。前一方面的问题不是这里要谈的；这里要谈的是后一方面——运用语言的问题。

为什么说根本的工具是语言呢？

要写一件什么事，先要想想这件事。不想是写不出来的。怎么想法呢？我们想一件事情试试。比如，我们想，“我要认真学习写作”。想这个意思的时候，我们的脑子里出现了什么？脑子里并不像演电影似的出现了一幕景象——一个人坐在桌旁，手里拿着笔，桌子上铺着纸，等等，而是出现了“我要认真学习写作”这五个词组成的一句话。也许不这么完整，只出现其中最主要的两三个词。这就表示，我们想事情是用语言作工具在想的。把想事情所用的语言材料有组织地说出来就是话，把话用文字写下来就是文章，想，说，写，这三件事的关系就是这样。

明了这种关系是很重要的。有些人很愿意自己写得好，对于“怎么写”这个问题很重视，可是对于“怎样说”这个问题很不重视。这是本末倒置，这样学习写作是很难学得好的。有些人重视写，也重视说，可是不重视想，说话或者写作的时候不耐烦好好地想一想，常常脑子里还模模糊糊地就说出来、写出来了。这样，说的话或者写的文章也一定模模糊糊，不准确，不鲜明。而且，养成这种思想不周密的习惯，对于学习和工作很不利，这样学习写作也是不容易学得好的。

要善于思考，善于说话，这是学习写作的根本。

然而，不能因此就认为会想、会说和会写是毫无区别的一回事。要会写必须会想，会说；可是会想，会说还不一定就写得对，写得好。

这是为什么呢?

想事情是用语言作工具的。可是想的时候所用的语言，很可能是零碎的，片段的，也可能是粗糙的，说出来或者写出来的时候，还需要组织一番，修理一番。想事情，也有时候只想到一些形象或感觉，没有形成语言，说出来或者写出来的时候就要找到适当的词句来表达。想是自己想，只要自己明白了就行；说和写是有对象的，必须使听的人或者读的人也明白。这是想和说写的区别。

说和写也不完全一样。说话是说的人和听的人面对面进行的。一边说着可以用一边打手势、作表情作为一种辅助手段，必要的时候还可以换个方式重说一遍，再加上说话的时候有现实环境，让对方懂得是比较容易的，话说得马虎一点虽然不好，还不至于完全妨害思想的交流。写的时候没有这些便利，差一点都不行。这是说和写的区别。

想、说、写既然有区别，不能互相代替，所以都应当学习、训练，不能有所偏废。前面说过，三者之间又是密切相关的。从这个角度说，学习、训练应当三个方面兼顾，并且适当地结合进行。长期以来存在着偏重写作、忽视想和说的现象，必须引起重视，加以纠正。

二　语言的运用

运用语言很容易，也很不容易。说它很容易，因为每个人从小就生活在语言环境之中，生活、学习、工作，天天都要用到语言。人对于语言，简直像对自己的双手一样熟悉。说它很不容易，因为语言是一种丰富多彩、变化无穷的东西，人借语言所表达的思想也是多种多样的。要把语言掌握得十分纯熟，十分准确，不经过艰苦的学习是办不到的。

运用语言首先得运用得对，进一步还得运用得好。

日常生活之中，所要说的话一般是很简单的，大致都说得对。信口说出，没有错误，这种能力不仅大人有，几岁的小孩也有。要提笔写，情形就不同了。所要写的，不都是日常生活中说的“早。过来！上课了。开会了。今天真冷！您贵姓?”那些极简单的话。如果对语言掌握得不够好，写起来就会出错儿。

对不对包括两方面的问题。一方面，我们用的每个词是否恰好表达我们所要表达的意思，一点不走样。比如，我在做一件什么工作，想请你也为这件工作出点力，一块儿把它做好，我该怎么说呢？是说请你“帮助”，还是“协助”，还是“援助”，还是“支持”，还是别的什么？用哪个词才能最准确地把自己的意思表达出来？表达得准确，就对了；不准确，就不对。

另一方面，合不合大家说话的规矩。说话是有规矩的。这规矩不是哪一个人或者少数人定的，是说同一种语言的人共同定的，也不是开会讨论决定的，而是在长时间实际使用这种语言的过程中，逐渐确立起来的。换句话说，是约定俗成的。约定俗成的规矩必须遵守；不遵守，别人的耳朵不答应，不是听着别扭，就是干脆不懂。比如，说“已经看”不行，得说“已经看了，已经看过”。“了、过”没有什么实在的意思，可是非用不可，这是规矩。说“迷糊地睡了一会儿”不行，得说“迷迷糊糊地睡了一会儿”，在这种地方要把“迷”和“糊”重复一下，这也是规矩。话简单，不大会犯规；话复杂，一不留心就可能犯规。

运用语言运用得好不好，情形就复杂得多了。怎么叫对，有些固定的标准；怎么叫好，那可没有止境。说一般的原则，运用得好的语言，首先必须准确，必须对。不准，不对，无论如何也谈不到好；准了，对了，就决不至于怎么坏。再进一步，语言得鲜明、生动。意思不错，也合规矩，可就是说得疙里疙瘩的，别别扭扭的，拖泥带水的，那还不好；要爽朗，要干净。对了，爽朗了，干净了，还要求生动。干干巴巴的话，有气无力的话，都是不好的，要有骨头有肉，要有优美的风趣，要有力量。

这么看起来，要运用语言运用得对，而且好，不是件简单的事，得下功夫学习。

三　词汇

学习语言，最重要的是学习词汇。一个人如果知道的词很有限，或者知道不少的词可是不知道怎么用，他的语言能力一定不高，运用起来一定不会处处都对，更不要说处处都好。我们说话，有时候比手画脚好半天，说不出来，往往是因为词不够用，想不好话该怎么说。常常听见说“词不达意”，也往往是词不够用的结果。

词汇要从生活里学。生活里接触各种各样的事物，认识了这些事物，同时就学会了表达这些事物的词。生活丰富，词汇一定也丰富；生活贫乏，词汇也必然贫乏。

词汇还可以从阅读的作品里学。我们天天看书，看报。书报里告诉我们许多事情，许多道理，丰富我们的生活；与此同时，也教给我们许多词。看书报要有良好的阅读习惯。一切都不求甚解的阅读习惯是不好的。那样，对于所读的作品一定懂得不透彻，里边有许多有用的语言材料也白白地从手头溜走，没有把它抓住，学会它。有的人急切希望自己能写好文章，可是不肯多读书，读书也不肯多用心，只是走马观花地溜一遍，这样，写好的愿望是很难实现的。

学习词汇必须勤用词典。词典告诉我们词的意义和用法，是一位非常忠实的老师。要学习语言，必须养成勤用词典的习惯。

四　语法

前边说运用语言有规矩，那些规矩就是语法。每个人从小就在生活中学习语言，同时也就学会了语法。从生活中学到的语法是不自觉的。要运用语言运用得有把握，必须把不自觉的习惯变成自觉的知识。这是学习语法的主要意义。

语法讲运用语言的规矩。讲规矩总是一件比较枯燥的事。因此，学习语法要有耐性，不能怕枯燥，——当然，讲语法的人和书应该想法尽可能讲得不枯燥。

要讲运用语言的规矩，首先必须把语言分解分解，知道语言是怎么构成的，然后才能明了构成的各个部分有些什么规矩，可能出什么毛病，正像要知道人的健康状况首先要知道人体是怎么构造的道理一样。分解语言，认识它的构造，这是一件比较细致的工作，看起来难免有些琐细，而在开始的时候，又好像没有什么用处，正像我们开始知道喉头有八对软骨的时候，觉得这个知识没用一样，因此，学习语法不要怕难，不能性急，——当然，讲语法的人和书应该想法尽可能讲得有用而不难。

语法要从讲语法的书里学，也要从生活和阅读的作品里学。经常注意话是怎么说的，文章里的一个个句子是怎么写的，这对于学习语法很有帮助，这样学来的语法才是活的、有用的知识。

五　修辞和作文法

语言要运用得好就要有些技巧。运用得好的技巧就是修辞和作文法。

修辞包括两方面。一是词和句子的选择，一是语言的组织。同一个意思，可以用甲词甲句表达，也可以用乙词乙句表达，而甲乙引起的效果可能不同。作文法呢，一篇文章，先说什么后说什么，哪里多说哪里少说，前后怎样连贯，上下怎样衔接，也有种种办法。用的方法不同，产生的效果也不一样。这些就是修辞作文法的问题。

可以看出，修辞和作文法是为文章的效果服务的，因此，有一般的原则，有各种可用的方法，可是没有绝对的规矩。文章是为一定的目的、写给一定的对象看的。方法的运用不能离开这目的和对象。也可以看出，学习修辞和作文法既要从书上学习那些原则和方法，更要从阅读的作品里学习实际运用的榜样。

1958 年 4 月

读是写的基础

有些中学毕业生写作水平不够，不能适应参加社会工作或者升入高等学校继续学习的需要。社会各方面对这件事很关心，教育工作者也很重视，于是在语文课里增加作文次数，要学生多写。

多写，这是完全必要的。不过，写必须以读为基础；没有正确的、充分的读作基础，光写还是不行的。

读，指的是：朗读，精读，熟读，多读；既指学生自己读，也涉及教师怎样讲，怎样指导学生读。

提高语言能力必须以朗读、精读、熟读、多读为基础，这可以说是古今中外一条共同的经验。

朱熹要求学生从小养成正确朗读的习惯："要读得字字响亮，不可误一字，不可少一字，不可多一字，不可倒一字。……要多诵数遍，自然上口，久远不忘。古人云：'读书千遍，其义自见'，谓读得熟则不解说自晓其义也。"他还要求读书必须逐字逐句透彻理解，进而深入体会，反复揣摩。欧阳修说"为文有三多"，第一就是"多读"，然后才是"多作，多商量"。鲁迅说"文章怎样作，我说不出来，因为自己的作文，是由于多看和练习，此外并无心得或方法的"。英国诗人弥尔顿非常重视朗读，他说，从读的情况最容易看出读的人是否真正理解了所读的作品。丹麦语言学家耶斯培森认为学习语言需要背诵，常常背诵才能使所学的词语、句子在记忆里生根。

应该使学生养成大声朗读的习惯。从前，走过私塾、蒙馆的附近，总会听见孩子们呜里哇啦读书的声音，现在，那种声音不大听得见了。在这个问题上，前人的做法是有可参考的。一篇文章，读出声音来，读出抑扬顿挫、语调神情来，比单用眼睛看，所得的印象要深刻得多，对于文章的思想感情，领会得要透彻得多，从中受到的感染要强得多。朗读得多了，时间久了，优秀作品中经过加工锤炼的语言会跟自己的口头语言沟通起来，丰富自己的口头语言，提高口头表达的能力，养成良好的语言习惯，这些，必然会在自己的书面语言——写作中反映出来。

朗读，应该有基本的要求，进一步的要求，较高的要求。基本的要求是读音准确，句读清晰，不错不漏；进一步的要求是正确地读出抑扬顿挫，语调神情；较高的要求是显示出文章的风格神采。首先要抓紧基本要求，不能好高骛远。有一位老师要学生读苏轼的“大江东去”词，学生把羽扇纶巾的“纶”〔guān〕字读成 lún，把“浪淘尽千古风流人物”读成“浪淘——尽千古——风流人物”，此外还有别的错误，教师都没有指出，纠正，倒是批评他没有读出这首词的豪放气概。这样做，恐怕是不合适的。反之，达到了基本要求就认为满意，不肯提高一步来要求，恐怕也不妥当。

一字不苟的精读和略观大意的泛读，是相辅相成，不可偏废的。但是，精读恐怕应该列为主要方面，而泛读则是辅助的。精读就是全面、细致、透彻地理解。读懂了，读熟了，文章里的东西——语言的应用和语言所表达的思想、知识，才能真正为自己所有，写文章的时候，想到一个意思而找不出一个合适的词来表达，或者找到一个词而用得不对，往往是由于读书遇见这个词的时候没有充分理解。造句谋篇的问题也大致类此。中小学学生读书不求甚解的习惯相当普遍。他们常常抱着大部头的小说急急忙忙、囫囵吞枣地看下去，知道了故事的梗概就拉倒；有些学生，开学的时候领到新发的语文课本，一天之内就匆匆看完一遍，仿佛篇篇都懂，于是老师上课讲解就不耐烦听了。针对这些情况，更有着重强调一下精读的必要。

说到精读，最容易想到确切地理解每个实词和成语典故的意义。这是对的，但是还不够。虚词的作用是不容忽视的。为什么这个地方用“往往”，那个地方用“常常”；为什么这里说“即使……也……”，不说“虽然……可是……”；为什么一个地方说“是吗”，另一个地方说“是不是呢”，还有一个地方说“是吧”：这些值得推敲推敲。句子的格式也应当注意。毛主席

《改造我们的学习》第二节一开头说：“但是我们还是有缺点的，而且还有很大的缺点”。为什么不简单些，只说：“但是我们的学习还有很大的缺点”？在这里用“……而且……”这个句子，跟全篇主题思想的表达有什么关系？单句、复句，短句、长句，整齐排比的句子、参差错落的句子，口语化的句子、文言气的句子，合乎固有习惯的句子、“欧化”的句子：这些，都可能有值得思考的地方。句子和句子的联系，段落和段落的联系，整篇的条理层次：这些，更应当细心解析一番。有些文章里的有些话，不但要充分理解它字面上的意思，还应当理会它含蓄的意思。叶圣陶先生《黄山三天》开头说：“我游黄山只有三天，真用得上‘窥豹一斑’那个成语。可是我还是要写这篇简略的游记，目的在劝人家去游。”一个中学生至少应当看得懂，这里边含蓄着一个意思：黄山是个非常值得一游的地方。并且应当体会出，这样说法比用上两个抽象的形容词，例如“十分美丽”之类，有什么好处。

既说精读，当然要求细致。可是细致不等于烦琐。所谓确切理解实词和成语典故的意义，不一定要把一个个的词语抓出来，下个定义，抽象地解释一番。有人叫学生解释“干脆”这个词，这真有点难为人。当然，下定义、加解释、用术语，不是不可以，有时候也必要，问题在善于区别。当用则用，可不用则不用，总不要离开读懂文章、举一反三这个目的。

既说精读，当然也要求深入。可是深入不等于牵强附会，故作高深。它要求根据文章的意旨和学生的实际水平讲得恰如其分。如果每字每句每段都去挖掘字面后边的微言大义，并且不考虑学生的接受能力，往往会把明明白白的文章闹得玄奥难解，那对正确理解文章的语言和思想是有害而无益的。

熟读的作用大家都清楚，这里就不去多说了。

这里需要再回过头去说说读和写的关系。要写得好，大致需要具备三个条件。

首先，必须有正确的、值得写的意思。否则，无法硬写，硬写也写不好。

其次，必须有丰富的语言材料——记得足够的字、词、成语、习惯语，掌握足够的句子格式。否则，有点什么好意思也写不出来，写不通畅。

再其次，必须有活泼而严密的思路，会用多种多样的表达方式和方法。

否则，只会说一句一句的正确的话，写不成一篇有组织、有条理、有力量、有味道的文章。

怎样才能具备这些条件呢？生活实践、劳动实践、革命斗争的实践是重要的，然而不能单靠那个，特别是中小学学生，年龄、生活范围都只有那么大，直接的实践经验总是有限的。提高思想，开阔眼界，丰富知识，不能不靠多读和仔细认真地读。讲点语言知识，写作方法也是必要的，但那不能从根本上解决语言材料和表达能力的问题。记得的词语少，见过的句子和章法少，或者见过不少可是印象甚浅，脑子里了无痕迹，那样，背熟两本语法书、三本写作方法也写不成好文章。办法还是得多读，仔细认真地读。

只有多读，仔细认真地读才能保证打好写的基础。

大家常说，要学唱戏就得张口唱，光念表演术的书，不登台不开口，一辈子也学不会唱戏。这话完全正确。不过，我想补上一条：念了表演术，自己张了口，然而不听别人唱戏，不看别人表演，或者听的看的不多，或者听得看得不认真，还是唱不了戏。同样，要学写文章就得动手写，多多地写，这里也得加上一条：首先，还得读，多多地读，仔细认真地读。

因此，我想，为了提高学生写的能力，首先要抓住读的训练。至于怎样抓，读的训练和写的训练各用多少力量，两者怎样配合，等等，那些具体的教学工作问题，都得根据实际情况去考虑研究。

1962 年

谈作文教学的几个问题

培养什么样的写作能力

讨论中学的作文教学，首先就要明确中学语文教学应当培养学生具备什么样的写作能力。

中学毕业生有相当大的一部分要走上工作岗位，去参加工业、农业、文化教育等社会主义建设事业。他们在工作和生活中时常需要动手写点什么，比如写个工作报告，经验介绍，以及读书心得，信札日记等。他们天天要用笔作为工作和生活的工具。那么，中学的语文教学就应当培养学生具备日后在工作和生活中动笔的能力。中学毕业生还有一部分要升入高等学校去学习专门的科学技术。在学习中，他们更是常常要动笔——写写读书日记，写写实验报告，写写论文，等等。那么，中学的语文教学就应当培养学生具备进一步学习专门知识的时候所需要的一般写作能力。

总起来说，中学语文教学所要培养的，是一个青年在工作、学习和生活中必须具备的一般的写作能力，也就是内容准确、文从字顺、条理清楚、明晰确切，能够如实地表达自己的有用的知识见闻、健康的思想感情的能力，而不是专门从事写作的文学家的文艺创作能力，虽然也不应当排斥少数中学毕业生日后从事文艺创作活动的可能性，并且应当注意发现具有这方面才能的学生，给予必要的指导。

解决什么问题

要培养上述那样的写作能力，需要解决几个什么问题呢？我们知道，无论写什么文章，要写得好，先决的条件是具有正确的思想认识，丰富的生活经验、知识见闻，相当的思维能力。在学校里向学生进行思想政治教育，劳动教育，道德品质教育，各科知识教育，思维的训练，都与培养学生的写作能力有关。绝不能把一个人的写作能力，从思想修养、经验学识之中孤立出来；那么，也就绝不能把作文教学从各方面的教育之中孤立出来。不过，思想修养、经验学识、思维训练等并不能代替写作能力，各方面的教育也不能代替作文教学。作文教学必须在与各方面的教育密切结合的前提之下，解决与写作能力直接有关的若干特定的问题。在这些问题之中，我认为有三个是最关紧要的。

首先是态度和习惯问题。在写作这件事情上，不少中学生有两种不好的态度和习惯。一是怕作文，至少是不爱作文；二是写文章马虎草率，不严肃，不细心。

为什么会有这样的态度和习惯呢？应当到教学工作中探查原因。“作文太难，不知道写什么，也不知道怎样写。”这是很多中学生常常说的话。这个话值得重视。我觉得命题作文这个办法之中大有值得研究的问题，批改作文的办法也很值得推敲。老师出的题目叫学生没话说，或者不知从何说起，憋了半天，好容易憋出一篇来，又让老师画了大堆的红杠子，批了些“不简洁”“不生动”“中心不突出”之类的评语。这一次是这样，下一次还是这样，总摸不到什么门道。这样下去，学生对作文哪能不怕！我以为，在作文这件事情上，教师万万不能做“难服侍的婆婆”，也不能老做“医生”，而是要做“园丁”。他不光注意到剪莠除草，更注意到按时施肥浇水，帮助幼苗迅速地发育成长。只有这样，学生对作文才会不怕，才会喜欢。“作文永远得不了一百分，也不至于不及格。”这是中学生常说的另一句话。我觉得这句话也很值得分析。这句话反映出，在作文这件事情上，我们缺少明确的尺度，要求也不严格。如果有明确的尺度，并且严格地运用它，那就可以有一百分，也一定有不及格。“一百分”并不意味着尽善尽美了，到头了，只是意味着，写到这个样子，已经符合这个阶段所定尺度的最高一头的要求。“不及格”也不意味着一无是处，只是意味着，这样还达不到这个阶段所定尺度的最低一头的要求。有了明确的尺度，而且严格地运用它，学生才会严肃认真地对待作文，改变马虎潦草的态度和习惯。

第二是思路问题。今天的青少年，思想原是非常活跃的。我们这些中年老年的人回想一下自己小时候的情况，就更会感到今天的孩子们是多么生气蓬勃，敏捷机智，比自己小时候真不知高明几倍。可是，说来奇怪，一到作文的时候，不少中学生好像头脑变得迟钝起来，文思很枯涩，也不大有条理了。于是写出来的文章往往是干干巴巴的那么几句，铺陈不开，发挥不畅，甚至于前言不搭后语，连个通顺条贯都做不到。什么道理呢？我想，还得到作文教学工作中去寻找原因。最重要的一点是，必须打破“做”文章的观念，学生的思路才能开展起来。必须在命题、批改、指导等各项具体工作中采取适当的办法，使学生习惯于如实地、自然地“写”出自己的所见，所闻，所思，所感，而不是对着一个无所见，无所闻，或者虽有见闻而无所思，无所感的题目，挖空心思地硬“做”，也不是把自己的所见，所闻，所思，所感，硬“装”进什么“突出中心”“前后对比”“倒叙、插叙”种种框子里去。只有当学生习惯于如实地、自然地写的时候，他的思路才能打开，才能得到锻炼。只有让学生的思路得到充分的开拓，变得越来越活泼而缜密，他的写作能力才会更好更快地发展起来。

有个初中学生写《暑假里的一天》，文章的开头说：这一天天气很好，他一大早就起来，先到户外做了早操，然后回到屋里，拿起一本《唐诗三百首》来，正读到杜甫的绝句“两个黄鹂鸣翠柳”的时候，两个小朋友跑来找他了。我几乎可以断定，这位同学是在做文章，因为《唐诗三百首》里根本没有杜甫这首绝句。不要以为这样随便说说是件容易的事。完全可以设想，他“做”这个开头是相当费劲的。费这种劲，并不起开拓思路的作用，正相反，倒有束缚思路的开展的作用。中学生作文，没有多少艺术虚构的问题，因为中学的作文课不是艺术创作实习，即使说应当锻炼锻炼学生的想象能力，那也得有个分寸——无论如何，写暑假里自己某一天的生活，这里边没有虚构的余地。我们今天的学生，绝大多数的品质都是好的，并不习惯于说谎。那么，为什么他在作文的时候喜欢虚构呢？很值得我们从作文命题和指导方面深入思考一下。

有一本作文本上有这样的批语：“描写不生动。”又有一本作文本上有这样鼓励学生的批语："这篇文章，对比的手法用得好。"我不知道，这两个学生下次作文的时候会不会为了怎样写得生动点或者再用一用对比手法而伤脑筋，甚而竟至也去虚构点对比或者别的什么材料。

我以为，鼓励学生说实实在在的话，不鼓励说空话，说现成话，更不允许说假话；不在内容方面提出过高的要求，比如强调必须"中心突出""说得全面"等等；不在技巧方面多做挑剔或者多做约束；有计划地做一些构思练习，比如，出个题目，要全班学生思考片刻之后，指定几个说说各自打算怎样写法：这样，可能于开拓学生的思路有些好处。

应当重视学生作文的内容，以及从那些内容之中反映出的思想认识上的问题。好的，应当鼓励；有错误的，应当帮助，教育。应当，也有可能通过作文练习来加深学生在某些方面的思想认识。在作文教学中，这些都不容忽视。我们不能满足于学生在不论什么文章的结尾，总是加上那么几句跟内容不见得有联系的"冠冕堂皇"的话。我们更不能在有意无意之间替学生的作文制造出框子。如果那样，对于提高学生的思想，开拓学生的思路，培养学生的写作能力，是没有好处的；对于确切了解学生的思想实际，从而有效地进行教育，也将是不利的。

第三个是基本功问题。字、句、篇章的训练，是写作的基本功。作文教学必须解决这个问题。这一点，大家近来都比较重视了（虽然也许有的还做得不够或者不恰当），这里不再多说。

把上边说的意思总起来，是不是可以这样看：提高学生的写作能力，要抓紧两个方面：一是基本功方面；二是"功夫在诗外"所说的那种"诗外"的功夫，包括思想水平，活泼而缜密的思路，正确的学习态度，良好的习惯，等等。这两个方面是根本的，至于写作的方法技巧等，当然也需要训练，然而相对地讲，那是比较次要的，枝节的。现在大家都很重视培养学生的写作能力，这是必要的。可是我有一个感觉：有的教师似乎在枝枝节节的方面用力过多（比如大讲什么顺叙、倒叙、插叙、形容、比喻、夸张，衬托和对比，开头和结尾，等等），而对根本的方面考虑得很少，或者，请恕我用个不恭的说法，有些舍本逐末。舍本逐末的结果至少会是事倍功半，甚至于更坏。

要解决态度和习惯问题，思路问题，基本功问题，不能专靠作文课。培养学生的写作能力，是语文教学中各项工作共同担负的一项任务，而阅读教学是这各项工作的中心。没有良好的生活习惯和适当的饮食营养，单靠体育锻炼并不能保证身体健康、强壮，虽然体育锻炼是很重要的；同样，没有良好的阅读教学作基础，单靠作文课并不能达到提高学生写作能力的目的，虽然作文教学决不容忽视。

主要应当注意什么

中学的作文教学主要是指导学生解决写什么的问题呢，还是解决怎么写的问题？中学的作文教学主要解决学生应当写什么内容、什么范围之内的事情等问题呢，还是主要解决学生在有了需要写的事物之后怎样整理思路，怎样用语言文字把自己的思想表达出来这个问题？就是说，主要解决认识事物的问题，还是解决反映事物的问题？当然，这二者密切相连，不能截然分开，这里是说“主要”，就是说，教学重点应当放在哪一方面。

要回答这个问题，应当先看一看工作和生活中实际写作的情况。

完成了一项工作任务，想写个总结。有没有“写什么”的问题？显然没有。要写的就是完成任务的经过，取得的成绩，有些什么经验教训等等。这些都是事实，无须等到提笔写总结的时候临时设想。当然需要善于分析，善于概括，才能把成绩肯定下来，才能提出经验教训。那是思想问题，对事物的认识问题。如果不会写总结，或者写得不好，原因不出两端：或者是思想不对头，思路不清楚，对于做过的事情理不出头绪，做不出评价，或者是语文的基本功不够，遣词造句都没有把握，也就是不知道“怎么写”。总之，不存在“写什么”的问题。生活里有件什么事情需要写封信给别人，这时候有没有“写什么”的问题？显然也没有。既然要写信，当然是有事情需要写，决不会把信纸铺在桌子上才去想“写什么呢”。也有时候，只是由于跟家人或者朋友很久不通信，有些想念，于是要写封信问候一声，报报平安，并没有什么特殊的事情要写。那么，把这个意思写出来就对了，这就是应当写的那个“什么”，无须乎到写信的时候编造个什么事情来写。

这就是说，一个青年离开学校走上工作岗位之后，当他提起笔来要写东西的时候，经常遭遇的不是“写什么”的问题。如果没有什么事情，没有什么意思要写，他干脆就不会提起笔来，因为到那时候，再也没有语文老师要他交作文了，无事可写，何必去搜索枯肠呢？他经常会遇到的问题倒是有了要写的事情而不知道“怎么写”。升入高等学校的学生也一样。做了一次实验，要写份报告，这时候并没有“写什么”的问题。实验报告写不好，也是由于不知道“怎么写”。

如果中学生在毕业后写作的实际确是这样，那么，中学的作文教学就应当着重指导学生解决“怎么写”这个问题，至少要为他们解决这个问题打好必要的、结实的基础。

讨论作文教学，需要先明确这一点。因为我感到，我们的作文教学在指导“写什么”这方面花的力气比较多，而在指导“怎么写”这方面花的力气太少。——这主要表现在命题上，其次也表现在批改上，下边都会谈到。学生将来不常遇到的问题，我们拼命去搞；学生将来会有困难的地方，我们偏不多管。这种现象，不知是否可以认为反映出作文教学有某些脱离实际的问题存在。

需要补充两点意思。第一，这里所谓“怎么写”，并不完全指写作技巧之类的问题，而首先是指思路问题和语文的基本功问题。不知道“怎么写”，就是已经有了要写的意思，而不能把这意思很好地安排组织起来，不能很确切地用语言文字把它表达出来。第二，为了锻炼学生的观察能力和想象能力，适当地在“写什么”这个方面加以指导，还是必要的，而且“写什么”和“怎么写”也有密切的联系。问题在于，必须根据中学作文教学的任务，针对青年在工作和生活中的写作实际，把作文教学所要解决的主要问题搞清楚，不能主次不分，重点不明。

关于命题

出一个题目，叫学生照题目的意思写成一篇文章，这叫“命题作文”。命题作文在我国有长久的历史，现在仍然是作文教学中一个重要的，乃至主要的方式。

传统的命题作文，如果运用得当，对于锻炼学生的构思和想象能力有一些作用。但是，这种方式包含着相当严重的毛病。第一，老师所命之题，学生不一定有话说，那就得没话找话，硬“做”文章。姑不论八股文时代那种从四书五经里随便抓一句话甚至一两个字作为题目的办法，就说二三十年前流行的一些题目吧，很多都是这一类的。1935 年左右，清华大学招生考试出过《梦游清华园》的题目。要是学生从来没有想象过清华园里是什么样子，坐在考场里临时去“做梦”，那可够受的。不仅如此，有时候出的题目还很不好懂，得揣摩一番才能摸到“题旨”，这叫作“审题”。如果审题审错了，审偏了，写出文章来就会“走题”。这是写文章呢，还是打哑谜？第二，即使出的题目还平实，不怎么难为人，仍旧有问题，那就是：要求学生无对象、无目的地写文章。比如，《论为学之道》，像这样的题目，一个高中学生不至于完全没话说。可是，为什么要写这篇文章？写给谁看？解决什么问题？命题的人不管这些。韩愈写过《师说》和《进学解》，他是有为而发的；教科书里有时候也选彭端淑的一篇《为学》，那是写给他的孩子们看的，原题就是《为学一首示子侄》。此刻要学生来谈为学之道，是以谁为对象？以什么为目的？这些都不管。于是学生只好用“夫人生天地之间”开场，把自己所懂得的有关为学的道理扯一扯，敷衍成篇。

以上两个问题合起来，可以这么说：传统的命题作文的办法，如果运用得不当，里边就有很坏的东西：使写作神秘化，让学生视写作为畏途，另一方面，又把写作庸俗化，形成学生一种无对象、无目的，为写作而写作，视写作为文字游戏的态度。这跟封建社会的教育思想和培养目标是连在一起的，而跟我们的语言观点和语言教育观点恰相对立。我们认为语言文字是一种工具，写文章不是一件难事，然而是一件严肃的事。我们反对无病呻吟，反对为写作而写作。我们所要培养的能力是正确地运用语言文字，作为生活和学习的工具，为社会主义建设事业服务的工具。近十年来，命题作文的办法有了很大的改进，突出地表现在注意联系学生的生活实际和思想实际，绝少有人再出那种云里来雾里去的题目了。只是在另一个问题上注意得还不够，那就是写作的对象和目的问题。比如，北京的老师时常出“北海”之类的题目，这当然可以。不过，为什么要写北海？写给谁看？还是不大管。我认为，不管不好。写北海可以有各种写法，要看写作的对象和目的来定。自己游了北海，游得很愉快，想写篇日记，是一个写法；游北海有所见，有所感，想写篇文章在《少年报》《青年报》，或者学校的墙报发表，另是一个写法；跟友好的国家的小朋友通信，向他介绍一下北海的景物，又是一个写法。如果我们出“北海”这个题目的时候，这样明确一下写作的对象和目的，我相信，这次作文将不是枯燥的，而是有趣的；不是困难的，而是容易的；不是憋着学生想话说，而是确确实实地在锻炼他的思路。我曾经发现，尽管北海是个熟地方，而学生还是对着“北海”这个题目发愣。本来嘛，既无对象，又无目的，叫他从何处说起？换言之，他不知道该“写什么”。其结果，学生只好硬憋出一些话来说说，并不能在“怎么写”的方面受到有益的锻炼。

近年来，有些教师感到过去常出的题目有点一般化，容易引导学生说些照例的话，于是多多少少又出现了一种苗头，想把题目出得“文艺性”一点。有的教师出了“路”“窗”之类的题目，并且得到另外一些教师的赞赏。我觉得，这很值得警惕。“文艺性”的，能够锻炼学生某种想象能力的题目，偶尔出一次，未始不可。然而，要是老出这种题目，那是有问题的。“审题”的说法，近来也常被提起。如果说，我们现在讲的“审题”，意思正是要学生先明确写这篇文章的对象和目的，那我赞成。如果“审题”的意思是要学生把题目看清楚了再写，不要粗心大意，驴唇不对马嘴地瞎说，我也赞成。如果“审题”的意思跟从前差不多，还是指题目出得“深”，甚至出得“玄”，出得“绝”，得让学生去揣摩老师出这个题目的用意，那我是不赞成的。为什么不把题目出得一看就明白，还得让学生去“审”呢？练习作文，最好是让学生心中先有个“什么”要写，然后着重去考虑“怎么”写法，着重注意把语言写通，不要让他去搜索枯肠。试想，我们的学生毕业之后，哪里还会有什么题目让他去“审”？他在工作和生活中要写东西的时候，不是写别人出给他的题目，而是写他自己知道的事情或者自己的思想感情，等写好以后，由自己给文章安上个题目。那么，为什么要花很大力气去教给他一套终生用不着的“审题”的本领，而不用这份精力教给他终生要用的“怎么写”的本领呢？

那么，到底应当怎样命题？第一，无对象、无目的的那种作文题目，可以出，但是不宜于多；有对象、有目的的写作，应当作为训练的重点。前者就是只出个“北海”“我的邻居”“为什么早起”之类的题目，不确定写给谁、为什么写，也就是一般所说的命题作文。这种办法可以用，因为能够进行有关记叙、描写、议论和布局、谋篇的一般训练；不宜于多用，因为这种作文比较难，往往使学生不知道从哪儿说起，而作得多了，容易养成为作文而作文、敷衍虚构、矫揉造作、甚至形式主义的写作态度和习惯。后者不是仅仅写出几个字作题目，而是根据一种实际情况，明确一种具体目的，让学生去写文章。下边举几个例子。

1. 有一个没到过北京的亲戚最近要来北京，并且要到学校来看你。写一段文章，告诉他下了火车之后怎样找到你的学校。注意把学校所在的街道和学校门口的情形写清楚，使他根据你的说明很容易找到地方。

2. 写一篇文章向学校的墙报投稿，介绍西郊动物园（或者你最近去过的其他公园）近来有些什么新的景色，劝同学们在星期日去游览。

3. 弟弟（或者妹妹，或者邻居家的孩子）爱淘气，不用功。写一个你所认识的刻苦努力、品质和学习都好的同学，作为榜样，劝你弟弟向他学习。

4. 写你某一天的生活和学习的情况，向外国的少年报刊投稿，让外国的少年们知道我们社会主义中国中学生的学习生活。

5. 你喜欢读小说吗？有人很不赞成读小说，理由是：读小说只是知道些故事，对思想和学习没有什么帮助；读小说容易入迷，以至影响学习，甚至妨碍健康。你同意吗？如果你同意，写篇文章支持他；如果你不同意，反驳他。

出这类的题目，天地是非常广阔的。写人，写物，记景，记事，说理，辩论，小而至于日常生活的琐事，大而至于国际和国内的大事，凡属学生接触到的，能理解的，都有题目可出，并且是有趣味的和有意义的。这样的题目，不难作，因为对象和目的明确，有话说；有趣味，因为确确实实地触及学生的生活和思想；有好处，因为能使学生感觉到周围的事物样样都值得观察，值得思考，久而久之，会培养成良好的观察和思考的习惯，使思路趋向于活泼而缜密；有意义，因为这是在确实地训练学生把语言文字和写作当作生活、学习和工作的工具来掌握，运用。适当地采用这种方式，可以破除学生怕作文的心理和为作文而作文，硬“做”文章的习惯。

其次，需要正确地处理模仿和创造的关系。模仿，是学习的必经之路。不仅初入学的孩子爱模仿，中学生，大学生，以至早已离开学校的成年人，都在有意无意之间模仿自己认为好的事物。创造，也是一个必然的活动。两个人比着同一个葫芦画瓢，照着同一只猫画虎，画出来绝不会完全一样，每个人画的都有自己的个性在内。并且，创造是目的，模仿正是为了创造。模仿既是必然的，就应当有意识地指导学生正确地模仿，而不要让模仿活动自流，因为自流就要产生流弊。模仿既然只是个学习过程，不是目的，就不能以教学生会模仿为满足，而要不断地从模仿之中跳出来，把学到的好东西化为自己的，在自己的创造活动中去活用。教过鲁迅先生的《一件小事》，教师往往也给学生出个“一件小事”的作文题；教过朱自清先生的《春》，有的教师就出了个“夏”。这样命题未始不可，但是要有选择，有节制，不能太多。更重要的是，要有指导，最好跟前边说的对象和目的问题联系起来考虑，不能流于纯粹形式上的抄袭。

关于批改和评分

要不要“精批细改”，这是个有争论的问题。我认为，应当精批细改。不过，必须加个说明：“精”“细”云云，不是从数量上说的，而是从质量上说的。一一解决问题、对学生确有帮助的批改就是“精批细改”，不在于教师在学生作文本上写的字数多少。草率马虎，信手拈来，随便抓几个错字改一改，随便批上一句不痛不痒的评语，诸如“通顺”“中心意思很好”之类，这自然不是精批细改；为批改而批改，吹毛求疵，烦琐支离，红字连篇，学生看都看不明白，这样的批改，教师苦则苦矣，“细”则未必，“精”尤其谈不到。只有针对作文里重要的优点、缺点、错误，切中肯綮，要言不烦，富有启发性，能收举一反三的功效的批改，才是精细批改。

批什么？我想，三类东西需要批。第一，作文里有突出的优点，必须让学生意识到，自觉地去巩固和进一步发扬的，或者有严重的缺点（包括思想认识上的问题），必须让学生认识清楚，自觉地去纠正的，要批。第二，全文在结构组织方面的重要毛病，例如，前后不连贯，结构混乱，自相矛盾，等等，要批。这种问题是重要的，不能放过；然而不能由教师越俎代庖，替学生重做，只能批出来，要他自己去考虑。第三，重要的修改，而学生可能意会不出修改的道理的，要用旁批说明。如果这三种情况都没有，我看就可以不批。为批而批，硬“做”文章，于教师是件苦事，批出来的必然不痛不痒，于学生毫无益处。这种事情，何必去做？

改什么？当然是把错的改对，把不好的改好。这里有两个问题值得注意。第一，确是错的才改，确是很不好的才改。可此可彼的，宁可不改。古人说：“辞达而已矣。”定尺度，不要不切实际的高，运用既定尺度，则应当严格，严肃，一丝不苟。有关基本功方面的，宜于从严，错字连篇、文理不通、语无伦次的现象，不能容许；有关方法技巧方面的，宜于从宽。教师尤其不能凭主观好恶办事。有的教师喜欢简洁朴素，见到作文里多用了个形容词就给删去，“因为”“所以”之类的虚词，尽量不留，略微长些的句子，总要想法改短。也有的教师恰恰相反，总觉得学生作文“干巴”“幼稚”，总想替他添补些东西，搞得“丰富”些，“美”些。这些，我看都是吃力不讨好的做法。第二，拿起一篇作文，得先通读一遍，对它有个看法，然后动手改。如果这篇作文里基本的语言错误还很多，那就可以着重从正误方面来改，好坏问题先不多管，但求通顺而已；如果本来已经相当通顺，那就可以在一些紧要去处多推敲一下，把一些说得平常的话改得好一些，有力一些。如果不太麻烦，把正误方面的修改和好坏方面的修改，或者说把“改正”和“润饰”区别开，让学生也能知道，比如用墨笔改正，用红笔润饰，我想会有好处。一个学生如果看见自己的作文本上黑字很多，他会注意一下：“原来我的作文里还有许多不通的地方！”如果他看见有一些红字，他会有兴趣来比一比，看看老师改的比自己的原话好在哪里。为了使修改有明显的重点，能针对学生的主要问题，对学生多有些帮助，我觉得最好先批后改。先批，使自己明确地抓住了这篇作文的特点，下笔修改就会心中有数，这比眉毛胡子一把抓地改了一通之后再想批语的办法要好些。

修改的详略不一定篇篇一样。问题比较少的作文可以通篇细改；问题比较多的可以通篇粗改，局部细改，就是说，某一两段逐字逐句地修改，别的段落就只大致通顺一下，不细改；问题太多的甚至可以只改一段，其余各段都不改，至多用旁批指一指重要的问题。局部细改，学生可以把这一段的修改情形仔细看看，揣摩揣摩；问题多而通篇细改，势必红字（或黑字）满纸，而面目全非，学生想揣摩揣摩也无从下手，就只好往抽屉里一塞了事。

应当养成学生自己修改作文的习惯。两种作文特别适宜于发还自改，改后再交。一种是写得潦草马虎，不太用心的作文：卷面很乱，有许多不当有的错别字，不当有的病句和不合事理的话。这种作文不能接受，可以批一下，用符号指出那些不应有的错误，发还自改。一种是写得好的作文：文字清通，没有什么错误，并且有一定的意境，只是发挥得不畅，或者还有某些缺点。这种作文可以用批语建议一些改进的办法，发还自改，这样倒可以使学生得到更大的启发，受到更多的锻炼，因而提高进步得更快。对于基础好、喜欢作文的学生，这比替他修改更能满足他的需要。有些作文，可以三番两次地发还自改。间或可以这样办：学生交了作文，先搁起来，搁上一两个月再发还学生自己去检查，修改。学生自己发现了一两月前作文里有某些错误和缺点，自己修改了，而老师肯定了他的修改的时候，学生将会清楚地看到自己的进步，增强学习的信心，并且巩固了学习的收获。

这里可以连带考虑一下评分问题。给作文评分是件难事。我了解，教师为了给每篇作文画个公允的分数，花费的时间是很不少的。学生呢？拿到作文本把分数一看就完事。得了个好分数，满意了；得了个坏分数，叹口气而已，反正事已如此，无可奈何了。总之，教师花在评分上的时间不能取得多少积极的功效。不仅如此。如果一个学生连着得好分数，当然也可能提高了积极性，更高地要求自己，但是产生骄傲自满情绪，至少产生放心之感的可能性，也是不小的。如果一个学生连着得坏分数，当然也可能激起发愤努力，迎头赶上的思想，可是打击了信心，或者产生了不在乎的情绪，这种可能性也是有的。因此，有些学生的作文可以不每次评分。发还自改的作文，可以等到改回来再评；不用功的学生，甚至评他一两次坏分数之后再也不评，一直留到学期末尾总评。没得分，学生就认为没完事，没过关，他还得加油。

当面批改是个好办法。现在班大，学生多，经常这样做有困难。每个学生每学期轮上一次，应该办得到。就这么一回，尤其是在自己反复修改两次之后，效果会是很大的。

把学生写得好的和写得不好的一两篇作文拿到堂上作示范批改，能对全班学生有启发作用，间或用一用这个办法，也会收到良好的效果。

在批改作文的问题上，特别用得上“因势利导”这个原则。无论是批，是改，都不能离开学生的实际，又不能没有个明确的方向和准则。针对实际，就是“因势”；合乎正确的方向和准则，才能“利导”。真正做到因势利导，教师能少做许多无谓的工作，节省不少的时间精力，而于学生则大有裨益。“以身作则”是批改作文中另一个重要原则。教师写的字工整，一笔一画，一个标点都不苟且，绝不写不通的句子，不说似是而非的或者虚应故事的话，这对学生有极大的示范作用。反之，如果教师自己在这些地方马虎随便，而要求学生严肃认真，那怎么能办得到呢！

上边说的一些办法，未必都好，有的甚至不对头。还过得去的，请参考；不对的，请指正，至少不去理它。千万不要不加选择地“全盘接受，照搬照用”。我之所以敢于把一些很不成熟的看法提出来，只是基于这么一种想法：要改进作文教学，第一要好好研究些问题，第二在方式方法方面多动脑筋，多想办法——总之，不能一味地抱着一些老框框办事。传统的做法中有好经验，例如精批细改和当面批改等，要吸取；有的有毛病，例如命题作文的某些方面，要分辨；更需要根据教学目的，针对实际情况，多创造些新的经验。这个想法，倒是愿意提供同志们多加考虑。说到最根本处，要提高学生的写作能力，还得从阅读教学入手，从基本训练入手。阅读教学搞得好，基本训练搞得好，学生一定会具有较好的表达能力，作文教学的根本问题就可以迎刃而解了。

1962 年

要重视接受与表达的训练

语文训练是为了培养语文能力。我常用“语文训练”“语文能力”这些说法，不常用“阅读教学”“写作教学”“读写能力”这些说法。

语文训练，从语言是表达思想的工具这个角度来说，包括口头语言的训练和书面语言训练。从另外一个角度说，因为语言是交际的工具，而交际有两方，一方表达，一方接受，所以语文训练包括表达和接受两方面的训练。我们平时教学中常说的听、说、读、写这四种训练，其中说和写就属于表达一方面，听和读则属于接受一方面。进行语文训练，就应该把听、说、读、写都包括进去。学习外语常常提这四个字，但是学习本国语，却往往把口头语言的听、说丢了。在书面语言这一头，往往又特别重视写，把读放在次要地位。听、说、读、写四项各有其特点和规律，不能互相代替；四种能力又是相互依存，相互制约，相互促进的，不可割裂开来，有所偏废，顾此失彼。处理好四者的关系，是语文教学必须解决的一个重要问题。

听的能力在社会生活中的作用很重要。听讲课，听报告，听广播，看文艺演出，参加社交活动，搞财务、经济、贸易等工作，总之，学习，工作，交往，处处离不开听，都需要人们具有一定的听的能力。“一聋三分傻”这句俗话，也从反面说明听的能力的重要性。稍一留心就会发现听话的能力并不是人人都一样的，有人善于听，有人不善于听。比如几个人同时听一个人讲话，有的能够敏锐地理解讲话的内容，准确地抓住重点，回去能够向别人复述出来，这就表示，他听的能力比较强；有的人不能充分理解讲话的内容，所得的印象比较朦胧，不得要领，复述不出来，甚至听完以后，了无痕迹。听的能力同人的其他能力一样，是在活动中形成和发展起来的，因而，是可以训练的。不少老师已经注意到这个问题，而且还摸索出来一些训练的方法，比如听写或听后复述，等等。这种听的能力的训练，不仅极有利于阅读能力的提高，而且由于讲话的人是在连续说出一个又一个的音节，因而训练听的能力可以促使思维的敏捷。再有，要想充分理解讲话的内容，必须集中注意，这就又培养了学生的注意力。所以，听的能力的训练，作用很大，不容忽视。

再谈“说”。在我国长期封建社会里，人们只重视书面语言的训练，忽视口头语言的训练。孔子那时有“言语”科，内容已不可考。大概春秋战国时，口头语言的运用还比较受到重视，因为国与国之间的交涉很多，外交活动家必须有口才，而且要机智敏捷。春秋三传里记载了许多人物的对话。不仅纵横家，诸子百家都是能说会道的。《孟子》《庄子》《荀子》《韩非子》等，无不记载了大量的谈话和辩论。以后，封建统治阶级搞科举考试，特别重视文章，连所谓“策问”也是笔答，不是当面口试。读书人都是靠“几篇文章定终身”。相沿成习，许多年以来，人们对写一直是最关心的。当前，由于林彪、“四人帮”对教育的干扰破坏，许多青年写的能力很差，社会上更加重视了书面语言的培养。其实，如果仔细观察一下，青年的口头表达能力又怎样呢？就我所见，许多青年口头语言十分贫乏，很不规范，甚至粗野。他们何止是书面语言能力差啊！

有一种错觉，以为口头语言很容易掌握：从小就会说话嘛！并且，对听说的重要性也缺乏认识。实际上，以说话作为工作的主要手段的很多，如教师、演员、外事人员、工厂里的外勤人员等等，绝不比以写文章为主要工作手段的少。尤其是教师，他不仅用说话来进行工作，而且他的口头语言对他教育过的那些满天下的桃李弟子的一生都会产生影响的。口头语言的用处和重要性绝不低于书面语言。

不仅如此，现代化传声技术的发展，电子计算机的运用，要求对口头语言的训练给予足够的重视。这里还涉及推广普通话的问题。五十年代刚提出这个问题的时刻，有的人不理解推广普通话的重要性。当时，最有说服力的是部队同志举的例子：战士来自五湖四海，排队传个口令，由于语言不统一，越传越走样，传到最后就不知所云了，如果打起仗来，这还得了吗？现在，这个例子已经不够了。今天已经不是嘴对耳朵说话，而是在空中，在地下，在海里，人对机器说话。机器只能听一种标准的规范的话。这就要求人们学好普通话，接受口头语言的训练。以前，我们说，一些现代化国家的新闻记者和作家，已经不多用钢笔和墨水，而是人手一架打字机。现在，甚至连打字机都不依赖，而是人手一个小小的录音机，这边说话，那边就排印出来了。没有“出口成章”的训练行吗？到现在还忽视口头语言，这是对语文训练缺乏现代化的眼光。所谓“现代化”，不光是指科学技术、经济发展水平等方面的问题，也包括社会科学、文化发展水平等方面的问题。它涉及的方面很广，需要一步一步地去做。至少，我们现在的认识要跟上去。再拿封建科举考试的眼光来看待语文训练，这种认识就太陈旧了！

我这样说，丝毫没有降低书面语言重要性的意思。我只是想着重指出，应当全面地考虑语文训练，处理好听、说、读、写四个方面的关系，万不可再像过去那样忽视口头语言了。

上面提到语文训练包括接受训练和表达训练两个方面。下面专就表达训练谈一些我的看法。表达训练包括口头的，即说的训练和书面的，即写的训练。它区别于接受的训练，即听和读的训练。

表达训练的标准，简言之，就是三个字：对、快、好。

第一是“对”。对，就是合乎事理，合乎规范。

现在，语言不合事理的现象很多。比如，某医院里的黑板报上写着“积极行动起来，不随地吐痰！”前句的“积极行动”和后句的“不……”是互相矛盾的。某报纸一幅照片的说明写着：“在老舍夫人画家胡絜青的家里，她兴奋地和来访记者交谈。”“她”指谁？原来就是指老舍的夫人。可是给人的却像是另外某个人。这类的话，不留心就过去了。稍想一想，是不合事理，不合规范的，让人理解起来发生困难，甚至引起误解。学生在谈话和作文中类似的这种现象更多了，我们在进行表达训练时，一定要注意防止和纠正。

第二是“快”。表达要讲速度。不论是说，是写，都要有一定的速度。首先，要反应快。有的学生反应迟钝。很简单的问题，呆了半天还回答不出来。不是不知道答案的内容，而是说不清楚。说出来又拖沓累赘，支离破碎，“啊”“嗯”，“这个，这个”之类的赘语很多。写，也是这样，很简单的意思，涂来改去地写不清楚，这都是表达训练不足的反映。要又对又快，做到接近于“出口成章，下笔成文”。

第三是“好”。好，一就是适度，就是繁简、详略等等都合适；二是得体，就是注意到对象、场合，做到恰如其分；三是动听，就是做到让人爱听，爱看，有感染力和说服力。

对、快、好，前两项可以定出训练的规格、标准，而且要有数量指标。好，具体的规格、指标比较难定，但是也能提出若干原则，也是能衡量的，不是不可捉摸的。规格标准怎么定？还是要从调查入手。要了解从幼儿到青年语言能力的发展途径、规律。过去，我们对这方面缺乏研究，要加紧补上这一课。比如，两岁半的幼儿一般会运用哪些词汇，哪些句式，哪些思维形式？三岁？四岁？……十五岁？某个阶段容易在哪些方面发生困难？诸如此类，都是可以找出条理来的。摸到了规律，规格、标准就好定了。

在表达训练中，处理好思想内容与语言表达的关系是个值得重视的问题。

说一段话或者写一篇作文，无非四种情况：思想内容和语言都好，思想内容和语言都不好，思想内容好而语言不好，思想内容不好而语言好。前两种情况好办。后两种情况怎么办？这个问题在评分的时候最容易显示出来。是不是只要思想内容好，即使语言很不行也应当评给好分数？或者思想内容不好，即使语言很好也只能给坏分数？或者相反，不管思想内容怎样，完全按照语言的优劣评分？或者把两方面“结合”起来，“综合平衡”一下，给一个折中的分数？这几种办法恐怕都是值得斟酌的。表达训练不是文学创作实习，评价一篇表达练习和文学批评不是一回事。另一方面，对于学生在表达练习中反映出来的思想状态是不能不予理睬的。这里很值得注意的一点是，所谓思想内容，指的是所反映的真实的思想，而不是仅仅指用了些什么词句。评分是次要的事，要根据语文训练的要求进行正确的指导。

表达训练要处理好三个关系：一、口头与书面的关系；二、模仿与创作的关系；三、局部与整体的关系。这几个方面都有阶段性。口头能力发展在前，书面能力发展在后；开始学习时模仿较多，幼儿学习语言纯粹是模仿，有了一定的基础之后逐步自己创作；先掌握局部，逐渐掌握整体。但是三者又都有反复性，不是一次完成的。口头语言成型早，但是语言的内容、语言的组织都在不断地变化发展，口头和书面一直在互相起着作用。会说——会写——会说得更多一些——会写得更多一些，如此循环反复，逐步提高。学前期的儿童阶段，要把口头语言训练作为主要的训练，在口头语言的训练中渗透进去必要的知识教育和思想教育。进入小学以后，逐渐增加书面训练，但是口头训练在整个普通教育中要一直受到重视。模仿与创作的训练，局部与整体的训练，也是这样。

三种关系，每组之间的两个方面既是有区别的，又是互相作用、互相包容的。口头语言里有书面语言，书面语言里有口头语言；模仿中包含创造（大家对着一只杯子写生，画出来的各不相同，每个人画的都包含着他的个性在内），创造中包含着模仿（所谓创造常常是某种过去见过的东西的再现）；局部组成了整体，局部又有它的完整性。

口头、书面，模仿、创造，局部、整体——六者互相结合，可以产生多种多样的训练方式。当然，某一个阶段要有适当的重点，着重进行某一种或某几种训练；但是，几个方面要一直有计划地搭配好，不应抓住一个方面，偏废其他方面。没有重点或者有所偏废，都会影响训练的效果。

1979 年 3 月

谈语文教学中的阅读问题*

语言是交际工具。在人和人的交际中，有表达的一方，有接受的一方。表达，包括“说”和“写”；接受，就是“听”或者“读”。听、说（即口头语言），读、写（即书面语言），这四者之间既有区别又有联系，它们各有各的特点，不能相互代替。在语文训练中，这四个方面都应该重视，某一个方面的能力的提高，对另三个方面能力的提高都有促进的作用。但是，我们往往注重书面语言而忽视口头语言的训练；在书面语言的训练中又特别重视“写”而忽视“读”的训练。

这里不去全面地讨论听、说、读、写四者之间的辩证关系，只就“读”这个方面谈几点不成熟的看法。

在语文教学中，有一种倾向，就是特别重视写作教学，认为语文教学的目的就是提高学生的写作能力，把阅读能力的培养作为提高写作水平的手段，把阅读看成写作的附庸。

写的训练是很重要的。但是，把普通教育阶段的语文训练理解为以写为主，而写又是以命题作文为主，恐怕是很值得商讨的。

从现实情况看，社会上写作不通的现象很多，中学生写不了一封信，是很平常的事，就连报纸杂志发表的文章里，事理不合、语言不通顺的事例也是屡见不鲜的。大家因而认为语文教学应该着力解决一下写作问题。这样，就引起了两个错觉：一是觉得读比写容易；二是觉得写比读更有用。

其实，读并不容易。真正读懂一本书，读懂一篇文章，并不是轻而易举

---

* 本文与田小琳联名发表，刊载于《中学语文》1979 年第 4 期。

的事。有的人，书是读了一些，不一定得其要领，读的效率不一定高。而读的能力差的人，可以推断他的写的水平也不会高。再从读和写的用处来说，写文章、写信、写个便条，固然是生活、工作中常常用到的；读书、读报、读文件和读其他种种书面材料，则几乎是生活、工作中每天都少不了的。一个干部如果读不懂党的文件，怎么在工作中贯彻执行党的方针政策呢？一个技术人员，读不懂国内和国外的先进技术的资料，或者读得很慢，效率很低，怎么在设计中运用引进先进技术呢？语文教师是搞语文工作的，请想一想，你是读的多，还是写的多？如果从需要来说，教师们读的不是太多而是太少，实在还应该再多读一些。可以说，只要不是文盲，人人都有读的要求，有些识字不多的老人要看报，了解国内外大事，但是他不写；小孩子也总要看小人书，一边识字一边读，他更不写。这样一比，就很难说读比写容易，或者说写比读更有用。

人们为什么要读书呢？为什么随着文化水平的提高，人们阅读的范围越来越大，对于阅读能力的提高越来越有迫切感呢？

人们要从阅读中吸收思想营养，不断提高认识，懂得越来越多、越来越深的重要的道理作为生活、工作的准则。

人们要从阅读中吸收精神营养，知道许多古今中外的可敬可爱、可歌可泣的人和事，得到美好的形象，陶冶高尚的情操，不断丰富自己的精神世界，明是非，别善恶，看清前进的方向，得到向上的力量。

人们还要从阅读中学习丰富的社会常识和自然常识。学习这些知识，不仅是做好各项工作所不可缺少的，简直是做一个现代人所不可缺少的。一个人缺乏了必要的常识，在生活和工作中就免不了要遭遇困难，以致闹出笑话，甚至造成损失。

此外，阅读正当的读物还可以作为丰富生活内容的正当休息。有时候，读一本好书和看一部好电影一样，也有娱乐的作用。工作累了，读两首好诗，找一本好的小说读一段，这和会唱的人唱两支歌，会弹琴的人弹两个曲子一样，能够得到精神上的享受；……这些都是常有的事。日积月累，在消闲中，获得多方面有用的知识。

阅读的上述几种要求，有的，语文课可以承担比较多的任务去满足，比如，吸收精神营养；有的，语文课只能承担比例不大的一部分任务，相当多的任务要由其他课程来负担，比如，吸收思想营养，学习丰富的社会常识和自然常识。语文课有一项特定的、不可推托的责任，就是教给学生阅读的方法，进行种种有计划的阅读训练，以培养学生具有比较高的阅读能力。我们常说，学生读书读得多的，语言一般比较丰富，语文能力一般提高得比较快。但是，他们往往是不自觉地得到这些益处的。因此，我们的任务就是要找出提高阅读能力的规律性的东西，在语文课里自觉地掌握运用这些规律，采取科学的办法，因势而利导，使学生不仅从语文课提供的那些阅读材料中获得益处，并且从教师指导阅读这些材料的过程中受到启发，逐渐培养起正确的阅读态度，养成良好的阅读习惯，掌握有效的阅读方法，从而大大提高阅读能力，可以离开教师自己去读，读的效果同样也好。学生获得了这种能力，将是终身受用的。

所谓阅读能力，包括三个方面的因素，即理解、记忆和速度。阅读，首先要读懂，并且能够记得，进而还要读得快。这才算是有较高的阅读能力。

先谈理解的能力。在不同的阶段，理解的过程是不一样的。小孩子开始读简单的东西，是一个字一个字地读，有不认识的字，卡住了，就要问大人。不认识字，意思就读不懂了。稍大一些，认的字多了，看书就囫囵吞枣起来。常听说某二三年级的小学生能读大厚本的小说。其实，他并不是每个字都认识，每句话都理解。他急于要知道故事的主要情节，于是就把不认识的字，不大懂的句子跳过去，甚至整段整段地跳过去。稍大一些，识字更多了一点，知识也更多了一点，于是读书的时候会顺着上下文猜了。这时候，读书能够懂得多一些，然而并非处处都是读懂的，很多地方是猜出来的，当然有猜对了的，也有猜错了的。再大一些，理解的过程又不一样。比如，看一篇文章，先读一遍，得其大要，再读，才知道文字结构层次的安排，又读，才能体会哪些词、句子用得准确、生动，从而对全文的理解也就又加深了一步。也就是说，理解的全过程是从大到小，从整体到局部，又从小到大，从局部到整体，走这么一个来回。像如上所说学生由低年级到高年级的理解过程，只是一个很粗的轮廓，应该作为科学研究的题目，搞得很清楚，这对我们指导学生的阅读会提供科学的依据。如果掌握了学生在理解过程中的一些规律，让学生读的东西又适当的话，我们在指导时，只要在紧要的地方“点”一下就可以了。一般来说，应该是一“点”就透的。“点”是个传统的好经验。古书上常有圈点、评点，就是在重要的地方或者写得好的地方，每个字旁边圈上圈，点上点，或者说上一两句评语，这些圈、点、评，常能使读者豁然开朗，理解有了一定的深度，并且留下深刻的印象。我们提倡教学要精讲，所谓精，也就是类乎在必要的地方点一点的办法。这样做，是符合客观实际和客观需要的。选给学生读的文章，绝大部分是学生自己读得懂的。读不懂的，只是个别篇的个别地方。另外，有些地方，懂是懂了，但是懂得的不够深，领会得泛一些。只有这些地方，才需要老师点一下。有的老师，非要把教材嚼烂了喂给学生吃不可，这是大大低估了学生的理解能力。教师的任务是经过调查，比较确切、充分地掌握不同阶段的学生理解能力的发展情况和发展规律，因势而利导，使自己的教学符合于学生的理解能力，并且有助于提高他们的理解能力。

再说记忆问题。读过的东西应当能记住，至少，记住主要内容。否则，一边读一边忘，读得再多也没有用。记忆能力的发展也有它的规律，也是能训练的。人在什么阶段对什么内容容易记住，也可以做些调查和实验。笼统地说小时候记忆力好，不够确切。我们观察一下学生，似乎在小学高年级到初中阶段记忆力最强。再小一点，往往是记得快忘得也快，记忆不牢固。同志们请想一想，你对小学二三年级以前的事、读过的东西，现在记忆还清楚吗？高中以上，记忆力一般是差一些了，不太容易记住。年龄因素之外，凡是自己理解了的、体会了的，特别是受到触动的事，容易记住，并且记得久远，这是我们每个人都可以举出很多例子的。每个大人都能想得起小时候某几件印象最深的事和长大之后某些印象最深的事。这里，又提供了精讲的一个理由。讲得精，有启发性，留下余地让学生自己思索，自己想明白了、体会了、受到触动了，于是他就记住了。教师倾盆大雨地讲，仿佛讲得很深很透，其结果，学生的印象反而很浅，因为，这不是他自己动脑筋想出来的。又比如，跟学生的实际语言有点距离的（如文言文）反而容易记，跟学生的实际语言没有距离或距离很小的（如白话文）反而比较难记。不是教师讲的越多越容易记住，在这两个问题上，有明显的辩证关系。再比如，符合语言的某些特点的东西容易记，传统的大量的启蒙书是利用汉语单音节为主因而容易构成齐整、押韵的语句这个特点来编写的，使人读起来上口，并且容易记住。现在我们主要教白话文，并且也不用整齐、押韵那种办法了，那么，是不是还应当研究汉语有无其他有助于背诵、记忆的特点，可以或应当在语文教学中加以利用呢？总之，记忆有记忆的规律，也有待我们去深入研究。

最后谈谈速度问题。在写作和阅读的训练中，速度都是必要的。阅读速度的快慢是效率高低的一个重要标志。阅读既快而印象又清晰深刻，这种能力非常有用。这种能力是可以训练的，天生的“过目成诵”的“神童”是不存在的。在赶超世界先进水平的今天，速度问题就显得更重要了。比如，完成一个科研项目，需要阅读若干份参考资料，有的人一个月可以读完，而且对资料的内容掌握得很好，另一个却要读两个月，阅读的速度不是直接影响着工作的进程吗？在阅读教学中，应该要求一定的速度。要采取各种训练办法，提高学生的阅读速度，可以限定一定的时间读一篇文章，然后复述文章的大意，或写出提纲；有的文章要求在一定的时间内粗读，有的则要求在一定的时间内细读，等等。首先，也需要做很多实地调查研究，要摸清现状。要研究出最快的可能性，比如，读某种内容的东西（知识性的、文艺性的、政治性的，等等），每小时能读多少字，某种人每个阶段的平均速度，等等。要摸清楚影响速度的各种因素。阅读速度作为一个科研项目，是一个不小的题目。

培养、提高学生的阅读能力，远不止要研究以上几个方面的问题，这里只是举例式地谈一些粗浅的想法，向老师们请教。要拿出具体可行的办法，必须经过调查研究，经过多次的科学试验。如果能对自己所教的五十个或一百个学生做一些调查，进行一些试验，大概是可以得出一些符合实际的数据的。反复多做几次，不难得出一些规律性的东西，用这些规律去指导教学，又可以发现新的问题，再调查，再试验，这样周而复始，我们的阅读教学工作一定能在实践中日臻完善。

关于精讲及其他*

今天讲讲关于阅读教学和写作教学的几个问题。这是扬州市语文教研站的同志出的题目，我接受了这个“命题作文”。

培养学生的语文能力不仅指读和写，还包括口头语言的训练。口头语言的训练很重要，可是，在我国，若干世纪以来一直被忽视，这是我们传统的语文教学经验中有所偏废的一面。关于这个问题，我在别处多次讲过，这里只再提一下，不准备多谈。

一 关于精讲

精讲的“精”，是质量概念，不是数量概念。精讲这个问题，主要是由于教白话文才产生的。从前教文言文，教师一句一句串讲，学生听懂了，就得了，基本上没有讲得精不精的问题。白话文，学生大部分看得懂，该怎么教？建国之初，教师们觉得不好办，讨论过一阵。学习了苏联的做法，讲白话文，特别是文学作品，侧重分析。逐渐，不只白话的文学作品，连文言文，非文学作品，也注重分析。传统的经验（主要指封建社会的传统经验，也包括办新学堂之后几十年间的“国文”教学经验）不讲究对文章做多少分析。文章的中心思想、结构、写法等等，主要靠学的人自己去体味，“只能意会，不可言传”。这自然不行，当老师应当会“言传”，就是说给学生一点启发，让他们体味得更好一些。怎么“言传”效果最好呢？于是有了“精

* 这是张志公先生一次讲话的节选，原题为《关于阅读教学和写作教学的几个问题》。

讲”问题。精，就是恰到好处。讲什么，讲得多或少，详或略，深或浅，都要恰到好处。怎么才叫恰到好处？没有一个公式，一切要从实际出发，实事求是，讲求实效，也就是说要看是什么文章，对什么人讲，文章中有什么东西可讲并且必须讲，以及学生需要讲些什么而定。

精讲问题早就提出来了，现在又来谈精讲，也因为以前有过讲得不精的经验。一般说来，教师讲的，多、少之间往往是偏多，深、浅之间往往是偏深。所谓“发掘”思想因素，“发掘”语言因素等，实在都不免有刻意求深之嫌。我对“发掘”这个说法是有保留的。我认为，只有在一篇文章写得不怎么好，语言不够明白，意思不够显豁的情况下，才需要别人去“发掘”。否则一切都是明明白白，何需乎“发掘”才能懂呢？不需要发掘而去“发掘”，那不是刻意求深吗？其实，刻意求深，往往反而失之于浅。随便举个例子。《红楼梦》里讲到薛家开“当铺”，有人说它是残酷剥削和压榨劳动人民血汗的。这似乎讲得深了，其实不然。劳动人民有什么值钱的东西拿得进薛家那种大官商开的大当铺去呢？几件破衣服，一送上柜台，朝奉会看也不看，就给摔得老远。到薛家的大当铺去当东西的，只能是家道中落的人家，或者是那些等着放外任的小京官，日子等久了，吃用不够，才寻些东西去典当。进那种当铺的门，总得拿得出一两件首饰、古董之类或者还像点样的衣服、器用之类，才能押点钱回来。那种当铺是大鱼吃小鱼、大官商吃破落户的。住在大观园里的邢岫烟就当过东西，她也不是劳动人民。又如贾宝玉，倘说他是个王孙公子，而所有的王孙公子都是“天下乌鸦一般黑”，所以贾宝玉同贾琏、贾珍等都是一丘之貉，那当然失之于浅，不对；倘说他是什么“反封建战士”，和贾珍、贾琏以至他的老子贾政是“水火不相容”，恐怕同样也失之于浅。贾宝玉和贾珍、贾琏之流是有区别的，说成毫无区别不对的；然而他们之间也确实有王孙公子的某些共同性，说成势不两立怕也不符合实际，至少，贾宝玉也是衣来伸手、饭来张口，且不说他也干过些丑事，只是曹雪芹对他客气些，写得含蓄些就是了。这里，我有意举一两个课本以外的例子，说着更方便些。总之，讲文章要实事求是，平实朴素，不要“刻意求深”。在多、少之间，一般来说，教师对学生估计过低，不需要分析的地方也分析来分析去，讲得偏多。你觉得“发掘”得“深”了，学生得到的东西反而会失之于浅；你觉得讲仔细点会使学生领会得多些，而事实上由于你没有留下余地让学生自己去想，他们所得反而会少。深、浅，多、少之间的这种关系，很值得认真对待。

有的文章也可以多讲一点，讲得仔细一点，那是为了起示范作用，让学生知道文章该怎么读法，不要一概不求甚解，如走马看花，如过眼云烟。叶圣陶先生说过，讲是为了不讲。这话很有道理。有的课文多讲一点，是作为举例，让学生能够举一反三，学会自己用心去读。学生读的能力高了，老师更可以少讲以至不讲了。等到毕业离开学校，离开老师，学生自己就会看、会讲，不必处处依赖老师了。

讲的方式也不止一种。逐句、逐段地解说，然后概括出段落大意、主题思想以及运用语言的艺术等等，这是一种讲法。有时候，只需在关键的地方点一点，教师不讲或不全讲，留有余地，让学生自己去思考，去体味，这又是一种讲法。传统经验忽视口头语言训练，这是不好的一面，开头已说过；但是也有好的地方，比如对文章的评点，就很值得我们借鉴。评得好的，只在关键的地方评上一句，恰到好处，对读的人很有启发作用。所谓“点”，就是加圈加点以引起读者注意，也包括在某一字或某一句下边或旁边写上几个字，比如在某处写上“伏一笔”，后边某处写上“回应前文”等等；有时候只写一个字，如“妙”，让读者自己去揣摩。善于“点”，是一种很好的教学艺术。点得得当，有启发性，学生应该是一点就透的。这样，不仅节省了许多话，许多时间，而且学生的学习兴趣会提高，积极性会调动起来，更愿意学习语文，因为，他自己动了脑子，自己解决了问题，感到有所得。谈到精讲，我在许多场合提倡过这个“点”字，我愿意再把这个字推荐一下。

二　关于读和写的关系

有人认为阅读是基础，有人主张以写作为中心，也有人提倡读写结合，并且分别按照各自的主张在进行着某些试验。我认为所有这些试验都是好的，都应当提倡。我无意于评论这些说法。而且，不等着看看试验的结果就凭主观的想法来发表评论，也是很不妥当的。这里，我只说我对读与写的关系的几点粗浅的看法。

在语文教学中，培养写的能力是目的，培养读的能力也是目的。写有训练写的方法，以提高写的能力；读也有训练读的方法，以提高读的能力。读与写，无疑有密切的关系，两者互相影响，互相促进，但毕竟不是一回事。

在以八股取士的时代，很多人读书就是为了写文章，应科考。许多读书人专门找“闱墨”“墨卷”来读，揣摩人家是怎样中了举人、进士的，以便自己去模仿，找到捷径。如果今天还以为读就是为了写，试问：读报纸的通讯是不是为了当记者，读小说是不是为了当作家呢？很少需要写文章的人还读不读书呢？这道理不是很明白吗？《人民日报》的社论，我们每个人都读，但是我们并不写社论；毛主席诗词，我们每个人都读，不少的能背诵，可是我们之中只有很少数人写诗。教师备课要读不少书，从事某一工作的人也需要读与他专业有关的许多书。请老师们计算一下，你每天、每周、每月、每年要读多少东西？在同一个时间里，你写多少东西？做语文工作的尚且是读的远比写的多，何况做其他工作的人！读书可以提高思想认识，增长见闻，汲取精神食粮。对任何人来说，读的能力是十分重要的。不能认为只要识了字就会读。读，并不是件很容易的事；读得好，更不简单。人与人之间，读的能力是大有高低之分的。在语文教学中，训练读的能力，本身是个目的。一个人理解得好，理解得快，记得牢，说明他读的能力高。我们搞四个现代化，科技工作者需要看很多参考资料。同样一份资料，三天读完而且记住的人总比十天读完而记不清楚的对工作有利吧！

写，当然也是目的。这一点，大家都同意，不待多说。读与写既要配合，又要分别处理，不能混为一谈。分、合之间，关系要处理好。有内在联系的两个事物，把它们截然分割开来，认为互不相干，固然不对；把各有特点的事物不加区别，纳入一个模子里，也不行。互有关联的事物，应当结合处理，但是结合要适当，否则，不适当的“结合”会造成互相牵制，互相干扰。当合者合，当分者分，分中有合，合中有分，读与写的关系怕也要做如是观。

写作水平的提高，要靠多方面的配合，如：观察力的提高，思想的提高，知识的积累，语言的不断丰富，等等。这些都同读有联系。读可以促进写，“读书破万卷，下笔如有神”，说的就是多读对写的帮助。反过来，写也可以促进读。自己有了写的体会，自然就提高了理解、欣赏的能力。语言训练首先是技能的训练，提高技能要靠反复实践，必须有一定的量，少了不行。但是，也应该有个限度。否则，老师学生都紧张，疲于奔命，不但对健康不利，而且会限制学生智力的发展，最终降低语文训练的效率。

1979 年 6 月

写作教学要重视实用性*

我们历来对写作教学很重视，在中小学语文教学中，写作教学也是一个突出的被重视的问题。社会上，对于青少年一代写作能力不能适应需要的现象也表现了很大的关心。所以，在语文教学中用在写作教学中的时间和精力是很不少的。有小作文、大作文，有各种写作练习，学生们练得辛辛苦苦，教师们也指导得辛辛苦苦，可是写作能力不够用的现象仍然存在。且不说小学毕业、初中毕业、高中毕业了，进一步到高等学校学习了，不会记笔记，不会看参考书，不会做摘要，学理工科的不会写实验报告也是很普遍的事；甚至高等学校毕业了，当医生的写不好病历，当技术员的写不好研究论文，做商业工作的写不好产品说明，这些事情也是很不少的。

在学校里，花在写作教学上的时间和精力那么多，离开学校后写作能力不能满足学习、工作和生活的需要，这是什么原因呢？很重要的原因就是对写作教学的实用性重视不够。其实，这个问题并不是今天才有的，而是数百年来写作教学旧传统的延续。封建社会后期的科举考试，专门考八股文。就是随意从四书五经里拿出一个句子或词语，叫应考的人以它为题写文章。考生们就围绕所出的题目大发空论，至于文章要解决什么问题，则完全可以不管。无非是拿它当块敲门砖，希图给考官看中，达到考取做官的目的。这种文章在实际生活中，在工作中，完全是没有的，因此也就没有什么生命力。但是由于这种作文方式延续了几百年，源远流长，影响很深，所以今天我们的写作教学也难免有它的影子。这表现在：我们有些同志在写作教学中总喜

* 本文刊载于《语文战线》1982年第1期。

欢出一些大而空泛的题目，或出一些风花雪月之类的题目，对于日常生活和工作中常用的表达方式则练习得很不够。其结果，必然使写作教学走上脱离实际的道路。

为什么不能练习一些应用文呢？这里，恐怕有这样两种片面的认识。一是认为应用文只是一个格式问题，没什么可练的；一是认为应用文的格式和用语太复杂，练起来太难。其实这些认识，同样是受了写作教学旧传统的影响。在封建社会后期，与八股文并存的就是那些烦琐的应用文，凡是日常生活和工作中实际应用的文体都有非常复杂的格式和一套虚伪的用语，从而使人们对这种东西视为畏途。有些人专门以写这种文章为职业，这就是衙门里的那些书吏。这种应用文同八股文一样，同样是封建社会后期一种没落的东西，然而也是由于它实行了几百年，影响十分深远，以至我们今天一提到应用文，首先想到的就是那些麻烦的格式和套语。在教学中也往往只注重形式上的指导，而忽视语言表达艺术的训练。

写文章要注重实用。凡是有价值的作品，无论是文学作品还是科学著作，都是为了解决一定的问题，写给一定的对象的，也就是说写作从来是有实用目的。所谓实用，有的直接些，直接处理学习、工作、生活里的实际问题；有的间接一些，比如文学作品，作家总是要表达一种他认为对人、对社会有益处的思想，或者塑造一些美好的形象去影响别人；或者塑造一些反面形象去教育别人，没有任何写作目的的文学作品是没有的。在长期的封建社会里，真正的有识之士，他们不论写什么东西，也都是注重实用性的。或是为了说明思想，表达感情，或是为了把他们的所知、所见、所得传播给别人。即使是写应用文，也并不只是在格式、体例上下功夫，而是注重语言的表达艺术。所以我们历史上保留下来许多既是应用文而同时又是文学作品的优秀文章。例如给皇帝上书的表章，这是应用文，李密的《陈情表》就写得非常感人，语言运用艺术达到了登峰造极的地步，所以它感动了皇帝，允许他辞去授给他的职务。祭文也是一种应用文，韩愈的《祭十二郎文》就充满了真情实感，亲切动人。他们的文章都没有翻弄那些陈词滥调，没有丝毫的八股腔。如果说，我们要吸取前人写作教学的经验，就应该从这两方面去吸取。所谓两方面，就是说，一方面要非常重视写作的实用性，不要为写而写，不做游戏笔墨；另一方面就是在写一些应用文章时，也要注重语言的表达艺术。

顾炎武在《日知录》中批评科举考试和八股文，说“今之经义策论，其名虽正，而最便于空疏不学之人。”我们今天已废弃了八股文，但是，如果我们的写作教学老是在那里引导学生说空话，抒发一些矫揉造作的感情，同样培养不出有真才实学的人。因此，我认为，写作教学的当务之急是应该多练一些实际有用的文章。在学校不指导，将来用着了再去摸索，就是一个很大的浪费。

要重视阅读教育和阅读教育研究*

评书活动揭晓了，很好。你们搞的这一活动很适时，也很有意义，可以说，这件事功德无量，你们要总结经验，发出呼吁，让全社会都来重视、支持，使这个活动起到推动作用。

阅读教育是一个很重要的问题。近年来，国际上一些发达国家都很重视这个问题。据我所知，国外有一个机构叫作“国际阅读教育研究会”，他们曾通过香港中文大学一位教授，转给我一封信，询问我们内地有没有类似这样的机构，很想跟我们建立联系。你看，阅读教育已经成为了一个专门研究课题，还建立了国际间的专门机构，不正说明它重要吗？

对中学生的课外阅读，一是要提供机会，二是要保证时间，三是要给予指导。提供机会，主要指要提供好书，提供充足的图书，使他们能拿到书看。日本的中学，鼓励每个班自己办一个小图书室。书籍有捐赠的，有大家集资买的，有从校内外图书馆借来的。学生推举出管理员，自己管理。这个办法很好。记得在“文化大革命”以前，我们有些学校也这么做过，应该恢复和提倡。至于如何保证学生有阅读时间，我还想多说几句。从现在学校的状况看，学生课外阅读时间很难保证。作业那么多，负担那么重，课外和课内没有多大区别，学生根本顾不上看课外书，甚至连课本也很少认真地看。这样搞，只会使我们的孩子越学越蠢。教师负担也太重。各方面的负担，业务负担，家务负担，经济负担，弄得教师没有时间看书，也没有钱买书，这是个很大的问题。教师不看书，怎么能指导学生看书？我看，在学生中开展

---

* 本文刊载于《语文教学通讯》1982 年第 4 期。

课外阅读，也得为教师读书创造些条件。上海育才中学的校长段力佩有魄力，他就不让教师搞题海战术那一套，很重视学生的课外活动、课外阅读。几个月前，我到石家庄一所中学参观。这个学校建立了一个很大的学生阅览室，墙壁上挂着一幅醒目的条幅："无知比贫穷更可怕"，大家要都这样办学就好了。把读书风气树立起来，孩子们的智力、能力，才能得到充分的发展。读书指导也很重要。中学生的分辨能力还比较差，读什么书，怎样读书，教师要给予指导，报刊也有责任做些引导工作。我希望《语文教学通讯》这次开展评书活动，不要评出好书，发完奖就算完，要做些追踪调查工作。譬如，学生究竟喜欢哪些书？这些书好在什么地方？可以发表学生的读书心得，也可以请获奖作者写文章，谈一谈他写某一本书的经过，总结、介绍一点经验。课外阅读在学生中产生了怎样的效果，对于学生的思想品德、智力开发，产生了怎样的作用？都可以搞一点典型调查。当然，这些工作都让一个刊物承担有困难，有关部门、学术团体，大家都来关心，那情况就大有可观了。

我念中学时，还真读了不少的书呢。那时，老师规定我们要读的书，有梁启超的《饮冰室文集》，有史学专著《古史辨》，还有杜威、罗素等人的著作。新旧文学作品，更不必说了，只要能拿到，总要一读为快。当时，我们还接触了大量的报纸杂志，有《生活》《生活周刊》《东方》《新中华》《世界知识》《科学画报》，还有《国学月刊》《西风》《英文周报》等等。正像鲁迅说的，我们的头脑就像被古今中外各种马队践踏了一遍。这固然有背上了古老鬼魂的不利的一面，但不可否认，也有给了我的多方面知识的积极的一面，说实话，至今我还在吃这些老本。因此，我希望今天的中学生，阅读面也要尽可能地宽一点，不要只读某一学科的书，要广读博览，兼收并蓄。不过，现在广泛阅读也确有实际困难。据别人统计，现在一年的图书出版量，几乎等于过去两千年出版物的总和，期刊、丛书、专著多得简直目不暇接。这样，阅读能力低就不行。国外在研究如何速读，知道该读哪些书，怎样读得快，又能抓住重点，获取知识。我们也要研究这个问题。有些书详读、细读，有些书完全可以略读、跳着读。读得多了，自己就会摸出一套读书方法来。出丛书是个好办法，现在有人在编辑出版《小学生文库》，不妨也搞一点中学生的课外阅读丛书。譬如最低限度要读哪些书，放宽一点可以读哪些书，有一个基本的东西，学生读起来就方便些，也便于指导。今天，我们为青少年提供的良好读物太少了，社会科学方面的普及读物更少。过去，林汉达先生编著的几本历史故事集，既传播了历史知识，又有文学性、故事性，是很好的普及读物，却长期没有再印行。听说，最近重印了。像这样的书，要介绍给学生读。我国在丰富的文化遗产，单是优秀的古典文学作品就有许多。像《三国演义》《水浒传》《西游记》，让中学生人人都去看原著，确实也有困难。那么，为什么不可以搞一点节选本呢？包括“五四”以来的名著，像茅盾的《子夜》，巴金的激流三部曲《家》《春》《秋》，都可以搞一些适合中学生阅读的节选本。否则，再过些年，像“三个臭皮匠，顶个诸葛亮”“半路上杀出个程咬金”等等一些成语，他们就不知道是怎么回事了。国外很重视这个工作，有《希腊故事集》《莎士比亚戏剧故事集》等，人家注意做普及工作。我看，要提高全民族的文化水平，不搞这个东西不行。

学作文是为了用*

实行科举考试，以八股文取士的几百年间，作文教学弊端重重。教学目的只有一个：应考。教者为考试而教，学者为考试而学。完全脱离语言实际：口头说的是近代汉语，读的写的是以古代汉语为基础形成的“文言”，书面语与实际口语完全脱节。人们是用活的语言作为材料进行思维活动的。书面语既然脱离了活的口语，随之也就脱离了，至少是在很大的程度上脱离了思维实际。脑子里想的是“我，你，他”，笔下要写成“吾，尔，汝”。作文与说话不相干，似乎也与思维不相干，因而无需进行口头语言的训练，似乎也无需进行思维的训练。要学会作文，办法主要是一条：背诵前人的文章，从中获取在实际语言生活中得不到的语言材料；模仿前人的文章，从中学到那种语言材料的组织结构。总之是从文章到文章，从文章中来，再回到文章中去。也完全脱离应用实际。学作文是为了应考，不是为了应用，所以写文章无需考虑这文章是写给什么人看，是要解决什么问题，派什么用场。作文章是一种独立的、特殊的技能，与日常生活无关，与实际工作无关，是为文章而文章。于是作文题目总不外是什么什么“记”，什么什么“论”，什么什么“说”之类，或者换换花样，用个“记”或“论”或“说”的变体。学作文的人要逐步练就几种本领。一是揣摩命题者出这个题目的意图，这叫作“审题”。一是要学会没话找话说，不论脑子里本来有无可“记”，可“论”，可“说”，硬是要“记”出点什么，“论”或“说”出点什么。一是要善于把背诵下来的前人文章里的嘉言隽语串联起来或者改头换面重新装点装

* 本文刊载于《人民教育》1984 年第 7 期。

点，仿佛富于才思，匠心独具。一是要善于把行时的冠冕堂皇的话拼凑敷衍一番，以示立意格高。一是要熟练掌握规定的程式，以便在考试的时候能够写成合格的八股。

那种完全以应考为目的的，彻底脱离语言实际和应用实际的作文教学，后果是，许多念书人尽管考中了秀才，举人，进士，但是在日常生活中和实际工作中需要写点什么而写不通的，大有人在。许多笔记小说里写了一些不通的故事，也许意在讽刺，挖苦，有所夸大。然而流传下来的医书、药书、农书、文书、契约、诉状、判词等等，语无伦次、半文不白、似通非通的，的确不少。我们不能只看到公安、竟陵、桐城、阳湖，也不能只看到吴敬梓、曹雪芹，那是几百年里在多少十年寒窗，终于不通者之中冒出来的极少数佼佼者。

清末废除科举、八股，兴办新学堂之后，“国文”课的作文教学受传统的影响依旧很深。不能说一点变化都没有。逐渐，在有些比较先进的学校里，在有些比较先进的教师手中，出现过一些改革。但是，一般说来，脱离语言实际，脱离应用实际的毛病依旧相当普遍地存在：小学毕业，中学毕业，日常实际应用的文章写不通甚至根本不会写的，依旧为数不少。

连续几百年的传统，它的影响力量是不能低估的。

对于口头语言的训练，只是最近几年才渐渐有人重视起来，还没受到全社会普遍的注意。至于怎样把口头语言训练和思维训练以及书面语言训练有效地沟通起来，还缺少深入的研究和成套的办法。作文教学面向实际应用，更是远远不够。一说到应用，人们很容易想到狭义的“应用文”，就是书信、便条那一套。实际上不是这样的。面向应用就是要考虑学生日后在日常生活中、在进一步学习中、在实际工作中需要写些什么，需要具备什么样的写作能力，更重要的是，应当养成他们什么样的能够适应各种需要的写作能力，那么，在教学中就要以培养这种能力为目标进行训练。医生写病历，财贸人员写商品说明，干部写报告，等等，这中间有某些共同性的要求，需要具备某些共同性的能力，在中学里当学生学作文的时候需要也可能进行某些共同性的预备训练。这就是面向应用，并不是说要把三百六十行的所有应用文体都拿来讲一通，练一通。虽然也并不排斥举例式地讲一点，练一点，然而要点并不在这里，而是在于找出各种实际应用的文章的共同性的要求，包括思维逻辑的，语言的，等等，设计出办法进行有计划的训练。

最根本的一点是明确作文教学的目的，提得高一点，说得严重一点，就是首先要从教学思想入手。很需要回顾回顾历史，看看现在，展望一下未来。还有没有为考试而教，为考试而学的问题？有没有为作文而作文的问题？如果有，哪怕只有一点，必须去掉。学作文是为了用。这一点必须明确起来。教作文是要教给学生实际应用的能力和不断自行提高实际应用的能力，或者，用个时髦的说法，教给他们在写作方面的“应变”能力，也就是适应今后会产生的各种新的需要的能力。

观察、思考、表达，这些能力都需要，都得训练。然而，先决的是明确目的。观察什么，思考什么，表达什么；怎样观察，怎样思考，怎样表达；这些，都得从目的出发来考虑，来设计训练方案。

作文教学是语文教学的一个组成部分。语文教学的问题很多，不止作文教学这一个方面，而各个方面是相互有关的，不是各自孤立的。不把作文教学放在语文教学的整体里来探讨，是很难搞清楚的。

比如，文学教育就是很重要的一个方面。文学教学决不应忽视，而应当加强。照目前的做法，文学教育和实际应用的语文训练搅在一起，实际上起了互相削弱的作用。比如，语文课文，把小说算作“记叙文”，把科普文艺算作“说明文”，怕是不合适的。当年还提过一个口号，说“不要把语文课教成文学课”。明明课本里有一半以上的文学作品，文学作品不教成文学课该教成什么课呢？作文教学也涉及文学问题。最常见的作文题目是什么“春雨”“秋月”“××的早晨”“××的夜晚”之类。这算文学习作吗？好像说不上。那么是应用习作吗？显然也不是。很有些两头够不着。有的学生写“我最敬爱的一位老师”，写得不错，可是一了解，他并没有那么一位老师。于是发生了争论：写这样的文章可以不可以虚构？有的说，可以，文学允许虚构，虚构能锻炼想象力；有的说，不行，这不是文学，是纪实。在纪实的文章里虚构就是说假话。青年一代的文学素养很不够，理解力就不高，欣赏力和鉴别力更差，而实际应用语文能力也不够。这是很值得深入思考的问题。

看来，要提高语文教学质量，包括作文教学质量，怕是需要对语文教学进行这些改革——不是小修小补，也许得动点较大的手术。但是，这不能草率孟浪行事，首先得深入研究，然后提出点设想，小规模地试一试，有了效果和经验再动。

语文教学要注重实际应用*

——谈今年高考作文试题

今年的高考作文题好，主要好在一个“实”字上，就是切合实用。语文课，从教学到考试，几个世纪以来都不注重实际应用。按说，应该让学生多学一些日后工作中经常使用的东西。读，写，都应当这样考虑。可是以往的语文教学，从这方面考虑得很少。今年的高考试题，在这一点上有明显的改进。

今年的语文试题，主要包括阅读和作文两部分。要求学生阅读的，包括白话文和文言文，都是实用性、知识性的文章。这类文章是大多数人将来在工作中都会接触到的。考查的是学生的实际阅读能力，选取的又是比较实用的材料，这就体现了实用的观点。

特别使人赞赏的，是这次的作文试题，打破了传统的命题作文的框框，克服了自从八股文以来命题作文的积弊。命题作文不能一概否定，也有命得好的，但一般说来，要求学生写的，往往是缺乏明确的目的和明确的对象的“文章”，是为作文而作文，为考试而作文。这样教，这样考，锻炼不出实际需要的写作能力。过去的八股文，是专搞“假大空”的。没有什么话要说，而又非说不可，只好言不由衷，说假话；没有实实在在的内容，只好空空洞

* 本文是赵丕杰访问张志公先生而写的一篇访问记，刊载于1985年8月28日《光明日报》。编者写了如下的“编后”：关于今年高考作文试题，本报陆续发表了文章、试卷及评语。由于来稿大致相同，不再刊用。我们请北京语言学会会长张志公，就今年高考作文试题谈语言教学要注重实际应用的问题，作为这次报道的结束语。谨向为我们推荐试卷的各省、市、自治区高等学校招生办公室的同志致以谢意！

洞，说空话；为了投合阅卷人之所好，迎合某种风气的所需，更不免说大话。今年的高考作文试题，对象清楚——写信给《光明日报》编辑部，目的明确——呼吁解决环境污染问题，每个考生都能有话可说，有实实在在的内容可写。这就避免了过去命题作文容易犯的那个大毛病，有利于锻炼和考查学生的语言表达能力。这种出题的方法，不仅考试时可以采用，平时更应该多做一些这样的训练。

说高考是指挥棒，是带有贬义的。其实许多事情是需要指挥棒的。譬如一个乐队，演奏得成功与否，与指挥手中的指挥棒有很大的关系。关键是要看它是不是指挥得好，指到哪里去。八股文就是一根极坏的指挥棒，把一些人指到追逐功名利禄，彻底脱离实际的道路上去。高考试题的指挥棒作用，是客观事实。我们只能希望它指挥得好一些，对教学能产生积极作用。今年的作文题大有可能把作文教学指向比较好的方向，引导教师和学生都来注重实际应用。语文教学要朝什么方向走？重要的一条就是要注意实际应用。教育要面向现代化，面向世界，面向未来。语文教学，包括作文训练，也应该以此作为指导思想。面向未来，首先要面向本世纪末和下世纪初这个未来。到那时，今天坐在教室里的中小学生，就要走上社会主义现代化建设的第一线，成为各条战线的骨干力量，因此我们的教学，就要面向他们将来工作的需要。大多数学生将来需要什么能力，从现在起就要培养什么能力。必须考虑绝大多数人的需要。而注意实际应用，力图用准确、平实、经济的语言，传达最大的信息量，收到最佳的表达效果，正是绝大多数人的需要。

有人说今年的作文题“难”。难得好；难得对！认为有对象、有目的、有实际内容的文章难写，这本身就说明了语文教学存在的一个大问题。“假大空”的文章是天下最容易写的文章，可以下笔万言，毫不费力。然而害人害己，要它何用！

有人说，这样的作文题缺少文学性，考不出学生的文学水平来。这种担心是不必要的。首先，写实际应用的文章，是绝大多数人的需要，无论你将来从事什么工作，属于哪行哪业，包括文学家，都是需要的。因此在中学阶段就应当以培养这种能力为重。应用性文章和文学之间毫无矛盾。王安石是写应用文的高手，他的《上仁宗皇帝书》和脍炙人口的《答司马谏议书》，都是应用文，而且是谈政治的；这丝毫没有影响他的散文自成一家，诗歌自成一派。文学的真正对头是八股文。只会写八股文的人，既写不出王安石那样的诗和散文，也写不出《答司马谏议书》那样的应用文。

说这样的作文题好，并不意味着这是唯一的好题目，再没有其他好的命题方式，也不要处处、次次都出这样的题，只是说，注意实际应用这个路子好，抵制“假大空”和“无病呻吟”这个精神好。并且，也不意味着它好到家了。不完善，大家可以想办法使它完善起来，对于带有可取的新意的东西最好不要抓到一点毛病便横加指责，以至全盘否定。要爱护新事物！

要建立我们自己的阅读学*

——曾祥芹等编《阅读学丛书》序

阅读是一件非常重要的事情。因为从阅读中人们可以受到思想的教育和情感的熏陶，可以获得所需要的种种知识，从而能够得到精神上的充实和享受。古人云："读书破万卷，下笔如有神。"这意思并不是说多读些书就具有了写作能力，而是说博览群书能增长多方面的知识，头脑丰富了，写的时候自然会"有神"，绝不会有枯竭之感。古人又云："读万卷书，行万里路。"这就是告诉人们既要有广博的知识，又要有丰富的实际经验。英国中世纪的思想家培根也说过："读书造就丰富充实的人。"他写过不少文章，专门论述读书问题，如广博的涉猎、一般的粗读、精细的研读等等。那些论述很有名，影响也很大。我们今天谈阅读，其性质和内容已经比古人大大地前进了一步。最简单地说，现在和今后出版物将会越来越多。尽管传声技术、音像资料越来越发达，然而需要用书面语言记录、流传下来的各种文献和知识也是不断地成倍成倍地增长的。每个人每天所需要阅读的东西太多了。阅读不仅仅是学习和继承前人或他人知识，它还将影响到人类社会现实的和未来的生产、生活和科学技术的发展。

古今中外的学者历来是重视阅读的，然而把它当作一门学问来研究，还是近些年来的事情。说来说去，阅读无非要求以下几种能力：一是准确而灵敏的理解力，二是准确和牢固的记忆力，三是准确和快速的推断及反应能

---

* 本文写于1991年12月4日，刊载于《课程·教材·教法》1992年第5期。

力。培养和提高这些能力都是有规律可循的。听其自然，也可以形成某些能力，但是远不如有目的地、按科学规律去自觉地培养和历练这些能力。后者的效果要好得多。相反，不找出这些规律，阅读能力不足的现象就会广泛长期地存在。一个阅读能力不足的人，当他阅读某些必须阅读的材料时，轻者，阅读的效率低，阅读能力不够用；重者，甚至完全缺乏应有的阅读能力。说白了，就是看不懂，有人把这种人称为“功能性文盲”。在一些科学技术发达的国家中，功能性文盲的存在也是一个普遍而严重的问题。所以，近年来，在国际上开展了扫除功能性文盲的科学研究工作和实际活动，进而如何提高阅读能力的科学研究和实验活动越来越多，以至成立了“国际阅读协会”（International Reading Association 简称 IRA）；有了不少进行阅读研究的专家、学者；也产生了不少研究成果。相对地讲，我们国家重视阅读的传统虽然是悠久深厚的，可是对它进行系统地整理和科学地研究，得出可供实施和推广的成果，我们还是走得慢了一点。这或多或少是受了封建社会中后期的影响。在那段时期里，阅读几乎成了写作的附庸。读是为了写。仿佛读只是一种手段，是为写服务的工具，而本身不是目的。这种传统观点影响很深远，以至在某种程度上还影响到现在。所以，从原则上说，建立我们自己的阅读学——符合汉语汉文特点的、符合国情的、符合当前和今后社会主义建设需要的阅读学是十分必要的。同时，这项工作又是十分艰巨的。一则，没有现成的经验可资遵循；再则，它要求多种相关学科的综合为用，如语言学、心理学、社会学、美学等，阅读研究的综合性很大，要从多方面下功夫，并且要从上述那些基础学科过渡到阅读这种应用学科上来。

现在，有曾祥芹、韩雪屏等同志注意到这个问题，从阅读理论到阅读技法做了很多调查和研究；对国内外阅读理论的发展也做了一些整理和研究；集体编写出一套“阅读学丛书”。这可以说是一个创举，很有意义，很值得祝贺。既然是开创性的工作，对它就不应该求全苛责。它开了一个很好的头，打下一个很好的基础，这是非常值得欢迎的。我只是笼统地说一点肤浅的认识，同时表示一下对这套丛书出版的欣悦心情，并且愿意向关心这些问题的同志推荐这部丛书。至于丛书的每一种，还各有专序，这里我就不重复了。

1991 年 12 月

应该重视口语的研究*

语言是从有声语言即口头语言开始的。人类在说了若干世纪的话之后，聚居在不同地域的共同说着某种语言的人们才先后分别创造了文字。有了文字才有了书面语言，历史很短，距今不过五千年上下。直到今天，还有为数并不太少的民族（虽然总的人数不很多）只有口说的语言，没有用文字写的语言；或者，只是最近几十年内才有了文字。书面语言是记录口头语言的，以口头语言为基础的，和口头语言基本上是一致的。然而也颇有不一致的地方。首先，口头语言是千变万化的，而文字符号是有限的。用有限的文字符号记录千变万化的活语言，客观上有困难，要求书面上百分之百如实地、一丝一毫都不走样地把口语记录下来，反映出来，实际上做不到。再加上，人们把语言写在书面上，总是倾向于简便一些，足以达意就行，并不追求绝对地如实，尤其是在古代书写条件还比较差的时候，以及在后来书写条件有改善，而印刷条件还比较差的时候。其次，书面语是会写的人把口头语言做了不同程度的“加工”写出来的。“加工”有好处，把口头上说的时候无可避免地夹带着一些芜杂赘余的东西去掉或部分地去掉了，干净利落一些，更规范一些；但是也未尝没有点毛病。首先是部分地失真，并且，每个会写的人的“加工”能力不一样，有的“加工”得高明，有的不见得高明，因此，古往今来，不仅不高明的文章有的是，不通的文章也并不少。又其次，实际的活语言经常不断地处于发展变化之中，可是一旦写在书面上，印出来，它就是那样了。后来的念书人念了那些书，自己写的时候多少会受那种早已变了

---

* 本文是为陈建民《汉语口语》写的序言。

样子的语言的影响。他口头上不那么说，可是笔下要那么写。这种影响有的有好作用，有的有不好的作用。无论作用如何，反正书面上的话和实际口头说的话不一样了。这种情况，说各种语言、用各种文字的，都有；而我们的“文言”和“白话”的距离之大，格外突出。五四运动时提倡白话文，渐渐地白话文合法化了，学校里可以教白话文，许可学生写白话文，社会上可以用白话文著书立说，并且越来越多的人希望达到“言文一致”，就是书面上写的话应当同口头上说的话一致，以至有些人，如叶圣陶先生，干脆把作文叫作“写话”。然而在实际上书面语言和口头语言至今仍有相当的距离，虽然这距离比文言文时代小得多了。

由于种种原因，书面语言和实际使用中的口头语言始终有相当的距离，有的在有些时候相差很远，可是研究语言的人却从来是以书面语言为根据，也以它为研究对象的。扬雄写《方言》，可能曾经对当时的口头语言做过些调查，这是非常可贵的；只是，他研究的仅限于语汇，并且是用古代汉字记录的，后人看上去，音、义都未必把握得对。传统的语文学，文字之学、训诂之学当然是对付书面的；研究语文应用的，如辞章之学，也是以古典的书面作品为根据，为对象，只是凑巧涉及到诗词里偶尔夹杂的一点口头语言因素而已；就连声韵之学研究上古音、中古音，也是以书面文献为依据推导出来的；1898 年马建忠发表《马氏文通》，也是采用西方语法学的方法来研究古籍中反映的古汉语，一时语法著作出现不少，都是这个路子；五四运动前后，开始有人以白话为语法研究的对象，影响较大的黎锦熙《新著国语文法》(1924) 可为代表，然而那时所谓白话或国语，还是以书面上写的为依据；黎著之后许多语法著作以及相继出现的为数不多的研究语汇的著作等，也大都如此。总之，从古代到现代，人们研究语言一直是以书面语言为准的。这也难怪。留声装置的发明才不过一百来年的历史，传到中国来要更晚一点，所谓“话匣子”使用起来也并不十分方便。处处依靠书面材料，实在是不得不这样。加以长期的封建社会中，只重视书面，不重视口语，因而对口头语言的研究始终提不到日程上来。研究语言而不从实际的口头上的活语言入手，是个不小的缺陷。当然，以写得好的书面作品为依据来进行研究不是不可以，研究所得并非都不可靠，有的并且是很可靠的，然而毕竟有局限。迄今我们对汉语的语言现象掌握得还不够充分，考察分析还不够深入，因而好些问题还说不准，说不清楚，并从而使语言应用和语言教育的研究以及语文现代化、语文计划的研究也受到影响，这些，都或多或少与忽视对口语的研究有关。——当代重视口语研究的是去世不久的赵元任先生，在这个方面很有贡献，可惜他去国日久，对他这方面的研究不无影响，他在60年代末写的《汉语口语语法》中的用例，有的就显然过时了。当代不少研究方言的人是重视口语的，但是他们注意的重点在语音方面，虽然有的也兼及语汇、语法，那几乎是附带的，而研究方音又往往是以探索古今语音的演变为事，所以还不能说是对现代汉语口语的全面的研究。——总之，对于现代、当代汉语口语的研究是个薄弱环节，并且很薄弱，这对全面深入地研究汉语是不利的。

陈建民同志是广东人，可是近十年来他手不离录音机，在北京地区东跑西颠，积累了相当丰富的北京口语的有声资料，进而对这些资料进行了研究，颇有收获，有些分析颇有见地，在口语研究这个薄弱环节上，做出了可喜的贡献。我们知道，语言心理，思维习惯，社会风习，这些方面在口语里有充分的反映。因此，对口语的研究，绝非猎奇，而是大有理论意义和实用意义的。

我虽然生于北京而不是“老北京”，是一个“五湖四海”的人，自己说的是带有南腔北调的普通话，南方方言区的人认为我是北京人，而真正的北京人说，听不出我是哪方人氏，反正不是北京人。因此，我不够资格来鉴定陈建民同志书里的用例和分析。然而，凭着我的一点基本常识，我敢于说，陈建民同志研究这个问题，写这本书，态度是郑重的，援引的资料是可信的，他所做的一些分析至少是有助于我们思考的。他本人写这样的书，北京出版社肯出这样的书，都是值得赞许的。书成，有幸看了原稿，先睹为快，欣喜之余，写了上边这些浅薄的想法以代序。

1983年3月

大力进行科学宣传，让全社会懂得口语的重要性*

同志们：

万里会长的一番话我是很不敢当的。有一点我思想上一直比较明确：一个人不管怎么努力，不管有多高的天赋，所做的事情究竟有限，最好还是多点儿人，大家来做。多年来，我是这样做的，有事大家商量，协力以赴。这里，关于我们汉语口语研究会的成立，口语课的设置，就我所能想到的，很直率地提出一些建议，和大家商讨。

有一次，上海的《语文学习》编辑部派人采访我，要我谈我印象最深的一位老师。我一下子就想到了我小时候的一段经历和一位胖胖的韩老师。我是独生子，没有兄弟姐妹，没有伙伴。在北京出生，五六岁随父母到东北沈阳。住同院的也没有和我年纪相近的孩子。总之，一直很孤独。我很怕人，不敢说话，怕说话，胆小畏缩。家里有客人来，问我话也不敢开口，呆呆地躲到院里去。父母很为这个呆孩子忧虑。后来，按学龄进了小学。入学之后当然还是畏畏缩缩那副样子。大概在二三年级的时候，有一位“级任老师”（相当于现在的班主任）姓韩。上了一段课之后，韩老师指派我当班长。我无论如何不干，韩老师就鼓励我，说我功课好，守规矩，同学一定会支持我的，如果遇到什么困难，找他给解决。当了班长，跟同学打交道就不得不多起来，慢慢小朋友也多了，性格就不那么孤僻了。过了一些时候，学校举行讲演比赛。韩老师又叫我去，代表全班参加。我当然不敢。他对我说：“讲

* 本文刊载于《渤海学刊》1993年第4期。郝嘉杰根据录音整理。

演有两条，最要紧的一条是口齿清楚，让人句句听明白，态度自然，这一条你有。再就是内容好，有点自己的意思，不是背书。有了这两条，就成功了一半。你自己好好想想讲些什么，我可以帮你出点主意。”我大着胆子讲了，居然还上了名次，得了点奖品。经过这两回，精神状态不一样了，不那么畏缩了。现在想来，韩老师是为了补救我的缺陷。用的什么方法呢？鼓励，让我树立信心。他丝毫不责备我。像我当时那样，如果老师看不上，上课举手也不叫，也不理，那以后的发展会是什么样呢？那就很难说了。又过了一个学期，学校举办游艺会，各班出节目。我们班出的是《麻雀与小孩》，电影《城南旧事》里有，大家看过吧？韩老师要我演那个小孩。又是一番鼓励，我演下来了，还过得去。有了小学的基础，到初中我就参加演出丁西林的《一只马蜂》。到高中，演话剧，如田汉的《咖啡店之一夜》，宋之的《烙痕》等。到大学演宣传抗日救亡的短剧，随后我们还组织了话剧社，演田汉的《回春之曲》，演曹禺的《雷雨》，我演周朴园。演《原野》，我演剧社里没人愿意演的仇虎。以后演过英语戏。还学唱京戏，也上过台。此后，在专业学习方面，我重点钻研语言学，在实践上，外语和汉语一起抓，最后投入工作，以从事语言教育为主。由不敢说话、不会说话、怕说话而终于到了“吃说话饭”，这说明了什么呢？说明训练说话能力的重要性。照小时候那样下去，不加训练，我很有可能成为一个弱智儿童。试想，如果家长、老师都不帮助他，都讨厌他，慢慢地就会促使他产生自卑感，并且越来越严重。我深信这位韩老师是精通儿童心理学、教育心理学的。这件事情显示了说话的重要性，也表明了说话是可以训练、可以教育的。先说这么个故事，作为开场白，也就是“砍大山”的第一斧子。下面“砍”点正题。

第一，先说说口头语言的性质、意义，口头语言同书面语言的关系。

说话是人类区别于其他高等动物的重要标志之一。人怎么会说话的呢？据研究，两种不同类的动物的血放在一起，不能溶解，要发生沉淀。人与长臂猿等高级近亲动物的血放在一起，可以溶解，不互相排斥，不沉淀。比较解剖学还发现，人和这种高级亲属动物的身体结构完全相同，包括骨骼，各种器官，以至血管、神经网络，只有一点就是大脑不同。体积不同，人脑的体积大；重量不同，人脑重；褶皱不同，人脑的褶皱深而多；大脑里划分的区域不同，人脑的感觉、运动神经区分得很细致。由此可见，语言和大脑，也就是思维能力，关系密切——语言和大脑同是人类区别于其他高等动物的重要标志。在人生的早期，1—5岁，语言和思维大体上同步发展。只有具备了最基本的思维能力，如记忆力、联想力，才能产生语言。语汇、概念越多，表达越顺利，思维就越发展；思维越发展，语言能力越强，形成良性循环。二者互相作用，相辅相成。语言是最好的交流信息的工具，从而是教育和接受教育的工具。人之所以成为“万物之灵”，有语言这个教育和接受教育的手段是极其重要的原因。交流信息，进行教育，使语言成为发展生产力的工具，同时也就成为人类社会进步的工具。从原始社会、古代社会发展到今天，语言促进了社会生产力和人类科学文化的发展。这一点是不容否认的。低级动物，以及人以下的高级动物，都有或多或少的交流信息的手段，都有或多或少的教育和接受教育的活动，然而都很有局限，很贫乏，同人的语言不可同日而语。自从文字产生以后，社会进步比只有口头说话阶段又加快了好多倍。文字是记录语言的工具，是用书面交流信息的手段。文字的产生可以说是一场信息技术的革命。它打破了时间、空间的限制。只用口头语言，不管人喉咙多大、多响，传递信息总有限制，不能把信息记录下来，传至远方，远至久远。书面语言十分重要。书面语言来自口头语言，但由于语气、姿势、手势等辅助手段没有办法记录，因而口头语言与书面语言又有相当大的差别。书面语言有它的优势，但由于缺乏必要的辅助手段，也有它的局限性，有些东西还是要口头上说，说才能表达清楚。所以口头语言是任何时候都不容忽视的。这是我所要说的第一点。

第二，自古以来，无论东方西方，都知道充分运用语言这个有效的工具。无论宣传宗教意识、道德标准、专业知识、生产技术，等等，都会运用语言这个工具。语言这东西，同许多别的东西一样，很有用，运用得好，就很有利，但若运用不好，却会起很不好的作用。古语说“一言兴邦，一言丧邦”，就是这个道理。西方人着重看到说话有利的方面，拼命利用它；东方人，特别是中国人，主要看到说话说不好就出毛病这一方面。这是因为咱们最早进入封建社会，随后产生了科举考试的制度。我们知道，封建社会后期，科举考试坏得很，八股文糟得很，但是科举考试是世界上公认为中国最先实行的一种比较科学的文官选拔制度。科举考试是以文取士，不考说话，连所谓“对策”也是作文章，所以社会上对说话不重视。其实，不仅忽视说话，由于中国长期实行小农经济，粗放经营，并且重农轻工抑商，于是人们看不到文化、科学对生产的作用，因而也就看不到教育对生产的作用，当然也就更看不到语言这一教育的主要工具对社会发展的作用。而西方，情形不是这样。从古希腊开始，最早的那些思想家，像苏格拉底、柏拉图、亚里士多德、古罗马的西塞罗以及十七八世纪的一些思想家，都把雄辩看得很重。亚里士多德甚至说“雄辩是教育的中心”。到19世纪初，这些观念也没有被抛弃，只是有一些变化。直到两三年前，我在美国看到一本《现代修辞学》的书，又和辩论术结合在一起了。他们人口流动多，人们接触交往的机会多，大概是个重要原因。而我们中国，多数时候是劝说人们少说话。从孔夫子开始就是这样，如《论语·为政》里说：“多闻阙疑，慎言其余，则寡尤。”《宪问》里说：“有德者必有言，有言者未必有德。”又如《里仁》里说：“君子欲讷于言而敏于行。”女的尤其不许随便说话。老百姓的俗语说“病从口入，祸从口出”，劝大家“话到唇边留三分”。总之，东西方对待说话是有区别的。这和文化传统、社会制度不同有关，和民族性格特点的差别也有关。中国长期的封建科举考试，对语言的认识起了很大的干扰作用，再加上后来我国内忧外患，没有机会研究语文教学，尤其是口头语言教学，我们对语言的认识一直是很模糊的。虽然现在学校都开了口语课，也不说明对口头语言认识得很清楚，研究得很明白。今天还需要对口头语言的特点及其教学规律深入研究。

第三，口语研究的现状。概括地说，有这样两个方面，(1) 现在刚刚开始注意到口头语言这个问题，这是很可贵很值得欢迎的，但对它的讨论、研究还很不够，更直截了当地说，水平还低，方法太少。(2) 直到今天，还是以“文”为本。语文教学中有“口头作文”的提法，我从来不用。口头就是说话，口头训练就是说话训练，为什么非说是作文呢？写作文就要拿笔写嘛！为什么口头说话不登大雅之堂，非作文不可呢？“口头作文”所反映的还是以文为重，说话是不算数的。只知有文，不知有语。忽视语言的教训其实已经够多了。从清末起直到今天，在我们和别国的外交谈判、贸易谈判中，因为口头语言不行而吃亏的事很不在少数。说不过人家。这是客观事实，要敢于面对它。封建观念的血在我们的血管里流着，代代相传。因而常常是不自觉的，身在其中而并不自觉。从历史上说，从现状来看，都不能令人满意。要加紧扭转口语落后这个局面，首先要从解决认识问题入手。需要大力地进行宣传，让全社会懂得口头语言的重要性。社会上一直对“错别字”大惊小怪，天天在那里“消灭错别字”，但只限于写的方面。只要用耳朵一听，电影、电视连续剧、广播里有多少“错别字”并没有引起重视。在学校的考核、评估中，注意了对错别字进行批评，以至用扣分的办法来加以惩罚。还没有听说谁来批评说话不合格的。对说话“结结巴巴”“前言不搭后语”“语无伦次”等不会说话的现象并没有引起足够的重视。从口语的性质、各种关系、文化交流、社会发展、各种交往等方面都要进行研究，找出带有规律性的东西，大力进行科学宣传。对待重视语言、肯努力学习的人，要以鼓励为主。开头我先说了那小故事，目的就是要说明这一点。从小学教育起，要了解每一个小孩的优点、长处以及他的缺点、缺陷，有针对性地帮助他，向小孩有利的那一面发展、再发展，迅速成长，压倒缺点、缺陷的那一面。方言区的人学说普通话不是件容易的事情，家乡语要改变太难了。“少小离家老大回，乡音无改鬓毛衰。”万万不可以责备为主，不可“有错必纠”。要以实践为主，有一点进步就鼓励之。无论学外语、学方言，方言区的人学普通话，我有个“四字箴言”，叫“胆大皮厚”（要敢说，脸皮要厚）。就是鼓励多说。说话课要实践，要在实践中多说。日本某教学大纲里非常明确地提出，要把学生培养成任何场合都敢讲话、会讲话的国际型人才。要敢于大胆说明自己的观点，敢于恰如其分地反驳不同的观点。咱们东方人的语言传统就是“胆小皮薄”，包括日本人。就怕说得不好，让人家笑话，又怕说了错话出问题。西方人不然，他们总要表演表演。进了商店，有翻译也不用，操着生硬的中国话自己说。尼克松访华，街上的中国人鼓掌欢迎他，他现场学着说“谢谢（xiéxiè）!”对于他能说句中国话，中国人也鼓掌表示赞赏，一点都不笑话他。要训练我们的小孩子在说话方面要“胆大皮厚”。同时辅以密切结合实用的知识，训练学生。因年级、地方、基础的不同，辅以不同的知识训练。现在风行一种说法，认为教学基础知识妨碍培养能力。这种说法不对。二者不应当是对立的，而应当是相辅相成的。当然，知识要简化，不要烦琐；要通俗化，不要艰深。通俗化非常要紧。德国哲学家叔本华说过："世界上没有任何一件事情比把一个普通的道理讲得让任何人都不懂更容易的事情；世界上没有任何一件事情比把一个深奥的道理讲得让很多人都懂更难的事。"用咱们的成语说，简单一点，可以叫作"深入浅出"吧。

说来说去，我也没说出多少具体的、切实可行的办法。就这很粗浅的一点想法，真正做一做也不是很容易的。开头就说过，无论是谁，要凭一个人的头脑就能想得很周到，很全面，很切实，可以说是不可能的；不经过充分的实践就能保证所想的、所说的都对，都有用，都可行，也是十分困难的。因此，我认为成立这个"口语研究会"十二分必要，大家艰苦努力，惨淡经营，居然办了好几年，踏踏实实做了不少工作，今天开了第三届的学术讨论会，共同研究问题，交流经验，对诸位为共同的事业这样同舟共济，锲而不舍的精神，非常敬佩。为了下一代、再下一代人绝大多数能有适应当前和今后的世界潮流所需要的昂然屹立于朋友之中、对手之前出口成章、侃侃而谈的雄辩之才或娓娓动听的使人折服赞赏的亦庄亦谐的口才，我呼吁，语言工作者们和教育工作者们把研究口语训练之举推上日程，也想呼吁，有关领导对研究会给予多多的指导和支持！我还建议在师范院校开设有关口语训练、口语研究的课程，把培养口语教育人才的设想落在实处。再多的话我说不了了。好吧，"侃山"侃到这里为止，谨供参考，并请指正。谢谢大家。

1993 年

关于口语研究和口语教学的三个问题*

一、口语研究和口语教学的发展和成绩

近三四年来，也就是口语研究会成立以来，社会上、教育界对口语的重视有了很大程度的提高。过去，我们受历史的影响，重文轻语。历史上，曾经是以文章定终身，不管口语教学。特别是八股文定型以后，学生十年寒窗，就是识字——读书——作文章（作八股文），然后考试——做官，口语教学没有一点地位。考试中有一门所谓“对策”，仍是作文章，不是口头问答。受这种积弊的影响，不论是语言研究还是语文教学，都不重视口语，社会上人们的口语能力越来越低。一直到现在，我们的各级各方面人员讲很短的话，大部分没有演讲稿不行。近年来，各方面都开始注意这个问题，口语发展有了较好的势头。我们新一代的高层领导人，很多能说很好的普通话，有的能做自然、流畅、得体的即席演讲。另外，很多学校也开始重视口语教学。有些师范院校自行定下这样的制度，学生毕业要进行口语考试，口语考试不过关，不予毕业。国家教委师范教育司已经制定章程，要求师范院校把普通话定为教学语言和校园语言，基础教育司也在做同样的努力。国家语委已经或正在制订进一步推广普通话的方案和等级标准。探讨口语和口语教学的专著也越来越多了。口语研究和口语教学的这种发展是符合当今世界发展的总趋势的。任何一个发达国家都有国家使用的标准语言；如果语言混乱，到处都是南腔北调，则表明一个国家文化教育、文化教养的落后。因此，应

---

* 本文与王本华联名发表，刊载于《语文建设》1994 年第 10 期。

该充分肯定我们这种发展、这种进步的重大意义。

二、口语研究和口语教学中存在的问题

口语研究和口语教学中也还存在着若干问题，主要表现在以下几个方面。第一，考试没有口语（据了解，今年高考，外语增加听力测验）。口语考试确实存在一定困难，但这个困难不是不能解决的。在当前一切为了考试，不考试老师就不愿意教、学生不愿意学的情况下，口语教学不考试，就等于放任自流，听之任之。这样，上述那些章程、规定等等，就不易取得预期的效果。第二，重文轻语，重视书面轻视口头。现在不断地有各式各样的作文比赛，这个杯那个杯的，花样很多，但是没有几次口语比赛，如演讲、辩论等。偶尔有，但极少极少，仍然以作文为主。我们不是说作文不重要，社会再发展，传声技术、信息技术再发达，口头语言都不可能取代书面语言，相反，对书面语言的要求会越来越高。我们要说的是，与书面要求相比，对口头的要求太低，这样的结果，语言能力的发展只能是畸形的，不正常的。今天的世界，很多方面要用口头语言解决世界大事——谈外交，谈贸易，谈军事。可是，人们对口头语言重要性的认识远远不足，做的工作非常不够。讨论口语的专著和论文比过去多起来了，但比起研究作文来还逊色得多。书面上写个错别字，大惊小怪，天天消灭，天天消灭不了；口头上读错字、读白字却不以为意。广播电台、电视台，经常读错，大家都不以为意。考查语文成绩，书面上有错别字不行，要扣分，口头上说错了却不管。研究人员、领导到学校就是听老师讲课，看学生作文，却不去听学生说话。这些做法显然是不妥当的。第三，缺少真正的口语研究。语言怎么教，语言教学怎么跟说话联系起来，语汇、语法怎么教，又怎么和口语教学联系起来，研究的人很少。学语法就是为了改病句，至于怎么运用语法提高表达能力，没人管。总之，研究和教学以文为主，而对文和语的辩证关系，相互联系，相互影响，很少研究。都是分而治之，看不到相互影响的那一面。

三、今后怎么办

面对这种现状，我们怎么办呢？第一，加强对口语本身和口语教学的研

究。要有理论，但不能为理论而理论，要有联系实际运用的理论；不能缺少知识，但也不能为知识而知识，要有与运用相联系的知识。比如讲语音，光讲元音、辅音、音节、音位、声调等等不行，还要讲怎么把这些知识用于实际说话，怎么提高口语的表达能力。不是说不要研究理论知识，而是要深入研究，与实际运用联系起来研究。缺少实用的研究，光说空话、喊口号不行。要说实话，干实事，搞过硬的研究。第二，提高对口语的要求。现在的要求太低，仅仅要求成为教学语言、校园语言远远不够。为什么只要求面向群众（主要是服务行业）的人员说普通话？还有比他们更重要的，如治安人员、司法人员等，为什么不对他们提出要求呢？应该提高要求，在全国范围内加强师资培训。不仅仅学校需要师资，社会上也非常需要。比如治安部门、司法部门、大公司、大企业等，都应该请人教普通话，都需要教师。眼光不要太狭窄，就盯着学校。古人都知道，楚人要说齐语，请一个齐人来讲课，但只有他一个人讲，别人都不讲而且笑他，根本学不成。只有一个人说，别人不说；只有一部分人说，大部分都不说，这样不行，要全国人一起行动。因此，我们应该全面培养师资，给他们高的待遇。单位、企业也要重视，建立语言能力是企业大事的观念。要注意，这是我们的母语呀！以往，在香港，会说英语，工资就要高许多。语言，是工具，也是武器，应该重视，各个部门都要请普通话教师。这个工作很难做，但只要重视，坚持做，提高全社会口语的能力是大有希望的。而全社会的口语能力是这个社会文明和文化教养的一个标志。

语言教学

结合语言的运用学习逻辑*

人的特点之一就是会思想。生活中、工作中、学习中，随时都有问题需要我们想，想得清楚不清楚，对不对，对我们的生活、工作、学习有很大的影响。

想事情怎么想法是有规律的。每个人从很小的时候起就在生活实践中逐渐学会了想事情，并且在想的实践中逐渐掌握了想事情的一些基本规律。例如，很小的小孩就能分辨出男人和女人，大人和孩子，奶奶和阿姨，长到几岁就知道分辨好人和坏人。这就是从一定的角度对事物进行分类，而分类，正是想事情的一种方式。分类分得对，就表示已经掌握了这种方式的规律——当然，就小孩而论，还只是极简单、极初步的。尽管我们很多人都没有特地学过想事情的规律，我们每个人都会想事情，正像很多人没学过说话的规律——语法——也会说话一样。

然而，客观事物是十分复杂的，我们在生活、工作、学习中要想的问题也是复杂多样的。当我们想一些比较复杂的问题的时候，单靠个人从实践中得到的那些经验有时候就不够了。因而，我们时常会发现想事情想不清楚的情形；用语言把所想的说出来，也就成了一些不清楚、不明白，乃至混乱不通的话。我们有时候说某人"语无伦次"，或者说某篇文章或某个句子文理不通，所反映的往往是说话或者写文章的人想事情想得不清楚或者不对。下边是在书报刊物上发现的一些话，都有或大或小的文理不通的毛病。

1. 这个意见提出后，并没有得到任何反应。我曾经想写一篇批评的稿

---

* 本文是为某语文刊物的专栏"逻辑常识"所写的绪论性文章。

件在黑板报上刊登，结果也没有被采用。

2. 立刻得到一个通知：大批伊斯法罕居民死于回归热，急待我们救护。

3. 本书作者茨威格是奥地利的维也纳人。第一次世界大战以后，住在奥地利的萨尔茨堡，将近二十年。1934 年因为受希特勒的压迫，出国到了伦敦，后来又两渡大西洋，旅居在美国，最后到了巴西，于 1942 年自杀。这一部《巴尔扎克传》是他死后委托他的朋友弗来登赛尔给他编辑出版的。

4. 这篇散文描述事情虽有一定的层次，却仍有详略的分别。

5. 人们都知道，牢固的记忆是建立在透彻的理解上的，要记得牢，首先就要理解得透，这就是背诵能起帮助学生领会课文的作用的道理。

例 1 的后一句不对。说“曾经想写”意思是并没有写，只是想过要写；说“结果没有被采用”，意思是确实写出来，并且投给黑板报的编辑部了。一篇文章不能既是还没写，又是已经写出来了。这两层意思不能并存，总有一层是错的。把互相矛盾的两层意思同时肯定下来，这表示作者想得不清楚。例 2，既然已经因患回归热而死，还怎么救护呢？这是不合理的。到底是有大批的人染上了回归热，快要死，因此叫我们去救护呢，还是这大批的人已经死了，叫我们去救护另外一些已经染了病还没死的人？作者想得不清楚，所以没说清楚，我们也就看不清楚。例 3，死后怎么还能委托别人替自己办事呢？这也是不合事理的。有人建议把“委托”改成“由”。这样改，句子是说得过去了，但是没把事情真相说清楚。想来这里边总有某种委托关系，否则，作者为什么凭空写出来一个“委托”？那么，是茨威格自杀前（不是死后）委托的呢，还是他自杀后他的家属或者别的什么人（不是茨威格自己）委托的？不知道这个事实的人是无法明了这句话的，因而也无从修改。例 4，描述事情“有一定的层次”和“有详略的分别”不是互相对立的，更不是互相排斥的，而原句用了“……，却……”这种格式，因而使我们不明白作者是什么意思。可以断定，“这篇散文”的特点应该怎样说明，作者没有想清楚。例 5 是更为突出的一个例子。作者要证明一个结论：背诵能帮助学生领会课文。怎样证明呢？他用了一个恰好可以否定这个结论的理由：要记得牢，首先要理解得透。这样论证问题是不行的——不必人家来驳，自己就先把自己驳倒了。

上边这些例子，各有显著的不合事理的地方。在日常谈话中，在有些文章中，还会遇到另一种情形：虽然没有显然不合事理的话，可是说得纠缠不清，疙里疙瘩，模模糊糊，说明个什么，不能叫人一听就明白，议论个什么，不能把原因和结果、根据和论断等等利利落落地交代清楚。这些都表示，他们想事情想得不清楚不严密，说话说得不清楚不严密。这就说明，想事情该怎样想法，表达思想该怎么表达法，很需要注意，这里边有些规律还需要更好地掌握。

想事情，科学上叫作“思维”，思维有它的一般形式和规律。尽管我们从小就会想、会说，随时随地在运用着思维的某些形式和规律，然而那是不自觉的。要做到想事情想得严密，说话说得严密，必须自觉地掌握思维的形式和规律。这就要靠学习。形式逻辑，一般简称逻辑，就是讲思维的形式和规律的一门科学。学习逻辑，目的就在于学会确切地、有条理地、没有矛盾地思考问题，表达思想。这对我们进一步学习科学文化，学习马克思列宁主义的理论，有条有理地处理生活和工作中的种种问题，都有很大的帮助。当然，逻辑（形式逻辑）所讲的只是思维的初级形式和规律。要掌握思维的高级形式和规律，使我们思维的正确性达到高度的水平，那要靠学习辩证逻辑，单靠形式逻辑是不行的。不过形式逻辑，像上面说过的，作为掌握思维的初级形式和规律的科学，还是很有用的，对于我们进一步学习辩证逻辑也大有帮助。我们应当学习逻辑这门科学，掌握这个有用的工具，从而提高我们思维的能力和学习的效率，以便更好地为祖国的社会主义事业服务。

逻辑是一门不难学习的科学。思维的形式和规律没有什么神秘，我们每个人每天都在思维和语言的实践中运用着。逻辑不过是把这些形式和规律整理出头绪来，帮助我们有意识地掌握它而已。比如前边举的第 1 例，我们凭着一般的常识就能够看出它的毛病来。“批评的稿件”要么是想写而没写出来，要么是确实写出来了，不能既是没写又是写了。逻辑学里有一条规律就是讲这种情形的。无非它讲得更概括些，可以举一反三，适用于所有这类情形罢了。从这里可以看出，逻辑是不难学的。当然，要想轻而易举地学懂一门科学是不切实际的。像学习别的一切科学一样，学习逻辑也要下一番工夫。由于逻辑讲的是思维的形式和规律，不免抽象些，学习起来需要有一定的耐性，否则会觉得它枯燥，没兴趣，那样就不容易学好了。

也跟学习别的一切科学一样，学习逻辑必须联系实际，不能只在理论上兜圈子，只死记一些术语和定义。不论学习的是什么，一脱离实际就成了没有用处的死知识。逻辑讲的是思维问题，而思维是用语言作材料的，所以逻辑跟语言有密切的关系。学习逻辑最好跟语言的运用联系起来。学了一条逻辑规律，就要看看我们在说话和写作中是怎样运用这条规律的，也要检查检查我们自己或者别人说的话、写的文章有没有不符合这条规律的地方。这样，对逻辑规律的理解就会比较具体，知识容易巩固，同时对我们的阅读和写作能力的提高会有切实的帮助。

在运用语言方面，学习语法修辞是很重要的。逻辑和语法修辞有密切的关系。比如，逻辑里要讲怎样下定义。下定义常常用“什么是什么”的形式，如“生产是创造社会生存所必需的物质资料的过程”，而语法里也要讲“什么是什么”这种句子格式。在这里，逻辑就和语法有了联系。下定义还常用所谓比况的办法来代替，如“作家是人类灵魂的工程师”，而修辞也要讲这种表达的方法。在这里，逻辑又和修辞有了联系。学习逻辑应该在可能的地方跟语法修辞的学习结合起来。当然，逻辑和语法修辞是有区别的，绝不能混为一谈。拿上边举的两个例子说，逻辑、语法、修辞都要讲到这两种说法，可是逻辑是从怎样正确地下定义这个角度（如下定义要具备什么条件，有什么规则，等等）来讲的，语法是从句子结构这个角度（如什么情形下必须用“是”，什么情形下不用等）来讲的，修辞是从怎样打比喻的角度（如这样的比喻是否贴切、恰当等）来讲的，着眼点不同，讲法自然也不一样。但是，它们毕竟有联系，适当地结合起来学习，可以收到互相补充、共同巩固的效果，既可以使我们很好地掌握逻辑规律，又可以帮助我们很好地运用语法修辞知识，提高我们阅读和写作的能力。结合语言的运用、结合语法修辞来学习逻辑，这是联系实际的学习逻辑的一种切实可行的、比较有效的办法。

最后，说一说以下各节打算怎样谈法，向读者征求意见，并向研究逻辑的同志请教。初步考虑到这样几点：第一，不打算照逻辑学的一般系统谈，因为照那个系统，一上来就要讲什么是概念，概念的内涵和外延等等比较抽象的道理，也要讲较多的专门术语，初学的人理解起来比较吃力，而跟具体应用也比较难于密切结合。我们打算尽可能地谈得浅易，尽可能地少用些术语。第二，不打算全面地谈，只预备提出一些实用性较大的问题来，介绍一些最基本的知识。讲逻辑的书已经出版了好几种，需要对逻辑全面地、比较深入地学习的同志可以阅读那些书。第三，尽可能多地跟语言的运用，特别是语法修辞知识的运用联系着谈，甚至可以说，比较地着重从阅读和写作中怎样运用逻辑规律这个角度来谈，不是一般地讲逻辑学。这样谈法是否合适，希望读者提出意见，有什么希望和要求，也请尽快提出来，以便根据大家的意见修订原定的计划。有什么谈得不对或者不合适的地方，也请随时指出，以便改进。恳切地希望从事逻辑学工作的同志随时给予指正和帮助。

1959 年 1 月

语法的内容、用处和学习方法

无论从事于哪一种建设工作的青年，学一点语法都是必要的，至少是很有好处的。

为什么这样说呢？语法讲些什么？为什么人人都跟它有关系？学语法到底有什么用处？这虽然都是些老问题，近年来大家常常谈起，可是也还值得再温习温习。

文章写得好的起码条件

很多青年人希望自己的文章写得好一点。这是一个很好的愿望，因为我们每个人在工作中都常常要动笔写点什么，写得好不好，对于工作的进行很有影响。有时候，我们需要用文字向上级报告些什么，或者请示些什么；也有时候，我们需要把自己的意见告诉别人。如果我们写得不清楚，甚至叫人误会了我们的意思，那对工作是很不利的。生活中，学习中，工作中，需要动笔的地方很多，养成正确熟练的写作技能，对每个人来说，都是一件很重要、很有意义的事情。

要写得好，需要具备很多的条件。在很多条件之中，有一条最起码的，就是要写得通顺，明白。先看几个例子吧。

（1）我们应该通过团结——批评——团结的原则，正确地开展并运用着批评和自我批评的武器。

（2）我们第一队不肯示弱，但是大家鼓足了干劲，三天工夫就赶上了成绩最好的第三队，但是我们也并不骄傲，而且调配劳动力协助兄弟队，决心完成更高的指标而努力。

(3) 上星期日，我们去参加儿童绘画展览会。展出的作品很多，大多数是十三岁以下的儿童。反映了新中国儿童生活的丰富多彩，也反映了创造能力得到充分的培养和发展。参观者有工人农民，有职工干部，看见自己下一代的创作成绩，都很兴奋。有一个年纪很大的工人模样的参观者对他身边的一个孩子说："你们真太幸福了！从前我们年轻的时候，谁来这样培养我们呀！"他的话，周围的人很受感动。

这三段话都不够通顺，不够明白。例（1），"通过……原则"是什么意思？我们常说"根据"什么原则，或者什么精神，也说"通过"什么道路，或者什么方式。那样说，意思都是明白的。说"通过"什么"原则"，意思就不明白了。再有，"运用"什么武器，意思明白，说"开展"什么武器，意思也不明白。还有，这句话的开头说"应该"，后边又说"运用着"，前后意思不一致：说"应该"，着眼在今后要这样做；说"运用着"，意思是现在正在这样做，"应该"和"……着"是连不到一块儿的。例（2），这段话说了好几层意思，这几层意思的关系没说清楚。"不甘示弱"和"鼓足干劲"，这两层意思是前后相承，顺着说下来的，中间为什么要用"但是"？"并不骄傲"同"努力完成更高的指标"这两层意思似乎关系更密切，可是没有连着说，中间插进了"调配劳动力协助兄弟队"。"完成"的前边缺了个"为"字，因为正确的说法是"为……而努力"，这里有"而努力"，没有"为"，秃头秃脑的，不完整。例（3），这一段话也有不少毛病。"展出的作品很多。大多数是十三岁以下的儿童。"到底谁是儿童？是作品上画的是儿童呢，还是作品是儿童画的？"反映了……，也反映了……"，这句话没头没脑的，什么"反映了"？没说出来。末了，"他的话"同"周围的人很受感动"中间断了，连不起来：他的话怎么样？周围的人受了什么感动？都没有着落。

有人可能有这样的想法：这三段话的确都有毛病，可是没多大的关系，这样写，别人还是能大致看得懂的。这种想法不妥当。写东西，不能满足于叫人大致懂得，应该叫人完全懂得。我们写东西，不是写着好玩，是有目的的。有时候是为了处理工作，有时候是为了宣传正确的道理，介绍好的经验，有时候是为了批判错误的思想或行为。为了达到这些严肃的目的，怎么能马马虎虎，敷衍了事呢？写出东西来，如果还得叫人家猜一气才能猜得懂，甚至叫人家猜都猜不对，以致把意思误解了，那就会给工作带来损失。所以，写东西头一件事就是要做到准确。是什么就说什么，该怎么说就怎么说，不含糊，不走样，这是起码的要求。前边举的那三个例子，不符合这样的要求，所以是不好的。对于那种不够通顺、不够明白的毛病，应该重视，不能看作是微不足道的小事情。

那么，要做到通顺、明白，得从哪些地方注意呢？还从前边三个例子看。第（1）例的问题在“通过”和“原则”这两个词配合得不对，“开展”和“武器”这两个词配合得不对，“着”这个虚词用得不对。第（2）例，由于“但是”这个虚词用得不对，“调配……”和“决心……”这两部分的次序摆得不合适，全句各部分的关系显得不明晰。第（3）例，有些部分不完整，因而意思表达得不够清楚。这样看来，说话、写作是否通顺、明白，决定于这样几个方面：

一、词用得对不对。上边说，“通过”和“原则”配合得不对。怎么叫配合不对呢？说两个词配合不对，实际上就是说，其中一个用错了：要用“通过”，“原则”就不对；要用“原则”，“通过”就不对。“开展”和“武器”的情形也一样。用词对不对不光指两个词的意思能不能配合，还有好些别的问题。“小的时候，我见过毒蛇。”“小的时候，我见了毒蛇就害怕。”这两个句子都对。如果把前一句的“见过”换成“见了”，或者把后一句的“见了”换成“见过”，就错了，一个“了”或者“过”用得不对，也会使全句的意思不清楚。“你说话不好”，“你说的话不好”，这两句所差不过一个“的”字，可是意思大不相同。如果当用“的”而不用，或者不当用而用了，也会造成错误。

二、次序摆得对不对。一句话往往包含好些词，这些词得按一定的次序排列组织起来，如果排列的次序不对，全句就会出毛病。第（2）例由于有两部分次序摆得不大好，念起来觉得不通畅，前边已经说过了。“三个学校的学生”和“学校的三个学生”，意思不一样；“不断地发生问题，不断地解决问题”和“不断地解决问题，不断地发生问题”，意义不同。应当摆在前边的摆到后边去了，或者应当摆在后边的摆到前边了，可能把意思表达错了，也可能使全句不通，不能表达什么思想。

三、前后关联得对不对。前后次序摆对了，有时候还得用适当的虚词关联起来，否则意思也不清楚。第（2）例开头的两部分就由于一个“但是”用错了，前后没有关联好，所以不通顺。“虽然任务这么艰巨，可是我们决不退缩。”“尽管任务这么艰巨，我们也决不退缩。”“任务这么艰巨，我们决不退缩。”“不管任务这么艰巨，我们也决不退缩。”这四个句子，都包含相同的前后两部分。头两句分别用“虽然……可是……”和“尽管……也……”把前后部分关联起来，都很清楚，只是由于用来关联的词语不同，两句的意味不大一样。第三句没有用关联词语，念起来就觉得前后的关系不如头两句显豁。第四句用的关联词语“不管……也……”不大合适，念起来就觉得有些别扭，意思不够明白。

四、有没有缺少的东西、有没有多余的东西。前边的第（3）例，由于有的句子缺少了某些部分，所以不清楚。有时候，句子里有了多余的东西，也会显得不通畅。有的小孩讲故事，老爱说“后来……后来……后来……”，我们听着觉得怪累赘。“我和杨工程师商量好了一个协作的办法。杨工程师把研究结果及时告诉我，我把工程进行的情况及时通知杨工程师。这样，我和杨工程师都能更好、更快地完成任务。”这几句话也有点啰嗦，第二句里的两个“杨工程师”都可以改成“他”，第三句的“我和杨工程师”可以改成“我们”。

要知其然，还要知其所以然

要想做到用词用得对，次序摆得对，前后关联得对，既没有缺少的东西，也没有多余的东西，重要的事情是要多读、勤写。多读，使我们学到很多的词，也学到句子的种种写法；勤写，使我们经常运用学到的词和种种表达方法，在实际的写作锻炼中逐渐养成熟练的技能。俗语说“熟能生巧”“习惯成自然”，主张多读，勤练，就是这个道理。

不过，怎么叫对，怎么叫不对，这里边是有些规矩的。从多读、勤写之中，我们能够慢慢地摸到那些规矩。要是在多读、勤写的同时再有系统地学学那些规矩，不光靠在读写之中去摸，学习的效率当然会更高些。学习语法的用处就在这里，因为语法正是讲那些规矩的。

语法讲词的用法。语言里有许多的词。词可以分作几类，各类有各类的特点和用法。语法就讲各类词的特点是什么，应该怎样用。例如，表示人或事物的词叫作名词，表示动作行为或者发展变化的词叫作动词。语法里讲：前边一个动词，后边一个名词，联系起来，表示前边的动词支配后边的名词；如果前边动词的意义不能支配后边的名词，那就不对了。我们学了这条规矩，自己就会发现，说“开展……武器”是不妥当的，因为“开展”是动词，“武器”是名词，这个动词的意义不能支配名词“武器”。语法里还讲：动词常常用“着、了、过”这些虚词表示动作行为的变化，“着”表示动作行为正在进行，“了”表示已经完成，“过”表示已成过去。我们学了这条规矩，就可以理解为什么“应该……运用着”“见过毒蛇就害怕”是不对的。

语法讲怎样把词组织起来，造成句子。我们说话是一句一句说的。每句话往往包含好些词。语法告诉我们，句子里的词是按照一定的办法组织起来的，办法有两个，一是词的排列次序，一是使用辅助词，即虚词；它进一步告诉我们，有哪几种排列方式，有哪些辅助词，每个辅助词应该怎样用。掌握了这些规矩，我们就知道为什么“学校的三个学生”和“三个学校的学生”不同，知道“但是”该怎么用，知道“而努力”前边要有“为”，也就不至于在这些方面发生错误了。语法还告诉我们，句子有一定的构造，例如，多数的句子是由前后两部分构成的，前一部分叫作主语，后一部分叫作谓语，主语是句子所要陈述的对象，谓语是对主语有所陈述；在一般情形下，主语和谓语应该齐备，不能短少一个，并且应该配合得当。掌握了这条规矩，我们就知道前边第（3）例里，“大多数是十几岁以下的儿童”“反映了……”都缺少主语，“他的话”缺少谓语，所以都是不完整的，不完整的话不能清楚地表达意思。

语法所讲的规矩不只这些，这里只是举例的性质。从这几个例子里，我们已经可以大致明了语法的内容和用处。不难看出，好好地学习语法，对我们掌握语言，做到说话写作通顺、明白，是很有帮助的。

明确几个问题

但是，对于学习语法的必要性，不少人还有怀疑。

有人说，不学语法也会说话，也会写文章，何必学它呢？这个问题一部分提得符合事实，一部分提得不恰当。每个人从很小的时候就跟着大人学说话。在学说话的过程中，当然就把用词、造句的那些最基本的规矩——也就是语法的基本内容学会了。长大以后，在生活中、学习中、工作中，天天要用语言，要听很多人说话，要念很多文章，自己也要对人家说话，也要写文章。在这长时间的语言实践之中，自然而然地巩固并且发展了自己用词、造句的语法技能。所以，事实是这样：每个人都得学语法，也都学了语法，不过是从语言实践中不知不觉地学的，不是从语法书上自觉地有计划地学的。从语言实践中学习语法，这是十分重要的，可以说是根本的。人们凭着直接的生活实践，凭着祖孙相承的生活经验的传递，可以学会很多东西。目不识丁的老农民，会种庄稼，而且种得很好。他的耕种知识和技能就是从生活实践中来的，不是从植物学和农艺学的书上学来的。

问题是，我们不能满足于单纯从生活实践中学到的那种只知其然，不知其所以然的知识。从语言实践中，我们可以学会语言的基本内容，可是那是不自觉的，说不出道理的。那样学来的语法，应付日常说话的需要是足够的，所以每个人都会说话，日常谈话的时候都能彼此了解。可是，如果我们从事于比较专门的科学的学习，或者经常要用语言作为工具来进行工作，例如从事于宣传工作，编写工作，文书工作，教学工作，等等，我们就会时常要用比较复杂的语言来表达内容复杂的思想（用口说或者用笔写）；这时候，单凭语言实践中学得的那种不自觉的知识技能就不够用了，所以我们遇到说些内容复杂的话，特别是写出来的时候，常常出问题。这样看来，借语法书的帮助系统地、科学地学习语法，还是必要的。我们并不因为农民本来会种地就否认学习农业科学的必要性，同样，也不应该因为我们本来会说话就否认学习语法的必要性。

又有人说，司马迁、李白、杜甫、曹雪芹等等都没有念过语法书，可是都成为伟大的作家，语言的巨匠。这样看来，又何必从语法书上去学语法呢？古代作家的确没有念过像现代语法论著那样的书籍。可是我们知道，他们在语言上都下过功夫，而且是非常艰苦的功夫。他们掌握了语言，运用得非常高明，那是付出很大代价以后的收获。古代不只有过伟大的作家，还有过伟大的科学家。两千多年以前，秦朝的李冰修筑了都江堰。五百多年以前，明代的李时珍编写了《本草纲目》。驰名世界的万里长城、明清两代遗留下来的宏伟的宫殿楼阁，都是古代劳动人民的双手修建起来的。李冰没念过现代的水利学，李时珍没念过现代的药物学，那些修长城和宫室的工人也没有念过现代的建筑学，然而不能说他们没钻研过水利、药物、建筑这些学问。恰恰相反，他们下过功夫钻研，他们下的功夫是非常艰苦的。我们并不因为历史上有过李冰、李时珍和那些高明的建筑工人而怀疑学习水利学、药物学和建筑学；那么，我们也就不该因为历史上有过司马迁、曹雪芹而怀疑学习语法。古代没有完善的、系统的语法书，因而古人学习语言走过艰苦的道路，花费过很多的时间和精力。今天我们有了语法科学（虽然还不够完善），正可以使我们在学习语言中少吃些苦，少花些时间精力，怎么能用古人的痛苦经验来否认今天的科学的学习呢？而且，我们设想一下，在司马迁的时代，能有几个人掌握语言达到司马迁的水平？毫无疑问，是极少极少的。今天，在我们伟大的社会主义国家里，虽然并不要求人人都成为大作家，可是社会主义建设工作要求越来越多的人，以至要求人人都充分地掌握语言这个交际工具，能说会写，并且说得好，写得通。这样，就必须用科学的方法使大多数人在比较短的时间里理解语言的性质，自觉地掌握语言的规律。因此，尽管古人不念语法书，今天，我们凡是有条件的却都应该念念语法书。我们正在做着前人没有做过的许许多多的事。何止念语法这一件！

也有人说，学了语法也不见得能写好文章，何必学它呢？这个问题也需要分析。要文章写得好，有好些条件。往根本处说，必须有正确的立场、观点和方法，同时，还要有丰富的生活斗争经验，一定的文化科学知识，一定的思维能力。并且要常练，不常练还是写不好。事实上，不仅刚刚学了一点语法的人不见得能写好文章，就是教语文的老师，研究语言的专家，写不好文章的也并不少见。可是这些人的文章写不好，原因不在他们学了语法，而在别的地方。医生也会害病的，难道是因为学了医学而害病的吗？难道因为医生也害病就说学医学没有用处吗？写文章是一种综合性的脑力劳动，要从好些方面勤学苦练，光靠学点语法就想“立竿见影”，马上写出好文章来，确是办不到的。

那么学语法跟练习写作的关系是怎样的呢？

学唱戏的人要懂得板眼、锣鼓点，以及唱念做打的基础知识，不懂这些就唱不出好戏来。当然，光懂这些还不行，还得练，练出功夫来。学任何一样本领都有它的基础知识（这里指的不光是写成书本的基础知识）。基础知识虽然不能保证把一样本领学好，可是缺了它可以保证这样本领准学不好。

语法正是语文方面的基础知识。语法告诉我们用词和造句的规矩。掌握了这些规矩，就算在语言方面打好了一个基础。有了这个基础不一定写出好文章来，因为写好文章还有许多的条件；可是没有这个基础，用词、造句都没有把握，连通顺、明白都做不到，那就一定写不出好文章来。语法和写作的关系，大致就是这样。

还有人说，不学语法还敢写，学了语法反而受了好些拘束，倒不敢写了，何必学它呢？还得用唱戏作比方。好些人喜欢听戏，听来听去听熟了，自己也常常哼几句，慢慢地就会唱了，整段整段的，整出整出的，都能唱。后来有人说，唱得不差，只是有些地方板眼不大对，应该学学板眼。学着唱戏的人于是找人请教板眼是怎么回事。懂得了板眼，按着板眼一唱，果然发现自己唱的有些地方对，也有些地方不对。这样一来，一要唱就想到板眼，结果反而不敢张嘴了。勉勉强强用手打着板唱起来；因为心里老记着板眼，腔调都走了样，甚至连戏词都忘了，有时候简直是窘态百出。业余学唱戏的人，十之八九都有这种经验。怎么办呢？能不能因此就说不该学板眼呢？显然不能。一般的情形是，经过那么一个阶段之后，逐渐地养成了合乎板眼的习惯，终于达到非常纯熟的境地——不管板眼地信口唱下去，可是每句都对，绝不“走板”。

这种例子多得很。凭感性知识学会了一件事，做起来反而觉得很自如，里边可能有些毛病，可是自己不觉察；一旦有了关于这件事的理性知识，知道了其中的道理和规矩，做起来反而觉得不自如了；但是经过一段按部就班、循规蹈矩的锻炼之后，又会自如起来，而这一次的自如基本上做到了“从心所欲，不逾矩”，效率提高了，毛病减少了。可以这样说：要是学了语法之后，觉得自己写的话有些地方不对头，因而写起来觉得有点拘束，这不但不必忧虑，而且是好现象，因为这表示学的语法管用了。尽管学下去，练下去，慢慢就会达到信手写来，句句都合语法的境地。要是学了语法之后，觉得我还是我，并没感到语法对我的说话、写作有点什么约束，那并不是好事。因为那就表示学的语法没管用，白学了。

学语法的窍门

前边多次提到一个字："练。"练是十分重要的。如果问，学语法有什么窍门没有？答案是：有，学语法的窍门就是勤练。勤练就是要我们不光死记硬背语法书上的术语、定义，而要密切地联系实际。学了一条规矩，立刻就按这条规矩去造句。要多造一些，不要造上一个两个，觉得已经会了就完事；应该反反复复地练，一直到十分纯熟。这样才会有用。还要用学过的知识来检查自己的写作，看看自己写的东西是不是合乎规矩。学习任何一门知识都要联系实际，这个道理是大家都知道的。可是一到学习语法，往往把这个道理忘了。这倒不能怪学习的人。过去我们好些语法书都有脱离实际、空讲理论的缺点。语法书既然这样，于是学习的人也往往跟着去空钻理论，抠术语，抠定义，以为只要把术语、定义抠懂了，就算学好了语法。术语、定义当然要搞清楚，但是不能钻在里边出不来。学语法的目的主要不在于记住一大堆术语、定义，而在于提高我们运用语言的能力。明确了这一点，即使语法书有某些缺点，也是可以通过我们自己的主观努力去补救的。

1959 年 8 月

难字注音和语言教育

在书籍报刊上用汉语拼音字母给难字注音，好处很多，不少人从不同角度论述过。这里补充一点：难字注音在语言教育方面具有十分深刻的意义。

由于汉字不是拼音字母文字，由于封建社会里长时期存在着文言和口语分家的现象，过去，社会上一般人对字的读音远不如对字形和字义那么重视。对于文字，许多人满足于“目治”。读书，遇见认不准的字，只要从它的形体和上下文能够猜出它大致的意思来就觉得满意了，不愿意再费时间去查字典，至于这个字怎么念，并不关心；写日常应用的文章，有的字尽管念不出来，只要大体上知道它的意思，就敢往上写，至于念着顺口不顺口，也不在意。例如，从前写信有些套语，像“判袂以来，倏忽三载”，许多人不知道“袂”字和“倏”字念什么，有的索性念成“判决”和“条忽”，可是信也就那么看了，自己写信的时候，也照猫画虎地写上去了。字音，也有人注意，然而只是极少数的人——学者、诗人、辞章家；对“白字先生”也讥笑，然而只是笑他“没学问”，并不说他语文能力有问题。不重视字音的遗毒很深。直到今天，社会上对于学生写错别字，很不以为然，可是对于不少人口头上常常念别字，就不看得那么严重。应当指出，历史上遗留下来的这种偏重字形、忽视字音的现象是有害的。害处在于对语言教育不利，对语言本身的发展不利。这是因为，语言的物质手段（语音等等）同它所表达的内容是结合在一起的，人感知语音的过程同理解其表示的内容的过程是紧密相连，互相影响，互相制约的。如果听觉不能正确、有效地参与语言活动，那么，人的语言活动就是不完善的。

写得出字而念不出声音，或者乱念，这就表示，书面语言和口头语言没有统一起来——写是一回事，念和说又是一回事。书面语言和口头语言不统一，书面语言就不能充分地从口头语言的宝藏中汲取营养，就必然贫乏干瘪，形成一种知识分子腔；另一方面，口头语言也就不能从种种书面作品中吸收经过加工的语言形式来丰富自己，不能用书面语言所巩固下来的规范来纯化自己，因而停留在一种粗糙的状态。今天，我们有些中学毕业生说的能力和写的能力都不够，原因当然有种种，而书面语言和口头语言还没完全统一是非常重要的一端。很多青年看书看得不少，可是只做到略观大意，许多字都不认识，念不出来，因而不能把书上的语言化为自己的活语言；很多学生，即使是语文课里学的好文章，也只会看，而不习惯于诵读；很多人写文章，从不大声念一遍，试试顺口不顺口。这些都是对语言教育很不利的。要提高语言教育的质量，促进语言的健康发展，必须把思维、口头表达、书面表达正确地统一起来，使书面语言和口头语言充分发挥互相丰富、互相制约的作用。这就要求我们足够地重视文字的语音方面，从而把书面语言和口头语言沟通起来，力求做到说得出的就能写得出，写出的就能读出来。写得出而读不出的现象，乱说乱读的现象，必须纠正。纠正要有措施，在书籍报刊上给难字注音是重要的、有力的一项。

人们识字绝不是单单从学校的语文课本里识的，而是从各门学科的书籍、平时接触的报刊以及一切使用文字的地方识的。“茬”〔chá〕“耷”〔dā〕是有用的字，语文课本里不一定学得到，而报纸上却常见“茬”字，博物馆的书画展览用得到“耷”字（朱耷）。而且，每个人无意中第一次接触的字，如果自己照偏旁类推的道理推出一个念法，这个印象往往很深，要是推错了，甚至会一辈子错下去，改不过来，有些年岁很大的人还把“造诣”〔yì〕念成“造旨”，把“刚愎”〔bì〕念成“刚复”，往往就是这样来的。因此，在各种场合给难字注音，给所有读书看报的人以便利，并且在社会上形成一种广泛的重视字音的风气，这是沟通书面语言和口头语言的非常有效的方法。

基于上述各点，我们认为，实行难字注音，从语言教育的角度来看，从语言发展的角度来看，绝不是个技术性的工作，而是具有深刻意义、足以产生深远影响的重要措施。

实行难字注音，在具体做法方面，有不少值得研究的问题。其中比较重要、比较复杂，并且带有一定的原则性的是语音标准问题，特别是异读字的处理问题。“暴露”的“暴”，读 bào，还是读 pù？“荒谬”的“谬”，读 niù，还是 miù？“未雨绸缪”的“缪”和“纰缪”的“缪”，读一个音，还是读两个音？“鹤”，读 hè，还是读 háo？在这个问题上，我个人的意见是：必须维护语音的规范，在这个前提之下，异读字有古今之分者，从今不从古；有雅俗之分者，从俗不从雅；有寡众之分者，从众不从寡；有难易之分者，从易不从难。然而，这只是个人的看法，未必妥当；即使原则上说得过去，实际做起来还会有许多具体困难。很希望有关的单位迅速组织研究讨论，尽快提出切实可行的方案，以利于难字注音工作的推行和其他许多有关工作的开展。

1961 年 11 月

从几份测验材料看中学生字词句的基本训练

一

近来有机会看到几个地方在中学里举行语文测验的材料。这些材料表明，目前有一些中学生，掌握字词句的能力很不够。

一份材料记载，在初中一年级一个班上做听写测验，除去一些略微难些的字，很多学生写不出，或者写错以外，相当多的学生把一些很普通的字也写错了，如：

虎、虎、虤（虎）　　夜、夜（夜）

在一个答问的测验题中，学生的句子里出现了下边一些错别字：

在（再）往前走　　排、牌（牌）子

胡筒、洞、通（同）　　办工（公）

躁（操）场　　设（社）会主义

在一次作文测验中，卷子里出现了不少病句，下边是几个例子：

桃树爷爷对孩子很热爱孩子。

大门是已经红的。

有一条不宽不细的油漆马路的街道。

另一份材料记载，在初中三年级一个班上举行字、词测验，在学生读过的十八篇重要课文中选出了五十个单字，二十个词，要学生念，讲。结果，五十个单字之中成绩最好的学生认对十九个，最差的认对三个，全班平均每个人认对十个强。像“跌”字，二十一个学生之中只有十一个念对、讲对了；“竭”字，只有五个人对；“屑”“敛”“觅”这些字没有一个人对。

又一份材料记载，还有些中学生时常把自己的名字写错。初中三年级的一个学生把自己名字里的“武”字写成“武”。教师告诉他，他不相信，反而说“这是我的‘武’字，我的‘武’字就是这么写的。”

还有一份材料记载，在高中二年级一个班上举行作文测验，卷子里也出现了不少错别字和病句。如：

必境（毕竟）　　熔汇（融会）贯通

不在（再）深求　　循续（序）渐进

克（刻）苦钻研　　一知半截（解）

多写多练才能使我们的文章具有锐利。

这也是他辛勤劳动的结果分不开的。

主要是因为他们能苦读苦练的原因。

上边是从几份材料里摘引的一些例子。当然，这只是部分地区的部分学生的情况。然而，有这样一些情况存在，哪怕为数不多，也应该说是个严重的、十分值得注意的问题，必须研究产生这种问题的原因，想出有效的解决办法来。

二

从上边摘引的一些例子里，可以看出几种不好的现象：

一、一个中学生连我们的“社会主义”的“社”字都写错，连自己的名字都写错，连日夕接触的极普通的字如“胡同”“操场”等等都写错。

二、一个中学生连意思和结构都很简单的句子都写不通，极普通的词都用不对。

三、学过的课文里还有好些字不会念，不会讲。

四、高中二年级的学生在字词句上会跟初中一年级的学生犯同样错误，如把“再”写成“在”等等。

这些现象说明什么问题呢？

第一，学生对待字词句的态度很随便，平时既不留心，提笔写点什么的时候又非常马虎。“社会主义”的“社”字，任何一个中学生都不可能不会写；自己的名字，从一进学校开始写字的时候写起，更不可能不会写；住在北京的学生，天天要走过胡同，每个胡同口上都挂着“某某胡同”的牌子，即使教科书里没出现过“胡同”这个词，可是在生活里天天跟这两个字打交道，到了初中还不会写，那是说不过去的。“桃树爷爷很喜欢孩子”，放着这么现成的话不用，要写成“对孩子很热爱孩子”；“锐利”前头硬放上“具有”；这些，也是没有理由的错误。像这种极简单的句子，不可能不会。写这种句子的学生，平日绝不会说出“弟弟对冰棍很喜欢冰棍”或者“冰棍具有甜”这种怪话来，然而一提笔，这种怪话就居然来了。马马虎虎地信手写来，字写得对不对，句子通不通，一概不以为意。这是个习惯问题，态度问题。语文课在端正学生的态度、培养良好的习惯方面，没有起到应有的作用。

第二，学生学习字词句的效率差，掌握字、词、句的能力低。学过的课文还有好些字不认识（当然也就有好些句子搞不清楚），这课文是怎么学的？对课文的内容怎么能够理解得透彻？而且，中学生所念的白话文，并没有多少生字生词。一篇里总共那么几个生字、生词，学完了这篇课文还是生字、生词，这样，掌握字词句的能力怎么能够提高？于是，一个“跌倒”的“跌”字，初中三年级的班上居然有半数学生不认识，高中二年级的学生跟初中一年级的学生写出同样的错别字，同样性质的病句。这显然是学习效率的问题，掌握字词句基本能力的问题。语文课没有在提高学习效率、提高学生掌握字、词、句的能力方面起到应有的作用。

这两个问题，就其性质而论，应该说是严重的。语文这东西，不难学，因为学生生活在语文环境中，天天要说话，听话，看书，看报，写字，作文，日久天长，不会的总能学会；但另一方面，又很不容易，因为学语文没有什么窍门可找，只有靠严肃认真、一丝不苟的精神，长时间的积累和锻炼，才能收到聚少成多，由浅入深的功效。如果让上边说的两个问题存在下去，学生对待字、词、句老是那么马虎，学习效率老是那么差，一旦中学毕业，要学习专门知识了，或者要参加工作了，语文能力怎么够用？语文能力不够用，对他学习专门知识或者从事工作，将会有多大的影响。

还不止此。如果让上边说的问题存在下去，影响所及将不止语文能力的不足。试想，如果一个青年人马虎到连我们的“社会主义”的“社”字都写错，马虎到连自己的名字都乱写，马虎到连天天不知看到多少次的“某某胡同”都视而不见，我们能够设想他在学习科学技术或者做什么工作的时候就忽然变得严肃起来，细致起来吗？如果一个青年人学了一篇课文，不认得的字由它不认得，不理解的句子由它不理解，居然能够心安理得，等到老师提问或者考试的时候，也能什么主题思想、人物形象的应付几句，拿到及格或者更好一些的分数，就满足了，我们能够设想他在进一步学习或者参加工作的时候，就有了踏踏实实、刻苦努力、精益求精的精神吗？

因此，对于上述两个问题必须给予足够的重视，必须想出有效的办法，解决它。

三

首先得分析一下产生上述两个问题的原因。就问题而论，是从学生方面表现出来，找原因，则主要是在教学方面。

根本问题在认识。中学语文教学对于培养学生掌握字词句的能力的重要性，我们曾经是认识不足的。我们常常认为像字词句这些基本问题，主要应该在小学阶段解决，到了中学无须再在这方面着力了。我们还常常把指导学生理解全篇课文的思想内容和写法跟指导学生学习课文里的字词句割裂开来，甚至对立起来，认为注意字词句的教学就会把课文讲得支离破碎，就会挤掉“分析”课文的时间，都足以妨碍学生对全文的理解，掌握。基于这样的看法，有的教师就在很大程度上忽视字词句的教学。目前，完全忽视的情形比较少了，但是像“扫除文字障碍”之类的说法仍旧存在。所谓“扫除文字障碍”，意思是说，教一篇课文，得把学生不认识的字、不理解的词以及难句讲一下，因为这些东西是分析课文的障碍，不把这些障碍扫除一下，便不能顺利地分析课文，这总算比较重视字词句的讲解了。然而，很清楚，这个说法意味着，讲字词句只是个手段，目的还在于分析课文；换言之，教字词句的本身，并不是一项任务。

是不是这样呢？

小学当然应该解决字词句的问题，但是不能完全解决。中学阶段不仅会继续遇见生字、生词需要学习，就是小学学过的，也需要进一步学习、巩固。因此，中学，特别是初中阶段，字词句的教学仍然是一项重要任务，并不是单为分析课文的思想内容、写法扫除障碍的手段。实际上，字词句的教学是基础。必须把这个基础打好，讲思想内容、写法才是踏实可靠的。讲字词句就是讲文章的内容，离开字词句，文章的内容在哪里呢？不把字词句讲清楚，学生又靠什么去理解文章的内容呢？

同样带有根本性质的另一个因素是教师自己掌握字、词、句的能力。在我们的教师之中，确能熟练掌握字词句的有很多；而掌握的能力不够，自己笔下时常出现错别字和病句的，也有不少。底子好的，也还有两个问题。第一，语言在不断发展，字词句的新的用法不断出现，学生的语言基础又有种种不同的情况。在这种情形之下，要自己有足够的辨别正误优劣的能力，要自己不仅知其然并且知其所以然，也还需要不断地充实，提高；可以说，掌握字词句的能力是没有止境的。第二，自己会了是一回事，把自己会的不折不扣地传授给孩子们，又是一回事。学生掌握字词句的规律怎样，有哪些困难，为什么会有那些困难，怎样克服那些困难，这都不是很简单的问题。只有教师对字词句的教学有了足够的认识，具备了一定的能力，培养学生掌握字词句的能力才有了条件。

第三个因素是要求是否严格。应该说，我们的语文教学，在有些时候、有些方面的要求是不够严格的。一篇一千字的作文，哪怕有十来个错别字，并且是错得没有道理的（不是难字），有相当数目不通的句子，用错的标点，只要全文的意思还过得去，大概至少可以得到及格甚至更多些的分数。有的学生就明白说过：语文课不必花多少工夫，反正无论怎么用功，得九十几分、一百分是办不到的，不用功，倒也不至于不及格。严格不严格，自然不能单从分数上看。这只是一端。要求不严格，就会养成马虎敷衍的习惯。而要求能否严格起来，又决定于前边两个因素。如果认识不足，如果自己也没有多少把握，自然就不易严格要求学生。

最后一个因素是教法。关于教法，下边还要说，这里先谈两个主要问题。第一，我们有时候不着重从上述三个根本的因素入手，而在认识不足、底子不够、要求不严的情形下，想找些高明巧妙的办法来提高学生的能力。

方法当然是重要的，但是，确定方法的基础是对语言规律和对学生实际的了解。片面地追求方法，缺乏可靠的基础，找出的方法也就不容易见效。第二，讲到方法，我们有时候从消极方面着眼的多，而从积极方面着眼的少，于是我们常常千方百计地“消灭”错别字，“纠正”病句，而不常想办法去教学生从所学的文章里学习正确的字词句，从而少制造错别字和病句让我们去“消灭”和“纠正”。多从消极方面着眼，必然事倍功半。比如消灭苍蝇、蚊子，如果不从清洁卫生入手，只是让它们生长了以后才去消灭，那就总是消灭不了，刚刚消灭一批，又会生出一批。同时，不多从积极方面着眼，就更不容易把字词句的教学同文章内容统一起来，结果是词句自词句，内容自内容，这对整个语文教学是有不利影响的。

四

如果上边四个因素确是产生问题的症结所在，那么，解决问题的办法就得从这里下手。

先决的问题是对培养学生掌握字词句的能力给予足够的重视。为此，需要深入地钻研、正确地理解我们的教育方针和语文教学的目的任务，需要明确文章里思想内容和字词句的关系，需要从深远处去估计学生掌握字词句的能力的高低在他们进一步学习和从事工作中的意义。对字词句的教学有了适当的认识，自然就会从严要求自己，进而从严要求学生。有了这几条，我认为，解决学生字词句的能力的问题，可以说“虽不中，不远矣”。因为语言文字这东西，只要重视了它，严格地认真地去教，去学，就能掌握它，至少，像不会写自己的名字，不会写“胡同”，不会写“操场”，到了高中二年级还把“再”写成“在”，还在“锐利”前边加个“具有”那一类的问题，不需要任何别的什么方法就能彻底解决。

有了上边说的那几条，如果再从方法方面下点功夫，那就可以更有效，更全面地解决问题。说到方法，要因时、因地、因人制宜，很不容易找出一种“万应散”来，更不应该搞出几个格式或者框子来。这里概括地说几点意思，权备研究，参考。

在字词句之中，可以考虑把词（包括成语）作为关键，紧紧抓住它。错别字，除去那些纯粹由于粗心大意产生的以外，大多数是由于对词义理解不确切而产生的。把“毕竟”写成“必境”与其说是写了两个别字，毋宁说是写错了一个词，而写错这个词的学生，可以断定他不懂“毕竟”是什么意思。如果教他“毕竟”这个词的时候，使他知道了“毕”是终结的意思，“竟”也是终竟或究竟的意思，“毕竟”就是终于、到底的意思，恐怕他写成“必境”的可能性就少得多了。如果我们教“一知半解”这个成语的时候，只是笼统地告诉学生是知道得不完整、不全面的意思，那么他会觉得写成“（一）知半截”很有理由，“一知半截”不就是知道一半，不就是知道得不完整吗？如果我们讲得确切些，告诉他，“一”和“半”表示少，表示零碎，“知”和“解”是知道、理解，也就是懂得，“一知半解”极言其懂得的少，我想写出“截”这个别字的可能性也要减少些。如果教学的时间等等其他条件允许，再让学生跟“一年半载”“一言半语”等比较一下，他不难体会到“一……半……”的意思，也不难看出，“年、载”“言、语”“知、解”都有点同义关系，印象就会更深些，写出个跟“知”风马牛不相及的“截”的可能性也会更小。另一方面，就汉语而论，大多数病句都跟用词有关系，不是用词不当，就是词的搭配不合适。如果学生对所学的词的意义和用法都理解得相当准确，产生病句的可能性也会大大减少。这样，如果我们把词这一环抓紧了，这一头可以同时解决字的问题，另一头可以同时解决句的问题，这是不是比把字词句分割开来，各管各的要好些呢？我想，两点好处是会有的。第一，抓住关键，带动其他，既容易收到效果，又可避免教学中一下子搞字，一下子搞句，弄得烦琐支离。第二，从积极方面去抓词语教学，最容易跟课文思想内容和写法的讲解统一起来。

如果可以这样考虑，相应地就产生一个问题——抓哪些词语作为教学的重点呢？由于近来参与了一些备课、听课的活动，了解到这样一种情况：教师注意讲解的，往往是一些难词。可是从测验的材料来看，学生真正发生问题的，并不都在难词，而在一些很普通、很常用的词。因此，有这样的想法：最容易的词，当然无须作为重点去讲解；很生很难的词，需要让学生大致知道它的意思，然而也无须作为教学的重点，因为这种词学生并不常用；作为教学重点的应该是那些普通常用的而学生在意义上或用法上未必充分掌握的词。

作为教学重点的词怎样要求呢？首先，要让学生了解它确切的意思，不能笼笼统统地就着上下文串一下，引申发挥一下就拉倒；其次，要知道它的主要用法；然后，把它放在上下文里，从全句乃至全段去理解。

确定了重点，下一个问题是怎样让学生充分理解，切实掌握。这里只打算提出一点做法来回答这个问题，那就是：多练少讲。要学生掌握一个词，不能专靠教师去讲，而要靠学生念，写，用。有些词，孤立起来下定义，加解释，很不容易，而让学生自己把全句念一念，造个句子用一用，倒常常不难领会。必须讲解的，与其抓住这个词硬讲，倒不如用它跟有关的词比一比，提个问题让学生自己思考一下，这样可以领会得更清楚，得的印象更深刻。

在抓紧上述几项做法的基础上，如果辅以简要的有关字词句的知识的讲解，例如关于偏旁部首，关于词义和词类，关于句法格式等，可以收到一定的效果。

除了这些基本的办法之外，教学中可用的具体方式方法是多种多样的，无法一样一样来谈。这里说到的这一点，也未必合适，提出来向同志们请教，至多作为进一步研究的线索。但是，我们确信，只要我们充分重视了字、词、句的基本训练这个问题，群策群力，共同探讨，是一定能够找出切实可行的路径，总结和创造出行之有效的经验的。

1962 年 6 月

怎样对待语文知识*

这里说的“语文知识”主要指有关文字、词汇、语法、逻辑、辞章这些方面的基础知识。

语文教学中究竟应当怎样对待、处理这些知识呢？这里作为一个问题提出来，供关心语文教学的同志们考虑、探讨。

先回顾一下历史。我国古代有相当发达的文字学、训诂学，稍后有声韵学。但是，这些“学”主要是少数专门家的研究对象，在蒙馆、学塾中以至在中级和高级的府学、州学、太学中并不教这些知识，虽然在教学工作中以各种方式多多少少运用一点这种知识，比如，从小练习对对子，里边就包含着词汇、语法、逻辑、声韵的因素，读经、习文，里边有文字、训诂、辞章的因素。清末兴办学校以后的“国文”课，也不教那些知识，主要是读文章、做文章。20 世纪 30 年代前后，有人试图在“国文”课里教一些知识，面不广，时间不长，成效不大，又逐渐停止了。新中国成立后，50 年代试验过汉语、文学分科教学，汉语课里系统地教那些知识，但是整个试验只持续了两年左右就被废止了。此后只在语文课里很少地夹一点那些知识，有的老师教，有的不大教，有个时期完全不教。一直到现在还是这种状态。通观若干世纪以来我国的语文教育，总的趋势是不提倡教知识的。

那么，是靠什么办法培养年轻人的语言能力呢？用咱们现在的字眼来说，就是靠实践。开头背诵“三、百、千”，写仿影，临字帖，对对子，接着，大量背诵“四书”“五经”、古文古诗，大量作文章，其下焉者读“闱

* 本文是为某语文刊物公开出版所写的祝贺性文章。

墨”、习八股。十年寒窗，就是干这些事。理论上叫作“熟读精思”“勤学苦练”“书读百遍，其义自见”，只要“读书破万卷”，就会“下笔如有神”“熟读唐诗三百首，不会做诗也会吟”。这个办法当然不会收不到效果；从读写中学读写，道理上是很说得过去的。历史上不少杰出的诗人、作家以及一般学通了的人也就是这么学出来的。这套办法有深厚的传统，很有说服力，大家对它很习惯。

近二十年来，语文教学中流行几种说法。比如：“语文课是实践课，技能课，不是知识课。”“不要把语文课教成政治课或者文学课，也不要把语文课教成单纯的语文知识课。”“语文知识是辅助性的，是为培养读写能力服务的。”“必须把知识化为技能。”被普遍接受的教学语文的有效办法、经验或者说规律，是“精讲多练”和“多读多写”。“精讲”主要指老师的教法，学生的学法归纳起来就是“多读、多写、多练”。这些说法显然都有道理，虽然个别说法还可以再斟酌斟酌，说得更准确、严密些，比如，第一个说法把“实践、技能”和“知识”对立起来，第二个说法的“单纯的语文知识”稍微费解一点，还需要再推敲一下。同样显然，所有这些说法都和前边说的传统经验有些渊源关系，虽然或多或少地加入了一些新的概念。

大概可以得出这样一个看法：除了个别的很短的时期之外，除了少数的学校和教师、少数的研究者之外，我国从古及今历来的语文教学工作中是不大重视或者很不重视以至排斥教学语文知识的。

当前，我们正在从各个方面、各种角度探索改进语文教学的途径。怎样正确、妥善地对待和处理语文知识，也应当在探索之列。

应当深入地研究传统的做法和看法，看看其中有哪些合理的、行之有效的经验，需要很好地继承、充实和发扬；也要看看其中有哪些局限、不足和缺陷，有待我们去补充、突破以至改造、创新。

一种做法行之若干世纪而不衰，这个事实本身是值得重视的。无疑，它有合理的、可取的因素，所以人们才抓住它不放；无疑，这里边也有多年来形成了习惯势力的因素，所以人们习惯于它，不能或者不容易突破它；无疑，由于上述两方面的情况，使得语文教学领域缺乏研究、探索的风气，以致任何新的做法都很难引起熟悉老路的一些人的重视，很难得到充分的研究、实践，常常只能停留在幼稚，不成熟，不完善的状态，因而一时不易奏效，人们对它感到生疏、别扭以至怀疑。研究中要把传统中的不同因素找出来，区别开，实事求是地、恰如其分地做出论断，提出办法，不能混杂一起，迷失在错综复杂的现象之中。

需要深入研究知识和技能之间的关系。理论必须联系实际，不能为知识而知识；有用的知识是必要的，不能排斥知识，不能满足于“习惯成自然”，仅知其然不知其所以然的技能。有的技能就是来源于生活实践，几乎不需要求之于任何理性认识，至少就一般人（非专门家）是如此；有的技能要求某些知识为其向导，至少，具备不具备某些知识对于所形成的技能有影响，产生精粗、高下、快慢的区别。了解汽车的构造、原理这些知识的人和对此一无所知的人在学习和掌握驾驶技术时的情况总是不会一样的。有的知识，一旦获得了，立即或者很快就能转化为技能，付之实践；有的知识，获得之后还需要有个相当的过程，在与其他知识相互作用之下，在不断的实践之中，才能逐步形成准确、熟练的技能；有的知识，甚至很难看到它形成某项具体的技能，然而具备或者不具备这项知识使人对有关事物的认识、理解、态度有所不同，因而也很难说它对于人的实践是无关的。总之，情况是复杂的，不宜简单化，不宜执其一端，不及其余。需要一般地研究这些问题，更需要具体地研究各项语文知识和语文技能相互关系的诸多实际问题。这样，就能更自觉地设计出方案，采取有效的办法，加快知识到技能的转化过程，使它们相互为用，相互促进。

研究这个问题需要加上现代化这个观念。所谓现代化，笼统、粗浅地说，大概有大面积、高效率这么几个特点。“僧推月下门——僧敲月下门”，骑在驴背上沉思默想，“十载寒窗”“铁砚磨穿”，作为轶事来讲，作为黾勉后学之说，都不失为美谈；认真那么做，却是不符实际的了。“生活的旋律”要快多了！语文教学中，究竟什么办法能够加快点速度呢？

培养严密思考的能力，培养认识事物的能力，培养学生自己发现问题、解决问题的能力，都应当列在教学工作的任务表之中。这也与正确、妥善地对待和处理知识的问题有密切的关系。

还应当指出一个现象。新中国成立三十年来，通俗普及的语文知识书

（文字的、语音的、词汇的、语法的等等）出版了许多，每出一本，印数都很大。我没有统计数，不过，可以断言，远远超过了历史上任何一个时期。读者呢？绝大多数是离开了学校、走上了工作岗位的人。在学校里不大学这些东西，出了学校再去补这些东西，这里边有没有一点矛盾呢？很值得思考一下。可是，不论在学校里或者出了学校，学了这些东西据说一般感到用处又不大。这，也值得思考一下。印数很大，用处不大，这个矛盾更值得思考一下。

《语文教学》公开出版，编辑部嘱写稿。无以为贺，提出这么个问题，一则向同志们请教，同时也作为一个祝愿，盼望这份新刊物带领大家多研究些问题，并且取得好的成果。

1980 年 1 月

《语法学习讲话》再版序言

这本小书是 1962 年出版的。当时我写过一个简短的《前记》，大意说：

近年来我在语法工作方面做过几次尝试。尝试的一项重要内容是希望把语法讲得尽可能地平易近人些，并且尽可能地对培养语文能力多起点作用。编写这个讲话，是这些尝试工作之一。

从 1962 年 6 月出版到 1963 年 12 月，一年半之间，这本书竟然一连印了五次，总印数达 32 万册。

这个事实给了我鼓励。说实在话，所谓“尝试”，用个外交术语来说，多少带点放个“测探气球”的意思。自己有些想法，没有多大把握，先多少拿点东西出去，看看反响怎么样。

上述事实表明，这次尝试至少是没有碰钉子。广大读者的鼓励壮了我的胆，我决心继续试下去。

客观情况没有允许我这样做。1964 年到 1965 年那两年，我正在忙别的任务，顾不上它。接着开始了“文化大革命”，这类事情自然就全部放下了。一放就是十几年。

现在，出版社提出要重印这本书。对这本书做较大幅度的修订和充实，显然不是短时期内办得到的。于是，只好先做少量必要的修订增补，基本上照原样重版，也就是先把这个尝试恢复起来，在条件许可的时候再做曾经设想过的进一步的尝试。

既然这样，就想把当年写这本书的几点想法大略说说，一则有助于使用这本书的读者了解这样写的意图，使用起来的效果也许会好一些，再则也便于向读者、教师和专家们请教，征求意见，为进一步修改，进一步尝试做准备。

1962年写的《前记》里说："希望把语法讲得尽可能地平易近人些，并且尽可能地对培养语文能力多起点作用。"要"对培养语文能力多起点作用"，当然得从内容着眼。讲什么，讲多少，怎样讲，这是决定语法管不管用的主要问题。就连"平易近人"，也是与内容有关的，并不只是写法上力求通俗的问题。好懂和管用并非不相干的两码事。好懂才更管用，管用才更好懂，两个方面是密切相关的。

那么，在内容上我当时有过一些什么考虑呢？

一、把重点放在应用上。当时我对自己提出这样的要求：每讲一个语法现象，尽可能说一点这种语法形式的用法，用的时候要注意什么，等等。比如"的"字，什么时候必须用它？什么时候可用可不用？我试着说了几条，甚至连有时候仅仅是从音节上考虑这一点都提到了。又比如"把"字句，什么情形之下可以用"把"字句？什么情形之下必须用"把"字句？在什么情形之下不可以用或者不宜于用"把"字句？在什么情形下，"把"字句里必须用上"加以"？再比如转折关系的复句，在什么情况下前边必须用"虽然"，后边必须用"但是"？什么时候不宜两个都用，宜于只用后一个？什么时候前后都以不用为好？等等。我总觉得把这些地方说一说，哪怕说得不完备，总比一点都不说，仅仅指出这叫什么名称，那叫什么名称，这样的该怎么分析，那样的该怎么分析，对学的人比较有用一些。即使在不少地方我还做不到，对于某种语法形式的具体使用法还说不清楚，或者因为用法比较复杂，在这里不易说清楚，我也愿引导读者朝这方面多注意些，不引导他们去抠术语概念。因此，在这本书里，几乎完全没有讨论名称术语、分析方法这一类的内容，而尽量从应用的角度来讲一些自己看到的、认识到的问题。练习里面也绝少要求读者指出这个那个，分析这个那个这一类题目，大多数是练习这一部分所讲的内容的应用，以至于生发开去，练习如何活用。

二、讲最基本的东西。我当时有一个想法，觉得说汉语的人学汉语语法，特别需要掌握的是最基本的东西。最基本的东西看起来容易，而在实际运用语言的时候恰恰是在这方面容易出毛病。所以，我宁愿把动宾关系里边最基本的，也就是动词所表示的动作以宾语为对象这种关系多费一些篇幅来讲清楚，以至于举出除了"动宾"这个格式之外，还有"动动宾""动宾宾"

“动动宾宾”几种格式，讲了运用每种格式最容易出什么问题，运用的时候最应当注意什么。至于“吃大碗”“写黑板”“晒太阳”等等那一些，我在正文里根本没讲，只在练习里一笔带过。凡是会说汉语普通话的人，大概在“吃大碗”“写黑板”等等这种带有习惯用语性质的动宾关系上出错的很少，倒是在那种最基本的动宾关系上出毛病的很多，包括经常写文章的人也在所难免。这本小书就是本着这种想法，只讲最基本的东西。比较特殊的，带有习惯性的那些说法，一般很少接触到。那些东西，照一般的规律去讲，往往说不清楚，而实际运用中又不大出问题，何必让它们来分散学习者的注意，搞得稀里糊涂，徒然使人感到汉语让人摸不着头脑，汉语语法难学得很呢。基于这种考虑，练习也是练最基本的东西。

三、多从逻辑关系上着眼。我一直觉得，在实际运用之中，语法在许多情形之下都是和逻辑分不开的。所以，在这本小书里，不仅是后面讲到原因与结果、理由与论断、假设与条件等等这些部分的时候，是从逻辑上着眼的，连一开始讲“前边的支配后边的”“前后并列的”这种最基本的组合时，就从逻辑上着眼。讲“前边的限制后边的”，实际上涉及逻辑上概念的内涵和外延的关系，涉及概念的异同，讲到“前后并列”，涉及分类、归类等等。这本小书通本除了“逻辑”两个字以外，没有用任何其他的逻辑术语，但是，凡是我感觉到、认识到哪个地方可以或者应该和逻辑联系起来考虑的时候，总是尽量试着这样做。我认为，把语法上用词造句的一些规矩同逻辑联系起来考虑，会使语法更有用一点，甚至于对帮助读者培养思维严密的习惯，可能会有点好处。

四、联系说话和写作中的修辞表达以及语气、情态等问题。一句话这样说或者那样说，用这个格式或者用那个格式，不仅仅是从语法上考虑，从语法角度来选择的问题，实际上在许多地方同修辞表达是有联系的，在许多地方是同说话者的语气以至于情态相联系的。从这个角度做一些考虑，来讲一些语法现象，可能同说话和写作联系更多一些，也就是使语法对于培养说和写的能力更多地起一点作用。

五、为构拟更符合汉语特点的语法体系做点试探。这本小书基本上是沿用当时一般采用的语法体系，即《暂拟汉语教学语法系统》，而大大简化，没在语法体系问题上直接地、正面地提出新的说法，没有采用任何新的术语。可是在运用之中，我试图在若干地方考虑到汉语的特点，稍微多讲一点，或者在安排上把它适当突出一下。比如，上来就讲词和词的组合，不先讲词类，那是由于我当时觉得把语素（当时称词素）组合成词，把词组合成词组，把词和词或者词和词组或者词组和词组再进一步组合成更复杂的结构，所有这些层次的组合，基本的手段和格式都是一致的。组合是汉语语法里边十分值得重视的一个问题。如果把这个问题搞得清楚一些，可能对于搞清楚汉语语法的若干问题会有好处。而讲组合并不一定以讲词类为先决条件。甚至先讲组合再讲词类倒有些便利。又比如，我没有讲句子一定是由主语、谓语构成的，也没有讲具备了主语、谓语就一定构成句子，我始终把主谓关系作为组合的一种。虽然我说了具备主谓关系的组合，成为句子的可能性比较大，但是我没有排除不具有主谓关系的组合也能成为句子这种可能性，并且这种可能性也不是很小的。因为当时我觉得，汉语的造句法同必须具有主谓关系才能构成句子那种造句法是有区别的。在汉语里，决定一个组合能否成为一个句子有别的一些条件，组合中的关系并不是唯一的决定性因素。（比如“鸟飞”不像句话，“鸟飞了”成句话；“孩子聪明”不大像个句子，“这孩子聪明”显然是个句子；“开饭了”和“中午十二点开饭”都成句子，要想加个主语上去，比如“我们”，真还有点勉强。可是，如果后头还有话，比如“我们开饭了，他们还没下课呢”，“我们中午十二点开饭，他们十一点半，比我们早一点”，就都很自然。）汉语的造句法，恐怕还很需要再琢磨琢磨。又比如，讲到动宾关系的时候，我一方面讲了“动宾宾”“动动宾”“动动宾宾”几种格式，也没有排除在宾语前边加上比较多的修饰、限制成分的可能性，并且指出运用这些格式的时候应该注意之处。另一方面我同时说明，由于汉语是非形态语言，宾语没有形态标志，因而，它总是倾向于离动词近一些，以免产生误解或使人费解。这本小书里也讲了词类，是照传统的讲法，照当时通用的体系讲的，但是在分量上，在排列次序上，我把它放在比较次要的位置，而突出了词的组合。我着重地说了掌握丰富的词汇，特别是名词、动词、形容词这几种基本词类的重要性，讲了要重视词和词组合的时候语意同结构两方面的关系，重视词和词组合时逻辑事理上的关系。这些方面所用的篇幅更多一些，所占的地位更重要一些。此外还有其他一些地方，也有从汉语的特点考虑采用了与一般语法书不同处理办法的。当时这样想，这样做，多多少少有一点想对构拟比较符合汉语特点的语法体系先做一点试探的意思。

以上这些想法，未必完全妥当，这里说一说，只是为了达到前边说过的两个目的。除此而外，这里还可以再补上一句：这本小书除了力求通俗化之外，也多少具有这样一点想法在内——不摆出理论面孔，不声不响地探讨一下汉语语法理论问题，虽然只是很初步的一点点。我希望今后能够在这些问题上跟大家共同努力，再多做一些探讨。汉语语法，无论从描写语法或者教学语法的角度看，都还是有待努力，大有可为的。

1980 年 3 月

语法研究和语法教学*

一

先从一个老问题说起。我国从很古的时候就有了文字学、训诂学，后来又有了声韵学，在这几个方面，古人的研究有很高的成就。古人也说到一些属于语法性质的问题，但是很零碎，不系统。系统的专门的语法著作是从1898年马建忠的《马氏文通》开始的。那么，为什么在《马氏文通》以前，我国古代既有成就很高的文字、训诂、声韵之学，偏偏没有语法学呢？这个问题过去老早就提出过，有人也试图做出回答，但是都缺乏说服力。

有一种回答，说过去研究文字、训诂、声韵的都是些封建知识分子，他们只考虑到知识分子读书的需要，根本不去考虑广大群众学习语言的需要，因而不研究语言。我怀疑这种说法。印度在公元前四世纪就有了波你尼的梵语语法，古希腊在公元前二世纪也有了语法，他们那个时候也还是奴隶社会。莫非说那些奴隶主阶级的知识分子反而比我国的封建知识分子更进步一些，已经考虑到了广大奴隶群众学习语言的需要了？恐怕不能这样设想。那些奴隶主阶级的知识分子搞语法，首先还是为了他们自己的需要。他们自己要读书，要写东西，需要语法，所以才研究语法。我国的封建知识分子为了读古书，需要文字学，训诂学，他们便搞文字学、训诂学。如果他们感到需

---

* 本文是1980年1月18日张志公先生在山西省语言学会组织的学术报告会上的讲话，山西大学中文系现代汉语研究生根据录音记录，《语文研究》编辑部整理，发表于《语文研究》1980年第1辑。

要语法学，也自然会搞起来的。还有一种回答，说是我们用了表意的方块字，不是用的拼音文字，有些语法现象被掩盖了，不容易被察觉到，所以没有产生语法学。这个解释也值得怀疑。首先是，何者是因，何者是果，恐怕这种因果关系的推导需要斟酌。为什么我们的文字发展到表意文字这一步，就不再往前走了？我们的文字所走的道路，同我们使用的语言本身有没有关系呢？古代传说是仓颉造字。当然仓颉并不一定真有其人，文字也不会是一个人一天晚上造出来的，它总还是群众在使用中逐渐产生出来的，也许经过某一个人或者一些人一次一次的整理。假定真有个仓颉的话，究竟是造二三十个字母容易呢，还是造几千几万个方块字容易呢？哪一个仓颉容易当一些？大概是造二三十个字母的仓颉容易当一些吧？所以，恐怕是我们的语言用这样的文字，至少在古代相当长的时间之内是可以过得下去的；绝不会因为用了这种文字，便使语言里的语法消失了。我们现在知道，有些语法成分或者近于语法成分的东西，不是也用方块字把它表示出来了吗？只要语言里有那么一种语法现象，而那种语法现象必须在书面上表示出来的话，用方块字也可以表示。如果用方块字实在表示不出来，古人自然会想办法把它表示出来。我们的祖先不是那么笨的。

我觉得，比较解释得通的恐怕是古人没有迫切感觉到研究语法的必要性。客观的需要是科学发展的推动力。没有感到研究语法的需要，就不会产生语法学。当然，这并不意味着这种语言没有语法，而是说古人没有感到需要把它整理出来，系统化起来，成为一门专门的科学。那么这种语言怎么学法呢？那个时候的读书人，他们也总要学习语言，小时候学口头语言，长大了要学习书面语言。他们学习语言不靠语法靠什么手段呢？当然有一套办法，他们觉得用那一套办法就可以解决问题了。他们的感觉是不是全面，是不是对，不一定。总之他们有这样的感觉，而这种感觉是客观存在的语言本身使他们产生的。自然还有其他原因，比如封建知识分子特别重视书面语言，特别重视写文章，汉唐以下写的又是和实际语言脱节的“文言”等等。总之他们觉得搞点文字、训诂之学就能够基本上对付了。所以没有再前进一步，搞出系统的、完整的语法来。我想，这应当是一个比较说得过去的解释。

二

我们先这样设想，再来看一看实际的情况跟这种设想是不是符合。

实际的情况是什么呢？就是汉语的几个特点反映在语言运用中的一些情况。我这里不是全面地讲汉语的特点，只讲跟我们讨论的问题有关的几个特点。

第一个特点，汉语语汇以单音节词和双音节词为主，没有或者极少有多音节词。古代汉语以单音节词为主，发展到后来，双音节词逐渐多起来了。在现代汉语里，双音节词占了绝对优势，单音节词相对的比较少了，但是也还有许多。所谓基本语汇的很大一部分还是单音节词，虚词很多也是单音节的。在实际语言中，基本词和虚词的使用频率是很高的。另外，正像陆志韦先生讲过的，现代汉语中许多双音节词还有单音节化的倾向。例如“鞠躬”是个双音节词，可以说成“鞠一个躬”，实际上是把“鞠”和“躬”当作单音节词来用了。由于这几个原因，在语言运用中，尤其是在日常谈话中，实际出现的单音节词还很多，至少不少于双音节词。所以说以单音节词和双音节词为主是我们这种语言的一个特点。

第二个特点，汉语把词组织成句子不靠形态手段。这里所说的形态指的是本来意义的形态，即词形变化。

第三个特点是，汉语把比词小的单位（“词素”或“语素”）组合成词，把词组合成词组，把词、词组进一步组合成句子，以致把句子和句子组合成一小段话，手段是一致的，无非是那么几种关系，联合的、偏正的、动宾的、主谓的等。这跟别的语言也是不同的。

以上三个特点并不是汉语的全部特点。先拿这三个特点来说，它们反映在语言的实际运用中有些什么情况呢？

第一，组合很容易。因为它没有形态的约束，单音节词、双音节词音节很少，词形很短，而且关系就那么几种，所以很容易组合。“桌子”是一个词，可以说“大桌子”“方桌子”“圆桌子”。用现在的术语说，就是形容词加上个名词，组合成一个偏正结构，前边的形容词修饰后边的名词。只是形容词和名词才能这样组合吗？不是。“木头桌子”“石头桌子”“塑料桌子”

都行，前边放个名词也能组合成这样的结构。按照某种语法体系的说法，“木头”放在名词前面就变成形容词了，或者当作形容词用了。怎么知道的呢？这里的“木头”，还是“木头”，一点儿也没有变样子嘛！要是在别的语言里，形容词有形容词的样子，名词有名词的样子，无可争辩。可这儿的“木头”原样不动，也跟“桌子”组合起来了。至于你管它叫什么，叫名词也罢，叫形容词也罢，那是你的叫法，反正它不变样子就组合起来了。这在别的许多语言里就不行。再如“折叠桌子”，“折叠”是个动词吧？它也跟桌子组合起来了，而且也是个偏正结构，不是动宾结构。你说它是动词也罢，形容词也罢，反正它不变样子。还有“桌子腿”“桌子角”“长方红木桌子腿旁边”都行，可见组合很容易。组合既然没有形态的约束，于是语义关系以至于逻辑事理就要起较大的作用。只要意义上联系得起来，逻辑事理也说得过去，就能组合，否则就不能组合。

举一个例子。一个文件里讲到农业生产要因地制宜，有一段话的前两句说：“靠山吃山，靠水吃水。”这话带有比喻的意思，并不是真的“吃山”“吃水”，而是说在山区的要发展林业等山区的生产，靠水近的要发展渔业等与水有关的生产。下边第三句，文件的起草者很讲究，说“靠草吃肉”，不说“靠草吃草”了。如果说成“靠草吃草”，就很容易引起误会，“吃肉”的意思是要发展畜牧业。为什么同样的结构，那些地方可以说“吃山”，“吃水”，这个地方却不说“吃草”，而说“吃肉”呢？为什么一个动词跟这个名词可以组合，跟那个名词就不能组合呢？这不是从语法角度考虑的，是从语义的关系和逻辑事理的角度来考虑的。

第二，更重要的一个情况是，以上所说的汉语的几个特点，使得汉语在组合的时候，从语言艺术的角度来考虑的余地特别大，或者说，从表达效果、修辞效果的角度来考虑的余地特别大。而且，从语音上看，汉语富有音乐性。元音比较发达；在现代普通话中没有复辅音，有的方言里可能还有复辅音的遗迹，也是越来越少；每一个音节都有声调，普通话有四个声调，有的方言多一些，有五个的，六个的，以至于八个的。把这些语音方面的特点加进去，就使得我们这种语言具有较高的艺术性，所以从语言艺术的角度考虑的余地特别大。

从语言艺术的角度考虑，问题就复杂了。从语法的角度考虑比较单纯。我们学外语觉得语法真难，那些形态变化实在麻烦，也没有多少道理，“桌子”在法语里是阴性（la table），在俄语里却是阳性（стол）；“书”在法语里是阳性（le livre），在俄语里却是阴性（книга），实在没有什么道理好讲。我们学起来很麻烦，他们自己也觉得很麻烦。他们的小孩子学自己的母语，十几岁了还经常出现语法错误，所以他们有的语言学家就说形态变化这套东西是“语法性的废语”（grammatical nonsense）。可是形态变化却制约了那些语言中词和词的组合。我们的语言里没有那一套形态变化，容易组合。由于容易组合，就从艺术的角度考虑得多了。从艺术角度一考虑，就麻烦了。所以事情都各有长短，一方面看去是组合起来很容易，另一方面看去又像是用起来很难，很复杂。大概我们的古人自觉或不自觉地意识到了汉语的这种情况，认为搞了文字学、训诂学、声韵学，在语言艺术上多下点功夫就可以把语言运用好了，所以就从语言艺术的角度下的功夫大，而不怎么多去研究语法。

这并不意味着汉语没有语法。没有语法的语言是没有的。既称为语言，就是一个民族共用的交际工具，没有共同形成、共同遵守的语言之法，它怎么能成为共同使用、共同理解的交际工具呢？汉语的运用是颇有些规矩的，规矩就是法，运用语言的规矩就是语法。不过在汉语里，这些规矩之中有两种。一种是强制性的，就是说，合了这条规矩就对，不合就错，无可选择。一种是非强制性的，可以有选择余地的。例如，在文言里，“者”“也”都不能用在句子头上，只能用在句尾或者句中有顿挫处，这一条是硬性的，有强制性的。可是比较起来，非强制性的似乎更多些。仍以“者”“也”为例。像现代语“甲是乙”这种句子，文言的完整形式是：“甲者，乙也。”若说成：“甲，乙也。”“甲者，乙。”也都能够成立。甚至“者”“也”都不用，说成：“甲，乙。”也行。可见“者”“也”这些语法成分的用法，部分地有强制性，但是强制性并不很大，在若干场合是有选择余地的。我们再拿《史记》和《汉书》上的一些话来比较比较看。《史记·淮阴侯列传》和《汉书·韩信传》内容基本相同，里边记载韩信率兵攻齐，楚国派龙且将兵二十万救齐。有人劝龙且不要跟韩信硬拼，可以采取“不战而降”的策略，龙且不同意这种意见，说了一句话，这句话，《史记》是这样写的："今战而胜之，齐之半可得，何为止?"同样还是这句话，《汉书》却写成："今战而胜之，齐半可得，何为而止?"比《史记》少了一个"之"字，多了一个"而"字。"之""而"是纯粹的虚词，都是语法成分，却可有可无。这些成分用与不用，这么用或那么用，仔细琢磨起来，只有语气上的不同，没有语法上的差别。再用一个明显的例子。宋朝王安石的《答司马谏议书》最后一句说："如曰今日当一切不事事，守前所为而已，则非某之所敢知。"清朝严复的《译天演论自序》最后一句话，调子跟王安石的差不多，说："有以多符空言，无裨实政相稽者，则固不佞所不恤也。"王安石那句话开头有"如"，表示假设；严复的话开头没有"如"，意思也是假设。王安石的话后头没有"也"，严复的话后头有"也"。前者加一个"也"完全通，后者去掉"也"也站得住。前者不用"也"，语气比较强硬，给人一种非常倔强决绝的感觉；后者用了"也"语气就显得缓和多了。有人说"也"有舒缓语气的作用，是有道理的。一个虚词用与不用，并不影响语法结构，区别在于给人的语感不同，产生的效果不同，语气情调不同，这就是一种语言艺术。

以上是说虚词，再说词序。词序是汉语语法的重要手段，有的规矩是绝对的，带有强制性；有的也不绝对，具有较大的选择性。例如旧社会判案子，如果写"其罪当诛，其情可悯"，这个人大概就能活了；如果倒过来写成"其情可悯，其罪当诛"，这个人恐怕要掉脑袋。还有过去传说的一个笑话：曾国藩是镇压太平天国农民起义的刽子手，他开始跟太平军交锋，老吃败仗，于是赶快向皇帝上奏章，请求援军。他的幕僚起了个稿子，有一句说"屡战屡败"。曾国藩看了，用笔一勾，便成了"屡败屡战"。照原稿，曾某至少要受申斥，处分，甚至要打屁股，罢官。"屡战屡败"，真没出息。勾过来，"屡败屡战"，意味大不相同，不仅能搬来援军，很可能还得受嘉奖。语法关系没有变，词序一倒，表达效果就不一样了。

这类现象在现代汉语里也可以举出不少例子。比如表示时间的状语要放在动词的前头，不能放在后头，这跟别的语言不同。有的语言时间词可以放在动词后头，有的甚至一定要放在动词后头，汉语则一律放在前头。这一条规矩是带有强制性的。至于放在动词前头的什么地方，如果动词前头不止一个词，就可以选择了。在这里有强制性的因素，必须放在主要动词的前头；但又有非强制性的因素。例如："明天我们去听报告。""我们明天去听报告。"两种说法都行。"明天"这个时间状语有两个位置可供选择。根据什么来选择呢？大概前一种说法最普通，后一种说法是为了突出"明天"。还有一个原因，就是跟上下文有关。如问："我们今天休息，明天干什么？"就得回答："我们明天去听报告。""明天"受上下文的影响，要放在跟"今天"相同的位置上。这也是表达上的要求，不是语法上的要求。这是说词序。再说虚词。"二十个学生的家长"和"二十个学生家长"，用"的"不用"的"大不一样。影响到语法关系，影响到句子的内容。这是带强制性的。但是在更多的场合，这个"的"用与不用一样。差别有没有呢？有，主要是音节多一个少一个的差别。汉语在运用上常常考虑音节方面的问题，怎么听起来更协调更悦耳，说起来更顺口，常常是从这个角度考虑的。

总之，由于汉语不用形态作为手段，组合比较容易，语法比较简易，从逻辑事理的角度考虑得多，从语言艺术的角度考虑的余地比较大，于是便产生了这么一种现象：我们语言里强制性的规矩有一些，但比较少，并且不难掌握；非强制性的规矩很多，很复杂，不好掌握。如果我们这里所说的汉语的几个特点及其反映在语言运用中的几种情况还可以考虑的话，那我们再回过头来看一看汉语语法学研究的情况，或许有助于对问题的认识。

三

汉语语法的研究从《马氏文通》算起，已经八十年出头了。历史地看，《马氏文通》是很有贡献的。马建忠是个维新派。搞维新运动的那些人，提出要学西方，并且要把西方资产阶级的自然科学、社会科学搬到中国来，这在那时是进步的，因为搬这些东西是为了对付封建主义。在马建忠以前我国没有系统的、完整的语法著作，他的《马氏文通》是第一部开创性的著作，从这个意义上讲，贡献确实很大。而且，他写这部书的动机也是很好的，这在《马氏文通·后序》里说得很明白。他说："余观泰西，童子入学，循序而进，未及志学之年，而观书为文无不明习；而后视其性之所近，肆力于数度、格致、法律、性理诸学而专精焉，故其国无不学之人，而人各学有用之学。”这话显然是夸张了，外国也有“不学之人”。他看见人家能够这样，觉得我们自己搞八股那套不行，所以就写这部书。他介绍自己的书说：“斯书也，因西文已有之规矩，于经笈中求其所同所不同者，曲证繁引以确知华文义例之所在，而后童蒙入塾能循是而学文焉，其成就之速必无逊于西人。然后及其年力富强之时，以学道而明理焉，微特中国之书笈其理道可知，将由是而求西文所载之道，所明之理，亦不难精求而会通焉。”可见他写《马氏文通》的动机是为了帮助小孩子很快地掌握语文这个工具，好去学科学，学有用的东西，改变老在那儿搞八股、浪费人才的状况。这是学以致用的动机，在当时能有这样的眼光是很不错的。所以从历史上看，马建忠写《马氏文通》是很有贡献的。在《马氏文通》问世以后，相继出现了一些讲语法的书，大体上都是以《马氏文通》作基础，有所修改和变动。

五四运动提倡白话文，搞国语运动。从那时候起，白话文进入了学校的教材，不过还不是很有力量，并没有占重要的地位。但是究竟还是提倡学白话，这是一个很大的进步。在这种情况下，便产生了黎锦熙先生的《新著国语文法》。历史地看，这部书也是很有贡献的。从语法学的角度来说，它是从以文言为研究对象转而以现代汉语为研究对象的第一部最有影响的语法书。之后，研究语法的人逐渐地多起来了，写了一些语法著作。三十年代后期，经过了一场“文法革新讨论”，引进了二十世纪初叶前后的西方语言学、语法学，又产生了若干语法著作，重要的有王力先生的《中国现代语法》、吕叔湘先生的《中国文法要略》，高名凯先生的《汉语语法论》等。

新中国成立之后，1950年5月21日《人民日报》发表短评，号召大家“都来注意文法”。1951年6月6日，《人民日报》发表了题为《正确地使用祖国的语言，为语言的纯洁和健康而斗争！》的社论，号召人们学习语法、修辞和逻辑。并且从同一天起，连载了吕叔湘、朱德熙两位先生的《语法修辞讲话》。《语法修辞讲话》的特点主要是结合实际，重视实用，并且把语法和修辞结合起来讲。过去研究语法都还是在比较狭小的范围之内搞的，这本书把语法修辞知识普及了，作用是很大的。从那以后，其他比较重要的语法著作，如丁声树等先生的《现代汉语语法讲话》有一些新的观点；还有陆宗达、俞敏两位先生的《现代汉语语法（上册）》，都是有特点的。当然也应当提到五十年代实行汉语、文学分科教学时，经过大家反复讨论，语法学界和语文教师共同商讨，最后拟定的那个《暂拟汉语教学语法系统》和以此为依据编出的一套教科书、教师参考用书和青年自学用书。那是一个集体的产物，把过去语法体系分歧的问题在普通教学中初步地统一起来，使得普通教育的教学工作能够有一个共同使用的语法系统。总之，这八十年来，语法学界做了一些贡献，研究的成果也很多。最初先从国外引进系统的语法学，以后逐渐地、更多地注意到汉语的特点。像三十年代后期的讨论，主要就是讨论汉语语法怎样才能更符合汉语的特点，怎样才能更切合实用，那次讨论是有成果的。

回顾八十年来的历史，首先应该看到：《马氏文通》《新著国语文法》，等等，就其语法体系而论，同西方传统语法相近的地方的确太多了一些，我们不能再运用那些体系了。但是作为语法研究，还需要了解那些语法著作和它们的体系。做任何研究都不能割断历史。在研究所有那些体系的时候，我们必然会看到另一个方面，就是这八十年来，我们的语法研究，不管哪种体系，不管哪一家，共同的不足的地方就是始终没有摆脱西方语法学的羁绊。西方语法学不论哪一个流派，都是以西方语言为基础建立起来的，而西方语言是以形态变化为主要的语法手段的，这跟我们的汉语差别很大。美国语言学家爱德华·萨丕尔在《语言论——言语研究导论》一书中说："我们的结论是：所有语言都是有形式的语言。……例如，汉语没有单纯的形式成分，没有'外部形式'，但是它对于关系、对于主语和宾语的区别，定语和述语的区别等等，都显得很敏感。换句话说，它具有'内部形式'，正像拉丁语一样，只是外表上是'没有形式的'，而拉丁语是外表上'有形式的'。"（见陆卓元译、陆志韦校订本，商务印书馆 1964 年版，77 页）萨丕尔对我国是有过影响的。我之所以要引这句话是想说明外国语言学家形式的观念非常重。因为他们的语言是有形式的，所以他总认为语言非得有形式不可。没有形式就硬去找形式，于是有了"外在形式"和"内在形式"之说。那些西方语言学家有的对汉语并不十分了解。他想象中汉语也得跟他们的语言一样，也得有形式。我们的语法研究工作就是始终在这种影响下进行的，说得过火一点，可以说形式的幽灵一直在我国语法学家们的头上盘旋着，我们始终摆脱不了这个幽灵的控制。正因为如此，我们就没有能够抓住汉语的主要特点。像我前边所说的，汉语的那几个特点反映在语言运用中的那些情况，我们研究汉语语法时不能不理会。我们不能不看到汉语语法由于绝对的、强制性的规矩不很多所产生的简易性。请设想一下，任何一种西方语言的语法书，包括形态脱落得最多的英语语法书在内，倘若把涉及形态的部分统统删去，还会剩下多少东西？可是，我们又不能不看到汉语在运用中由于非强制性的规矩很多，艺术性很强所引起的复杂性。最近，郭绍虞先生的新著《汉语语法修辞新探》出版了。里边说，汉语语法的简易性和复杂性是结合在一起的，既有简易性的一面，又有复杂性的一面。我完全同意这个看法，认为是很有见地的。不过对复杂性这一面，我不认为都是语法问题，里边包含着不少非语法的因素。正因为我们对汉语的这些特点没有抓住，所以始终没有建立起具有我们自己特点的基本上准确的描写语法，当然也就不能在描写语法的基础上建立起教学语法。关于描写语法和教学语法的关系，赵元任先生在他的近作《中国话的文法》里有一段论述，我觉得是很对的。他说：教学语法常常是要来叙述什么是对的，什么是不对的，什么是合乎语法的，什么是不合乎语法的；而描写语法不是这样，它主要是叙述一种语言的事实，并不去对这些事实做出价值的判断。不过这种区别实际上主要是叙述的形式和相对的重点的差别，而不是内容的差别。叙述的形式：一种是描述的，重点在于把它描写清楚；一种是讲怎么合乎语法，怎么不合乎语法，重点在于怎么运用。由于我们没有建立起具有自己特点的描写语法和教学语法，就产生了这样的后果：一是汉语语法始终叫人觉得难学，学了之后好像用处也不大。我们中国学生学语法有这种感觉；外国学生通过学习语法著作来学习汉语也有这种感觉。外国学生觉得汉语比他们的语言难学。其实不然。汉语同他们的语言比较起来，在学习的初级阶段，在一些基本的方面是容易的，因为汉语没有他们语言的形态变化那个大包袱，基本语法是简易的，组合很容易，他们语言的组合就不这么随便。像前边举的“桌子”那个例子似的。学习汉语有没有难处呢？有，难在学透。真正从语言艺术来考虑，从语言表达效果来考虑，那就复杂多了，难多了。把基本的东西和非基本的东西杂糅在一起，所以让人觉得规律很难掌握；而那些涉及表达效果的东西又没讲透彻，所以让人觉得学了没有用，不解决问题。给人难而无用的感觉，正是因为我们没有准确地反映出汉语的实际情况的缘故。另一个后果是，产生了语法体系的严重的或者说过分的分歧。语法体系有分歧本来不足为怪，学术上完全可以有不同的体系，不同的观点存在；但是分歧到像我们这样的程度，的确是过分了。打个比方来说，生物学也有不同的流派，不同的体系，但其分歧毕竟是有限度的，比如从水里捞出一条鱼，一个专家说，这是鱼头，那是鱼尾；另一个专家总不会有相反的认识吧？我们语法学界就能分歧到这样的程度。对一个句子，甲说这是主语，那是宾语；乙说不，这是宾语，那是主语，叫宾语前置，宾踞句首。分歧到这样的程度就过分了。五十年代搞了个《暂拟汉语教学语法系统》，暂时统一了一阵子，现在又分歧了。有分有合，有合有分，分了合，合了再分，这是发展的正常现象，不过分歧得又似乎厉害了一点。为什么会有这种过分分歧的现象呢？恐怕也是因为我们的语法著作没有反映出汉语特点的缘故。

四

如果真正考虑到汉语的特点，恐怕汉语词类的划分就应该重新考虑。如上所说，我们的古人没有系统的语法著作，但是并非完全没有语法观念，包括词类的观念。我们古人进行语言训练的传统办法是对对子。对对子时要讲什么词对什么词。那时叫作字，字与词的界线那时是模糊的。他们首先把字分为实字、虚字和助字三大类。不过他们说的实、虚跟我们现在说的实词、虚词的概念不同。所谓“实字”，主要就是名词；“虚字”又分“虚死”“虚活”。“虚死”就是形容词，因为它不是动的；“虚活”就是动词。当然我不是说汉语的词类就应当分成这么四类，但是古人的做法不是不可以参考的。很多人早已发现动词、形容词交错得很厉害，好些是划不开的。最近，吕叔湘先生在《汉语语法分析问题》一书中，就想把动词、形容词合到一块儿，不过合起来还要再分小类。我现在提不出一整套划分词类的办法，但是我总怀疑，是否非得以形态为依据，是否非得分出那么八类、九类、十类不可呢？我觉得可以从汉语的实际出发，做一些认真的研究探讨工作。

我们现在还常常用现代汉语的观点去解释古代汉语，说古代汉语词类活用的特别多。究竟是活用呢，还是原来就是那个样子呢？“学而时习之”“学然后知不足”“吾十有五而志于学”“好学近乎知”……究竟“学”是动词可以活用为名词，还是“学”是名词可以活用为动词？好像很难说。柳宗元《黔之驴》中有一句话，说：“驴不胜怒，蹄之。”这里的“蹄”是名词活用作动词呢，还是原先它就是那么用的？这个“蹄”字能够用别的动词去替换吗？名词、动词之间的界限尚且如此不清楚，更何况动词、形容词之间？在近现代汉语里，名词、动词似乎分工比较明确了，虽然仍旧有拉拉扯扯的现象。至于动词和形容词，简直是“你里有我，我里有你”，简直打不利落，在古汉语里就更不用说了。恐怕许多词是逐步逐步分化的。叶斯泊森有一个理论，说原始语言综合性大，形态变化多，所以每个词多半很长；语言越进步，分析性越多，形态越来越脱落，词也就越来越短，所以英语就是很进步的语言，而汉语则是最进步的，因为它的形态变化几乎脱落光了。我不大想为我们汉语接受这种恭维，因为我不太相信这个理论。我不大相信原始人比现代人的头脑更复杂，“范畴”更多，恐怕是相反。我也不大相信形态多少、综合性或分析性大小是语言进步或不进步的标志，恐怕是不同的语言各有其不同的语法手段。事物的发展都不是那么笔直，而往往是曲折反复的。《三国演义》开头说：“话说天下大势，分久必合，合久必分。”如果说这句话用之于“天下大势”，带有点历史唯心主义的循环论的味道，那么，用之于词类的分合也许有点相近。恐怕原始语言比较简单，词类的区分也不那么细，后来逐渐分化，逐渐产生了许多变化，有的分化得多一些，有的分化得少一些。分来分去，太细了，又倾向于合，合多了用起来又不方便了，于是再分。是不是汉语基于它的特点，在有文字记载之后的这三四千年中，在词类的分化上，到了一定程度就不再大分了呢？古汉语中的数词后边可以带宾语，甚至可以单独作谓语（“人一能之吾十之”“如是者三”），现代汉语就不大有这种情况了。古汉语中名词甚至专有名词的后边可以带宾语，可以单独作谓语（前边有例，略），现代汉语也不大有这种用法了。可见，名词、数词和动词、形容词基本上区分开了。在现代汉语里，数词几乎总得和量词合在一起来用，至少在这一点上，名词和数词也区分开了。可是动词和形容词始终分不大开。名词和动词、形容词虽然大体上区分开了，可是拉扯不断的情形仍旧有些。我这里只是举几个例子把问题提出来，至于汉语词类究竟应该怎么划分，词的组合、句的构成究竟应该怎样分析，大家可以共同研究、探讨。总之，大概只有建立起具有自己特点的基本准确的描写语法之后，汉语语法体系的分歧问题才能趋向于解决，否则恐怕是解决不了的。

英国十九世纪末有一个东方学家名叫塞斯（A. H. Sayes，1864—1933），他在英国《大百科全书》第十一版《语法》条中说：“要是你不把欧洲语法的那些名称术语连同那些名称术语所表示的概念一起抛弃的话，你永远不会了解汉语语法。”这句话说得也许有点过头，但是很值得重视，我们自己的语法学家也讲过同样意思的话。二十年代有位陈承泽，他在《国文法草创》里就说过，研究汉语语法有几件事值得注意：其一，“说明的非创造的”，就是去说明客观存在的语法现象，而不是头脑中凭主观想象去创造语法规则；其二，“独立的非模仿的”，就是要去搞具有自己特点的汉语语法，而不是只去模仿西方语法；其三，“实用的非装饰的”，就是研究语法的目的是为了应用，而不是为语法而语法。陈望道先生在《中国文法革新论丛·序言》里说，研究语法应该“根据中国文法事实，借镜外来新知，参照前人成说，以科学的方法严谨的态度缔造中国文法体系”。我看这话说得相当全面，我们完全应当这样做。大概在这样做了之后，可以逐渐解决汉语语法学起来难，学了以后又不大管用的问题，而语法体系过分分歧的问题也就会逐步得到解决了。

五

最后，说一说现在怎么办和今后怎么办的问题。

现在，语法体系又分歧起来了，这是好现象。沉寂了一段时间现在应该再来讨论一番，争鸣一番。在体系分歧的情况下，我们的语法教学应该怎么办？目前大家采用得比较多的还是《暂拟汉语教学语法系统》，有的以这个系统为基础，做了这样那样的修补。我看教学中用哪种体系都可以，重要的是要在应用上着眼，不在体系上着眼，不在名词术语的解释上着眼。比如“是”后边带上个东西，这叫什么？当年讨论“暂拟系统”的时候争论很大。那时有三种权威说法：一种把“是”叫“同动词”，“是”后边的部分叫“补足语”，这是黎锦熙先生体系的讲法。另一种把“是”叫“系词”，“是”后边的部分叫“表语”，这是王力先生体系的讲法。第三种把“是”叫“动词”，“是”后边的叫“宾语”，赵元任先生就是这样讲的，丁声树、李荣诸位先生的《现代汉语语法讲话》采用了这个讲法。对这三种讲法，“暂拟系统”都没有采用，而是把“是”叫作判断词，“是”跟后头的部分合起来叫做“判断合成谓语”，于是就这样叫下来了。现在动词宾语说比较风行，有的地方仍旧用“判断词”“合成谓语”的说法。依我说，再重新讨论一番也好，在教学中反正要从应用上着眼。重要的是“甲是乙”，甲必须是乙：如果甲不是乙，你说成“甲是乙”，无论叫动词、宾语也罢，叫判断词、合成谓语也罢，叫系词、表语也罢，这个句子总是错的。只要甲确实是乙，你说“甲是乙”，不论管它叫什么名称，这个句子总是对的。在教学中要告诉学生说：“甲是乙”这种句子的基本用法有两个：一个是甲和乙是相等的，同一的关系；一个是甲属于乙。比如说“牛是动物”，“动物”是一个上位概念，“牛”是一个下位概念，“牛”属于“动物”这个范围。基本用法就这两条，另外有些特殊说法、习惯用语可以不合乎这两条。特殊的说法只能在特定的语言环境中说。比如三个人订了三份不同的报纸，送报的同志问：“你们都订了什么报?”一个人回答：“我是《人民日报》，他是《山西日报》，他是《太原日报》。”只是在这种特定场合，特定的语言环境中说。没有特定的语言环境，这个说法是不能成立的。我们在教学中就要把什么是一般的，什么是特殊的向学生讲清楚。习惯用语，例如：“这个茶杯好是好，就是太贵。”“好是好”就是习惯用语，“是”在这里表示“虽然”的意思。要紧的是向学生讲清楚这些地方。无论是教汉族学生，还是教少数民族，或是教外国的学生，都应该把重点放在这些地方，不要引导学生在名词术语等问题上去纠缠。

据我所接触到的来看，现在所谓语法体系分歧中的各种说法，各种争论，大概在讨论“暂拟系统”时没有涉及的不多。比如“能、会、敢、肯”等词究竟叫什么？跟它后头的动词的关系是什么？那时争论过。有人把这些词叫“助动词”，有人说它做后边动词的修饰成分，有人说后边的动词是它的宾语，大家相持不下，所以“暂拟系统”就搞了个“能愿合成谓语”的说法。兼语式也叫递系式，这种句式跟主谓词组作宾语的句式，跟连动式怎么区别？那时也争论过。还有“台上坐着主席团”，有人说“台上”是主语，有人说主席团是主语，“暂拟系统”认为这是无主句，“台上”是表示地点的状语，等等。“暂拟系统”吸取了各家的说法，比如关于动词、形容词的名物化用法，那是有所变通地吸取了黎锦熙先生的讲法；关于无主句、独词句等，是吸取了高名凯先生的讲法；关于“兼语式”是采取了王力先生的讲法；关于词的定义、单句复句的区别，主要是采取了吕叔湘先生的讲法。吸取各家的讲法融合在一起，融合之中还要设法不要使自己自相矛盾。选择哪一种讲法还得照顾到语言的结构方面和意义方面，既不能只管结构完全不管意义，又不能只从意义来考虑而不管语法结构。另外，还采取了一些折中调和的办法，像“判断合成谓语”“能愿合成谓语”就是如此。

我觉得，现在我们先在语法教学里多从应用方面着眼，慢慢地经过研究、讨论，把可以一致的地方一致起来。再往前，我们要做一些根本性的工作，就是真正设法建立起具有我们自己特点的、基本准确的语法体系。我设想，大概我们的汉语语法体系是比较简单的，也许将来我们编一本语法书比现在所有的语法书都薄，因为它比较简易。另外，还要编写另一种书，讲语言运用的书。内容应该是我们所说的有灵活性、选择性、非强制性的那些东西。它不限于讲语法规律，还必然涉及修辞的内容、逻辑的内容。把这些内容融合起来（是“融合”，不是一块一块地摞在一堆），创造出具有我们民族特点的有实际意义的一门新的学问。它相当复杂，但是相当有用，我给它起了个名字叫“辞章学”。从六十年代起，我就提出可以建立“汉语辞章学”这么一门学科。在我们的历史上，这方面的经验很丰富，但是资料比较零碎、庞杂，见于古代文人的诗话、词话、文话，笔记小说，诗文评之类，其中也是精华和糟粕并存，需要好好爬梳整理一番。这里包含着根据汉语特点运用汉语的丰富经验。我们运用现代科学的方法对这些资料加以研究，并且结合现代汉语运用的实际，“汉语辞章学”是可以建立起来的。这样的书大概要比现在所有的语法书都厚得多。我们可以缩写出各种不同的本子，——大型的，中型的，小型的；详本，略本等，以适应各种不同对象的用处。这种书对于人们学习汉语、运用汉语会有更多的实际的帮助。我个人正在从事这方面的探索，希望主观客观条件容许我在不太长的时间里拿点实在的东西出来向前辈和同道们请教，不要“雷声大，雨点小”“只听楼梯响，不见人下来”。先开出这么一张“支票”，希望它不成为“空头”的。

至于语法书，要讲根本规律，也就是那些带有强制性的规矩，掌握这些根本规律对于本族人，别族人，外国人都有用。这个设想，我也在探索中。做语法研究工作要参考外国经验。现在有人搞结构主义以至转换生成语法，我听见了一些非议之辞。我个人觉得，拿来参考参考，做一些试验，未尝不可，未尝不好。除了参考外国的经验，对我们前人的经验也应注意。主要是从我们自己语言的实际出发，对汉语多做一些实际调查，然后参考过去八十多年的经验和教训，真正建立起汉语的语法体系。对于现在的语法体系修修补补，理理改改，我觉得是需要的，但是要花太大的力气，在现在体系的基础上搞出点大名堂来，恐怕会是事倍功半，结果无非是在体系分歧之中再多生出几个新的分歧而已。总之，毋宁在现有体系的基础上修理修理，先在教学中使用着，同时大搞基本建设，搞比较深入一步、提高一步的研究，真正建立起我们自己的既有理论根据又切合实用的语法系统。马建忠写《马氏文通》的动机是很好的。我们应当比马建忠的见解、能力都更高明，更强，他没有实现的愿望我们应该去实现，也必然能够实现。这样做对于帮助我们的下一代学好语言，早一点掌握好这个工具去学科学、学技术、搞现代化的建设大有好处。这是我们语文工作者应当作出的一点贡献。我愿追随诸位之后，为此努力。

语言教育研究的现状和展望*

这里说的语言教育主要是指各级学校语文教学里的语言教育。语言是社会现象，是全社会的交际工具，社会上的许多活动都具有向全社会包括青少年儿童进行语言教育的作用，例如广播、戏剧、电影、出版物以及其他各种使用口头语言和书面语言的场合，都在向全社会产生语言方面的影响。有关语言文字的工作，例如文字改革、推广普通话、民族间的各种语言交流活动等等，也直接间接产生语言教育的作用。所以，语言教育并不仅仅是学校里语文教学的事情。这里不可能谈论有关语言教育各个方面的问题，只着重介绍语文教学中语言教育研究的情况；以客观介绍为主，在有的问题上也附带谈一点个人的看法。

学校的语文教学，关于它的目的、任务和内容历来是有争论的。近来，至少在一点上大家有了共同的认识，就是学校的语文教学必须把进行严格的有效率的语言训练作为重要的任务来完成，对于这一点，可以说已经没有多少不同的意见了。如果说，对于语文教学还有不同的理解和意见的话，那是在语言教育以外的其他方面，例如，语文教学应该不应该、能够不能够承担某些思想教育的任务、文学教育的任务，以及这些教育和语言教育的相互关系应该怎样处理，等等。我这里不谈那些还有或多或少的不同看法的部分，因为我不是全面地谈语文教学，只准备着重谈谈关于语言教育大家正在进行哪些研究。

对于语文教学中的语言教育（为了说着简便，以下只称“语言教育”，

---

* 本文刊载于《中学语文教学》1980年第12期。

不一一加上“学校语文教学中”的限制语了），研究的广度和深度都有了明显的进展，虽然在有些方面还只是开端。

近来幼儿语言教育的重要性逐渐为人们所认识，不少幼儿教育工作者在研究幼儿的语言状况和对幼儿进行语言教育的步骤等问题。有的同志对于幼儿园小班、中班直到大班的语言发展的情况，进行了观察和分析。例如，幼儿语汇增长的情况，有人在他工作的幼儿园里做了比较细致的记录和统计；有人对于幼儿掌握普通话语音进行了观察和分析，找出了难点，注意了方言的影响，力求找到语言训练的有效途径；有人在研究幼儿说话从简单到复杂的发展过程，联系幼儿思维能力从简单到复杂的发展过程做了记录，进行了分析。这一类的研究工作，可以说刚刚在开始，从理论到实际的教学工作，都还没有得出系统的研究成果。但是，这种研究无疑是重要的，这种开端是可贵的。

对于学龄初期的识字教育和语言训练的关系，新中国成立后一直有不少人进行研究和试验。目前，这方面的研究和试验有了进一步的发展。学龄初期的儿童已经从生活中学会了最基本的运用口头语言作为交际工具的能力，他们需要运用书面语言的能力了。这在儿童的成长过程中是一件大事，从只会口头语言进而掌握书面语言，可以说是语言能力发展的一次飞跃。书面语言打破了时间、空间的限制，极大地开阔了儿童的视野，这对于他们智力发展的各个方面，关系非常之大。学龄初期的儿童不仅已经具备了口头语言能力，具备了基本的思维能力和想象能力，并且具备了一些关于周围事、关于社会、关于自然界的浅近的常识，产生了非常强烈的求知的要求，也具有了自觉地学习知识和道理的能力。但是，初学汉字困难比较大，进度不可能很快，因而用书面材料所能提供给他们的知识和道理很少很浅，和他们已有的能力差距很大，远远不能满足他们的需要。这样就形成了一个尖锐的矛盾。在我国传统的教育工作中，人们一直设法解决这个矛盾，古人采取的办法是在这个时候用大量集中突击识字的办法，就是大家所熟知的读诵“三，百，千”的办法。这套办法的设想，是在一年左右时间内使儿童认识两千个左右的常用字（《三字经》《千字文》《百家姓》三种合起来就是两千来个单字），以便于进一步开展阅读训练。这套办法在清末开始办新学堂之后，基本上抛弃了。从那以后，识字的进度放慢了，小学一、二、三年级提供给儿童的读物由于受到字的限制都是非常简单，内容非常贫乏的。这种书面材料远远落后于儿童的口头语言水平，也落后于儿童希望得到知识、懂得道理这种学习的要求和愿望。用这样的书面材料进行教学，实际上是在压抑儿童智力的成长和发展。新中国成立后，特别是六十年代初，集中识字的办法重新被人们重视起来。相继有不少教育工作者进行研究和试验。如大家所熟知的，已经有辽宁省黑山北关小学的集中识字教学法，北京景山学校的集中识字教学法。这些集中识字的办法，吸取了历史上集中识字的经验，加以改革，使集中更有条理些，或者说，一定程度地具有些科学性。和传统的“三，百，千”的集中识字法相比，是很大的改进。但是，毕竟要用两年时间“以识字教学为重点”，在这两年中，教者和学者把主要精力集中用之于对付一千多个字，儿童在字的方面负担相当重。在这个问题上也有不同意见，如大家所熟知的，南京的斯霞老师就主张分散识字，持有这种主张的也很不少。他们所实行的分散识字，同清末办新学堂之后的那种基本处于自流状态的分散识字有所不同，是有一定的计划，一定的安排的，在提供儿童知识方面还采取了一些辅助办法。但是，尽管有一些辅助办法，毕竟识字进度比集中识字要慢一些，连带地提供给儿童的书面语言材料，也就在相当长的时间内是比较简单的。于是，又有“集中与分散相结合”的识字教学办法，或者叫作“小集中”的办法。这是一种折中的办法，希望取集中与分散两者之长，避其所短。无疑，主张集中的和主张分散的对于这种做法都不愿意赞同。总之，学龄初期识字教育同语言教育中间的矛盾怎样解决是一个重要而困难的课题。对这个问题的研究还在继续进行之中。

我自己曾经有过一种设想，在若干场合讲过，也在一两处地方写过。听我讲过这种设想的同志不少人表示有兴趣，认为至少可以用这种设想进行一些试验。但是，到目前为止，还没听说哪个地方认真试验起来。原因是，进行这种试验，需要具备某些条件，特别是需要得到教学领导方面的支持。由于这些条件不具备，所以试验一时不易开展。我的设想的基本点是：第一，学龄初期的儿童接受和他们的发展水平相适应的语言教育、知识教育和思想教育，这些教育的进行不受识字不足、识字困难的阻挠；第二，识字教学有条理、有计划、有效率地进行，不受上述各项教育的制约，不使识字训练杂乱无章，从而降低其效率。做到这两点，可以用四年时间使儿童的口头和书面语言的能力超过本来要用六年才达到的水平。

很引起大家研究兴趣的是语言教育能否在学生初中毕业前后打好一个足够的基础，有的把它叫作“初中过关”。在这个问题上有不同的意见。有的认为初中达到这个目的是困难的，或者是不可能的；认为初中可以达到这个目的的，正在进行研究和试验。这个问题一头涉及小学语文教育应该怎样进行，一头涉及高中以上语言教育或者扩大一点说语文教学应该怎样继续进行，以至于涉及高等学校对于新生的语言能力的要求，以及在高等学校基础阶段是否还需要进行基础的语言训练。换言之，这个问题涉及从初等教育一直到高等教育若干方面的安排、教学的内容和进度，从而影响到整个教育的过程。因此，对这个问题的研究，有它的重要性，很值得重视。

我个人认为，从当前的实际来看，包括现在进入中学的学生语言训练的实际，师资水平的实际，教材和教学法研究的实际，要求初中毕业生语言训练方面达到所谓“基本过关”的标准是有困难的。但是，这应该作为一个努力的目标。从每个人的语言能力的发展来说，儿童到少年，也就是从学龄前后开始，到十五六岁这一段时间，是语言能力成长提高最快的时间。这个时期的孩子们学习语言的兴趣浓厚，学习语言的能力（包括模仿的能力、记忆的能力）最强，而学习语言的障碍（例如，已经形成了难于改变的语言习惯、对于运用语言的心理上的各种顾虑等）比较少，这是一方面。另一方面基本的语言能力和语言习惯在成年之前趋向于初步的成型。成型之后，随着知识范围的扩充，认识能力的提高，语言能力当然还会不断地向前发展。但是进度比前一个阶段缓慢，并且已经形成的一些基本能力和习惯，如果其中包含一些不好的因素，再想矫正，困难将会越来越大，这是从语言能力本身的发展过程来看。另外就汉语这种语言来看，在基础训练阶段，学习掌握运用不是很困难的，在少年期以前打下基本上够用的基础是可能的。再从目前和今后的教育工作的发展来看，高中以上，学生要学习的知识将会越来越多，在一定时期之内，高中教育会向多样化的方面发展，普通高中的比例将会减少。因此，在初中毕业之前，要达到对于现代汉语初步够用的水平是必要的。进入高中以后，语言训练再加以补充提高是应当的，但是，指望到高中阶段以后，才去进行语言的基础训练，余地会越来越小。从以上几方面的因素来看，努力做到初中毕业对于现代汉语的掌握达到基本上够用的程度是可能的，也是必要的。对于这个问题的研究和试验，需要深入进行下去。并且需要把学前教育、学龄初期教育以至整个的中级教育全过程的语言教育做全面统筹的考虑。目前，有不少人正在从这个角度进行探讨和研究，我认为这是十分重要的。

同样引起语言教育工作者重视的，是语言教育的几个方面，即口头语言的听说训练和书面语言的读写训练的关系如何恰当处理的问题。长期的封建社会一向只重视书面语言训练而不重视口头语言训练，这种传统影响很深。不仅建国以前，就是建国之后，忽视口头语言训练的看法同做法一直是普遍现象。直到现在，人们对于不少青少年以及成人书面语言的能力不足，特别是写的能力不足，表现了很大的关注，甚至于忧虑。但是对于口头语言能力的不足，往往不予重视。不少青少年以至成人对口头语言贫乏，缺乏条理，甚至夹杂许多严重的语病，以至于夹杂一些粗陋的秽语之类，不以为意。对于不论在任何场合发言离不开稿子，不能做条理清楚、恰如其分的即席讲话，大都司空见惯，不认为是个问题。对于口头语言的这种状态同书面语言能力不高之间的关系，没有给予应有的重视。至于敏捷的口头语言能力同敏捷的比较强的思维能力、比较高的智力之间的关系，更是很少注意。科学技术的现代化对于口头语言的要求，很少被考虑到。近年，对于忽视口头语言训练的这些问题，逐渐被越来越多的人认识到了，因而不少人正在研究如何把口头训练和书面语言训练的关系处理得更恰当一些，并且在进行这方面的试验。我认为，这种研究和试验是重要的，反映了对于语言教育开始有了一些现代化的观点。

语言教育当然是以培养实际运用语言的能力为目的的。培养这种语言能力，当然首先需要通过有计划的语言实践的训练来实现。是否需要一些系统的语言知识同这种实际训练相配合，如何配合，是语言教育工作者正在研究的另一个重要问题。传统的语言训练，如上所说，主要是书面语言的训练。总的说来，是着重在经过实践来培养运用的能力。例如作诗，主要是通过大量的读诗、模仿性的习作来学会作诗，来领会诗的格律、诗的语言的运用，对一般学作诗的人并不运用有关声韵的以至有关辞章的知识。对于一般写文章的人，文字训诂之学也是融合在读写文章之中，并不系统去教文字训诂之学。至于语法，古代一直没有系统的语法学，自然更谈不上教语法知识。由于长期的这样一个传统，不少人对于在语言教育的过程之中进行一些语言知识教育的必要性，看法是不一致的。新中国成立以来三十年中间，除去十年动乱期间，一切都遭到干扰破坏之外，在这十年之前之后，对这个问题也没有从理论上到实践上得出一些明确的看法，形成一些明确的方案。近年来，这个问题重新被提到议程上来了，不少人在研究探讨这个问题，有的在做一些试验，比如，在中学的语文教学中，把阅读训练同语言知识教学分开来进行。至于语言知识教学本身也在进行不同方案的试验，有的按照语言知识的有关部分依次进行教学，进行训练；有的试图把一些有关的部分联系起来，结合起来，以至把语言知识教学同逻辑思维训练结合起来。从现代科学的发展趋向和现代教学论的发展趋向看，无论在教学的哪一个部门，运用系统的科学知识来带动或者辅助能力的培养，这种做法显然是必要的。在运用汉语的国家里语言教育怎样处理这个问题，确实需要深入加以研究。

关于古代汉语的教学问题，表现在中小学的课程之中就是文言文的教学问题，是正在研究中的另一个不好解决的问题。我国历史悠久的丰富的文化遗产，大量的是用我们常说的文言记载下来的。文言是以秦汉时期古代汉语为基础形成的一种特殊的书面语言。汉唐以下，这种书面语言定型化，为官府和学术界所使用，与实际的口头语言距离越来越远。为了了解研究我们的文化遗产，继承其中有用的部分，直到今天社会上不少人还用得着文言，高等教育和科学研究的若干部门还必须理解文言。特别是因为我们大量的古代文献还没有经过全面的整理，没有把其中相当多的人需要接触的部分用现代汉语改写出来，所以，受过中等以上教育的人，不得不接触文言。因此，社会上比较普遍的看法是普通教育阶段需要学习一些文言文。但是也有不少人持有不同的意见。这是我国语言教育中特有的问题，也是一个比较复杂的不好解决的问题。

文言和现代汉语有相当大的距离，且不说语音方面的差异，语汇和语法两方面的差异都很大。对于现在的青少年来说，文言同现代汉语除了在书面上所用的字有一大部分相同以外，就语汇和语法来看，几乎近于一种外国语。高中以下的青少年是否需要每个人都学会文言，可能不可能人人都学会文言，确实是一个值得研究的问题。有些人对于高中以下学习文言持否定的态度，或者持怀疑的态度。就我所知，持这类态度的人不是很个别的。然而，在正式的会议上或者写文章发表这类意见的极少。这里有多种原因使他们的意见很难发表出来。社会上，目前教学文言之风很盛。鉴于中学生语文水平有所降低，不少中学，特别是重点中学，在语文课中增加文言文的比例；有些小学，特别是重点小学，就要求孩子们背诵古诗，并且开始学文言文；培训在职的青年语文教师，很重要的内容是教他们多读文言。这是不是改进语言教育，提高青少年语言水平的有效途径？在全社会，在普通教育阶段，应当怎样对待文言？文言的教学应当采取什么有效的办法？为了把这些问题研究得深入一些，我想，让那些对高中以下教学文言持怀疑态度的人把他们的意见发表出来，共同探讨探讨，是有益的。据我所知，他们对文言并不是简单的否定。他们对文言、对文化遗产的看法，比五四时期的“白话文运动”和“打倒孔家店”的主张要细密一些、全面一些，并且有一些关于具体措施的设想，有些见解很值得重视。这不是单纯的语言问题，然而首先是个语言问题。语言研究工作者对这个棘手的问题是不应当置身事外的。

一个可喜的现象是，近年来，语言教育研究的领域扩大了，多科性的研究受到了重视。一些心理学家和教育学家正在研究语言教育和智力发展的关系；一些逻辑学家正在研究语言教育和逻辑思维训练的关系；语言教育与社会生活，语言教育与文学教育，语言教育与现代化科学技术，这些，也有人正在进行研究。

汉语作为第二语言的教学问题，包括国内少数民族教学汉语和外国人学习汉语，这方面的研究工作有了新的进展。

上边所谈的，只是当前各级学校中语文教学里的语言教育研究中几个比较突出的问题，不全面，更不成系统。不过，这种谈法本身也反映出当前关于语言教育研究的现状，就是说，研究还是在一个一个具体问题上，还没有形成语言教育的完整的系统的理论的建树，也没有对语言教育的实施提出完整的系统的方案。但是，就一个一个的问题进行研究和试验，无疑会对理论的建树和各种方案的设计起积极的推进作用。现在，除了教育行政部门领导的经常性工作之外，不少有关的群众性学术团体纷纷建立起来，如地方的和全国性的小学语文教学研究会、中学语文教学研究会，以及地方的和全国性的包括语言教育研究在内的语言（文）学会、教育学会，和语言教育研究有密切关系的逻辑学会、逻辑与语言学会、民族院校汉语教学研究会等等。政府领导的和群众性的研究工作互相配合起来，一定会在不远的将来，使语言教育有一个更大的发展。近似国外已经建立起来的应用语言学、心理语言学等等那些学科的研究，也正在开始受到了重视。以上几个方面的研究工作互相促进，互相配合，我们可以乐观地看到语言教育事业的广阔前景。

需要学点逻辑
逻辑不难学

一个人思路清楚不清楚，是个很重要的问题。日常生活中、学习中、工作中，在思考问题、分析问题、处理问题的时候，无论是很小的问题，或者比较大的问题，都需要思路清楚。听话、说话、读书、写文章也都需要思路清楚，不然就会听不明白，说不明白，读不好，写不好。两个人为一件事情——无论是生活琐事还是比较大的事情，发生争论。一个人不会讲道理，只会发脾气，甚至于骂人。另一个人说得头头是道：能清楚地说明他这样认识、这样说或者这样做的理由，清楚地说明所争论的这个问题或者这件事情的来龙去脉，前因后果；他能够有根有据地反驳对方的看法、说法或者批评对方的做法，使周围人都认为他是有理的，至少认为他能够有理有据地同别人辩论，不靠疾言厉色、粗鲁凶横去吓唬人，就这一点来说，也是可以赞赏的。这两个人的区别除了他们的看法、说法、做法的本身可能有是非之分外，一个思路清楚与否，一个思路不清楚，是非常明显的。平常所说的不会说话、不会写文章，除了可能有思想上或知识上的问题以外，思路不清楚、思维不敏捷，是一个重要的原因。思路不清楚、思维不敏捷就不能把想说、想写的意思整理出条理来，不能找出表达自己的意思最适当的词句来。所谓思路，实际上就是思维能力的表现。思路清楚与否，思维敏捷与否，也就是思维能力高低的反映。人人都知道思路清楚一些好，思维敏捷一些好，也都愿意自己思路清楚、思维敏捷。可是，一说思维、一说逻辑，就仿佛是一种很玄虚的和自己很不切近的东西。这至少应该说是一种错觉。思路清楚，这种思维能力是可以锻炼的，可以学到的，并不是天生的。

学一点逻辑知识，把它和日常生活、学习以及听说读写的语言活动联系起来，是锻炼、提高思维能力的一个有效的途径。举两个例子来说。一个小孩说，某人的脚很长，另一个小孩说，不，那个人的脚并不长，他只穿39号的鞋。两个人争论起来。其实，前一个小孩是江浙人，他们那里说“脚”是包括腿在内的，他说那个人脚长，就是腿长、个子高的意思。另一个小孩是说普通话的，他说的“脚”不包括腿在内。他们两个人虽然都说“脚”，但是实际的含义不同。这样是争论不出结果来的。再比如，一个小孩说印度人是欧洲人；一个说不对，印度人是黑人，因为他们皮肤黑。他们俩争得面红耳赤，不得要领。他们的争辩也是不会得出结论的。说欧洲人，这是用地理区域来区别人的一种分法，用这个标准来分类，人可以分为欧洲人、亚洲人、非洲人、美洲人等；说黑人，这是以种族为标准来区别人的一种分法，用这个标准来分类，人可以分为黑种人、白种人、黄种人、红种人等等。那两个小孩，各自用的是不同标准，这种争论是没有意义的。这两个例子都涉及逻辑问题，如果知道一点逻辑的常识，就会知道就一个词进行争辩，首先要两方面对这个词的含义的理解是一致的；就一样事物的分类进行争辩，首先要两方面据以分类的标准是相同的，否则，争辩就不会得出结论。有的人说话或者写文章常常有所谓前言不搭后语的毛病，甚至于说到后头自己否定了前头说的话；还有人说话模棱两可，说来说去，不知道他究竟是这种意见，还是那种意见。这些也都是逻辑问题。如果学一点逻辑常识，自己就会发现这些毛病，因为逻辑里讲到了这一类的问题。所以，学一点逻辑，具备一点基础的逻辑知识，是很有用处的。

逻辑学，哪怕是很简单的基础的逻辑学，免不了都要用一些抽象的术语，例如概念、判断、推理、同一律、矛盾律、排中律等等。这些术语在开始学的时候，往往给人一种抽象、难学的感觉。其实，你只要继续学下去，并且联系生活、学习和运用语言的实际来学，就并不难，前边举的例子里头，就包含的有概念等等这些内容。不要怕抽象的术语。几岁的幼儿就具有抽象概括的能力。所谓术语，无非是把一些共同性的东西抽象概括起来，用一个简单的说法表述而已。加减乘除，正数、负数，都是些术语，都是一些抽象的概念。你不是从小学就学了这些东西，一点都没觉得它难吗？我的四岁的小孙女，看着我剃胡子，我问她，你长大了长胡子吗？她说长，我说不长。她说，那么我老了就长胡子。我说，也不长，你老了也不长。她很奇怪，表现出不相信的样子。我问她，你妈妈有胡子吗？她说没有。我又问她，你奶奶有胡子吗？她说也没有。这时，她似乎恍然大悟地说，啊！我明白了，男的才长胡子，女的不长，我老了是个老太太，不是老头儿，所以我老了也不长胡子。像这样的趣事在小孩中间是随时可以发现的。我们只觉得小孩子很好玩，其实他们这种好玩的言谈之中，表现出他们已经有了逻辑思维的能力，抽象概括的能力，推理的能力。不要怕逻辑学里那些抽象的术语，不要怕抽象、概括，要锻炼自己的这种能力，提高自己的这种能力。当这种能力逐步发展、逐步提高了以后，你将发现，不论你思考任何问题、学习任何新的知识和理论，这种能力会给你多么大的帮助，它们将大大提高你学习和工作的效率。

1981 年 1 月

关于建立新的教学语法体系的问题*

近来，关于现代汉语语法的研究，学术空气很浓，很多同志提出各种不同的观点，首先反映在一些高等学校的教学之中和所编的教材之中，以及一些科研单位的同志发表的论文之中，这些不同观点必然会在中小学的教学和社会上其他有关方面反映出来。这是一种很好的形势。在这种形势下，各级学校不少教师都希望在教学方面建立一个基本上共同一致的语法体系。他们认为，有了这样一个体系用之于教学，在语法的学术研究方面就可以更加放手地去探讨各种语法理论，互相讨论以至争辩，而不必顾虑这样做会给教学带来混乱、造成困难了。所以教学体系的相对一致性对于学术上的百家争鸣是有利的，这样更容易出成果。学术上的百家争鸣出了成果，回过来又有利于进一步改善、充实教学体系。一个统一的教学语法体系，一个语法研究中的百家争鸣，这两者相辅相成，相互为用，既有利于教学，也有利于学术的发展。在这一点上可以说，一致性和不一致性是辩证统一的。全都不一致，你这样教，他那样教，教学工作就会乱；都一致，连学术研究也完全跟着教学体系走，不争鸣，就框死了，这门科学就不易发展了。因此，绝不能偏于一方面而忽视另一方面。我个人觉得，这种看法是正确的。

说到教学语法体系如何谋求一致，意见大致有三种：一种意见认为，二十世纪五十年代建立的"暂拟汉语教学语法系统"，经过二十多年教学实践的检验，证明是基本可行的，教师比较熟悉，学生也比较容易接受，因此，

---

* 本文是由黄成稳根据讲话录音整理成文的，刊载于《中学语文教学》1981 年第 6 期。

可以以“暂拟系统”为基础，稍加修改，不做大的更张；另一种意见认为，“暂拟系统”大体上是可行的，但是需要做大幅度的修改；还有一种意见认为，“暂拟系统”从五十年代到现在已经二十多年，语法学有了新的进展，不能以那个系统为基础，修修补补，而应该彻底推倒它，建立一个全新的更科学的教学体系。我觉得，这三种考虑都不是没有根据的，都有可取的方面。因此，这三种办法究竟采取哪一种，有待于大家商讨，我个人没有定见。不论用上述哪一种方式，建立一个大家共同使用的教学语法体系，恐怕都需要对以下几点适当加以考虑。

第一，作为一个体系（或称系统），首先要有科学性。要求这个体系根据我们今天所能认识到的是比较科学的。所谓比较科学，指的是互为表里的两个方面：一是这个体系比较准确地反映汉语的实际，在理论上是言之成理的，站得住脚的；一是能够把对汉语的认识以及它的理论根据比较准确地表述出来。我国的语法研究，从马建忠开始算起，至今不过八十多年，历史还很短，是一门比较年轻的科学。从《马氏文通》直到今天，对汉语语法的研究，从概念、术语到方法，基本上都是从国外引进的。所引进的这些东西，不论是对某种语言的语法的具体论述，或者是对于一般语法理论的探讨，都没有或者很少把汉语考虑在内，没有把汉语作为建立理论的基础。而汉语在世界各种主要语言中，具有较大的特殊性。因此，建立一个比较科学的汉语语法体系，是一项相当艰巨的工作。我们过去已经做过的工作和今天正在做着的工作，都带有开创性，应该说是披荆斩棘，很有成绩的。但是也不能不看到，我们要走的路还很长，一蹴而就是不可能的。

事物是不断发展的，人们对客观事物的认识是无止境的，而认识的道路并不是笔直的。随着事物的发展和人们对事物认识的加深，过去认为是科学的理论表述，今天看来可能不够了，从“金、木、水、火、土”到元素，到分子、原子、电子、基本粒子，以及爱因斯坦的“相对论”，动摇了牛顿三定律，就是一些明显的例子。过去曾经认为是有道理的，后来认为那种道理是不科学的，而今天又证明过去的那些道理之中，是有些科学根据的，这种情况也是有的，中医、针灸、气功等，就是一些明显的例子。所以，对于任何事物的认识以及对这种认识的表述，也就是说，科学的进展，既有一个一个不同阶段的不断向前发展以至于飞跃，后一阶段区别于前一阶段，高于前一阶段，又有历史的连续性和进展的曲折性。人类已经生存了若干万年，从有了近代和现代的生理学、病理学、解剖学以及各种检查、化验的手段以来也已经有几个世纪，可是至今我们对于人的生理、病理的许多问题还闹不清楚。另一方面，传说式的古代外科“神医”，直到近年我们才知道他们并不“神”，而是那时就会使用基本合乎科学要求的麻醉剂了；近年我们又不断发现，几百年前的李时珍对某些药物的性能的叙述竟然是与用现代手段进行分析的结果那么相近。语言，尽管我们和它朝夕与共，彻底认识清楚也并不是十分容易的。因此，对于教学语法体系的科学性的要求，只能是尽我们今天认识达到的程度来说。否定什么，肯定什么，都要有尽可能充分的根据，做尽可能全面的考虑，慎重从事，避免武断、片面，避免简单化和绝对化，因为这些态度是不科学的。

第二，作为一个科学体系，要注意到它的时代性。我们现在是在二十世纪八十年代来探讨建立一个汉语的教学语法体系的问题，我们的头脑里不能没有“八十年代”这个概念。由于十年动乱使我们的许多工作陷入混乱或停滞状态，我们往往有一种倾向，认为回到五十年代或者六十年代初那个时候去就很好了。这不仅在教学语法问题上，在教学的其他方面，以至于在教学工作以外的其他工作方面，都不同程度地有这种倾向。这种想法是可以理解的，然而是不可取的。历史在前进，科学在发展，我们不能满足于曾经取得过成绩的过去的某些做法，要跟着时代前进。说到时代性，首先是上边说到的科学性。这是个科学急速发展的时代，只有重视科学才符合时代的要求。有两点是特别值得我们重视的：一是语言的研究和学习，包括语法的研究和学习，越来越多的同现代化科学技术，例如人机对话、机器翻译、信息处理以至于人工智能等发生了联系；一是现代科学（包括自然科学和社会科学）在向多科性的方向发展。在我们致力于建立一个新的教学语法体系的时候，不能不考虑到这种形势。我们现在建立起一个体系教给各级学校的学生，他们按照这个体系学会了这些知识，是要在几年乃至十几年之后去应用的。到那时，他们将面临许多新的要求。因此，只用一些旧的知识、技能来装备他们是不够的。我们在探讨一个新的教学语法体系的时候，头脑里不能不放进这样一个观念。但是在目前，我们主观上对上边这些进展还缺少研究，还很不熟悉；客观上还缺少许多物质条件；在一般的实际工作中，还没有产生上述这些需要的迫切感。因此，我们既要注意到语法体系的时代性，又不能脱离当前的现实操切行事，许多问题还只能列入研究的项目，不具备列入实际应用的条件。立足于现实，着眼于未来，大概这个精神也适用于建立教学语法体系这项工作。

第三，作为一个教学体系，应当具有教学性。教学语法同理论语法或描写语法既有联系，又有区别。理论语法和描写语法是教学语法的基础，教学语法是对理论语法和描写语法研究成果的普及、推广和应用，同时也是对理论语法和描写语法的验证。一个教学语法体系，应当注意到它的教学性，包括可接受性和实用性。可接受性，是指这样一种体系，它的整体的内容以至各个组成部分，它的内容以及表述方式以至于所使用的概念、术语、符号等等，它对语言所做的分析以至对运用这个体系的人提出的要求，都容易为教者和学者所接受，并且易于掌握。应当尽可能地简易，不宜烦细。应当在不违反科学的前提下，力求通俗、浅显。在能够准确地说明和分析语言现象的前提下，要力求避免过于抽象，过于理论化，避免晦涩难懂。要力求做到大学生不觉其浅，小学生不觉其难。语言本来是非常切近于人的生活的，每个人从小就学会听、说母语，但是其中确实有一些规律性的东西，是从小使用这种语言的人并没有自觉地掌握了的。因此，教学语法要使学者感到语言需要学，不因其切近生活，早已会用而轻视或放松对这种语言的理性认识的学习。然而，它毕竟是一种切近生活的东西，绝不能使学习者感到这种语言本来能够熟练地运用，学了语法之后，反而越学越糊涂。

实用性，是指按照这样的体系学了语法，确实有助于学习者更好地运用语言，也就是说，有助于提高他们的听、说、读、写的能力。就我们当前的实际情况而论，很重要的一点是要使语法教学有助于推广普通话，促进现代汉语规范化，要使学习者不仅知道我们的语言中有些什么现象，不仅知道什么是什么，更需要使他们知道怎样说、怎样写是可取的，怎样是不可取的，为什么，怎样说、怎样写是比较好的，怎样是比较差的，为什么。换言之，要使教学语法对于学习者确实有点用处。

可接受性和实用性是相互为用的，可接受才能实用，实用才更好接受。可接受性和实用性不是很容易做到的事情，需要下大功夫，花大气力去探索。教者本人对语言掌握得不充分，不具备足够的理论知识和素养，就不容易教得使学习者感到易于接受而又能实用，或者仅仅凭着朴素的经验也能够做到，但是这样做到的往往不是有充分把握的，很科学的，并且对于发展学生的智力，提高学生的学习能力，可能帮助不大。相反，不从可接受性和实用性着眼，那样进行理论研究和探索，既使这种理论研究和探索的成果不容易普及和推广，也失去了或至少减少了用实践检验自己的研究成果的机会，从而使自己的理论研究成果的可靠性缺少了一个重要的依据。因此，把理论研究和教学研究分割开来，甚至对立起来，各搞各的，互不相谋，甚至于彼此轻视，研究理论的说研究教学的是搞些卑之无甚高论的幼稚的东西，不屑一顾，研究教学的说研究理论的是不务实际，好高骛远，毫无用处。这两种看法，都是不可取的。吕叔湘先生在中国语言学会成立大会上的讲话，以及在华中师院向中文系师生的讲话，都谈到了这个问题，值得我们重视。

第四，作为教学体系，要有群众性。教学语法体系涉及的对象范围很广，它面向数以百万计的教师和以千万计的学生，因此，建立教学语法体系要有群众观点。这和个人或者少数人做某种专题的研究或者新的理论、观点、流派的探索，性质是不同的。群众所熟悉的，认为行之有效的，除非已经充分证明是错误的东西，不宜轻率地改变；群众所不熟悉的，还没有充分的把握断定确实是正确的，必须采用的，而是还在探索、试验之中的，可以让群众了解以至于在比较小的范围内试行，但是不宜遽然要求所有的人接受；群众所熟悉的，已经充分证明其为错误的，而一种新的认识已经有充分的根据证明是正确的，那就应当采取有效的办法，宣传、普及，使群众逐步能够理解它，接受它。正如地球围绕太阳运行这个学说刚刚提出来的时候，群众是不肯接受的，宗教界甚至是打击、压制的。然而，已经有了充分的依据断定这个学说是正确的，科学家们不惜任何代价地坚持宣传它，终于使它被群众所接受，成为共同相信的常识。换言之，建立教学语法体系，心目中要有群众，要为群众着想，要使建立的体系为群众所用，但是也不能完全迁就群众。这是科学工作者和教育工作者应当共同担负的一项严肃的责任。在这里，我想到了“曲高和寡”这个话。“曲高”的确往往或者可能“和寡”，至少在一个时期之内，在一定的范围之内是“和寡”的。所以我们绝不能因为对某种“曲”的“和者寡”，就遽然排斥这种“曲”，认为它荒诞不经。要认真地分析它，研究它。对于新的“曲”，我们首先应当持欢迎的态度。另一方面，作曲者、奏曲者如果确信自己的曲是高的，就不应该安于“和寡”这种状态，而要以自己的工作，力求达到“曲高和众”。再则，“曲高”固然往往“和寡”，可是“和寡”不能证明其“曲”必“高”。用“和者寡”来证明自己的“曲高”，这种证明是没有力量的。

最后还想说一个想法：教学中需要有一个共同使用的体系，然而，第一，就教学工作而论，体系是工具，不是目的；第二，科学体系不是法律，没有也不应当有绝对的强制性。如果大家能够接受这个想法，那么，对于建立一个基本上一致的、共同使用的教学语法体系这件事也许可以不看得十分严重，因而也就不会十分困难了。在探讨建立新的教学语法体系的工作中，要力求各个有关的方面协同工作，使大家能够共同前进，共同提高，使这项工作对语法科学的发展，对语法教育工作的发展，起更大的推动作用。

谈《暂拟汉语教学语法系统》*

在一个雨雪初晴的上午，刚刚病愈出院的著名语言学家张志公先生欣然接受了记者的采访。张先生长期从事语言教学和研究，对语法教学感受良多。他对本刊拟开展语法教学改革的讨论十分关注，对暂拟汉语教学语法系统做了全面的审视，并提出语法改革的构想。

记：暂拟语法系统出台 40 年了，它在我国语法教学中影响很大，请您先谈谈它出台的经过。

张：暂拟系统是 50 年代初期为中学语文教学进行试验，即将原来的语文课分为文学课和汉语课而拟定的。在全国范围内实行汉语文学分科教学，当时是作为一个很大的问题由中央政治局扩大会议讨论决定的，并由胡乔木同志负责这一工作。这两科的教学大纲和教材就责成人民教育出版社建立机构来编写，文学就原有的中学语文编辑室再征调一些专门从事文学研究的人编写，汉语就委托吕叔湘先生，由我帮助吕先生一起来编写汉语的教学大纲和教材。汉语中很重要的一部分是讲语法。当时语法体系分歧很大，大家，所谓大的流派就有好几派，像从事语法工作最久、影响最大的黎锦熙先生，像王力王了一先生，像吕叔湘先生，还有像语言研究所好几位先生，都有些语法著作，其余还有若干可以成为流派的。采用哪种体系、哪种讲法，是编汉语教材时首先遇到的问题。所谓暂拟系统，就是为了解决这个问题，为了这个需要而拟定的。经过自由发表意见、讨论，提出问题，提出解决问题的方案，草拟提纲，再讨论征求意见。一方面发到全国各地，由教师们讨论，

---

* 本文为《语文建设》记者专访。刊载于《语文建设》1995 年第 1 期和第 2 期。

一方面在北京邀请一些语法专家讨论，这样上上下下，来来回回，差不多用了三年时间，最后形成了这个暂拟系统，全名是《暂拟汉语教学语法系统》。“暂拟”就是暂时拟定、暂时使用的，指望全国的语法学界尽量合作，产生一部比较一致的、大家共同认可的语法著作后，编教材再以此为据。不叫“体系”，叫体系，重了点，叫“系统”，就是那么一套讲法，从名称可以了解这是暂时为了汉语课进行语法教学拟定的一个系统。然后由北京市教育局抽调400名左右有经验的老师，在教师进修学院（以后改为师范学院）开班，由我试教了一年。在老师中间试教暂拟系统，有两层意思，一是自己编的自己去教一教，通过试教来看看暂拟系统好讲不好讲，还有什么问题；一方面也是再次直接征求教师的意见，好学不好学，好教不好教，科学性怎么样。根据大家的意见，再做最后的修改。又经过一次语法学界的讨论，就决定“暂时先这样用吧”。然后报教育部批准。这就是产生的经过。根据这个系统，又做了两个工作，一是编教材，同时编教学参考书，供教学用；另外还编一部《语法和语法教学》，请专家们一个问题一个问题写论文，来解释、说明、发挥这些问题，便于教师们了解。从1956年开始，文学汉语分科教学在全国推行。暂拟系统在中学语文教学中的使用，影响很大。从学校教育系统来说，一头影响小学，因为小学很多教师都是高中毕业生或师范毕业生。他们学的是这套系统，到小学去教，当然是按他学的去教，影响到小学；一头影响到高等学校，师范院校不用讲，是培养中学教师的，就是综合大学的中文系，很大一部分学生也是要当中学教师，学的时候，系里也注意配合，所以也影响到大学。编字典的、写与语法有关的书籍的，一般也都采用这个系统。虽然1958年由于康生说文学教材最多能够反映小资产阶级的思想感情，文学教材受到批判，文学教学的基础动摇了，分科教学停止了，又恢复了语文科，但暂拟系统并没有废弃，一直用到80年代初。其间经过“文化大革命”，但对暂拟语法系统本身冲击不大，倒不是“四人帮”他们喜欢这个东西，而是他们不重视它，故未受到大的冲击。在二十多年的使用中，教师们逐渐发现系统本身有某些缺点、问题，有的学校，特别是高等学校，自动地在不同方面做了某些修改，基本的框架还是暂拟系统，里面的内容则各式各样，又形成了分歧混乱的局面，大家觉得对教学很不方便。1981

年召开了全国语法和语法教学讨论会，语法专家、语法研究者、语法教师及有关人员讨论语法和语法教学，对暂拟系统的有关问题，提出一些修改意见，拟订了一个修改的要点，会后根据会议的结果，改成《中学教学语法系统提要》。

记：时隔40年，现在重新审视暂拟语法系统，您如何评价？

张：现在相当多的老师，特别是年岁大点的老师，还很留恋暂拟系统，觉得“提要”并不比暂拟系统好多少。评论暂拟系统的优劣得失是不容易的，暂拟系统基本上是过去各种流派、各种讲法的一个综合产物，取各种流派中可取的部分综合起来，使它自己本身也成为一个系统，并不是一个完全创新的系统。它也不是把各个流派简单地拼凑起来，而是采取其中可取的部分，经过一番加工，使自己内部没有什么矛盾的东西。教科书有一个不成文的法，就是不能碰钉子，否则就影响教学，产生实际上的分歧。我编了几十年的教材，深知其中的甘苦，来自四面八方、上下左右的意见，都得尊重，“系统”出点漏洞也是在所难免，说是集各家之长，不那么圆满，有时折中可以，有时折中就使本身的逻辑性差了。要说它的成绩、贡献，在于反映了语法学的历史发展、语法研究的成果，反映了各方面的意见、建议、理论、学说，构成了一个进一步研究的基础。它不是一家之言，而是多家言。而它的不足也就出在这里，一家之言有一个好处，就是系统非常严密完整，多家言就不及一家之言，这是从它的有利方面带来的弊端。从教学来说，它的长处是条理比较清楚，容易讲，容易懂，没有碰什么钉子；短处是有些地方偏于烦琐，有些地方又偏于简略，烦琐的是在知识部分，简略的是应用部分，繁简处理得不是很恰当。总的来说，是偏于烦琐。在中学教学语法，重要的一条，是要“精要、好懂、管用”，暂拟系统在好懂方面可以说是基本上做到了，精要就不够，有的地方不够简明扼要，处理得不是很理想，管用方面处理得更差一些。某些短处往往是由长处带来的，长短在互相作用，长中有短，短中有长，长短相生。更具体的逐点评论则不是三言两语的事情。

记：很多教师反映，中学语法难教，怀疑这种语法是否能很好地解释现代汉语。对此，您有何高见？

张：语法教学一直是不理想的。在使用暂拟系统以前，很多地区是用黎锦熙先生的《新著国语文法》系统，有的地方使用王力先生的《中国文法理论》系统，有的地方使用吕叔湘先生的《中国文法要略》《语法修辞讲话》的系统，有的地方使用语言研究所的《现代汉语语法讲话》，无论用哪一家的系统，效果都不是非常理想的。(《语法修辞讲话》有所不同。它不在于建立系统，而在于“匡谬正俗”，是应用性的。）一直到暂拟系统，到现在使用新的系统，仍然如此。不够理想，具体表现为学的时候有相当的难度，尽管暂拟系统比较好懂，它也有相当的难度，而学过以后用处不大，至多能够简单地分析分析句子，改改语病，作用非常有限。本来语言是很普通的东西，每个人从两三岁时就会说话，而学语法反而是越学越困难了，而且也没有什么用，根本原因在于语法系统无论哪个流派、哪个学派都是从西方引进的。我国古代语言学是很发达的，是古典语言学三个发祥地之一。古希腊、古印度都有语法，而我们历来都没有研究。一直到19世纪末，变法维新，西学东渐，语法学也是在这个潮流下从西方引进来的。第一位是马建忠，他是研究古代汉语语法的，引进的是拉丁语法和英语语法；然后是五四运动，影响大的是黎锦熙，他是研究现代汉语语法的，引进的主要是英语语法。他们都是用那些西方语法的框架来研究汉语语法。对汉语语法学、汉语语言学来讲，早期引进是有功劳有贡献的，引进没有错。但任何东西拿来后原封不动就照用，是不可能的。一件衣服别人穿着很漂亮，你穿着就不一定漂亮，因为身材不完全一样，皮肤颜色不一定一样，动作不完全一样，拿过来照穿不行，至少得修理修理，有的甚至要大返工。但语法引进后就没有消化。我们的邻居日本就做到了这一点，开始很长时间从中国引进中国的传统文化，变成了他们自己的东西；然后从西方引进，又变成了他们自己的东西；二战失败后，美军代表联合国占领、管制，但他们还是引进：美军来，我就学你美国，学来学去，在某些方面超过了你美国，就是把别人的东西引进来变为自己的。而我们的语法始终就没有做到这一点。实事求是地说，到现在为止，恐怕还没有任何一部是真正汉语的汉语语法。从引进以后，又亦步亦趋，人家有什么，我们就跟着引进什么。例如人家有结构主义了，我们也引进，人家结构主义都陈旧了，我们还当新鲜东西来引进；人家又有转换生成了，我们又引进；到今天还在引进之中，都没有产生过一部真正的能反映汉语实际的汉语语法的体系。马建忠、黎锦熙就已经发现汉语语法和西方语法有很多地方是不一致的，注意到汉语有一些特点，后来注意得越来越多一点，如王了一先生，吕叔湘先生，还有好些位研究者，拿他们的框架来，把我们的东西尽可能多地装进去，多注意我们自己的语言现象，我们语言的实际情况。然而始终没有提出建立有中国特色的汉语语法，更不用说实际去做。在这样的情况下，大家也感觉到不行，于是我们也出这个主义，那个论点，但都只有论点，没有根据自己的论点编出一套可供人学习的语法教材。比如现在研究转换生成语法，有不少同志发表过不少论文，但始终没有出过一本、哪怕是个小册子，按照转换生成的理论，写成语法书，供人学习。提出各种口号，有所创新，有新观点、理论，是必要的，大家研究研究，交流交流，是好现象，不过总得落在实处。研究语法是为了教，为了教人学的，如果不管实用，研究就是多余的。应当承认，语法学乃至于整个语言学，是一门应用科学，不是纯理论科学，就是为了要应用，提高应用语言的能力，才来研究语法。如果没有这个目的的话，这个研究就是多余的，不研究也不会说“我饭吃”。朱德熙先生举的例子“人咬狗”“狗咬人”，但除了精神病外，不会说“人咬狗”的（但“人咬狗”的事情也不见得是绝不可能）。在正常情况下，人都会正常说话，说得好一点，差一点，严谨一点，松散一点。如果不是为了应用，不是为了提高应用能力，那就不必研究语法，不必教语法，不必学语法。

第一个问题，首先它是个引进的东西，应该消化，经过消化，成为自己的东西，这个工作我们没有做，至少做得很不够。这不是马建忠、黎锦熙他们的过错，是后人的过错。我们的责任就在于他们引进来了，我们也接受了，进一步来改进它，这是我们后人的责任。开始引进的人看见这个东西我们缺乏，应该引进，就引进来了。马建忠毕竟写了《马氏文通》，黎锦熙毕竟写了《新著国语文法》，拿出了实际的东西，不是光空喊我们要引进。后人没有做到这一点，这是我们汉语语法学连带汉语语法教学根本的弊端所在。

其次，也不能说我们没有人在做研究。有些研究，也有些新的创见，研究成果不能说没有，但是从实际应用这个角度来考虑问题，研究问题，还是太少。没有从这方面来着眼，语法始终处于那么个状态，被人认为是“难学而无用”。于是乎，语法学在社会上的名声不佳。于是乎，一直到今天，几十年前那种说法仍然存在：从古到今，有那么多文学大家，他们没有学过语法，如司马迁没有学过语法，《史记》写得多好；曹雪芹没有学过语法，《红楼梦》写得多好。这个逻辑站不住。第一，要澄清“语法”的概念。语法有两个概念，一个就是实际存在在语言里的那个因素，要素，语法；一个就是经过研究，将客观存在的语法整理整理，写成一本语法书。所谓司马迁没有学过语法，指的是他们没有读过语法书。那个时代没有语法书，他们学没学过语言里的语法呢？学过的。每个人都学过的，用很大的功夫来学过的，所以他们的文章才有那么好。如果语言里的语法没有学通的话，文章就不可能通。他们的文章不仅写得通，而且写得那么好，表明他们语法学得非常好，只不过是从语言实践里面学的，不是从语法书里学到的。这种事例只可以证明学语法不一定非要学语法书，只要留心，从生活实际里、语言实际里也可以学到语法。你可以这样说，有可能不用语法书也照样学好语法，这样说更合乎实际一点；说他们没学过语法是不合乎实际的，是误解。第二，我们不能根据张仲景没读过现代医学的书而写出《伤寒论》，就认为现代医学可以废除。这种论调到现在还是存在，文雅点的说是应该“淡化语法”。上海《语文学习》让我谈过关于淡化语法的意见，我开宗明义就说，什么叫作淡化语法，淡化是艺术语言，语法是科学，淡化我不懂，人家实际上就是不要语法，不好意思这么说，就谈淡化。粗暴的说法就是废除语法，以至有人发狠说要“扭断语法的脖子”，我在你们《语文建设》上写文章说，语法没有脖子，没法扭。语法现在处于这么一种现状，很不理想，主要就是在这几点上。

怎么办呢？专从教学的角度来讲，出路只有改革，并且要大幅度地改革，小的还不行。改革三样东西，一个是语法体系、系统，要真正探索出具有汉语特色的汉语语法，真正是汉语的汉语语法。二是根据这样的系统，这样的指导思想，编写汉语语法教材。现在的教材，理想的极少，讲解定义时，一般就是举几个例子，让学生学点概念拉倒，不管用。第三是教学法。我们现在教语法的方法是不得当的，把语法里面的一些现象绝对化，或把一些规律绝对化。规律可以有例外，可以有同这个规律不相符合的表达，也是合法存在、合理存在、为大家所公认的。不承认这一点，就是僵化的。也有的仅根据那些特殊的情况，否定语法有规律，这也不符合辩证法。研究汉语语法的问题，首先，要从方法上端正研究思想、研究态度，好好地研究建立我们自己的语法体系，编写更实用的有针对性的合用的教材，让学的人感到有兴趣，愿意学，学了有用。汉语语法教学要从这三个方面做大幅度的改革。头一条，从根本上即语法系统上改，我自己正在做这个尝试，也许很快能拿个东西出来。汉语由于它的特点，许多地方同西方语法是格格不入的。那么，是否现在停止，暂时把语法淡化掉，等改革成熟了再教语法呢？我说也不必，就这样凑合着对付用也可以。我曾经打过比方，用吃西餐的餐具吃中餐，那当然不合用。但有的也还可用，用它的勺喝汤，和用我们的瓷勺喝汤，效果是一样的；有的比我们的筷子合用，比如叉子，但究竟是不方便，吃面条用叉子就不行。但现在只有西餐餐具，没有中餐餐具，对付着吃饭照样也行。用现在这套语法，从教法上做一些改进，对付着教也是可以的，但这功夫要下得比较大。不过最后必须有真正符合汉语实际的具有汉语特色的汉语语法产生出来，才能真正从根本上解决问题。我觉得这是我们大家应该共同努力的目标。我个人就想这样做，但一个人的力量是很有限的，我有可能拿得出来的东西不可能从根本上全面地非常理想地解决问题。要真正彻底解决问题，必须大家有共识，共同了解语法的来龙去脉，语法存在的问题，应该怎么改进，怎么改革，共同努力，共同想办法。我非常有信心在我的有生之年还能看到这样的语法产生出来，看到比较理想的语法教学效果产生出来。

1995 年 1 月

谈《中学教学语法系统提要（试用）》*

关于《中学教学语法系统提要》，我就个人参与这项工作过程中了解和体会到的几点扼要说一说，供参考。

一、如同五十年代的《暂拟汉语教学语法系统》一样，这个《提要》具有以下两个特点：

第一，它不是个人或少数人的东西，而是集体性的产物。它不仅包含了几十年来语法学者的研究成果，而且从制订新的教学语法体系的原则的确定，到《提要》草稿的多次修改，直至最后定稿，许多语法研究工作者、语法教学工作者都直接参加了讨论，共同研究，反复斟酌，提出了许多宝贵的意见。这个《提要》得以定稿，是与他们的辛勤劳动分不开的。

第二，《提要》虽然已经定稿，提供给全国中学使用，但它还是试用性质。也就是说，可以一边使用，一边继续研究探讨，在教学过程中考察其中存在的缺点、问题，以便集思广益，在适当的时候进一步加以修订，使它逐渐完善起来。正如《提要》的“附记”所指出的，这个《提要》介绍的语法体系和名称术语是参考性的，不是强制性的。教师如果认为需要，可以根据自己的经验，对这个《提要》适当变通灵活使用，尽管它对于制订者、公布

---

* 本文刊载于《中学语文教学》1984 年第 4 期。文前有如下的编者按语：《中学教学语法系统提要（试用）》从 1981 年 7 月在哈尔滨举行“全国语法和语法教学讨论会”之后开始起草，历时两年多，经过多次广泛征求意见，反复修改，并经有关领导和顾问的审定，已经正式定稿，交付本刊披露。为了帮助读者了解这个《提要》，以便参考试用，我们请张志公同志对这个《提要》的主要方面做一些说明。下边是张志公就我们提出的问题所做的一次“炉边谈话”。

者本身在一定时期内带有约束性（如编写中学语文教材涉及语法问题时需要参酌试用《提要》所提供的语法体系和名称术语）。

二、有不少同志提出两方面似乎有点矛盾的问题。有的说，《暂拟系统》用了很长时间，教师熟悉，教学上也是基本可行的，继续使用下去不是可以吗？何必花这么长时间去搞这样一个新的系统呢？也有另一些同志问，既然改了，似乎改得很不够，《暂拟系统》的不少东西还继续保留着没有改动，为什么不运用一些新的理论做更彻底的修改，提出一个全新的系统呢？

这两个问题所说的现象是合乎《提要》的实际的。它确实保留了《暂拟系统》相当大的一部分内容，同时又做了相当的修改，不是原封不动的。所以要这样做，是以 1981 年 7 月在哈尔滨召开的“全国语法和语法教学讨论会”上共同商定的原则为根据的。这个原则集中反映在会议商定的《〈暂拟汉语教学语法系统〉修订说明和修订要点》中。《修订说明》指出：“1956 年制订的《暂拟汉语教学语法系统》应当进行必要的修订，改正、解决二十多年来在使用过程中逐渐发现的主要缺点和问题，吸取近年来语法学界新的研究成果，形成一个在原有基础上有所改善、有所前进的新的系统，作为学校，主要是中学，语法教学的依据。”这就是说，新的教学语法体系应该以《暂拟系统》为基础，同时又要进行必要的修订。这是那次会议上一致同意的一个原则。这个原则的确定，主要是基于这样的考虑：作为教学用的一个体系，需要保持一定的稳定性和连续性，这样有利于教学工作的进行。从《暂拟系统》本身来看，它是当年许多语法学者和语文教师共同制订的，它吸收了直到五十年代我国语法学者的研究成果，具有一定的科学性，因此它才会被采用。二十多年来它在语法学界和语文教学界产生了广泛的影响，多数中学教师比较熟悉，他们不希望大动。如果要建立一个全新的语法体系，现在也还不具备这样的条件。所以大家都说，确定新教学语法体系应以《暂拟系统》为基础，不能另起炉灶。但是，《暂拟系统》是二十多年前的产物，不可避免地会有不少缺点、问题，需要加以改正和解决。随着语法研究的发展，产生了一些新的研究成果。教学语法虽然要保持稳定，但随着科学的发展，也要有所前进，把新的比较成熟的研究成果吸收进来，不能老是原封不动。因此，既要以《暂拟系统》为基础，又必须进行一定程度的修订。

关于这些考虑，这些道理，在哈尔滨会议后出版的《教学语法论集》（人民教育出版社 1982 年 4 月出版）中都有所反映，其中浦通修、王力、吕叔湘、胡明扬等许多位同志的文章、讲话，可以帮助我们了解《提要》产生的全过程和它的性质。关心这个问题的同志不妨花点时间翻翻这本书。

三、如果说《提要》是《暂拟系统》的修改本，那么修改了些什么呢？主要有三个方面。

（一）算是涉及体系问题的，主要是对分析句子的方法做了点修改。《暂拟系统》分析句子采用的是所谓“多分法”或叫“中心词分析法”，就是把句子的各个成分一次分析出来，并且找出中心词。例如“一个念头忽然跳进我的脑子”这个句子，“念头”是主语部分的中心词，“一个”是它的定语；“跳”是谓语部分的中心词，“忽然”是它的状语，“进”是补语；“脑子”是“跳”的宾语的中心词，“我的”是它的定语。用符号法表示是：“一个念头‖忽然跳进我的脑子。”这种分析法虽然也考虑了句子的结构层次问题（如先把句子分为主语部分和谓语部分，再找中心词和其他句子成分），但是句子的结构层次在分析过程中反映得不明显，似乎把各种句子成分都放在一个平面上了。《提要》吸收了结构主义语法在分析句子的方法上的长处，试图把多分法和层次分析法结合起来，既重视句子结构层次的分析，也兼顾到句子的基本间架即中心词，同时还注意到非中心词在表达上的重要性。

算是涉及体系问题的另一点修改，是突出了短语（词组）的地位。《暂拟系统》分析句子主要以词为单位，不说短语作为构成句子的成分。《提要》则强调短语不但可以做句子成分，而且大多数短语带上一定的语调就可以成为句子。

（二）增加了一些新内容，主要有三点。

1. 提出了“语素”这个概念。“语素”，并不是“词素”的另一个名称，不是把“词素”改称为“语素”。这不仅仅是名称问题，而是关系到对语言的观察和认识问题。我国原来没有“词”这个概念，一直叫作“字”。后引进了“词”的概念，还是常常讲“字”构成“词”。后来觉得“字”是个模糊概念（它既指写在书面上的一个个汉字，又指口头上的一个个音节，甚至不止一个音节，而是一个语言片段。旧时父亲给儿子写信，开头可以说“×

儿见字”，这个“字”的意思就更不一样了)，所以改称“词素”。那时候，“词”的定义是“语言里可以独立运用的最小单位”。对词进一步再分析，才有了“词素”。现在，我们的认识前进了一些，认为最小的单位还不是词，而是语素。它不是从词里分解出来的，它本身就是一个单位，是一个最小的语音语义结合体。它本身可以就是一个词，也可以和别的语素组合成词。在西方语言学界，从本世纪三十年代就由结构主义语言学创始人提出了“语素”这个概念，我国在五十年代也有人，如吕叔湘先生，开始研究语素，六十、七十年代，吕叔湘先生继续讲过语素问题，以后，越来越多的人研究语素了。现在大家一致认为语素这个概念应该明确提出来。在中学语法教学中，让学生建立起“语素”这个概念，对于理解语言的构成、语言的组合规律以及语言和文字的关系等是有益处的。当然，在中学不用多讲，只要具备一点关于语素的最基本的了解，建立起这样一个概念就可以了。有关语素的一些理论问题不用去讲。

2. 增加了句群（也叫句组，还有的著作里叫语段）的内容。《暂拟系统》和当时大多数语法著作一样，讲到句子为止。在它以前和以后，也曾有人提出大于句子的单位（但还不是文章的段落）应该研究，但是没有展开。近年来，许多人，特别是语文教师，越来越感到学生运用语言（无论是说或是写）的时候，许多常见的毛病往往不是出在一个句子之内，而是出在前后联系很紧密的一组句子之间。像所谓“语无伦次”“前言不搭后语”，意思跳跃“不接气”，重复累赘，等等，可能是一个句子里的毛病，更多的时候是一组句子里边的毛病。因此，为了实用，不少人认为讲语法不宜绝对限制在讲到句子为止。国外对大于句子的语言单位的研究，在本世纪四十年代就开展起来了。有的把这种单位叫作“话语”，有的叫“超句子统一体”，这都是些译名，总之意思是不止一个句子，而这一组句子又显然是一个有紧密联系（属于或近于语法性质的联系）的整体。经过征求意见，多数人认为，这个问题值得重视，从实用的角度考虑，《提要》最好增加句群的内容。如果说对句群的研究还不够深入，那么不妨先讲简单点。在这一问题上，语文教师的实践经验是很丰富的，很可能他们比语法专家们更有能力把这部分内容逐步充实起来，经过深入钻研，把它搞透彻。

3. 试图对汉语中一些相当常见、有用而过去不大注意的现象提出个初步的讲法。汉语中有些现象，比如结构对称的习惯语（“深一脚浅一脚”“你一言我一语”之类），句子前头起评注作用、关联作用或解释作用的成分（如“诚然”“一般地说”“反之”“特别是”等），在日常交际中用得很多，大家都很习惯，但过去对这些语言现象都不大理会，更没有个一致的讲法。这是些值得注意的问题，《提要》试图提出个很初步的解决办法。当然，这些意见未必都很妥善，还可以进一步讨论研究。总之，这是实际有用的东西，能引得大家重视起来就好。

（三）对《暂拟系统》中一些处理不当的问题做了改动。对于三种合成谓语的改换就是一例。《暂拟系统》中讲了三种合成谓语，一种是能愿动词和（充当谓语的）动词或形容词合起来的合成谓语（简称“能愿合成谓语”），如“孩子们都愿意看故事片”；一种是趋向动词和（充当谓语的）动词或形容词合起来的合成谓语（简称“趋向合成谓语”），如“人们都涌过来了”；一种是判断词和（充当谓语的）名词、代词等合起来的合成谓语（简称“判断合成谓语”），如“这是事实”。顾名思义，这三种组合既称为合成谓语，就意味着它们只出现在谓语的位置上。而事实上并非如此，它们除了做谓语外，还可以充当其他成分。例如：

这是一只会唱歌的鸟。（做定语）

愿意学习是好事。（做主语）

我保证能把你的东西带到。（做宾语）

挤进屋里来的人越来越多。（做定语）

这样干下去是不行的。（做主语）

可见，《暂拟系统》对三种合成谓语的处理是不妥当的。说实在话，当年之所以这样处理，是有不得已的苦衷的。——每种现象都有两三种相持不下的不同讲法，采用哪一种也不会使大家都肯接受，于是才想出了这么一种大家都能不拒绝（即使带点勉强）的办法。搞教学用的东西跟个人写书不一样。个人写书，就照我自己的见解讲，你爱同意不同意。百家争鸣嘛。搞教学用的东西不能这样办。虽然不大可能让人人都完全同意，总得使尽可能多的人至少不坚决拒绝——为了有利于教学，避免混乱。于是就免不了有时候调和折中一下，结果，大家都不怎么满意，也都能勉强不拒绝。这也算是搞教学材料的人的一点甘苦吧。现在，《提要》把它们讲成三种不同结构类型的动词短语，这样就免除了上述那种显然不能自圆其说的讲法。此外，对《暂拟系统》做了改动的还有名物化、复杂的谓语、双部句和单部句等。

由于改动一点往往会牵涉到其他点，所以改动虽然并不太大，但乍看上去好像变化不小似的。其实有些改动不是实质性的，而是从保持系统内部的协调性来考虑的。真正实质性的改动并不太多，可也不是一点都没有。希望大家能够不产生改动或太多或过少的错觉。——这又是一件两面不讨好的事：不希望多改动的会认为改得太多了；希望大改的又觉得改得还不够劲。

四、哈尔滨会议上一致提出，制订《提要》一定要着重考虑教学语法的实用，着重考虑教学的需要。《提要》主要在两个方面来体现这个决定的精神。

（一）教说汉语的中学生学汉语语法，哪些当繁，哪些当简，要根据教学需要来考虑，不能面面俱到，平均主义，一视同仁，要有所区别。举几点为例：

1. 简化词类问题的内容。词的分类，完全按照《暂拟系统》的分法，只是增加了一类拟声词。但是，《暂拟系统》对各类词的语法特点讲得很细，例如名词不受副词修饰，不说“不桌子”“很椅子”等，这对说汉语的中学生来说，实际的用处不大。谁会说“不桌子”“很椅子”呢？因此《提要》对词类的讲解比《暂拟系统》大大简化了。

2. 充实了短语的内容。说汉语的中学生使用汉语，短语这一级很重要。短语不仅可以充当句子成分，而且大多数短语带上一定的语调就可以成为句子。因此，短语掌握得熟练，对掌握汉语的构造十分重要。有人甚至认为，只要掌握了短语，就已经掌握了汉语。短语的结构类型很多，使用情况又很复杂，所以《提要》讲得比较详细。至于教学上如何安排，则是另一个问题，因为《提要》是一个教学语法体系，不是语法教学方案。

3. 句群也是从教学需要考虑增加上去的。关于句群教学对语言运用的重要性，上边已经谈过，不再重复。

4. 图解句子也是从教学的简便考虑，建议采用比较简明的图解法（图解全句用符号法，图解复杂的局部用框式图解法），没有介绍更复杂的图解法，如树形图解法等，尽管这些图解法各有特点，都是有意义的。

（二）从教学考虑，凡单纯的名称术语问题，《提要》一概采取灵活的态度。比如“短语”和“词组”，“句群”“句组”或“语段”，这只是名称术语的不同，没有实质性的区别。因此叫哪个都可以，不强求绝对统一，也不去追究哪个更合理这类问题。如果追究起来，“副词”又何尝合理呢？这些词是“副”的，哪些词是“正”的？凭什么区别“正”“副”？如此等等，麻烦着呢！咱们搞教学工作的人“不介入”那些麻烦吧。有人问，名称不同，考试（尤其是“高考”）怎么办？我认为，第一，考虑问题不能以考试为出发点。第二，如果要我出题，根本不出这叫什么、那叫什么之类的题目，因为这种题目除了要学生硬记些名称术语之外没有多少用处，考这些东西意义不大。第三，如果要考，书上既然两种叫法都承认，那就应该无论答卷上用哪一个叫法都算对，都给一样的分。名称术语在教学上是次要问题，而且教学上最忌讳老是在名称术语上纠缠不休，这样做无异于浪费时间和精力，对提高学生的语言能力毫无益处。解决名称术语问题不是咱们教学工作者的任务，咱们应该把注意力放到语法教学的实用性上来。

《提要》现在快要试用了。在试用过程中，如果感到某处有缺点，有问题，欢迎及时提出来，以便进行研究，今后在适当的时机讨论、修订。在这个问题上，我个人觉得两种情况都不妥当：一种是认为这个《提要》是有关领导部门发表出来的，是不可改动的，甚至是不可讨论的，改动、讨论都是错误的，不许可的。我认为这不对。这毕竟是一个学术性的东西，不是法律，即使是法律，也不是不可讨论的嘛，何况不是法律呢！另一种情况是只要有人一提意见，特别是如果某知名专家提了意见，马上就大惊小怪，就全盘否定，就不用了。这对工作极不利，对学术发展也是极不利的。哪里会有一种东西让人人拍手称赞呢？总会有人有意见。以往，这两种情况都发生过，教训是不少的。咱们不是明明白白地说过“教学大纲是法律”，不许评论吗？咱们不是花了很大的力气编出《汉语》《文学》两套教材，试行分科教学，只试了一年多就稀里糊涂地废止，到今天也说不清楚到底为什么，更总结不出那样分科的得失利弊吗？对这个《提要》，我想，咱们既要试用它，即使有些不完善，有些意见也要用下去，用一段时间，等到说得清楚它的优缺长短的时候再改，又要在试用中随时发现问题，随时提出来加以研究，不能不许议论。只有这样，才能使它不断完善。

至于我个人，虽然参与了《提要》的制订工作，但是我对《提要》中的某些点并不都完全同意，它并不都是我的意见，正如当年制订《暂拟系统》时一样，那里边有些讲法当时也并不同意。不过，这是工作，集体性工作，不是个人著述，既然定下来了，我就照此《提要》讲，照此《提要》做。如果说它有长处，不能记在我的“功劳簿”上，因为这不是我个人的作品；如果说它有毛病，算在我的账上，我绝不推托，因为我是确确实实参与其事并且起了一定的作用的，随后是照此讲、照此做的。这些话本来不需要说，不过既然一定要我来讲《提要》，我就说了这么几句似乎多余的话。

要研究语法、修辞、逻辑教学

——田小琳、黄成稳编《语法逻辑修辞教学论集》序

封建社会的语文教育以至全部教育，主要是这样一个过程：识字→读书→作文章→参加考试→及第做官。中心环节是学会作文章，目标是能够考中秀才、举人、进士。识字是基础，识了字才能读书；读书是手段，目的在于抄袭所读的书，模仿所读的书，至多是发挥所读的书，按照规定的程式去练习作文章；会作文章不是为了用，是为了考。封建社会中大多数念书人走的就是这么一条路。既然这样，功夫首先用在字上，接着就用在文章上——念文章，揣摩文章，背诵文章，学着作文章，“作”字很重要，文章是“作”出来的。所以，历史上，文字学很发达，从那么早就有了《尔雅》《说文》，文字学、训诂学都是对付字的；文章之学也很发达，十几个世纪之前就有了像《文心雕龙》那样的巨著。这些学问都是有价值的，是宝贵的文化遗产中的一部分。不过显而易见，功夫都用在字和文章上，这里缺少了很重要的东西——对于语言的研究和有计划、有步骤的教学。

年深日久，这样的路子成了“传统”。传统是很有力量的。它使许多人自觉地或者不自觉地跟着这么走，很自然，很习惯，视为天经地义，不觉得这里边有什么问题。如果有人说这条路子不大好，有问题，大家听不进，甚至认为是异端邪说。所以清末以后，尽管科举考试废除了，八股文废除了，语文教育的路子没有什么大的改变。不考秀才、举人了，总还得考别的什么；不作八股文了，总还得作别的什么文。于是，仍旧是字和文章。

实践早已证明，这条路子是不成功的。这样脱离语言，脱离实用来对付字和文章，文章和字就成了很难对付的东西。所以“十载寒窗”，苦修苦练，还有个“金榜题名”那么大的诱惑力（推动力?），写通了文章，考中了进士的没有多少，——其实，连中了进士的也不见得个个都通，至于不通的秀才、举人，那就更多了。清末以后的情况没有多大变化。中等学堂毕业了，高等学堂毕业了，不通的比比皆是。症结就在于训练过程脱离了语言，脱离了实用，缺少科学。

从明朝末叶起就有人反对八股文了，可是并没有反出什么名堂来，主要是“传统”的力量太大，再则那些人并没抓到点子上——他们没看到脱离语言、脱离实用这个症结问题，也没感到需要科学，因为他们也是从那个传统里过来的，传统当然对他们有影响，这就使他们只感到八股文那一套有问题，——这已经很难得了，至于问题的症结，他们是不容易看到的，从而也就不可能提出有效的解决办法。清末的马建忠比明末的顾炎武等人前进了一步，看到了需要有点语言科学，于是写了《马氏文通》。写这部书的动机和目的在《后记》里说得清清楚楚，就是希望让孩子们不要总是钻在八股文的死胡同里出不来，消耗掉半生时间精力干那种毫无用处的事，应当让他们学学语法，早一点把语文学通，好把它作为工具去学别的“有用之学”——自然科学和社会科学。马建忠失败了。“传统”不接受他那一套。并且，他用《文通》对付的还是古代语言，文言，不是活的语言。马建忠并没有从“传统”中彻底跳出来。还有，他搬的是拉丁语法，和我们的语言有不少格格不入的地方，即便能够推行他那一套，也不会有大的成效。

20 世纪 20 年代之后，也就是五四运动之后，出现了几种新事物。其一，白话文被承认了，并且逐渐进入了课堂，小学读白话了，初中也读些白话了。开始有人研究现代语言——白话的语法了。其二，语法之外，开始有人研究修辞学了。现代语言学的其他部门，如语音学，逐渐有人研究了。在引进西方逻辑学（开始称“名学”）之后，也有人研究这门学问了。其三，产生了推行“国语”（即普通话）的运动；有了广泛采用的注音工具——“注音符号”和“国语罗马字”之类。有人开始在“国语”和“国文”课（即语文课）里教点语法、修辞了；也有的学校教点逻辑了；教学中使用注音工具，方言地区有的人在教学中使用“国语”了。其四，逐渐有人研究教育学、心理学以及与语文教育直接有关的分支，如识字心理学了。把这几件事情概括起来，那就是：有了一些与语文教育有关的现代科学，学校的语文课多多少少受到这些现代科学一点影响，纯“传统”的语文教育的内容和方式稍稍被触动了一下，有了一点朝着现代化移动的苗头。如今是 80 年代，20 年代至今，半个多世纪了。

如上所说，这半个多世纪，语文教育或多或少是有了一点变化的，其中有的变化还很重要，从某种意义上说，这变化很不小，那就是，白话文的合法化。20 年代到 40 年代，白话文虽然堂堂正正地进入了小学和初中的语文教育，不过高中以上的学生还得用文言作文章；50 年代以后，彻底不要求作文言文章了。这不能不说是一件大事。

不过，识字→读书→作文章→考试，这个路子的确没有多大改变。识字教学还是小学语文教育的“重点”任务。目的还是在读文章。读哪些文章当然有改变。（不过，也还有一个不变的“常数”，那就是文言文。这个“常数”有时候很大，有时候小些，几次起伏，现在又有大起来的趋势。）读文章的目的还是在作文章。（当然同时也进行点思想教育。）读了什么就模仿着写什么，要学生写什么就教他们读什么，这就叫“读写结合”，而读的写的大量的是生活中、工作中、科学技术中很少用到的抒情散文，什么“春雨”“月夜”“路”“窗”之类。字，文章，语文教育还是对付这两个东西。目的呢？还是为了考试。当然早已不考秀人、举人、进士了，是为了毕业考试，升学考试。字，还是基础，中心环节还是文章，读文章，作文章，主要不是为了用，是为了考。还是相当程度地脱离语言，相当程度地脱离实用。“传统”一直在起着作用。

那些有关的科学呢？始终跟语文教育合不到一起。在“字——文章——考试”这样一条路子上，合不到一起是必然的。合不到一起也就出不来经验，也就研究不下去。怎样教语法，怎样使语法很好地为语文教育服务，没有比 20 年代黎锦熙写《新著国语文法》的时候，19 世纪末马建忠写《马氏文通》的时候前进多少。修辞，逻辑，注音，普通话，都和 20 年代差不了许多，依旧处于与语文教育若即若离的状态中。社会上有些人，与语文教育有关的人，对于什么语法、修辞、逻辑等，还是持怀疑态度以至完全否定的态度。“曹雪芹没学过语法，写出伟大的作品《红楼梦》，我没学过语法也会写文章。”直至今天还是经常听得见的否定语法教学的论据。(这样说的人并不怀疑坐汽车，虽然曹雪芹没坐过，没见过，没想到过汽车这东西。)明明小学语文教材里一个字的语法都没讲，中学语文教材里只有星星点点，可是有人说中、小学语文教材里语法讲得太多了，“塞满了语法”。仿佛今天中学毕业生甚至大学毕业生中颇有些语文不大通的人是由于多学了语法的缘故。

在欧洲，从古希腊时候起，小学就开始教语法，教修辞，教逻辑，成为他们初级教育中的主要科目。他们这个“传统”，已经有两千多年了。咱们搞点这些东西，才只五六十年。没有成熟的经验，实在不足怪，社会上不大了解这些东西，也不足怪。平心而论，五六十年间，咱们走了不短的路，尤其是三十多年来，咱们取得的成绩是很不小的。在这方面，封建社会后期给咱们留下的是八股文的恶劣影响，是忽视科学、否定科学的落后状态。近几十年，咱们是在不安定的局面下急起直追过来的，不是直到五四运动咱们才大声疾呼要请“赛先生”(科学)跟“德先生”(民主)一起来吗?这么短的时间，在那种“传统”的影响下，取得现有的这样的成绩，很不容易，很可贵。只不过，到了今天，时不我予，要在各方面加紧实现现代化，给咱们增加了紧迫感，必须以更大的步子前进，再不能慢条斯理地踱方步了，尤其不能再倒退了。面向现代化，面向世界，面向未来，语文教育必须开创新的局面，走出咱们自己的路子来。路子当然并不就是怎样教好语法，怎样教好修辞，怎样教好逻辑，远远不止这些，然而这却也是一个重要的方面，不容忽视。

田小琳、黄成稳二同志是有心人。他们颇花了一些功夫把近些年探讨语法、修辞、逻辑教学的文章收集起来，编成了这个集子。请恕我唐突，从这个集子可以看出来，这些方面的教学经验是很不成熟的，换个更不客气的说法，这个集子反映的这些方面的水平是不高的。(我敢于这样说，很重要的一个根据是里边也收了我的几篇浅薄的小文。)然而，我们认为，拿出这么个水平不高的集子来是十分有意义的。它帮助咱们大家一起来回顾回顾，总结总结，从而看清楚，咱们已经做了些什么，有了些什么成绩，并且把这已经取得的成绩好好运用起来，在改进语文教育中发挥作用；同时也看清楚，还有哪些重大的问题，哪些是最迫切需要解决的，大家群策群力加紧研究、实验，找出前进、提高的路子来。立足现实，总结过去，面向未来，希望这本集子能起到这样的作用，那对改进、改革语文教育将是大有贡献的。

看了小琳、成稳二位编的集子，感想很多，拉杂写来，不觉已是三千来字，还觉言犹未尽，权且打住，充数代序。

1983 年冬至夜

汉语语法的再研究*

首先提一个问题：为什么在马建忠以前中国没有系统的语法、语法学、语法著作、语法研究？（这个“语法”，就是我们现在熟悉的：词类，句子成分，单句，复句等等。）古代的希腊、印度，早在公元前几世纪就有了他们的语法学。而我们中国，人文工艺都曾经领先于世界，为什么独独中国没有产生过这样的语法学？

我想，是因为中国人一直没有感觉到需要，所以就不去研究它，所以就不可能产生这样的学科。如果进一步问：为什么我们没有感到这样的需要呢？以下就是我的一些不成熟的看法和推论。我认为语言诸要素当中，无论针对语言事实本身，还是针对语言所体现的交际功能来说，第一位的因素是语汇，而不是语法。语言功能，无非是交流信息，或者说表情达意。这“信息”和“情意”的载体，正是语汇。这种认识和分析，应该适用于任何一种语言。而汉语由于自身的特点，这种认识和分析显得尤为重要。

北京孩子管交际受阻、张不开嘴，叫“没词儿了”。可见有词儿没词儿，比什么都重要。普通话说“你先走”，广东话说“你行先”。语序颠倒，但照样能明白。大街上的广告：“×××电冰箱百货大楼有售。”什么叫“有售”？“有”是动词，“售”也是动词，这算什么组合？什么语法关系？这本是广东说法，但大家都懂、都接受，所以各处都用开了。

---

* 本文是1990年3月在北京外国语学院作的学术报告。刊载于《外语教学与研究》1990年第3期。

大家都把语音、语汇、语法并列为语言的三要素。我对这个提法表示怀疑。我认为这三者并非处于同一平面上。我认为第一个层面是语汇，这是概念、思维的物质基础，是信息的载体。第二个层面是语音和文字。此二者把语言的交际过程现实化，前者形于口语，后者成为书面语言。近年来，研究语言有忽视文字的倾向。其实文字的创造可以看作人类的第一次信息技术革命，它极大地扩大和加强了语言的表达功能，其效果是难以衡量、计算的。人们对此往往估计不足。语言的第三个层面是语法。有了语汇，总还要组合，这就要讲组合的法则，这就产生了语法。

由于语汇、文字在语言诸要素中的地位很重要，更由于汉语缺乏通过形态来表现的相当复杂的、外在的语法条例和规则，所以我国古代学者把注意力集中在最迫切需要的方面，搞起了文字训诂之学。我国学者一开始就把注意力集中于语言较深的层面，这是很有眼光的，至今仍然领先于世界。我国古代文字训诂之学形成了独特完整的理论、方法和体系，与希腊、印度一起，形成早期世界语言学的三个中心。两汉以后，由于翻译佛教经典的推动，又搞起了音韵之学。近百年来，才引进了西方的语法学。

“传统的文字、训诂、音韵之学，属于前科学的范畴。”这又是一个流行的观点。我对此历来未敢苟同。历史长河是无尽头的，科学的发展也是无止境的。任何光辉的科学成果总会被后人所超过。“后之视今，亦犹今之视昔。”在无尽止的、不断更新的历史中划定一条鸿沟，并以此划分科学与前科学的界限，这种做法本身就是不科学的。

至于语法，我把它放在第三个层面。时至今日，我们对汉语语法的本质，了解得并不清楚。我这里提出对汉语语法要“再认识”，就是说对一些根本性的问题，还需要做进一步探讨。

随着科学的发展、信息技术的突飞猛进，语言学领域的一些基本概念也随之需要更新，一些基本法则可能也要重新估计。比如我们历来都说，语言是人和人之间互相交际、交流思想、达到相互了解的工具。这里所说的交际功能，是语言的原始功能，指人际的、面对面的交际。而今天，人可以和海底交际；可以和太空交际；人不仅同人，还可以同机器交际；语言不仅可以转换为文字，还可以转换成数码和公式；等等。在这种情况下，我们对语言的功能、语言的定义是否要做一番新的考虑呢?

对待现代汉语语法，就更加需要跟现代科技的进展联系起来，对它进行更加深入的、更为切合汉语实际的研究。例如现在讲语法，讲究搞切分，不断地一分为二，一直切割到最小。但用之于计算机，就不是分得越细碎越好。计算机比较擅长识别和理解大一点的语言单位，而很难分辨碎小的部件。比如专有名称“中华人民共和国”，作为一个单位来处理，只用一个数码代替，就比较好办。如只出现一个“中”，是“中华”的“中”，或是“钟表”的“钟”? 机器就难以判断。

再研究，并非蓄意标新立异，而是现实生活提出了需要。再研究，也并不意味着否定前人的一切成果。我们感谢马建忠为代表的老一辈学者率先引进了西方的语法学体系，我们充分肯定他们巨大的历史功绩。但事情并非到此为止。作为后人，我们有我们要干的事，我们要完成我们的任务。引进之后，应该进一步消化，改造，创造出适合我们民族特点的，可以算作是我们自己的一套来。

以印欧语系的语言为基础而产生的语法框架和语言学理论，从根本上同汉语不相适应。印欧语都是形态语，所以他们的语法框架照例包括形态学和造句法两大部分，尽管两部分内容有时相互交错。这个框架从根本上说是不适用于汉语的。汉语本身是“非形态语言”。形态语和非形态语是明显不同的两种语言体系，我们应当理直气壮、明白无误地确认汉语“非形态”这一事实，从而有勇气打破印欧语的语法框架，探索和建立汉语自己的语法体系。但摆脱传统观念是困难的。人们的研究工作，似乎总在自觉或不自觉地弥补汉语无形态的“缺憾”，在那里用心良苦地寻找，发现汉语的“广义的形态”，或“不太严格的意义下的形态”。这是否是一种先入为主的“凡语言必有形态”的观念在作祟呢? 难道凡语言必有形态吗? 这是从归纳语言事实的基础上得出的科学结论吗? 至少没有把汉语考虑进去。

从形态语和非形态语对立的角度去观察，就会发现汉语和欧洲语言有许多根本不同的性质和现象。这种观察和思考，有助于我们在汉语语法的研究中别开生面，有助于我们对一些传统的、先入为主的观念进行反思。

从历史的观点看，英语的形态已日趋脱落和简化，但英语仍然有形态，因而保持了形态语言的基本特征，因此，汉语和英语词类的语法功能就有很大差别。英语的名词可以很方便地拿来作动词用。例如："to water the flower"（浇花），名词"水"直接用成动词。为什么呢？因为它有形态。每当变化的时候，它就按动词的规则来变化。如："She watered the flowers"（她浇过花了）。有了"ed"，就有了形态标志。就比如花木兰，本是闺中女子，一旦穿上甲胄，她就成了男人、士兵、元帅。这样的例子还很多，例如扔石头去打一个东西，可以说"to stone it"；用电烙铁熨衣服，可以说"Iron the shirt"。一则小故事说，一个孩子老缠着父亲，嘴里不断"爸爸、爸爸"地叫，叫得父亲心烦，于是父亲说："Don't papa me all day long!"这些说法汉语可以吗？"石头它""铁衬衫""别爸爸我！"这成什么话呢？

相反的情况是，汉语的动词、形容词可以很方便地放在主语或宾语的位置上，可以当成名词来用。例如我们既可以说"学习语文"，又可以说"语文学习"，两个"学习"有什么不同？又比如，我们可以说"方桌子"，又可以说"木头桌子"，还可以说"折叠桌子"。"方""木头""折叠"分别是形容词、名词和动词，但却出现在相同的位置上，充当相同的句子成分。英语里面却不行。因为英语的名词、动词和形容词分别有不同的形态特征。英语要把动词拿过来当名词用，一般就得在原形动词前加个"to"，变成"infinitive"（动词不定式），或者在尾巴上加个"ing"，变成"gerund"（动名词）。例如"折叠桌子"，英语大概就要说"folding table"。

英语的名词、动词和形容词由于各自具备不同的形态特征，所以它们的区分界限一般是很清楚的。就是在"跨类"或"兼类"的情况下，也是履行了"合法程序"，因而是"手续完备"的。汉语却不是这样。汉语的"动词""名词""形容词"的界限本来不那么清楚，而且进行英语那样的词类区分，实际意义也是不太大的，因此汉语的词是否有必要按传统的做法那样，分作八大类或九大类，这也是值得重新研究的。

说到这里，可以探讨一下所谓汉语自身的语法规则到底是指什么？我认为它既不是通过形态表现出来的语法规范和条例，也不是用语序虚词就能包纳尽罄的东西。它实际上就是汉语各级语言单位加以组合和使用时的一些规则。这种规则可分为两类。一类是强制性的规则。所谓强制性规则是说非这样用不可的规则。这类规则如加以归纳整理，可以预见是数量有限，不会很多的。第二类规则是选择性规则。有些规则一般来说应当这样用，但在一定条件下可以变通，这样就有选择的余地。或者说同时存在着几种相近或相似的表达公式，可供选择，可以替换。相似与相近之间，又存在着微妙而复杂的差异，在语法、逻辑、修辞、语气等诸多方面表现出来。如何选择，虽不一定涉及正误的问题，却有优劣、巧拙、高下之分。这一类规则可以预料是数量很多，而且相当复杂的。汉语的灵活、丰富、准确、多变的特点都表现在这里。这是使用汉语时的要点和难点，也是研究汉语时的要点和难点。

这就是我对汉语语法的理解，它是各级语言单位的组合法则，把小单位组合成大单位，而不是把大单位切割成小单位。这样理解也并不和形态语法相矛盾。形态语言同样要进行组合，不组合运用不成其为语言，只不过各自的组合手段不同罢了。正如把木料组合成家具，可以使用钉子，可以使用胶合剂，也可以使用镶嵌法。形态语的组合主要靠形态变化，汉语则依靠语序和辅助词多一些，还有其他一些因素。

约定俗成就是语法，看来似乎没有道理，但它就是法则。50 年代曾讨论“恢复疲劳”的说法是否合理：使疲劳恢复，这不正和原意相背吗？后来《北京日报》让我写篇文章作为讨论的结束。我在文章中曾举例说，我们经常说“养花”“养鱼”“养鸟”，是越养越大；但我们又经常说“养病”“养伤”，是越养越小，直到完全消失。两者都符合习惯、符合语法。同样，我们一面说“恢复健康”，又一面说“恢复疲劳”，就没有什么可奇怪的了。北方说“喝茶”，长江流域说“吃茶”，广东说“饮茶”，为什么？就是约定俗成。所以约束就是法则，约束是最高权威，有时义理都要向它让步。

义理和修辞都不是语法，但对于汉语，义理（逻辑）、修辞和语法实在不可分家。王力、吕叔湘先生都说过同样意思的话：我们讲语法，实在是用语法术语在讲逻辑。所以吕叔湘先生编写了《语法修辞讲话》。这都说明我们在讲汉语语法时，要回避和绕开逻辑与修辞是不必要的，也是办不到的。

语言单位内部、语言单位之间的组合方式、组合关系如何呢？首先一个特点是，汉语的各级单位的组合关系，大体上是一以贯之的。各级语言单位，基本上遵循同一套组合方法。这种组合法则归纳起来就是两大类：联合关系的、非联合关系的。再细分，还可分出若干小类。联合关系，表明参加组合的成分在语法上关系平等。联合的成分并非都是两部分，有二合、三合乃至多合。现在有一种受结构主义影响的倾向，用切分的办法分析句子，总是不断地一分为二，好像汉语的结构都是两分的，其实不然。至少有一种到今天并未被大家否定的结构方式，叫“递系式”或“递谓式”。这种结构就很难用一分为二的方式切割开。联合关系还有不同情况，有的是正联，如“高大”“雄伟”；有的是负联，如“好歹”“死活”，等等。非联合式的组合，即成分之间有主次、轻重之分。但这是从语法角度看问题。语法上的主次、轻重在义理、逻辑的观点来看，往往不是一回事。非联合关系又可分为两大类：陈述关系和修饰关系。再细致一点，还可以再分。以上是关于组合关系的轮廓叙述。

组合的结果可产生语组、语句，还可产生更大的单位。各级语言单位中，语组这一级是最核心的，是中坚部分。它是组合起来进行交际的基本单位和材料。我们以语组为原料，才能组合成更大的单位。而语组在一定条件下（放在一定环境中，加上一定的语气），它本身就可以成为交际的单位，完成一定的交际任务。语组当中，数量最大、地位最重要的是词，成语、习惯语等都难以和它相比。语法研究当中，产生问题最多的也是词。

要不要给汉语的词进行分类呢？我认为还是要分的。至于是否还照欧洲语言的模式，分作名、动、形等八类、九类或十类，我看可以研究。我认为现实可分的首先是四大类。

第一类是实体词，即表示事物的实体，或附着于事物的某些功能、性质、状态等。这类词事实上包括了传统所谓的名词、动词和形容词。这类词从语法上说，有一些共同的、主要的特点。

第二大类是关系词，它不是实体，但可以表示实体之间的种种关系，如联缀、领属、修饰、补充等种种关系。

第三大类是辅助词。它不仅不是实体，甚至连表示关系的作用也说不上。它们常常依附在词、词组和语句之后，表示一定的附加意义。

第四大类是孤立词。它的特点是不和任何别的成分组合，也不和它们发生什么关系。如叹语。

把词分作这样四大类，对汉语来说是比较有用的，也是比较可行的。如果考虑到各大类内部的一些差别，也不排斥考虑做相对细一点的内部区分。

以上所讲仅是一个轮廓。也许连轮廓也说不上，仅是一些念头和设想。谨以此就教于今天到会的老年和少年的朋友。

改进中学语法教学*

同志们，老师们：

首先表个态：我认为，课题组做了这样一项工作，拟定了“中学语法教学实施意见”，是做了一件大好事。提出的这个“实施意见”，综合了教师、学生等各方面的情况，有调查，有研究，也是基本可行的。

刚才胡明扬先生说：改革的步子不够大，中学语法教学得动大手术。我同意这个意见。如果时间许可，我也想讲讲我的动大手术的设想。问题是，大手术能不能一蹴而就，一步到位；即使一下子就能提出方案（其实不可能），教师能否承受得了？所以，尽管我同意胡先生的意见，但我仍认为现在这个实施意见是切实可行的，是可取的。

为什么说是可取的呢？

我首先为汉语语法和语法教学诉诉苦，说说它们走过的坎坷道路和今天的可怜处境。马建忠以前，那么长的历史，我们只有零星的带点语法性的论述，没有系统的语法学，没有语法学专著，没有像《说文》或者更早的《尔雅》《方言》那样的文字、训诂学专著。文字、训诂之学在我国出现得很早，研究得很深入，在世界上研究文字、训诂之学，也就是语义之学，我们国家可以说是最先进的。为什么独独没有语法学呢？马建忠之前没有，马建忠之后有了，但他的《马氏文通》受到重视了没有呢？没有。社会上没有多少人重视，洋学校没有几家采用。这以后，变法维新时，主张全盘西化的严复写

* 本文是在 1995 年 1 月召开的北京中学语法教学研讨会（第二次）上的发言。王本华根据录音整理。

了一本《英文汉诂》，讲的虽然是英语语法，但对汉语语法的发展影响很大。五四运动前后，出现了一些讲现代汉语语法的书，其中代表性著作是黎锦熙先生的《新著国语文法》。这两种书对汉语语法学的发展起了相当大的作用，但社会上重视了没有呢？没有。只有少数学校讲语法课，多半就用黎先生的《新著国语文法》。这是建国前语法和语法教学被冷落的命运：古人根本不理会它，马建忠以后少数人理会了，但仍然没有引起社会上普通的重视。

50年代初，发生了两件大事。头一件事，国家号召学语法、学修辞、学逻辑，也就是1951年的所谓“6·6”社论《正确地使用祖国的语言，为语言的纯洁和健康而斗争》。与此同时，发表吕叔湘、朱德熙两先生合著的《语法修辞讲话》。这是国内的一件大事。第二件事，更大了，斯大林发表了《马克思主义与语言学问题》。

头一件事，具体表现为全社会重视语法了，然而《语法修辞讲话》本身就是语法和修辞合在一起的，而不是独立的语法。这个“修辞”就是陈望道先生提出的所谓“消极修辞”——改错。历史上也有过，像《滹南遗老集》中就有过这样的部分，专门挑古代名著里语言上的毛病。这只是修辞的一个方面，避免一些不妥当的表达方式，如配合不当。但是，所谓配合不当，是什么配合不当呢？不是西方语言的形态不对，而是意义上不搭配。像叶圣陶先生说的“喝饭”之类，是“喝”和“饭”这两样东西在意义上不搭配。这不是语法问题，是语义问题、习惯问题、逻辑事理问题。记得语法学界老前辈王力先生、吕叔湘先生都说过这样的话：讲汉语语法，其实就是用语法的名词术语讲逻辑。不搭配，是意义不搭配，而不是语法不搭配。在此，语法、修辞、逻辑结合在一起，比较符合汉语的实际，因为这三者不怎么分得开。如果我说：“我两圈，他三圈”，两个主谓结构，合乎语法，但你能懂吗？这样的语法分析有什么用呢？但有了上下文的语境（这是修辞问题了）就能懂了，比如“我们打了一阵麻将，我两圈，他三圈”，或者“我们俩每天围着景山跑步，我两圈，他三圈”，这就通了。有了语境才能辨别正误，且不要说优劣，语法分析还有什么用呢？洋语法，应该是只要合乎语法结构，不需要语境就能表达明确的意思。这是国内的一件大事。

另一件大事，斯大林发表了《马克思主义与语言学问题》，为什么劳斯大林大驾写关于语言的一本小书呢？那时候有一个马尔语言学派，认为语言有阶级性，而且成为学阀，顺我者昌，逆我者亡。还有一个学派，叫作“新语法学派”，也是学阀性的，主张不讲语法，要取消语法。因为有了学霸式的错误流派，所以必须斯大林出来讲，讲语言没有阶级性，讲学习和研究语法是必要的。斯大林讲了不少，还给语法下了定义：语法是词的变化和组词成句的规则的综合。

受这两件大事的影响，国内也开始重视语法了。当时社会变革比较大，语言的变动也比较大，出现了一些不规范的现象。于是《语法修辞讲话》应运而出，明确提出要“匡谬正俗”，讲规范化。这个比较贴近我们汉语的实际，贴近当时语言需要的实际，所以行得通，作用很大。斯大林发表讲话后，我们的语法也大大发展，系统语法，也就是各种体系的语法大大发展，如雨后春笋。所谓体系问题，无非是名称术语和分析上有分歧。如果说“百家争鸣”，我们语法是真正做到了，不只百家，有一本语法书就有一个语法体系，就是一家。这一来语法受到重视了，而且搞语法研究的人特别多。为什么这么多呢？一是容易出成果，比如给词分类，他分八类，我分十类，还可以有小类，等等，成为不同的流派。二是比较安全，不介入政治问题，被揪辫子、扣帽子、打棍子的机会比其他社会学科少，人文学科更不要说。于是语法研究、语法教学大大抬头，每个学校都教。

被冷落了那么长的时间后，语法和语法教学忽然之间大发展起来。大概重视得过了点，近年来又走下坡路了，不那么重视了，不仅不重视，而且不欢迎了。有的人提出要“淡化语法”，何为“淡化”，就是淡一点，再谈一点，直至取消。不仅如此，甚至引起有的人的怒气，要“扭断语法的脖子”（某位知名作家语）。所以从大大地抬头，到抬过了头，又走回来了。

当前的处境是什么呢？倒没有人说取消算了，因为它是一种知识。那么，不要知识行不行呢？大概不会有人说行。每个人都知道，人类之所以发展到今天，有了今天的文明、文化，就是因为知识在不断积累，而且越积累越快。因此不能否认知识。有的人把知识和能力对立起来，认为能力低，就是因为讲了知识。这话恐怕在逻辑上有些问题：知识有助于培养能力，有助于能力的提高，怎么会掌握了知识反倒抵消了能力呢？不过是什么年龄、什么条件下教什么知识需要好好考虑处理而已，处理不好，用处就不大，而不是抵消的问题。如果照抵消的说法来推论，李时珍没念过医药学却写出了《本草纲目》，医药学知识可以取消了，这显然不行。可是另一方面呢，它又不受欢迎，并且学了它确实没什么大用处。我和几个初三学生闲聊，问“你们最喜欢什么课呀?”他们说：“那很难说，数学、物理、化学、音乐、体育、美术，哪一样都可能喜欢，每个人喜欢的也不相同。”又问：“你们最不喜欢哪门课呢?”有个学生说：“有门课我们大家都不喜欢，但都不敢说。”我说：“在学校里、在老师面前不敢说，在我这里可以说吧。”“在您这里我们也不敢说。”那我就大概明白了，我又接着问：“第二不喜欢什么课呢?”有个说：“第二不喜欢的我们在学校敢说，在您这里不敢说。”我又明白了，这是说语文。我又问：“语文应该是很有兴趣的，为什么不喜欢呢?”“有两条：一是老师讲得太多，我们都懂了，他还在那没完没了地讲，本来很有兴趣的，讲来讲去，都把我们讲睡着了。二是语法，老是背名称术语，比如‘桌子’，知道它是名词怎么样，不知道又怎么样呢？桌子不还是‘桌子’吗?”问得我瞠目结舌，回答不出。这就道出了我们语法体系的无用。

凡事都要反思，用毛泽东主席的话讲，凡事都要问个为什么。为什么我们在这里辛辛苦苦搞语法，搞了这么多年，搞出来却没有用处呢？当年搞“暂拟系统”，讨论来讨论去，又试教，又听意见，搞来搞去学了却用不上呢？记得试教的时候，有位同志将我的军：“张先生，您认为您现在讲的都是正确的吗?”我说：“是的，我不能把我认为不正确的东西讲给这么多老师听。”“那么，请问您还修改不修改呢?”我说：“改，一定要改。今天发现问题今天改，明天发现明天改，只是个时间长短、改动多少的问题。”这不能不令人反思。

反思一下，最根本的原因：汉语在运用时常常要做语义的、事理的考虑，因为它是非形态的语言，而我们引进的是形态语言的语法；这在语言上是两个极端，当然许多地方会是格格不入的。比如名词，完整的定义应该是：具备性、数、格的变化（这是语法特征）的表示人或事物的名称的词。性、数、格的变化，在名词是必要的。主格是什么样子，宾格是什么样子；单数是什么样子，复数是什么样子，不同的地方有不同的变化。因此，有形态的语言，知道是不是名词非常重要。当然，至于性数格有多么重要，还值得商榷。苏联语言学大家谢尔巴院士说得非常高明："与其说因为它有格的变化，所以才是名词，毋宁说因为它是个名词，所以才有格的变化。"非常妙。但是，它们在运用时，无论是口头还是书面上，都是有格的变化的，名词和格变是不可分的。而汉语恰恰没有这些东西。不仅汉语，像英语，这些变化脱落很多了，名词只还保留着数的变化，但是性、格的变化没有了。所以，讲英语语法，像《纳氏文法》给名词下的定义是：表示人、地、事物名称的词。性、数、格的变化免了，免了就是意义的定义了。50 年代，我们有一个大辩论，高名凯先生认为词不能分类，理由是：我们说的词都只有意义上的问题而没有语法问题。这是一个根本原因：用形态语言的语法框架讲非形态的汉语，二者是格格不入的，很多地方讲不通。

刚才说过，语法需要动大手术，其中之一就是，名词、动词、形容词未尝不可以不讲。但是这一划分有什么意义呢？桌子，可以说"长桌子""方桌子"，我们假定这是形容词修饰名词；也可以说"木头桌子""石头桌子"，假定是名词修饰名词；又来个"折叠桌子"，该怎么假定呢？是动词修饰名词吗？假如用活用说，"木头桌子""石头桌子"是名词活用为形容词，"折叠桌子"是动词活用为形容词吗？都可以活用的话，名、动、形划分的意义又何在呢？又如"游泳""我喜欢游泳""我每天游泳一小时""游泳教练"，"游泳"到底是什么词呢？我曾经开玩笑，叶斯丕森（我很佩服他）讲过：古代语言语法更复杂，形态更多；语言越进步，语法就会越简单，形态脱落越多，所以英语很高级，汉语更高级。我不同意这个观点。我不大相信原始人会有那么复杂的形态观念，很可能一块石头叫"石头"，用石头打也叫"石头他一下"，英语就可以说"to stone it"。我认为，语言无所谓高低之分，只要能成为良好的交际工具，就是好的语言。这是词类。词类以外还有句法，刚才已经举过"我两圈，他三圈"的例子。在《语言教学与研究》上有一位孙良明先生发表文章，否定汉语有单句复句之分。我觉得这也不无道理。从哪分呢？怎么来分呢？出现以上这些现象，根本原因就在于把两种语言硬用一个框架来对付是对付不了的。

但这不是说否定引进。我们的引进者马建忠、黎锦熙等诸位先生的功绩是巨大的，他们引进的西方语法学框架，对汉语语言学的发展、语法学的发展的影响是巨大的。问题在于引进后要消化、吸收，变成我们自己的。在这一点上，我们几乎还不如我们的近邻日本。在古代，他们引进了中国文化，引进后就消化了，变为自己的东西。他们对引进我们的文化是很尊重的，鉴真和尚墓在他们那儿是“特级国宝”。但他们引进后消化了，吸收了。而我们引进便引进，不消化。这是后人的责任，应该消化吸收，拿出一本汉语的汉语语法。但是没拿出来，到现在还在那亦步亦趋地赶呢，一直到今天还没有产生真正的汉语的汉语语法。语法研究如此，汉语语法教学也因此遭遇了难、不易教、无用等情况。我个人接受了一位学语法的青年的教育，感觉到这一点。1956 年，由《中国语文》编辑部出面在青岛召开一个语法座谈会，目的是讨论一下各种语法体系能否取长补短，求同存异，尽量减少一些分歧。当时住在青岛饭店二楼。有一天晚上到楼下大厅看报，看到一位年轻服务员正在做语法练习。我凑过去问：“很有意思吧?”他回答说：“诚了难了!”（山东话：实在难啊!）我又说：“学什么不难啊！有用嘛，加把劲，冲过去就好了!”他又说：“用不上啊!”犹如当头一棍，给我极大震动。第二天，以此为题，做了一篇慷慨激昂的发言。这就是《中国语文》1957 年第 1 期上发表的《语法研究的理论意义和实用意义》。这以后便苦苦思索，第一步想到了六个字——精要、好懂、有用，后来写进语文教学大纲。

想出这六个字干什么呢? 刚才说语法、语法教学走过那么坎坷的道路，当前的处境并不妙，那么出路何在呢? 第一，要大家共同努力，建立汉语的汉语语法。在这方面我有过设想，今明年也许能拿个简要的提纲出来，抛块砖。我认为，语法是组合法，就是把语言成分组合起来。组合有一定的手段，就像用木头做桌子，可以用钉子钉，可以用胶粘，也可以直接镶嵌。汉语语法大体上属于镶嵌类。句子不一定都是六大成分，汉语的句子就并不都是主语、谓语两大部分，如此等等。总而言之，我们要共同努力，建立汉语的汉语语法。第二，就目前语法研究状况，想些办法改进教学。刚才说我们还没有建立起真正的汉语的汉语语法，那么能不能等建立起来再教学呢? 不能。打个比方，我们现在用吃西餐的家具吃中餐，总的说不配套，但也未尝不可以凑合着用。再加上适当地改进改进，或西餐中吃，也可以用一用。这样，使得语法教学仍然发挥些积极作用。与此同时，对汉语语法本身进行深入的研究。就是研究汉语语法本身，语文老师也最有发言权。他们会知道哪些讲法很容易讲，比较符合汉语实际；哪些讲法很难讲，甚至只能牵强附会地讲，让学生听起来困难，而且没什么用处。做这种判断，也是一线的语文教师最有发言权。问题是，我们没有给他们充足的条件和时间让他们研究这些东西。研究语法，语文老师责任重大，责无旁贷。另一方面，还是要劳劳专家们的大驾，去听听教师们的意见、建议，争取建立起一个真正符合汉语实际的语法体系。体系还是要的，要研究，同时把“实施意见”作为一个治标的办法，教下去，让语法教学虽然不能产生那么理想的效果，至少让它有相当的改进，加强一下教语法和学语法的信心，从而使语法教学产生一定的实际效用!

1994 年 1 月 23 日

语义和语言环境*

语义与语言环境的种种关系，比较复杂。在使用语言的时候，特别值得注意。先简要地总述三点。

一、语言环境对确定语义的作用。语言环境包括现实的语言环境，就是说话的时候那个现实的环境，说话总是一方说，一方听，在某一个场合说的，是那个说的时候的现实的环境。广义的语言环境，那就包括时代、社会的语言环境。语言总是在一定的时代使用的，在一定的社会里使用的，那么这“一定的时代”“一定的社会”就构成了使用语言的语言环境，以及个人的一些情况，个人的文化基础，个人的语言风格，等等，也是这个个人使用语言的时候的一种语言环境。

二、语言环境对解释歧义现象的重要性。语言里有些歧义现象，就是可以这样理解，也可以那样理解，这叫歧义。语言里有些歧义现象得加以解释，让它没有歧义。语言环境对解释歧义现象是很重要的。同样的一句话，离开语言环境，可以这样解释，也可以那样解释。放在一定的语言环境里，它的含义就明确了，就不至于有歧义了。语言环境对解释歧义现象很重要。

三、了解语言环境与语义的关系在语言实践——说话，听话，读书，写作上的重要意义。我们知道，语言环境同语义有这么些关系，就会使我们在平常的语言活动中，听、说、读、写这些实际的语言活动里，重视这个问题。

---

* 本文是1982年秋张志公先生对中央广播电视大学学生讲课的讲义摘要，讲的是其主编的《现代汉语》第二编第四章第四节“语义和语言环境”。

第一，读书的时候，有的时候需要了解我们所读的作品产生的时代背景，那个时代就是那个作品的语言环境。如果我们不知道那个语言环境，对那个作品就理解得不透彻，甚至于很不好理解。

第二，说话一定要看场合，是在什么样的场合说的；要看对象，是对一些什么样的人说的。场合、对象，都是我们说话时的语言环境。我们不能不理会这个语言环境，完全按照我们自己的主观来说话。如果那样，听话的人可能对我们的话理解得不透彻、不清楚，甚至于不怎么理解。如果在那个场合不适合说这样的话，效果就会很不好，所以说话要看场合、要看对象。这都是重视语言环境同语义的关系。

第三，特别是在写作的时候，因为没有现实的语言环境，就靠书面，所以特别要注意尽量避免歧义，不要发生歧义。发生歧义就使我们所写的东西不能产生我们预期的效果。因为可以这样理解，也可以那样理解，就可能发生误解。

下面就语义同语言环境讲几个具体问题。

第一个问题，语言里的多义现象。

多义——不止一个意思。语言有各级语言单位，最小是语素，然后是词，然后是词组（也叫短语），然后是句子，然后是语段（也叫句群），由小到大各级的语言单位。每一级单位，特别是比较小的语素很多都是多义的，词很多都是多义的。就连词同词组合起来成为词组，也有不少是多义的。进一步成为句子了，就连一个句子也很有一些是多义的。汉语的语素是以单音节为主要形式，大量的是单音节的语素，有很少数双音节的语素和多音节的语素。这些单音节的语素，其中很大部分活动能力很强，有的可以单独成为一个词，有的能够同其他的语素组合起来成为词。不少的语素能够同很多别的语素组合成为许多词。语素为什么会有这么大的活动能力呢？这是因为许多语素是多义的。它如果只有一个意义，那它就只能够有很小的活动范围，只能同很少的语素去组合。就是因为不少的语素是多义的，所以它这个意义可以同某个语素组合产生某个词，另一个意义又可以用另外一个语素组合产生另外一个词。所以语素的活动能力就强了，活动的范围就广了。同学们可以试试看，“一”是一个单音节语素，它可以单独成为一个词，它也可以同其他的很多语素组合成为其他许多的词。这个“一”，《新华字典》就列出了十个义项，“一”这个语素表示十种不同的意义。《现代汉语词典》也列出了八项，因为它是“现代的”，其中在汉语里的有的意义它没有列进去。但是这样也有八项。我们想，“一”就是“一”么，不，“一”可以表示好些意思。比如“一心一意”的“一”就是“全”的意思，就是全心全意，那和一、二、三、四的“一”不一样，就不只是一个数字，它是“完全”的意义。“人”这个语素，它也是可以单独成为词的，也可以同别的语素组合成许多词。人就是人么，《新华字典》列了四条，《现代汉语词典》列了六条，有六项意义。无论是《新华字典》《现代汉语词典》所列出来的这些意思，四条或六条，还有许多意义没有包括进去。比如：我们平常说话，“你这个人呀!”这里的“人”字是什么意思？恐怕《新华字典》《现代汉语词典》列的四条、六条就没有包括进去。它带有说话时候的某种感情色彩。这些感情色彩是千变万化的。字典、词典解决不了。我们常常说，犯了严重错误的人也不要紧，只要改了就好嘛，改正错误，重新做人。这个“人”，原来不是人了？是重新做人了？不是，这个“人”是做正经人，做好人，做正派人，包含着“正常、正派、好”这些附加的意思在里面。不是说，人与非人，重新做人，原来不是人了，现在再重新成为人。不是，这个“人”包含“正派、正经”意思在里面。这个，《新华字典》《现代汉语词典》恐怕也解决不了。这种附加的东西，那是千变万化的，是随着说话的时候情况的不同，说话人使用的情况不同而不同的。所以，一个语素，越是最常用的语素，越是多义。还可以再查一个“打”，《新华字典》列了四项意义，可是第二项是说“表示各种动作，代替许多有具体意义的动词”，于是下面列举了十六种。大家可以想一想，这个“打”，不仅可以“打人”“打球”“打铁”，还可以“打电话”“打毛衣”“打水”“打油”“打喷嚏”，还有“打叉”……，用的地方太多了，它表示的意思太多了。《现代汉语词典》在“打”字下面干脆列了二十二项，表示二十二种意义，恐怕还不见得全。语素是这种情况，越是最基本，最常用的语素，多义现象越突出，一个语素表示好几个意义的现象越突出，而且往往表示的意义很多。

语素是这样，词比语素这种多义现象并不少。词有的是单音节词，是由一个单音节语素构成的词。因为单音节语素是多义的，它构成的这个词当然也是多义的，这就不在话下。我们知道现代汉语里大量的是双音节词，就是说，由两个单音节语素构成的词。那个单音节语素它可能是多义的，两个单音节语素，两个可能是多义的语素组合在一起，当然它也很可能还是多义的，甚至于更是多义的。我们学语文，“作文”至少就有两个意思。一个是写出来，作为练习，在语文课里作为练习写出来的那篇文章，我们叫“作文”，一篇作文，两篇作文。也可以说，“作文，真不容易”，这个“作文”是个行动，作文这件事情不容易。“作文”这个双音节词至少就有两个意思。其他多得很，“起来”，站起来的“起来”，“天气热起来了”的“起来”，意思不一样。“照顾”，就有好几个含义。比如“照顾全面、照顾全局”的照顾，“照顾老人、小孩”的照顾，在很多情况下说照顾，包含着“优待、通融”这样一些意思。比如我到商店去买东西，在排队，我说：“哎哟，同志们，很抱歉，我要赶火车，时间就要到了，能不能照顾照顾，让我先买呀?”这个“照顾”，就是“优待、通融”的意思。一个“照顾”就有很多的含义，不是单一意义，是多义的。还有一些词，我们用的时候，也是意义不止一个。比如“一定”，有的时候是肯定的意思，“我一定来”这个“一定”。“我们做了不少工作，取得一定的成绩。”这个“一定”，意思不一样了，“一定的”，就是有那么一些，不是没有，但是也不是许多许多，很大很大。“一定的”和“我一定来”“我们一定要学好这门课”这个“一定”，意思就不一样。这些都还是普通话通用的词，还没有包含方言。如果再加上方言，那就更不得了了。比如“馒头”，普通话说的“馒头”是不带馅的，有的方言的“馒头”，就是带馅的，它把“包子”叫作“馒头”。《水浒传》里常常有“人肉馒头”，“馒头”怎么会有馅呢？就是有的方言里把“包子”叫作“馒头”。“馒头”有不同的意义，一个是普通话的，一个是方言的，但这个包括进来，那词的多义现象就更多了。这个大家平素都留意到，我们不必举更多的例子。

词组，词和词组合起来成为词组。一个词是可以多义的，词和词组合起来的词组，它也可以是多义的。比如“材料”，这里有两个意思。一个是做什么东西，准备起来的那个原始的东西叫“材料”。还有从这个意思引申出来，我们说某个人是个什么“材料”，就是说他能够做什么；他不能做什么，就说他不是什么“材料”。这两个“材料”就不一样了。那就是说，“材料”就有这两个意思。因为组成词组的词是多义的，因此这个词组也是多义的。比如说，“不是写小说的材料”这个词组就可以有两个意思。一个意思说，准备的那些“材料”是不适合于写小说的，也可以说，这个人他不能写小说，他不是写小说的“材料”。由于构成词组的词多义，所以词组是多义的，这是一种情况。还有，并不一定因为那个词是多义的，因为那个关系可以是两种不同的关系，因此它是多义的，这样的词组也有。比如，仍旧以“材料”来说，“研究材料”，“研究”和“材料”是什么关系呢？这可以有两种关系，一种关系是，“研究”是限制那个“材料”的，什么材料呢？研究用的材料，研究问题时用的材料，这叫“研究材料”。也可以是另一种关系，“材料”是“研究”的对象，对那些材料进行研究，加以研究，因此，“研究材料”，“研究”同“材料”之间，可以有两种关系。于是这个词组有两个意义。这是一个多义的词组。所以，词组还可以是多义的。有的句子也可以是多义的。我们就不再举了。

大体上可以说，各级语言单位越小，多义的现象越多，语言单位越大，多义的现象就逐渐地减少一些。因为语言单位大了，它包含的成分多了，这些成分之间它有互相制约的作用。所以，多义现象会逐渐减少。到了一个句子，已经成为语言的使用单位了，已经是传递信息、交流思想的一个最基本的使用单位了。一般地，它的意义是比较明确的，就是那么一个意思，多义的现象就会更少一些，但是还有，仍旧有多义现象。

语言里的多义现象是大量存在的。各级单位都可以是多义的。这一点是我们学习语言必须重视的。因为它是一个客观存在的现象。这种现象使我们学习语言、掌握语言有困难的方面，也有方便的方面。因为各级单位都有多义现象，它都多义，于是组合起来很灵活，表示的意思就很丰富。掌握得好，运用起来是很方便的，可以使我们的语言灵活、丰富；但这也是对我们掌握任何一种语言，学习任何一种语言有困难的方面。因为它是多义的，一个语素，一个词，我们得知道，它可以表示好几种不同的意思，我们得知道它在某一个场合，在某一个组合里，它表示的是哪一个意思。如果你对一个语素，一个词它所表示的意思知道得不全，那么在某个地方我们就不理解了，或者错解了。按照我们所理解的某一点去理解它了，实际上，它在这个地方表示的不是那个意思，是另外的意思。同样，我们运用的时候，就常常会感觉到“词不达意”“词不够用”“没有词了”。为什么呢？其实不是没有，现成的就有，不过只是我们不知道那个词它还可以表示那个意义。我们只知这个词表示了某个意思，不知道它还可以表示别的意思。因为当我们要想表达那别的意思的时候，就不知道用极普遍的、我们手头的这个词，搜索枯肠，去找别的词，其实就是最普通的词，你很熟悉的那个词就可以，但是不知道。就是不知道它多义，多义到这个程度，它能表示几个意思。

所以，要掌握好一种语言，认识语言里的这种多义现象是必要的，并且还得逐步地尽我们可能，把各级语言单位里这种多义的现象知道得越充分越好。

第二个问题：语言里的歧义现象。

语言里为什么会有歧义的现象呢？一个语言单位，一个组合，或者一个语言片段，它可以产生歧义，可以这么理解，又可以那么理解，这叫作歧义。前面我们讲，语言里有大量的多义现象，各级语言单位都可以是多义的。多义现象大量地存在，于是歧义也就大量地存在。歧义主要产生于多义，因为每一级语言单位都可以是多义的，它不止表示一个意思，放在这里表示的是哪个意思呢？表示的是这一个意思还是那一个意思？也可以这么理解，也可以那么理解。于是发生歧义了。所以，歧义主要是由于多义现象而产生的。语言里，多义现象既然是大量的，那么歧义现象也就是大量的。这在各种语言里都是这样。因为极少有一种语言写一个词只表示一种意思。在任何语言里，共同的现象是，越是最基本的最常用的词，越是多义的。它总是多义的。多义现象在任何语言里都存在，都有。有多义现象，就有歧义现象。所以，多义现象大量存在，使得歧义现象大量存在，这在各种语言都是这样。而在汉语中，这种语言现象可能比较更多一些。一个原因是，我们这个语言的语素是以单音节语素为主要形式的。单音节语素的多义现象多一些。因为我们就是用这种语素来组合我们语言里使用的许多词。怎么会组合成这些词呢？就是因为很多语素是多义的。再一个因素，因为汉语语素同语素的组合，词同词的组合都很容易，限制比较少。没有像其他的有些语言，词同词组合的时候有许多限制。比如我前面举的例子“研究材料”，这两个词的关系有两种，也可以是“研究”限制“材料”，也可以是“研究”支配那个“材料”。在有些语言里，就不能这样。如果“研究”是限制“材料”的，它是一个形状；如果“材料”是被“研究”的，就是对材料进行研究或者加以研究，这个“研究”又是一个样子，又是一种形状。两个词形体不同，这两个形体就决定了这两个词中间是什么关系，还是“研究”限制“材料”，说的是哪一类材料呢？还是说对“材料”加以“研究”呢？“研究”这个词的词形和“材料”这个词的词形就表明了这两个词中间是什么关系。而我们汉语没有这样形体的变化。所以这两种关系都用的是同样的形式“研究材料”，于是在这里出了多义现象。这一个词组有两个意思。也就是放在一定场合里它会产生歧义。可以这样理解，也可以那样理解。汉语有这样两个特点，它的多义现象同因多义现象而产生的歧义现象可能比较多一点。我们没有确切的统计，我不敢说得很绝对，我说“可能”比较多一些。

语言里，多义现象是客观存在的，不以我们意志为转移的。任何语言都这样，有多义现象就会有歧义现象，这是客观存在的。所以，我们的任务是要研究歧义现象，研究语言里为什么会发生，或者在哪一些情况之下会发生歧义现象。从我们一般运用语言的人来说，我们要知道这种歧义现象，语言里存在着歧义现象，我们要做到不让歧义现象影响我们的交际。怎么就能不让歧义现象影响我们的交际呢？一个要重视语言环境，所以我们要讲语言环境同语义的关系，就是因为这个道理。我们要重视语言环境，下面还要讲。很多歧义现象，无论是一个语素，无论是一个词，无论是一个词组，很多歧义现象放在一定的语言环境里，语言环境就使它没有歧义了。比方说前面讲的“研究材料”，放在一定的语言环境里，就是说有了一定的上下文，它就没有歧义了，它的意思就明确了。比方这个句子：“做研究工作必须掌握足够的研究材料。”因为有了“做研究工作必须掌握足够的”，那我们知道，掌握足够的什么？掌握足够的材料，“研究”是来限制“材料”的，说的是什么“材料”，是“研究用的材料”，而不是另一种关系。其他我们举的那些例子，也同样，有语言环境可以使歧义消失。比如说：“你搜集的神话故事这类东西都不是写小说的材料。”那么这个“材料”是一个意思。如果说：“他不是写小说的材料，硬要写小说。”这个“材料”就是另一个意思。所以上下文是可以使歧义消失的。

语言本身既有歧义现象，同时又有消除歧义现象的手段，所以它尽管有歧义现象，仍旧不失为一个有效的交际工具。使用语言就应该特别注意这个问题。有的歧义是在语言环境里也不能消除的，这种歧义是不能容许的。比如下面这个笑话，也说明了语言里歧义现象的存在这样一个问题。你不留意，话有歧义，使人家了解得不清楚，或者使人家不了解，甚至也可以让人钻空子，发生错误。有这样个笑话：父亲对儿子说，你怎么能背着我偷偷地抽烟呢？不行，下次再犯我一定不饶你。于是儿子说，好吧，下次我不背着你偷偷地抽烟，我当着你的面抽烟。这个笑话说“你不该背着我偷偷地抽烟”是不该“抽烟”呢？还是不该“背着”抽烟呢？这是两个意思，这话本身有歧义；而放在这个语言环境里，歧义还不能消除，于是这个话就发生问题了。小孩子就钻歧义的空子，“好吧，你不许我背着你抽烟，我当着你的面抽烟总可以吧”。可见，我们使用语言时，要注意不要使语言有歧义。从哪些方面注意呢？

首先，最重要的，最根本的，还是对使用语言要持郑重的态度。不要以为使用语言是一件很随便的事情。张嘴就说，那不行，要持郑重的态度。说话在日常生活里，至少它也是要解决生活的问题。你要把话告诉人家，要人家明白。工作里使用语言，你要处理工作。所以使用语言是一件郑重的事情，不能随随便便。写出去，白纸黑字，那更加重要，不能掉以轻心、随随便便、马马虎虎。所以，首先是语言的使用，不论是口头上、书面上，要持郑重的态度。听话、读书也是一样，要持郑重的态度。听人说话要认真地听、注意地听，不要走神。人家说话，你走神，对人是很不礼貌的，同时也常常会理解得不准确。本来人家没有歧义，你自己制造出来歧义。人家是这样的意思，你把它理解成另一个样子。读书也是这样。无论是听、读、说、写，无论在使用语言的哪一方，无论是口头上使用语言还是书面上使用语言，都要持郑重的态度。这样就会消除一些歧义的现象。因为语言有些歧义我们不是不了解，我们只要留意，自然会说得让它明白一些，不要让人误解。这是最根本的。

其次，我们要丰富自己的语言。以前，我们也说过，丰富自己的语言是最根本的，这是本钱。库存得多，库存得丰富，你才能够用它来做各种东西。你库存很贫乏，语言很贫乏，你就驾驭不了它，表达不清楚你的意思，有时就会发生歧义。所以，第一是要丰富自己的语言。要通过生活、通过阅读、通过使用，不光是吸收，使用也是丰富语言的一个途径。要吸收，要通过生活吸收，要通过阅读吸收，也要通过使用，来使自己对吸收的那些语言理解得更好，同时也能够巩固。

然后，再进一步需要学习一些语汇知识，学习语法，学习逻辑。要有意识地学习语汇、语法、逻辑。这样能够帮助我们很好地驾驭我们所掌握的语言材料，使它不产生歧义，或者有意识地注意消除可能的歧义。如果一个人说，他爱好文学、艺术和音乐。这话就有毛病。艺术，是包括文学，也包括音乐的。把“文学、艺术和音乐”这样并排起来讲、联合起来讲，使人家不懂了。可以说，产生歧义了。什么意思呢？是不是他这里说的，他爱好文学、艺术和音乐，这个“艺术”实际上是美术？是用词用得不适当了？我们知道，艺术是包括文学、戏剧、音乐、舞蹈、雕塑、建筑等，这些都属于艺术的范围。而美术，一般指的是造型艺术，主要的是绘画。是不是说，他爱好文学，也爱好绘画，也爱好音乐？不知道。从话的本身不能判断。就是把这个话放在这个语言环境里，这个歧义也消除不了。这是什么缘故呢？这个歧义现象是怎么产生的？这个不是像我们前面所说的，由于多义，客观产生的，这是运用语言不当，运用得不对而产生的。问题发生在什么地方？一是发生在语汇问题。艺术、文学、音乐这三个词并排，表明了说这个话的人对这三个词的含义没有充分地掌握。他不知道这三个词的含义的相互关系。他不知道艺术的确切的含义。这里说明如果是美术，表明他不能区别“艺术”同“美术”这两个词的不同。这里反映出来是语汇问题，掌握语汇掌握得不好。同时这里也反映出来逻辑问题，概念的大小，概念的等级、高低不能掌握，分类这种逻辑手段不能掌握。所以艺术可以说是高一级的概念，文学、美术、音乐是低一级的概念，把高一级的概念同低一级的概念，或是说一个大的概念和一个小的概念并列在一起，分类分得不对。“文学、艺术、音乐”，不能这样分类。这一句话，之所以产生歧义，反映了语汇问题、逻辑问题。所以，我们要有意识地注意消除不应有的歧义，其中一个重要的方面是要学习，学习语汇，学习语法，学习逻辑。以上说的是关于歧义的问题。语言里的歧义现象是一个重要问题，这是客观存在的。我们要理解它。研究它，在应用的时候要注意它。

第三个问题：语言规范化同消除歧义的关系。这里，提出三个问题。

首先，我们要推广普通话。普通话有语音、语汇、语法几个方面。普通话以北京语音为标准音，以北方方言为基础方言，以现代典范的白话文著作为语法规范。这是普通话的定义、含义。我们这里特别说的是语汇方面。前面我们举过“馒头”那个例子。在方言里，“馒头”可以是“包子”的意思。如果你让普通话同方言搅在一起，“馒头”就变得多义，用在一定的场合就会产生歧义。我们应该推广普通话。在你那个地区，在自己那个家乡，在自己家里愿意用方言尽管用，但是在公共场合，在教学之中，在一般的写作之中，应该用普通话。普通话是可以有助于消除歧义的一个方面。你就不会把“馒头”作为“包子”来用了。对于称呼，比如“老太婆”，有的地方这话是很亲切的，甚至于还是有点敬意的，但是有的地方听起来就很不顺耳，很不高兴。这个词它有歧义，它多义，在不同的方言里，它的含义是不一样的，表达的意思和附着的感情色彩是不一样的。所以，连同各种方言一起来算，这个词是多义的，使用起来它会产生歧义，办法是推广普通话。这种例子多得很。我举的是最日常的，最通用的。如“手”，普通话里指的是拿工具的这一部分，五个手指头包括手掌、手背这一块，手腕以下。有的方言里，“手”，那就不止那么一块了，“手”就挺长，一直管到“胳膊”，胳膊往下的都叫作“手”。有句话讲“到处伸手，手很长”。所以，语言规范化同消除歧义的关系里，第一点是要推广普通话。推广普通话有许多方面的意义，其中之一是有助于消除歧义，也就是说有助于汉语作为全民族共同使用的交际工具。如果它有很多歧义，它就不是一个很好的交际工具了，就不能使全民族共同使用了。能够在全民族中共同使用，起很好的交际作用，有很好的交际功能，那就必须消除歧义。消除歧义的办法——推广普通话。所以，我们从“歧义”这个角度，再来讲推广普通话的必要性。

第二，要消除歧义，不要有意识地让语言模糊。

在我们社会上，在有些人中间，是有这样不好的风气，他有意地让语言模糊。为什么有意地让语言模糊呢？这同怕负责任有关系，同避免负责有关系，再说得严重一点，同官僚主义有关系，有意让语言模糊。有些词用得太滥，含义就很模糊了，在一定的场合它就会产生歧义。再举几个例，比如"搞"，就用得太滥了，"搞"是无处不用，可以用在很大的事情，也可以用在很小的事情；可以用在很好的事情，也可以用在很坏的事情。比如搞四化建设，这是用在很好的事情上。说那几个坏人在搞阴谋，这是很坏的事情，这也用"搞"。多了，还有搞教育、搞生产、搞交通、搞运输、搞商业……无所不"搞"，这样就使得"搞"的含义非常模糊：有的是"办理"，有的是"处理"，有的是"发展"，它可以表示各种意思。其结果，就使得用它的时候首先是模糊的，在某些场合，它会是有歧义的。你究竟是把它当成好事情还是坏事情？你是好意还是坏意？搞什么呢？比如，下班以后，赶快急急忙忙地搞点饭吃。这"搞点饭吃"是一般做点饭吃，还是马马虎虎，很草率地弄点儿饭来吃，这就有歧义。这是很小的地方。如果比较重要的地方，因词用得太滥而产生歧义，那就不好了。还有像这种情况也常常有：别人提一个建议，讨论一项工作怎么做。如果我们说，你这个建议可以考虑。"可以考虑"是什么意思呀？有两个意思。一个是说"你这个建议不错，可以考虑采纳，至少可以考虑部分的采纳"；还有一个意思是"你这个建议不行，得重新考虑"。我们都可以把它说成"可以考虑"。"很值得考虑"更加是这样，也可以说，"你这个建议不错，值得重视"，也可以说"你这个建议不对"。这样说话，有的时候是有意的，有意让语言模糊，结果产生歧义。你本来要说的是这个意思，对方理解为另外一个意思。这在交际之中是很不好的一种现象，影响了正常的交际。还有"比较"这个词也用得很滥，也往往是让语言模糊而用。比如，"比较好"有两个意思，一个是说"更好"，一个意思是说"不够好"。"他写的这篇文章比较好。"什么意思呢？刚才的两个意思哪一个都有可能。除非在十分必要的情况下，在一般的同志相处，无论在工作、教学或什么场合，我们都应该直截了当，坦率。说你这篇文章写得好，就说写得好，好就不会好到家。谁的文章好到家呀？不必一定那么去限制它。你说你的文章写得不大好就说不大好，不好就说不好，不应该、不必要用这种模棱两可的词。不是说这些词本身，“可以考虑”“值得考虑”有什么问题。你那样的使用法就是模糊的使用法，是使它产生歧义的使用法。“比较”这个词本身没有什么问题，是有用的一个词，而是那种用法使它产生歧义，使它丧失了它的表达作用。其他还有“基本上”“一定的”。“取得了一定的成绩”，其实在许多场合，这个“一定”是不必要的，说“做了很多工作，取得了成绩”，当然“取得成绩”是一定的，这是有多少就多少，三分就是三分，五分就是五分，这是不在话下的，取得多少成绩也不是说到此为止了，取得了了不起的成绩，如果是了不起就是了不起，很大的就是很大的。如果一般地取得了成绩，就是一定的成绩，取得了某些成绩，这个加上“一定的”，是有意，免得说话说过了头，有意地让它冲淡一点，模糊一点。在我们使用语言中，有一种风气，有这么一个方面，值得我们注意。我们不要有意让语言模糊，不要制造歧义。要明确，特别是在处理工作的时候，一定要尽可能地明确，明确才能提高效率。不明确，降低了效率，以至影响工作的进行，甚至发生错误。这是第二点。

第三，为了消除歧义，我们需要明确一些规范的用法。语言里有这样的一些词，构成了一些词组，如“以上、以下、以内、以外”等等。这里是有歧义的。为了消除歧义，应当把这些词的用法规范化，规定它规范的用法。当然，词义，用词都是约定俗成的，不是能够行使命令的。但是，我们通过各种方式，通过各种渠道，如教学、词典、工具书，逐渐推广一个词的某一种的用法，把它视为规范的用法，它逐渐地也会在社会上普及起来，在使用语言的人当中大家共同遵守起来。“以上、以下”的歧义，我们大家都知道，“三十岁以上”是从三十一岁起还是三十岁起？这个历来有不同的解释，有歧义。“几十以下”也是，“多少以内”“多少以外”都是，包括不包括起点？“三十以上”“三十以下”，那三十是不是包括在其中，有歧义，这个就应该明确它的规范用法。不能就让它老是这样有歧义下去。这是可以通过我们的工作来解决的。对语言这个东西，既不能行使命令，但是也不能自然主义，听之任之。我们还是能够有所作为的，不是完全无能为力的。我们的语言里本来就有这样的一些话，是“约数”的时候，我们有“三十来个、三十个左右，三十多个”这几种说法。照普通话来理解，“三十来个”——一般地讲，是不到三十个，接近三十个。“三十个左右”——可以稍多于三十个，也可以稍少于三十个。“三十多个”——显然是多于三十个，多一点，多不太多。如果是三十八个、三十九个就不能说是三十多个了，而要说四十来个。“三十多个”是多于三十而不是很多。本来我们语言里有这样一些的表达方式，我们就应该明确这些说法的规范，把它明确起来，通过一定的形式把它固定下来。这有助于消除歧义，使语言成为更有效的、更好的交际工具。再比如，一个名词前面有一串别的词，来修饰它、限制它的时候，前头的那些词叫作定语。一个名词前面有好几个定语。定语放的位置，有的时候它会发生歧义。我们也可以明确一些规范的用法。比如“重要的科学家的著作”，这个话就有歧义。是“重要的科学家”的著作呢？还是“科学家的重要著作”呢？这可以有两种理解。产生这个歧义的一个因素，是“重要的”“科学家的”这两个定语使用的问题，这一个词组，主体是“著作”，前面“重要的”“科学家的”都是它的定语。如果我们说“科学家的重要著作”，或者说“重要科学家的著作”，这个歧义就消除了。这里有定语的次序问题，还有助词、那个虚词“的”用或者不用的问题。我们把它说成“重要的科学家的著作”，用了两个“的”，这样的次序容易使它产生歧义，我们把它改成为“科学家的重要著作”，没有歧义了。“重要的著作”中不再用“的”，把它组合得更紧，成为一体；而把次序“科学家的”——表示所属关系的这个定语，放在最前头，这样的次序，取消一个“的”，这个歧义就可以消除。如果要表达的是这个意思的话，用这个办法就可以消除歧义。如果要表达的是另一个意思，我们用另一个办法也可以消除歧义，就是我们刚才说的第二个改法，“重要科学家的著作”，把“重要的科学家”中间的“的”字取消，使“重要”同“科学家”组合得更紧密，成为一体。那么“重要”修饰“科学家”“重要科学家的著作”表示所属范围，整个是表示所属关系的定语，这样歧义就消除了。像这样的一些用法，应该逐步地把它规范明确起来，也是刚才说过的，通过各种方式，通过各种渠道，教学、词典、语法书、工具书等，来推广一种用法，介绍某种用法，使大家逐渐熟悉起来，都遵守，都这样用，那么歧义现象就会消除。

谈歧义问题时，常常举的例子，如“三个学生的家长”，是“三个学生”？还是“三个家长”？也许是“三个学生”的家长，那家长数目不一定，也许来了五个，也许来了六个。这话也许说的是“三个家长”，是学生的家长，所以有歧义。其实，稍微想一想，这个歧义是很容易消除的。如果你说成为“三个学生家长”，或者“三位学生家长”，把“学生的家长”中取消“的”字，“学生家长”成为一个整体，前头一个数量“三位”或“三个”，就没有歧义了。相反，你要是说成“三个学生的家长”，也可以没有歧义了。“三个学生”，那三个显然说的是学生。所以，像这样的一些用法，可以用一些明确规范的办法，使得它歧义能够消除。这是主要的，语言规范同消除歧义有密切的关系。我们要推广普通话，我们提倡不要有意使语言模糊，我们要明确一些用法的规范，来推广合乎规范的用法。

第四个问题：语言环境。

概括地说，语言环境可以说是有一种狭义的语言环境，一种广义的语言环境。所谓狭义的语言环境，在口头语言来说，一是说话的场合，是在什么地方说话的，是在怎么一种场合下说话的。我们这种说话的场合就是语言环境。在一定的场合说话，它有一定的前言后语。所以语言是比较确切的，不会有什么歧义，因为说话的场合使彼此说的话都能够相互清楚地理解。在口头上说话的时候，语言环境还包括别的方面，语言里我们笼统地说叫语气，包括语调、轻重、缓急、抑扬、顿挫，这些也是一种语言环境。再有，我们说话的时候，总有一定的表情，一定的姿势。这种表情和姿势，对于我们所用的语言表达意义也起很大的作用，它帮助表达意义。有的语言学家甚至说：“我们说话是用我们的发音器官说的，可是交际，互相交流思想，几乎可以说我们是用全身在说话。”说话的时候眼睛在动，有表情，或者是微笑，或者是不愉快的神气，手可以做手势，头可以做各种动作，身体可以做各种的动作，所以几乎可以说，全身一起在那里说话。语气、语调这一些，同表情、姿势这一些，有的语言学著作里，把它叫作副语言。意思就是说，它也在起语言的作用，不过是副的，主要的还是靠语言本身。而这一些，同样也起辅助语言表情达意的作用。

这里可以提一提，因为“副语言”它也算是一种语言环境，对表情达意起的作用很大，所以我们应该有意识地培养我们说话的能力，要注意我们说话时的语音、语气、语调，并且要注意我们说话时候的体态、神情，这些东西不仅有助于我们把意思表达得更确切、更明白，而且有助于恰如其分地表达我们的感情，使得我们说得得体，这是我们应该注意培养、锻炼的。不论做哪一方面的工作，做机关工作也罢，做其他的工作也罢，做教学工作那更需要，这是讲语言环境。我们应该联系到我们培养说话的语言能力，来理解语言环境的作用。这是狭义的语言环境的一种情况——口头语言的语言环境包括什么内容、哪些方面。

在书面上，狭义的语言环境，指的就是上下文，前后文。因为在连续的表达之中，前后的词语，它有相互制约的作用，也产生一种相互澄清的作用。孤立的一个词、一个词语，它表达的意思可能是不够清晰的，有了前言后语，有了上下文，它可以产生相互澄清的作用。后面一个使前面一个更清晰了，前面一个使后面一个更清晰了。甚至于上下文、前言后语还可以起相互充实的作用。一个词语，它的含义就那么多，但是有了上下文，有了前言后语，它会相互充实起来，它表达的意思更丰富了。举一个很普通的例子："牛"这个词，孤立的一个词意思好像很清楚，表示一种动物，但是它放在一定的上下文里，有了上下文，就起了互相制约的作用，使它表达的意思受到制约，更清晰了。如有这样的一些说法，有的像词，有的像词组，有的甚至像句子。"牛劲"，牛，力气很大，牛这个词有着附带的意义，就是力气大。"牛劲"的意思是一股很大的力气。牛很老实，老老实实的工作，但有的时候它也会发脾气，它一发脾气就非常倔强，很难制服。也有的时候我们说：这个人有一股牛脾气。这里的"牛"除了它本身的基本含义外，又附着了牛这种性格、特点的含义在里面。"牛皮纸"，取"牛皮"韧性很大。"牛皮糖"也可以说，这个人的脾气简直像牛皮糖（不是很干脆的）。这些，都不是有什么坏意。"牛劲""牛脾气""牛皮纸"都没有什么坏意。牛还给人印象好像很笨。"牛"，在它的基本含义以外，又附上一层"笨"的含义，于是我们就用"对牛弹琴"，这里的"牛"附着了这样一层含义在内。我们有的时候，也用牛最好的方面来表示一种意思，"埋头工作，任劳任怨，不声不响"。所以像名句"俯首甘为孺子牛"，这里的"牛"就是表示了牛那种高尚的品德。我们举这些例子，说明一有了上下文，就使得一些词语的意义充实起来了，丰富起来了。上下文这种语言环境，使得组织在一起的词语，有互相制约、互相澄清，以至互相充实、丰富的作用。毛主席的词《忆秦娥·娄山关》：“西风烈，长空雁叫霜晨月。霜晨月，马蹄声碎，喇叭声咽。雄关漫道真如铁，而今迈步从头越。从头越，苍山如海，残阳如血。”这里有些词都是很普通的。如果把它孤立起来，意思是清楚，但是不表达什么样感情。比如：西风，月、碎、铁、海、血。可是，这样组织在一起，有前言后语，我们想想看，它产生了多少丰富的内容。比如说，“马蹄声碎”，“马蹄声”跟“碎”组合在一起，使人立刻感觉到，这个马蹄声不是很雄壮的，不是很整齐的，也不是很多的，而是很碎——嗒，嗒，嗒，嗒……。“铁”，这里说的是什么呢？说的是“雄关”，雄关难道真的像铁这样坚实吗？不一定的。不要说它“真如铁”，我们要“从头越”，这样的前言后语，上下文之中，最后“苍山如海，残阳如血”我们感觉到一种什么样的感情呢？引起我们什么样的联想，想象呢？这些都可以说明语言环境能够充实语意，丰富语意；不仅仅是消除模糊、消除歧义。不仅如此，还有更积极的作用。我们还可以比比看，词中“西风烈”，再想想别的地方还有西风，如《西厢记》中“长亭送别”有名句“碧云天，黄花地，西风紧，北雁南飞”，这里也有“雁”。但大家比比看，“西风紧，北雁南飞”的“西风”“雁”，和“西风烈，长空雁叫”的“雁”“西风”，传达的感情对我们引起的联想是很不相同的，为什么？因为各自有不同的上下文，是在不同的语言环境里使用的。《西厢记》中的几句“黄花地”，是天上碧云，地上黄花地。这里我们再想“不似春光，胜似春光，战地黄花分外香”，那个“战地”“黄花”是什么样的感情？引起我们什么样的联想呢？你想，“西风、雁、黄花”同样的词，在不同的语言环境里，可以表达很不相同的意境，引起我们很不一样的反应，很不相同的联想。所以，语言环境的重要，于此可见。我们阅读时应该放在整体里面，不要孤立地去读，虽然我们对其中的一个词语，知道它确切的基本含义，但是一定要放在整个的语言环境里，去理解它，这样才能理解得透彻、理解得深刻。写作的时候，一定要瞻前顾后，不能前言不搭后语。因为前后都构成相互彼此的语言环境，而语言环境对相互表达的意思作用是很大的。我们特别要指出，上下文主要是紧紧相连在一起的上下文。但是不仅如此，也有离开比较远的地方的一句话，构成了我们这里要说的话的一个上文——所谓“前言”。它同样是一个语言环境。那个语言环境同紧紧相连的上下文来说，也可以叫作比较远的语言环境。直接连在一起的那算比较近的语言环境。比如大家读过陶潜的《桃花源记》，开头是“晋太元中，武陵人捕鱼为业”，渐渐讲到后来，桃花源里的这些人，他们是避秦朝的乱，就跑到这桃花源里来了。所以他们“不知有汉，无论魏晋”，就是说，他们对现实的情况都不知道。“无论魏晋”，它的前文在文章开头，“晋太元中”。上文离得很远。这也是一种语言环境。所谓“上下文”，我们不能理解得那么狭隘，以为是紧相连随的。当然主要的是紧相连随在一起的上下文，但也包括离得比较远的上下文。这就是我们讲的狭义的语言环境。

广义的语言环境，指的是社会历史背景、文化传统、社会风习这一些。这是比较大的。比较小的，那就是个人的（使用语言的人）文化修养、语言习惯、语言风格等等，这些方面，都构成语言环境。使用语言是在一定的历史背景下使用的，它有一定的文化传统做它的背景，做它的基础，并且反映一定的社会风习。使用语言的人都有他本人的一些特点，他的文化修养、语言习惯、语言风格等等，这些也构成使用语言的一种语言环境。使用语言是在他个人这种语言环境里使用的。这些广义的语言环境对使用的语言语义的表达起的作用是很大的。我们必须了解这种语言环境，才能准确地了解语言，有时能够比较深刻地了解语言，否则我们或者不了解，甚至于发生误解，至少了解得比较浮浅，不深刻。这些都不是词典能够完全解决得了的。

关于社会历史背景这种语言环境，关于文化传统这种语言环境，关于社会风习这种语言环境，那靠我们多思多览，要有比较丰富的生活实践的经验，阅读的东西要多，特别是对我们本国的以及世界的历史、地理这些方面，都有助于我们理解所阅读的一些东西。因为历史、地理等等提供我们了解使用语言的历史背景、文化传统、社会风习等等那种语言环境。像前面举过的例子，毛主席那首词《娄山关》，要想理解这首词，把这些含义、传达的感情理解得准确、深刻，就需要知道这一首词是在一个什么历史背景下写的。如果不知道，就不能准确地领会这首词所表达的感情。这首词和“战地黄花分外香”，表达的感情是不同的。因为是在不同的情景，不同的历史背景下写的。不了解这种历史背景，理解得就要肤浅一些，甚至于不准确。我们又举了，《西厢记》的例子，如果我们对《西厢记》产生的时代，特别是对《西厢记》的故事梗概不了解，这几句是在一个什么环境之中，写什么样的环境的，长亭送别是谁送谁，送走了怎么样……如果不了解这一些环境，对它的理解，也会比较肤浅，不容易深刻。所以，了解历史背景等这些语言环境，对我们理解所阅读的东西，关系是很密切的。这要靠我们平时积累。如果对阅读的作品感觉到对它的背景知道得太少，因而理解得肤浅，我们就是要自己查考东西，了解那时的历史背景，以及这篇作品，作者的个人经历，他的思想状态，等等，这些都构成这一篇作品的语言环境，有助于我们把它理解得透彻。因为个人文化教养、语言习惯、语言风格等也构成使用语言的语言环境，所以我们自己在运用语言的时候，特别要注意客观，要注重从实际出发，不能完全凭我们自己的主观；因为我们说话的对象、写作的对象，我们得考虑到，他是我们的语言环境。我们是在这样的语言环境里说话、写作的。同时，为了我们自己的语言能力真正能提高，能够确切地、恰当地表达我们要表达的思想感情，我们也需要提高自己的文化教养、思想境界，因为这些构成了我们自己使用语言的语言环境。这是我们自己对自己，也是一个环境。如果我们的文化教养不高，如果我们思想境界不高，在这样的语言环境里我们使用出来的语言也一定反映他的实际。

语言本来就是一种活动，是一种社会行为、社会活动。既然是活动，就不能仅仅是静止地来对待语言，静止地讲语言。我们所以要讲语言环境，就是因为语言是一种活动，总是在一定的环境之中，人们用语言作为一个工具来交流思想、处理工作、解决问题。对语言的学习，既需要知道一些词语，它们的基本含义，那个主要求之于字典、辞书，也需要知道语言的一些结构、组织，它们的基本关系、基本含义，同时也需要知道语言在使用之中的各种变化，因为语言它是在使用之中的一种东西，不是静止的。理解语言在使用中的各种变化，它会附着上什么，它会消失什么，它会消除一些什么样的歧义，它能够相互充实、丰富一些什么附着的感情色彩等，这是我们在学习语言、掌握语言中非常重要、非常值得重视的一个方面。可以说，这个考虑，是我们对学习语言比较前进的一种考虑，放在语言环境之中，放在语言活动之中，来理解语言，应用语言，而不是静止地、孤立地来对待语言。我们既要重视词语、词组、结构的基本意义，静止的意义，一般的意义，又要重视这些词语、词的组合、结构在实际使用之中的种种变化，这两个方面都不能忽视，而是要相辅相成。你必须知道它的基本意义，才能更好地掌握它使用中的各种变化。只有了解它使用的各种变化，对它的基本意义才能理解得更深入、更透彻。这是相辅相成、互相作用的两个方面。不应该割裂开来，而应在学习之中统一起来。

语汇重要，语汇难*
——高桥弥守彦等编《中国语例解词典》序

词是构成语言的原材料。语言的表情达意功能主要是靠词来实现的。语气、语调、语序，多少也有表情达意的作用。然而必须附在词或词的组合体上，作用才能显示出来，否则，没有词，没有词的组合体，根本就谈本上什么语气、语调、语序。它们不能离开词单独存在。构成语言，词的重要性是显而易见的。认真说起来，在语言里，语汇是一种性质，语音和文字另是一种性质，语法又是一种性质。这是三种不同性质的东西，它们不是等价的。我们一向说惯了语言“三要素”（语音、语汇、语法；一般不提文字），值得再研究。这里顺便要为文字说几句话。如果我们接受“信息技术革命”这个新概念的话，那么，笔者认为，我们就不得不承认，文字的产生是人类第一次信息技术革命。文字打破了口头语言所受的空间和时间的制约，从而成百倍千倍地扩大了语言的功能，使人类的信息交流手段产生了革命性的变化，进而在极大的范围和深度上改变了人类物质生产技术交流的状态，加快了它的速度，加快和发展了人们对自然界、对宇宙、对人类社会的认识以及各种认识的交流和相互影响，在极大的程度上改变了人类社会生活的面貌。第二性的文字绝不是仅仅从属于第一性的有声语言，而是第一性的具有革命性质的发展。在语言史上和人类社会发展史上具有如此重大作用的文字在现代语言学领域受到的对待是不够公允的。

---

* 本文刊载于《中国语文》1988 年第 1 期。

任何一种语言，在语音、文字、语汇、语法四者之中，从教、学、使用的角度来看，相对地讲，语汇是比较难的。母语是这样，第二语言更是这样。这是因为：第一，语汇的规律最不好讲。什么是一个词，就说不清楚。汉语说“铁路”，是一个词；英语说 railroad，或 railway，也是一个词，然而直译应为“轨路”，不是“铁路”；法语说 chemin de fer，直译是“铁路”，然而不是一个词。这有什么道理可讲呢？就是在同一种语言之内，比如汉语普通话，说“吃面包”“吃苹果”“吃菜”“吃牛肉”，但是不说“吃酒”，因为酒是液体，要说“喝”，不说“吃”，然而，凡是药，即使是药水或者汤药，统统说“吃”，不说“喝”。这又有什么道理可讲，有什么规律可循呢？这只是极简单的例子。词的来源，词的构成，词义，词的用法，词与词的搭配，等等，变化多端，复杂万状。第二，词太多。学任何语言，要想稍微管点用，总得会几千个词。许多词有多义多用现象；两三个词或三五个词之间，有所谓同义、近义现象，或大同而小异，或大异而小同，其同其异，或在所表示的概念的外延、内涵，或在新旧，或在雅俗，或在文野，或在来源，或在隐含，或在色彩，或在搭配习惯，充分理解已经不易，掌握使用做到准确得体更难。人们容易感到语音、语法困难，尤其在学习第二语言时，其实，无论就数量说或就内容说，与语汇之难都无法相比。第三，语汇的身上负载着使用这种语言的民族文化传统，社会风土人情，以至人们的心理特征和思维习惯。倘若这些方面的知识不够，对许多词的领会和运用就必然产生困难。在中国，比如举行一次文艺晚会，大家请某人弹一曲钢琴，或者唱一首歌，或者朗诵一首他本人写的诗，表演完了，大家鼓掌，他答谢，同时可能说（尤其在很小型的，十个八个人的聚会时）：“胡弹乱唱，献丑，献丑”“见笑，见笑”“请指教”。在西方，不大会这样说；西方人初次听见中国人这样说会感到不理解，甚至诧异。就是在中国，这几个说法的含义也很不相同，用不用说，用哪个合适，要看聚会者都是些什么人，什么关系，表演者自己和听者是什么关系，等等。第四，语汇的变化很快，比语音语法快得多。社会上，文化、科学中，有了新的发展变化，出现了什么新事物、新观念，立刻就会出现新的词，或者用旧有的词赋予新义来表示它们。相反，也会不断有旧词被淘汰或者改变了意义和用法。对于社会生活的哪怕点点滴滴的变化，语汇是极为敏感的，反应也是极为迅速的。如果我们做一次今天一天出版的100份各种报纸的词频统计，大概“现代化”这个词的出现频率会相当高。可是，如果认真追问一下“现代”的含义，恐怕不是很容易回答的。“现代汉语”“中国现代史”“欧洲现代史”“现代派（绘画）”“现代信息技术”，这些“现代”用一个定义能说得清楚吗？不是不可知，不是不能定义，只是说，很难，因为同是这个词，在不同的时候，不同的场合含义有所变化，它不是凝固的。

上边是一般地说，就教、学、使用而论，语汇重要，语汇难。

在汉语词汇中，有一小批词，数量不多，基本上可以列举穷尽，但是能量很大，在语言中非常活跃，也非常重要，用法复杂，有的微妙，很难掌握，而用得好不好，选得准不准，关系却很大。比一个普通的名词、动词等用得是否恰当，对表情达意是否准确清晰，是否能让人容易而准确地理解，更有影响。这种词，粗粗地说，又有两大类。一类是表示数量、时间、空间等范畴的，习惯性强，以汉语为母语的人学习不感到有什么困难，因为从小就那样听惯说惯了。例如，量词就挺麻烦。汉语一般不把数词直接用在名词前边，当中总要有个量词。这就出了两个问题。第一，什么名词用什么量词，很多是说不出道理的。如“一匹马”“一头（或条）牛”“一只老虎”，这道理就不大好讲。在有些习惯语里，数词可以直接与名词连用，不需要量词，如“一草一木”“三言两语”“费了九牛二虎之力”，然而只有某些习惯语才可以这样说，为数有限，不能援例，不能推广，并且用什么数词也是有定的，不能变换，非“九牛二虎”不可，“八牛三虎”就不行。这些，以汉语为第二语言或外国语来学习就会有困难。不过，这只是要记熟、用熟的问题，困难还不算太大。

另一类就更麻烦了。它们多少不等地也表示某种或具体或抽象的概念，几乎没有完全不表示什么概念的，然而更重要的是和表示更具体的概念的词或词的组合体合作，表示某种附加的意义或语气情态，如然否、程度、可能或必然或不可能，等等，或者表示某种抽象的事理关系或结构关系或二者兼而有之，如因果、条件、假设等。这类词通常称为辅助词或功能词或结构词。由于表示的意义和/或功能大都比较抽象，又往往也有一组一组的，它们表示的意义和/或功能相近又有大小不等的差异，这种差异往往关系重大，有时甚至差之毫厘，谬以千里，例如，“他一定来”“他大概会来”“他也许来”“他准来”“他不会来”，这中间的差异比“茶杯”“茶碗”之间的差异重要性大得多了。一些为以汉语为第二语言的人编写的工具书，需要讲得更细，才能有用。粗线条地讲，用处就嫌不够。认真说起来，供外国人学汉语用的，应当有不止一种，比如，供说日语的用的，供说英语的用的，供说俄语的用的，等等，应当有所不同，因为他们感到的困难不一样。这类工作，以往不是完全没有做，有的辞书讲得也还相当细致，然而鉴于当前学汉语的人越来越多，需要越来越大，要求越来越高这个事实，上述这种工作仍需加紧多做，做得再好些。

高桥弥守彦、姜林森、金满生、朱春跃四位先生合作，编著了一部《中国语例解词典》，主要从上述辅助词之中选出了最重要、最常见的一批，用词典的方式，举出丰富的合乎现代汉语普通话说法的例句，详细加以解说。

这部词典主要有四个特点。

（一）一组一组地讲，而不是一个一个地讲。任何词，单个地讲还比较好办一点，把义近的两个或更多加以比较，说出它们的异同就难多了，因为，有的差别很细微，甚至很微妙，不容易说清楚。这种情况，在辅助词方面尤其明显。相近的辅助词之间虽然也有多少不等的意义上的差异，而更重要的是功能、用法上的差异。这就更难讲了，也更难掌握运用了，尤其对于以汉语为外语的学习者。这部词典一组一组地讲，讲它们的相同处，更讲它们的不同处，并且只用简要的说明，主要用多量的实例。——讲异同，用实例是最好的方法。解说半天，不如一两个典型的例句表明得更清楚。例如“该”和“要”：“你该去”和“你要去”，“天该下雨了”“天要下雨了”，区别在哪里？从小说汉语的人想不到这里有什么问题，而初学汉语的人在这两个词面前可是要犯犹豫的，语汇中最难掌握的，其实就是这批东西；小而至于一个“的”，一个“了”要把它们讲清楚，用准确，都很不容易。作为母语，从小生活于其中，通过实践，逐渐知其然未必知其所以然地会用了，但是依然不时地会出点错。要是作为外国语来学，这部分东西往往成为入门之后最难对付的“拦路虎”。光是一个“了”，就不知道难住了多少外国朋友。

今年我到日本去了三个多月，好几位教汉语的老师要我给仔细讲讲“了”的用法，因为学生经常用错，而老师说不清楚那样用为什么不对，学生常常提出些问题把老师问住。老师们查书查词典，也解决不了那些难题。说老实话，我也讲不大清楚，因为我从来没觉得它有这么难，没下功夫研究过。

这里有一条并不难明白的道理。上边说的那一类词的附加意义，语气情态以及抽象的事理关系或/和结构关系，每种语言大都有表示的手段，可是甲语言与乙语言所用的手段往往很不相同。例如，汉语用辅助词，不用词形变化，有的语言就多用词形变化，或者词形变化与辅助词并用，而辅助词各有各的一套，大异其趣。由于这套手段非常重要，在任何语言里都用得十分频繁，都构成一种语言的一个重要特点，因而这套手段的使用习惯形成得早并且非常牢固。前边说，当一个人学习一种第二语言时在这个方面最容易遇到困难，大体上不外乎三种情形。1. 甲语言时常要表示的某种附加意义或语气情态或抽象关系，在乙语言却不常表示或者不表示（这是显示语言的民族性的一个方面）。2. 表示意义和/或功能差别很大，让人感到摸不着门，找不到一个恰当的相对应的办法。3. 实行了错误的类推比附，因而闹了笑话。

对汉语的这套辅助词，为说汉语的人编写工具书需要讲细致甚至会闹点笑话的。

（二）几位编著者都是“两通”的专家，既通日语，又通汉语，既通语言和语言理论，又通教学，这是他们的有利条件。因此，他们这部词典既照顾到一般，又有明显的针对性——他们的头脑里始终有个“日本人”，“说日语的人学汉语”。这是至关重要的，前边说过这个道理，不再重复。

（三）由于用的是汉字，而一个汉字表示两个或多个用法不同的词这种现象并不少见，这部词典充分重视了这一点，从而对每组里的每个词都讲得细致（举例充足）。有的词书往往以已经有相当程度的说汉语的人为主要对象，讲得过于简括，以汉语为外语来学习的人，使用起来有困难——相近的词的细微差别（这往往是学习者的困难所在）没讲到；一个词本身的多义多用现象讲得不够，各个不同的义项和用法分别同哪个其他的有关的词有异同问题，一般也没讲到；一个词的某义某用，需要具备什么条件，正误的标准和灵活的限度，等等，更没讲到。高桥先生他们这部词典，重视了这些问题，虽然不敢说已经完美无缺，至少是朝着这样的方向迈进了一大步。

（四）还有一个看来不太大而实际上很不小的特点，是每个词都用汉语拼音注了音。学汉语，或者，像在日本，一般说成学“中国语”，不少国家也说学“中国语”，有的国家说学“华语”。不论怎么个说法，实际上都指的是或者应当是学汉语普通话。用汉语拼音有助于教、学、推行汉语普通话，所以是十分可取的。其次，汉语的辅助词和其他普通词一样，不同的词用同一个汉字表示的情况很不少，例如“得”，既可以表示动词“得到”“取得”“获得”里的语素 dé，也可以表示联系补语常用的“得”，如“红得发紫”，还可以表示可与“必需”“应当”“要”相比较的能愿动词 děi 。用汉语拼音注音把这种区别表示出来，不至于发生误会了。

除上述几项之外，还有一些特点和优点，我愿留给读者自己去发现，这里就不多说了。

总之，这是有新意、有特点、有新做法的，对说日语的人学习汉语非常有用的一部工具书，可备查考。当成一部参考书读读，也未尝不可。我想，对于说其他语言的人学汉语或教汉语，也会很有用的，特别是，如果他懂些日语的话。再有，对于中国的学者如何为外国人编写辞书，很可能有参考借鉴的价值。

书成，承编著者们的盛情，给我看了部分原稿，并嘱写序。欣喜之余，写了上边一些话表示祝贺，并向编著者和读者请教。

1987 年 9 月

谈中学生的语言美教育*

我出生在北京，五六岁跟着父母到了东北。随后就在沈阳进了小学。我是独生子，没有兄弟姐妹，家里没有小孩一起玩儿，用南方话说，没有“道伴”。父亲做测量工作，不经常在家，母亲是家庭妇女，一天到晚忙于家务劳动，管不上我，她也不知道怎样管。邻居家也没有什么小孩。大概由于这些客观原因，我小的时候，很不会说话，不爱说话，以至于很怕说话。有时候客人来了，我不知道怎样对答，就跑到院子里，躲开了。为此，父亲、母亲产生忧虑：这孩子这么笨，怎么得了！

小学的同学、老师，至今我大多不记得了，而有一位老师我却记得很清楚。他姓韩，矮矮的，胖胖的。记不得是在几年级，他教我们了，是我们班的级任老师。他指定我当班长。我当然很害怕，坚决不肯。我平常连话都不敢说，也不跟同学一块儿玩，孤零零一个人，怎么敢当班长呢？韩老师鼓励我说：“你放心，你很守规矩，功课也很好，同学们一定会服你的，有什么问题我帮助你。”再三鼓励之下，我只好干了。因为当了班长，跟同学接触就多了，逐渐打破了孤僻的状态。过了一段时间，韩老师又指定我参加演讲比赛。我当然不肯。我哪里敢站到台上去，当着大庭广众讲话！他又再三鼓励。他说：“你口齿清楚，说话有条理，一定可以讲得好。讲些什么内容，

---

*《语文学习》杂志举办“中学生的语言美教育”征文活动。本文是杂志编辑同志写的访问记，由聿闻整理，发表于该刊 1984 年第 2 期，文前有如下编者按语：张志公先生很关心本刊举办的“中学生的语言美教育”征文活动。本刊编辑最近就中学生语言美教育的基本要求等问题访问了张先生。下面这篇文章记录了张志公先生这次谈话的内容。

怎么讲法，你自己先想一想，然后你找我，我来给你出主意，我帮助你准备……”又过了一些时候，他更进一步要我参加演唱《麻雀与小孩》，就演小孩那个角色。这样一而再，再而三，慢慢地，慢慢地，就改变了我不会说话，不愿说话，怕说话的状态。

到了念高中的后期，我竟然参加话剧活动了，先后演了田汉《咖啡店之一夜》，宋之的《烙痕》等好几个独幕剧。到大学继续搞这类活动。以后，我当教师，就靠说话工作了。一般地说，同学们对我的教学语言的反映还过得去，认为课讲得还清楚，算是个比较能够说话的教师，虽然说得不怎么好。

儿童时期，贵在引导。如果教师善于发现儿童的长处，哪怕只是一点好的苗头，因势利导，给予鼓励，增强他的信心和勇气，他就会向着好的方向发展，在实践中克服了自己的缺点，以至纠正了某些缺陷。这比动不动就责备训斥好得多。儿童离定型还早着呢，变化很多，万不能看到儿童有什么缺点，就认为他低能，嫌弃他，看不上他，冷落他。孩子是很敏感的，又是很幼稚的。别人看不上他，嫌弃他，他很容易感觉到，他会反感，会疏远你，有意地不听你的，或者抑郁不快，情绪低沉，或者怯懦畏缩，甚至自卑失望。所有这些，都是对稚嫩的孩子一种压抑，打击，伤害，后果是很坏的。施加于孩子的影响是很深刻的。我为什么对别的老师或者根本不记得，或者记忆模糊，独独对那位韩老师记忆清晰呢？毫无疑问是由于他那些做法在我幼稚的心灵上留下了很深的刻画。

成人之后，我逐渐喜欢语言了，终于学习起语言来，从事语言工作了。这当然还有好些我自己没想明白的因素，肯定也有某些偶然性，但是，我想，同那位韩老师的教学一定有十分密切的关系。从某种意义上说，韩老师在一定程度上促使我走上了做语言工作这样一条道路。

从怕说话到不怕说话，这也是心理状态的变化。不敢说话，于是不愿意跟人接触，老是躲着人，躲着事，长此以往，不可避免地会越来越疏远周围的人，变得处处懦弱怕事。所以，对于儿童和青少年，一靠引导，二靠影响。“近朱者赤，近墨者黑”，这对孩子们来说，是千真万确的。孩子的接触面虽然也不很窄，但毕竟接触最多的是家长和老师。这些人对孩子的影响是最大的。因为他们还不定型。我的说话就很受在天津念初中时一位姓金的英语老师的影响。他英语说得很好，说汉语带南方口音，但说得很有条理，并且娓娓动听。大家都很喜欢他。于是，他的说话习惯，神情姿态，影响了我。我不知不觉地模仿了他，至今在我的说话习惯中留有痕迹。老师，只要是一个称职的老师，在学生心目中便是一个很可崇敬的人物，跟一个母亲一样。做母亲的，即使长得并不怎么好看，在她孩子的眼里，她总是美的。所以做家长的，做老师的，要从高、从严要求自己，说话要纯洁，要优美。这关系非常之大。

过去封建社会不鼓励小孩子多说话，更不鼓励他们大声说话，只许他们低声下气，见了大人要垂手侍立，鞠躬如也，恂恂如也。我们很需要对这个“传统”有所认识。说话粗里粗气当然很不好，可是那么低声下气，不敢说话，也很不好。

那么，什么是语言的定型呢？定型，就是习惯的形成，包括发音的习惯，措辞用语的习惯，语气语调的习惯，组织结构的习惯，以至神情姿态的习惯，等等，都相当固定了，很难再有大的改变了，不容易接受新的东西了。从初中后期到高中前期，中学生说话的主要习惯和基本能力趋向于定型。当然定型不等于说以后一点也不再改变了，不再进步了。随着知识的扩充，生活内容的扩充、丰富，思想认识的提高，语言能力当然也会发展变化，进步、提高，但是比较地说，变化发展会有些困难了，也缓慢下来了。所以在这个阶段，进行语言训练尤其重要。如果说，在这以前重点在于引导他敢说话，引导他在实践中丰富语言，纯净语言，那么在趋向于定型阶段的时候，要求就更高了，要求他具备更高一些的语言能力了。

首先是语言要规范化，普通话一定要说好。说普通话是做一个现代公民必须具备的条件。因为现代化要求许多方面都标准化，标准化才能提高速度，提高效率，没有一种共同理解的语言，交际起来效率就低。我们现在就是要讲究用最经济的语言传达最大的信息量、收到最高的社会交际效能。当然这里完全没有禁止方言的意思。方言是客观存在，不是那么容易消灭的。各种方言各有特点，各有优点，普通话比较丰富，就是因为它能吸引各种方言中好的成分。一个受过教育的现代人，在工作中，在公共场合，必须会说标准语，在咱们国家里，就是说普通话。至于在家里，在个人生活中，愿意说什么方言都可以。过了前边说的那个语言定型时期，再学普通话就越来越难了。所以，从小学到中学这一段，一定要把普通话学好。

语言和思维有密切关系。语言习惯反映思维习惯。因此，在这个阶段，形成良好语言习惯就更加重要。理解语言敏捷而准确，对语言做出反应敏捷而准确，这都表明思维活动敏捷而准确。从这个意义上说，语言训练同时也是思维训练。

善于听话是很重要的。首先要能耐心听别人说话。这不仅是语言习惯和思维习惯问题，并且是待人接物的态度问题。要能听得进去，听得清楚，抓住要领，不走样，不遗漏，很快地分析判断，做出反应。这种习惯是可以经过训练养成的。

说话还要注意得体。什么是"得体"呢？这不仅是指话的说法与自己和对象的关系相适应，而且，也包括说话的目的、场合这些因素。比如，到外地参加访问，有些见闻，回来谈谈，在什么范围谈，为什么谈，场合不同，目的不同，谈的详略，重点的选定等等都应当有所不同。这就是得体。得到别人帮助不道谢，不得体，道谢过多，也不得体。虽然"礼多人不怪"，过多了也会让人生厌。"礼尚往来"嘛，你的礼貌过多，人家也得陪着你多，岂不麻烦！进一步说，大家注意到说话得体，扯皮的事就少了，办事效率就高了，人们的精神面貌就不同了，好的社会风气就容易形成了。

美的语言首先是合乎规范的语言，是合乎交际需要的语言，同时又是动听的，有说服力的，能让人家信服的。处在今天的时代，一个年轻人要能够有勇气在大庭广众中从容、坦率、爽朗地讲出自己的观点，自己的见解；如果讲得不对了，别人指出来，勇于接受，坦率地接受别人的意见；听见了错误的言论，勇于挺身而出，与人说理，心平气和地辩论。这是现代青年应该具备的一种素质。那种吞吞吐吐、哼哼唧唧的神气，是不美的，是不合乎时代需要的。"文化大革命"影响了一些年轻人，不会讲道理，只会吵架，骂人。觉得自己受了委屈，不会有理有据地申诉，只会瞪着眼睛叫嚷；觉得别人说话不对，不会有理有据地反驳，只会恶声恶气地谩骂。这都是缺乏教养的反映，也都是不符合时代需要的。

随着科学技术的发展，时代要求我们具备很高的语言能力。语言不仅是人跟人之间的交际工具，它已经成为人跟机器之间的交际工具了。靠说话来办事情，处理工作，靠说话来解决问题，这种机会越来越多，具备高明的说话能力也就越来越重要了。通过电话来处理重要、紧急的工作，几分钟之内就解决了，必然要求语言快捷而清晰，毫不含糊，简洁而周到，没有漏洞，确切而得体，没有毛病。这是多么严格的要求啊！

总之，我们应该非常重视语言发展的第二阶段，要抓紧训练。要看到第二阶段青少年的语言趋向定型这个事实。有人说，到了中学毕业如果话还说不通，以后就不会通了，养成坏习惯，就一辈子改不掉了。这话夸张了一点，但接近于事实。中学，是语言美教育的关键性阶段，如果这个时候学生养成了好的习惯，打好了基础，以后会使他思想、认识、知识各方面得到更快的提高，如果养成了不好的习惯，以后再要纠正，困难越来越大，影响到他许多方面的成长发展。

对中学生进行语言美的教育，我们大家要认识到这项工作的重要性。如果今天不做好，将来会追悔莫及的。目前社会上还没有普遍重视说话这件事，很多家长只重视写字、作文、做习题、准备高考，不重视孩子的语言状况。学生自己也不重视。这就要靠大家多做一些宣传工作。《语文学习》杂志举办中学生语言美教育的征文非常好，很希望有些教师谈一些经验，拿语言训练本身的成效来说明问题。目前，各级考试都不考口语，不考就不容易引起重视，但口试又麻烦得很，这是一个矛盾。应当研究探求解决的途径。此外，训练的方法还不多，教科书中没有准备口头语言训练的材料（新编的一套稍有一点儿，不充分），别的参考用书也没有，语文刊物上介绍的这方面的经验太少，这些情况应当逐步改变。不过，只要教师有信心，在这方面付出劳动，大家肯这样去做，办法就出来了，成效也会出来了，也就会取得社会各界和学生家长的信任、支持了。

有些教师有顾虑，怕自己普通话说得不好，口才不高，难以训练学生。其实，这种顾虑是不必要的。我读小学时候的那位韩老师，他自己的语言不是说得很漂亮的，只是平平实实地讲课，但是他能训练他的学生。初中的那位教英语的金老师，南方口音相当重，我们并没有把这一点学过来，却学了他的一些好习惯。教师大可以放心，你只要下决心去训练学生的语言能力，你的学生的口头语言能力会高于你，这是完全可能的。这不很好吗？学生高于老师却不会看不起老师，相反，他会更敬重老师，因为他的本领是你训练出来的。建议老师们在这一点上要想明白。当然要从严从高要求自己，自己要锻炼。但是，尽管自己差一点，不要紧，只管勇敢地训练学生，教学相长，学生提高了，教师也会提高的。

修辞是一个选择过程*

什么是修辞？修辞就是在运用语言的时候，根据一定的目的精心地选择语言材料这样一个工作过程。无论说话，还是写文章，就是把语言材料组织起来，表达自己的思想感情，或者告诉别人一件事，说明一个问题，或者表示一个意见。语言材料很多，在表达的时候，有很大的选择余地。比如说，有个小孩很灵敏，很好玩，我很喜欢他。要把我对他的印象说出来，用什么词儿呢？用“灵”“机灵”“伶俐”“很鬼”“很有心眼儿”？或者用一般常说的“聪明”？这就有个选择，从中选一个最足以表示我对他的印象的说法。说一句话，可以有不同的说法，比如，可以说“这个小孩真聪明”，也可以说“这个小孩真不笨”，这又有所选择。“他心灵手巧，样样都行”，这句话很整齐；“他干什么都很出色，真行”，这句话不像上一句四个字四个字的，不整齐，但是也可以，也不错。我们可以很平实地说出对一个孩子的印象，“他举止动作活泼灵敏”，也可以打个比方，“这小孩真麻利，活像个小猴子”。这是随便举几个例子，从用词到说一句话，一段话，这里边可以选择的方面很多很多。认真细致地选择，并且能很迅速地选出最需要、最适当的说法，就是修辞的能力。上面举的是日常生活中无关重要的话。说重要的话，讲重要的道理，发表重要的意见，也需要选择，越是内容重要，越需要选择。从这个意义上说，修辞很重要，应该具有这种能力。

修辞不是把话这么装饰那么装饰，更不是自己制造什么花样翻新的说法，只不过是从现有的语言材料中精心选择而已。创造性地运用是可以的。

---

* 原载张寿康、张静主编的《修辞和修辞教学》（上海教育出版社 1985 年版）。

所谓创造性，是指在选择运用之中有独到之处。

修辞既是选择的过程，就得有选择标准。怎么选择？根据什么选择？怎么叫选择得好？怎么叫选择得不好？

选择语言材料是为了使我们说的话、写的文章具有准确性，就是能够把客观事物在我们头脑里的反映准确地表达出来。不仅准确，并且富有表现力。准确，富有表现力，这是我们选择语言材料最根本的考虑。就拿上面的例子说，说一个小孩“灵”“机灵”“伶俐”“很鬼”“很有心眼儿”，这些词语并不是毫无差别的，用哪一个能最准确地表达出我对这个小孩的印象呢？选择首先要从这里考虑：哪一种说法最准确。同样都准确，用这个说法是准确的，用另一个说法也是准确的，那就要考虑，用哪一个说法表现力更强，能够把我对小孩的很好的印象有力量地表达出来，使听的人、读的人受到更大的影响，能够和我产生共鸣呢？

所谓准确性、表现力，不能单单从自己主观方面考虑。语言是交际工具，有说的一方，有听的一方；有写的一方，有读的一方。说的人、写的人不仅要考虑主观方面的目的，也要考虑客观方面的要求。只有主客观统一，表达效果才会更好。比如，你说一件事，听的人在工作很忙、时间很紧的情况下听，希望你简明扼要地说，这是客观的希望和要求。在这种情况下，如果你左用一个比方，右用一个形容，希望自己说得生动形象，活灵活现。你的主观愿望不能说不好，但是不符合客观的要求，效果就不好。不论你的形象生动的语言选择得多么好，也达不到目的，作用会打折扣。听的人性急，不耐烦，反而可能听不清楚，同你的主观愿望恰恰相反。所以，选择语言材料，进行修辞工作，既要考虑主观，又要考虑客观，力求主客观的统一。

这就涉及对象和场合的问题了。如果你对一些孩子讲一件事，用了一些抽象的、比较难懂的字眼，用了一些复杂的句子，总之，要很费一些思索才能够理解清楚。尽管你所选择的词、句子都不错，话组织得也不错，但是效果并不好，因为不适合对象。相反，如果你是对一些理解能力比较强的青年人、成年人说同一件事，几句话就可以说得清楚，你却反复解释，这样说了那样说，反反复复，效果也不会好，因为不适合对象。同样的一件事，对家里的人随便说说，向熟识的同志介绍介绍，或者你觉得需要向领导反映一下，汇报汇报，在这些不同的场合，就需要有一定区别的讲法，就是说要得体。对你的家里人和熟识的同志，很严肃，煞有介事，或者向领导汇报，嘻嘻哈哈，“谈笑风生”，都不得体。所以，修辞，也就是选择语言材料，组织语言材料，要考虑对象，注意场合。话说得得体是很重要的。所谓得体并不是矫揉造作，更不是虚伪，说些言不由衷的话，那样根本谈不到得体与不得体。所谓得体，就是在这样的场合，同这样有关系的一些人说一件事，怎样说最恰当，合乎这种场合的要求，合乎听话人和说话人相互关系的要求。这可并不是对于什么样的人说话可以大模大样，对于什么样的人说话要低三下四，不是指这种区别。对任何人说话都不应该大模大样，也不需要低三下四。不过，对象不同，说话总应该有些区别。无论对长者、老者说话，对年轻人或者比自己小得多的人说话，都需要诚实、亲切。对长者、老者，总要多一点尊敬的神态吧，对年轻人或者比自己小得多的人，总要多一点关切爱抚的神态吧，这就是得体的问题。对长者、老者、老师、长辈说话，缺少应有的尊敬的表示；对一个孩子说话，缺少应有的关切爱抚的表示，那能够说是得体的吗？当别人称赞自己的时候，总应该有点谦逊的表示，但是，也得实事求是，谦逊过头，达到了不合事实的虚假程度，也就不得体了。相反，不谦逊，很不客气，哪怕自己确实做了一点有成绩的事情，不论对谁，表现了不谦逊，不客气，也是一种不得体。所谓得体，就是在真实的、实事求是的前提之下，根据具体的场合、具体的对象，采取恰当的说法，表现出自己一种应有的修养，一种比较高尚的思想精神面貌，这就是得体。不论口头上说话，书面上写文章，都应该考虑这个问题。所谓要讲点精神文明，要讲点语言美，并不是要学点花言巧语，而是要实事求是，要真实，亲切，而又得体。

说到这里，就自然要联系到选择语言材料，也就是说进行修辞工作的又一个重要的标准。那就是：修辞有时代性，有社会性。语言有一个很长久的历史发展过程，从古到今，语言是一步一步发展过来的。语言材料有不少是从古到今一直沿用的，也有不少是逐渐产生的一些新的材料，所以，它既有历史的连贯性，又有不同时代性。语言是一种社会现象，语言交流思想感情，是一种社会活动。那么，它不能不受社会发展变革的影响。然而，语言又是一个全民性的交际工具，它不像社会变革那么剧烈。所以，在各个不同的社会里，它既有某些共同性的东西，又有不同社会的一些不同风习、特点的反映。因此，选择语言材料，怎么叫作选择得好，怎么叫作选择得不够好，或者不好，不同的时代、不同的社会，既有要求相同的一面，又有不同的一面。学习修辞，不能完全没有时代观点，不能完全没有社会观点。静止地讲，说某种修辞方法好，不考虑时代和社会的因素，这种讲法是不够准确的。我们今天的社会对于语言的运用，首先要求准确性，也就是要求实事求是，要求朴实。当然也要求有表现力。然而，必须明确，表现力是在准确性的基础上存在的，失去了准确性，谈不到表现力。假话、大话、空话不论装饰得多么好，因为它是不准确的，所以它是缺乏表现力的，是我们不仅不提倡，并且反对的。一提到学习修辞，往往引起联想，就是怎么把话说得漂亮一些，怎样把文章写得漂亮一些。我们不反对说话说得漂亮，文章写得漂亮。美，优美，是我们所提倡的。但是，必须首先记住，只有在实事求是、准确、严密的基础上才能谈得到漂亮、优美。假话、大话、空话是最不优美的话，最不漂亮的话。当我们学习修辞的时候，这是首先要明确的。此外，现代化要求一切讲究速度，讲究效率。说话，写文章，也是这样。因此，我们提倡简洁，明快。像“推敲”的故事，像“吟安一个字，捻断数茎须”“两句三年得，一吟双泪流”这些名句，作为认真仔细、一字不苟的写作态度，说明写作是一种艰苦的脑力劳动，不是马马虎虎就可以取得成就的，讲讲未尝不好。但是，在我们的写作实践中，需要的是既严肃而又敏捷的态度和能力。为一个字琢磨好半天，甚至穷年累月地去下修辞的功夫，我们不去过多的提倡。这也可以认为是修辞有时代性的一个方面。

最后要说到，修辞既是一个选择过程，那么，只有我们对于语言知道得多，在我们头脑里有丰富的积累，才有选择的余地。如果头脑里的语言材料很贫乏，总共就知道那么一点点，就会那么一点点，还说得上什么选择呢？要达到基本上准确都很困难，因为语言材料不够用，表现力就更谈不上了。所以，通过广泛阅读优秀的读物，平时从各个渠道留心生活里的那些优美的有用的语言材料，不断地充实自己的语言积累，才能使自己的头脑里有一个丰富的语言宝库。在这种情况之下，当我们需要的时候，才能从这个宝库中选择出所需要的材料。因此，学习修辞，先决的条件是要丰富自己的语言，不这样，谈不到修辞能力。所以，仅仅把修辞看成一种技巧或技术是不够的。丰富语言不是一件孤立的事情，它同思想的提高，知识的充实，生活经验的积累，关系非常密切。在这样的基础上，语言会逐渐地丰富起来。有了丰富的语言积累，同时学习一点修辞知识，这时，修辞知识才会更好地发挥作用，使我们运用语言的能力提高起来。

汉语辞章学与汉语语法*

一

1961～1962 年，我在《中国语文》和另一份刊物上发表了《修辞学？风格学？辞章学？》《谈辞章之学》两篇文章，提出了“辞章学”的构想，建议建立“汉语辞章学”这样一门学科。此后间断地做了一些探索。1981 年春，应邀在北京大学中国语言文学系为三年级学生开设了一门选修课《汉语辞章学讲话》。全部教程包括六部分：绪论、章法论、句法论、比兴论、风格论、文体论。句法论之后有一题“字法论”（这是用的传统的术语，实际上就是词法论），最后有一题“汉语辞章学的今昔观”，由于时间不够，略去没讲。这是我初步设计的汉语辞章学的一个极粗的轮廓。用一句话来概括它的内容，可以这样说：辞章学是研究诗文写作中运用语言的艺术之学。如果用英语来称说，大致可以称之为 The Art of Writing：a Linguistic Approach。

在进入本文所要论述的主要问题之前，这里有必要就汉语辞章学的来龙去脉再稍做一点说明。

辞章之学在我国有悠久的历史传统。先秦两汉的文献里，“文，辞，章，

---

* 本文是提交第 15 届国际汉藏语言学会议的论文（原题是《汉语语法与汉语辞章学》），随后编入华中工学院语言研究所的《语言研究》1983 年第 2 期。

文辞，文章”① 就已频繁出现，人所共知，不待例证。同时对这些东西本身以及它们同所表现的内容之间的关系的探讨研究也相继发达起来。

子曰：“君子进德修业。忠信，所以进德也；修辞立其诚，所以居业也。”（《易·乾·文言》）

情欲信，辞欲巧。（《礼记·表记第三十二》）

《离骚》……其文约，其辞微，其志洁，其行廉，其称文小而其指极大，举类迩而见义远。（司马迁《史记·屈原贾生列传》）

徒雕文饰辞，苟为华叶之文哉？（王充《论衡·自纪》）

或调辞以巧文，或辨伪以实事。（同上）

魏晋隋唐以下，又出现了“辞章”的说法：

好辞章、数术、天文。（范晔《后汉书·蔡邕传》）

五音比而成韶夏，五情发而为辞章。（刘勰《文心雕龙·情采》）

居间益自刻苦，务记览，为辞章。（韩愈《柳子厚墓志铭》）

同时出现了讨论这些问题的专门论著，如曹丕《典论·论文》，陆机《文赋》，刘勰《文心雕龙》等。此后，论文评诗之作，重见叠出，数量之多，方面之广，都称大观。

最后，出现了“辞章之学”这个概念：

王梦楼尝言：词章之学，见之易尽，搜之无穷。今聪明才学之士，往往薄视诗文，遁而穷经注史。……著作如流水，自为江海；考证如火，必附柴薪。作者之谓圣，词章是也；述者之谓明，考证是也。（梁章钜《退庵论文》）

此外还有许多有关的论述，不备举。

文，辞，章，文辞，文章，辞章，可以统称为文，或者，用比较后起的概念，统称为辞章。和文或辞章相对待的，历来有三组概念。一组是“道、德、义、理”等，可总称为“道”；一组是“意、志、才、情”等，可总称

---

① “辞”，有的认为指口头语言。刘勰《文心雕龙·书记》：“辞者，舌端之文，通己于人。”有的认为兼指书面语言。王应麟《困学纪闻·卷一易》：“辞非止语言，今之文，古人所谓辞也。”有人用“言”指口头语言，“文辞”指书面语言。韩愈《送孟东野序》：“文辞之于言，又其精者也。”

为“情”；一组是“学，学问，考证”等，可总称为“学”。这三组合起来可统称为“实”或“质”。文（辞章）与质（实）相对待，用现在的话来说，前者是语言形式，后者是思想内容，二者是对立统一的，两千多年来一直是这样看法。

子曰：“质胜文则野，文胜质则史，文质彬彬，然后君子。”（《论语·雍也》）

情者文之经，辞者理之纬，经正而后纬成，理定而后辞畅，此立文之本源也。（刘勰《文心雕龙·情采》）

文辞，艺也；道德，实也。笃其实，而艺者书之。（周敦颐《文辞·通书》）

道者文之根本，文者道之枝叶。所以发之于文，皆道也，三代圣贤文章，皆从此心写出。文便是道。（《朱子语类》）

论道而专求诸语言文字间，则道泯矣；抑论道而不求诸语言文字间，则道亦晦矣。（张伯行《朱子语类辑略·序》）

总而言之，历代学者都主张“文质相资”（刘勰）。所谓辞章之学，就是研究这个对立统一体中“文”（“辞章”）这个方面的。

辞章之学讲究“连接篇章”（王充）；“联辞结采”（刘勰）；讲究“谋篇”“著文”“酌字”“修辞”；要求“巧”“约”“微”“畅”“达”“简”“妍”“丽雅”等，反对“拙”“繁”“冗长”“相袭”等。这些词语，有的含义很清楚，有的有些抽象或模糊，但是总的来看，都是关于语言的运用和语言艺术的。

讲到艺术，我们知道，无论是造型艺术、表演艺术、语言艺术、综合艺术，它们中间有若干共同性的因素，它们都是多方面的观念形态的综合，它们都有民族性，社会性和时代性，反映人们的哲学观和审美观。

辞章学既是语言艺术之学，必然和语言特点，包括语音的，语汇的，语法的特点有密切的关系。在“辞章学”的上面冠以“汉语”，称“汉语辞章学”，因为要研究的是汉语的语言艺术，而不是一般的语言艺术。

汉语辞章学是企图用现代科学观点，其中包括并且着重运用现代语言学观点整理探讨我国传统的辞章之学的一门语言应用学科。

在研究汉语辞章学的过程中，如所预料的，愈来愈清楚地看到，汉语的语言艺术在利用着汉语各方面的特点，发挥着这些特点的艺术功能，同时也受着这些特点的影响和制约。

更显著的是，汉语的语言艺术敏锐而深刻地反映着汉语各方面的特点，为我们研究汉语的若干重要问题提供了线索。目前，我们对汉语的某些方面，特别是语法方面的了解，在若干重要问题上还处于若明若暗的状态。研究汉语语言艺术得到的那些线索，对于揭示汉语语法的某些特点，帮助我们深入钻研那些特点，是很有意义的。如果说汉语辞章学的研究所提供的线索还不足以解决至今尚未解决的一些问题，至少这些线索向我们提出了值得进一步思考的问题，向着解决那些悬而未决的问题接近了一步。

本文不是讨论汉语辞章学的，要讨论的是汉语辞章学的研究所提供的有助于揭示汉语语法某些特点的一些线索。

二

在汉语辞章学里研究字法的时候，自然会注意到这些脍炙人口的著名用例：

> 京口瓜州一水间，钟山只隔数重山。
> 春风又绿江南岸，明月何时照我还？
>
> （王安石《泊船瓜州》）
>
> （虎）往来视之（驴），觉无异能者。益习其声，又近出前后，终不敢搏。稍近，益狎，荡倚冲冒。驴不胜怒，蹄之。
>
> （柳宗元《三戒》之二《黔之驴》）

人们都认为“绿”“蹄”这两个词用得好：形象，生动，情趣深厚。关于那个“绿”，还有这样的记载：据说，有人发现了王安石的手稿，最初写的是“春风又到江南岸”，这位政治家兼诗人自己把“到”字画掉，批曰“不好”，改为“过”，然后又改为“入”，再改为“满”，最后定为“绿”。

研究辞章学就要提出这样的问题：这两个词为什么用得好？为什么会产生辞章效果？语法学者通常是这样解释这些现象的：“绿”是形容词用如（或活用为）动词，“蹄”是名词用如（或活用为）动词。看来，这两个词的辞章效果是由“用如”或“活用为”这种灵活变通的手段产生的。

问题还没有解决，还需要继续问下去：这样“用如”或“活用为”是汉语语法的基本法则所容许的呢，还是本不容许，这里是破例这样用的？这种用例是偶见的呢，还是经见、多见的？从辞章学的角度考虑，凡破例的、偶见的语言形式会给人以新颖感，而新颖的表达能够传达比较丰富的信息，引起人们比较多的联想和想象。如果“绿”“蹄”这种用法是破例的，偶见的，那么，它们的辞章效果是产生于新颖；如果不是，对于它们的辞章效果之所由生，就还需要进一步从别的方面去探求。为此，研究辞章学不得不追问上边提出的问题。

我们发现——其实，并不是什么新的发现，大家早就知道。像“绿”那样的所谓形容词用如（或活用为）动词的现象是大量的，十分普通的。既是大量的，普通的，本来就不需要举例了，姑且摘引几条如下：

> 冉有曰：“既庶矣，又何加焉？”曰：“富之。”曰：“既富矣，又何加焉？”曰：“教之。”（《论语·子路》）
>
> 凡大者小邻国也。（《吕氏春秋·慎大览》）
>
> 吾妻之美我者，私我也。（《战国策·齐策一》）
>
> 始皇尝议欲大苑囿，东至函谷关，西至雍、陈仓。（司马迁《史记·滑稽列传·优旃》）
>
> 于是废先王之道，焚百家之言，以愚黔首。（贾谊《过秦论》）
>
> 此皆以白为黑，欺天罔君者也。吾欲整齐风俗，四者不除，吾以为羞。（曹操《整齐风俗令》）
>
> 且秦无已而帝，……彼将夺其所不肖而与其所贤，夺其所憎而与其所爱。（司马光《资治通鉴·周纪五》）

像“蹄”那样的所谓“名词用如（或活用为）动词”的现象，也是很不少见的，这里也姑且摘引几条：

> 入其大门，则无人门焉者。（《公羊传》）
>
> 贫穷则父母不子。（《战国策·秦策一》）
>
> 太后怒，不食，曰：“今我在也，而人皆藉吾弟，令我百岁后皆鱼肉之矣。”（司马迁《史记·魏其武安侯列传》）

何者？诚恐已离兵为人所祸也。（曹操《让县自明本志令》）

白石如玉，愚者宝之；鱼目似珠，愚者取之；狐貉似犬，愚者蓄之；栝蒌似瓜，愚者食之。（诸葛亮《便宜十六策·察疑》）

愿陛下托臣以讨贼兴复之效；不效，则治臣之罪，以告先帝之灵。（诸葛亮《出师表》）

不仅普通名词可以这样用，专有名词这样用的也不是偶见：

公若曰："尔欲吴王我乎？"（《左传·定公十年》）

夷而进于中国，则中国之。（韩愈《原道》）

今者无故诱致敌使，以诏谕江南为名，是欲臣妾我也，是欲刘豫我也。（胡铨《上高宗封事》）

所谓"形容词用如（或活用为）动词"的现象，直到现代汉语，还是大量的，普通的，无需举例。所谓"名词用如（或活用为）动词"的现象，现代汉语里好像比较少见了，然而并非没有：

其次便是一同去放牛，但或者因为高等动物了的缘故吧，黄牛水牛都欺生，敢于欺侮我。（鲁迅《呐喊·社戏》）

这样用，似乎有点破例，其实并不。在口头语言里，像"铁了心"之类的说法还有；至于"这个人好本领""今天都星期三了，他还不来"这样的句子更不少见，只是大家已经倾向于称之为名词谓语句，承认名词可以充当谓语，不愿意说成"名词用如动词"了。（如果说"今天已经星期三了"是名词谓语句，那么，"牛已经高等动物了"为什么不可以是名词谓语句呢？这是个值得思考的问题。）

上边这些人所共知的事实回答了汉语辞章学研究者提出的问题："春风又绿江南岸""驴蹄之"这些用例是汉语语法的基本法则所容许的，是经见多见的，是普通的。得到了这个回答之后，辞章学怎么处理这些现象，怎么进一步探求它们的辞章效果之所由生，那就不在本文讨论范围之内了，因为，再讨论下去就成了专门讨论辞章学问题，离开本文的题目了。

需要讨论下去的是汉语辞章学由于要研究字法向汉语语法学提出的问题。

这里做一个小统计。

“学”这个词在《论语》里出现65次。

“学而时习之”这一类（包括“未学，能学，愿学”等，）17次。

“行有余力，则以学文”这一类（包括“学稼，学为圃，学干禄，军旅之事未尝学，焉学，焉不学”等），17次。

“多学而识之”这一类（包括“下学，三年学”等），6次。

“博学”，4次。

“十有五而志于学”这一类，5次。

“好学”，16次。

因为“好学”出现的次数相当多，再查一下“好”，看看它后边还有些什么。

“好之”，5次。

“好犯上”之类，6次。

“所好”，1次。

“好礼”之类，14次。

“好勇”之类，6次。

这里主要是查考“学”和“好”两个词在《论语》这部书里的活动情况，连带涉及别的一些词。作为一种抽样统计，这里抽样的范围太小，数量太少，远不足据以得出什么结论。

不过，把这个小小的统计和前一节说明的那些现象联系起来看，所谓名词、动词、形容词，就其语法功能（或者说活动情况或分布情况）而论，给人一种界限相当模糊的印象。这种印象不能不使我们对名词、动词、形容词的分类和“本用，变用，活用”的解说产生怀疑。所谓名词、动词、形容词，合起来占全部语汇的很大的比例，可以说是语汇的主体。可是这个语汇主体的分类却是外来的，是把印欧语言的名词、动词、形容词的概念强加于汉语的。科学无国界，只要是于我们有用的学说、理论或方法，尽管拿来使用，无须追问它来自何方，可惜的是，印欧语言是形态语言，而汉语是非形态语言——没有严格意义的形态，不依靠形态作为重要的语法手段。这样两种截然不同的语言，它们的语汇主体可以进行同样的语法分类，根据是不足的。即使在英语里，noun，verb，adjective 的界限也远没有汉语“名词”“动词”“形容词”的界限那么模糊。这是任何一位知道这两种语言的语言学者都了解的事实。“初学游泳的人虽然很喜欢游泳，也不敢到大海里去游（泳），即使在游泳池里已经游（泳）得很好。”“游泳”既是 to swim ，也是 swimming，又是 to have swimmed。“新学了（一个）歌儿”“喜欢海”，“游泳”可以用在“歌儿”和“海”的位置上；“在大海里航行”，“游泳”可以用在“航行”的位置上；“在小池（子）里”，“游泳”可以用在“小”的位置上，它无疑可以用在“荷花池”的“荷花”那个位置上。这种现象不能不使我们困惑。我们不禁想起 70 年前英国东方学家塞斯（Archibald Henry Sayce）的话。他说：

> 汉语语法，除非我们把欧洲语法学那一套名称术语连同它们所表示的观念本身统统抛弃掉，否则我们就永远也不会理解它。*

塞斯先生的话可能说得严重了一些，然而是发人深省的，今天再读这句话，并不觉得过时。

这并不意味着汉语词汇的主体是不能进行语法分类的，像马伯乐先生和高名凯先生说过的那样；而是意味着，汉语的词类问题，像汉语语法中其他一些重要问题一样，是一个有待努力寻求更合理的解决的问题。

从辞章学的角度看，毋宁感谢汉语语汇的这种语法特点。不仅开头举的“春风又绿江南岸”和“驴蹄之”，就连接下去讨论的时候举的那些例子，大多数都由于这种特点产生了语言艺术效果。唐代诗人王维有一首著名的《山中送别》诗，解勒斯（Herbert Giles）做了翻译，对照如下：

原诗	译文
山中相送罢，	We parted at the gorge and cried good cheer.
日暮掩柴扉；	The sun was setting as I closed the door.
春草年年绿，	Methought spring will come the next year.
王孙归不归？	But he may come no more.

把一首绝句翻译成一首英语的格律诗，很不容易。解勒斯先生的译文是值得赞赏的；有些译得不确切的地方，或由于韵律的需要不得不活译，或由于两

---

*《美国大百科全书》第 11 版（1910—1911），“语法”条。

种语言的语汇差异难于确切，这里无意做全面的评述。要指出的是第三行。这里的译文之所以不够确切，韵味之所以不如原诗，既不能归之于上述原因，也不能归咎于译者。“春草每年都要绿（一次）”，显然比“春天明年还要来”蕴含丰富得多。这又是“绿”那个词的这种用法起的作用。

三

我们都知道，汉语的虚词具有组合实词，表示语法意义和语法关系的作用，是一种语法成分。既是语法成分，所以有些虚词在有些情形之下，它们的使用是带有强制性的；非用不可，非用这一个不可，非用在这个地方不可，或者非同另一个以一定的方式配合使用不可；或者相反，非不用不可。

在研究辞章学的过程中，另一种现象，虽然也是素常大体知道的，引起了更多的注意。那就是，相当多的虚词，不止那些半虚半实或者偶尔虚化的虚词，就连某些经常虚、完全虚的虚词，它们的使用不是强制性的，而是可选择性的。虚词的这种可选择性提供辞章手段，产生辞章效果，成为辞章学的研究对象，辞章学对虚词的研究同样为语法学对它们进行更深入的研究提供了线索。

虚词表示语气情态的作用，有很大的辞章价值。请看：

如曰今日当一切不事事，守前所为而已，则非某之所敢知。（王安石《答司马谏议书》）

有以多符空言，无裨实政相稽者，则固不佞所不恤也。（严复《译天演论自序》）

这两句的结构很相像（内容、意境、态度也相近），但是前一句末尾没有“也”，后一句用了。这种结构的句子，用“也”是常例。然而，用或不用并没有产生语法上的重大差异，倒是引起了读者不相同的感觉。前句不用“也”，让人读下来似乎听见一种强烈决断的语气，仿佛看见一种以掌击案或者拂袖而去的神情。略去这一个虚词，显示出王安石这位“拗相公”的“拗”劲。后句用了“也”，全句表示的意思虽然也是强硬的，态度是坚决的，但是语气却平和多了，似乎是在娓娓而谈，不是疾言厉色的争辩。再请看：

吾年未四十，而视茫茫，而发苍苍，而齿牙动摇。（韩愈《祭十二郎文》）

在这个句子里，只留第一个“而”略去后两个，完全可以，并且更合常例。重复用三个“而”，使人读下来清楚地感觉到，韩愈在说这话的时候对自己过早衰老的感触是深重的，从而说的语气是低沉的，缓慢的。只用一个“而”，成了很流畅的一个转折句，即使念得慢一点，调子低一点，也还不足以显示出那么深重而低沉的语气神情。

我们还知道，“甲者，乙也”是一种表示判断的句式，以“者”“也”两个虚词为句法标志。然而这个句式可以有五种变化式。请看：

常式：甲者，乙也。蔺相如者，赵人也。（《史记·廉颇蔺相如列传》）

变式(一) 甲，乙也。秦，虎狼之国也。（《史记·屈原贾生列传》）

我，子瑜友也。（《通鉴·赤壁之战》）

（二）甲者，乙。陈婴者，故东阳令史。（《史记·项羽本纪》）

（三）甲，乙者也。城北徐公，齐国之美丽者也。（《战国策·齐策一》）

（四）甲者，乙者也。齐谐者，志怪者也。（《庄子·逍遥游》）

（五）甲，乙。班超，字仲升，扶风平陵人。（《后汉书·班超传》）

常式与变式，以及五种变式，都是可选择的（只有个别情形下有强制性，如变式（一）两个例句，“秦”，“我”后边不用“者”，但是大多数情形下，甲后边都可以用“者”），也都是常见的，并不是少见或偶见的。多排列一些例句可以看出来，“者”和“也”无论用或不用，用一个，两个或者三个，都不影响句子的基本结构，不产生大的语法差异，而在许多情形下会产生不同的语气情态。变式（一）两个例句中的“秦”和“我”后边不用“者”。读前一句，我们仿佛听见了一种恨恨之声；读后一句，我们似乎看见了一种趾高气扬的神态。从这里我们更可以感觉到，历史书上常常把刘备说成是“天下枭雄”，然而三种说法传达的语气是不同的。请比较：刘备，天下枭雄。——刘备，天下枭雄也。——刘备者，天下枭雄也。

有的虚词在有的情形下，用或不用既产生语法差异，也产生不同的语气情态。请比较：

恨相知晚也。　　　（《史记》）

恨相知之晚。　　　（《汉书》）

《汉书》省去“也”，主要产生不同的语气情态；加了一个“之”，同时改变了句子结构。两个句子给人截然不同的语感。

虚词的使用既是语法问题，又是辞章问题。从辞章学的需要来研究虚词，有助于更深入细致地探索汉语虚词的语法特点。无论从哪个角度着眼，停留于描述汉语虚词在语言中活动的各种现象是不够的。语法的研究和辞章的研究相辅相成，相互依存。

连虚词这种语法是成分也有辞章效果，有语言艺术的作用，这个事实可以增进我们对汉语的认识。

四

句法与辞章的关系无疑更为密切，情形也更为复杂。从辞章学的角度看汉语句法，有不少问题值得深入探讨。

名词或名词短语（这里姑且使用这些大家习惯的术语，下同）连属成句在诗词曲里常见。请看几个著名的用例：

鸡声茅店月，人迹板桥霜。

（温庭筠《商山早行》）

七八个星天外，两三点雨山前。

（辛弃疾《西江月·夜行黄沙道中》）

枯藤老树昏鸦，小桥流水人家，

古道西风瘦马，……

（马致远《天净沙》）

不能认为用逗号隔开的每个组合不是句子，然而它同任何其他类型的句子都不一样。它不是由主谓词组构成的主谓句，不是由动词词组（开门！）、形容词词组（好极了！）、单个的名词词组（好小伙子！）或者单个的词（走！）构成的非主谓句。虽然这类句子多见于诗词曲，但是它们的存在表明汉语容许几个名词（或名词词组）连属起来构成意思明白的一个句子。这种句子用于静态描写，形成一幅形象、色彩、意趣都很鲜明的画面，唤起读者某种感觉、情绪或者联想、想象。单独一个不行，一定得几个配合起来才能产生这种效果。单独一个“鸡声”，或者一个“茅店”，或者一个“月”，给人的印象很单薄，甚至是模糊的。三样连在一起，使读者想象出赶路的人听见黎明的鸡叫声，从荒山村野的小旅店里走出来，抬头望见还没有落下去的夜月。倘若读者有过相同或者近似的生活经验，他甚至会感到寒风吹在他的脸上，使他冷得有点微微颤抖。马致远小令里那三句立即在读者眼前展示出一副荒漠萧索的景象，引起一种凄清、孤独、悲凉的情怀。这种句子的构造是特殊的，艺术效果和感染力是强烈的。汉语为什么能够容许这种句子，这种句子成立的诸种条件，是汉语语法学应当研究的问题。

语序在汉语里的重要性是人所共知的。但是语序并不都是强制性的，大有选择的余地。在许多情况下，语序变换造成的语法差异并不影响句意的表达，而是产生不同的辞章效果。饶有趣味并且值得从语法和辞章两方面深入探讨的事例很多。

对偶的辞章效果是大家所熟知的。易成对偶，多用对偶，既反映汉语语音、语素和汉字的特点，也反映汉语语法常被人们忽视的或者还有待探讨的若干特点。

汉语辞章学概说*

汉语辞章学是一门综合性的、“桥梁性”的学科。这里有两点需要解释一下。

首先，汉语辞章学是一门综合性的学科。所谓综合性包括三个方面：其一是指把有关语言、语文方面的基础知识，包括我们常常讲的语音知识、文字知识、语汇知识、语法知识，乃至逻辑知识等融合起来；其二是指把运用语言的各种能力，包括口头上的听、说和书面上的读、写融合起来；同时，还涉及其他一些问题，如心理因素、社会因素、民族特点等。汉语辞章学就是要把这些有关的因素融合起来，而不是孤立地一样一样地去研究，所以说它是一门综合性的学科。

其次，汉语辞章学是一门“桥梁性”的学科。为了说明这一点，我得稍微回顾一下个人考虑这门学科的历史。1956 年，当时正在编中学使用的汉语教材，其中包括语法部分，而当时语法体系分歧严重，不仅仅关系到教材，而且关系到语法的研究以及语法同各个方面的关系。为了改变这种状况，在青岛举行了一次语法座谈会，目的是把全国的语法学家邀请到一起，商讨一下能否取得些一致的意见，使语法体系的分歧减少一些。我当时主持制订了“暂拟汉语教学语法系统”，同时主持编写中学汉语教材，当然愿意借这个机会请专家们审阅审阅“暂拟体系”可用不可用。住在青岛饭店开

---

* 这一部分是张志公先生在 1990 年给首都师范大学中文系研究生开设“汉语辞章学”课程的讲义，由王本华记录整理。讲义先于 1993 年 1 月开始在《语文学习》上连载，随后编入张志公先生的专著《汉语辞章学论集》（人民教育出版社 1996 年版）。

会，饭店一楼有一间很大的会客室、休息室兼阅览室。有一天晚上我来看报，恰巧看见一位年轻的服务员认真地做语法练习。我很受鼓舞，和他聊了几句。我问："你在学习语法，语法好学吗?"他用山东话回答我说："诚了难了!"（意思是"实在难啊!"）我说："学什么功课都难呀！代数、几何，不都很难吗？有用嘛，加加油，克服困难!"他又回答说："用不杭（去声）啊！"（意思是"用不上啊!"）这么简单的几个字，对我的震动非常大；这可以说是对我们语法工作者极严厉的批评。第二天，我就以此为题做了一次发言，慷慨激昂；后来把讲话的基本内容写成文章——《语法研究的理论意义和实用意义》，发表在《中国语文》1957 年 1 月号上。从那以后，我受到了这位同志的教育，知道语法讲得难而无用，知道我们的语法和语法教学工作不对路。于是，我开始考虑怎样才能使语法有用，连带想到语音知识、语汇知识、文字知识、修辞知识等，怎样使这些知识好懂、管用。比如说逻辑，很小的小孩就会逻辑推理，虽然有时候出现错误；但是一讲逻辑学，就"实在难啊""用不上啊"，这是什么道理呢？怎么解决呢？这些成了我日夜追求解决的问题。慢慢地，我想到了一点，但不敢太自信，我觉得像这样一些学科，语言学、语音学、语汇学、文字学、语法学、修辞学、逻辑学、心理学等，都是哲学社会科学的基础理论、知识学科；而语文教学是要培养、提高学生实际运用语言的能力，这应该说是属于应用学科的。我当时朦胧地意识到：基础学科同应用学科不能直接联系起来，直接挂上钩。怎么解决这一问题呢？现在有人提出要谈化语法。"淡化"这个字眼儿很玄，明确一点说，就是少要一点，再进一步，干脆不要。"不要"，这话不好听，所以说成"淡化"。为什么要淡化呢？就是因为它"实在难啊!""用不上啊!"换言之，这门基础知识同应用技术（听说读写）挂不上钩。学语法，好像唯一的用处就是改错，而所谓改错云云，如"主谓不搭配""动宾不搭配"等，其实是逻辑事理问题，不过用语法术语讲它就是了。而且仅仅是消极地改正错误，并没有想如何用语法知识提高实际运用语言的能力。我为此苦恼了许多年，自己拿不出方案，也没有看到其他的同志拿出可行的方案来。在这种情况下，我开始想到要搞一门汉语辞章学的课，看看它能不能起些作用。我提出了这个想法，而且大声疾呼了一下；但由于想得比较朦胧，没有讲多少道理，只是提出了这门课的构想，发表在《中国语文》上。接着，两次写“谈辞章之学”，刊登在《新闻战线》上。本来意在引起讨论，但没来得及讨论，“文革”开始，《中国语文》停刊。这个念头也就搁在一边了。直到 1980 年，北京大学中文系非常友好地给我一次机会，请我为二、三年级本科生开设“汉语辞章学”选修课。由于是第一次试讲，讲得不很理想；但观念扩散出去了，许多人表示赞成。接着又先后（1985 年和 1988 年）为北京外国语学院中文系在职研究生班和北京师范学院中文系研究生开设这门课程，虽然在内容上有些修改，但仍没有拿出设置课的理论基础。现在是第四次讲，我想明确地提出来：汉语辞章学是一门“桥梁性”的学科。所谓桥梁性，是说这门学科是基础理论与应用技术之间起桥梁作用的过渡性学科。为什么需要这门学科呢？因为基础理论与应用技术直接挂不起钩来，需要有一门桥梁性的学科把它过渡过去。

恰在此时，我听了钱学森同志一次讲话，增加了胆量。他是这样提出问题的：我们现在要大力发展农业，如何将自然科学中的几种有关的基础理论，如生物学、生理学同农业科学，也就是农业的应用技术挂起钩来呢？如果一旦挂起来，将使农业大幅度地提高效率。讲到这里，他回顾了一个事实：30 年代他游学美国时，美国的航空科学已经达到相当的水平，但再想发展却产生了一个困难——缺少理论指导；而自然科学中的基础学科，如数学、物理学，又与航空科学挂不起钩。当时许多自然科学家都发现了这个问题，都在想解决的办法。终于，有一位德国科学家认识到，需要有一种桥梁性的课程，把两头挂起来，于是出现了像流体力学（也称气体流动力学）这样的学科。这样一来，基础理论学科同应用技术学科——航空学挂起来了，促使航空工业突飞猛进，有了喷气式、超音速，一直到卫星上天。钱学森同志讲了这个历史事实之后又回到农业，建议要研究如何把生物科学的基础理论知识和农业挂起钩来的办法。这使我的想法得到了支持。虽然我们这里说的是哲学社会科学领域的问题，但是理不隔行，也是在研究如何把基础理论知识同应用技术挂起钩来，这同自然科学的道理是一样的。我们的汉语辞章学就是这样一种过渡性的桥梁学科。

一般来说，语言的各种基础学科，包括语音学、语法学等，都是把语言作为一种静态的事物来观察、描写和分析，找出它们的一般规律。而语言在运用中却不是静态的，它带有社会性，是一种活动，因此，它是动态的。参与活动的有许多社会因素，如语言运用的社会环境、交流双方（至少有两方才能构成交流）的心理状态等，因而，它是变化多端的，是静态研究得出的那些条条框框所不能完全制约得了的。语文教学所说的培养和提高运用语言的能力，也就是听说读写的能力，都属于我们上边所说的动态的性质，是语言的应用学科。前边讲到自然科学的基础理论学科如数学、物理学不能和航空工程这种应用技术直接挂起钩来，同理，语言的那些基础理论学科和语文教学这种应用技术也不能直接挂起钩来。许多年来，语文教学效率不高，大家都很关注，多方进行研究，但是，始终是基础理论学科和应用技术学科各自分别研究自己的。研究语音的归研究语音，研究文字的归研究文字，研究语法的归研究语法；而另一方面呢？研究作文教学的归研究作文，研究阅读教学的归研究阅读。从来没想到把这些基础学科的研究同那些应用学科的研究挂上钩，就是说，让基础学科的研究为应用学科的研究服务；或者换一个方向说，使应用学科的研究充分、有效地运用基础学科的研究成果，作为理论的依据。于是，知识自知识，应用自应用，从而出现了怀疑知识是否有用，怀疑培养听说读写能力是否有出路，甚至把两者对立起来这种现象，语文教学也就成了一个“老大难”问题，缺乏像流体力学那样一种学科，把语言基础理论知识同语言应用技术挂起钩来。这恐怕正是双方都感到没有出路的症结所在。汉语辞章学的目的、任务，就是试图解决这个症结问题。

这里还应该说到，科学发展到今天，出现了信息技术改革的需要。在信息技术改革之中，计算机科学是首当其冲的，这是一门高度发展的、有多方面要求的应用技术学科。语言学的基础理论知识如何同这门学科——计算机科学挂起钩来，是当务之急。我们所讲的汉语辞章学还没有充分考虑到语言应用技术的这个方面。我们现在致力于汉语辞章学的研究，除了首先把语言学的基础理论知识同语文教学挂起钩来，还应该更进一步研究如何把语言科学同计算机科学挂起钩来，这应该作为我们努力的一个目标。

加紧研究　敢于开创*

首先，我不明白“淡化”是什么意思。“淡化”应当是与“浓化”对立着说的，这是个什么概念？量？程度？气氛？色彩？不明白。

常常听到人们说，中学生学习语法不管用。这要看对“管用”做何理解。在日常交际用语中，可以说“去年我到过上海”，也可以说“去年我到了上海”，因为已经用了“去年”，时间已经说了，加不加“过”“了”，加哪个，甚至都不加，人们都能听得懂。虽然有点模糊，但绝不能由此得出结论说，时间这个概念是多余的。一个人能否对语言现象（任何现象）做理性的概括，在理解的质量上大有区别。这通常能反映出一个人的思维能力以至智力水平。我们不能一提语法就只想到语法，一提语文就只想到语文，世界上的一切知识，一切科学，通过智力活动，都是相互联系的，或相辅相成，或相互为用，或相互制约。比如说，学习了词的分类知识，就有利于学习生物的形态分类；学习了逻辑知识，就有利于学习数学推理。反之亦然。我们的先哲前贤们，一向重视这种融会贯通，孔夫子主张举一反三，所以造成了不少通才。柳宗元、苏东坡都懂医，宋应星能写《天工开物》，徐光启能写《农政全书》。近些年来，学科门类越分越细，甚至教历史的只搞断代，教文学的只管一体。科学应当求专，但是如果过分，将是不利于培养人才的。

如果只从很狭隘的实用角度考虑问题，不但汉语语法，也不只是语法，几乎任何知识都是可以“淡化”（?）的。试想，小孩子不知道磷的燃点很低，靠摩擦生的那点热就能燃烧，不是照样会擦火柴吗？人们在系统整理语

---

* 本文刊载于《语文学习》1991 年第 2 期，权炬明做了文字加工。

法现象，写出语法书之前，不是已经有了许多世纪的言语能力吗？人们即使不知道地球围绕着太阳运转的道理，不是照样生活得很好吗？但是，人类之所以为“万物之灵”就在于：他们并不满足于获得最起码的生存能力，像“钻木取火”“构木为巢”等，还力求发展自己的智慧。同样是生活着的人，一个掌握了地动说的，比尚未掌握地动说的，在智力上恐怕要超出好几个世纪！这就是为什么有了李时珍的《本草纲目》还要办医学院的药学系，有了“四书”“五经”，有了司马迁的《史记》，有了曹雪芹的《红楼梦》还要学习语文课，学习汉语语法的道理。不然，古人都能建造石拱桥，虎丘塔，还要现代建筑学干什么？

目前的汉语语法学是从西方引进的，不尽适用于汉语。学母语，与学习外语相比，少学点语法也是有道理的。少到什么程度呢？我们并没有研究透彻，说不出个一二三来。我们有责任加紧研究符合汉语实际的汉语语法，也有责任加紧研究不同对象如何学习汉语语法等课题，如：说汉语的幼儿、儿童、少年、青年分别需要学多少语法，学哪些，怎么学，以汉语为研究对象的和以其他专业为研究对象的，分别要学多少语法，学哪些，怎么学；说英语、日语、俄语、阿拉伯语的学汉语，分别要学多少汉语语法，学哪些，怎么学。总之，我们有许许多多实实在在的工作要做。只说“非学不可”或“不要学”之类的话是很容易的；制造个不好懂的名称、术语、俏皮话也不难。但恐怕都不管用。希望咱们把有限的时间精力用在实处。要下点功夫，要研究，要敢于开创！

文学·风格·语言规范*

“文学是语言的艺术。”文学和语言的关系是极为密切的。

无论是说话还是写作，都有风格问题。说话有说话的风格。有的人说话慢条斯理、温文尔雅，有的人说话像放机关枪。不仅日常说话如此，讲课、演说、辩论，莫不如此，各人有各人的风格。不仅是文学性的说话，如说书、说相声以及其他说唱文学；就是政治性的说话，如演说、辩论、宣传鼓动；或者是科学性的说话，讲高深的科学理论也罢，讲通俗普及性的科普常识也罢，同样各人有各人的风格。不仅有个人风格，还有社会风格、时代风格；也就是说，风格还有社会性、时代性。不同时代的不同社会，同一种社会的不同时期，往往各有比较流行的风格。《诗经·大序》说：“治世之音安以乐，其政和；乱世之音怨以怒，其政乖；亡国之音哀以思，其民困。”“音”是广义的，不只指音乐，可以认为泛指口头语言和书面语言的表达。不同时代的不同社会情况会有不同的风格，很显著的例子是：初唐、盛唐、晚唐的诗风格有明显的不同，唐朝的诗和宋朝的诗风格不同，宋末至元朝的曲风格迥异。“枯藤老树昏鸦，小桥流水人家，古道西风瘦马，夕阳西下，断肠人在天涯。”“山松野草带花桃，猛抬头，秣陵重到。残军留废垒，瘦马卧空壕；村郭萧条，城对着夕阳道。”十足的“哀以思”的情调、风格。遍查元明散曲，几乎都是这一种调子，这一种风格。当然，不是没有例外。盛唐的柳宗元写过《江雪》诗“千山鸟飞绝，万径人踪灭。孤舟蓑笠翁，独钓寒江雪。”这种凄清、悲凉的调子，和他本人另外一些高亢、雄浑的诗作，

---

* 本文刊载于《语文建设》1992年第6期。

风格大不相同。

文学，需要新颖，反对六朝绮丽骈偶的古文运动家韩愈要“唯陈言之务去”，以平实古朴著称的杜甫也主张“语不惊人死不休”。要“去陈言”，要“出语惊人”都是要新颖。为了新颖，有时难免“生造”个词语，活用一下语法，如语序等。王之涣的名句“白日依山尽，黄河入海流”，为了押韵，将“流入海”说成“入海流”。温庭筠的名句“鸡声茅店月，人迹板桥霜”，六个名词，在语法上算什么结构的句子？合不合语法规范？王安石的名句“春风又绿江南岸”，硬要让“绿”带上个宾语，好像是个动词，但没有人说他违反了语法的词类规范。换言之，文学作品为了收到文学的效果，有时会突破一下语法规范，这种突破会得到社会上文学爱好者的承认、赞赏。在这种事实面前，重视语法规范的语言学家们是束手无策的。“窗含西岭千秋雪，门泊东吴万里船”，“窗”怎么能“含”呢？人嘴才能“含”呀！是开往东吴的船泊在门口，怎么能说成“门泊”呢？这似乎也不大合乎事理的规范。总而言之，文学作品语言的运用有文学的要求，有文学的特点，这种要求和特点同别的体裁，如科学作品、政治作品，是有所不同的。文学作品语言的使用间或逸出一点语汇规范、语法规范以至逻辑事理的规范，往往是不可避免的，甚至于说，恰恰是由于它逸出规范“逸”得高明而产生了文学效果，形成了某种风格。对于这一点，“规范家”们需要有所理解。

然而，规范毕竟是规范。什么是规范呢？大家共同遵守的东西才叫作规范。过集体生活、社会生活的人们，是不能没有共同规范的。行为要有行为规范，如果没有规范，社会就会乱了套。语言要有语言规范，否则大家说话就会互相不懂了。我这么说，你那么说，他又是另一种说法，彼此听不懂，于是天天满耳朵都是“啊？”“啊？”“啊？”这还成其为社会吗？还能过集体生活吗？那么，规范是怎么来的呢？是大家在实践中形成的，不是某个人或某一伙人凭他或他们的主观制定的。至于有些规范如行为规范，约束力要大一些，是不可逸出的，是不容许为了个人的风格而置规范于不顾的，所以往往经过协商、讨论产生出法律、制度，用政令来执行。虽然有这样的不同，但是规范就其性质而论是相通的。只是有的可以灵活些以至于灵活性大一些，有些是不能灵活的。语言规范也是自然而然地具有约束性的，不过它容许一些灵活性，灵活的余地大一点而已；当然不能太大，过大了也会产生混乱，也会乱了套。

语言有哪些规范呢？有语音规范、文字规范、语汇规范、语法规范，并非只有语法一种规范。我们有时听到个别文学家不赞成规范，往往只指语法规范，不赞成语音等其他规范的很少。比如演历史剧《武则天》，大家都赞成用普通话的音发音，而不要求武则天的扮演者用中古音发音，因为那样就没有谁能听得懂。

再回过头来说到风格。前面说过，文学作品确实有风格问题，不应该反对风格。风格是怎么形成的呢？说起来很复杂。咱们这里不是专门讨论风格问题的，不能细说。说老实话，要细说我也说不清楚。不过，无论如何，风格并不是靠否定规范形成的。前边说不能绝不许可生造个把词语，然而总不能全部、大部、哪怕三分之一词语都是生造的，形成一种“生造风格”。大概没有任何一位文学家会持这样的主张。我们说间或逸出一个语法规范是应该被允许的，然而总不能句句或大部分句子都逸出规范。并不是谁不许可，是文学本身不许可。如果那样，这个作品将不会被社会所理解，也产生不了它应当产生并且希望产生的效果，那还有什么风格可言呢？完全否定规范也会形成一种风格，什么风格呢？可以名之曰“让人不懂风格”。难道文学本身愿意有这样的风格吗？

话得来来回回说，再回过来说到语法。个别作家说“语法会使语言僵化”。语法没有这么大本事。我们看，《尚书》有《尚书》的语法，《易》有《易》的语法，“国风”有“国风”的语法，唐诗宋词元曲明清小说，各有各的语法。语言并没有僵化呀！一直在那里不断地发展呀！也许有人会说：“先秦时代哪里有什么语法？唐宋明清哪里有什么语法？从来也没有过语言学家。语法只是清末马建忠以后出来一伙子人搞出来的。”不！不是这么一回事。语法有两个意思：一个意思指客观存在于语言中的一个因素，叫“语法”；另一个意思指有一些研究语法的人把这种客观存在的语法事实整理、总结而写成的一种“语法书”。说什么以前没有过语法，什么以后才出现语法，指的是后一种意思，就是语法书。我们有时候听见有人说：“司马迁没学过语法，他的《史记》不是写得很好吗？曹雪芹没学过语法，他的《红楼梦》不是一部伟大的小说吗?”这两处所说的“语法”实际指的是语法书。司马迁、曹雪芹都没念过语法书，因为那时还没有语法书；然而他们都学过语法，而且学得很好。他们是从语言实践中学到的，他们有语法感。虽然没有语法书，没有人教给他们语法，但是他们丰富的语言实践使他们明确了话得这样说人家才懂，这样说效果才好，不能那样说，那样说人家不懂，效果不好。他们学了语法，而且学得非常认真。任何一个幼儿大概从一岁多“呀呀”学语之后，就在不断地学语法。他说“糖糖”，再指指他的嘴说：“吃!吃!”妈妈说：“你要吃糖糖?”小孩子笑了。妈妈不仅表示她懂得了小孩的意思，并且在教给他语法。有上这么一次，或者两三次，小孩就会说：“妈妈，我要吃糖糖!”他把这点语法学会了。日积月累，年龄越长越大，听的语言越来越多，知道的事情越来越多，慢慢地他的语法学通了。虽然是不自觉的，虽然不是第一章、第二章、第一节、第二节那么学的。所以，说某某、某某没有学过语法，那是一种误解。彻底一点说，连文盲都是通晓语法的。语法并不全靠语法书来教。只不过，有了语法书，如果这书写得不错，学起语法来比较方便些而已。同样的道理，读过许多文言文的人，虽然他没有学过古汉语语法，照样能够读唐宋八大家的文章以至《聊斋志异》等。那是由于他语言实践多了，逐渐逐渐体会出了文言的语法。没有读过文言文的人，第一次给他一篇韩愈的文章，他会绝大部分读不懂的；当然，有一部分字认识，词理解，组合顺序同现代汉语又基本一样，他也能够懂。因为，语法是逐渐演变的，不是唐朝一种语法，宋朝一种语法，30 年前一种语法，今天又是一种语法，不是这样一段一段骤然变化的，所以，有一些古今相通的东西。由于有这种相通的东西，也会给人们一种错觉，认为我不学古汉语语法（不念古汉语语法书）照样能看懂古书。

据说，有人要“扭断语法的脖子”（这是传说，不知是否真有这样说的）。语法的脖子是扭不断的。你能把语法书撕掉、烧掉，你不能把语言里的语法撕掉烧掉，事实上你只要说话，只要写东西，你的口中、笔下是充满了语法的，它没有“脖子”，无法“扭”。实际上，语言有规范，但语言又是一种社会活动，社会不断地发展，语言会随着社会的发展而不断地发展，规范自然也会不断地发展。语言本身要求有语言规范，并且要求这个规范不要轻易乱变。因为多变、乱变就会使使用这种语言的人们感到不方便，不能很顺利地互相理解。那样，语言也就失去了它表达思想感情、达到互相了解的社会作用，损伤了语言本身的功能。但是，语言的发展又必然要不断地冲击原有的规范，否则它就不能很好地表达新的事物、新的概念。正是这两种力量——算是一种对立的力量吧——统一起来，才使得语言正常地发展。

语言规范和文学风格要密切合作，互相理解，而不应当对立起来。在这里我想提出一个值得重视语言规范和重视文学风格的同志们共同思考的问题：前面说过，文学以外，任何内容的口头语言和书面语言都有风格，为什么我们时常听到有的文学家和有的语言学家意见不一——这样的文学家那么厌恶语言规范，这样的语言学家那么责备文学家不遵守语言规范——而我们却很少听见政论家、科学家和语言学家有这样的分歧呢？为什么政论家和科学家不怎么感觉到语言规范束缚了他们，而语言规范却让文学家有这种感觉呢？是不是政论家们、科学家们的风格感和文学家们的风格感有点不同呢？我想这个问题很值得语言学家们考虑考虑，也值得文学家们考虑考虑。

1992 年 6 月

教法研究

说“透”

认真负责的教师常常说：“教文章要教透。”这话有道理。教透了，学生才能理解得对，领会得深，才能真正从文章里学到东西——语言文字的运用和语言文字所表达的思想内容。不过，什么是“透”，怎样达到“透”，需要分析。笼笼统统地说“教透”，有时候会导致误解。

怎样叫作透呢？

不妨先从不透的一面说起。如果学生学了一篇文章，有些字还认不准，有些词还不明白是什么意思，有些句子还讲不通，文章的组织结构还弄不清楚，只是笼笼统统地知道了文章的大意，得出几点抽象的概念，这就不透。这样，学生对这篇文章的理解领会是浮泛的，在思想方面不容易得到很大的启发，在语言文字方面，也不容易学到多少本领。反之，如果学生学了一篇文章，只是东一个西一个地记住了一些词句，知道了一些典故，得到了一些知识，可是没有就这篇文章所讲的事情、所阐发的道理在脑子里形成一个完完整整的、鲜明深刻的印象，这也不透。这样，学生对这篇文章的理解领会是支离破碎的，不仅在思想方面得到的帮助不大，就是记住的那些词句、典故和知识也往往是死板的，缺少活力的，能够讲讲说说，可不见得能够真正掌握，运用。教文章避免这两种情形，使学生对文章的一词一句都能正确地理解，对文章各部分的安排组织都能看得清清楚楚，从而确切地并且完整地领会了文章的思想内容，这才算透。

所谓正确地理解文章的词句，不一定要说出词的定义和句子的解释（虽然有时候也需要这样做），但是一定要能懂得词句的确实的意思。在很多场合，不仅要知道字面上的意思，还得知道里边含蓄着的意思，以至为什么用这个词而不用另一个，为什么用这种句子而不用另一种。关于篇章结构的理解，也应当这样。所谓确切地领会文章的思想内容，是说从文章的本身，从它的词句和篇章的本身理解的，而不是把课文放在一边，从老师的话里知道的。

试举常用的一篇课文《廉颇蔺相如列传》的一个段落为例。

既罢，归国。以相如功大，拜为上卿，位在廉颇之右。

廉颇曰："我为赵将，有攻城野战之大功，而蔺相如徒以口舌为劳，而位居我上。且相如素贱人，吾羞，不忍为之下!"宣言曰："我见相如，必辱之。"相如闻，不肯与会。相如每朝时，常称病，不欲与廉颇争列。已而相如出，望见廉颇，相如引车避匿。

于是舍人相与谏曰："臣所以去亲戚而事君者，徒慕君之高义也。今君与廉颇同列，廉君宣恶言，而君畏匿之，恐惧殊甚。且庸人尚羞之，况于将相乎？臣等不肖，请辞去。"蔺相如固止之，曰："公之视廉将军孰与秦王?"曰："不若也。"相如曰："夫以秦王之威，而相如廷叱之，辱其群臣。相如虽驽，独畏廉将军哉？顾吾念之，强秦之所以不敢加兵于赵者，徒以吾两人在也。今两虎共斗，其势不俱生。吾所以为此者，以先国家之急而后私仇也。"

廉颇闻之，肉袒负荆，因宾客至蔺相如门前谢罪，曰："鄙贱之人，不知将军宽之至此也!"

卒相与欢，为刎颈之交。

"徒以口舌为劳""不忍为之下""孰与秦王""廷叱之""肉袒""因宾客"，等等，这些必须理解，否则对文章内容的印象就比较模糊。此外，像第二段里"每朝时"的"每"，"已而相如出"的"已而"，也必须懂得，因为这些词显示出蔺相如躲避廉颇，不是一次而是常常，并且这样过了一些时候。第三段里的虚词"哉"和"顾"，也需要明了，前者显示出相如说话的语气，后者表示转折，但是跟"虽然"等不同，需要比较才能充分理解这句话的意思。"先国家之急而后私仇"里的"先"和"后"的用法更需要搞清楚，这一方面是文言文用词的特点，跟现代汉语显然不同，学生懂得了这种用法对阅读文言文有帮助，同时，确切理解这两个词的用法大有助于理解这篇文章的思想内容。在这种地方，与其由教师大大发挥公而忘私的道理，毋宁把文章里这个词和这个句子本身讲透彻。

第二段里说，廉颇认为自己“有攻城野战之大功”，而相如“徒以口舌为劳”；第三段里，相如认为“强秦之所以不敢加兵于赵者，徒以吾两人在也”。这个对比很鲜明。一个是自己居功，看不见别人的作用；一个是看问题比较全面，并不认为秦之不敢加兵是“以我在”，而是“以吾两人在”。第二段里写廉颇说的一些话，显示出他居功自傲，心胸偏狭，但是从“我见相如，必辱之”这句话里也可以看到，他还不是那种鬼鬼祟祟、勾心斗角的人，而是个天真鲁莽、胸无城府的人。这样，后边写到他负荆请罪才有根，使人感到自然。这些地方，从文章的写法来说，是前后的联系照应，衬托比较；从人物性格来说，这才是合乎逻辑的发展，显示出精神面貌的一致性和完整性。就文章里这些笔墨给学生适当地指点，能使学生既学到写作的方法，也受到思想上的感染。

第二段，写完廉颇的话之后，就写相如多次回避退让，而不立即写相如所以这样做的道理，一直到相如的宾客表示不满，才逼得相如把心里话说出来。这，从写法来说，是顿挫，是波澜，能使文章曲折多姿，引人入胜；从事理来说，这样才合情合理，合乎相如的为人，合乎事情的发展。因为，如果相如先说这么一番道理，而不是先多次地实际这样做，那就不是相如的作风了，那样也不会打动廉颇，使他心悦诚服。这种地方，也是值得向学生指点一下的。——前边，我们一直用“指点”这个词，不说“讲解”或者“分析”，因为这些道理不难懂，只要点一点，学生就能明白，无需多说，说多了学生会觉得腻烦，反而降低效果。而另一方面，如果完全不加指点，学生也很可能知道了故事就拉倒，把这些值得注意的地方都滑过去了。

从这个简单的例子可以看出来，讲词句，讲章法，跟讲思想内容，不是两回事，而是分割不开的一回事。也只有把这一回事的两个方面统一在一起，才能真正达到透。

说到这里，也许我们可以这样来理解“透”字：带领着学生从文章里走个来回。就是说，首先把语言文字弄清楚，从而进入文章的思想内容，再从思想内容走出来，进一步理解语言文字是怎样组织运用的。读文章，用得着一点儿反刍的工夫——嚼一嚼，吃下去，稍微消化消化，再倒出来，仔细咀嚼一番，品一品味道。

如果这个比喻可以用，那就还要引申一步。不嚼而吞是不行的，那样消化不了，吸收不到营养。嚼，也不是容易事，所以还得有人帮帮忙（先切一切，加点水，拌一拌，等等）。就是这样，嚼一遍也还不见得嚼得好，往往需要反刍一回。可是，毕竟要自己嚼，等别人嚼烂了来喂也是不行的。这就是说，要达到透，万不能专靠教师来讲，而是要在教师启发指点之下由学生自己去思考揣摩，精读，熟读。因此，为了达到透，跟讲解、分析同样重要的，或者说比讲解、分析更重要的是提示，指点，提问，和指导学生作练习。说到提示，指点，从前有些比较好的文章选注本的“评点”，颇有可资参考借鉴之处，它的特点是切中肯綮，要言不烦。

1962 年

说“比”

学习语言，重要的问题是积累和归纳。在生活中和阅读中不断地吸收和积累语言材料——记住越来越多的词语、句子和文章，同时又在听、说、读、写的语言实践之中不断地归纳——自觉地或者不自觉地，逐渐体会出运用语言的条理和方法，抓住一些基本的规律，于是进一步积累的效率更高，进一步归纳的能力更强，循环往复，这就是语言能力不断提高的道路。这条道路，每个人都在走着，不论他感觉到了没有，不论他是否在学着语文这门功课。教语文课，向学生进行语言教育，就要采取一些办法让学生积累得更多些，更快些，归纳得更准确些，更深入些。

办法有多种。比，是其中之一。

俗语说：“不怕不识货，就怕货比货。”比，是最容易启发思考，帮助领悟的。

对的跟错的比，好的跟坏的比，一般的跟特殊的比，普通的跟有变化的比，乃至方言的跟普通话的比，文言的跟白话的比，等等，只要比得恰当，越比理解得越清楚，印象越深刻，掌握得越牢固。

讲一个词，给它下个定义，加番解释，有时候很费劲，好容易找到个定义或者解释了，学生听起来不一定清楚，好容易说明白了，学生不一定记得住，更不见得会用。比，往往能解决这个问题。例如：“他这个人很干脆。”什么叫“干脆”？生长在南方的学生不一定懂，然而，要给“干脆”下个定义，可真不容易。与其用很多话来解释，毋宁想办法来比一比。设一个比方：甲学生问乙、丙两个学生：“明天星期日，一道去看《杨门女将》，好不好？”乙学生回答说：“好。下午一点钟我在家里等你，一道去。”丙学生回答说："等我考虑考虑。现在决定去呢，怕临时有事，走不开；不去吧，又想看看这出戏。这样吧，到时候看情形，能去就去，不能去再想办法。你们先替我买好票，当然好；要不，等我去了再说，也行。"乙学生干脆，丙学生说话拖泥带水的，不干脆。

虚词，句法，也可以用比的办法来讲。例如，"就"和"才"或者"刚"，平常说它们都是副词，都能表示时间不久的意思，如此等等。这样说，清楚吗？准确吗？能保证使学生会用吗？不妨也比一比看。

他前天接到电报，昨天就来了。
他前天接到电报，昨天才来。

你一说，我就明白你的意思。
你说了半天，我刚明白你的意思。

两组句子一比，不难发现，原来"就"是表示离前边某个时间很近，而"才"或"刚"是表示离现在这个时间很近。

讲文章的写法，如果孤立地抓住所讲的一篇反复分析，当然也能帮助学生理解，可是往往事倍功半，讲的话很多，学生领会得不见得很透彻。如果把前后学过的体裁相近的两三篇放在一起比一比，往往能把各篇的特点显示出来，使学生更清晰地领会到文章怎样反映作者的思路，怎样表达中心思想。例如，《小石潭记》和《岳阳楼记》，都记叙了一个地方的景物。可是，前者是按照游览观赏的顺序，从走近小石潭的路上的所见所闻，写到看见潭岸，潭底，潭里的鱼，再写到坐在潭上看潭的四周；后者是有合有分，先总写岳阳楼的一般景色，再分写阴雨连绵和风和日暖时的不同景色。再一方面，一篇是只写景物，不直接表示什么感想，而另一篇则是借景抒情，写出自己的一些怀抱。

讲文言虚词和文言句法，常有讲不明白的情形。比，也是一个办法。例如，"某某者，某某也"这种句子，我们常常告诉学生说，"者"是什么什么词，"也"是什么什么词，说到这里为止。如果我们把学生在各篇文章里读到过的这种句子归拢归拢，由简到繁地排列一下，比方：

陈胜者，阳城人也，字涉。

廉颇者，赵之良将也。

师者，所以传道受业解惑也。

虽有槁暴不复挺者，𫐓使之然也。

不难看出，每个句子都分前后两半，后半对前半提出的人、物、事情加以说明、解释或者论断。这样的句子，前半末了用“者”字，后半末了，也就是全句末了用“也”字。这就是“……者，……也”句式的用处。如果再进一步跟白话比一比，又不难看出，“者……，……也”相当于现在“某某是某某”“什么是什么”这样的句子。这样，是不是能使学生领会得透彻一些，再遇到这种句子的时候，自己能理解得准确一些呢？此外，像“虽然”“所以”等等，古今的用法不同，似乎也可以用比的办法使学生分辨清楚。又比如，句子开头的“夫”，句子末了的“焉”，都是文言里常见的字眼，我们往往在划类定名的问题上花费时间，有人说“夫”是“发语词”，有人说是“助词”，有人说“焉”是代词，有人说是“语气词”，诸如此类。是不是可以少在这上边用功夫，而多带着学生做些归纳比较的工作呢？我想，单是“发语词”或者“助词”这个名目，并不能使学生真正理解“夫”的用处。要是我们指导着学生把念过的用“夫”打头的句子排列在一起，比一比，找出它们的共同点来，他们不难看出，是哪一类的句子，开头才用“夫”字，而这种理解，对于培养他们阅读文言文的能力是有帮助的。

上边还只说到一些最基本的语言现象。再进一步，种种修辞技巧的运用，逻辑推理的步骤，布局谋篇的方法，等等，恐怕都可以用比的办法帮助学生去理解，领会。

并不是说，“比”是唯一的办法，只是说，这是有效的办法之一。跟过于烦琐的讲解分析比较起来，跟过多地追求术语定义的办法比较起来，引导学生用具体的事例来排比归纳，效果是会好一些的。

1962 年

说“问”

上课，平常叫作“讲课”；教学生学一篇文章，平常叫作“讲文章”；教学生学语法，平常叫作“讲语法”；总之，教师在课堂上的活动通常都用“讲”字来表示。因此，我们往往以为教师的主要工作就是“讲”。为了学习，有时候参加一下教师的备课活动，发现大家讨论得最多的是“怎么讲”——这一段怎么讲，这一句怎么讲，这个词怎么讲，作者生平怎么讲，时代背景怎么讲，写作特点怎么讲，段落大意怎么讲，如此等等。为了学习，也有时候到课堂上听听课，常常是听见教师一个人滔滔不绝地从头讲到底。偶然也遇见教师在讲的中间向学生提问题，有的问题问得很好。可是有时候提的问题好像很容易，学生可以不假思索地回答；也有时候提的问题好像很大，很难，学生瞠目结舌，不敢举手，我坐在一旁想了想，也觉得不知怎样答法才是。

于是产生了一个感想：在教学中，“问”这个方法值得琢磨一番。

问，很有用处，很有意义。“学而不思则罔”，问可以启发学生思考。功课里边，有些地方并不难懂，只是这里有点值得思考的东西，学生自己未必注意到，或者虽然注意到了，不知道从哪条路上去想。在这种地方，提出个问题来问一下，可以引起学生注意，问题的本身又会暗示出怎样注意法。结果，学生顺着教师提示的路子一想：自己就明白了。这很有好处，既节省了讲的时间，又培养了学生自己动脑筋解决问题的习惯。功课里边，也有些地方比较难懂。在这种地方，提出个问题来问一下，首先可以把难点、关键突出，引导学生去思考。学生想的结果，可能还是不明白。这时候，教师再来讲，效果要好些。第一，由于难点、关键已经由于提问而突出，讲解就容易得多了；第二，学生经过思考，再听教师讲解，印象也要深刻得多；第三，时常这样做，可以逐渐培养学生分析问题、解决问题的能力。这就是说，不论是容易的地方或者比较难的地方，都可以问。善于问，可以使课堂教学生动活泼。学生自己想出来，教师证实他想对了，这在学生是很愉快的事；自己想不出来，或者想得不周全，教师一讲，“豁然贯通焉”，这有更大的喜悦。善于问，可以提高学生的学习能力，使他学会怎样发现问题，使他具有勤于思考的习惯，使他增长解决问题的本领。

提问题的天地是很广阔的。拿教一篇文章来说，词的意义，句子的构造，词句所含蓄的意思，作者在文章里表现的思路，表达的思想感情，文章前前后后的联系照应，等等，都有题目可问。

另一方面，问问题又得有选择。值得问的才问，需要问的才问，不能为提问而提问。我见过一些教案，上边写着：“本课采用问答法。”其实，我想，必须完全采用问答法的功课，或者完全不能采用问答法的功课，恐怕都不会有。提问是个很有用处的办法，可是，如果把它搞成一种形式，用它造成一个框子，那就不对头了。

更重要的是问法。问得太平直，太浅易，学生想都不必想就答出来，这种问题的用处不大。问得太迂曲，太深奥，学生想半天连问题的要点还弄不明白，这像猜谜语，也没有什么好处。问题笼统，不着边际，学生可以随便回答两句，很难说他对，也很难说他不对，这种问法最不好，不但不能帮助学生加深理解，反而会养成他们说空话，敷衍了事的习惯。提问不是走过场，有那么回事就算，也不是要考考学生，更不是要难为学生一下。提问的目的是促使注意，启发思考，加深印象。

有一位教师讲鲁迅的《对于左翼作家联盟的意见》，讲到最后一部分，“在文学战线上的人还要‘韧’”这句话，问学生“韧”是什么意思，多数的学生回答“坚强”，有的学生回答“坚决”“勇敢”“坚持”，等等。教师又问，跟“韧”意思相反的是什么词。多数的学生回答“软弱”，有的回答“脆弱”，有的回答“没有毅力”。教师肯定了“脆弱”和“没有毅力”这两种答案，并且在正面的答案里补充了一个“坚毅”，在“坚持”那个答案里补上了“不懈”两个字。讲完整段文章以后，教师又回顾了一下，问学生，在这段文章里，如果不用“韧”字，换个什么字合适。学生回答，就是“韧”字最合适，换别的什么字都不够好。我觉得，这个问答很好。根据学生最后的答案来看，他们不仅对“韧”这个字的意思理解得比较确切了，并且对整段文章的理解，对鲁迅思想的理解，也都比较深入了。

有一位教师讲柳宗元的《送薛存义序》，讲到“盖民之役，非以役民而已也”这一句，问学生，两个“役”字的用法有什么不同。学生略加思索，有的回答说，前一个是名词，后一个是动词。教师再问，这一课还有没有像第二个“役”字这种用法的，学生找了一下，回答说，前一句“凡吏于土者”的“吏”就是。教师又问，前一课荀子《劝学》篇里有没有这样用的，学生想了想，有的回答说，“假舟楫者，非能水也，而绝江河”的“水”也是。这个问答，我认为也很好。有上这么几次，对于文言文里一个字既能做名词，又能做动词这种现象，学生一定能够得到深刻的印象，这比由教师讲一番文言语法的道理，既省时间，而效果又好。

有一位教师讲罗伯逊《在太平洋的彼岸》的译文，一堂课之中，他问了好些问题，自己没讲几句话。讲到第三段，“在那漫长的冬夜里，母亲在冰冷的炉旁，哄着我这饿着肚皮的孩子在她的膝盖上睡觉”，问学生“漫长”是什么意思，还问，我们现在有时候在五一节晚上或者除夕晚上玩个通夜不睡，觉得不觉得“漫长”。又问，为什么炉旁是“冰冷的”。讲到第十段，“我的童年结束得太早了。在我十二岁那年，有一天，父亲让我坐在他身旁，好像对待一个大人似的和我说……”教师问：“孩子们常常盼着成为大人。童年结束得太早，父亲像对待大人似的和自己说话，这不很好吗?”……教师主要就用这样的办法讲完了这一课。我发现，虽然是在初中一年级，学生对教师提出的问题都能理解，而且，他们回答得很严肃，令人清楚地感觉到，由于他们不断地在教师的启发下动脑筋去想，用自己的话回答教师的问题，结果，他们深深地受了感动，他们充满了对罗伯逊童年生活的同情，他们在回答中流露出对欺压罗伯逊的社会的愤恨。我觉得，从思想教育方面来说，这效果比由教师讲一大套美国的种族歧视强得多，而同时，又非常生动地教给了学生怎样读一篇文章的方法。

有时候也听见这样一些问题。讲到某个地方，教师问：“作者为什么这样写？”“这样写有什么作用？”讲到一篇文章的末了，教师问：“这篇文章在写作上有什么特点？”对于这类问题，学生的回答大致是：“这样写，表现得生动。”“这篇文章，文字精练，结构严密，逻辑性强。”如此等等。当然不是说这类问题都不好，都不该问。要看具体情况说话。这里的意思只是说，没有具体内容，只要一个常用的抽象字眼就能对付过去，并且任何一篇文章都能用这个字眼来对付的问题，总以少问为宜。

学问，学问，做学生要会问，教学生也要会问。问得好不好，决定于教师自己对所教的功课理解体会得深不深。体会得深，就能找到问题，具体的、重要的问题；体会得浅，就找不到问题，或者只能找到笼统浮泛，不关紧要，缺乏启发性的问题。

1962 年

说“改”

提到“改”，我们首先想到，甚至只想到改作文。其实不是这样。学生读书读得不对，要改；回答问题回答得不对，要改；练习做得不对，要改；作文里有毛病，当然也要改。进行语言教育要做两方面的工作，一是教学生知道应当怎样，二是教他们知道不应当怎样。“改”，就是这后一个方面的工作。

知道应当怎样，这是主要的。教一个字，必须让学生学会这个字怎么念，怎么写，怎么讲，怎么用。这几项内容可以一次教，也可以分作几次逐步地教，反正都要教到，最终的目的是要让学生切切实实地掌握这个字，做到会念，会写，会讲，会用。词，句子，篇章结构，都是这样。有时候，我们对于这积极方面的指导重视不够，学生学到的东西不清楚，不结实，口头和笔下常常出错，我们这才着了急，于是天天“消灭错别字”“纠正病句”，拼命在“不应当怎样”这方面下功夫，结果往往是教者吃力，学者紧张，而效果不大，错别字和病句，旧的还没有消灭掉，新的又生出来，扶得东来西又倒，种种毛病，层出不穷。过去教语法，只顾教些术语定义和抽象的道理，对于学生读书作文没有多大帮助。后来，我们懂得了那种教法是脱离实际的，要不得，于是注意到联系实际。可是一说联系实际，唯一的办法就是搞些病句来让学生改错，好像除此以外再没有别的办法可以联系实际了。这只能说明我们的语法教学还缺少办法。为什么教了半天语法，学生还不能把个普通的句子写通，一定要搞出些病句来等着我们去纠正呢？

当然，让学生知道不应当怎样也是必要的。第一，知道了不应当怎样，应当怎样的那一面就更清楚。第二，即使充分重视了应当怎样这一面，讲也讲透了，练也练熟了，学生也还不免出错，出了错就得纠正。然而，这两方面的关系总要搞清楚——应当怎样是主要的，教学生掌握应当怎样的道理和技能是目的；不应当怎样是次要的，让学生知道不应当怎样是一种手段或方法。应当怎样，不应当怎样，两方面相辅相成，不可割裂，不可偏废，然而又有主次之分，不能混淆。次要并不等于不重要。手段和方法运用得是否得当，对于能否达到目的起很大的作用。这就是说，提高学生的语言能力不能专靠“改”，要靠积极的、正面的指导，但是对于“改”的工作也要重视，要很好地研究改什么，怎么改这些问题。

我们有时候把些可以或者应当结合、统一起来的事情分割开来，各自孤立起来。平素不注意“改”，只到改作文的时候才去改，就属于这种情形。近来参加一些教学的活动，发现有的学生读书有些不大好的习惯，教师没去改；有的学生回答问题的时候，句子重复，破碎，不连贯，思路不清楚，教师没去改；有的学生在笔记本上或者别的地方写错了字，教师也不改。这样，学生读书的习惯不好，学习的效率就不高，平素写字说话很不讲究，就不能养成良好的语言习惯，如果再加上积极的指导不够，到作文的时候就无可避免地出很多毛病。结果，改作文成了个大问题。不细改嘛，毛病很多，过不去；细改嘛，时间不够用；而且势必红字连篇，又怕挫伤了学生的学习兴趣。不做作文或少做作文，当然不行。那么，出路显然只有一条，那就是多从积极方面指导之外，多在平素的各种教学活动中注意改正不好的习惯，使学生的技能不断提高，语言习惯越来越好，表现在作文上就是毛病越来越少，这样自然就减轻了教师批改作文的负担。减轻负担还在其次，更重要的是，只有这样，学生的语言能力才真正能不断地得到提高。

平素多方面注意改正学生不好的习惯，可也不是说一天到晚处处找学生的岔子。那样很不好，也办不到。比如，上课的时候常要提问，如果学生每回答一个问题都去改正一下他说话的毛病，那将占用过多的教学时间，也会过分分散了学生的注意力，把教学搞得支离破碎，弄得不好还会把学生吓住，再也不敢开口了。所以，改什么是个问题。这就要求我们熟悉学生的情形，并且对语言要敏感。带有普遍性的毛病，要改。例如，有一个女生班，几乎每个女孩子回答问题的时候都先说个“反正……”；又听过一个男生班，好些男孩子回答问题的时候都在每句的开头来个“就是说……”。这就可以改一下。改一个就等于改全班。某个学生经常犯某种错误，可以改。某个学生说的话里有比较重要的毛病，指出来对大家有启发，这也可以改。如果在念书，写字，说话各方面，教师从来不改什么，学生就会认为他们那样念，那样写，那样说是可以的；反之，如果教师时常指出个重要的毛病来改一下，学生就会感觉到在所有这些方面都应当认真一点，讲究一点，马虎不得。有了这种风气，那也就不需要改得多么频繁了。

改，不能性急。不能设想一下子把学生所有的毛病都改掉，得逐渐地来，先改重要的，常犯的，先要求切近而容易改的，慢慢推及其他。也不能设想改一次就永远不再犯。有些毛病要反复不断地改。

所谓“改”，不一定那么郑重其事地先指出错误，说：你错了，不应当那样，应当这样。完全有可能简化些，轻松些，并不像煞有介事地去改，而实际上收到了改的效果。例如，鲁迅的《一件小事》最后一句是：“独有这一件小事，却总是浮在我眼前，有时反更分明，教我惭愧，催我自新，并且增长我的勇气和希望。”教师讲到这里，叫起一个学生来提了个问题：“这件小事‘教我惭愧，催我自新’，这层意思在文章里表达清楚了。这件小事为什么又能‘增长我的勇气和希望’呢?”学生回答说：“因为看见这个车夫，他有高贵的品质，但是，但是，就是说，中国的劳动人民有这样的品质，劳动人民是国家的主人，是有希望的，所以有了勇气。”教师慢慢地说：“你的意思是说，因为认识了劳动人民具有高贵的品质，而劳动人民是数量最多的，是国家的主体，于是感到国家是有前途的，所以自己的勇气和希望都大起来了。是吗?”那个学生笑了笑说：“是的。”他的神情表明，他充分意识到，自己没有把意思说清楚，老师修改了他的话，就清楚得多了。教师又问另一个学生：“他回答的意思对吗?”学生说：“对。”教师说：“那么你再说一遍。”这第二个学生基本上是照教师修改过的话说的，他也没有再用“但是”和“就是说”。讲完之后，教师指定几个学生分段朗读。第一个学生读得不大连贯，抑扬顿挫不合适。例如，第二小段的后半句，是这样读的：

“……将我从坏脾气——坏脾气里拖开，使我至今——忘记不得。”读到这里，教师马上插嘴重读了一篇：“……将我——从坏脾气里——拖开，使我——至今忘记不得。”第二个学生接着读的时候，显然在顿挫方面特别留心些，读得也好些。我觉得，这位教师很善于“改”。当然，有时候是需要正面指出错误，加以纠正的。这里的意思只是说，改的方式有多种多样，应当灵活运用。

1962 年

谈字的教学

字的教学非常重要。可是我们对这一点曾经是认识不足的。

我们曾经以为，字只是记录语音的符号，在语言里，词才是运用的单位，因此，字在语言教育里是没有地位的。

我们还曾经以为，汉字迟早要改革，要走拼音化的道路，因此，无需像前人那样在方块汉字上花很大的力气。采用拼音文字以后，文字教学将大变样子。到那时候，错字问题还会有，可是别字问题就不存在了。

这两种想法，带有很大的片面性，对语言教育的进行很有害处。

说词是语言运用的单位，因此必须重视词的教学，必须指导学生建立词的观念，学习词的分类和组词成句的规律，必须帮助学生丰富词汇，这是完全正确的。然而不能从这里得出字不重要的结论。无论在口语里或是在书面上，大部分的字都是有意义的，不只是一个无意义的音节，或者单纯记录语音的符号。一个不识字的人，当他在语言实践中知道了“力气”“力量”“势力”“精力”“尽力”这么些词，他不会觉得“力”是一个毫无意义的音节；当他知道了“利益”“利息”“权利”“自私自利”这么些词语，他不会觉得前一批里的lì和后一批里的lì表示的意义毫无差别。等他一旦识了字，前一批里的lì那个声音和它所表示的意义就跟“力”这个形体联系起来了，后一批里的lì那个声音和它所表示的意义就跟“利”这个形体联系起来了。换言之，“力”和“利”分别表示一个有特定意义的音节，而不是一个纯粹记音的符号。许多字都是这样。在书面语言里，掌握词汇不能不凭借字这个工具。一个人识字的数量和实际掌握字的情况，在很大程度上反映他在书面语言里掌握词汇的能力，而词汇是语言的建筑材料，词汇能力的高低标志着语言基本能力的高低。

“水力”和“水利”，说出来是同样的声音，写下来是不同的样子。说凿井灌田那类事而写成“水力”，说利用水流发电那类事而写成“水利”，这反映他对“力”和“利”的理解还很成问题。如果说，将来用拼音文字，两个都成了 shuǐlì，或者别的什么样子，反正是同一模样，岂不省事，今天何必那么认真地去纠正别字？这个道理显然是说不通的。现在我们还在用着方块汉字，我们写的是“力”和“利”，不是 lì，而“力”和“利”是表示不同意义的，怎么能不辨？就是将来采用拼音文字，还是两个 shuǐlì，它们是同形词，教学中一样得解决分辨同形词的问题。设想一拼音就万事大吉，那是不切实际的。方块有方块的麻烦，拼音有拼音的麻烦，无非麻烦的性质有所不同而已。何况，拼音化还是相当遥远的事，怎么能把它拉到今天来为别字做辩护呢？

更普遍的一个现象是把字的教学看成一个小节，看成只是小学低年级的事，一到小学中、高年级，对字的教学就逐渐放松，到了初中以上，语文教学中就着重发挥微言大义，不再去管“文字小节”，即使强调基本训练，也只在语法修辞上转念头，字的问题总归不管了。这种看法，在道理上和实际上都是成大问题的。常用汉字的数目，今天还没有很确切的统计。要能大致看懂一般的书籍报纸，大概有三千字就行，不过要在阅读写作中真正够用，恐怕五六千字是必要的。小学低年级只能教两千上下字，小学毕业也只能达到三千来字，离着够用还差着两千到三千字。这就是说，学生在小学里只能学会一半多些的字，还有将近一半的字要在中学里学。中学怎么能不把字的教学作为重点工作之一？还不只此，小学学过的字，到了中学必须加以巩固，而且识字多了，也会带来新的问题。比如，初次学了“刻苦”这个词，学生可能记得很清楚，写不错，等到学了“克服”，出现别字的可能性就产生了，随后又学了“雕刻”“刻薄”“深刻”“克制”“克勤克俭”这许多词语，出现别字的机会就更多了。需要重复一句，错别字问题，不单单是字的写法的问题，一个青年掌握字的能力怎样，在很大程度上反映他掌握词汇能力的高低。一个学生把“刻苦”写成“克苦”，把“克勤克俭”写成“刻勤刻俭”表明他对“刻苦”这个词，“克勤克俭”这个成语还没有充分理解。一个学生把“水利”写成“水力”，甚至表明他还根本不知道“水利”是怎么回事。许多具体事例已经充分显示了忽视字的教学的后果。我们常常说，有些中学毕业生的文理不通，并且为此忧虑。的确应当忧虑。但是，分析一下文理不通的实际情况就不难发现，认识的字少，而且掌握得不充分，是造成文理不通的重要原因之一。回顾一下前人的经验又不难发现，他们在语言教育中花在字上的功夫是很大很大的。当然，他们教的是文言，对掌握字的能力的要求跟我们的有所不同。然而，我们必须看到，重视字的教学跟汉语汉文的特点有十分密切的关系。用汉语汉文的人，要达到能读会写，必须掌握几千个字。这个负担相当重，不付出较大的劳动办不到；可是，另一方面，有了几千个字，同时就有了上万个词，付出些劳动是十分合算的。一个人知道了“力”和“利”的确切含义之后，不但能够辨别“水力”和“水利”，不难辨别“权力”和“权利”了。“目力”“握力”“利人”“利己”这些词，虽然文一些，也不难理解了。不通过字这一关，无从培养读书写作的能力；而一旦通过了这一关，无论读书写作又会左右逢源。字的教学应当怎样对待，不是十分明白的事吗？

字的教学，在小学低年级入门识字阶段，已经很有些行之有效的办法了。在较高的年级，特别是在中学，字的教学应当怎样做，还有待于研究探讨。具体做法，这里提不出什么建议，篇幅也不允许谈得太琐细。想到几个粗浅的问题，写在下边，不知能否作为研究的线索。

在初中阶段，每教一篇课文，是否可以把教学生学会其中的若干生字作为一项要求？过去，我们考虑一篇课文的教学要求，一般是从两个方面着眼：一是向学生进行什么思想教育，一是教给学生哪些写作方法。至于教完这篇课文要让学生学会哪些字，通常是考虑不到的。（学会哪些词，哪些句子，也很少考虑到。）这似乎可以做个问题研究一下。如果我们承认在中学阶段还应当教给学生两千到三千字，那么不在教课文的时候教，又在什么时候教呢？

字的教学是否可以跟词的教学密切结合起来？教一个词，同时让学生切切实实学会构成这个词的每个字，这样是不是既能避免孤立地教字的困难和缺点，又能使词的教学更踏实？

在中学里教字，是否可以指导学生自己多做些工作，而不仅仅依赖教师的讲解或者课本的注释？一个生字，如果学生亲自动手从字典或者什么地方查出来，亲自把注音和释义在笔记本上写一遍，这比不动手而只听教师念一念，讲一讲，或者只把眼睛往课本的脚注上溜一下，效果不知要大几倍！如果再把这个生字跟有关的词联系起来，让学生念念，讲讲，造造句，写几遍，那印象就更要深得多了。学习要付出劳动，要尝受一点艰苦。坐享其成是永远学不好的。“光说不练假把式”，学语文就靠练。练，就得从字练起。今天，有些中学生学会的字不够用，学了的也记得模模糊糊，不是念不准，就是写不对，这是否跟学的时候太省事，学了之后不练习有关系？

在教学当中，在字的方面，是否可以要求严格一些？所谓严格，自然不是说单纯依靠扣分和惩罚，而是说，无论口头作业或者书面作业，对念错了字，写错了字，尤其是随便念、随便写的现象不放纵，不姑息，不视为小节。让学生从思想上把字重视起来，也许，字的教学的问题就解决一半了。

1962 年

谈解释词义

词汇教学的目的在于教学生多学些词，对学过的词能切实掌握，——能认，能写，能讲，能用。要达到这个目的，指导学生确切地理解词义是个基础。

怎样帮助学生把词义理解清楚呢?

一个时常讨论的问题是要不要把要求学生掌握的词提出来，逐个解释它的意义。在实际教学中也确实有种种不同的做法。一个极端是凡属要求学生掌握的词，一律加以解释，像字典似的给每个词下一个定义，并且要求学生记住这些定义。另一个极端是只让学生就着课文里的句子来领会词的意思，绝不把词提出来单另解释一下，实际上就是只讲句义，不讲词义。在这两个极端之间，当然还有各式各样的办法。

教学，跟别的好些事情一样，片面的绝对化总是不对头的。许多日常使用的基本词，从教学的角度说，实在无需乎像字典那样去解释。例如“桌子”，字典上的解释是“一种日用家具，上面可以放置东西，用来倚伏着进行工作。”“跳”的解释是：“两脚离地，使全身向上或向前飞进。”其实，像“桌子”“跳”这种词，几岁的孩子就已经懂得，并且会用了，丝毫没有困难，根本不需要解释，如果照着字典上的定义去解释一通，学生反而觉得难起来，岂不是自找麻烦！（就连字典，如果是专供孩子们学习用的，给这些词下定义似乎也不如画上个图既省事，又解决问题。）另一方面，有些意思抽象的词，下定义很不容易，下出定义来仍旧是抽象的，理解起来更加困难。例如“绝对”，字典上的解释是：“无条件，无限制，不依存于任何事物的。”理解这个定义无疑是相当费劲的，而弄懂这个定义之后，是否就真正掌握了“绝对”这个词，清清楚楚明白了它的意思，知道它用在哪些地方呢？恐怕还不一定。像这种词，也许举例（举整句的例）比下定义更有助于理解，举出反义词和包含反义词的句子加以比较，也许对理解有些帮助。总之，无需解释的词、难于解释的词，如果硬下定义去解释，往往是事倍功半，吃力不讨好的。

对所有的词都不加解释，都让学生就着上下文去理解，也不是办法。有了上下文，多数的词是可以意会（如果不算是“猜”）的。有些词，这样意会出来就可以，然而也有些词，单靠这样意会所得的理解往往是不确切的，至少是比较笼统、不够清晰的，因此，换一个地方就可能意会不出来或者意会错了，按照自己所意会的去用，也可能用得不对头。有个学生给老师写信，说：“您对我们的爱戴，使我们非常感动。”可以设想，这个学生一定是读书的时候遇到过“爱戴”这个词，老师没给他解释，他自己就着上下文去意会，意会成“爱”或者“爱护”之类的意思了。显然，这样意会，不仅到后来给老师写信闹了笑话，就是当初他读书的时候对于包含“爱戴”的那句话，也一定没有理解清楚。需要解释一下的词，如果硬不解释，往往造成囫囵吞枣、不求甚解的毛病，后患是无穷的。

似乎可以这样对待这个问题。教学生理解一个词，既要密切地结合课文，又要能够离开课文。换一句话说，就是既不要脱离课文，旁征博引，把那个词孤立起来大讲一通，闹得学生难于理解，也无法记忆，又不要死盯住课文，囫囵吞枣地去串，使学生理解得模模糊糊，一换地方就感到茫然。至于是否要单另解释，怎样解释，那要看所讲的是什么词，所教的是什么年级的学生，很难一概而论。

另一时常讨论的问题是解释双音词的词义要不要拆开来把组成这个词的字义分别解释一下。跟前一个问题一样，教学中也有采取极端做法的——一头是见词必拆，一头是认准了词是运用的单位，词义是完整的，所以不论讲的什么词，一律不拆。

见词必拆是不必要的，甚至是不妥当的。有些词根本就拆不开，有些词至少现在很难拆开了。“东西”“行李”之类，怎么拆法？“机关”“麻烦”之类，又怎么拆法？“然而”是拆得开的，可是专就学习现代语而论，又有什么必要呢？诸如此类的词，拆开来讲字，只有造成困难，不会有什么好处的。

也有些词，拆开讲一讲很有好处。前边提到的“爱戴”，如果把“戴”字的意思说一下，学生就不会把整个的词理解为“爱”的意思了，也能跟“爱护”区别开了。还不只此。学生知道了“戴”字的意思，以后如果遇到“推戴”“拥戴”这些词，也就容易理解了。像这种可以拆开来讲，这样讲一讲有好处的词，为数很不少。“歌颂”的“颂”有赞美的意思，学生知道了这个字，就等于一并学习了“赞颂”“颂扬”这些词；“诵读”的“诵”就是读的意思，学生知道了这个字就等于一并学习了“朗诵”“背诵”这些词；这样一来，把“歌颂”写成“歌诵”，把“朗诵”写成“朗颂”的可能性也就大大降低了。“调和”和“调查”，如果讲一讲这两个“调”字的意思，所解决的也将是一大串词的问题。

总之，解释词义既要解释得简明，又要解释得确切。换一句话说，既不应该在不必要的地方去分析词的构成，闹得烦琐深奥，又不能只图省事，在需要和可能分解的地方也囫囫囵囵、笼笼统统地过去。

为了帮助学生透彻地理解词义，我们需要多掌握一些方法，根据教学的实际情况，灵活运用。举例是一种方法，就着课文的句子去串，在性质上也属于举例一类，不过另外举举典型的例子有时候可以使所讲的词意思更显豁些，特点更突出些。比较是一种方法。可以用同义词比较，也可以用反义词比较，有时候还可以用词组或成语比较。下定义也是可用的方法。不过，下定义的办法也不只一种，还得选择运用。严格地照着逻辑学的规矩下定义是一种办法，用普通的话描述也是一种办法，连上边说的比较，也带有下定义的性质。解释词义的要求不出两条，一是好懂，一是准确。选择方法的根据就在这里。

1962 年

不能一切都靠讲

——跟一位教师同志谈字词句的教学

××同志：

收到三月二十五日来信。

您的信跟别的好些位相熟的和不认识的教师同志的来信，在字、词、句的教学方面，提出了各式各样的一些问题。归纳起来，不外乎两端：一是讲哪些字词句；一是怎么讲法，讲到什么程度，要不要结合文字、词汇、语法、逻辑等知识来讲。

这些信给了我这样一个印象：教师们非常重视“讲”，而且从有些文章看来，也确乎“讲”得很多。

“讲”，当然是重要的，必要的，当老师不能不讲，而且必须讲好。

然而，要是把注意力全部集中在“讲”上，教学中把绝大部分时间和精力都用在“讲”上，我看是值得斟酌的。语言是一种活动。无论口头语言或者书面语言，都是一种活动，——一方表达、一方理解的这么一种活动。语言既是活动，那就应当通过活动去学习它，掌握它。也就是说，要让学生通过自己的听、说、读、写的实际活动去学习听、说、读、写，不能靠老师的知识灌输学到听、说、读、写。老师有计划有步骤地认真讲些知识是必要的，然而目的在于指导、帮助学生去活动，而不是代替学生的活动。在语文课的教学中，学生的活动应该是主体的，教师起一种主导作用，就是有计划、有步骤地带领着学生正确地进行必要的听、说、读、写的活动。课堂上只见教师活动，不见学生活动，或者老师活动过多，学生活动过少，都是不好的。我认为，这个原则适用于各个教学阶段，从小学直到高中，乃至大学，只是活动的内容应当有所不同而已——比如，有的阶段听、说的活动应当多些，有的阶段读、写的活动应当多些；又如，听什么，说什么，怎么听，怎么说，读什么，写什么，怎么读，怎么写，不同的教学阶段应当有不同的安排，等等。

不仅如此。照我的理解，教师的任务并不单是把自己的知识传授给学生，更重要的是带领学生自己去学，教给他们怎样学法。对于这一点，叶圣陶先生曾有一个很有启发性的比喻：扶着小孩走路，目的是要他学会自己走路，而不是替他走路。要是我们辛辛苦苦教出来一些离了老师就走不成路的学生，无论我们曾经传授给他们多少宝贵的知识，我看那教育还是失败的。这条原则，我以为，不仅适用于高等学校，也适用于中学，以至小学，只是什么时候多扶一把，什么时候少扶一把，怎么扶法，什么时候叫学生少走几步，什么时候多走几步，怎么走法，各个阶段要有不同的安排而已。

“讲得不适当地多”，我以为是语文教学中主要问题之一。老师满心以为，讲得多些，学生就会懂得透些，得到的益处、学到的本领就会多些，大些。其实不一定，有时候甚至走到它的反面去，老师讲得越多，学生反而越不明白，听来听去，听倒了胃口。

教师们都很重视语文教学中思想政治教育的作用，我看是应当的。不能只管语言文字，不管思想内容。问题在于怎样重视法。有的教师，为了加强思想政治教育，就把文章放在一边，而把文章的思想抽出来，反反复复地讲，这样讲了那样讲，而不是带领着学生仔仔细细地读那篇文章，把难懂的地方讲一讲，把重要的、关键性的地方指点指点，引导学生思考，理解，反复诵读，深入体会。姑且不说那种讲法不符合语文教学的要求，就是单从思想政治教育来说，恐怕效果也不会好的。

教师们都很关心文学作品的教学，认为既是文学作品，就得当个文学作品去教。是啊，是一首诗，就不能把它教成一篇散文；是一篇小说，无法把它教成一篇政论文；有的文章，不略微介绍介绍作者和写作的背景，也会不大好懂。问题也在于怎么教法。有的教师为了把一篇文学作品教得像一篇文学作品，就不论讲的是什么作品，是在哪个年级讲，反正要大讲作者生平和时代背景，然后把文章放在一边，而把文章里的“文学因素”（比如人物形象、情节发展等）抽出来大加“分析”，反反复复地讲，这样讲了那样讲，而不是带领着学生认真读那篇作品，把作品本身的语言和结构搞清楚，引导学生自己去涵泳、玩味、揣摩、领略。姑且不说那样讲法不符合语文教学的要求，就算是教文学吧，恐怕那样教的效果也不会太好。

现在教师们重视了字、词、句的教学，这当然很好。怎么重视法呢？如果又是靠讲，不分辨是什么文章，是在哪个年级，反正要把文章放在一起，而把文章里的字、词、句拿出来，反反复复地讲，这样讲了那样讲，而不是有选择有重点，要言不烦地解说，同时引导学生思考，领会，运用，那效果恐怕也是很不好的。

有一位老师为阅读教学列出了这样一个公式：分析字、词、句——分析层次——分析段落——分析全篇的篇章结构——由此归纳思想内容和写作方法。姑且不论搞出个“公式”这个办法好不好，单就这个公式里的各个项目（或步骤）来说，反正都是“分析”，都是讲。我不赞成分析这样多，讲这样多。

有一位老师讲一篇政论文，逐句地做语法和逻辑分析，用了大量的语法和逻辑术语。教政论文，把文章里的某些词句讲一讲，从而使学生正确、充分地理解文章的思想内容，这是可以的，必要的。然而，把全篇文章逐句地做语法和逻辑分析，我看是不必要的。那样，就教成了语法课、逻辑课，不成其为政论文教学了。而且就是语法课、逻辑课，那样讲恐怕也是很蹩脚的。

有一位老师在初中二年级教《吕氏春秋》的《去私》那篇课文，一个“善”字就讲了很多，讲得很复杂，要学生辨明这个字表示“赞同”“称赞”“赞叹”等几种意思。就这个年级来说，我觉得过了一些。学生这时候还没读过多少文言文，当务之急是教给他们一些最基本的文言知识。辨析入微的东西，讲多了恐怕没有好处。

以上是几个讲得过多的例子。那么，怎么能讲得不“过多”呢？

课文是多种多样的，不同年级的学生又各有不同的情况，因此，怎样讲一篇课文，可以说绝不会有一种一成不变的、能够适应各种课文和各个年级的方法。字，词，句子，哪些需要讲，哪些不需要讲，需要讲的应该怎样讲法，讲到什么程度，对学生提出什么要求，怎样指导学生练习运用，这些都得根据具体情况充分研究，灵活掌握，绝不能造个框子到处去套。不过，有几条原则，也许是讲解任何课文的时候都值得注意一下的。

阅读教学中讲解字、词、句，目的在于帮助学生理解课文，并且学习运用那些字、词和句子。不能为讲字、词、句而讲字、词、句。不讲学生就能理解的，就会运用的，不要讲；讲起来很费事，学生听起来很吃力，而于理解课文关系不大的，或者在目前还不可能学会运用的，可以不讲。只有那些不讲学生不懂，或者弄不清楚，或者体会不出其中的意味，结果于理解文义很有影响，而弄清楚了体会到了又很有益处，并且能学着运用的地方，才需要仔细讲。

讲一篇文章，必须让学生完整地理解全篇内容——领会文章的思想，吸取文章里介绍的知识。讲解字、词、句正是为了这个目的。只有让学生完整地理解了全篇的内容，才能使他真正学到文章里的字、词、句，学到语言的运用，与此同时也受到思想上的教育或启发。阅读教学中的“文道统一”就表现在这里。不把难懂的字、词、句讲清楚，学生自然不能透彻理解全篇的内容；过于烦琐支离地去讲解字、词、句，学生也不能完整地理解全篇的内容。这两种做法，情况不同，而后果相近：学生既不能从文章的思想内容受到教育，也不能从文章里学到语言。旧时代有些人读书的时候一字一句地死抠，就是不能融会贯通，结果十载寒窗，学成个不通的“冬烘”，那样的例子很多。推其原因，大都是犯了上述后一种毛病。近年来，犯前一种毛病的很不少，必须克服；不过，绝不能在克服那种毛病的时候又产生出另一种毛病来。

为了讲好字、词、句，教师自己必须具有一定的文字、语法、修辞、逻辑等基本知识；但是讲解的时候，不宜于过多地搬用那些术语概念，完全有可能不摆出语法、逻辑的面孔来，而实实在在地向学生进行了语法、逻辑的训练。这样做，效果往往更好，学生得的益处更多，学到的技能更踏实。这里丝毫没有排斥语法、逻辑知识和运用有关的术语概念的意思，只是说，运用必须得当，绝不宜于过度。

教字、词、句，意思就是让学生学会那些字、词、句，不是说一切都得由教师去“讲”。必须让学生多想，多查，多念，多写，多用，只有这样才能真正学会。教师的启发、指点当然是必要的，对某些难词、难句加以解说，也是必要的，然而绝不能由教师包办一切。教师活动过多，学生活动过少，偏于灌输，缺乏诱导，这种情形对于培养学生的良好习惯，培养学生真实管用的本领，都是不利的。

要给学生留下余地，要让学生自己活动。学习是一种劳动，一种锻炼，要自己动口，动手，动脑子，要自己去吃，去消化，去吸收，不能坐享现成，也不能像注射葡萄糖、吃维生素那么省事；教书是一种启发和诱导，不能是填鸭，不能老是嚼得稀烂、捣得粉碎，去硬喂、硬灌。讲书，人们往往说应当讲透。讲得太马虎当然是不行的。可是这个“透”字要很好地掌握。“透”其实是不那么容易的，在有些地方，几乎是无止境的。我们所教的文章，我们自己是不是每字、每词、每句都懂得十分透了呢？很难说。今天觉得透了，过几天再拿出来读读，发现原来懂得并不怎么透，这种情形是常有的。我们自己尚且如此，何况学生！不能设想，凡是我们讲了的，学生就都能懂，都能掌握，一点折扣都不打，凡是我们没讲的，学生自己就毫无办法。学生不是一个机器，他有他的主观能动性。教师主导作用的一个非常重要的方面就在于如何培养、调动、发挥学生的主观能动性，而不是无视它甚至压制它。教一篇课文当然不能容许有很多夹生的地方，不能让学生囫囵吞枣地去读，去背。但是也不能不承认，理解和掌握要有个过程。有些东西，学生暂时只能做到粗知大意，甚至还有点朦胧，要在多次接触之后，在不断地听、说、读、写的实际活动之中，逐步达到透彻理解，充分掌握，这是学习中常有的、自然的现象，因而是容许的。“要把课文讲透”这个话是对的，并且是重要的，只是，在某一个年级，讲某一篇课文，这个“讲透”的尺度和分寸，方式和方法，都得做具体的分析，不能笼笼统统地在这个“透”字上作文章。“透”，不能拿教师自己做尺度，处处都希望学生懂到像自己所懂的那样。马马虎虎，当讲不讲，训练学生“不求甚解”，那是不行的；反之，如果不问具体情况，过多过繁地去讲，以为那才算透，恐怕事实上很可能收到与预期者恰恰相反的效果。

总之，我觉得讲课要讲得精练，力求恰到好处，要留出足够的时间来让学生在教师的指导之下多活动活动。这样做，可能比老师自己讲还要费事，然而，费这番事是十分必要的。

拉拉杂杂写了很多，说得不错的，仅备参考，不对头的，希望指正。

敬礼。

张志公

1963 年 4 月 15 日

说“练”

语言是个工具。掌握工具要靠练。练才能熟。熟能生巧。

练什么，怎么练呢?

语言首先是口耳之事，因此练口、练耳是基础。语言还是文字之事，所以在口耳训练的基础上还得练眼，练手。

过去教语言，往往忽略口、耳，只注意手、眼。这是砍掉植物的根而希望它开花的办法。充其量这叫插瓶，也许能开两朵花，然而开不多，也开不久。

练口，要从发音练起。要从小训练发音准确，清晰。发音含糊，拖泥带水，把词句中的某些音节“吃掉”之类的现象，必须纠正。要练读，大声地读。字读得对，句逗读得清楚，读出抑扬顿挫，读出语气神情，才算合格。要练说话，要求说话一字不苟，清楚完整。说稀里糊涂的话，说半截话，都应当纠正。“这个，这个”“那个，那个”“嗯”“啊”之类的东西，应当避免。进一步要求说话爽朗流利，有条理。所答非所问，拖沓重复，漫无边际，语无伦次等现象，都应当纠正。

练耳，就是训练听的能力，要求听得准，听得清楚，听得完全，并且能抓住要领。对于近似的声音，对于语调语气，要有分辨的敏感。要能准确地听懂别人的话，不走样；要能完整地听进别人的话，不遗漏。可以一直训练到听话的态度。听别人说话，思想不集中，走神，或者缺少耐心，才听了上半截就自以为知道了下半截，乃至不等人家说完就打岔，这些习惯都应当随时纠正。

口耳训练是一项经常的工作。课内课外，要随时进行。因此，教师对于口耳训练的重视和自己的示范是关键所在。此外，需要有计划地做一些练习。除了我们所熟悉的朗读、听写之类的练习方法，还可以配合着阅读教学和作文教学，设计多种多样的练习。例如：口头报告，讲故事，打电话，讨论问题，不化妆的短剧排演，复述教学的讲解，复述听过的报告，复述广播节目的内容，传达别人的意见，等等，都是可以采用的方式。

不要认为口耳训练跟读书作文没有关系。把一个孩子训练得“出口成章”，再要训练他“下笔成文”将是事半功倍的。反之，如果学生读学过的文章还结结巴巴，上句不连下句，既无语调，更无神情，说起话来，哼哼唧唧，前言不搭后语，想训练他写好文章必定是事倍功半的。

练眼，一练看得准，一练看得快，终于要达到快而准。我注意过一些青年，有的看东西很慢，一个短短的传阅通知要看好半天，甚至看一遍还不放心，必须回头再看一遍才算数；也有的看东西马虎，看完一个开会通知，不是忽略了日期，就是忽略了时间，或者没看清地点，结果，通知虽然看了，过后还得打电话到发通知的地方去问。要达到快而准，当然需要一些条件，例如，字要认得够用，理解词句内容的能力高，等等，但是也还需要练，看的能力需要通过训练而得到提高。发给学生一篇浅显而易懂的文字，几分钟之后，问他们一些问题，看看谁看得精细，这类练习似乎可以做一些。读书比赛，似乎也可以偶一为之。在经常的课堂教学中，有不少机会可以有意识地进行看的训练。

练手，一向是语言教育中最受到重视的。事实上，如果口、耳、眼都训练得比较好，练手并不困难；反之，前边三项训练不足，练手就会有不少的障碍。所谓练手，无非是训练写的能力，目的在达到写得对，写得好，写得熟。练手要从词句练起，逐步练习写成段成篇的文章。词句的训练应当进行比较长的时间，一直到已经能作相当长的文章了（比如说初中二、三年级，乃至高中一年级），还应当不断地进行词句训练。因为，遣词造句是作文的基础，而遣词造句的功夫，几乎是没有止境的。历史上优秀的作家，斟词酌句的故事很多很多。一切好文章，它的好的思想内容和好的章法，总还是要通过精到的遣词造句表现出来。今天，有些青年，一直到高中毕业，写作能力还不符合要求，原因之一恐怕就在于过早地丢开了词句训练。一般情况，小学中、低年级都做造句之类的练习，一到高年级，特别是到中学，就很少做了。教师、学生都觉得，一个中学生还练习造句，不像话。可是，有一个中学就曾有过这样的经验：在高中一年级做了一次造句练习，结果学生发现，做这个练习比作一篇作文吃力，而且平时作文能得八十分的，这次练习只得了六十分。教师也发现，批改这次练习，比批改一次作文用的时间还多。词句训练，可用的方式很多，不只造句一种办法；要求也可以从低到高提出不同的标准。总之，要练手，恐怕在相当长的时间里要把两个方面结合起来：一是训练学生放开思路，大胆发挥；一是训练学生细磨细琢，严密推敲。

练手，还应当包括写字在内，这也是十分值得重视的一个方面。

口、耳、眼、手都跟头离不开，无论练哪一项，都在同时练思想。这里只提口、耳、眼、手，取其形象而已。

总括起来说，练口，练耳，练眼，练手，目的在于培养学生对语言具有较高的敏感，对运用语言有熟练的技能。敏感和技能合起来，就是说，能够自然地、迅速地辨出语言的正、误、美、恶，能够纯熟地、从容地读书，作文。

要达到上述的目的，学点知识——语音、语法、修辞、逻辑之类，当然是必要的。然而必须明确，在普通教育的语言教育之中，实际的训练是主要的，基本的，教的知识要为培养技能服务。世界上有的是没念过游泳术而在实际锻炼之中游得很好的人，绝没有精读游泳术而从不下水的游泳家。只有在天天下水的基础上辅以游泳技术的指点，这游泳术才起作用。

练功夫，掌握技能，有个诀窍：严格。练功夫而马虎，几乎比不练还坏。一个音，一个字，一个句子，对不对；好一点，差一点，仿佛关系不大，可以将就过去。不，不能将就！今天我们抱怨有些青年作文章用词不妥当，句子不通顺，章法没条理，写字不工整，其实，根源就在他们从前的老师“将就”得太多了。练语言工夫应该向练走钢丝的、练唱的、练武功的演员们吸取经验。在这个问题上，看看周信芳、盖叫天几位老先生的文章是有启发的。学语言“非下苦功不可”，毛主席这句话我们都记得很熟，问题是，我们不能只在口头上背诵，而要深入体味，身体力行。

说“严”

传统教学的经验之一是严。不单是启蒙教育，不单是语文教育，各行各业的教与学，都讲究严。学工、学艺、学医、学书、学画，等等，莫不如此。人们常常说，某某在某方面的功夫很硬。所谓“硬功夫”都是从“严”中练出来的。教师不严，学生学不到真本领，练不出硬功夫。《三字经》开头几句里就说“教不严，师之惰”。

传统的师徒关系，带有若干封建性，那是应当批判，应当抛弃的。然而，教学中要求严格，却是一条好经验，应当继承、发扬。

现在，我们的工业生产强调产品质量。质量不合规格，出废品，多半是由于生产过程中某个或某几个环节上马虎，不严格。搞精密的科学技术工作，更是要求极端严格，否则就会差之毫厘，谬以千里，弄出大问题来。对下一代，必须从孩子时候起，从学习活动起，就从严要求，养成事事严格，不苟且，不偷懒的习惯。这不仅是语文训练的需要，也是学习一切文化、科学技术的需要，是做一切工作的需要，是搞四个现代化的需要。严格才能不出“废品”，培养人才也是如此。

在语文教学中，说话、写字、造句、读书、作文，都要从严要求。比如写字，应当一笔不苟，横、直、撇、捺，该怎么写就要怎么写。东倒西歪、模糊一团那些现象不能容许。写行书字（实际上可以看作汉字的手写体，也应当教），是可以的，那就应当照行书的规矩写。“龙飞凤舞”，乱涂瞎抹，让人不认识，不能容许。读书，心不在焉地信口念去，随便加字漏字，该连贯的不连贯，当停顿的不停顿，速度慢而印象浅，半天读不了一点，读过之后，理解得不准，记得的不多，这种现象应当纠正。作文漫不经心地随手写去，前言不搭后语，或者是说些空话、假话，没有多少切切实实的内容，或者是这里抄几句，那里抄几句，东拼西凑，敷衍成篇，更谈不到速度和效率，这类现象都得改变。说、读、写，都要有标准，有规格，都应当严格训练，一丝不苟。

首先，严格是就要求的标准而言，这个标准本身要合乎科学，而不是凭老师的好恶。语文有语文的科学性，这是严格的准绳。其次，严格不同于态度的严厉，并不是说，学生有一点做得不合要领的地方，就疾言厉色加以训斥，甚至给予惩罚。要因势利导，循循善诱，要亲切热情地帮助，只是，绝不姑息任何错误，对于不合格、不合要领的地方绝不轻易放过。要有耐性，要区别难易。真正难掌握的东西，要容许多次练习才达到合格的程度，甚至要容许有反复，会了又忘了，忘了又会了，这在学习中是常见的现象，能够毕其功于一役的事是不多的。要因材而异，要容许掌握一种知识、技能有先有后，有快有慢，参差不齐。总之，要耐心地教，急躁不得，只是，绝不放弃这个“严”字。在某些地方，慢一点是可以的，马虎搪塞是绝不容许的。

严格要求学生，教师首先要严格要求自己。要求学生写字工整，老师得先工整起来，写给学生看看；要求学生造句正确，作文通顺，老师得先正确、通顺起来，造造句，写写文章给学生看看。教体育的要给学生做示范动作，难度越大的动作，教师越要做示范，一边做着一边讲解动作的要领；教音乐的要先唱给学生听，然后一句一句地领着学生唱；教图画的要先画给学生看；教历史的，对重要的史实、年代要能脱口而出，毫厘不差，如数家珍；教数学的，要演算例题；教理化的，还得动手做实验，试管怎么拿、溶液怎么倒，都有规矩，一点儿错不得，错了甚至会出事故，出危险，教师要一样一样做给学生看。难道独独语文课不需要这样，老师可以“光说不练”吗？小学一、二年级教识字，教师还在黑板上写给学生看，一边写着一边讲笔顺、笔画特点等等，一笔一画，规规矩矩，一点不马虎，所以小学低年级的学生，一般书法还不错。到了高年级，尤其是到了中学，老师板书、批改作业，写字就不那么规矩了，于是学生也跟着“龙飞凤舞”起来。不能把一些年轻人写字不好都诿过于老师，因素是多方面的。不过，老师对学生所起的示范作用绝不能低估。就连在封建社会，高明的老师也并不是只靠着打戒尺来维护他的尊严的。严，要从老师自己严起。身教重于言教。

1978 年 10 月

要重视语文教学法的研究

教师同志们很重视语文课的性质和目的、任务这些问题。这些问题，各地讨论得很多，我在有的场合也谈过与此有关的想法，一时还没有形成深入一步的、值得谈谈的意见，这里暂时不再谈这个问题。

我觉得，方法问题也是一个十分值得重视的问题，虽然已经进行了一些讨论，似乎还有进一步探讨、研究的余地。本来，一门课的教学方法是受这门课的性质、目的任务以及它们所决定的内容制约的。但是，方法又能反作用于它的制约者。教学得法或者比较得法，能够圆满地或者比较好地达到教学目的；反之，教学不得法或者不甚得法，就会达不到目的，或者不能很好地完成任务。我们都同意，语文这门课的效率至今还不够理想；我们都感到，这门课还没有受到学生们普遍的重视（除了要举行统考或者升学考试的时候，不得不想法应付应付它）。原因自然是多方面的，我在别的场合讲过，这里不再重复。我认为语文教育工作者需要向自己所用的教学方法中去找找原因。

方法是允许有并且应当有独创性的，不能拿上一种被认为不错的方法，依样画葫芦地到处使用。有独到之处的方式方法，就是咱们平常说的“有艺术性”。战斗在教学第一线的老师们能够也应当共同去开发这个教学艺术的领域。不过，所谓“有独创性”“有独到之处”的方式方法，并不是异想天开的产物。能够在前人走过的道路上前进一步，在他人经验的基础上提高一步，这就是非常可贵的独创性，就有了独到的地方。因此，为了探索改进教学方法的路子，有分析有批判地回顾一下前人的做法，参考一下外人的做法，既不是无选择地照搬照用，也不是一股脑儿地拒绝抛弃，这种态度很必要。在这种问题上，全面肯定或者全盘否定，“妄自菲薄”或者“盲目自大”，恐怕都是不可取的。

传统的语文教学（以前不叫“语文”，不管它叫什么吧，反正是性质、目的任务很相近的一门功课）方法之中，颇有一些好的经验，但是今天看来，对其中有的经验，考虑、运用得似乎不够全面、恰当，对另外一些经验，又似乎有所忽视，这中间很有值得探讨之处，举几个例子来说。

传统的教学是以“多”取胜的。“书读千遍，其义自见。”“读书破万卷，下笔如有神。”“为文有三多：看多，作多，商量多。”“熟读唐诗三百首，不会作诗也会吟。”这种提倡“多”的名言、格言、谚语，多着了！大家把这条经验概括为四个字，叫作“多读多练”。这条经验概括得对，概括得好。语文是一种技能，培养技能要靠实践，并且要有足够的量。“多读多练”是一条被无数事实证明了的、行之有效的好经验，应当继承发扬。那种不肯多下硬功夫，只想学点语文知识，甚至找点窍门就把语文学好的态度是不对的。但是到了今天，单纯靠“多”这一条经验显然不够了。我们现在的青少年学生，要学的东西很多，要做的事情很多，要读的书很多，而且我们需要很多人把很多的时间、精力用到搞现代化科学技术上去，不能老是坐在屋里吟诗作文章。因此，在吸取“多读多练”这条传统经验的时候，要做两件事。其一是要配合着读和练适当提供一点必要的科学知识，并且考究一下读和练的科学方法，从而提高读和练的效率，每读一读就有读的收获，每练一练就有练的长进。其二是要对读和练进行一些研究，使之多带一些条理性，尽量减少其盲目性。哪些需要多读，哪些需要多练，哪些不需要那么多；需要多的，分别多到什么程度，最好有一个具有一定幅度的数量要求；先（读、练）什么，次什么，后什么，哪些应当有计划地多反复几次，哪些无需，或者只要反复一两次，最好都能做到心中有数。总之，“多读多练”是一条好经验，要坚持，只是笼统地两个“多”字不够了。要在这个基础上提高一步，前进一步。“人一能之，吾十之”，这是鼓励人艰苦学习的话。在“多读多练”这个问题上，不知可不可以说“前人十能之，吾五之”，就是说，把传统经验和现代的科学知识、科学方法结合起来，达到事半而功倍，用较少的时间，收到同样好的以至更好的效果。从前有个笑话，说，某甲家里多臭虫，向人请教怎样治一治，那人开了一个药方，用纸包起来，交给某甲，说：回去照此办理就行了。某甲拿回家去，打开纸包一看，药方上写着两个字："勤捉"。咱们现在有了六六六粉之类，何不配合使用之，何苦只靠"勤捉"呢？特别是在谈论"消灭错别字""改病句"之类练习的时候，这个比喻大概还不算离题。问题这样看法，不知对不对；如果可以，前边提出的两个问题怎样从实践中、从科学研究和实验中找出解决的途径，都是有待探讨的课题。

再比如背诵。这也是传统的、行之有效的经验。以前说：肚子里头装上三百篇文章，就有办法了。我们现在还要不要背？我看还要背。外国人也讲究背。英国学生也背点拜伦、雪莱、史蒂文森什么的，苏联的小孩子也背点普希金什么的。不过，对背诵的意义和作用，必须搞清楚，然后才能自觉地、更恰当地使用这个方法。我们学文言文，必须背诵，背诵起很大的作用。为什么？因为文言文那种语言材料和语言习惯，是我们从实际生活里学不到的。背熟了若干篇文章，就纯熟地积累起了若干有用的文言的语言材料，形成了某些基本的文言文的语言习惯，这样才能初步掌握文言。不这样的话，我们没有文言的习惯，提出笔来写文章，脑子里总得经过一道翻译过程，比如说，脑袋里想的是"××大哥"，得翻译成"××仁兄大人阁下"，那效率不是太低了吗？积累足够的语言材料也很重要。比如古代的"冠"，我们今天叫"帽子"；"虬髯"这个词在现代语言里没有，我们现在不管胡子是什么样的，统统都称"胡子"。这些词在生活里学不到，不从所读的文章里背下来怎么行呢？所以要多背，背得越多越有效。还有两点值得注意的现象。一点是大家熟知的，即韵文比散文容易背。几岁的孩子背一些浅近短小的旧体诗词，不是件难事，背文章就要晚一些。再一点可能是大家不太注意的，那就是，正因为文言与实际的口头语言有较大的距离，白话与实际口头语言距离很小，文言反而比白话容易背诵一些。我从高小到初中念过不少文言文，也念过一些白话文，都要求背，当时就感到文言文容易背，白话文难背，到现在，当年背下来的白话文统统忘光了，除去极少数的几句，而文言文却大多数都还背得很熟。不知各位有没有类似的经验。

现在，我们大量地学习白话文，大量地学习散文，背诵应当怎么处理呢？我看，背诵还是需要的。白话文虽然和实际口语比较接近，毕竟还有点距离。写在文章里的语言是经过加工、提炼的，合乎规范的，运用得比较高明的，背诵若干篇这样的文章，对于形成良好的语言习惯，提高运用语言的能力，会有不小的帮助。然而，正如前面说过的，背诵白话文与背诵文言文，意义和作用有很大的区别，难易程度也很不相同。因而，在以白话文为主体的语文课里，究竟应当怎样运用背诵这条传统经验？彻底抛弃是不对的，像学文言文时那么大量背诵恐怕也是不必要的。背多少，背哪些，怎样要求，学前期、小学低年级和高年级、初中和高中，分别怎样处理，都是有待探讨的问题。

总之，背诵这个传统的经验我们要继承，但是要有分析，有研究，要运用得当。

从背诵文言文，很自然地就会想到串讲，因为串讲的办法也是伴随着教文言应运而兴的。在旧中国（更不用说再早的科举时代了），中学以上念的全部或绝大部分是文言文。老师的任务就是逐字逐句地把原来的文言用白话解说一遍，此之谓串讲。直到现在，语文课里凡遇文言文，大体上还是用串讲的办法，因而一篇不长的文言文，动辄要用五六课时以至七八课时，其中很有些浪费。白话文，照说是不必串讲的。绝大多数的字、词、句子，学生都懂得，何需再串讲一遍呢？可是也有个别或者少数老师，由于受了文言串讲的影响，总觉得一篇课文不串一遍就不大好办似的，于是也要大体上串一串。我觉得，不要说白话文，就连文言文，也并不是篇篇、处处都需要串讲的。在传统经验之中，串讲大概是一个比较笨的、劳而少功的办法，有时候又是一个比较懒的、不用多少心思的办法，虽然也不是一无足取，但是相对地讲，可取之处不多。不知道这个看法大家是否同意。

特别值得提一提，而近年来大家很少提起的一条传统经验叫作“点”，“指点”“点拨”的“点”。这个字在汉语里用处很多，每种用法对于我们从事教学工作的人都有启示作用。例如，称赞某人改文章改得好，改动少数几个字就够使全文生色，叫作“点铁成金”；称赞某人聪明，说他“一点就透”；还有上边提到的“指点”“点拨”，以及“点化”“点穴”“画龙点睛”，等等。语文教学也讲“点”。什么叫“点”呢？就是在关键的地方，也就是确实比较难懂的地方，或者在全文中特别重要的地方，或者写得特别精妙的地方，点一下。这种地方，老师不点一点，学生可能不懂，或者忽略过去了；只要一点，也就是用上三几个字至多一两句话提醒一下，学生立即就会领悟过来。比如初一课本中王之涣的《登鹳雀楼》，要叫我讲，大概一刻钟就够了。这首诗只有一两个生字，就是“鹳”字，或者再加上个“雀”字，得告诉学生这两个字念 guànquè，“鹳雀”是个楼的名字，有三层，就行了。在这首二十字的四句诗中，只有两个地方需要点一下，一个是“白日依山尽”的“依”，一个是“欲穷千里目”的“穷”，其他地方都很好懂，无需多讲。不点这两个字，学生就懂不了，体会不出这首诗的意味。那样，你再怎么讲这首诗反映了诗人什么什么的思想感情，再怎么讲它用了什么什么的写作方法，都是白说，只要你把这两个字一点，别的他自己自然就能去琢磨，就能领略。点了之后，老师领念几遍，要求学生齐念几遍，再叫起来三两个学生个别地念几遍，大概绝大多数学生课上就会背诵，回去不必复习。有人说讲这首诗要用一节课，甚至两节课，我看用不着讲那么多。你怕学生不懂，反反复复，讲来讲去，结果走向反面，学生反而听腻了，不想听了。教师轻轻点一点，却引起了学生的兴趣和想象，他的思维活动起来了，用现在的教学词汇来说，就是教师起了主导作用，引导学生自己去发现问题，分析问题，解决问题，于是他们就会大有所得，学习的积极性也调动起来了。

跟“点”字联系着的叫作“涵泳体味”。老师一点，学生感到这里的确有点味道，于是也跟着老师摇头晃脑地品尝起来，琢磨起来。引导学生涵泳体味，就是引导学生自己去品尝、琢磨，说得更简单一点，就是让学生的脑子去活动。过去的一些文章选本叫作“评点”本，那个“点”有两个意思，除了指在文句的旁边点点圈圈，还指在最关键的地方说上一句以至三个字、两个字，有的就是一个字“妙”。这一个字就引起读者的注意：“妙在何处?”于是自己去分析问题，解决问题：“噢，果然很妙!”至于怎么个妙法，有时虽然不怎么能说得出来，但是感觉到了，体会到了，这就是“涵泳体味”。我们现在不讲究点，不讲究涵泳体味，而是特别注重分析，左分析，右分析，于是学生就不“摇头晃脑”，而是耷拉下脑袋打瞌睡了。

我觉得这种传统的教学方法很值得提倡提倡，而过去我们对它比较忽视，谈得比较少，所以今天着重强调一下。我们要很好地揣摩揣摩这个“点”，这个“涵泳体味”。是不是可以这样理解：点，就是给学生一些启发，不分析那么多；让学生却涵泳体味，就是给学生留下余地，在老师的启发下，自己动脑子去分析问题，解决问题，从而得到更深的印象，获得更大的益处。老师讲得少了，学生反而对这门课更加重视了，感到更有所得了，学习的积极性更高了。

总之，我觉得我们传统中有些东西值得我们再回顾一下，用我们今天的观点，根据我们现在的实际和需要，很好地进行一些分析，批判继承之。就以上提到的四条经验来说，“多读多练”基本上是好的，只是有所不足，需要补充，使之更“现代化”一点，“科学化”一点；“背诵”，要在明确它的意义和作用的前提下酌量运用之；“串讲”，不是很理想的办法，要控制使用；“点”，特别值得提倡，善于准确地抓住应当点的地方而又能切中肯綮、要言不烦地点它一下，这是一种很高明的教学艺术。这里应当看到，所有这些经验，不论它们之间有什么优劣高下之分，有两点却是共同的，那就是：第一，教学过程中始终不离开要学生读的东西去搞架空的分析之类；第二，让学生多活动，在读写的活动中去学会读、写。（串讲之所以不理想，正是因为只有它不太符合这个原则。）对于传统经验的这种分析、批判、继承的工作，过去做得不够，今天还需要好好地去做。

对于外来的一些做法，要参考借鉴，彻底排斥是不好的，完全照搬也不适当。比如那个所谓“五大块”，就是讲作者生平、时代背景，主题思想、段落大意、写作方法，这总得算是一种外来的东西，不是土生土长的。怎样对待这种教法呢？五十年代初，呼噜一下子都用这个教法，不管什么文章，不论在哪个年级教，都来个“五大块”；后来又说“五大块”不行，呼噜一下子都取消了，一提出“五大块”就摇头。我觉得，不管这套教法来自何方，还是应当实事求是地加以分析，合理的部分采取之，不合理的部分抛弃之。当我们讲古典或外国作品的时候，最常碰到这个问题：作者生平讲不讲？历史背景讲不讲？主题思想讲不讲？等等。这些，都要从实际出发。比如《木兰辞》讲到打仗；唐朝的杜甫、李贺，还有岑参、高适、王昌龄等几个所谓“边塞诗人”的诗里讲到过打仗；岳飞的《满江红》讲到打仗，陆游的《示儿》也有“王师北定中原日，家祭无忘告乃翁”的名句。都是诗歌，都讲到打仗，如果选在课本里，恐怕就得分别采取不同讲法。《木兰辞》是民歌，也许经过文人加工，不知道是谁，作者生平自然无法讲；“万里赴戎机”，到底打的什么仗呢？搞不清楚，连这首歌辞究竟出于哪朝哪代还有争论嘛，时代背景也无法讲。这是一首脍炙人口的民歌，传诵上千年了，还以它的内容为题材出了好些戏曲，学生们一念就懂，很快就会背，诗里好多东西都不必深究。其余那些，情况各有不同。有的需要就作者、时代、主题等说上几句，甚至还得说一说诗人的思想局限；有的点一点就行，无需多说；有的恐怕干脆不必说什么，把诗读熟就行了。究竟用不用五大块，或者用几块，因文、因年级而异，很难一概而论。

就我所知、所见，别的国家在普通教育阶段对语言训练很重视，训练的量很大，方式方法也很多。当然，由于他们的语言和汉语很不相同，训练的着重点不一样。比如，他们很重视词形变化的练习，重视造句的练习，也重视构词法以及同义词构成的种种不同的习惯用语的练习，等等。这些，他们都要求熟练，要求做到不假思索，脱口而出，说出来就合乎习惯，合乎规范。这类语言训练性的练习，一般不是拿一些词、句出来，列一些规则条目出来，孤立地练，而往往是通过一些有计划的安排的对话、叙述等来练，因而练习是活的，是和一些日常应用的言语密切结合在一起的。对于这一类的练习，我们历来重视不够；有一些，也大都是缺少计划，碰上什么算什么。汉语有汉语的特点，一般来说，在初级阶段，掌握并不困难。倘若我们下些功夫，探索出一套合乎汉语特点的训练方法出来，很可能比别的国家更早地见出语言训练的成效。另一点，在表达训练方面重视局部的训练，这也是国外用得多，值得我们参考的一种方法。本来，我们并非完全不重视这种方法的。比如，学画山水画，我们传统的办法就是先学画石头，画树干，画水，画山，画云，先学皴、染、点各种笔法，然后才逐步学画整幅的山水画。学唱戏，学打拳，等等，都有一些从局部到整体的训练方法。独有语言表达训练，不重视这种方法。科举时代搞八股文，倒是一股一股地学的，先学“破题”，再学“承题”，然后一股一股地学下去，最后成篇。然而八股文搞成了僵死了的程式，不足为训。废除八股之后，作文再也不搞局部训练了，一说作文，就是老师出个题目，要学生做一整篇文章。别的国家很重视段落的训练，只要求就某一点写成一段，无论记人、记事、说理、议论，都可以用这个方法。我学外语的时候，有一次上作文课，老师进来了，后边还跟着进来一位女士，老师站在讲台上，讲了几句开场白，说今天是做作文，讲完后对那位女士说“谢谢”，她就出去了。然后，老师出了题目：“描写刚才进来的这位女士”。只要求用半节课的时间写一段。原来老师是让这位女士给他当题目的。有的人观察很敏锐，她一进来，朝她打量了一下，马上得到了比较清晰的印象；有的呢，题目一出来，傻了，他什么也没有看清楚。这就不仅仅是训练学生描写人物的技能，而且训练了学生注意观察的习惯。这样的作文，学生也没有无话可说的苦恼。这一节课中，老师开头不过讲了二三分钟，学生写完这么一个片段之后，老师稍稍讲了讲观察和描写人物时需要注意的几个要点，有些什么方法。他不是给你一个框框，一定要有一、二、三层，像做八股文似的，而是给你一点基本知识，让你自己去修改。他把每个人写的看了一遍，发还回来，一个字都没改，只是把他所发现的几个重要问题又向大家说一说。学生和老师的负担都不重，但是学生确有提高。几十年过去了，我对那次作文的印象还很深，觉得受益不浅。像这一类的作文，有时也口头上做，不写。他们很重视口头语言的训练。前边说的语言练习，很大一部分是口头做的，这里说的这种作文的局部练习，也往往口头做；此外，还有演讲比赛会、辩论会之类的活动，照我看，也属于“作文”训练的范围。许多外国人，除去在十分郑重的场合，对于十分重要的问题，也准备个发言稿大体照念，还时常离开发言稿临时补充几句，一般都是即席发言，不用发言稿的。他们重视口头训练这一点，很值得重视。无论如何，不能认为口头表达和书面表达是截然无关的两码事。怎样处理好局部训练和整体训练的关系，口头训练和书面训练的关系，都是值得深入探讨的问题。

再有一点，他们在语文训练中不排除模仿，但是不像我们那么强调模仿。封建社会科举考试的时候，销行最广的书叫作“闱墨”，就是把每届考试考中举人、进士的人的考卷编成集子，供准备应考的人去学习、模仿，这算是低级的模仿。高一级的，这个学韩，那个学柳，这个学欧，那个学曾，唐宋八大家，各人各学一家。这个传统似乎直到今天还有很深的影响。我们常常希望课本里有点“范文”。所谓“范文”指的是什么呢？不是指文章要有典范性。要求选入课本的文章有典范性，这是完全正确的。这里所说的“范文”指的是这么一种文章，我给它起个名字，叫作比着葫芦画瓢的葫芦文章，或者是照猫画虎的猫文章。人们希望念什么就写什么，需要写什么就念什么。模仿是学习中不可缺少的，知识技能传授的手段之一就是模仿，下一代向上一代人模仿，相互之间的模仿。这种办法不仅无可厚非，而且还应当运用。但是，不宜强调过度。把模仿得像当作学习的目标，或者把模仿看作学习的唯一的或者最有效的方法，都是不妥当的。模仿和创造，是不能截然分开的。模仿中有创造，创造中有模仿。十个孩子照着一只猫画虎，画出来会是十个不同的样子，每个孩子画的都有他的个性在内。《封神演义》里写的某某会“土遁”，某某会“水遁”，看起来仿佛纯属想象，纯属创造，其实，如果作者没见过地老鼠，没见过蚯蚓之类，他是“创造”不出土行孙一类的神话人物的。他不过是在“模仿”着生活经历中的某些事物去“创造”而已。正确处理好模仿与创造的关系，也是语文教学法中很值得探讨的问题。

近些年，接触外国的东西很少，对外国的做法知道得不多。概括的印象有两条。一是他们重视语言训练，对听说读写各方面的训练有些全面的考虑和设计，而不是过分地忽视口耳训练，一味地强调书面。一是他们的办法比较活，给学生留下较多的余地，而不是学习时间都被老师的活动填得满满的，用些框子把学生限得死死的。这两点，也许值得我们多考虑一下。

教学是一门科学，又是一种艺术。对这门学科的教学进行科学的研究，艺术的创造，才会产生出既有科学理论的依据而又灵活多样、丰富多彩的，为学生喜闻乐见的，事半而功倍的教学方法。近年来语文教学讨论中似乎有两多一少的现象，谈几个老问题（讨论语文课的性质、目的任务等）的多；“分析”课文多；切切实实地研究研究有效的教学方法的比较少。为此，就教学法方面举例式地提出几个值得探讨的问题，抛砖引玉，向老师们请教。

1979 年 4 月

谈“启而不发”*

近来接触一些语文老师，常常说到“启发式”的问题。对这个问题我研究不够，只有零零星星的一些想法，说一说，跟老师们共同探讨。

时常听到有的老师说：我知道满堂灌不好，注入式不好。我倒满心想用“启发式”，可是学生不能配合，启而不发。我用各种办法来启发他，可他就是不说话。不点着名问他，他不举手回答；你哪怕点着名地把他叫起来问他，他还是不说话。再三地“启”，他是再三地不“发”，这又有什么办法呢？那我只好还是“灌”，否则白浪费时间，干脆不如我灌。我讲他听，听进去一些总有点好处。否则转来转去地用了很多时间，我该讲的也没讲，要他回答的他就是不回答，何必这样白白地糟蹋时间呢！像这样的议论，时常听见，话不一样，意思大体都差不多。听多了就引起我思考。想来想去，我感觉到，这个问题里头有两个方面。一方面提出这种问题正反映了我们的老师们真是千方百计想要改进教学方法，提高教学效率，想方设法地采用启发式，不用注入式，不用满堂灌，这种用心可以说是非常之好，甚至于用得上“用心良苦”这个成语。另一方面也表明，究竟什么叫启发式，这个问题还很有值得探讨的地方。

什么是启发式呢？我们不去追究“启”“发”这两个字的古义，这两个字连着说的来历了。我们都知道孔子说过“不愤不启，不悱不发”，“启”和“发”这两个字连用就是从那里来的。在那里是什么意思，我们不去追究了，我们现在要谈的是“启发”和“启发式”在现代的意义。在现代汉语里，

---

* 本文刊载于《语文教学之友》1982 年第 1 期。

“启发”已经成了一个词，所谓“启发”，就是阐述一些事理，举一些事例，引起对方的联想、想象、思考，这就是启发。所谓启发式，是教学用的一个术语，指的就是采取这种启发的办法进行教学，来代替完完全全地由教师来讲，学生完完全全地被动地来听的这种方式。谈到这里，我们首先得说一说注入式、满堂灌。满堂灌就是注入式，是注入式的一个形象的说法。注入就是往里灌，注入式就是用灌的办法来进行教学，形象地说就是满堂灌。那么我们就说满堂灌吧。这三个字里头有两个意思，一个叫“满堂”，一个叫“灌”。什么是灌呢，就是把一种液体倒在一个器皿里，那个器皿是没有能动性的一个物件。它没有能动性，你给它往里灌什么，就是什么，灌多少就是多少，它完全在那里被动地接受，毫无主动性。它不会选择，你灌的是什么，灌得好不好，你灌你的，它不为所动。这是灌。再一个是“满堂”，是从头至尾，这才叫满，是从头至尾的这样的灌法，一点儿空隙都不留，一点余地都不留。满堂灌包含着这样两层意思。满堂灌显然是一个带有贬义的说法。可是我们万万不能从这里得出来教师不能讲，教师一讲，或者教师讲得多一些，就是满堂灌了，不能得出这样一个结论。教师就是要讲，得会讲，得善于讲，得讲得好，讲不等于灌。刚才我们说过，所谓灌，是把学生的头脑当成一个毫无能动性的器皿，在那里完全被动地接受。那才叫作灌。讲可以是灌，也可以不是灌，尽管老师在说话，看是怎么个说法，一种说法是灌，一种说法就不是灌。不是灌的讲法，就是启发性的讲法。同样是讲，可以是灌，也可以是启发，讲仅仅是一个形式，它的实质要看我们怎么讲，讲了些什么，是把学生的头脑看成一个能动的，能思考的对象来讲的呢，还是把它当成没有能动性的，不能思考的一个物体来讲的。其次，还得看是不是“满堂”。教师不讲是不行的，教师不能当哑巴，教师的本领，相当大的一部分就用在讲上，教师就是要讲的。不过“满堂”就不好了。这也不是说，每一节课必须以十分之几的时间来讲，以十分之几的时间不讲，叫学生做什么。不是这样说法。也许这一节课讲到这部分了，就需要多讲，教师就要从头讲到底，而在另一节课，教师就可以少讲一些，另一节课教师甚至可以完全不讲，或者讲得很少。所以，是否“满堂”，也不是那么机械的也不是那么死的，不能机械地理解，堂堂必须不满堂。我们从反面先谈了满堂灌，再回过来谈启发式也许方便一点。

刚才说过，同样是讲，它可以是灌，也可以不是灌。不是灌的讲，本身就是启发。这是什么意思呢？那我们就要来推敲一下所谓“启发”是什么意思。

启是什么意思？启就是开，打开。我们写信在信封上不是常写×××同志启吗？“启”就是打开这封信，这封信交给×××同志来打开。发呢？就是动。我们常说发动什么，比如发动机器，发就是动。那么，启是打开，打开什么呢？发是动，什么动呢？都是指的脑子。所谓打开，就是打开脑子；所谓动，就是脑子动。所谓启发式，就是用这么一种方式：老师或者讲，或者在黑板上写几个什么字，甚至于仅仅做一个手势，做一个表情，或者是朗读课文里边的一段，或者全部的一篇，或者有表情地朗诵一首诗，不管用哪种方式，只要你能够迅速有效地打开学生的脑子，让它动起来，这就叫作启发。启发式不等于“谈话法”，虽然有的时候要用谈话；启发式不等于“问答法”，虽然有的时候要用问答。前边我们听见的那种议论，说是启而不发，我再三地启，他再三地不发，怎么样他也不说话，不回答问题，这多少有点意味着，把启发式同问答法、谈话法等同起来了。这是从形式上来看启发式。就说问问题吧。问问题可以引起对方的思考，也就是说，使对方的脑子动了；问问题也可以使对方茫然，他脑子动不起来。同样的一个问题，在不同的场合，不同的时间，问不同的一个对象，产生的效果就会是不一样的。比如说，一个孩子，有一位第一次见面的不认识的人问他，“你叫什么名字？”这个问题能够使他的脑子动一下，回答说，我叫张××，我叫王××。如果是已经教了他一年两年的老师，见了面问他，“你叫什么名字？”他就会茫然，这是怎么回事呀，怎么老师不知道我叫什么名字了，忽然问我叫什么呀？这时候所引起的不是他的积极的思考，是茫然，是迷惑不解，他很可能站在那里发愣，答不出来，仿佛他连自己的名字都忘了，或者连自己的名字都不敢说似的。又如教王之涣的一首诗“黄河远上白云间，一片孤城万仞山”，如果老师想用点启发式，问学生：“黄河怎么会跑到白云里边去呢？”这样一问，恐怕很有可能让学生发笑，或者让学生茫然，不知所答，而不见得有什么启发性，有什么启发作用。如果老师适当运用一点手势，姿势，一点表情，表示出黄河远远地流过来，好像是从天上流下来一样，没有问问题，反而可能有一些启发性，使得学生联想起来他看见过的，或者海，或者河流，远远地望过去，好像水天相连的那个景色。没有说话，没有问问题，反而有点启发性。否则，只要讲的能够让学生的脑子动起来，那就不能叫灌。满堂不好就不好在没有给学生留下余地，把学生的脑子塞得满满的，让他接受还来不及，于是乎他就只能处于一种消极被动的状态。没有给他留下空隙，没有给他脑子留下活动的余地，所以不好，满堂不好，灌不好，都在于这样妨碍了学生积极的思考，脑子动不起来，或者动的余地太小。我们知道，从幼儿起，儿童、少年、青年，他们的脑子本来是非常非常活跃的，他需要一个广阔的、自由驰骋的天地。如果我们不给他留一点余地，把他塞得满满的，把他的空间都给占领了，让他的头脑没有地方活动了，这样是会影响他的脑子的活动，严重一点说，这会残害他的智力的发展的。

学生的脑子是不是动起来了，有许多的标志。他能够回答问题，表明他的脑子动了，他不动，回答不了问题，他能提出问题，也表明他脑子动了。不动，他提不出问题，然而不仅仅是提出问题，回答问题，他的面部表情，也可以告诉一个有经验的老师，学生脑子动了还是没动。他是瞠目结舌，呆若木鸡呢，还是脸上的表情就告诉你，他们思想很活跃，在思考问题了；还可以告诉你，他同意了你所讲的，接受了你所讲的了呢？还是对你所讲的有疑问，不理解呢？这些他的脸上都会告诉你，只要你留心去考察，去观察。还不会说话的婴儿，你逗一逗他，还会咧开嘴笑，那就表示他脑子动了，对你的逗有了反应了；如果你逗了半天，他木木然，毫无所动，不管你提了多少问题，你不能怪他启而不发，你这个启，没有能够打开他的脑子。

不过无论如何，是否说话终究是脑子动或没有动，以至动得怎么样的一个明显的标志。然而说话，回答问题，或者提出问题，这个事情很不简单。有的人思想并没有怎么动，他也信口地说，于是乎就会所答非所问呀，文不对题呀。为什么会所答非所问，文不对题呢？因为他脑子并没怎么动，向他提出的问题，他还没怎么理解呢。相反，有些人显然脑子动了，在那里思考问题了，对于我们提出的问题，他那里已经有了答案了，但是他就是不肯说出来。这有各种其他的因素。我们要善于辨别这些不同的因素。我们要鼓励学生说话，而不是仅仅根据他说话还是不说话，就断定他“发”了还是没“发”。不善于说话，不愿意说话，有我们的历史传统的因素在内，我们长期的封建社会，是不鼓励年轻人多说话的；我们长期的语文教育，也是只注重书面教育，不注重口头语言的教育的；不仅不提倡说话，不鼓励说话，甚至在长期的封建社会里，以不会说话，不善于说话，作为一种美德来表彰。孔夫子就说过，“刚、毅、木、讷，近仁”。讷，就是讷讷不能言。把讷讷不能言和“刚、毅”联系起来，认为不会说话就接近“仁”了，也就是把它作为一种很高的美德来看待。对于这种传统要有清醒的认识。花言巧语是可憎的，讷讷不能言也不必提倡。我们要提倡学生说话，鼓励学生说话，能够在课堂这样一个不大的大庭广众之下，爽朗地回答问题，能爽朗地表示自己的意见，这需要一种胆量，我们需要下一代有这种胆量；能够敏捷地而又准确地回答问题，这是一种智力，因为只有思维敏捷、思维准确才能够敏捷准确地把问题回答好，我们需要下一代有这样的智力；能够得体地，恰如其分地有礼貌地回答别人的问题，申述自己的意见，这是一种文化教养的表现，我们需要下一代有这样的文化教养。因此，口头语言是大大地需要训练的。不过，回到前面的话题，我们可不能以他能否说话，是否善于说话，是否敏捷地回答问题来衡量，是不是“发”了，他的脑子是不是动了，因为我们有不善于说话，不愿意说话的这种传统。这里边包含了一些心理的因素，社会的因素，很复杂的。由此也可以看出，我们当语文教师，的确任务很艰巨，工作很不简单。又要讲，讲我们必须讲的，讲学生不能够理解清楚的地方；但是又不能讲得过多，不能灌，更不能满堂地灌；我们又要给学生留下余地，让他们去思考，让他们的脑子动起来，同时我们又得认真仔细地观察，看看他脑子是否动了，不能够形式地来对待；又得训练他说话，而训练他说话并不是一件很容易的事情，回答问题是否敏捷，是否踊跃，有的时候是反映他的脑子是不是动起来了，有的时候并不一定。语文这门功课，的确是很难的一门课，教好语文这门功课，的确是一项很艰巨的工作。启发式这个问题就足以说明这一点。

1982年1月

说“析”*

在语文教学的书籍或者期刊的目录里，有一个出现频率很高的字——“析”。有“分析”，有“简析”“浅析”“试析”，还有“赏析”。原来的词是“分析”，“析”字不单用。老说“分析”有点落俗，并且，由于在近若干年的语文教学里“分析”与“满堂灌”有牵连，所以最近两三年人们不大爱用“分析”，常常取出“析”字，配上“简”“浅”“试”这些字，成为“简析”“浅析”“试析”，一方面表示谦虚，同时把“分析”浓度冲淡一点，免得令人望而生畏；有时配上“赏”字，成为“赏析”，意思是“欣赏、分析”，欣赏欣赏不仅似乎与“满堂灌”无关，更有点轻松闲适的味道，“在欣赏中分析”，或者“一边欣赏一边分析”，或者“在分析中欣赏”，都挺好。这个事实反映了汉字的一种“优越性”。——除了“分析”，其余那几个，口头上说出来恐怕都不大容易让人听得懂，可是一写出来，凭着字形就能猜懂了。20年代有位作家写了一篇散文，题目是《聊寞》，取“无聊”之“聊”与“寂寞”之“寞”合而为“聊寞”，语言里虽然没有这么个词，可是两个字写在一起，拿眼睛看，不仅可以猜得出意思，还能让人闻见一种气味，倒也别致。

其实，不论怎样花样翻新地配，基本的意思都一样，都是“分析”。我读过一篇讲王之涣《登鹳雀楼》的文章，还读过一篇讲李白《望庐山瀑布》的文章。王诗是五言绝句，二十个字；李诗是七言绝句，二十八个字。两篇讲解文章就是两千多字，百倍于所讲的诗，何尝“简”“浅”？至于讲散文、

---

* 本文刊载于《语文教学之友》1981 年第 2 期。

论文的，且不说文言文，且不说鲁迅的杂文，就是讲朱自清的《荷塘月色》，讲茅盾的《白杨礼赞》，动辄四五千、五六千字，甚至更长，不论用什么“析”，实际上都是“详尽深刻”地“分析”。

分析，是认识客观事物的重要方法。培养中学生乃至小学生具备一定的分析事物的思维能力是必要的。各门功课，例如，数学、物理、化学、历史、地理，都有培养学生的分析能力的任务，就连体育、音乐、美术课也不例外。教学工作就是教给学生怎样认识客观世界，进而能动地改造客观世界；教学工作要发展学生的智力，而观察能力、分析能力正是构成智力的重要方面。在语文课里，教和学两方面运用分析方法的地方很多——音、字、词、句、段落、篇章，语言的形式和内容，作品反映的思想和艺术，等等，都是可分析的，有时候是需要经过分析才能理解、掌握和运用的，在运用分析方法的教和学的过程中也就培养、锻炼了学生的分析能力。传统的语文教学过分不讲究分析，一切都是“可意会而不可言传”的，一切都靠在多读、多记、多写的活动中自己去慢慢地“心领神会”，是不可取的。根据那样的传统经验，不加分析地全盘否定分析，是不对的。

对于“分析”要做具体分折。不加分析地否定一切分析，不对；不加分析地一切都要分析，滥用分析，仿佛语文课就是一种“分析”课，不分析就没法办——教师没法教，学生没法学，也不对。从近二十多年的以至近三十年的教学实际来看，从全面来看，分析不患少而患多。“分析”之外又陆续出现了好几种别的“析”，这个事实就是证明。任何一个年级的任何一篇课文都得“析”一通，所以一个学期二十来篇课文感到分量多了，教不完。在初中一年级教《登鹳雀楼》和《望庐山瀑布》，大概每首诗只有三四个字需要各用句把话解释一下，然后带着学生好好朗读几遍，总共不消一刻钟，学生就懂了，并且背下来了，实在不需要任何类型的“析”，包括“简析”和“浅析”在内，都不必。不“析”学生自己也能懂，他们听着没有意思，无所得，引不起兴趣，更重要的是，剥夺了学生自己动脑筋想象、思考的机会，得不到锻炼，长不了本领。如果“析”得多而深，用老师的语言把学生的头脑填得满满的，束缚了以至窒息了他们的头脑，把两首非常优美的诗搞成两块索然无味而又啃不动的石头，那害处就更大了。

在这个问题上，有几点值得我们记取。

牙齿和胃肠健康正常的人，一般不爱吃“没有嚼头”的东西。不能过分低估孩子们的能力。他们善于咀嚼，消化能力也很强。教学工作的功夫在于能够引起学生的胃口，让他们自己有兴趣地去嚼，去消化，吸收，当老师的在旁照料着，必要的地方给点帮助，不要把枣核、鱼刺、鸡骨头之类吞进去、卡破喉咙就是了。年轻人的消化系统是可以锻炼、需要锻炼的。万万不可把年轻的孩子们养成只能吃流食的病夫。

凡是编选得宜的课文，无论语言或语言所表达的思想内容，都是对学生富于启发性，富于教育作用的。应当让这样的语言和内容的本身去发挥作用，不能用教师的语言和引申发挥取代了、排斥了课文本身的语言和内容。必要的讲解和个别地方做点扼要的分析当然是需要的，然而，万不可“喧宾夺主”，让老师的讲解、分析成了课文，而让课文成了老师演讲的举例。

凡是编选得宜的课文，它的语言和内容都应当是学生自己动动脑子就能理解或者基本上理解的，语言的精当、优美之处，思想内容的值得体味、学习之处，都是动动脑子就能发现，而不是埋藏很深的地下资源，非钻探、发掘就找不到，开采不出来的。倘若真的竟然埋藏得那么深，必待老师唇焦舌燥地去“发掘”，那么，这篇课文大概是编选得不好的，或者文章本身就不好，不该选或者编排得不是地方，应该晚一点出现。在这里，“动动脑子”这一点万不可忽视。不动脑子就学得会的，让人感到没意思，不爱学。不动脑子就猜得出的谜语，不是好谜语（当然，大动脑子也猜不出的，往往是刁钻古怪的谜语，也不是好谜语）。喜欢下象棋的，并不愿意和棋艺比自己还差，不必用心就能轻而易举取胜的对手去下，因为那对自己没有帮助，下着不带劲。一般能下个平手，好好用点心思能赢他一盘，最好。（棋艺高于自己太多，下一百盘输给他一百盘，毫无还手之力，当然也不爱同他下。）

嚼着喂是比较省力的。嚼烂了一口一口地喂，让别人看着好像非常尽心尽力，会得到称赞，然而实际上对孩子没有好处，甚至大有害处。当老师得处处为孩子着想，为他的根本利益着想。照管孩子吃饭，自己得先尝尝，烫不烫，咸淡是否合宜，有没有难嚼难咽的东西，自己先充分了解掌握了这种食品，然后以适当的办法诱导着孩子自己去吃，一边吃一边照料着，不使他吃出毛病来，这才真叫辛苦。自己得吃，可又不能替孩子去吃。难就难在这里。既当老师，就得经受这个难处。

从这些方面想想，“分析”大概会节约许多，做得比较恰当，省下来不少的时间做些于学生更有益的，更有实效的事。

有感于“析”字出现频率之高，而且大有越来越高的趋势，除了开头列举的五“析”，可能还有或者还会连续产生别的“析”（基于汉字的特点，再出几种“析”是并不困难的），所以把这个其实并不新鲜的问题提出来，说了些的确没有多少新意的老话，请同志们指正。至于把过多的“析”的时间省下来干什么，里边是大有文章可作的，那就越出本文题目的范围了。

1982 年 2 月

从“导读”说起*

——黎见明《读书新编》序

见明同志书成，希望我写几句话以代序。

全书有四十篇文章，其中九篇是讨论语文教学中如何培养学生的各种能力的，颇有新意，特别是谈培养想象力的，谈情感教育和创造性思维的，都有独到的见解，读来很有所得。这些问题一向谈论得比较少，探讨一下很有好处。另外 31 篇是谈语文教材中的课文的。这 31 篇的题目有好几种不同的写法，如“读某某篇”“某某篇难点辨析”等。虽然不能望文生义地看待这些题目的不同写法，硬去抠字眼，不过，题目的不同写法或多或少总反映出文章的不同写法，以至在实际教学中对这些课文的不同教法。我发现，有四篇叫作“某某篇‘导读’”。对于“导读”这个说法，我很感兴趣。

“导读”好像是个新说法。我见闻不广，甚至觉得它有点面生。可是我对这个“面生”的说法并不觉其“可疑”，反而觉得很有点意思。在需要的时候，造个新说法未尝不可，未尝不好。咱们的汉字提供了在书面上构造新词语的较大的便利。见明同志这 31 个题目之中用了好几个“赏析”。这也是近三五年才用起来的一个新说法。这个说法无疑是靠了汉字才能在书面上用起来的。当它第一次出现的时候，如果不用汉字写出来，只用口说，只靠耳朵，恐怕听不懂 shǎngxī 是什么意思。在两个说法之中，我喜欢“导读”。

“导读”这个说法虽新，可是这种结构不算太新了，在它之前已经有了

---

* 本文刊载于《中学语文教学》1984 年第 5 期。

“导演”“导航”和“导游”。（“导电”之类不算在内，这里指的是后一个成分系动性的。）那么，不妨先看看这些先行者。“导演”“导航”和“导游”有个共同点：都涉及两方面——一方面“导”，另一方面“演”或“航”或“游”。两方面之中，后者是主体。戏是演员演的。导演导一导，是为了演员们演得好一点，毕竟导演不能代替演员去演，也不能自己导一通拉倒，不管演员演得怎么样。然而，导演并非不重要。一出戏演出的成败，在不小的程度上决定于导演的水平。其余两个也一样，比如“导游”，游人是主体。不能让游人坐在一边歇着，由导游替他们去游，让游人看看他是怎么游的。可是导一导很必要，免得游人们走弯路，甚至迷了路。一次游览是否成功，收获大小，导游的水平起着不小的作用。“导演”“导航”和“导游”还有一个共同点：涉及的两方面要一起行动。要一边演着一边导，一边航着或游着一边导。也可以先坐在屋里介绍介绍剧本或者要游的地方的概况，然而这只是准备阶段，还不是演和游。导演和导游的任务要在演和游之中去完成，他们的功夫也只有在演和游的过程中才能充分表现出来，他们水平的高低、工作的成败要用演员演得如何、游人游得如何去衡量。从这里又有了一个共同点：“导演”和“导游”又得有主意，又得尊重客观实际，不能一心想着自己。他们对于要演的戏、要游的地方必须很熟悉，从而对于导法心中有数，成竹在胸；可是，导这一班演员演这样一出戏，导这一班游人游这样一个地方，跟导另一班演员演另一出戏，导另一班游人游另一个地方，不能一样，不能不管三七二十一都是一个套路，反正，既然我来导就得一切听我的，这可不行。“导演”“导游”，“导”者和“演”者“游”者在一起；“导航”，“导”者和“航”者可能不在一起。只有这一点区别，别的方面都是一致的。我喜欢“导读”这个说法，正是因为它和“导演”等结构相同，“导”和“读”的关系恰与“导”和“演”等关系非常相似。处理好“导”和“读”的关系，是教学工作中一件十分重要的事，这里边既有教育科学又有教学艺术，则归根结底是个教育思想问题。“先生讲，学生听”，是“导”者为主；“儿童本位”是“演”者为主。都有所偏。咱们要“导演”，也要“导读”。“读”者是主体，但是要“导”。“导”的任务是使“读”者读得更好，终于能够自己去读。“导读”不是“代读”。“代读”容易；“导读”难，但是于

“读”者大有益处。

前边说，和“赏析”以及别的一些什么什么“析”之类比较起来，我更喜欢“导读”这个新说法，主要因为，说什么“析”，只说到一方面——“析”者，而“导读”涉及两方面——“导”者和“读”者。教学应当是两方面的事——教者和学者。教学工作就是要处理好这两个方面的关系。

见明同志这本书里既有一些文章着重探讨培养学生各种能力的问题，又有一些用了“导读”这个用意可取的新说法，那么可以想见，他另外一些篇虽然用了几种不同的“析”，实际上是不会忽略学的方面的。要看实际，不能望文生义，不能抠字眼。我无非是借着“导读”两个字，说点想法，既表示我对这本书某些独到的新见很赞赏，同时也把重视学生的学这个很普通的意见再着重说说而已。我无意提倡到处都用“导读”这个字眼，值得反复地、不厌其烦地提倡的是这个意思，这种做法。

祝贺这本探讨语文教学问题非常有益的著作的出版，并以浅见就正于见明同志和读者同志。